Fifteenth Edition
Foundations of Physical Education, Exercise Science, and Sport
Deborah A. Wuest
Charles A. Bucher
McGRAW-HILL INTERNATIONAL EDITION

教育科学精品教材译丛

Fifteenth Edition

Foundations of Physical Education, Exercise Science, and Sport

体育基础：教学、锻炼和竞技（第十五版）

[美] 德博拉·A.韦斯特
查尔斯·A.布赫 著

刘卫东 李立锁 等译
王家宏 李淑敏 审校

Foundations of Physical Education, Exercise Science, and Sport

Deborah A. Wuest
Charles A. Bucher

凤凰出版传媒集团
江蘇教育出版社

McGRAW-HILL INTERNATIONAL EDITION

著作权合同登记图字：10 - 2005 - 218 号
图书在版编目(CIP)数据
体育基础：教学、锻炼和竞技/(美)伍斯特(Wuest,D. A.)著；刘卫东等译. —南京：江苏教育出版社，2007. 6
(教育科学精品教材译丛)
ISBN 978 - 7 - 5343 - 8176 - 8
Ⅰ. 体… Ⅱ. ①伍…②刘… Ⅲ. 体育-教材 Ⅳ. G807
中国版本图书馆 CIP 数据核字(2007)第 092519 号

Deborah A. Wuest, Charles A. Bucher
Foundations of Physical Education, Exercise Science, and Sport
ISBN: 0 - 07 - 124495 - 6

江苏省版权局著作权合同登记号：10 - 2005 - 218

教育科学精品教材译丛

体育基础：教学、锻炼和竞技(第十五版)
Foundations of Physical Education, Exercise Science, and Sport
[美] 德博拉 · A. 韦斯特 查尔斯 · A. 布赫 **著**
刘卫东 李立锁 **等译** 王家宏 李淑敏 **审校**
责任编辑 孙兴春

出版 凤凰出版传媒集团
江苏教育出版社
(南京市马家街 31 号，邮政编码：210009 网址：www. 1088. com. cn)
发行 江苏省新华书店
照排 南京展望文化发展有限公司
印刷 江苏淮阴新华印刷厂
开本 1/16 印张 37 字数 756 000
2007 年 7 月第 1 版 2007 年 7 月第 1 次印刷
印数 1 - 4 000 册
ISBN 978 - 7 - 5343 - 8176 - 8/G · 7813
定价 62. 00 元
批发电话 025 - 83260760，83260768
邮购电话 025 - 85400774，8008289797
短信咨询 10602585420909
E-mail jsep@vip. 163. com
盗版举报 025 - 83204538
苏教版图书若有印装错误，可向承印厂调换。
提供盗版线索者给予重奖。

教育科学精品教材译丛

总序

作为高校教师，我们中的许多人常常为教育科学教材的陈旧落后而痛心疾首；作为教育学人，我们中的许多人也常常对经济学、社会学等显学学科教材建设的突飞猛进而称羡不已。

于是，我们坐卧不安，我们摩拳擦掌，我们立志超越，我们走到了一起。经过几年的努力，涵盖当代高等学校教育学专业的全部主干课程的大型海外教材《教育科学精品教材译丛》(下面简称《译丛》)终于呈现在读者面前。

许多年来，我国高等师范教育和高等学校教育学专业课程改革的步伐极为缓慢，师范教育的教育学、心理学、教材教法这三门课程多年不变，教育学专业的课程内容陈旧，课程的选择空间相当狭小。可以说，改变高等师范教育课程和高等学校教育学课程的落后状况，是《译丛》最基本的宗旨。

另一方面，随着教育事业改革的深化，教育实践中产生的问题日益复杂，解决这些问题需要极为丰富的教育科学知识和能力。《译丛》追求的另一宗旨正是通过奉献世界上最先进的教育科学知识体系，促进我国教育事业改革的深化。

在过去的几年中，高等学校课程改革已经取得了相当明显的成效。深化课程改革的一条重要途径是引进国外尤其是发达国家的高校教材，借此提高教育质量和增进学生的学习能力。《译丛》的宗旨和思路与我国高校教材改革的这种方向是一致的，而且是高校教材改革过程的组成部分。

促进学术交流，是《译丛》向往的又一宗旨。学术沟通的障碍，表征是交际语言，而深层原因则是学术语言与学术规范。《译丛》希望通过引进国外的教育科学知识体系和贯穿其中的研究方法与表达方式，促进我国教育科学学术事业的进步，并为其走向世界奠定基础和开辟道路。

《译丛》是建国以来从海外引进的规模最大、门类最全的教育学科教材，被国内媒体称为“又一次重要的拿来主义”。在科教兴国的基本国策背景下，它所蕴涵的巨大社会意义已经超出教材本身。因此，《译丛》的编委会和出版者——江苏教育出版社对此高度重视，并为此做了大量的细致而扎实的工作。第一，组建了强大的编委会和翻译队伍。《译丛》的编委会阵容强大，有各师范大学的博士生导师、教授以及一批海外教育专家；主要翻译人员和审校者均是教育科学专业的博士或教育科学领域的教授，其中一些译者长期旅居国外，并从事教育科学专业的研究和教学工作，他们均在教育科学领域具有相当深厚的积累，可以确保《译丛》的翻译质量。第二，精心筛选选题。《译丛》的入选图书品质上乘，所有选题皆经中、日、美等国专家反复磋商论证，精选而成。其中一些书目为国外学术机构所推荐，在国外大学拥有广泛的学术声誉。许多教材一版再版，最多的已达十五版。

我们希望，这套教材能成为国内教育科学的替代课本或重要参考书，同时也能作为各地教师继续教育的重要资料。

我们期待，这套教材能给中国教育理论界带来一些观念和方法上的启示，为我国的教育科学的教学和研究，尤其是教材编写工作提供一定的借鉴。

我们相信，这套教材会得到许多中小学教师、校长、教育行政机关干部、教育科学研究人员、教育专业的研究生以及高校在校学生的关注和选用。

当然，我们更希望、更期待的是创新和超越。希望和期待我国的教育科学工作者编写出高水平的、具有中国特色的教材。站得更高才能看得更远，看得更远才能做得更好，希望我们这套教材能使中国教育理论界有一个更高的起点，使中国的教师和师范学生有一个开阔的视野。需要说明的是，原书附有大量的索引，但为降低图书成本，减轻读者负担，我们只好割爱，敬请诸君谅解。

我们欢迎各种形式的参与和合作，欢迎专家和读者随时为我们荐书，随时提出各种建议和评论。

《教育科学精品教材译丛》编委会

二〇〇二年四月

前　言

《体育基础：教学、锻炼和竞技》能出版到十五版，足以反映这个领域仍在不断地向前发展。该领域充满活力的本性也在这本教材中得以体现。这本教材是为入门课程和基础班设计的，它覆盖了体育教学、锻炼和竞技的所有主要领域，既向学生介绍了体育基础知识，又给他们提供了一些扩展就业机会的信息。那些合格的体育专业人员从来没有像现在这样有如此之多的就业选择机会。

在体育教学、锻炼和竞技领域中有许多令人振奋的就业机会等着有能力的专业人员去选择。传统意义上在学校做体育教师的职业已经发展到了学校以外的环境，如运动俱乐部和休闲活动中心等，去指导各年龄段的人群进行身体活动。传统的体育教学主要是在学校和大学里，现在已扩展到学校以外的环境里，如私人俱乐部，他们的工作对象涉及各种层次和年龄段的运动员。如今，众多年轻的体育教学、锻炼和竞技专业人士期望能在健身、心脏康复、锻炼、运动管理、竞技运动训练和运动传媒与通信领域中获得一份职业。

本书鼓励学生，从他们开始从业到能够为体育教学、锻炼和竞技领域作出贡献的整个时期，都能积极主动地来塑造这个充满活力领域之本性。身为专业人员要全面发展自我，学生们需面对这样的挑战并尽力做到最好。他们作为年轻的领导和指导员，需要和其他敬业的专业人士共同努力来解决我们所面临的问题，迎接未来的各种挑战。

第十五版中的某些改动

这一版在第十四版的基础上做了不少改动。之前版次的改动就已经包括了锻炼，并且对锻炼和运动的内容进行了扩展。本版对本领域的不断扩展的信息和其中的分支学科的内容进行了更新。书中还讨论了专业人员在公共健康事业中的作用。这次改版延续了以基础知识和就业准备这两方面为核心的形式。书中就完善自己的职业准备和拓宽就业机会的途径为学生提供了一些原则。

我们鼓励学生去追求完美，努力展示自己专业的最高水平，让他们探索各种机会去做一名合格的专业人员。我们号召学生在解决本领域所面临的问题中、在实现所有人终身参与身体活动的目标中起到一个积极的领导作用。

此外，我们也对本书做了重新组织以便更简洁地展示书的内容。考虑到这个领域不断扩展的信息和内容的更新，以及在课堂和教科书上局限的时间和空间这个事实，我们决定把一些材料放在互联网上的在线学习中心(www. mhhe. com/wuest15e)。

这次改版在全书的章节组织上做了三处主要的改动。第四章原来叫“动作：基石”，现在这章的内容被放在了网上在线学习中心。第二处改动和第九章有关，心理学基础，它在第十四版既包括运动行为又包括运动和锻炼心理学。本版把它们分成了两章，第五章——运动行为；第九章——运动和锻炼心理学。我们希望这些改动能够为那些对这个领域的心理学基础有兴趣的人士提供更多的信息。本版次对第十四版的“历史基础”部分有所缩减，另外我们把关于其他文化对体育的贡献的信息放到了在线学习中心。

本版为了更新相关的研究领域，在书中加入了以下几个问题的最新信息：

- 肥胖流行病和美国的健康生活方式与疾病预防行动
- 更新了国家运动与体育协会(NASPE)关于体育的《走向未来》之标准
- 成长中的公众健康的作用和促进人们终身参与身体活动的重要性
- 健康文化及其对各年龄段人群全面健康的影响
- 通过全国普查得出一些和身体活动、健康相关的发现，如国家健康普访调查、危险行为因素监控系统、国家健康和营养测试调查
- 扩展了体育教学、锻炼和竞技领域中文化差异的信息
- 国家的《一个孩子也不能掉队》教育计划和它对体育的影响
- 从运动生理学和社会上对使用提高成绩的物质的看法两个角度来讨论营养剂，如咖啡因、类固醇、肌酸等
- 在运动与锻炼心理学一章里增加了目标设定和自我言语的部分内容
- 模范作用的重要性。NASPE 里的身体活动内容和对身体活动专业人员的建议
- 州级“新教师评估和资助协会”对初级教师的能力要求
- 教师和教练的角色冲突及其引发的一些事宜
- 科技与完善本领域专业人员之间的交流
- 增加了运动管理和 NASPE - NASSM 运动管理能力项目组的相关信息
- 在研究生教育中的附加就业机会，如运动旅游，以及扩展的就业机会，如理疗等

● NASPE 中高质量体育课的特点

● 营养和身体活动的计划和未来的可能性

● 专业人员在确保所有人进行终身身体活动中，无论参与者的种族、民族、性别、社会经济状况如何，他们保持积极主动态度是极其重要的

本教材要求读者在规划这个富有活力的领域中起到一个显著的作用。

结构

书中的 15 章内容分成四编。第一编让学生明确体育教学、锻炼和竞技的方向与定位。其中第一章向学生介绍了这些领域，为整本书所用的术语给出了定义；介绍了运动哲学，给出指导原则以帮助培养学生的专业哲学。第二章确认了体育教学、锻炼和竞技的目标和评价目标的方法。第三章阐述了体育教学、锻炼和竞技在社会和教育中的作用以及教育改革、健身、全面发展在其中的作用。

第二编用 5 章内容说明了体育教学、锻炼和竞技的历史与科学基础。体育教学、锻炼和竞技的历史基础包含在第四章中，它追溯了从早期文化到如今的体育教学、锻炼和竞技的发展。第五章对动作行为做了一个概述，紧接着是第六章的生物力学和第七章的锻炼生理学。在第八章中纵览了运动社会学，这部分以第九章的运动和锻炼心理学结尾。这些章节让学生了解关于分支学科发展的信息，本领域中研究者所特别关注的问题、关键的概念和当前的研究领域。

第三编包括 4 章，强调了职业思考，如该领域中的就业机会，在体育教学、锻炼和竞技领域中的就业准备与专业责任。第十章的核心是专业发展，包括专业责任、道德、指导能力和资格证书等问题。第十一、十二、十三章提供了在体育教学、锻炼和竞技中具体就业机会的详细信息，包括每种事业和完善自己专业市场开发能力具体策略的责任。第十一章描述了教师和教练的事业，以及这些事业是如何从学校环境扩展到非学校环境的，涉及所有能力和年龄的人群。第十二章阐述了在健身和健康事业中许多新的就业机会。运动管理、运动传媒交流、表演和其他与运动相关联的事业如裁判等将在第十三章中进行描述，同时其中还包含了持续发展的运动产业领域的信息。

第四编探索了当前专业人员所面临的事宜与挑战，展望了体育教学、锻炼和竞技的未来。第十四章强调了在体育教学、锻炼和竞技领域中一些适时的事宜。其中有五项：在身体活动中体育教学、锻炼和竞技专业人士的指导作用；价值观的完善；在青少年运动中体育教学、锻炼和竞技专业人士的作用；学科的发展以及关于其名称的争论；研究与实践的差距。专业人士所面临的四个挑战是：在学校上出高质量的日常体育课；倡导我们所从事的活动；实现 2010 年的健康目标；促进所有人终身参与身体活动。最后，第十五章阐述了体育教学、锻炼和竞技的未来。从当前发展的情况分析了社会

的趋势和未来的前景。为将来做好准备，专业人士必须承担起指引我们这个领域发展的责任，努力去完善为所有人服务的方式。

本版亮点

● 这次改版增加了对促进健康的重视，特别是强调了身体活动对健康的贡献和我们对促进所有人进行终身身体活动担负的责任。本版的特色是更新了许多内容，其中包括政府最近的报告、关于健康的文献信息、促进身体活动的策略等。

● 从我们对锻炼和运动方面增加的内容可以反映出我们对这个不断发展的领域的重视。所增内容有：生物力学、运动和锻炼心理学、运动社会学、运动行为、运动生理学、运动管理。第十四版的第九章是心理学基础方面的内容，本版将其分成两章——第五章的运动行为和第九章的运动和锻炼心理学。在教材的修改过程中，我们尽力在每章就与体育教学、锻炼和竞技相联系的不同专业方面的事业给出相关的例子。

● 对于那些正在思考在本领域就业的学生，我们在书中提供了一些过去的和新增的就业机会方面的内容。如列有专业组织和期刊的表格，还有网站地址，以便学生更容易地找到我们所推荐的这些网址。

● 教材仍然保持了对终身参与和文化角度上的重视。每章都有一个表格强调了研究者可能重视的问题。这些引人深思的问题可作为课堂讨论话题使学生的想法更具体一些。

本版新增的内容

第一章　意义与哲学

● 肥胖症及其造成的健康方面的后果

● 健康的生活方式和疾病预防行动

第二章　目的与目标

●《一个孩子也不能掉队》计划对学校体育带来的影响

● NASPE《走向未来》的更新标准

● 不断发展的公众健康对体育的作用

第三章　在社会和教育中的作用

● 体育教学、锻炼和竞技中的文化差异性

● 健康文化知识

● 国家健康普访调查、危险行为因素监控系统(BRFSS)、国家健康和营养测试调查(NHANES)中参加身体活动的信息的更新

第四章　历史基础

● 更新近期的影响事件，便于讨论以前对体育的影响

- 在线学习中心增加了古代文化和早期现代欧洲文明所带来的影响

第五章 运动行为

- 新增了运动行为和运动技能学
- 动作发展和基础动作技能

第六章 生物力学基础

- 科技对运动表现(成绩)的影响

第七章 运动生理学与健身

- 影响健康的危险体适能
- 增补剂，包括咖啡因、肌酸、同化类固醇和运动饮料

第八章 社会学基础

- 竞技运动中对提高成绩物质的使用
- 更新了竞技运动中竞赛和机会的信息
- 全美竞技协会(NCAA)新的毕业率数据

第九章 运动与锻炼心理学

- 新增了关于身体活动和精神健康的内容
- 目标设定和自我言语

第十章 事业与职业的发展

- NASPE 就身体活动、健身内容和对身体活动方面专业人员的建议

第十一章 教学与教练的职业

- 更新了薪水方面的信息
- “州级新教师评估和资助协会”对初级教师的能力要求
- 角色冲突

第十二章 与健身和健康相关的职业

- 全面发展活动
- 理疗

第十三章 与竞技运动相关的职业

- 增加了运动管理和 NASPE - NASSM 运动管理能力项目组的相关信息
- 运动旅游

第十四章 问题与挑战

- 青少年运动
- 科技与研究成果传播

第十五章 未来趋势

- 未来趋势和对学校教育的影响
- 营养和身体活动的前景规划和潜在的未来

成功之处

为了便于教师和学生使用，本书列出了下列相关内容：

教育目标　每一章的开始都列出了教育目标和学生需达到的能力。此举旨在让学生明确所强调的重点。能够实现这些目标也就意味着对本章内容的理解。

小结　每章的末尾都有一简短的对本章内容的回顾，以帮助学生理解和记住本章重点。

自测题　每章的结尾都给出了一些自测题以便学生检查一下他们对本章的理解程度。

参考书目　每章都有最新的参考书目，以使学生能够进一步学习关于本章所谈论的内容。

建议阅读书目　从和本章内容相关的文献中列出了一些容易找到的资源。这些书目给了学生更多的机会来进一步拓宽他们的知识面以及了解各个不同的领域。

互联网资源　本书的特色之一就是在每章的开始列出了一些相关网站，它们为本章主题提供了一些最新的信息。自我评估练习和活动都可以从这些网站上找到。

图片　本书中许多新的图片都是经过精心挑选的，以更好地展示本书的一些资料和描述一些关键问题。

写作风格　《体育基础：教学、锻炼和竞技》一书阅读性强，让学生深刻了解体育和运动领域中的基本知识以及体育和运动在当今世界上的作用。学生将会从本书中找到大量关于就业机会的信息，当然这些机会都是针对致力于参加全人类终身身体活动的专业人员，他们往往都是知识渊博、敬业和素质较高的专业人员。

致谢

感谢出版界的评论家们对本书再版所作的精辟评论。他们是：费基堡大学的托马斯·巴蒂内里(Thomas Battinelli)；威斯康星州立大学斯蒂文校园的斯科·E. 弗雷泽(Scott E Frazier)；安吉洛大学的苏珊·E. 基思(Susan E Keith)；约翰·C. 史密斯大学的亨利·E. 怀特(Henry E White)。

我也感谢前一版的评论家：威斯康星州密尔沃基大学的玛格丽特·卡莱尔·邓肯(Margaret Carlisle Duncan)；堪萨斯州立大学的克雷格·A. 哈姆斯(Craig A Harms)；阿肯色州大学的乔伊斯·格雷林(Joyce Graenig)；得克萨斯州立女子大学的卡伦·麦克尼·托马斯(Karen McNew Thomas)；孟菲斯大学的沙伦·L. 万·奥特根(Sharon L Van Oteghen)；东部华盛顿大学的吉姆·L. 沃斯默(Jim L Wasem)；犹他大学的多里斯·L. 沃特森(Doris L Watson)。

我尤其赞赏麦格劳-希尔出版公司杰出的专家们，特别是我的策划编辑卡洛塔·西利(Carlotta Seely)，她的鼓励、耐心和幽默感促成了本书的完成。她给出的合理建议和她丰富的经历帮助本书再版的完成。也非常感谢高级项目经理吉尔·莫林-埃克(Jill Moline-Eccher)和卡西·安玛蒂罗(Cathy Iammartino)，他们对细节的精心安排帮助了本书成功出版。

我把发自内心的感谢送给我的朋友和同事，他们在本书的再版过程中给了我各方面的帮助。特别感谢萨拉·里奇(Sarah Rich)，她帮我完成了本书图片的摄影工作。

以本书献给我可爱的女儿梅里柏·卡罗拉·德·维达·韦斯特(Meriber Carola De Vida Wuest)，她现在已经13岁，非常愿意成为一名学生运动员。这本书也献给伴我深夜写作的伙伴——我忠诚的猫：Abby，Jake和Rosie。

附录

教师指导光盘(本部分内容中文版中未附)

该光盘包括教师指导手册、试题库和与《体育基础：教学、锻炼和竞技》相关的幻灯片。

教师指导手册。这本书的教师指导手册包括章节总览、章节目标、问题回顾和推荐的一些课堂活动。

电脑试题库。该试题库可以从教师指导光盘和EZ电脑测试软件中获取。EZ测试提供了一个功能强大、便于使用的测试系统，它可以出测验和试题。EZ测试可以在Windows和Macintosh两种操作系统环境下运行。为了保证在线学习，EZ测试可以传到WebCT，Blackboard，Pageout(译者注：这些都是在线授课和学习的平台)和(从2005年秋季开始)EZ在线测试上。EZ测试也提供了一个快速开始导向，一旦装上了这个程序，就可以完成使用者手册，其中包括许多Flash辅导。其他帮助可到网站www.mhhe.com/eztest寻找。

幻灯片。本书每章的幻灯片的设计有利于教师提高学生的学习效率。

在线学习中心

在线学习中心可以配合教材使用，它给教师与学生提供了范围广泛的不同资源。

给教师：

- 所有章节的幻灯片
- 专业资源
- 运用互联网向导
- Pageout

给学生：

- 测验：多项选择题和判断正误题
- 就业机会
- 和章节有关的阅读书目

本书在线学习中心：www. mhhe. com/wuest15e

Powerweb(信息管理平台)(本部分内容中文版中未附)

通过本教材附带的 Powerweb 卡可以获得与本课程相关的具体文章和当前时事资源。学生可以利用 Powerweb 进行自我测试、互动练习、点击互动词汇表、查看每日新闻等。每个学科都有一位专家来分析每日新闻,从而为学生指出这些新闻和他们研究领域之间的联系。

目　录

第一编

体育教学、锻炼和竞技的本质与领域

本书第一编向读者介绍了体育教学、锻炼和竞技的研究领域。其中第一章介绍了体育教学、锻炼和竞技中的一些专业研究领域和定义，为读者阅读本书做好准备，同时各派哲学对此领域的影响也包括在本章内。第二章介绍了体育教学、锻炼和竞技的目标以及和教育目标的关系。第三章描述了体育教学、锻炼和竞技对社会、健康和教育的贡献，以及该领域的专业人员在为人们提供服务时的重要作用。

体育教学、锻炼和竞技是一个正在成长和发展的领域，这可以从其基础知识和专门研究领域的不断扩充中反映出来。体育教学、锻炼和竞技的扩展为此领域中的专门人才创造了不同的就业机会。

第一章
意义与哲学

网络链接

时事通讯可以使你了解目前体育教学、锻炼和竞技领域中的进展状况。这些时事通讯都是通过电子邮件向你发送的，包括时事新闻、专业论文、研究报告、最新产品信息、新理念、相关统计等。

一般情况下，你可以通过电子邮箱在时事通讯上注册。注册前花一点时间阅读一下关于注册人个人信息的相关内容。如果你想中断你的时事通讯，可以注销。这些时事通讯都是免费的，不需要会员资格。

ACE 健康电子时事通讯：acefitness. org→点击 ACE Fit Facts→注册接受电子信息

www. afpafitness. com→选择语言进入网页→点击 Newsletter→完成注册信息

www. charactercounts. org→点击 Sportsmanship，寻找订阅时事通讯的相关链接

www. pelinks4u. org→寻找时事通讯一栏进行订阅

学习目标

读完本章学生应能：

■ 讨论当代体育教学、锻炼和竞技的本质，展示它在过去40年的发展。

■ 给下列专业研究领域下定义：运动哲学、运动史、运动社会学、运动心理学、运动技能的开发、运动技能学、生物力学、运动生理学、运动医学、运动教育学、特殊身体活动、运动管理。

■ 分清本学科和相关职业之间的关系。

■ 解释体育教学、锻炼与竞技和相关研究领域之间的关系。

■ 讨论哲学的核心观念以及它们在体育教学、锻炼与竞技方面的应用。

■ 为运动哲学下定义并阐述它的发展历史和研究领域。

■ 培养在体育教学、锻炼与竞技方面的个人哲学观。

当前是体育教学、锻炼和竞技的发展史中一个最让人兴奋、最充满活力的时期。在我们面前展现的是一幅全人类终身参加体育运动的景象。它给人感觉后劲十足，激励体育教师、锻炼科学家和体育指导员选择这个职业，特别是它对各年龄段人们的健康和生活质量有着潜在影响。当前的体育教学、锻炼和竞技是从传统的体育学科进化而来，以前的体育学科只是培养在学校环境中为青少年服务的体育老师。但自从20世纪60年代以后，这门学科的基础、研究范围和焦点快速发展起来并有了显著的变化。新的研究领域——锻炼科学和竞技运动，也随着体育学科的扩展而出现了。也正是因为这个包含着多领域知识库的增长，所以出现了一些专门的研究领域并为合格的专业人员提供了新的就业机会。现在体育教学、锻炼和竞技的专业人员可在不同的环境中为不同年龄的人们提供服务，对参与者生活的影响则更大。从参与者的描述当中，显而易见参加活动的人越来越多，并且越来越受到人们的关注。

当一个球员在篮球场运球奔向篮下时，人群欢呼起来。此时比分已打平，计时器显示只剩几秒钟时间，只见这名球员向左做一个假动作，向右突破对方防守上篮，得分！同时终场钟声响起，比赛结束。当这些女队员走下场的时候，人们又欢呼起来，为两队精彩的表现喝彩。运动不再只属于男性！

当他最后一推，冲过波士顿马拉松比赛的终点线时，他胜利地举起双臂——第一位轮椅竞赛的获胜选手。他肩部手术后和教练密切的配合使得他恢复到受伤前的运动水平，艰苦的训练带来了好的结果，没有什么能比赢得一场艰难的比赛更让人满意的了。

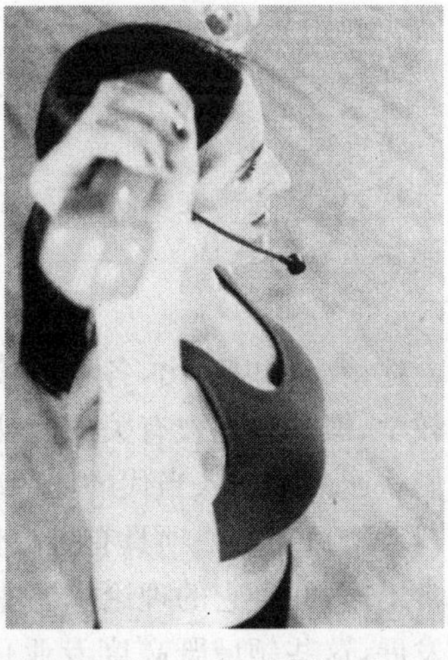

在体育教学、锻炼和竞技领域中的就业既包括学校环境下的教学，也包括非学校环境下的指导工作，如在社区和企业中的有氧健身操课上担任指导工作

她练习空翻，然后又到平衡木上练习。当音乐响起的时候，她和她这一组的伙伴走到地毯上，随着教练做出的不同动作尽力地做出回应，享受这个具有创新性的机会并尝试些新鲜事物。下课后，这名儿童穿过体操房跑向她妈妈。尽管费用昂贵，但这位妈妈依然认为这个学前儿童感知课对她女儿的发展大有益处。

他快速走出更衣室准备锻炼。做完热身活动后接着完成了他的力量训练。稍事休息后又换好衣服回到办公室来完成明天的工作计划。他在台历上留下便条以便明天参加由健身中心工作人员举办的营养讨论会。一个全面的职员健身计划是公司最好的补助。

她踏上领奖台——她在洲际运动会上获得100米自由泳的银牌。她自认为这对于一位76岁的奶奶已经不错了，同时她的孙子孙女们还有她的队友都在为她欢呼！这是这几年来她感到最健康的时刻，她也愿意在这次活动中结交新朋友。

他们用皮褶厚度测量仪仔细测量每个人的指定部位，把测量结果输入计算机，数据分析软件就会把每个人的身体数据显示出来。在体操房的另一端，其他同龄人忙着做踏步有氧健身操，同时用心率监测器监视他们的运动强度。在力量房内，学生们执行着个人训练计划。高校体育课正是像这样发生着变化！

病人静静地站在那里，身上贴着电极。心脏康复专家正用ECG监测仪检查他的心率。该病人对于在他的心脏病发作后这么短时间就开始锻炼感到有些紧张。在专家再三向他保证一切正常后，他才开始进行热身活动。同组其他心脏病患者（对锻炼）的正面评论和就在他身边进行锻炼的热情使该病人受到了鼓舞，他感觉好多了。

让全家在一起吃顿饭太难了。总有人要出去锻炼，今晚轮到妈妈去学校体育馆练习排球。她可是社区身体活动的一名积极分子，秋天踢足球，冬天打排球，现在又想在春天学打高尔夫；健身教练赞赏成年人在业余时间学习一些新运动的热情。

从上述情况可以看出，各年龄段的人们不分性别，无论身体状况如何，都在进行着与体育教学、锻炼和竞技有关的活动。

我们欢迎大家加入当代的体育教学、锻炼和竞技中来。可以肯定地说，要给这些领域进行一个概述是一项具有挑战性的工作，因为体育教学、锻炼和竞技这个领域发展得非常迅速，并且它的理论扩展速度也是空前的。这实质是知识爆炸导致了新研究领域的发展，这些领域既高度专业化、各自独立，同时又彼此紧密相关并最终联系起来。体育教学、锻炼和竞技的扩展也引起其中各分支的激烈争论，其焦点就集中在本学科的命名以及如何最好地定义科学研究和实践之间的关系上。尽管目前还有些争论，但有一点大家都能达成共识，即这些繁杂的学科的核心是研究人体运动，也就是通常所说的身体活动。

各个年龄段的人们都喜爱竞技比赛

我们现在知道经常进行身体活动可预防疾病，对健康与幸福有着正面的影响。如果要提高全体公民的身体健康水平，那就要求体育教学、锻炼和竞技方面的专业人员可保证所有人都能参加这些活动，不分男女老幼，没有种族划分，不管是否残疾，无论你的收入高低、教育程度如何，以及居住何地都可参加。这是将来此领域的专业人员所要面对的挑战。

体育教师、锻炼科学家和运动指导员需要有自己的职业哲学来指导自己的行动，提高自己的专业实践水平，并帮助解释体育教学、锻炼和竞技对社会的价值所在。过去的 40 年里，体育教学、锻炼和竞技发生了巨大的变化，而在今后，新千年中则有更多的机会等着我们。

体育教学、锻炼和竞技所涉及的内容

体育教学、锻炼和竞技在过去 40 年中发展迅速，研究内容已从传统的学校领域延伸到社区、家庭、企业、商业和医学领域。人们利用学校和社区的这种伙伴关系接触到体育和健身课程，同时它也给青年参加身体活动提供了更多的机会。社区的休闲娱乐活动为不同年龄、不同身体状况的人提供了形式多样的指导和运动机会；私人教练在锻炼者家中和他们一起练习；人们为了寻求在家中锻炼方便，使得家庭锻炼设备的销售额突增至每年 38 亿美元；企业为员工提供全面增进健康的计划，包括健身课、心脏康复、营养咨询、戒烟和职业安全课；健身和健康俱乐部有几百万会员充分利用有氧舞蹈课、耐力训练和修身养性课程，如瑜伽来健身；网球、高尔夫、体操和空手道等俱乐部为各种年龄的会员提供指导；一些活动的安排照顾到了各年龄段的人群，包括学前儿童、成人和老年中心上了年纪的老人；医院举办各种使心脏康复的活动并为社区居民提供健身课；运动诊所接待在运动或健身中受伤的人；步行者在自己家附近快速走动以达到每天要以中等强度运动 30 分钟的要求。数以百万计的人们已把像慢跑、骑自行车、滑冰和游泳等活动当成他们生活中不可分割的一部分。

尽管环境不同，但所有的人都在寻找运动的机会。一年有超过两千五百万的孩子参加适合青少年的运动；有几百万人参加校际竞技运动；也有几百万的成人参加如纽约州立运动会、A. A. U.（美国业余体育联盟）篮球竞赛、老年人运动会、波士顿马拉松以及家长游泳赛等竞赛项目；社区的篮球、垒球、足球和排球娱乐联盟为大家提供了一系列参加运动的机会；一些竞技运动比赛如超级橄榄球赛、奥林匹克运动会、各种世界杯赛事、NCAA的篮球巡回赛等激起了无数观众的热情；参加各种运动及身体活动的妇女人数也创了历史纪录。

学校体育的焦点是如何延长人们参加身体活动的年限。学生所学的运动技巧、知识以及良好的运动态度将会使他们一生能参加各种各样的身体活动。小学的体育课主要是帮助孩子通过学习基本的运动技能（如扔、接等动作）和运动概念（如平衡）来获得运动能力，为将来参与具体的比赛项目、运动、健身和舞蹈打下基础（见第五章）；在整个上学过程中，随着对身体活动知识的增长和理解的加深，孩子们也培养了运动和健身技能；学生在中学阶段的体育课上有机会选择自己喜爱的身体活动；也可把一些体育指导放到社区当中，如增加供学生参加的活动，鼓励学生在课余时间利用社区的设施来活动；可以把解剖学、运动生理学和运动训练学加到学生的课程中去，以使他们更好地理解和欣赏身体活动；校内的竞赛让各种技术水平的学生都有机会和他的同学进行比赛；校际间的赛事则给那些水平高的学生来和其他学校的学生比赛的机会。

在大学里，学生可报名上武术或网球课；在健身中心活动；参加有氧舞蹈班或休闲体育。大学间的校际竞技运动将继续扩展，有更多的参与者，并且吸引更多的公众注意力。

现在参加身体活动的人数已创历史纪录。越来越多的公众认识到经常活动有益于身体健康。《体育与健康：医学报告》和《2010年健康大众》两篇国家级的报告中给出充分的证据证明每天做适当的运动有助于提高人们的健康和生活质量水平。尽管多数人知道运动对他们有好处，参加体育锻炼和运动的人数也是空前的，但仔细看一下参加情况的数据就会发现许多实际情况并非如此。

尽管已证明运动对健康有益，然而仍然有40%的成人在业余时间不参加运动。青少年要比成人主动一些，但他们的运动时间随着年龄的增长而递减。在2000年美国政府发布了一个名为《通过运动来改善青少年的健康状况》报告，该报告说“目前在美国空前肆虐的儿童肥胖症就是由于缺少身体锻炼。现在有太多的青少年不爱运动也不爱健身，身体超重，这些都增加了他们患上慢性病的危险”。

在过去的20年里，美国的儿童、青少年和成人的身体超重，患上肥胖症成普遍趋势，并以惊人的速率增长。考虑到由身体超重、肥胖症引发的健康问题可能影响到近年来国家在健康方面所取得的一些成果，美国公共卫生部于2001年发布公告，对防止和减少身体超重、肥胖症采取行动，号召全体美国人民要有健康的饮食习惯和固定的身体锻炼时间。保证在学校每天都有高质量的身体活动，在日常生活中有更多的身体活动，在工作场所优先考虑的因素之一就是提供活动的机会。

不好的膳食和身体缺乏锻炼是造成美国可预防类死亡的第二大因素，因此，卫生与公共服务部门又一次号召人们要运动和吃得健康一些。这种号召（包括《健康的生活方式与疾病预防》一书）鼓励人们增加锻炼身体的时间，选择健康的食品。同时这种主动性也反映了身体活动对健康的重要作用，不仅对生活质量有作用，同时也让人们生活得更长久更健康。

对美国人的健康状况和运动方式做了进一步分析后，我们发现不同人群中人们的健康状况不尽相同，进行健身的机会也不均等。其中年龄、社会经济状况、种族、性别、所受教育程度和地域位置都影响着人们的运动时间。缺乏运动的现象主要存在于妇女、少数族群、经济和教育状况不好、残疾人和老年人这些人群当中，他们运动的机会很少，锻炼身体经常也面临着重重困难。有限的运动机会反过来又影响着他们的健康和生活质量，从而最终影响了他们的寿命。

参加身体活动应从早期开始，并且一生都要坚持。学校体育课是儿童与青少年学习运动技术和知识、获得正确运动态度的主要途径，从而使他们过上一种健康的和积极锻炼身体的生活。人们从国家卫生政策报告中认识到了体育对健康的重要性，所以号召所有学生——从幼儿园到 12 年级——每天都要上有质量的体育课。然而不幸的是，每天都参加运动的年轻人人数却在缩减。每天都参加运动的高校学生从 1991 年的 42%减少到 1995 年的 25%，在 2001 年又上涨到 32.2%。有许多终身的习惯是在儿童时期形成的，也有许多疾病能在儿童时期找到根源，所以在早期形成良好、健康的习惯是非常重要的。在美国的私立和公立中小学里有超过 5 200 万的学生，想象一下每天都能上有质量的体育课将给这些学生的健康所带来的益处，我们就会感到增加每天参加高质量体育课学生的人数是首先要解决的问题。

身体活动挑战

我们的挑战是提高人们参加身体活动的比率

当前人们参加身体活动的特点：

- 在各个年龄段，妇女参加活动的比率通常比男子低。
- 非裔和西班牙裔美国人通常比白人不爱参加活动。
- 低收入人群参加身体活动的积极性要明显低于高收入人群。
- 受教育较少的人群通常没有受过高等教育人群参加身体活动的积极性高。
- 东北部和南部的成年人往往比中北部和西部成年人参加身体活动的积极性要低。
- 残疾人要比健全人参加身体活动少。
- 随着年龄的增长，参加身体活动的比率随之降低。对于 75 岁年龄段的人群来说，三分之一的男子和一半的妇女不参加身体活动。

【资料来源】United States Department of Health and Human Services. *Healthy People 2010: Understanding and Improving Health*. Washington, D.C.: US Government Printing Office, November, 2000.

体育教学、锻炼和竞技迅速发展也使一些新领域得到扩展，有更多的人——包括各年龄段和各种人群——加入到体育教学、锻炼和竞技中来，这就给对此领域有兴趣的学生创造了一系列的就业机会，如从传统的学校体育教师和教练到社区和商业环境下的体育指导员以及其他与健身相关的职业，此外在心脏康复、竞技训练和工作场所的促进健康训练方面的职业也日益多了起来，还有体育市场、体育管理和体育传媒方面的职业也越来越受人欢迎。

这些领域的职业面临的主要挑战是注意运动机会的不公平现象并努力排除这些在健康方面的不平等。身为体育教学、锻炼和竞技方面的专业人员，我们必须承诺向这些人群伸出援助之手，确保他们参加我们的活动。我们也必须注意那些阻碍不同人群进行身体运动的特殊障碍，采用这些不同人群容易接受的新方式（使他们参加运动），并通过在学校、娱乐中心、工作场所和保健中心举办高质量的公共活动来改善这些新方式。人人都有权利拥有健康，拥有一生都可以锻炼身体的机会。

当你开始从事这个职业时，就要承诺为人们付出，不分年龄、收入、教育状况、种族、性别、地域或是否身体有缺陷，要为所有人创造机会使他们享受体育运动并一生从中受益。

体育教学、锻炼和竞技的定义

体育教学、锻炼和竞技共同关注的是人体运动，也就是一般意义上的身体活动，身体活动正是这些具有活力的领域的基石。

从历史上看，身体活动的焦点是对学校环境中的青少年进行教育。传统意义上的体育概念体现在以教育为中心。自 20 世纪 60 年代以来，体育已发生了巨大的变化，它已超出传统意义上的领域而涉及非学校环境。如果要继续发展身体活动，指导人们进行体育运动，我们就需要有一个对体育更全面、更符合当代特征的定义。

目前，我们把体育定义为：体育是一种教育方式，它以身体的活动为手段来帮助人们获得运动技术、健康、运动知识、运动态度以利于人们的最佳发展和全面健康。在这个定义中，“教育”指的是人一生当中的学习过程。教育就像体育一样存在于各种环境之中，不局限于某个年龄段的人群。家庭教育，通过远程学习的继续教育，在工作场所加强健康活动，学前教育等都是教育和体育的延伸。现在的教师也许应被称作指导者或助学者。现在的学生则包含从学习走路的学前儿童到在社区娱乐活动中学习打高尔夫球的老年人等各年龄段的人群。

当前的体育以具有发展前途的模式为基础，该模式主旨是体育应通过周详安排的身体活动来实现人的全面发展。体育包括获得运动技能并对之精细化，开展健身运动以达到最佳健康状况，学习身体活动的知识，对体育有一个正面的看法而益于形成一生学习和参加锻炼身体的习惯。正如齐格勒(Zeigler)所说：“我们‘从出生到坟墓’都有责任为所有人进行终身运动而努力。”

在过去的30年中，对体育的学术研究从未间断。学术上的探索使我们的知识领域不断扩展，如在体育教师的培养、教师的作用、教法、改进学生的学习等方面。此外，它也在教练和运动员的行为研究上给了我们一个新的视野。

运动生理学家研究人体对运动的短期及长期的适应情况

锻炼科学是对锻炼，或更概括地说，对身体活动的科学分析。锻炼科学家应用了其他学科的科研方法和理论，如生物学、生物力学、物理学和心理学。运用科学方法研究身体运动迅速扩大了锻炼科学的知识库。身体活动对身体各系统的影响随着锻炼科学知识库的扩充而变化，我们对这种影响的理解也随之增加。身体活动对预防疾病和改善健康的作用以及运动对疾病治疗和损伤后的恢复疗效都已广为人知。

锻炼科学的研究领域广泛，它包括了对身体活动各方面的众多研究。诸多学者通过研究发现了人在一生之中运动技能的形成和变化一些新的规律，进一步理解了人是怎样来学习运动技能的。运用生物力学分析运动技能可以帮助提高技术的效率和效果。研究人员通过探索运动员能力极限设法使各层次的运动员达到较高的运动成绩。此外，锻炼科学的领域还包括身体活动对健康的心理影响，以及加强运动和恢复计划相联系的策略。

竞技运动是在规则之下高度组织起来具有竞争性的身体活动。规则使竞赛和环境标准化，运动员可以通过公平竞争达到特定的目标。竞技运动使人们有机会来展示自己的竞争能力，挑战自己的极限。竞争可以在对手之间展开，也可和自己竞争。

人们热衷于竞技运动在于它能给人以乐趣、自我满足，有机会赢得比赛或得到回报。竞争水平也包括从娱乐竞技到高水平竞技不等。当竞技运动高度发展到一定程度，管理机构就会规范并监管竞技运动。在这个层次上，教练员要起到一个突出的作用，运动员的技术要炉火纯青，裁判员则要保证比赛的公平性，比赛的记录要保留，赛事可通过媒体得到提升，观众也起着重要的作用。运动这个单词就是由技术熟练的运动员参加的具有高度组织的竞技运动，它在我们当前社会已具有一个突出的地位。

从20世纪70年代以来人们就对竞技运动的学术研究有了很大的兴趣。这些研究主要集中于竞技运动对社会的重要作用，对我们文化的巨大影响，对参与者、观众和读者(通过阅读书刊、报纸、杂志等来了解竞技运动)的作用。学者们从哲学、史学、社会学和心理学角度来研究竞技运动。研究领域包括竞技运动的道德规范、重要历史事件对竞技运动的影响、少数族群参加竞技运动机会的不平等现象、运动员在比赛中对焦虑的控制等。其他一些研究者把注意力放到竞技运动的管理与改进管理上。正是竞技运动越来越受人喜爱以及对社会的突出作用，使其成为一个重要的研究领域。

目前的体育教学、锻炼和竞技的领域包含了各式各样的活动、场景和人群。近来，体育教学、锻炼和竞技的发展离不开人们越来越高的对它进行学术研究的兴趣。正是这种研究带动了某些特殊知识领域的扩展，而这些知识在广度和深度上的扩展又给专业实践提供了一个基础。体育教学、锻炼和竞技的发展也为那些热心立志于此项事业的专业人员提供了许多就业机会。

体育教学、锻炼和竞技的领域

科宾(Cobin)把领域定义为“由一发展完善的学科与能为社会服务的一个或几个职业组成，并关注着同样的目标”。学科专家致力于研究并且努力从学术上扩展本学科的知识库。为人们提供服务的专业人员正是以该知识为基石。专业人员运用这些知识和他们个人的技术来设计并执行一些活动来满足人们各自不断变化的需求。学科与职业之间的关系如图 1－1 所示。随着这个学科的不断发展与日益专业化，我们必须把共同的注意力放在身体活动上。职业和学科这两个领域丰富了我们的理解，增强了我们来延长所有人的运动寿命的能力以便能经常参加身体活动。

图 1－1 体育教学、锻炼和竞技的领域

专业

考虑到体育教学、锻炼和竞技的状况，我们可以把它说成是一种专业。专业就是需要在某一研究领域中经过专门训练的工作，并且这一领域立足于为人们服务和改善社会。这些人员运用他们的知识和技术为人们服务，提高人们的身体健康水平。

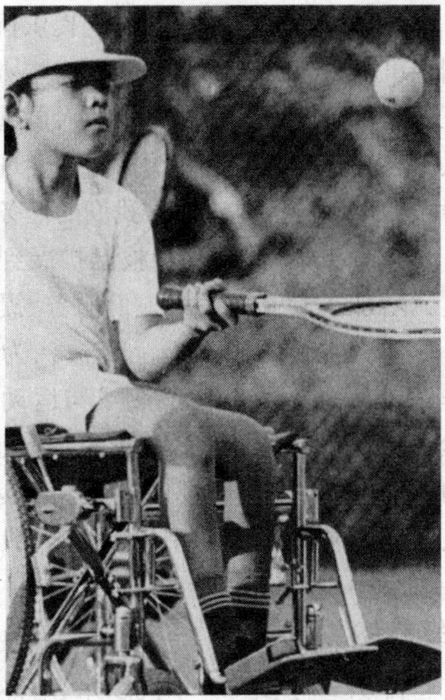

必须给残疾儿童参加竞技比赛的机会

有些特征有助于把职业和专业区分开来，如同区分贸易和手艺一样。这些特征包括如下几条：

● 由一个有组织的并且不断扩展的知识体系来做实践的理论基础。

● 教育准备是一个广泛的研究过程，主要集中于获得知识、学习专门的技术和达到所需的竞争意识。

● 进入一个专业的标准可能是需要你有合格证书、专业毕业证书和从业资格证书。

● 能够和会员进行正常的交际和交流。

● 创造机会来继续发展和扩充专业知识和专业技术。

● 以专业道德规范来管理会员并且提供服务指导方针。

● 得到社会的认可是因为它对人类有益。

● 献身于为他人服务。

各年龄段的人们经常光临健身中心和健康俱乐部，许多都定期锻炼。经常参加身体活动有利于健康和身体质量的全面提高

已获得学士学位的体育教师、锻炼科学家和体育指导员通过学习本领域的研究生课程，不断进行深层次的研究。他们的专业课包括对该领域在理论方面的广泛研究、对运动技能的学习，还有在有资格的专业人员带领下的实践课。此专业的学生需达到一定的要求才可获得学位，如要从事这个专业则还需有证书和更多其他的要求。

许多的专业组织为会员们提供机会来交流思想，了解最新的研究动态，参加培训班、训练班等来改进自己的技能。这些协会通过会议、期刊、日常通讯使会员之间彼此交流。互联网可以使世界各地的专业人员进行快捷的信息交换和思想交流。专业人员和其他人一起工作时以道德公约为导向。现在社会上越来越多的人认识到这方面的专业人员对人们生活的重要价值。我们的任务是延长所有社会成员的运动年限，达到全民健康。

体育教学、锻炼和竞技已扩展到不同的环境之中，参加的人群也延伸到各年龄段，这就增加了专业人员为人们服务、提高人们健康水平的机会。

体育在传统意义上一直被认为是教育的一部分。随着我们活动的范围扩展到非学校环境下的教育事业或与运动有关的事业，与健康和健身相关的事业，与竞技运动相关的事业，我们专业的重点也在持续增加。涌现出就业机会就需要有高素质的专业人员，他们既要有高水平的运动技能，又能正确评价和理解日益增长的不同人群的需要，并且熟知体育教学、锻炼和竞技的知识。

学科建设

自从 20 世纪 60 年代以来，对体育的科学研究大量涌现出来，这也把它的地位提到了学科的高度。亨利(Henry)把学科定义为：

> 一个有组织的知识体系并且完全包含在所有正规学习课程之内。习得此知识体系这件事本身就足够了，而没必要在实践上去展现或应用。它所包含的内容可从理论上和学术上与技术和专业区分开来。

学科的建制应有一个核心，用一个概念性的框架来搭建本领域的结构，一个独特的研究范围以和其他领域相区别，还要有与众不同的学术研究方法和方式以保证本知识体系和深层理解上的先进性。该知识体系本身就值得研究，而不一定要立即应用到专业实践中去。传统的学科建制有生物学、心理学、哲学、历史学和数学等。

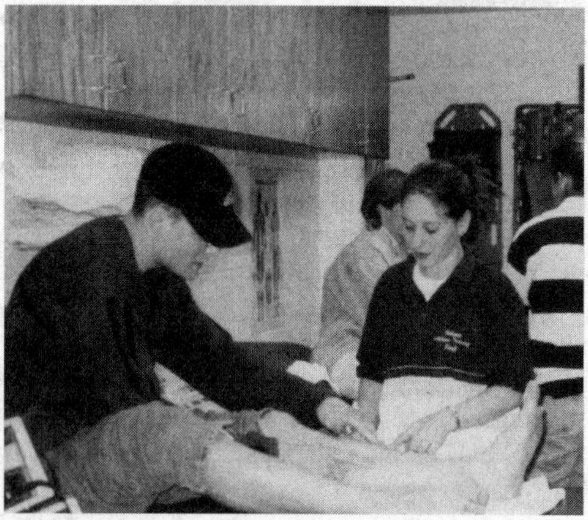
竞技运动教练的职责之一就是对伤病的评价

在本学科发展过程中最有影响的事件是 1964 年富兰克林·亨利(Franklin Henry)提倡的“规划和研究本学科建制，并把它称为体育”。他正是在社会给教育改革施压，要求提高教育水平，在教师培训上严格学术把关这个关键时刻吹响了体育学科改革的号角。之后，对体育教师的培训活动就集中在对知识的应用、不断批评学术上的不严谨上面，重点是学习与工作相关的技术、技能和一些运动技能课，如篮球基础课。

亨利对学科建制的提倡激起了各大学学者广泛的学术活动。借鉴其他学科来发展技术、理论知识、科研方法以应用到体育的研究当中，同时也逐渐应用到锻炼科学和竞技运动当中。举例来说，体育学科为运动技能学和体育心理学提供了基础；社会学是运动社会学发展的基石。研究和学识上的增长引起了一些专门研究领域的扩展，我们一般称之为分支学科。

体育教学、锻炼和竞技的分支学科

体育教学、锻炼和竞技学科包括 12 个分支学科。体育教学、锻炼和竞技的跨学科本性从它分支学科的名称上就可显现出来。研究人员和学者从其他学科借鉴理论、原理、科研方法来发展这些专门的研究领域。自然科学学科如生物学、化学、物理学、解剖学、生理学和数学方面的知识和研究方法很大程度上影响着体育教学、锻炼和竞技的分支学科如运动生理学、运动生物力学的发展。社会科学的学科如心理学、社会学、历史学和哲学等形成了运动心理学、运动技能开发学、运动技能学、运动社会学、运动史、体育哲学等学科发展的基础。康复学，特别是运动处方对运动医学和适应性身体活动的发展有着举足轻重的影响；教育研究在很大程度上影响了体育教育学；体育教学、锻炼和竞技的分支学科——体育管理学明显受到管理学、法学、信息学和市场营销学的影响。

分支学科的发展也拓宽了这些研究领域的范围。同样重要的是，在我们达到目标的过程当中，这些领域彼此的依赖性给我们提供了有价值的知识并且增长了我们的见识。体育教学、锻炼和竞技的 12 个分支学科简述如下：

运动生理学是研究各种身体需求，特别是运动对人体的结构和功能的作用。运动生理学家所关注的是运动对身体各系统的短期（急性）影响和长期（慢性）影响。不同运动对肌肉和心血管系统、免疫系统、各种人群（如儿童与老人）的作用，都属于运动生理学的部分研究范围；而临床运动检测、设计心脏手术后病人的康复计划、制定预防心血管疾病练习活动则是运动生理学家的责任。（详见第七章）

运动医学关注的是运动损伤预防、运动损伤治疗和运动损伤后的恢复。运动训练师的责任不仅仅是治疗运动场上受伤的运动员。从预防的立场上看，运动训练师应和教练一起制定赛季不同阶段的身体素质训练计划，正确安装和保护设备，改善运动员的福利如咨询运动员的合理营养。至于治疗和恢复，运动训练师能在损伤发生时判定它的程度并在第一时间实施救护，和外科医生合作制定出康复计划，提供治疗并监护运动员的康复。

运动生物力学是采用物理学和力学中的方法来研究人体的运动和体育器械的运动(如铅球或标枪)。它研究各种力和定律(如牛顿定律)对人体和体育器械的作用；检测人体肌肉骨骼系统、人体动作和器械动作中力的产生、杠杆作用、稳定性(例如投掷铁饼时在投掷圈内的旋转动作)；分析动作的效率和效用以帮助人们提高自己的成绩。(详见第六章)

生物力学专家分析运动员技能表现的力学因素以帮助他们提高成绩

运动哲学从多种不同的角度来分析运动。它包括真实的本性、运动的知识结构、伦理道德问题、运动美学。运动哲学家仔细地揣摩着运动对每个人的意义，让我们提出自己对运动的信念、想象的质疑；运动哲学家也进行着系统的思考，用逻辑来丰富我们的知识，得到结论，试图理解身体和精神之间的关系；他们还对关于伦理、道德、价值的问题展开争论。(详见第一章)

运动史就是对过去评论性的检查，集中于对运动领域的发展和方向产生过影响的事件、人物和趋势。它关注的是体育领域中的什么人、什么事、什么时间、什么地点、怎么发生以及为什么发生。在当时社会环境中发生的这些事能帮助我们更好地理解当前并获得对将来的一些认识。(详见第四章)

运动与锻炼心理学用心理学上的一些原理和方法来研究人体运动行为。运动心理学家帮运动员提高他们“精神上的比赛”，也就是说找到并能有效使用一些技巧和策略来提高运动员的成绩。运动心理学研究的领域有：成就动机、焦虑调节、自信心、进行康复的持久度、凝聚力、指导能力。最近，运动心理学和锻炼心理学更加紧密地联合在一起。锻炼心理学关注的是锻炼依赖性、持久性和其他一些影响参加体育锻炼人群健康的心理因素。(详见第九章)

动作技能开发学研究的是影响运动关键能力发展的因素。动作技能发展学家运用纵向研究(经过持续多年的研究)来分析在个体一生当中影响他们动作技能的遗传和环境因素的相互作用。研究的焦点之一是早期运动经历、遗传、成熟对儿童动作技

运动心理学家帮助运动员达到最佳竞技水平

能发展的作用。专家们运用发展的理论来为各种人群设计合适的运动。（详见第五章）

运动技能学是对主要由于练习和锻炼而引起运动行为变化的研究。它研究的关键领域是（运动或锻炼、训练）内容、频率和反馈的时间对技能学习的作用。运动技能学关注的是个体从初学水平到高水平所经历的这些阶段。运动技能学专家调查研究的是技术练习的最佳条件；运用强化（训练）提高学习（效果）；怎样从周围环境获得信息来提高成绩等。

运动社会学研究运动在社会中的作用，对参加运动者的影响以及和其他社会机构的关系。运动社会学家研究性别、种族、社会经济状况对运动（最近称作身体活动）参

运动社会学家研究人们在运动中的行为——包括运动员、教练和球迷——也研究运动对社会的影响

加情况的影响；运动员滥用药物、(运动场上的)暴力、媒体对运动的影响，运动员和教练的关系等也吸引着运动社会学家的兴趣；运动社会学家还关注数以百万计的儿童参加青少年运动的经历。(详见第八章)

运动教育学从广义上讲包括对校内和校外环境下的教与学的研究。体育教育学研究的是体育教师和体育指导员怎样营造出一个有效的学习环境，怎样达到期望的目标及怎样评价活动的成绩。它寻求的是测定在工作当中教学效果较好的教师和教练员的特点与技巧，以及这些特点与技巧怎样影响学生/运动员的行为和学习。这门课程以及它的目标、组织和怎样实施都是被研究的范围。这个领域的主要核心是教师的培养。(详见第十一章)

运动教育学研究教师和教练的行为，确认那些利于创造有效学习环境的因素。杜克大学的迈克·克里耶斯基(Mike Krzyewski)就是公认的在指导和执教方面非常出色的教练

特殊身体活动关注的是教师和体育指导员为残疾人提供服务和活动机会所需的准备。专业人员调节运动方式以使各种能力的人群来参加运动。联邦法律规定，特殊体育学的教师有责任为身体有残疾的学生设计个别教育方案以使他们能尽全力参加学校的体育课。在这个领域重要的是保证安全性和指导作用以便为残疾人参加体育和运动创造更多的机会。(详见第十一章)

运动管理学包括许多运动管理方面的东西，如人事管理、预算、设备管理、规划等。运动管理的其他方面有法律、发展政策、筹款、处理与媒体的关系。专业人员可以把这个领域的知识运用到体育产业的各个方面，如中学之间或大学之间的运动(赛事)、职业运动(赛事)、健身与健康俱乐部、社区体育、休闲活动、体育用品销售等。(详见第十三章)

专门化和整体化

体育教学、锻炼和竞技领域的学者和从业者把它的二级学科导向了专门化。新的专业学会和学术期刊的出现给大家提供了一个论坛，使大家能进行专业对话，交流一些新的科学发现与学术成果。在大专院校中随着新课程的发展变化，学生的课程安排也会随之变化，新的专业就加入其中，比如运动研究、(竞技)运动训练、健身与心脏康复等。新的就业选择吸引了越来越多的学生，并且在这些专业的毕业生将很快超过传统教学专业(体育教育)的毕业生。这些非体育教育专业的毕业生总是愿意把他们的

研究领域说成是他们的职业，所以这些专业人员不称自己为体育教师，而称为竞技运动训练师、锻炼科学家、运动管理经理等。新的研究生培养计划包括在运动生理学、运动教育、运动管理、运动心理学等方面设置硕士学位和博士学位两个层次，这也反映了这个学科的复杂和综合之本性。

学科的发展将继续扩充我们的知识库。重要的一点是随着专业化的不断深入，我们不可失去对体育教学、锻炼和竞技整个领域的统观。尽管那些专业化的领域已经建立起很好的知识库，但他们之间并非是彼此孤立的。因为我们基于同一中心，即现在已逐渐被定义了的身体活动，所以这些专业化领域在内容、观念和研究领域上就都有所重叠交叉。麦克尼尔(Mcneill)把我们这个领域的基本核心定义为"健康和全面发展与我们这个专业息息相关，同时也是我们要承担的义务"。

表1-1指出体育教师、运动学家、运动指导员怎样利用每个分支学科的知识来提高活动的效能。目前这个领域正处于全面地持续发展、专业化时期，我们应努力在分支学科之间建立起联系。查尔斯(Charles)建议我们在避开这些分支学科的定义界限时，可把它们放在一个更大的领域之中来看，以使这些彼此隔离的因素有一个更宽泛的意思。伦普金(Lumpkin)建议：作为一个领域"我们应致力于共同的目标、(发挥)不同的作用、(建立)交叉学科的知识库"。我们必须明白，为了使所有人终身参加身体活动，每个学术领域都有着不可磨灭的贡献，我们每个人都起到了重要的作用。我们要记住当专业人员和人们一起工作时，我们是在和完整的人——在社会环境下有思想的人打交道。我们必须对社会不断变化的需求非常敏感，并利用这些变化作为我们成长的机会。查尔斯说："我们必须认识并利用那些指引将来社会(发展方向)的文化标识，未来的社会将为健康设保险，将重视通过身体活动来塑造健全的人。"如果我们能做到这一点，那作为社会不容忽视的一部分，我们也就发挥了全部的作用。

表1-1 体育教学、锻炼和竞技的分支学科——运用于健身和运动指导

分支学科	问题的类型
生物力学	负重训练的正确方法是什么？我怎样评价一个运动者的姿势？
锻炼生理学	为达到健康的目的，合适的锻炼频率、持续时间、强度是多少？参加锻炼的人需要多长时间就可使他们的健康状况有显著的改变？
运动医学	什么样的锻炼方式能防止受伤？在炎热、潮湿的天气下怎样调整锻炼方式？
运动发展学	运动者的发展需要是什么？怎样设计适当的活动来满足这些需要？
运动技能学	什么是学习技术的最好练习条件？表扬与反馈的频率是怎样影响运动者的？

续 表

分支学科	问题的类型
运动哲学	作为健身指导员，你对参加活动的运动者起什么作用？参与者在活动中的责任是什么？
运动和锻炼心理学	帮助参与者坚持不懈地进行运动的最好策略是什么？
运动社会学	影响参加活动的人选择活动方式的社会因素是什么？影响他们参加活动的社会力量是什么？
运动教育学	合格教师的特点有哪些？最有效的教学原则有哪些？
适用运动学	怎样调整一些活动来适合个体的需要？……使它适合残疾的个体？
运动管理学	促进一个活动、计划的最好方式是什么？你怎样修改一个政策？

名称的争论

从亨利 1964 年号召发展体育、锻炼科学和竞技体育学科至今已过去了几十年。这几十年来随着该学科知识库的不断增长，高等教育的学科专家也在进行着一个长期的争论，即应该为它取一个合适的名称，而不是按传统称之为体育。那该怎么命名这个学科呢？

一些学者表示传统上的“体育”范围太狭隘，不能清楚地表达出体育教学、锻炼和竞技这个领域不断成长的学术特征。“体育”这个名称未能反映锻炼科学和竞技体育层面上的学术意义，而锻炼科学和竞技体育是非常重要的研究领域。此外，这个名称和传统意义上在学校教学的职业太过于接近。教学曾经是我们主要的职业，现在则只是和这个学科相关的众多职业之一。也有一些学者愿意保留传统的名称——“体育”，他们认为应着力改变体育给人的印象，使它能更准确地反映出它的本性、扩充的范围、研究中心的动态，而不是去给它改名称。简而言之，体育正在经历着一个“身份危机”。

众多学者已经在进一步讨论给该领域的核心定义。他们给它找到了一个新的名称来把我们的学科和职业特点都反映出来。伴随着学者们的争论，高校中的体育系已开始改变名称来反映他们的研究任务已扩充，研究方向也在变。从 20 世纪 60 年代开始，一些大学和专科院校的体育系把名字改为“运动机能学”(kinesiology)。运动机能学被定义为研究人体活动的科学。这个名字的支持者认为它反映了(本学科)对人体活动各个方面越来越多的学术关注。经过几年的争论，享有声望的美国体育专科学院在 1989 年改名为美国运动机能与体育专科学院，并推荐运动机能学为学科名称。那些对此名称持反对意见者表示公众对这个名称缺乏了解。如果人们对我们(学科名称)是什么都不知道，而且认识不到我们工作的价值，那对我们工作的开展将会非常不利。

锻炼科学有时和运动科学合在一起在 20 世纪 90 年代被各系广泛使用。锻炼科学在定义上给本学科领域一个更广的范围，在名称上也易为公众所理解。尽管运动被认为太狭隘不能反映本学科领域的全部，但它确实正在成为本领域的核心学术热点。

体育和运动也是本领域广为人知的名称。齐格勒称它在 1994 年是世界上最常用的名称。把体育和运动连在一起就清楚地说明了运动是这个学科中非常重要但不是惟一的领域。该名称保留了公众所熟悉的“体育”这个词，也包括了现已成为学术研究重点的“运动”这个词。

身体活动科学是为本学科起的另外一个名称。那些钟爱这个名称的学者注重的是该名称能使人简要而清晰地认识到它的中心——人类身体的活动。身体活动科学反映了这个学科的核心——从各个不同的角度来研究身体活动的不同方式。这个名称为许多彼此联系的专业科学和学术研究领域提供了一个概念上的核心和框架。

现在越来越多的人认为身体活动是我们(学科)关注的中心，但对这个领域的名称还未达成共识。齐格勒在 1997 年指出这个一直困扰着我们的难题，他说：“现在(关于名称)的争论已发展到空前的状况，仅在美国高校有关本系的名称就有 150 多个(译者注：就是关于体育系的名称各式各样，无统一名称)。”他号召我们来解决这个名称问题，把发展身体活动作为我们认识的核心，并且把我们工作中的专业和学术范围联系得更紧密一些。现在我们该采取一些大胆的、积极的方式来给那些我们所服务的人群(如学生、顾客等)留下一个更深刻、更清晰的印象。

相关领域

健康、休闲娱乐和舞蹈常常被认为是体育教学、锻炼和竞技的相关领域。这些领域和体育教学、锻炼和竞技在许多方面有共同的目标，即个体的全面发展和关注生活质量。然而这些相关领域的学科内容，完成任务所需的方法与体育教学、锻炼和竞技的内容及所需方法有所不同。美国健康、体育、休闲与舞蹈联盟(AAHPERD)是美国最大的一个专业组织，从它的名称上就可反映出这些领域之间紧密和重要的关系。AAHPERD 的成员包括在体育、竞技运动、运动、活动(锻炼)科学、健康、安全、休闲娱乐和舞蹈等方面的专业人员。

健康

健康教育关心的是个体的全面健康，包括身体、思想、社交、情感、精神等方面。健康教育的三个领域是：健康指导、健康服务、环境健康。

健康指导的核心是教授一些健康生活的基本知识。健康指导的对象是所有人群——从学前儿童到老年人，并且通过各种机构来实施，包括各级教育机构、公共健康服务、私人活动等。健康指导覆盖众多领域，有预防疾病、心理健康、营养、健身、压力调节、治疗吸毒和酗酒。

公司企业的健身活动越来越受人喜爱。Tenneco 公司的员工所参加的踏步有氧健身操就是他们健身活动的一部分

提供健康服务是健康教育的第二个领域。这些服务的宗旨是让所有人拥有并保持一个令他们满意的健康状况。在教育机构的各年级都提供健康服务，而且这经常也是各公司职员健康服务不可或缺的一部分。这些服务包括常规视力检查，测量胆固醇和血压，癌症检查等。

环境健康是健康教育的第三个领域。它主要关注健康、安全的环境发展。它给出了一些标准确保在某个环境下的个体不会在不留意的情况下接触到有害物质，如有毒化学物或传染性物质等。

身体活动对人的一生都很重要。自行车运动对所有人来说都比较适宜

美国人越来越意识到身体活动对生活质量所起的辅助作用。数据显示经常参加适当的身体活动对健康有益，并且此数据还在不断上升。经常进行身体活动的有益之处包括可以预防冠心病、高血压、非胰岛素依赖性糖尿病（也称Ⅱ型糖尿病）、骨质疏松症、肥胖症、心理健康等方面的病症。其他的好处还有降低老年人心肌梗塞的发病率，使他们保持行动上的独立。除此之外，人们发现经常参加身体活动的人平均寿命要比不经常参加的人长。经常参加适宜的身体活动对健康所起的巨大作用，进一步证实了健康与体育教学、锻炼和竞技之间相连之本性。

休闲娱乐

与体育教学、锻炼和竞技相联系的另一个领域是休闲娱乐。休闲娱乐一般是人们自己选择的活动，它给人提供振作精神和恢复体力的方式。这些活动本质上有主动的也有被动的，有集体的也有个人的。休闲娱乐对所有人都非常重要。通过休闲娱乐，人们可学会用完善个体的方式来建设性地支配他们的闲余时间。

像体育教学、锻炼和竞技一样，休闲娱乐也正经历着一个快速增长与发展的时期。可进行活动的种类和数量已有所增加，活动的场所也各式各样，参加的人群范围也有所扩大。人们对环境的关注，使得国家和当地的政府资源管理部门在增加户外娱乐设施的同时要考虑保护环境。

休闲娱乐的方式有很多。学校、社区、各（娱乐）行业为满足人们健身和休闲的需求提供了广泛的活动方式。像工厂的健身活动、企业的运动联盟、商业健身活动（译者注：由俱乐部、活动中心等安排，具有营业性质的活动）、竞技休闲联盟、培训部，还有一些供人们随时进行休闲娱乐活动的开放设施等在数量上不断增加。在不上课的时间段，学校的设施就是可为人们提供各种休闲娱乐活动的场所。很多个人和家庭也有自己的休闲活动方式。

治疗性休闲主要是为所有残疾人提供一个范围更广的服务。通过让他们参加各式各样的活动，可提高他们的生活质量、发展其休闲技巧，使他们融入社区休闲娱乐的活动中。

休闲娱乐像体育教学、锻炼和竞技一样，对人们的生活质量也起着重要作用。它为人们在闲暇时间自由自在地活动提供了机会。

舞蹈

第三个相关领域就是跳舞。跳舞是一项所有人都喜爱的活动，它不仅是一种身体活动，也是一种表现艺术，使跳舞者有机会通过运动来表现美。

人们跳舞的原因多种多样。通过跳舞可交流思想和感受，它被认为是一种创造性的艺术形式。在所有的艺术形式中，跳舞应是一门不可或缺的课程。作为一种休闲方式，跳舞使人愉悦、表现自我、放松；跳舞还可用来当作一种治疗手段，为人们提供表达思想和感受的机会；它是人们缓解身上压力的一种方式；跳舞日益渐进地被人们当作了一种健身方式。

人们喜爱的舞蹈种类也千姿百态——有芭蕾舞、交际舞、民族舞、木屐舞、现代舞、方块舞、踢踏舞等。跳舞也是文化遗产的一种传承方式。

在过去的 20 年里，有氧舞蹈和由它演变出来的其他舞蹈越来越受到人们的喜爱。有氧舞蹈能健身，还能让人体验那种伴随着音乐进行锻炼的乐趣。

健康、休闲和跳舞是体育教学、锻炼和竞技的相关领域。这些领域所关注的总的核心是人的全面发展和提高每个人的生活质量。达到这些目标涉及提高健康，进行有价值的闲暇时间活动，通过跳舞来表达创造性。这些再加上构成体育教学、锻炼和竞技的活动就使人们生活质量得到提高成为可能。要实现这种可能，就需要在健康、休闲娱乐、跳舞、体育教学、锻炼和竞技等方面的专业人员以及他们高质量的指导。

专业术语

在过去的 50 年里，我们在对健康和身体活动的理解上已取得了巨大的进展，对健康和其他一些概念的定义如身体活动和健身也有了相当的变化。2000 年，健身与竞技运动主席理事会(PCPFS)出了一个常用词汇概略，它反映了在这个领域一些最新的思潮并发表在《探索文摘》(*Research Digest*)上。本书这一部分有关词语的定义就是基于 PCPFS 上的定义和当前的一些文献，如美国公共卫生部长的报告：《身体活动和健康，2000 年健康大众，2010 年健康大众》。

健康(Health)是良好的、没有疾病的全面良好的状况。传统上讲，健康是没有疾病和身体虚弱的状况。这样从定义上看，一个人只要没病就是健康的。今天，健康被看作是最好的全面良好状况，是高质量的生活。

全面健康(Wellness)是最佳的健康状况。它是一种生理上和心理上都良好的状况，包括全面健康的感觉和生活质量。现在，我们社会中死亡和疾病的主要原因和我们选择的生活方式有关。要达到全面健康，人们要选择一些减少得病的危险因素且能促进健康的生活方式。这些选择有：保持好的营养习惯，积极参加身体活动，留出休息和放松的时间，坚持好的安全习惯，消除可控制的危险因素，如吸烟或过量饮酒。

整体健康(Holistichealth)和全面健康紧密相连。整体健康的基本原则是：个体的健康受他生活中各个方面的影响。身体、思想、情感、社交、精神、环境、遗传等各因素互相作用影响着一个人的健康状况。

生活质量(Quality of life)是全面健康的整体感觉。它对每个人来说有不同的意义，但对大多数人而言，它的意思是一个健康、满意、有意义、快乐的生活。我们可以从与健康相连和与健康不相连两个角度来看生活质量。与健康相连的生活质量是个体感觉到的身体和思想上的健康。医学和健康专家用和健康相连的生活质量作为一种评价方式，用来评价疾病和残疾对个体的全面健康感和日常生活满意度的影响。与健康不相连的生活质量是一个综合概念，和个体的身体、心理、精神上的全面健康有关。影响个体的幸福还有生活水平和意义有各种因素，而这个概念反映了个体对这些因素的感觉。

身体活动(Physical activity)是由骨骼肌收缩而引起的身体运动，从而造成超出基础水平的能量消耗。身体活动有多种方式，有锻炼、竞技运动、休闲活动、跳舞、日常生活的活动、工作等。

锻炼(Exercise)是身体活动的一个特殊部分，意在健身。锻炼是有计划、有组织并重复的活动，并可以测量它的持续时间、强度和频率。

体适能(Physical fitness)是人们进行身体活动的能力。它是人们拥有或可达到的一组特征，使人们能在没有不适和疲劳情况下完成日常工作，并且有精力参加各种身体活动；它基本上没有早期健康的问题；健身可以和健康与运动成绩相关。

与健康相关的体适能(Health-related Physical fitness)包括和健康与全面健康有关系的健身构成因素。如身体成分、心肺耐力、柔韧、肌肉力量、耐力等。与健康相关的健身对所有人的一生都非常重要。

与运动成绩相关的体适能(Performance-related Physical fitness)包括能在竞技运动中提高运动成绩和改善运动技能的健身部分构成因素，如灵敏、平衡、协调、力量、反应时、速度等。

体育教学、锻炼和竞技的哲学

对于一些人来说，"哲学"这个词像有魔法一样使他们联想到一幅图景：一个人坐在大学的象牙塔中，冥思苦想着一些好像无法回答的问题；或者也可能使人想到一个人坐在河边的一块岩石上，看着水中的涟漪，思考着生活的意义。也许你把哲学的本质想得过于抽象，觉得它无实际价值。如果把哲学定义成能指引人们行动、给生活指出方向的一套信条，或许能帮助人们理解哲学的价值。

何为哲学

哲学来自于希腊语的一个词 *philosophia*，意思是爱智慧。哲学家通过系统地研究现实、知识、意义和价值来探索真理。也可把哲学定义成和具体某个领域相关的一系列信条，比如体育教学、锻炼和竞技哲学。哲学是人们生活、工作所依靠的一个价值系统。人的信念和价值体系在个人生活中、在职业生涯中都引导着人的行为。哲学帮助人们通过批判性思考、逻辑分析、反思性评价来解决他们面临的问题。

能反映哲学家关注的问题如下：

- 人类在地球上的作用是什么？

- 宇宙的起源与本质是什么？
- 什么是善、恶，什么是对、错？
- 何为真理？
- 世上有上帝吗？
- 人有灵魂吗？真有一种物质存在但看不到吗？
- 教育在社会中的作用是什么？
- 精神和物质之间存在着什么关系？

哲学按常规可分为四个研究领域或分支，它们构成了研究哲学问题的一个框架。每个分支都有助于我们对哲学的理解并且增强了我们探索智慧的洞察力。

哲学分支

哲学的研究分支总的来说分为四个领域：形而上学、认识论、价值论、逻辑学。形而上学追寻的是事实的最终本性，即什么是真的，什么是存在的；形而上学可用来理解精神和身体之间的关系，或者来理解运动的本质意义。认识论是哲学的一个分支，所关注的是研究知识的本性。它采用评论和分析的方法来研究知识的结构、起源、界限。这种方法可帮助我们为体育教学、锻炼和竞技这个学科（也就是知识库）下定义。逻辑学关注的是用有序和系统的方式研究思想。它用评论的方式来研究人们彼此的思想是怎样联系起来的，用可靠、合理的判断来做出决定。逻辑学可帮助我们制定健全的研究方案或帮助我们组织论据来证明身体活动对健康的贡献。价值论研究价值本性，价值论的两个外延是道德规范和美学。道德规范关注事情的对与错、责任、行为标准。仔细分析思道德规范的本质，可知它研究的是道德的价值。道德推理帮助人们在给定的情景或环境中决定做什么是正确的。像发展人的个性、公平竞争的本性、事情的公正就是道德规范在体育教学、锻炼和竞技中所关注的问题。美学是对美和艺术本性的研究，运动中技术动作的美和舞蹈透出的艺术表现力使我们把运动当成一种艺术表现形式。

这些分支代表了哲学的不同方面。要为一个学科比如说体育教学、锻炼和竞技学科建立一个全面的哲学体系，这些领域都要涉及（见哲学分支表格）。它给每个分支下了定义，给了一个典型的问题并对涉及体育教学、锻炼和竞技方面的问题举了一个例子。

为何要有哲学

在当今飞速发展的社会，对专业人员来说，要想取得好的工作成效，有一个关于生命，关于体育教学、锻炼和竞技的哲学是非常必要的。这些专业人员必须回答下面几个重要的问题：

- 在当今的社会什么是有价值的？
- 什么和当今人们的所需有关？

● 必须解决的不公平现象有哪些？

哲 学 分 支

分 支	核 心	一般问题	在体育教学、锻炼和竞技方面的问题
形而上学	事实本性	存在的意义为何？何为真？	在身体活动中什么样的体验能使个体今后面对真实世界的挑战？
认识论	知识本性和获得知识的方法	什么是正确？	身体活动方面的知识有何作用？它对个体发展的影响是什么？
逻辑学	系统、有序的推理	推理出真理的方法是什么？	研究人员采取何种方式来测定体育对活动参与者的价值？
价值论	社会目标与社会价值	我们怎样才能知道何为有价值，判断的标准是什么？	身体活动对个体的价值是什么？
道德规范	有关行为、对与错的问题	每个人都在奋力追寻的最高行为标准是什么？	怎样用运动来推进道德规范？
美 学	美和艺术的本性	何为美？	为什么技术熟练的运动员的动作看起来这么美？

体育教师、锻炼科学家、运动指导员也可找到对他有助的哲学以便解决摆在他面前的问题。例如：

● 对于青少年的运动，应该让所有参与者的活动时间相等吗？

● 大学运动员必须保持一定的平均分数（译者注：可以是学业的分数，也可以是运动员的等级分数），才能参加（校际间运动会、比赛）吗？

● 应该要求训练师举报运动员使用违禁药物？

● 教练、训练师或运动员能做出让一名受伤的运动员是否参加比赛的最终决定吗？

● 应该要求职员参加公司的健身活动吗？

● 应要求所有的健康/健身俱乐部的职工持有（资格）证书吗？

- 允许 HIV 检测呈阳性的人上体育课、参加运动队吗？
- 媒体应探询职业运动员的私人生活吗？
- 健身指导员应做出榜样并“身体力行”吗？

一门完善的专业哲学能给体育教学、锻炼和竞技的专业人员提供一个指引的作用，以帮助解决以上的以及他们面临的诸多问题。

一门哲学可起到多种作用。哲学有助于作为行为基础的信念和价值观得到发展，使它变得清晰；哲学有助于做出决定，当专业人员面临做出有关道德规范的决定时，就会用哲学来反思他们应该怎样做，在特定环境下何为正误、何为正义与非正义；哲学可指引体育教师、锻炼科学家、运动指导员来确定目的和目标，选择他们活动中的教导方法。一个健全、合理的哲学能帮助专业人员对他们的活动、计划进行评估，以检测是否能满足参与者的需要，是否符合道德规范。

哲学概论

经常研究和教育相关联的五种哲学是：唯心主义、唯物主义、实用主义、自然主义、存在主义。这些哲学影响了和教育相关的目的、目标、教育内容、方法学和价值观，同时也影响了在教育过程中教师和学生的作用与责任。因为体育和教育历史性的联系，它就必然受到这些哲学的影响。这些哲学也可应用到当代的体育教学、锻炼和竞技中去。下面给出了对这些哲学的总的看法，还有一些例子反映它们是如何影响体育教学、锻炼和竞技的行为。

哲学影响着运动员对待胜利的态度，有助于他们诠释成功的意义

唯心主义

作为一门哲学，唯心主义强调精神是理解的中心，它包括的一般概念有：精神是人的核心；所有现实来自于精神；在整个宇宙，人比自然重要，因为自然要靠精神诠释；价值和理想不依赖于人而存在，它们是普遍的、绝对的；它们永不改变；一个人可以在对与错之间自由选择；推理和直觉帮助人找到真理。

当唯心主义的一般原理应用到体育教学、锻炼和竞技中时，就有了以下一些观念：体育教学、锻炼和竞技不仅仅涉及“身体”；尽管精神和身体是作为一个整体在发展，但实际上唯心主义强调的是精神和思想的发展过程；健身和活动由于有益于发展人的个性而被赋予了价值；在体育教学、锻炼和竞技中注重观念；体育教学、锻炼和竞技的专业人员是这些活动参与者的榜样，特别是在性格和价值方面的榜样；注重自我发展。

唯物主义

唯物主义哲学的核心是物质世界。和唯物主义有关的观念有：自然的物质世界是真实的世界；在宇宙中发生的一切事物是自然规律的结果；自然是可控的；真理可通过科学的方法得到最好的证明；人们的感觉和经验帮助他们了解自然；精神和身体紧密、和谐地在一起。

当这些原理应用到体育教学、锻炼和竞技中时，就产生了下述观念：教育是终身的；体育教学、锻炼和竞技应以发展全面的人为中心；体育教学、锻炼和竞技的价值在于它们对健康有益；一个健康的人可以过一种更丰富的人生，做更多的事情；所有活动应以科学的知识和循序渐进的过程为基础；练习方式各异，对学习的评价要客观。

实用主义

根据实用主义哲学，获得真理的途径是经验而不是理想和现实。和实用主义有关的观念有：真理是以人的经验为基础；因为个体要经历不同的环境和情形，所以实用主义的现实也在变化；成功是评判一个理论是否有价值、真实与否的惟一标准；价值是相对的，是来自于一个人的经验；社会责任是非常重要的；个体是构成更大社会不可或缺的一部分。

把实用主义的一般原理应用到体育教学、锻炼和竞技中，就有了下述观念：活动的内容应基于学生的需要和兴趣；活动应形式各异，以提供不同的学习经验；通过解决问题的方式来完成学习；通过参加活动产生的社会交际效果是非常重要的；体育教学、锻炼和竞技中的专业人员起导向作用。

自然主义

自然主义哲学的中心是生命由自然规律所控制。它包括下列一些观念：任何存在的现实只能在自然的物质世界中找到；自然本身就是价值的源泉；个体重于社会，但社会是避免动乱的必要条件。

将自然主义原理应用到体育教学、锻炼和竞技中时，就有了下述观念：身体活动对发展全面的人是重要的；它为发展个体在身体、智力、社交、情感、道德等方面的技能提供了一个媒介；指导的步调（快慢）要根据个体的需要；参与者要自我导向；个性化的学习通过自己活动来达到个体的目标；不鼓励个体间的强竞争性比赛；鼓励自我竞争；玩是教育过程中的重要组成部分；非竞争性活动和户外追逐游戏为个体成长提供了良好的机会。

存在主义

根据存在主义哲学，个体经验决定现实。它有以下一些观念：人类的存在是惟一真正的现实；个体必须承担自己的责任和接受自己做出的选择；一个人的经验和选择是独特的，并影响着他的现实观；个体必须决定他们自己的价值观并遵从它，但他们也要接受他们行动的后果；个体重于社会，然而他们必须明白他们的社会责任。

把存在主义原理应用到体育教学、锻炼和竞技中时，就有了下述观念：每位参与者都可从此领域形式各异的活动中任意选择（适合自己的运动）；一些个人活动为参与者提供了锻炼自我意识和自我责任感的机会；体育教学、锻炼和竞技中的专职人员起着顾问的作用，让参与者做出抉择并对他们抉择的结果负责，以此来改进他们的思维。

唯心主义、唯物主义、实用主义、自然主义和存在主义的原理对教育产生了影响，包括对体育的影响。尽管这些哲学讨论的核心主要是学校和体育，但它们对当代体育教学、锻炼和竞技的影响还是有目共睹的。

当今大多数学校奉行的是由进步教育运动先驱——约翰·杜威（John Dewey）倡导的现代教育哲学。

现代教育哲学

现在的教育哲学受几个方面的影响。杜威的理念对美国教育的形成产生了巨大影响；人文主义哲学在20世纪六七十年代非常流行，并使美国教育的中心发生转移。

一些运动，如武术强调的是身心统一发展

杜威的**进步教育**理念反映了一个实用主义的取向。进步论者认为教育是改善社会状况的途径。这种以儿童为中心的学习方法强调了儿童在学习中的主动作用，而不是被动地接受教师传授给他们的知识。杜威“做中学”的方法在很大程度上改变了美国的教育本质。杜威相信精神和身体的统一。教育活动是要发展全面的人而不只是头脑，进步教育的原则支持了学校课程应包括体育。身体活动在发展身体的同时也为达到教育的智力和社交目标作出了贡献。这种通过身体的教育哲学是对 20 世纪体育影响最大的因素之一。

人文主义哲学强调的是发展个体的全部潜能。它的中心原则是个人的成长、自我实现和形成价值观。这种（教育）方式的特点有把学生当作个体、注重每个人的尊严、增强（学生的）自尊心、培养个人和社交（能力）的发展、提高自我的责任感等。人文主义在体育教学、锻炼和竞技领域中更注重的是满足个体的需求，它也认识到一种活动方式不可能适合所有人，在进行活动时要仔细考虑个体的感觉、需求、目标、能力和局限性。尽管这种教育方式的受欢迎程度在减退，但人文主义在校内外对专业实践的影响还是有目共睹的。例如在社区或公司的健身活动要适合个体的需要；强调自己担负起本人健康和健身的责任；注重保持全方位的健康。

身心的关系

精神和身体之间的关系是什么？它们是彼此独立、分离的，还是身心合一、相互联系、富有活力的一个有机体？哲学家们就此问题已争论了许久。他们就此问题的回答对体育教学、锻炼和竞技有着巨大的影响。

认为精神和身体是分离的两个实体属于二元论。二元论者认为精神和身体是互相独立的，不是精神就是身体占主导地位。一般情况下，二元论者强调精神主导身体，把身体移到次要的位置；减少或取消学校身体活动以便增加更多的“学术”研究时间的观点，就反映了牺牲身体的发展来强调精神的立场；至于体育教学、锻炼和竞技还有其他机会，那时可把重点放在发展身体上。在这种哲学理念下来强调发展身体就只能是指**身体之教育**了，因为精神和身体是两个分离的实体，教育和发展身体对精神无一点影响。

同二元论相对，一元论者把精神和身体看作是融合在一起的整体。正是因为把精神和身体看作一个整体，两者彼此互不隶属于另一个，身体活动和智力活动一样重要。从这种哲学角度看，体育课就和教育过程中的其他课程同样重要。从这种哲学角度来看体育教学、锻炼和竞技，那身体活动就是培养全面的人的一种方式。这种**通过身体活动来达到教育目的**的方式是当代体育中最具影响力的。

一元论的这种精神、身体合一方式正是我们工作的中心，即鼓励人们终身参加身体活动。为完成此目标，就要求我们体育教师、锻炼科学家和运动指导员发展身体活动——也就是要设计出身体活动方式来改善健康状况和运动技能，并且把身体活动有助于全面健康这种意识植入人们的头脑中。

哲学的折中主义

对哲学采用的一种通常方式是折中主义。前面已经说了哲学主流派别对教育、体育以及运动实践的影响。许多人发现要相信一种哲学的所有信条是非常困难的，所以人们把不同哲学流派的观念、原则合在一起形成一套彼此兼容信条，以便创造一个他们能信任的哲学。这种把不同哲学流派的信条组合在一起的方式称作折中主义。正是因为这些组合信条不代表任一哲学流派，所以当它们仔细编织在一起的时候就可为个体提供一个健全的哲学。

运动哲学

运动哲学作为一个专门的研究领域是在 20 世纪 60 年代中期到 70 年代才出现。这一部分将要讨论它的定义、范围、发展历史和研究领域。

定义和范围

运动哲学是对运动的真理、意义、行为做系统性和反思性研究。运动哲学家用逻辑和推理的方法来广泛地了解运动是怎样有助于人们生活的，并分析那些指引我们专业实践和行动的原理；他们研究与运动相关的价值、精神和身体之间的关系，争论道德方面存在的困惑；作为体育教学、锻炼和竞技方面的专业人员，运动哲学家也号召我们对运动的观念、设想做批判性的反思，要求用我们的洞察力和知识使其他所有人达到全面健康。

发展历史

运动哲学可从体育当中追溯到它的根源。克雷奇马尔(Kretchmar)把运动哲学的进化描述为三个阶段的演进：教育的折中哲学阶段(1875～1950)、对比系统阶段(1950～1965)、学科阶段(1965～现在)。

从历史上看，1800～1950 年是标志着教育改革的阶段。进步教育倡导者呼吁要努力改革以往那种强调机械记忆，以阅读、写作、算术为核心，注重秩序和一致而不是适合儿童个体需求的教育系统。学校对改革的压力做出了反应，他们为学生提供了更主动、更个性化的学习方式，支持在教育课程中包含其他的科目。此时，体育对儿童身体发展和健康的作用也被广泛认同了。然而，体育和运动对儿童的心理发展和丰富他们生活的潜在作用，人们还知之甚少。托马斯·伍德(Thomas Wood)、罗莎琳德·卡西迪(Rosalind Cassidy)、查尔斯·赫瑟林顿(Charles Hetherington)、杰西·费林·威廉姆斯(Jesse Feiring Williams)、查尔斯·麦克洛伊(Charles McCloy)、J. B. 纳什(J. B. Nash)等，这些体育教育家重塑了体育。后来被称作新体育，它强调的是游戏、比赛、竞技运动、玩、跳舞，而不是机械地锻炼。这些先驱者清楚地表明了体育对儿童的作用，他们对体育不同目标的侧重点有着各自的观点。有些提倡“身体之教育”观念，即把中心放在体育对健康和身体生物系统的作用上；另外一些则持“通过身体来达到教育(目的)”观念,即把体育看作是一种媒介,帮助孩子不仅在身体上成长,也包括在心理上成长。

尽管这些体育教育家对体育的观念有所不同,但他们一致认为在教育课程中要包括体育课是极其重要的。他们在学术上致力于分析怎样通过体育来实现教育的目标和社会价值的提升。他们把大部分的精力放在了验证体育对儿童和青年来说是教育课程中不可或缺的一部分。

1950～1965年,这个领域的学者就采用该体系作为主流哲学。把唯心主义、唯物主义、实用主义、自然主义和存在主义这些传统教育哲学的主要理念进行比较(如自然主义和现实主义比较),并应用到教育活动的目标、目的、行为中去。进而把这些比较外推到体育中,讨论一些对实践中关注的隐含因素,如活动内容和教学方法等。这个时期的体育哲学家把他们大部分的精力放在了研究体育和体育对学生的影响上,而对教育环境以外的竞技运动和人类的活动,他们所做的评定性分析则非常有限。

20世纪60年代中期一直到70年代,随着体育学科的成长,体育在我们这个社会当中所起的作用越来越重要,此时运动哲学才以一个专门的研究领域出现。此时期的竞技运动哲学家主要致力于对竞技运动实践中的诸多繁杂领域分界做评定性分析,他们给予体育研究的关注比较少。他们忙于下列问题,如竞技运动的本质、参与的价值所在、竞赛的意义等。学者们还关注道德方面的问题,如作弊、故意犯规、使用提高成绩的药物、增强公平性等。运动的定义也因为运动哲学的扩展而变得更广泛,对不同人群参加的其他身体活动方式的研究引起了人们更多的关注。

随着运动哲学的发展,我们需要一个论坛来交流思想和学术研究成果。1972年建立的运动研究哲学学会(PASS)正是为此而建(现称作国际运动哲学协会,简称IAPS)。1974年,该学会出版了《运动哲学期刊》(*Journal of Philosophy of Sport*)。这个学会在确立运动哲学的身份和提升对竞技运动、体育、身体活动的哲学研究方面起到了指导作用。美国健康、体育、娱乐、舞蹈联合会(American Alliance for Health, Physical Education, Recreation and Dance,简称AAHPERD)中的国家竞技运动和体育协会(National Association of Sport and Physical Education)分支——运动哲学学会(the Sport Philosophy Academy)为交流思想提供了另一契机。运动哲学的研究成果和学术文章也在《探索》(*Quest*)上发表,但很少在《锻炼和竞技运动研究季刊》(*Research Quarterly for Exercise and Sport*)上发表。IAPS和AAHPERD的年会也为学者们和他们的同行进行研究成果的交流提供了机会。

研究领域

随着运动哲学的更加组织化和复杂化,运动哲学家开始研究更广泛的课题。他们的工作现在可能集中在研究运动的价值以及精神和身体的关系上。他们也鼓励使用逻辑和分析的方法来处理道德问题，用我们的洞察力和知识使事物产生正面的变化。运动哲学家可能研究的问题有：

● 残疾运动员参加竞赛的意义是什么？

● 基因工程和它可能应用于精英竞技运动有何道德上的关联？

● 运动员精神（译者注：它既是运动员勇于参与竞争的精神，又是那种公正大度的品质）在影响竞赛价值方面的作用是什么？

● 文化是如何影响参加运动的意义的？

● 为什么运动员在受伤后冒着终生残疾的危险继续参加竞技运动？

● 为什么孩子们想要的是和玩有关的乐趣因素，而成人看中的却是竞技运动中赢的因素？

● 参加运动能培养性格吗？

● 教练有权利控制运动员对生活方式的选择吗（如制定宵禁、行为准则等）？

● 玩、工作、运动之间的关系是什么？

● 人们参加运动的意义是如何受运动能力所影响的？不同运动能力的运动员参加竞技运动的价值不同吗？

● 怎样使竞技运动更公正和公平？

运动哲学帮助我们懂得了运动对参与者的意义。这一点也能帮助专业人员做出决定和制定方针以给有关人员更积极方面的指引。运动哲学给我们一个系统、合理的途径来检验我们的信仰，探索我们个人价值之间的关系，监督我们的行动和设定的目标是否一致。如前所述，21 世纪体育教学、锻炼和竞技所面临的挑战之一就是消除在身体活动中的不平等。运动哲学指导我们致力于解决贫困人口进行身体活动时的不平等现象。我们干了什么，我们应该干什么，我们怎样才能改变现状以给所有人提供更多、更公平的机会来参加运动。运动哲学使我们对这些问题进行批判性思考。

关于体育教学、锻炼和竞技的个人哲学观

体育教学、锻炼和竞技的哲学观对所有体育教学、锻炼和竞技指导员来说非常重要。按传统意义，哲学因应用到学校和大学的体育和运动活动中去而受到重视；然而，它对校外活动的含义也很清楚。体育教学、锻炼和竞技的哲学观也必须能应用到这些不同的活动中去。举例来说，身体活动的重要性是对所有人说的，包括工业工人、老年人、年轻人等全部公众。为这些人群服务的体育教学、锻炼和竞技专业人员可以做指导员、管理员、教练，他们也应考虑培养一个健全的体育教学、锻炼和竞技哲学观。大部分适用于学校和大学活动的哲学概念也适合于教育领域之外的活动。一个适宜于校内和校外活动的专业哲学观在方式上要以人为本，要能满足参与者的各自不同的需要，要有一个坚实的科学基础，要理解身体活动对提高人们生活质量的作用。

你的体育教学、锻炼和竞技哲学观是什么？在你向成为一名体育教师、一名锻炼科学家、一名运动指导员的目标走近的过程中，培养一种哲学观是一件非常困难的工作，但也是必要的。也许应从你的个人哲学观开始。

你的人生观是什么？你生活的价值观是什么？也许你的人生观就简要地蕴藏在下列格言的其中一条当中：

- 己所不欲，勿施于人
- 结果为手段正名
- 永争第一
- 诚为上策
- 只有最好
- 埋头苦干，鼓足干劲
- 争做最佳

这些格言只是指引人们生活信仰的几个例子而已。如果你的人生观并不在其列，你能言简意赅地表达出自己人生观的实质吗？你的人生观是怎样通过你的生活方式表现出来的？你的行为和你的信仰一致吗？

这本书的读者有很多从事某个级别的体育运动，可能是青年队、校队或院队等。仔细反思自己从事的运动，教练员的哲学观是什么？他的哲学观是怎样融入实践和比赛中去的？教练的哲学观反映在下列几句话中吗？

- 胜利就是一切
- 努力比赛，公平比赛
- 不劳无获
- 不惜一切，获取胜利

教练的哲学观是如何促进实践和益于从运动中获得价值观？

如果你要继续你的教育，要在你选择的领域中找到你的事业，非常重要的一点就是要有自己的哲学观来为自己的行为和努力指引方向。在你大学的专业准备阶段就应培养自己的哲学观，去有逻辑性地、分析性地思考自己的信念。下述一些指导方针会帮你找到自己对体育和运动的哲学观并能对它描述、阐明。

1. 回顾自己过去在体育教学、锻炼和竞技方面的经历

细数过去，自己在此领域最突出的经历是什么？最令人沮丧的是什么？为什么？有没有一个你特别敬佩，为你做出榜样，甚至促使你踏进这个领域的体育老师？如果有，他或她的哲学观是什么？

2. 阅读关于不同哲学的书籍

哪些理论和你的信仰相一致？哪些又相违背？如何将这些理论应用到实践中？从这个哲学角度来进行体育运动的特点是什么？

3. 回顾一些体育指导员的体育教学、锻炼和竞技哲学观

了解此领域指导者的哲学观，然后确定哪些信仰和自己的相一致，哪些不一致。

4. 利用你在专业准备阶段的机会，和不同的专家讨论他们的哲学观

他们在教学中明显的信仰什么？在专业准备阶段，细细检阅自己的经历；询问为什么事物是这样；沉思如何改变事物；对于自己追寻的事业，先和从事此事业的人员进行交谈，以了解指引他们行动的信仰。

5. 回顾各个专业组织对行为准则和道德标准的要求

许多体育教学、锻炼和竞技的专业组织都为它们的成员规定了行为标准。你想进入的领域要求专业人员的行为标准是什么？应为专业人员和其他人员服务什么？

6. 阐述你的哲学观

在你的专业准备期内，肯定会有几次机会要求你写出或探讨自己的哲学观。利用这些机会来清楚地表述自己的思想，更进一步地检测自己的信仰。如想写得精简，就要回顾过去，看看自己的哲学观随着自己受到的教育进步到何种程度。

培养自己的哲学观是一件非常困难的工作，也可说是永无止境的。随着你在本领域的实践，你的哲学观也可能在变化和成熟。尽力去体会人生中各式各样的经历，反思这些经历并从中学习，把你的人生看作是一个不断变化和成长的过程。

小结

当代的体育教学、锻炼和竞技是一些变化迅速、富有活力的领域。体育是一种教育方式，它以身体活动为手段来帮助人们获得运动技术、健康、运动知识、运动态度，以利于人们的最佳发展和全面健康。教育是人一生不断学习的过程，就像当代体育一样存在于多种环境之中，涉及所有人；锻炼科学是对锻炼——或更广泛一些，对身体活动进行科学的分析；竞技运动是在规则之下高度组织起来具有竞争性的身体活动，其中竞赛结果很大程度上取决于技术和策略。规则使竞赛条件标准化，以使人们可以公平地竞争。

体育教学、锻炼和竞技的研究领域既包括学术范围又包括职业范围。学术范围指的是这个领域的知识库，学者和研究人员致力于(对此领域)给出更科学的见解；职业范围则是致力于为不同环境中的所有人提供服务，职业人员用知识库的内容和专门的技巧来满足人们各自的需求并帮助他们改善健康状况，提高生活质量。在体育方面的知识不断增长引起了对专门领域的研究，如锻炼心理学、运动社会学、运动教育学、运动哲学、运动生物力学、锻炼生理学、运动技能开发、运动技能学、特殊身体活动、运动历史、运动管理学等。每位此领域的从业者都应了解这些专门领域的研究和它们之间的相关关系，懂得它们和学科是一个整体。

哲学对我们所付出的努力极其重要。哲学的主要分支有：形而上学、认识论、价值论、道德规范、美学、逻辑学等。哲学各流派，如唯心主义、唯物主义、实用主义、自然主义、存在主义等，影响了教育、体育和运动的本质和实践。进入20世纪以来，通过身体来进行教育的哲学观已极大地影响了体育教学、锻炼和竞技。

运动哲学作为专门的研究领域出现在20世纪60年代中期和整个70年代。随着领域的扩展，研究重点从学校体育的哲学问题转到运动上来。运动哲学采用逻辑和分析推理来研究运动的意义和精神与身体之间的关系。

每位从业人员都要有哲学观。一个人的哲学观会影响到他的目的，从事某种活动的结果，为达目的所采用的方法。体育教学、锻炼和竞技的目的将在下一章讨论。

自测题

1. 在不看书的情况下描述体育教学、锻炼和竞技的12个分支学科。举例说明了解关于本学科各个具体领域的重要性。

2. 从哲学的角度的五个方面——唯心主义、唯物主义、实用主义、自然主义、存在主义，来比较体育教学、锻炼和竞技的特点，无论是在学校环境下还是非学校环境下。

3. 试着写出你的体育教学、锻炼和竞技哲学观。尽量按照书中所给出的哲学发展建议，反思一下你的实践经历，回顾不同的哲学观，找些时间和你的教授谈谈他们的哲学观。

4. 书中的网上联系表列出了体育教学、锻炼和竞技时事通讯表，注册其中的一个，讨论互联网给专业人士带来的好处。保留一个学期的时事通讯内容，在学期末总结自己学到的内容。

建议阅读书目

Charles JM：Scholarship reconceptualized：the connectedness of kinesiology，Quest 48：152－164，1996.

Charles JM：Zen in the art of kinesiology，Quest 53：151－164，2001.

Dixon N：Canadian figure skaters，French judges，and realism in sport，Journal of the Philosophy of Sport 30：103－117，2003.

Fraleigh WP：Intentional rules violations—one more time，Journal of the Philosophy of Sport 30：166－177，2003.

Fry JP：Sports and "the fragility of goodness，" Journal of the Philosophy of Sport 31：34－47，2004.

Hall SJ：Resources and resourcefulness，Quest 55：258－266，2003.

Kretchmar RS：Movement subcultures；sites for meaning，JOPERD 71(5)：19－25，2000.

Lumpkin A, Stoll SK, and Beller, JM: Sports ethics: applications for fair play, ed 2, New York, 2001, McGraw-Hill.

Massengale JD and Swanson RA, editors: The history of exercise and sport science, Champaign, Ill., 1997, Human Kinetics.

Mechikoff RA and Estes SG: A history and philosophy of sport and physical education, ed 4, New York, 2006, McGraw-Hill.

Sessions WL: Sportsmanship as Honor, Journal of the Philosophy of Sport 31: 47 - 59, 2004

US Department of Health and Human Services: Physical activity and health, A report for the Surgeon General, Atlanta, Gal., 1996, US Department of Health and Human Services, Centers for Disease Control and Prevention, National Center for Chronic Disease Prevention and Health Promotion.

Ziegler, EF: From one image to a sharper one! Physical Educator 54(2): 72 - 77, 1997.

网络链接

www.aahperd.org→点击 NASPE 链接
国家教育统计中心：www.nces.ed.gov
库珀学院：www.cooperinst.org

第二章 目的与目标

学习目标

读完本章学生应能：

- 描述社会教育的目标。
- 讨论体育教学、锻炼和竞技的目的与目标。
- 认识到体育能塑造何种人生性格。
- 解释行为中认知、情感、动作技能领域的意义以及教育在这些领域的发展中又起到了何种作用。
- 详述体育教学、锻炼和竞技对教育的促进作用。
- 描述评估对体育教学、锻炼和竞技的意义和重要作用。

美国的教育面临着一项艰巨的任务，即把能力各异、需求多样、背景不同的儿童和青少年培养成无论是现在还是将来都有责任心、积极主动、有创造性的社会成员。究竟21世纪的学生需要什么样的技能、知识、行为表现和态度呢？《2000年目标》(*Goals 2000*)定下了21世纪初的国家教育目标(美国)。在2002年制定的《一个孩子也不能掉队(*No Child Left Behind*)》教育法规确保了所有儿童——无论他们的经济状况如何、是何种族或民族、是否残疾等——都有接受教育的权利。作为教育课程的一部分，体育课可以在许多方面促进教育目标的实现。

高质量的体育课有利于开发学生的运动技能，促进身体健康。(在体育课上)学生可学习关于身体活动的各种知识；学会在和别人交流的时候尊重其他人；懂得身体活动带来的竞争、欢乐和健康。此外，通过跨学科教育，体育课也能加强和扩展对其他学科领域的学习。当前我国有五千两百万小学生和中学生。以学校为基础的体育课程使广大学生获得了运动技能、运动知识和运动习惯，以便他们今后能终身参加日常身体活动。

就像《2000 年目标》列出了教育所要达到的具体目标，国家运动与体育协会(National Association for Sport and Physical Education，简称 NASPE)也为体育课制定了国家标准和它们应达到的基准。这些标准解答了接受过体育教育的人所获得的技能、行为、知识和价值应是什么的问题。和 NCLB 组织一样，NASPE 也强调学生学习的重要性，确保所有学生都“经过身体教育”。

目的和目标使我们集中精力在重要的工作上，引导我们最有效地使用资源，指引我们选择有教育意义的方法，使我们在评价是否达到了预期效果时有了依据。目的和目标对体育教学、锻炼和竞技也同样重要。

历史上，体育的目的和目标只是局限于以学校为基础的活动上。而当代的体育教学、锻炼和竞技超出了传统意义上的学校范围，已延伸到各种环境中去。有几百万各年龄段的参与者进行着体育教学、锻炼和竞技方面的活动。我们作为专职人员，无论是在公司的健身中心，在心脏康复计划中，还是在社区运动中工作，都要给在我们工作环境中的活动目的和目标下出定义。如果我们想实现体育教学、锻炼和竞技所有潜在优势，从而使人能以最佳方式成长，改善健康状况，提高生活质量，那给我们的目的和目标下出准确的定义就显得极其重要了。

如果你的事业抱负不在教育领域之内，那记住学习是一个在不同环境下都存在的过程。我们作为体育教师、锻炼方面的科学家和运动指导员，大部分要从事教育事业——指导活动参与者进行有用、高效的运动；鼓励他们参加设计完好的健身运动以使身体达到并保持在一个健康的水平；向他们讲授(体育、锻炼等)知识使他们可有一个全面健康的身体状况；制定实践课以促进他们社会心理的发展。所以目的和目标对非学校环境的体育教学、锻炼和竞技也同等重要。

在活动的设计当中应考虑到每个人的发展水平

体育教学、锻炼和竞技的专职人员应记住学校是社会的主要机构之一，对所有的社会成员都起着主要的影响作用。如此，理解教育的目的与目标，理解我们的活动能促进目标的实现，就显得非常重要了。教育和以学校为基础的身体活动为将来的学习打下了根基。今天的学生就是明天的成人，他们中的很多人将成为我们活动的参与者。他们过去的体育经历有什么？学校的身体活动将会影响到成人的参加（体育锻炼）的方式和身体活动的习惯。

本章将讨论教育在社会中的作用；教育目的；体育教学、锻炼和竞技的目的；在认知、情感和动作技能领域中体育教学、锻炼和竞技对学习的促进作用；为检验活动的参与者是否达到规定的目的和目标，就需要（对活动进行）评估，我们可用不同的方法来测定参与者是否已达到预期结果。

教育在社会中的作用

教育部门作为社会的一个主要机构，对人们的生活有着巨大的影响。今天，在21世纪的开端，我们正踏入一个技术发达、科学进步、知识成指数增长的时代，人口差异性加大将会在许多方面改变我们的社会。美国的教育机构正是在这种环境下面临着一个挑战——把现在的学生培养成能在将来社会生活和工作的人。

教育机构有责任为未来的教育、就业和合格的公民来培养儿童和青少年。美国的经济财富，在世界的领先地位及自由都取决于它。我们有义务为所有儿童提供高质量的教育，而无须考虑他们的种族、民族、社会经济地位、智力、运动能力、性别等，此举将在很大程度上影响着我们社会的将来。

发展智力是教育的中心任务。学习基础文化知识和交流技巧，如听、说、读、写；发展在核心科目上的能力是教育的重要目的，如在数学、科学上等；培养解决问题的能力、判断思考能力，打下终身学习的基础，这一切对儿童和青少年的将来都是极其重要的。

在我们这个民主国家，把学生培养成合格的公民是美国教育机构一项最重要的责任。学生需要了解政府功能、他们的权利和自由、他们作为公民的责任，也需要知道怎样做一个对社会有用的公民，怎样去倡导公平，为改革尽力，做社会变革的代言人。在我们这个日益变化的社会，作为学生非常重要的一点就是要懂得正是差异性丰富了我们的生活，因此要尊重这种差异性。要成为合格公民还要参加社区、公共服务，致力于公众利益。

教育机构也有为将来培养工人的责任。合格、高效的工人能促进国家繁荣，确立国家在世界的指导地位。缺乏工作技能的学生会发现他们在经济上处于劣势，因而也会影响他们生活的其他方面（如健康等）。在这个飞速发展的世界，随着技术的不断改进，越来越多的工作都受技术的影响。一些新工作的出现和旧工作的消逝使得学生必须去学习不同的技术，变换自己的工作。

教育的主要目的之一是培养全面发展的学生。身体上的发展一直被认为是学校体育课的独有功能。体育课教给学生运动技能，改善学生的健康状况。近些年，学校在提高学生健康方面担负起了更多、更广的责任，如：培养学生的性格、伦理道德价值观、自主存在意识、表达能力、个人兴趣，学会建立并保持令人满意的人际关系等，都是教育的个人培养目的。

随着我们踏入21世纪，教育上也将会有引人注目的变化。我们会看到新的技术不断地应用到教育当中去，对远程教育和终身教育所施力度更大。教育会扩展到各种不同的领域和针对大年龄段的成人。我们的目的也随教育的改革而变得更明确，同时在其中加入新的目的以适社会的变化所需。

目的与目标的定义

我们先给目的和目标下定义，这将有助于讨论教育或体育教学、锻炼和竞技的目的和目标。**目的**是对意图、意向和打算的陈述，它反映了人们所渴望的成就。目的是一种综述，方向非常宽泛。它陈述的是参与者经过长期参加活动后所获得的成果。当代教育的目的就是帮助学生获得终身学习所必要的知识和能力；当代体育教学、锻炼和竞技的目的是帮助人们获得终身参加身体活动所必要的知识、技能和欣赏能力。

目标来自于目的。目标阐述的是学习，特别是接受教育后学生应知道什么、应干什么和应感觉到什么。目标比目的更具体一些，它陈述的是短期的、具体的成果，把这些成果积累起来以达到一个目的。目标可以用多种不同的方式来表述，其具体到何种程度也不一样。它可根据一般行为来表述，也可根据具体结果来表述。举例来说，《2010年健康大众》的一个目的就是要提高人们的寿命。有助于达到这个目的的一个概括性目标就是让更多的人参加身体锻炼来达到心肺功能健康，而一个和锻炼身体有关、更加具体性的目标是增加经常参加身体锻炼的成人比例，使每天参加中等强度身体锻炼的成人比例由15%增加到30%。

一个制定周全的目标可以采用不同的形式，并能以不同的方式表述出来。最重要的是，无论采用什么方式，目标应能描述出实现目标后人们将会表现出一个什么样的行为。如果能够量化目标，就能在实现目的的过程中为人们提供一种评价方式。（见体育教学、锻炼和竞技目标的例子）

我们可以为不同的学习领域制定目标，有智力开发目标、锻炼身体目标、社交情感目标等。目标指引着评价和指导，它使得专职人员把精力放在主题上，即放在参与者要学的最重要的内容上。

一个高质量的计划要有一个清晰的任务和明确的目的，为达到目的而制定的各个目标与社会、个人的需求、实践、利益都息息相关。指导是用来帮助参与者实现预期目标并最终达到预期目的的。同步的评价能在参与者达到目的的进程中为他们提供有用的信息。

体育教学、锻炼和竞技目标的例子

无论环境如何，体育教学、锻炼和竞技都应有一个定义清晰、与参与者的需求和利益相关的目标。你能辨认出和这些目标相联系的活动吗？这些目标是为中学体育课学生制定的，还是为公司健身活动中的职员、健身俱乐部的会员制定的，或是为社区健身和娱乐活动中的成人制定的？

健身目标

例行完成为提高心肺功能而设计的20分钟有氧健身操。

动作技能目标

在网球运动中做出正确的正手击球动作。

认知目标

能够解释高尔夫球的得分体系。

情感目标

一周参加三次各种不同的体育锻炼，对锻炼给他或她的生活带来的益处显示出喜爱。

教育的目的：发展历史

社会和个体的需求影响了教育的目标。判断学校应开设哪些课程是基于这些课程对实现教育目标、培养全面发展的人作出贡献的潜力。

多年以来，许多国家委员会的和其他有名望的专家定下了多种教育目的。1918年，国家教育协会(the National Education Association)发布了"教育七条核心原则"：(使学生成为)健康的、掌握基本操作技能的、能工作的、懂得公民的职责和权力、称职的家庭成员、合理利用休闲时间、道德规范的人。1938年，教育政策委员会(the Educational Policies Commission)把七条核心原则定成更全面的四个目标：自我实现、人际关系、经济高效、公民责任。1944年，这些目标又被扩充成"青少年十条必要"，其中包括健康和合理使用休闲时间。20多年后的1966年，美国学校管理者协会(the American Association of School Administrators)确认了教育的"九条必要"，充分利用休闲时间就在其中。1978年，又提出了"新七条核心原则"，旨在使原来定的原则跟上世界的发展，这些原则有：加强个人的竞争力和发展能力、熟练的决策能力、增强对公共事务的兴趣和参与、关注世界人民、加强家庭凝聚力、培养伦理道德责任心、尊重自然与环境。

1994 年，克林顿总统把《2000 年目标》列入《美国教育法》(*Educate America Act*)。这个法令列出了 2000 年美国教育的八个目的，自此，在 21 世纪开端，这些目的就成了衡量美国青少年教育进程的基准。这些目的为我们的教育指出了明确的方向和重点。(见 2000 年教育目标)

2000 年教育目标

所有的孩子都要上学准备学习。

中学毕业率不低于 90%。

上完 4 年级、8 年级和 12 年级的学生要在具有挑战性的科目上展示出自己的竞争力，如英语、数学、历史和地理等；学生要为成为有责任感的公民，为将来的学习、工作做好准备。

美国学生将在数学和科学方面处于世界领先地位。

所有成人都拥有必要的知识和技能以便在经济全球化中参与竞争，维持公民的权力和责任。

所有学校都不受毒品和暴力的侵袭，并且有一个适于学习的地方，这里既安全又纪律严明。

老师有机会去继续完善专业技能。

学校要加强与学生父母的联系，和他们一起来促进学生在社交、情感、学业方面的成长。

【资料来源】United States Department of Education: *The Goals 2000: Educate America Act — Launching a New Era in Education*, Washington, D.C., 1994, US Government Printing Office.

当代教育目的

《2000 年目标》包括八个方面：(1) 确保学习的条件；(2) 提高毕业比率；(3) 培养在五个核心科目方面的能力；(4) 在数学和科学上获得国际领先地位；(5) 提高成人的文化水平；(6) 创造一个良好、安全的学习氛围；(7) 为教师的职业进修提供更多的机会；(8) 学校和父母建立一种能共同参与孩子教育的关系。

学习的条件强调的是在孩子开始上学的时候掌握必要的、基本的技巧和知识的重要性，从而为他们今后的终身学习打下良好的基础。为达到此目的，我们要将更多的注意力放在学前儿童的需要上，特别是注意对学生的学习条件起负面作用的不公平现象。许多在社会上、经济上处于劣势地位的青少年缺少改善学习条件的途径，比如高质量的学前教育或吃上足够的、有营养的食品等。还有一些孩子由于身体上的缺陷而影响他们学习的能力。国家教育权威部门围绕此目的确立了几个目标，包括为处于劣势地位或身体有缺陷的儿童提供学前教育的机会，强调父母是学生的第一位老师的作用，确保孩子健康地上学。学习条件必须在学生在校学习的整个学习期间不断完善。

要将**毕业比率**从当前的71%提高到90%的水平需要通过多种渠道：首先是避免辍学现象的发生，帮助已经退学的学生加入学位教育或同等学历教育。要把更多的精力放在针对有色人群孩子的辍学现象上，因为他们的辍学率更高。

社会、环境的多样性是造成学生辍学的潜在因素。学生缺乏自尊、认为学校没能提供取得个人成功的途径是造成学生辍学的部分原因，家庭结构的不稳定也把孩子置于辍学的危险之中。为提高毕业率，学校需给学生提供机会来取得有意义的成功；需培养学生的自我意识；需建立一个功能强大的网络以便解决学生的需求，激励本校学生为既定目的而共同努力。

《2000年目标》力求使美国学生在数学和科学方面处于世界的领先地位

核心科目的竞争力强调的是在五个核心科目上所能获得的熟练程度：英语、数学、科学、历史和地理。学习的目的必须包括获得终身学习的能力和在竞争激烈的全球化的经济形势下能找到一份职业的能力。这一目的虽然不被列在五个核心科目之内，但它还是要求所有的学生进行健康锻炼和体育锻炼(体育课)以保持身体健康。这一目的还有助于良好社会关系的发展，培养人们的价值观和提高人们对文化多样性的欣赏水平。

在数学、科学的研究成果上处于世界领先地位，其目的是使美国学生在数学、科学方面成为世界第一。要使美国在这个领域最好，需增加教育课程中数学和科学的比例，尤其是入学后的前几年。这些课程必须更有挑战性，并且制定严格的标准来评判学生在此领域的成绩。学生达到这些高标准的要求将会使他们能在全球化的经济环境下像成人一样高效地生活、工作、竞争。

(提高)成人的文化水平要求所有成人要有一定的文化水平，受过教育的劳动力有助于提高在经济上取得成功的几率。然而，当今许多成人还未掌握基本的文化知识。有四千二百多万美国人不能阅读，占美国总人口的22%；有五千万人只有五年级或低于五年级的阅读水平，占总人口的27%。这些不均衡的数字存在于少数族群的成人当中。应当为终身学习创造条件，这样，所有成人就有机会获得一个学位或同等学历。此外，要确保成人在他们一生当中有接受再教育和培训的机会，如此他们可达到在21

世纪变换工作的要求。

一定要给成人获得技能的机会，因为技能是成为一个有责任感公民的必要条件，它包括判别信息的能力、做出决策和解决问题的能力等。他们必须像这个国家里其他公民一样有机会行使他们的权力。

一个安全、良好的学习环境对所有学生来说都是必需的。当今关于学校暴力的报道到处都是，学生吸毒、在校内贩卖毒品已经上升到引起人们惊慌的地步；其他影响学生生活、学习的社会事件还有由于家庭分离而导致孩子缺少关爱；同健康相关的问题有艾滋病、青少年怀孕等。如果要达到我们的教育目的，学校就必须向学生强调这些社会问题，这是全面解决方案中的一部分。

教师的专业再培训是实现我们教育目的的至关重要的因素。教师必须有机会参加能使他们获得技能和知识的活动，使他们能更有效地指导学生来适应新世纪的要求。更多的培训机会使教师能够学习新的技能和获得新的教学技巧，以便来教各种各样的学生，来开新的课程去达到国家的标准，来学习评价手段去监控学生的学习进程。

让家长参与的目的是要学校增强和学生家长的联系，我们鼓励家长积极配合来教育自己的孩子。除了得到家长的支持，学校也要和当地的社区建立起良好的伙伴关系来共同完成我们的教育目的。

《2000 年目标》反映了获得竞争力的重要性，让学生像我们工厂里的成人一样参加实际的活动，这会使美国在全球化经济中更有竞争力。这些目的强调的是给所有学生和成人提供终身学习所必要的技能和知识。让人准备做一个有责任感的公民，做一个有贡献的社会成员才是我们教育最有价值的成果。

1997 年，克林顿总统的《号召为 21 世纪的美国教育采取行动》列出了 10 个目的。它们主要包括：

- 建立严格的国家标准并定期检查以确保孩子们达标。
- 确保在每个教室上课的老师富有才华和献身精神。
- 扩展学前教育计划，加大力度使家长加入到教育的自己孩子当中去。
- 增加科技的运用使学生达到更高的水准。
- 保证学校的安全和纪律严明，远离毒品并且（给学生）输入美国的价值观。
- 提升教育的可靠性。
- 为那些合格的学生开放大学之门，使第 13 和 14 年的教育像高中教育一样普遍。

我们需要投入更多的努力来解决学校的不平等问题，比如展开一些能降低辍学率的活动，提高处于劣势地位青年的成绩等。来自于少数族群和低收入家庭的学生更有可能获得较差的学业。1998 年《西班牙裔学生辍学案》（*Hispanic Dropout Project*）显示有 30%的学生辍学。这个数字是黑人学生的 2.5 倍，是白人学生的 3.5 倍。更需令人关注的是西班牙裔学生占美国移民的 56%，而辍学的人数却占全部移民的 90%。如果继续发展下去，许多即将成人的少数族群的外裔美国人将难以找到工作，过上正常公民的生活。

《2000年教育状况》揭示了在经济上处于优势地位和劣势地位，以及白人学生和少数族群学生在取得成就方面的差距。在2001年，布什总统提议了一个新的教育行动——《一个孩子也不能掉队》(*No Child Left Behind*, NCLB)就是旨在缩小这种差距。他说："我们国家有一个真正的危机，我们将被逐渐地分成两个国家，一个能读书识字，而另一个却不能；一个能有梦想，另一个没有。"他采取的这个行动为我们未来进一步加强中小学教育展示出了蓝图。

NCLB法规号召我们为学生的学习承担起更多的义务。按标准行事、时常评估(学生的学习状况)是义务活动的一部分，其重点在于使学生能熟练掌握阅读、数学、科学等方面的技能。NCLB法规要求联邦学校的基金要用于那些采用高效教学法的教育活动中，这些教学法已经过周密的研究调查并证明有效；教师质量是这个教育改革的核心部分，要把更多的精力放在教师的招募、预备和同步培训上；安全的学校、远离毒品和暴力也是改进学生学习的重要因素；家长在教育自己孩子方面被赋予了更大的作用，我们为家长设计了多种选择来帮助孩子取得成功，比如说孩子在一个学校里的成绩总是处于一个较低水平，就可以做出离校的选择。

高质量的体育教学、锻炼和竞技方面的活动，如名人游泳队，对参与者的身体、智力、情感和社交都有益处

正值21世纪的初期，让我们这些专职人员采取积极的行动来消除不平等，努力工作以确保所有学生都有平等的受教育机会。

体育与教育目的

学校中的身体活动在许多重要的方面有助于实现教育目的。首先，体育在培养全面发展的人方面有其独特的作用，它是学校课程当中惟一的能提高学生的运动与健身技能的课程，其他的课程都不能帮助学生在动作技能领域中的学习。

其次，一个高质量的身体活动计划可以提高学生的健康状况。而一个健康的学生的学习效率更高，把更好的精神放在学习上，更多的精力和活力不仅可用于学习也可用在日常生活中。因为教育的一个主要目的就是把学生培养成有用的社会成员，所以我们就必须注意人们的健康和福利。一个健康的成人可以更好、更有效地工作。经常参加身体活动可以提高人的整体健康。高质量的身体活动计划可以帮助学生获得运动技能、知识和终身参加体育锻炼的态度，这些都有助于他成年后有一个健康的身体从而能为社会做出更多的贡献。

第三，体育有利于为学习做好准备。《2000 年目标》第一条就要求所有的孩子都要上学。运动经历是学习条件的一个重要方面，运动是婴儿探索周围环境、发展各种感觉的方式，它为今后在各个领域的学习打下基础。婴儿在从爬到走的过程中，扩大了自己的世界并且热衷于那些令他兴奋的探索过程。他们的语言技能随他们学着描述遇见的周围环境而不断扩展；他们的认知能力也随着他们探索自己的世界而不断增长。通过运动和玩耍，小孩子从探索中学会独立，从学会一项新的技艺中获得自信，从和其他人的交往中学会社交技能。此外，运动还能刺激身体的增长和发育，同时提高孩子的健康状况。

第四，体育是一个完整教育体系中的一个重要组成部分。从传统意义上讲，学校把科目分成彼此不相干的领域——数学、科学、健康、英语、体育等。设想一下，是学生自己把他们所学的科目糅合成一个有意义的整体并且认识到了各种领域之间的联系。

现在人们更加强调多学科的学习，综合各类学科的内容。综合的好处是学生有机会看到事物之间新的关联，将他们的所想从一个领域转换到另外一个领域并且通过其他不同的途径来强化自己的学习。体育课的内容可以转移到其他课程中去，同样，其他课程的内容也可以和体育整合到一起，例如，体育课就可为学生提供一个试验场所，让学生把在物理课上学的关于运动、力、杠杆、机械原理等知识应用到体育课上，通过自己的运动实践，使学生理解到物理学的概念是怎样应用并影响他们的日常生活和他们的一些动作的。对健身的学习经历给了学生一个研究和锻炼相关的生物化学变化的机会，强化了他们所学的解剖和生理学知识。他们也可以运用算术计算出能量消耗来评价健身效果，同时证明了他们在健康课上所学的良好营养的重要性。多学科的学习能帮助学生理解在现实世界中各种不同的科目之间是怎样联系在一起的。

NCLB 法规并没有把体育课特别列为学生必须精通的一门课程，但它的确有(强调)体育的含义。法律要求学校缩小学生在成就上的差距，强调对学生学习负责的重要性。作为体育教师，也要承担起减小学生成绩差距的责任，无论学生是否适合运动、运动技能是否熟练、性格是否活泼，不管是上阅读课还是体育课，一个孩子也不能少。

学习的标准和对学习的评价不仅对数学课和阅读课非常重要，对体育课也是同等重要的。标准应对学习有意义并且反映出我们学习的主要内容。建立一个明确的目标、用符合教育目的的方式来评价学生的成绩可以帮助我们担起这个(教育的)责任。在为做教师的准备阶段，体育老师需要打好坚实的学科基础，完善教学技巧和熟练运用各种评价方法。

高质量的教师是高质量的课堂的基石，而高质量的课堂才能确保学生的学习。必须把注意力放在招募那些合格的人员进入到这个领域，打好坚实的专业学科和教学的基础，同时要加强同步专业培训。

安全的学校学习环境是 NCLB 法规要求的另一个重要原则。体育教师通过诸如强调个人责任感、尊重他人和使学生知道毒品对身体的有害作用等教育途径来对保证一个安全的学校学习环境作出自己的贡献。

高质量的体育课有助于学生身体、智力和社会情感的发展。然而体育是否能发挥它对教育结果作用的潜力，在很大程度上取决于老师上体育课质量的高低，以及老师能否从学校和从社区得到对他们工作的支持。

体育教学、锻炼和竞技的目的

体育教学、锻炼和竞技把提高人们的健康和生活质量作为它们的主要目的。我们可以让人们长期致力于令人愉快并且有意义的身体活动和运动实践，通过这种方式来实现我们的目的，而我们主要的目的就是使人们拥有（和运动有关的）技能、知识、态度以便能终身定期参加体育运动。

体育领域的专职人员越来越相信体育对公众健康起着举足轻重的作用。科尔宾(Corbin)说："体育为社会做出了很多，我认为它可能是'变化'最有用的代言，尤其是在改善我们国家人民的健康状况方面。我们最主要的目的是完善健康的生活方式，积极地生活一辈子，而体育老师能帮每个孩子找到他们一生都能参加并且喜爱的活动方式。"

因为几乎所有的孩子都去上学，所以有效地安排学校活动就对整个国家的健康有着巨大的影响，可能也是改善社会的最好机会。但只是教授运动技能和进行体能锻炼是不够的，还需要学生学会去重视并享受体育锻炼。此外，学生也需要（有关运动的）知识和自控能力从而能一生都坚持（体育锻炼）；需要知道怎样自我评定自己的体能水平并根据需要做出调整；他们还要知道怎样制定目标和活动计划，这将伴随他们步入成年，使体育锻炼适合自己不断变化的需求。如果我们能把它作为共同的目的，致力于为所有人提供高质量的身体活动，那么体育将会是我们这个社会中一股不可忽视的力量。

随着教育不断扩展，它已超出了传统的学校环境。当代的体育教学、锻炼和竞技无论是在公开还是私下的背景下都有利于我们实现教育的目的。为了促使实现这个目的，体育教学、锻炼和竞技指导员必须熟知教育的目标，仔细设计、制定他们的活动计划以便达到结果。

发展历史

现在体育教学、锻炼和竞技可以从以学校为基础的身体活动中追溯到它们的目的与目标。多年以来，这个领域中的许多前辈已经清楚地阐述了体育的目的和目标。追溯体育目的和目标的发展历史，我们可以发现它的重点从"对身体的教育"转移到了"通过（锻炼）身体达到教育目的"。也就是说，它的核心已经从锻炼身体转移到了提高对完整的人的培养上。在20世纪，"通过（锻炼）身体达到教育目的"的发展模式就已经作为主要核心领域出现了。

这个发展模式是在19世纪末20世纪初成型的。当时一位体育教师界的先驱——托马斯·伍德，在1883年就强调体育要有利于对人们的全面教育。在19世纪80年代，哈佛大学的体育部主任达德利·A. 萨金特(Dudley A. Sargent)引用了上他的课的学生要达到的卫生、教育、娱乐和医疗的目标。1910年，众所周知的现代体育之父克拉克·海瑟林顿(Clark Hetherington)认为体育对教育过程所作的贡献在于它包括了锻炼身体器官、学习动作技能、开发智力、培养性格。这些"新"体育的目标在很大程度上影响了国家学校体育课的性质和上课方法。由体育和竞技运动前辈定下的大多数目标至今仍可列入海瑟林顿起初定义的那四个领域。

半个多世纪之后，查尔斯·布赫明确了体育的四个发展目标，它们是发展身体、发展运动和动作、发展智力、发展社交。达到这些目标的要求将会有利于培养"对社会有用的全面发展的人"。

美国健康、体育、娱乐、舞蹈联盟(The American Alliance of Health, Physical Education, Recreation and Dance，简称AAHPERD)是全国最大的职业组织之一，它的先驱首先描绘出了体育的目的、意图及目标。1934年，美国体育协会的目标委员会(the American Physical Education Association's Committee on Objectives，简称APEA)把健身、心理健康与思维效率、符合社会公德的性格、情感表达与控制、(对体育运动的)欣赏力作为所期望达到的目标。1950年美国健康、体育、娱乐联盟(AAHPER)将体育的目标陈述为：(1) 发掘并保持最佳身体运动效率；(2) 学习有用的运动技能；(3) 行为规范；(4) 进行有益的娱乐活动。

1965年AAHPER在名为《这就是体育》的文献中陈述了五个主要的目标：

1. 帮助孩子在体育课中能熟练、利索地进行他们所选的各种体育锻炼形式，并且今后在他们的一生当中都会这样锻炼身体。

2. 培养青少年对体育运动的理解和欣赏能力，使他们的生活更有意义、更有目的性和更高效的工作。

3. 知道并理解和运动相关的某些科学原理与相关因素有：时间、空间、力、质量与能的关系等。

4. 以比赛和运动为媒介来和其他人建立更好的人际关系。

5. 锻炼身体各系统器官，使人们能以一个健康的方式应付对身体更多的要求。

这些目标强调了体育在培养学生进行终身体育过程中的作用。除了培养健身和运动技能外，它也注重培养智力、社交、情感方面的能力。

AAHPER在1971年制定的《体育公众信息》(*Physical Education Public Information*，简称PEPI)计划，就是想告知公众、教师、政策决策者、基金会关于体育的目的和价值。PEPI将经过"身体教育"的人定义为：一个拥有和他或她身体相关的知识与技能，并懂得身体的各种功能的人。无论是在少年时期还是在成年时期，该计划都进一步强调了体育对学生的教育和生活的巨大贡献。其中突出的价值如下：

- 体育就是健康保险。
- 体育有助于学术上取得成就。
- 体育提供了能持续一生的技能和实践。
- 体育帮助人们树立正面的自我形象，培养和他人竞争与合作的能力。

表 2-1 体育的目的和目标：最近 100 年

19 世纪末	1910	1934	1950
萨金特	海瑟林顿	APEA	AAHPER
卫生 教育 娱乐 医疗	锻炼身体器官 学习动作技能 开发智力 培养性格	体能 思维健康和思维效率 社交道德方面的特点 情感表达与控制 欣赏	发展、保持身体的最高效率 发展有用技能 以有效的社交方式表现自我 享受全方位的休闲、娱乐
1964	1965	1971	1990
布赫	AAHPER	AAHPER	AAHPERD
发展身体 发展运动和动作 发展智力 发展社交	熟练、高效的运动 发展身体的器官和系统 了解和欣赏运动 了解和明白与运动相关的科学原理 发展人际关系	健康保险对学术成就的贡献 能够持续一生的技能和经历 正面的自我形象 与他人竞争、合作的能力	进行各种身体活动的技能 体能 经常参加身体活动 明白参加身体活动的益处和含意 重视身体活动和它对积极生活方式的作用

APEA 美国体育协会
AAHPER 美国健康、体育和娱乐协会
AAHPERD 美国健康、体育、娱乐和舞蹈联盟

在回顾表 2-1 中体育的目的和目标时，我们会发现尽管对不同时期的目标措辞各异，但也可看到其中一些共同之处。它们内在的重点是培养完整的人而不仅仅是锻炼身体。体育的目的与目标包含在四个主要的领域中：发展健康、培养技能、掌握知识、培养社会情感。体育在培养对社会有用的人上的贡献也受到了人们的高度重视。

教育性的竞技运动——就是与教育机构联合的竞技运动，通过强调（它）对人的全面培养的贡献为学校包括运动教育正名。普遍引用的竞技运动发展目标和体育的目标也是基本相似。

尽管前辈们在目标的数量和措辞上意见不统一，但体育的目标还是可以包含在四个主要的领域内：发展健身、运动技能、认知能力和培养情感。这些目标在很大程度上影响了当代的体育教学、锻炼和竞技。

当代的目的与目标

当代的体育教学、锻炼和竞技已越来越受到人们的喜爱。这些活动的内容不同、场景各异，适合各年龄段的人群，但它们的目的和目标是什么？人们参加这些活动后的结果是什么？这些问题可以从学校身体活动的目的和目标中反映出来并从中获得相应的回答。AAHPERD 同国家体育与竞技运动协会（the National Association for Sport and Physical Education）在 1986 年指派一个指标委员会来回答这样一个问题："学生应该知道什么，能做什么？"他们把一个经过身体教育的人定义为：

- 掌握进行各种体育锻炼活动必要的技能。
- 良好的体能。
- 经常参加体育锻炼。
- 懂得参加体育锻炼的含义与益处。
- 重视体育锻炼和它对健康生活方式的价值。

1990 年这个定义扩展成了 20 个具体的指标。（见《经过身体教育的人特征一览表》）

经过身体教育的人特征一览表

一个受过身体教育的人：

必须具有进行多种身体活动的一定技巧

- 能够运用本体感觉、空间感觉、力及相互关系进行运动
- 能够展示控制操作、运动及静止技能
- 在自己和与其他人的运动中能够展示综合运用控制操作、运动及静止技能
- 展示许多不同形式的身体活动
- 熟练地展示许多身体活动
- 熟练地学习新的技能

健身

- 评定、达到和保持健身
- 制定符合训练和实际条件的个人健身计划

有规律地参加身体活动

- 要每周至少三次参加增进健康的身体活动
- 要选择性地和有规律地参加终身身体活动

通过参加身体活动了解其内涵和优点

- 懂得经常参加身体活动的优缺点和义务
- 识别经常参加身体活动的危险和安全的因素

续 表

- 理解超过体能程度的健康
- 了解特定的身体活动的规则、策略和合适的行为
- 知道参加身体活动能给人们带来多元文化和国际化的理解
- 理解身体活动能让人们高兴，促进人们之间的交流

身体活动的价值及其对一个健康的生活方式的贡献

- 赏识通过参加身体活动而建立起来的与其他人的关系
- 注意经常的身体活动在终身健康中所扮演的角色
- 珍惜经常参加身体活动的感觉

【资料来源】Reprinted by permission of National Association for Sport and Physical Education, Physical Education Outcomes Committee: *Definition of the physically educated person; outcomes of quality physical education programs*, Reston, Va., 1990, AAHPERD.

1995年国家体育与竞技运动协会(NASPE)发表了《走向未来：体育的国家内容标准——内容与评测指南》(*Moving into the Future: National Content Standard for Physical Education: A Guide to Content and Assessment*)。这篇文献确定了体育的内容标准(见《体育内容标准表》)。它也明确了评价方针，为教师提供了样本基准以帮助教师评价学生的学习情况。(见《四年级学生的样本内容标准与成绩基准表》)。NASPE所作出的努力反映了国家教育改革行动的重要目的之一——明确学校各课程领域的主要目标并且设立内容标准。建立体育的国家内容标准和建立学校其他课程领域的国家标准是并驾齐驱的。

体育内容标准表

一个受过身体教育的人：

- 在许多运动形式中展示能力，在一些运动形式中展示熟练性
- 运用运动概念和原理到一些正在学习的和发展的运动技能中
- 展示一个经常身体活动的积极的生活方式
- 达到和保持一个促进健康的体能水平
- 在身体活动中展示有责任心的个人的和社会的行为
- 在身体活动中展示对不同人的理解和尊重
- 理解提供享受、挑战和社会作用的身体活动

【资料来源】National Association for Sport and Physical Education, *Moving into the future: national standards for physical education*, 1995. Reprinted with permission from the National Association for Sport and Physical Education (NASPE), 1900 Association Drive, Reston, VA 20191-1599.

四年级学生的样本内容标准与成绩基准表

内容标准

达到和保持一个促进健康的体能水平。

到四年级的时候，学生开始选择与基础的体适能部分相配的不同种的身体活动，并且在各种环境下学生应该开始参加适度的身体活动。学生应该开始能解释结果和理解由正式的体能测量提供的信息的重要性。在这个水平上，体能测验可以被引入。满足由健身计划描述的健康标准是可行的。

对四年级学生应该强调的是：

- 内容标准确定与体适能每一方面有关的几个身体活动
- 把健康测验的结果与个人健康状况以及进行各种活动的能力结合起来
- 满足健身计划界定的有关的健康标准

示例

1. 参加有助于肌肉力量发展的合适的身体活动
2. 保持有氧活动一段时间
3. 在许多活动中保持、提高和控制体重
4. 为了完善体适能而经常性地参加身体活动

评估举例

1. 学生计划

学生在人们参加身体活动的图片中进行挑选，找出那些有助于健康每一方面的活动。

评估标准

a. 为体适能每个方面提供一个最低限度的两个例子

b. 把活动与合适的体适能方面联系起来

2. 学生计划

学生被要求选择一个有助于达到个人健康目标的身体活动。在几周的过程中学生要经常练习这个活动(指定精确的练习时间长度)。学生要记录每次练习的情况，并且标记是否进步。

评估标准

a. 正确地标定个人需要努力的目标

b. 围绕一个有标准的目标记录进步程度

c. 在一定时期内要表现出持续的提高与完善

d. 在月末达到自己的目标

【资料来源】National Association for Sport and Physical Education, *Moving into the future: national standards for physical education*, 1995. Reprinted with permission from the National Association for Sport and Physical Education (NASPE), 1900 Association Drive, Reston, VA 20191-1599.

在2004年，国家体育与竞技运动协会(NASPE)在第二版的《走向未来》中发表了修改过的体育标准。(见《2004年国家体育标准》)这些标准反映了学生通过参加高质量的身体活动会知道什么和能完成什么。

2004年国家体育标准

身体活动对发展和保持良好的健康极其重要。体育的目的就是要培养经过身体教育的人，他们拥有能一生享受健康身体活动的知识、技能和信心。

一个经过身体教育的人：

标准1：拥有进行各种身体活动所需技能的能力

标准2：理解运动的概念、原理、计谋、策略，并把它们用于学习和从事身体活动

标准3：经常参加身体活动

标准4：达到并保持健身中能够完善健康的水平

标准5：展示对自我和社会负责的行为，以在身体活动中尊重自己和他人

标准6：重视那些健康的、娱乐性的、挑战性的、表现自我的、社交的身体活动

虽然这些重要的目的和目标是为学校体育制定的，但它们也和非学校环境中为所有人服务的身体活动和竞技运动息息相关。正如齐格勒所说：

> 此专业有责任(让本专业的内容)为人们所用并为人们服务一生，而不仅仅是人们只在学校时才用到它。这就意味着我们要为各年龄段的所有人服务，不管是孩子还是成人，是男还是女，是年轻人还是年长者。
>
> 这个目标可以通过一生时间由家庭和个人以他们自己的方式来实现，也可由公共的和私人的机构来实现。承担起这个终身都要为之付出的责任使我们——从广度和深度上——来扩展我们的专业领域。

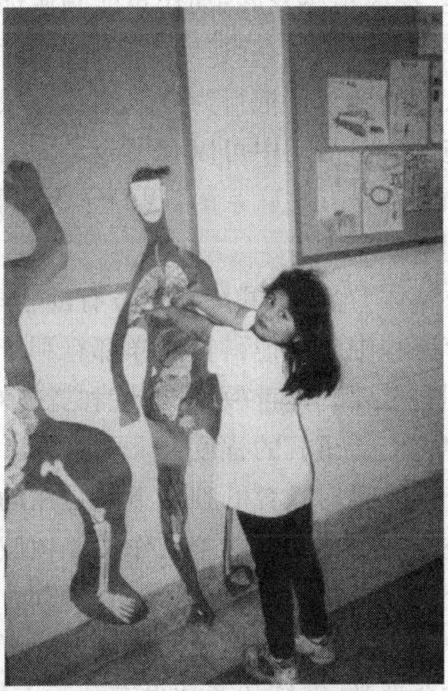

体育可以帮助儿童了解人体构造。这个8岁的孩子指着肺说："让你活着并吸入空气使你跑得更快。"

NASPE采取的这些行动为学校和非学校中的体育教学、锻炼和竞技指导员提供了一个共同的概念框架来指引他们的工作方向。这个框架清楚地标明了高质量身体活动的目的和效果。各工作环境中的本专职人员可以把评判基准、重点、标准、推荐的评价技巧融入他们的活动当中。这些评价方针既提供了一种评价个人成绩的方法，同时也通过将评价策略融入教育过程中而丰富了我们的学习。

过去的100年见证了人们对体育的主要目标，以及近来对经过身体教育的人特征的共同看法。无论是在传统的体育背景下还是在非体育背景下，高质量的体育教学、锻炼和竞技对培养完整的人都有益处。体育教学、锻炼和竞技的四个主要目标——发展体能、运动技能、认知能力和培养社会情感——和经过体育教育的人其目的和特征都和学习的三个领域相关，这三个学习领域——认知、情感和动作技能——可以帮我们明白(身体活动)参加者的需求和理解所要学习的技能。在教育范围，也包括在体育教学、锻炼和竞技范围，传统上都是以这三个领域内的学习状况来描述目的和目标的实现情况。

三个领域内的学习

学习的目标可以分为三个领域或三种行为：认知(思维)、情感(感觉)、动作技能(行动)。认知领域和知识的获得与运用有关；情感领域包括完善价值观、培养社交技能、提高情感发展；动作技能领域涉及培养运动的技能和锻炼体能。

专职人员在设计学习实践的时候，重要的是所有这三个领域都要考虑到从而达到人们的要求。把行为分散到各领域将会使目标的制定更加简化，也使我们在设计并实施(体育)活动中可以有更充足的准备来考虑人们在每个领域的发展水平。然而，这些领域都是互相联系的，我们作为专职人员在活动中和人们一起共事的时候应首先考虑到这些联系。

体育教学、锻炼和竞技有助于学生在这三个领域内的学习。在学校，体育课和教育课程中的其他科目一样都有利于学生的认知和情感发展，但对动作技能领域的发展则更重要。体育教学、锻炼和竞技对认知和情感发展的作用大小取决于在具体的活动中它们受重视的程度。

体育对教育的独特贡献是在动作技能领域内。这个领域内的发展包括培养运动技能的目标和体能。动作技能领域是我们关注的核心，我们可以采用多种方式实现这个领域的目的，同时提高在另外两个领域上的发展。

教育是一个在不同环境中都可发生的学习过程。在非学校背景下的身体活动中，体育教学、锻炼和竞技也有利于人们发展认知、情感和动作技能。这些活动涉及了各年龄段的人群、各种背景和多种目标。随着我们的身体活动范围的不断扩展，必须积极寻求增多机会的可能，使所有人，不分性别、种族、民族、文化背景和社会经济状况，都能参加(我们的身体活动)。

分类学

专职人员在制定学习效果和预期目的实现计划中把分类学作为一个行动指南。分类学将教育目标分成等级,以发展理论为基础来制定目标,目标按顺序从低到高排列。一个层次上的行为表现是更高层次行为表现的基础和先决条件,简而言之,就是低层次的目标是实现高层次目标的阶石。

分类学也用于其他每一个领域。尽管这些分类常常用于教育上和学校中,但它也为所有致力于提高人们学习和促进人类发展领域中的专职人员提供指南,而高质量的体育教学、锻炼和竞技活动有益于每个领域的发展。

认知领域

认知领域关注的是获得知识和培养智力技能。布卢姆(Bloom)和他的同事在20世纪50年代就为这个领域建立了一个教育目标分类体系。这些目标反映了每个发展层次变得更加复杂。首要的目标是了解事实,然后我们才能理解并应用概念、进行批评性分析、综合(信息)、做出评估等(《认知领域》表列出了这个领域的目标)。

认 知 领 域

类别	描述
1. 知识	记忆力;回忆能力;正确的想法;处于认知领域中学习的最低层
2. 领会	理解资料的意思;明白表面的含义;解释、转化、估计、预测;比记忆高一层;处于理解的最低层
3. 运用	在新环境中运用已知信息;应用规则、方法和概念;理解的较高层次
4. 分析	将整体资料分解成部分;清楚各部分之间的组织和关系;识别;选择;推断;处于较高智力层次
5. 综合	把各组成部分合成一个新的整体;创造新的方式、程序或结构;强调创造性行为
6. 评价	基于明确的标准来判断思想、概念的价值;是最高的学习指标,因为它包括了基于具体标准的所有其他范畴和判断的要素

无论在何种背景下,掌握知识和培养理解力是体育教学、锻炼和竞技的一个重要目标。我们对身体活动关注的是让人们知道运动的多个领域,包括有关我们这个学科的知识。

体育教学、锻炼和竞技丰富了人类身体、锻炼、疾病、健康等方面的知识。体育是学校惟一教给学生有关人类身体运动并探索它的其他领域的课程。通过体育课人们更了解了身体各器官系统、它们的功能以及“怎样把它们维护得更好”。让学生明白锻炼、身体活动和健康、疾病之间的关系是非常重要的。将这些知识应用到生活中去的学生就会提高他们的健康状况、减少得病的几率，从而使他们过上更加幸福、丰富的生活。在其他背景下，比如医院的康复部或工厂的促进健康活动，专职人员会教给这些成人们怎样将体育锻炼融入他们的日常生活中去，帮助他们生活得更健康、长寿。

可通过不同的认知方式来学习体育运动。学生必须理解所学的技能方法并把它转化成正确、协调的动作。也要教给学生和运动相关的原理和概念，这样他们就可更有效地进行运动。举例来说，孩子们应该知道要想更有效地完成投掷动作，需要向投掷的目标方向迈步并做出跟随动作。此外，在体育运动中，成功的表现需要对动作不断调整以适应不断变化的场景(如在网球中采用下旋球使对手无法防守)。这需要从实践中学习(如对技术做怎样的调整会取胜)。从认知规律上讲，人们必须分析他们在运动中的表现，综合各种信息，然后将它应用到新的情境中。

所有本专职人员需要更多地重视各种身体活动的基础科学原理和概念，身体活动并非在真空中进行的。正因如此，体育教师或指导员应不断地教给学生或身体活动参与者正确的知识和提供正确的信息并鼓励他们对所做的一切提出问题。如：为什么我要经常锻炼？这种锻炼方式对我的膝盖康复有何益处？为什么运动前进行热身是非常重要的？我怎样才能在高尔夫球的大力击球中把球打得更远？我怎样才能将球投得更远？为什么按规则比赛是非常重要的？等等。应该给学生或身体活动参与者更多的机会去思考，将解决问题的能力用到体育锻炼活动中去，并且让他们去体验一下具有创造性和个人表现的经历。

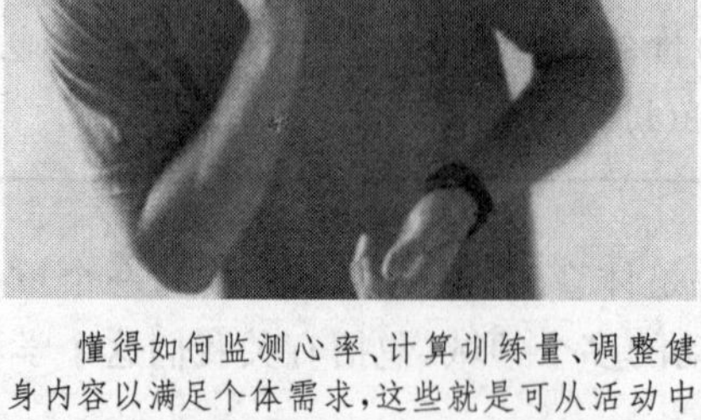

懂得如何监测心率、计算训练量、调整健身内容以满足个体需求，这些就是可从活动中获得的认知结果

在美国北达科他州法戈市的阿加西斯中学，孩子们在学习有关健身教育金字塔的知识

教师也可采用健身活动来刺激认知能力的发展。学生能自我分析本身健康水平，确认需改进的地方，运用所学知识设计一个个性化的锻炼计划，定期评价进展状况，随需要调整计划。这些分析、识别、应用、评价等认知能力有助于实现把学生培养成终身学习者的教育目的。这些活动也教给了学生在长大成人之后能根据需要调整健身计划的技巧，而这是终身参加（体育锻炼）的一个重要特征。

人们越来越多地采用科技来提高一些有关体育锻炼概念的教学效果。举例来说，美国北达科他州法戈（Fargo）市的阿加西斯（Agassiz）中学的一位体育教师用心律监测仪来帮助学生明白体育锻炼中的一些重要概念。学生学习有关健身教育金字塔的理论，它以图画的形式描绘出了不同运动强度给人们带来不同的健康益处。心律监测仪能把活动对心脏的作用形象地反馈给学生，使他们能在锻炼中监测自己的活动。这种反馈加强了学生对一些重要健身概念的理解。

我们的教学大纲有助于对运动的理解，而竞技运动不仅是我们这个社会的主要构成部分，在全世界范围内其他文明中也是如此。竞技运动影响着一个国家的经济、政治、政府和教育系统，它统治了报纸、杂志、广播和电视。有数以百万计各年龄段的人们参加到竞技运动中来，又有更多的人作为观赏者享受着竞技运动。因为竞技运动是我们也是世界其他文化中的一部分，所以我们可以从社会学和心理学角度理解它。当然，竞技运动的知识也包括规则、策略、安全措施、专业术语和礼节等。

体育教学、锻炼和竞技的专职人员帮助人们在购买利于健康和健身的产品时，或者享受这方面服务时成为一位明智的顾客。现在健康与健身业已成了一个拥有几十亿美元的产业。然而不幸的是，有些使人信不过的产品和服务也在这个领域中找到了一个现成的市场。如登在流行杂志上的广告许诺快速减肥、健美；促销锻炼器材和营养补剂的商业信息片也引起了数以千计人的注意。专职人员可帮助他们的活动计划参与者学会怎样细评像这样的声明，使他们在这个方兴未艾的市场上成为一个明智的消费者。

在学校，体育课帮助了学生在许多方面的认知发展。像在其他课程中一样，体育课也能促进学生的批判性思维，提供多学科研究的机会。特别是体育课是一门可以教给学生关于人体运动、健身、竞技体育的知识的课，为学生打好终身参加体育锻炼的基础。

情感领域

影响人们学习的因素有许多，包括自我感受、学习经历、科目等。克拉斯沃尔（Krathwohl）认识到这点后和他的合作者建立了情感领域的分类体系。这种分类反映出价值观、欣赏力、态度、性格的发展。随着人们在这个领域的进展，他们从关心自己迈向了关心他人的境界，而最高境界是他们用已经内化了的价值观直接影响他们的

选择和行动。（目标见《情感领域》表）

情感领域	
类别	描　述
1. 接受	对某些事物、刺激的感知；意识；自发接受、注意环境
2. 反应	对刺激积极注意；不仅仅从感知上对情形做出反应；反应明确
3. 评价	指定刺激和环境的价值；学习者对社会现象的判断；信仰或态度的特点；欣赏力
4. 组织	内化价值观并将其组织成一个体系；确定各价值观之间的关系；给价值观分出层次；对各价值观比较、联系、整合
5. 定型	按内化的价值观行动；行为和已接受的价值观一致并成为个性的一部分；情感领域中的最高层次

合格的运动指导员执行的高质量的体育教学、锻炼和竞技方案可以加快人们情感领域的发展。人们向往的这些结果并非是靠机会来实现的，它是靠为促进在此领域发展而精心设计的方案来实现的。

所有人都有某种基本社会需求，如归属感、认可、自尊和爱等。满足人们这些需求会有助于社会的发展，而体育教学、锻炼和竞技则能满足人们部分的社会需求。举例来说，老年人参加体育锻炼不仅有益于他们身体，而且他们也能常常碰到其他的老年人、结交新朋友并享乐其中。像这样在一起活动可减少许多独居老人的孤独感。

评价身体活动的娱乐性和挑战性就是情感结果的一个例证

在活动中和其他参与者的合作机会促进了人们的社交能力的发展。例如学校里的体育课和其他的课程比起来，学生有更多的与其他学生合作和学习的机会。校际之间的身体活动在很早以前就在促进学习方面显示出了它的价值，它教给运动员怎样和队友作为一个整体去比赛，去公平竞争，去承担责任和尊重他人的权利。

人们想从这个领域得到的结果是完善自我的概念，增强自尊和自重。而体育教学、锻炼和竞技可以给人们提供机会来发展在身体技巧上的竞争力，挑战自己去取得新的成就和达到实际的目的。应组织实践活动让所有人都能取得有意义的成功。如果人们认为自己像参加运动的人一样有能力和自信，那他们就很可能会去参加体育锻炼。

帮助年轻人建立一个健康的自尊心是非常重要的。滥用毒品和酒精以及无数其他的社会问题都和弱的自尊心有关。那些能使人们有指导结合的活动、提高他们竞争力的活动和通过高水平的健身来改善自我形象都可增强人们的自尊心。

体育教学、锻炼和竞技日益受到重视的结果就是人们建立起了积极的态度和懂得了常常参加体育锻炼对终身健康和安宁幸福的益处。懂得体育锻炼对身体有益和学习参加各种运动的技巧其本身并不足以促进人们终身参加体育锻炼。如想达到常常参加体育锻炼的目标，我们必须给人们灌输一种过健康、积极生活的动机。我们的活动计划应帮助人们明白体育锻炼对他们的健康、运动表现、有益地度过闲暇时光所作出的贡献。

专职人员要帮助人们通过自己判断来区分和思考。我们必须超越让人们对体育锻炼感兴趣这个低层次目标。我们的焦点是帮助人们实现内化价值观这个较高层次的目标。在此层次，价值观会直接影响人们的行动的选择和行为方式。所以，我们需帮助人们培养价值观使其能指引他们过着一个积极锻炼身体的生活方式。此外，我们要注意培养他们决策、自控的能力以使他们将价值观转化到行动中去。

决策和自控技能对人们安康、幸福（地生活）是极其重要的。人们对生活方式的诸多选择对他们的健康有着潜在的影响。人们在饮食、锻炼、应付压力、利用闲暇时间等方面做出的决定对他们的健康有着正面或负面的影响。帮助人们明确自己的价值观和做出与自己信仰相一致的决策可提高他们的生活质量。

专职人员能促进人们的社会责任感，这是良好公民的一个重要组成部分。赫里森（Hellison）曾建立了一个促进责任感的模型，它已经在学校和社区环境下的活动计划中成功地运用在处于危险状况的学生身上。这个模型通过自控、参与、设定目标、协助他人来强调个人的成长，它还包括成功、个体意识、处理问题、自我反映等。经深思熟虑而设计出的教育实践可以大大促进培养为社会所接受的价值观。

专职人员也要考虑他们自己的行为、价值观、举动对参加他们活动计划的人有何影响。专职人员身体力行有多重要？想要促进人们情感发展的专职人员必须仔细权衡这个问题。作为体育指导员，他们起着为人们做示范的作用。如果体育教学、锻炼和竞技专职人员想完善他们（身体活动）的参与者的行为的话，他们自己（专职人员）首先要做到，如考虑他人需要和感受、尊重每个人、热爱体育锻炼等。

体育教学、锻炼和竞技也为伦理道德建设提供了一条途径。在体育课中或在竞技运动实践中，学生和运动员都有机会对行为准则做出反应，决定孰是孰非，在道德暗示下做出选择。专职人员可通过使学生对他们决策、行为做出反应来促进（学生）在这一领域中进一步发展；也可让学生在比赛中担任裁判工作，做出对他们自己的判罚（如在比赛中判自己犯规或在网球比赛中判罚球是界内还是界外等）。事后讨论学生和运动员的行为将会帮助他们进一步明确自己的价值观。

我们的活动计划一直以来被人们认为是培养性格的一种良好途径。然而，性格培养从本性上说是非好即坏的。正如多奇夫（Docheff）指出的那样："性格培养的结果取决于许多因素——也就是说那些支持和驱动（学生）去努力的人的性格，这些人有教练、老师、管理人员、父母……"专职人员对性格培养影响非常大。而身为专职人员，"我们必须在自己身上展示出优秀品格才能承担起培养他人优秀品格的责任"。高夫（Gough）认为培养优良品格最具有挑战性的地方是"不仅仅知道什么是好事，还要去做好事；不仅仅会分析、解决复杂的道德难题，更要有勇气去做正确的事情"。帮助人们养成做好事的习惯对于培养优良品格来说至关重要。

体育教学、锻炼和竞技有助于人们对美的欣赏。古希腊人强调"身体美"，他们裸体参加锻炼和竞技比赛以展示他们美丽的身体轮廓。体育锻炼是获得健美体形的关键因素。此外，运动之美也来自于身体锻炼。当人们移动起来的时候，不管他是在做工作还是在做一个运动技巧，他们的动作都给人一定程度的优雅和美感。如当人们从地上捡起一件东西时，可以优美的身姿完成这个动作，也可能笨拙地完成。这类的动作还有美式橄榄球的接球动作、篮球中的投篮动作、跳高动作、跳水的两周半翻腾动作，或者是跳一曲有难度的舞蹈，在富有节律、动作高雅、身姿优美、悠然自得的舞步中表现出美。

体育教学、锻炼和竞技促进了人们在情感领域上的发展。像增强自尊、提高社会责任感、净化价值观、培养（运动锻炼的）态度、欣赏美等只是体育教学、锻炼和竞技对培养完整的人的部分贡献。

动作技能领域

哈罗（Harrow）在动作技能领域中的目标分类展示了发展的进程，它为身体锻炼活动打下了基础。低层次的目标集中在掌握基本动作和感知能力上；高层次的目标强调发展健身和高度熟练的动作，同时增加了在运用这些动作时的创造性。（《动作技能领域》表列出了这些目标）

发展人体的适应能力也包含在这个领域之中。科尔宾的分类学说把动作分成从锻炼到身体适应，然后形成个人锻炼习惯。高层次的目标集中在学习怎样评价自己适应能力的水平和解决有关适应能力的问题上。

动作技能领域

类别	描述
1. 反射动作	对刺激做出非自主意识动作；屈、伸、伸展、调整体姿；为动作行为打基础
2. 基本动作	基于反射动作组合的与生俱来的动作方式；提高知觉能力和体能的起点；复杂技术动作的基础
3. 知觉能力	对各种刺激方式进行观察和理解，并作出相应的调节动作；包括动觉、视听觉辨别、触觉辨别、眼-手和眼-脚的协调动作等
4. 体能	人们拥有一个健康、功能高效的身体；是学习高难度技术动作的基础；耐力、力量、灵活性和敏捷性
5. 熟练动作	完成复杂动作的熟练程度；以与生俱来的动作为基础，由连续的垂直和水平动作构成
6. 有意交流	体态语是全部动作技能的一部分；对任何有效技能动作的理解；用来向看者传递信息的动作方式；包括从面部表情到复杂的舞蹈动作

动作技能的获得就是动作技能领域的核心之一

动作技能领域是我们的主要核心领域，发展人的动作技能是我们对教育课程的主要贡献。尽管体育能以众多有意义的方式对人在其他领域中的发展作出贡献，但在学校培养学生的动作技能是体育教师特有的职责。发展动作技能有关体育的两个主要目标：发展运动技巧和体能。

运动技巧的发展

发展运动技巧有时也指发展神经肌肉系统或动作技巧，这是因为有效的动作取决于肌肉和神经系统一起协调地工作。发展动作技巧的重要效果是学会运动技巧并使之精化，如日常活动中的体姿和抬举动作，还有锻炼身体时的各种动作，如跳舞、竞技运动、水上运动或户外运动等。发展运动技巧旨在帮助人们如何有效地移动来高效率地完成具体目标，也就是说耗费尽可能少的能量来完成它。

运动技巧的发展在人的一生当中是有顺序的。婴儿时期的反射、不自主的动作随着他们的长大被自主的动作所代替。一些基本的动作，如跑、投掷，在孩子能独自走路的时候开始发展。这些基本动作技巧随着不同阶段一同发展，一直到动作的成熟。随着孩子在这些阶段不断取得进步，他们的动作也会变得更加熟练，控制力和反应的精确程度得到提高，改善了动作的协调性。

基本动作是以后少年时期发展具体动作和运动技能的基础。一些如跑、踢、停球、躲闪等基本动作可以应用到竞技运动中，如足球。像跑、击球、滑步等动作可以应用到网球运动中。这时，在方式、速度、准确度、技巧表现难度等方面对人们就有更多的要求。如果要实现让人们终身参加体育锻炼的目标，我们就要特别留意每个人动作技能的发展。随着我们的活动计划不断扩展以适应从学前儿童到老年人各年龄段人们的需求，我们必须为促进不同人群获得和精化他们的动作技巧做好准备。

发展人们动作技能的全部潜能需要让其参加适合他们发展水平并且已构建好的运动实践。这些实践能提供有意义的指导和技能锻炼机会，同时鼓励人们在非构建好的运动环境中继续努力锻炼。青少年的体育教师在实现我们终身参加体育锻炼这个目标过程中起着举足轻重的作用。非常重要的一点是孩子们在基本动作技能中获得（运动）能力，使他们把这些技能用于对能力要求更高的竞技运动中或其他锻炼身体的活动中，如跳舞、娱乐活动等。而缺少必备的技能将很难达到这些要求。在培养技能熟练度过程中成功的学习经历会增加学生把体育锻炼融入他们生活的可能性。

体育是学校中惟一能培养学生运动技能的领域。通过循序渐进的体育课，学生可以从掌握基本的运动能力到做出熟练的技术动作技能包括竞技运动的技术动作。他们也有机会学习怎样调整自己的动作以适应变化所需和个人具体的所需。他们也有机会探究体育动作，把它当作和他人交流的媒介、创造力的载体、了解其他文化的途径。尽管当前许多体育课强调促进身体的适应能力，但也不能忽视动作技能的发展。这对终身体育来说极其重要。如果人们拥有能成功参加身体活动的技能，并且喜欢它和从中得到个人满足，那他就很可能会经常参加体育锻炼。

学校的身体活动计划应从各种身体活动中寻求一个平衡点，以培养年轻人终身体育的能力，这才对他们有意义同时也是他们所喜闻乐见的。在运动队、双人、单人（终身)运动等任何身体活动计划中都有一个平衡点。像篮球、足球等团队项目可以给人们提供作为一个团队来培养技能、协同比赛和竞争的机会。然而，在许多学校的身体活动计划中团队项目控制了大部分的课程从而牺牲了各种单人、双人项目如网球、游泳、羽毛球、高尔夫球等。在这种情况下，学生被剥夺了发展某些身体活动技能的机会，而学生可能会在他们的整个成年时光都会参加这些活动。只有通过一个团体、双人、单人项目均衡的活动计划才能培养出全面发展的人。

在成年时期，有许多因素影响着人们参加运动和娱乐活动。展示过去、兴趣、能力、喜欢程度、动机、机会、时间、经济顾虑等只是影响成人参加(体育锻炼)积极性和水平的几个因素。如果体育教学、锻炼和竞技的一个主要目的是为了促进人们的健康和最佳发展，那我们就必须教给所有人去进行这些活动的运动技巧。人们获得的这些技能会使他们决定怎样度过闲暇时光，还可帮助他们选择自己发展健身的方式。举例来说，一个人如果在游泳方面非常出色，他或她就可将空余时间放在与此相关的活动上，或者参加一个以游泳为基础的健身活动计划；而如果他网球打得不错，他或她可常常光顾一下网球场。

非学校环境中的教成人的体育教学、锻炼和竞技专职人员在教动作技能时还要面临特殊的挑战。成人可能想学一项新的运动，但他又缺乏必备的基本运动技巧的能力。如他们可能显出非常差的跑和投掷技巧。教授这些成人的专职人员必须采用指导策略来帮助他们掌握基本动作，同时把有关运动技巧的指导融入课程中以激励成人。

体育也利于实现促进人们合理安排闲暇时光的教育目的。竞技运动、水上运动和舞蹈是人们在闲暇时光所喜爱的活动。它们是人们下班后钟爱的放松方式和周末娱乐活动。发展动作技能以参加竞技运动和娱乐活动对所有人来说都是非常重要的，包括那些身体有残疾的人们。体育教学、锻炼和竞技方面的专职人员在任何背景下都要做好准备去教有各种需求的人们，随时调整活动内容和教育策略来适应学生的能力。利于发展技能和参加有意义活动的有竞争性的运动对于所有人来说是一个极其重要的学习实践，其中包括那些有特殊需要的人。

体能的发展

有大量的证据证明体育锻炼和与健康相关的健身对幸福和高质量生活的贡献。发展并保持体能很久以来一直被认为是学校体育课一项最重要的成果。当然，促进体能的发展也是校外体育、锻炼和竞技活动计划的核心。

具有教育功能的大专院校承担着把学生培养成社会有用之才的责任。而学生的健康状况将直接影响着他或她能够成为有用之才的生活。所以，促进体能发展和与一生都能保持体能有关的技能、知识，就是体育对实现教育目的的重要贡献。

应该采用一种循序渐进的、系统的方法来发展体能。首先，最重要的一点是安排活动计划时要考虑人们的需求。基于这些需求，应该以能达到他们想要的结果为基础来设计活动计划。要十分注意在人们获得体能的同时，也要帮助他们确认那些活动对他们来说是有趣和有意义的，并且使他们能熟练地进行这些活动。这将会促使人们把这些活动当成他们生活中不可分割的一部分。

我们需要一种多途径的方式来实现和体能相关的目标。显然，我们必须教给人们能促进体能的锻炼和活动的方式。但仅仅是这些还不够，通过我们的活动计划，人们必须学到有关知识来设计和调整他们发展体能的活动，以便适合他们不断改变的需求。此外，通过我们的活动计划，我们要让每个人都渴望把发展健身作为他们一生的追求；让每个人都喜爱身体活动；让每个人都明白健康、积极主动的生活方式有多么重要。

当代体育教学、锻炼和竞技为所有人发展健身和积极主动的生活方式提供（实践和理论）支撑。但不幸的是我们国家大多数人并不常常参加身体活动，所以也就认识不到它给我们的健康带来的好处。少数族群、经济上处于劣势的人们、妇女、老人和残疾人参加活动的人数更是不成比例。作为专职人员，我们必须努力让这些人参加我们的活动计划。

高质量的学校身体活动可以在很大程度上教育人并且实现教育目的。它们能提高学生在所有三个领域——认知领域、情感领域、动作技能领域的学习和发展。对于在校外背景下工作的体育教学、锻炼和竞技方面的专职人员，懂一些行为学、分类学和目标方面的知识会有助于他们更有效地组织活动计划，得到想要的结果。无论在何背景下，所有体育教学、锻炼和竞技专职人员都必须对活动参加者在得到预期结果过程中的进展程度作出评价。评价应是整个体育教学、锻炼和竞技中不可或缺的一部分。

学习的评价

专职人员怎样才能确定参加体育教学、锻炼和竞技的人们是否达到了预定目标？我们怎样判断参加活动计划人们的需求？监控活动参加者进展状况最好的办法是什么？参加者如何知道他们已实现了自己的目的？我们怎样激励人们努力去坚持？我们怎样调整活动计划来使它更有效？我们怎样在这个凡事都需可靠性的时代去展示我们活动计划的价值？作为专职人员我们如何提高自己的能力以满足活动参与者的需求？评价能使我们回答这些以及其他许多重要的问题。

评价是高质量的体育教学、锻炼和竞技的关键环节。评价应是与活动计划交织在一起的一个动态的、持续的过程，是任何计划中重要的、关键的因素，不管是在学校背景下还是非学校背景下。高质量的体育教学、锻炼和竞技的发展需要有一个清晰的目的，评价人们的需求，设定具体的目标，设计学习实践，提供有效的教育，评估成果。

通过评价我们可得到有关参与者的进展、活动计划的质量、教导实践、专职人员的作用等许多重要信息。评估促进责任感。参与者对他们的表现负责，体育教学、锻炼和竞技指导员对参与者的成绩负责。如今，让人们知道我们活动计划的价值就显得比以往更重要了。评价是整个活动的关键，因为评价能给我们提供关于学习和成绩的一些有用信息，而这些信息与认知、情感、动作技能领域中的目的、目标、结果相关。评价将预期标准（译者注：就是要使学生达到令人满意的标准）和教育过程联系到一起，也和参与者的成绩联系起来。

评价的定义

评价是一个为了多种目的来搜集关于参与者成绩信息的过程，同时根据这些信息得出结论并做出判断。测量和评估是与评价密切相关的两个过程。**测量**是收集信息和数据的过程，**评估**是诠释信息和数据的过程。评价的范围要远远大于评估，它包括数据收集、诠释和得出结论。

NASPE（国家体育与竞技运动协会）认为："评价的主要目的在于促进学习，而不是对学习的证明。"评价有更为广阔的目的，而不只是定一个分数或拿一张表格指示进展如何。评价是所有活动计划中一个极其重要的组成部分，它帮助专职人员做出决定，为最大限度地满足参与者的利益来实施活动计划。

评价包括各种不同的测量和评估方式，还有收集和诠释信息的评价技巧，这也是它的主要目的。我们用这个信息做出决策以便提高体育教学、锻炼和竞技参与者的成绩和实践效果。

评价的目的

评价的目的有多种。评价是高质量体育教学、锻炼和竞技中不可或缺的一部分，当正确使用它时有利于提高学习成绩和促进学生在认知、情感、动作技能领域上的发展。评价的主要目的有诊断、分级测试、进展监控、成绩测定、激励、计划改进、（提高）教师效能。

诊断是评价中最重要的一种方式。诊断可用来测定人们身体的强弱、（运动）能力的水平、各领域的发展状况。与身体有残疾的孩子们在一起的特殊身体活动专家可用丹佛发展筛检量表（Denver Developmental Screening Test）来测定孩子们的动作、语言、个人社交技巧。学校运动队的运动心理学家会用几次笔试调查运动员的满意度、对全队气氛的感觉、注意方式、领袖作用以便提高运动队的成绩。运动心理学家也可通过和队员、教练的交谈，通过个人对全队训练、比赛的观察，从而找到制约队伍成绩提高的因素。

我们开运动处方时就是利用诊断所获信息来设计活动计划以满足确定的需求。心脏康复专家根据锻炼活动强度的测试结果为心脏手术后的病人制定锻炼计划。一

良好健康的核心——经常运动的生活方式

孩子的姓名________ 班级________

我能 体育活动汇报
1998—1999 第5次报告 时间——6周
4年级

我们正在探索如何学习。你的孩子在每项技能旁边的空格处给自己的水平等级做出了评价。如果我的等级评价和你孩子的评价不同，你可以看到我做出的等级评价。请问问你的孩子"这些字母是什么意思？"你很可能得到一个满意的答复，如"我给学习评价为L是因为我有时候能做出，但并不是总能做出。"如果我的等级评价不同，你也许想知道为什么。这可能是因为一个正常的原因。鼓励你的孩子去思考他需要在哪些方面努力，赞扬他们所学的新的技能。谢谢！
体育教师 Dolly Lambdin

B=起步阶段——我偶尔能做一次。
L=学习阶段——我能够在大多数情况下做出，但我确实需要思考。
M=熟练阶段——我总能做出，这对我来说太简单了。
P=障碍——我就是学不会。

在体育课上我们学习用技巧和信心来做肢体及物体的移动。
篮球

____我能在不看球的情况下运球一次。
____我能在有人防守的情况下运球（连续不停地运球）。
____我能做3种传球动作。
它们有________，________和________。
____我能在不运球的情况下转身。
____在我投篮的时候，我把球放在前臂的前方。
____在我投篮的时候，我记着手臂有一个弧状的跟随动作。
____我知道何时去防守我的对手。
____我知道如何防守我的对手。

我们互相鼓励、互相帮助，让课堂成为我们学习的一个良好环境。

____在老师讲解的时候仔细聆听。 ____我可以顺利的移动。
____我按照要求完成动作。 ____我可以和任何同学良好地合作。
____我的动作完成质量很好。 ____我有助于组成一支良好的团队。
____我喜爱打篮球。

谢谢阅读第5次汇报卡。让孩子把本卡交回。
孩子的姓名________ 家长签字________
和你的孩子一起散步、慢跑、骑车和锻炼！！！享受健康的生活方式。

图2-1 包括自我评价和教师评价的体育活动汇报卡样本

个私人教练先要了解对顾客健康水平、营养状况、生活习惯等的各类评价，然后才能为顾客设计出个性化、全面健康的活动计划。竞技运动中，教练和队医一起制定锻炼计划使手腕旋转肌受伤的运动员恢复到能完整的做出动作。

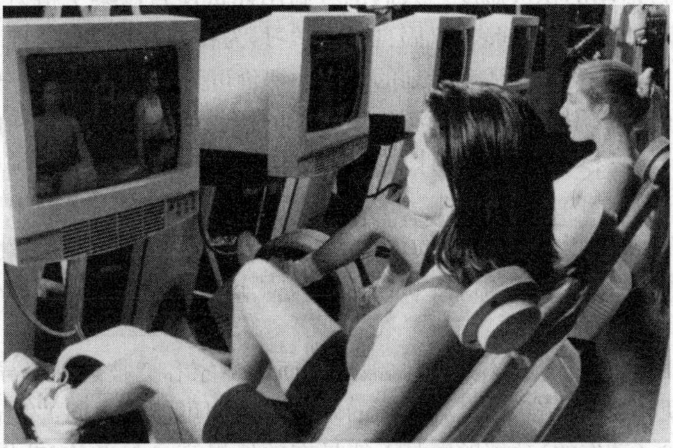

计算机控制的健身设备正在变得越来越常见，该技术使人们更容易监测他们的锻炼情况以及评价自我的健身水平

评价的另一个目的是根据人们的能力将他们分成不同的组或者给他们定位。对于身体有残疾的孩子，评价结果决定他们的教育定位和应进行何种活动。一般情况下，体育教练会根据能力把人们分成不同的组，他们认为同等能力的人在一组有利于学习。

测定成绩是评价的另一个主要目的。体育教学、锻炼和竞技是有目的的活动，它是为了实现某种目的而设计的活动。参加活动的人是否达到了预定目的？老年人是否知道怎样随体能的提高来调整自己的散步计划？参加少年竞技运动的孩子们掌握足球的基本技巧了吗？体能检测结果是否显示学生已达到了健康体能的满意标准？社区健身计划参与者的跑步记录是否反映了他经常锻炼？没有评价我们怎么知道参与者已经达到了想要的目标？评价是在活动计划结束时刻的成绩指标。如果在活动的开始和结束都进行评价，那就可看到(活动的)进展状况。如要获得参与者的进展轨迹，还需在整个活动计划中采用多种不同的评价技术。

评价可增强人们的动机，鼓励他们进一步提高。在学习实践中常常进行自我测定、不断取得成功使六年级的学生看到他们在排球技术上的进步，看到他们辛勤劳动换来的成果；当一个运动员看到她受伤的这条腿能蹬起的重量每周都在增加时，她会受到激励从而继续康复她的膝盖；当一名参加公司健身活动计划的员工发现他跑完一英里用时在减少并且觉得自己有充足的精力来应付每天的工作时，他就会受到激励继续在每天早晨 6 点进行身体锻炼。同样，当这些专职人员看到他们付出的时间和努力在活动参与者身上有所体现时，他们也受到了激励。

评价以不同的方式影响着参与者。它影响着学习者对自己的认识，更具体一些，可影响参与者对自己竞争力的认识；它还可以提高人们对自己能力的自信心，培养一种对参加（体育）活动的积极态度。人们也可利用评价使自己集中精力学习和自己相关的事务，来安排自己的时间表，巩固自己的学习，为将来筹划学习策略等。

评价的另一个目的是对活动计划的评估。评价可为活动计划的有效性提供证据。公司健身部主任可以用文件形式证明参加活动的职员所取得的进步和由此改善的健康状况，这让公司老板明白该活动计划是否给他的雇员带来好处，同时也清楚了他对此活动计划的投资是否节约了成本。这种越来越全球化的方式也可用来改进活动计划。从这个角度看，整个活动计划的评价应强调下列几个部分：活动计划内容、指导实践进展、管理和组织、设施和设备、时间安排等。这使得专职人员完善他们的活动计划从而增强他们的效能。

在专业方面非常敬业的体育教师、锻炼方面的专家和竞技运动指导员，他们会反思通过评价获取的所有信息来提高自己的效能。他们可能会自问："是否应改动一下我的某些表述？（动作的）教授顺序是否能最有效地提高参与者的（动作）发展？我需要给参与者更多的指导吗？"这些问题或者还有其他问题可以帮助专职人员提高他们的效能，进而影响到活动参与者的活动效果。

专职人员可采用多种不同的途径来评价人们参加他们活动的效果。评价程序是通过把评价和指导结合起来，和丰富活动参与者的实践经验结合起来，以显示它能提高学习效果的功用，这是评价成为体育教学、锻炼和竞技不可分割的一部分的关键。

科技在评价中的作用

科技日益影响着评价过程。计算机帮助人们记录测试结果和参与者参加活动的日志。

用计算机处理记录的一个例子就是库珀学院的有氧体适能程序。全国有许多学校都用它来向学生和家长提供关于学生体适能概况的信息。该程序测量了体适能中与健康相关的几个指标——心肺耐力、肌肉力量、肌肉耐力、柔韧性和体成分。体适能程序可参看图 2－2。体适能程序提供了一份对每个学生的体能状况经过计算机处理后的报告。这份简要报告包括参与者的各项测试成绩。如果需要，可根据个人测试成绩推荐进行何种体育锻炼。体适能程序也便于教师、家长、学生将当前的测试成绩和以前的测试成绩进行比较。这还利于发现已取得的进步，明确还应注意体适能中哪些方面的锻炼。体适能程序可帮助教师追踪学生健身水平的发展情况，从而判断是否已达到设定的计划目标。

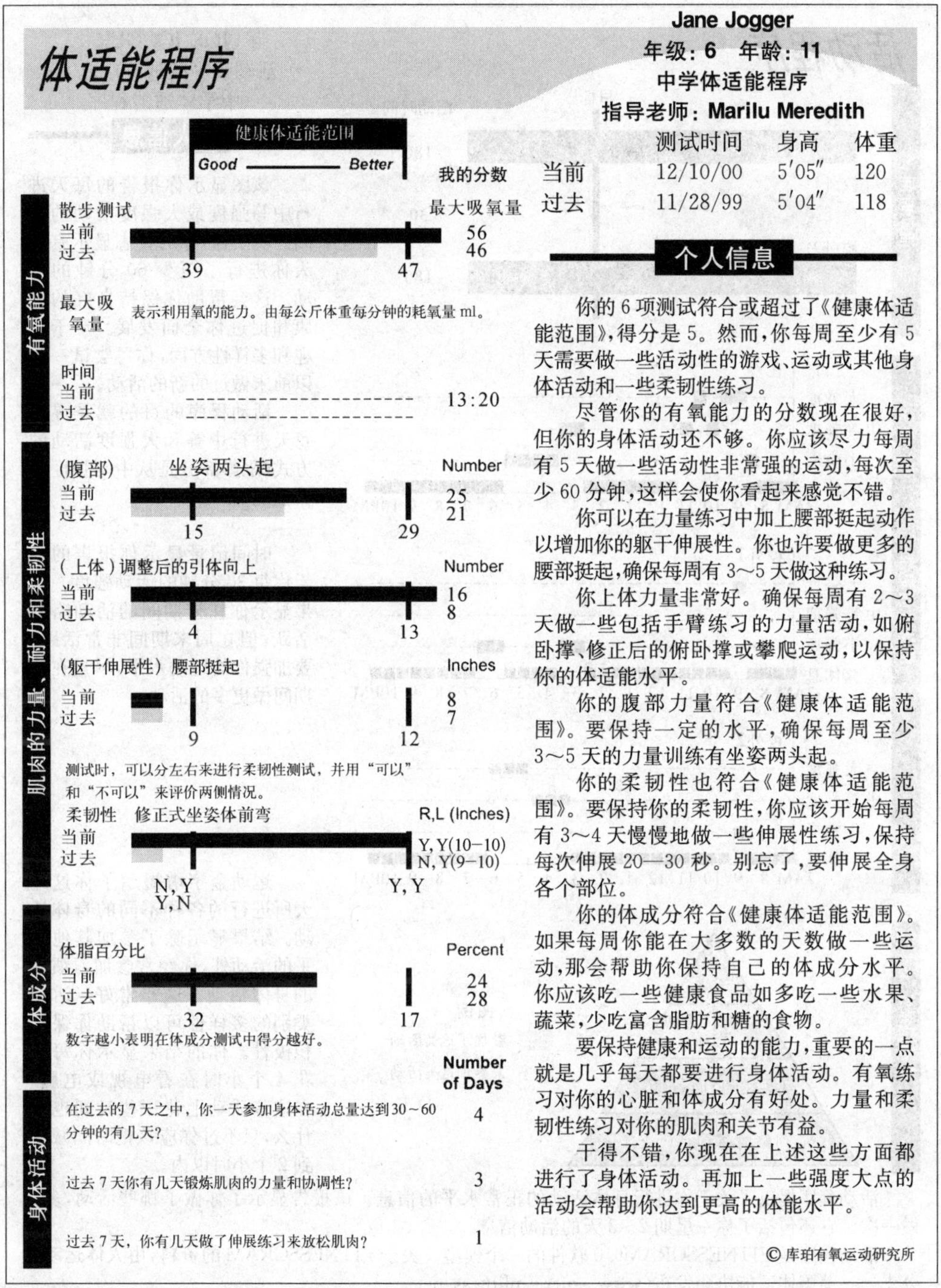

体适能程序

Jane Jogger
年级：6 年龄：11
中学体适能程序
指导老师：Marilu Meredith

	测试时间	身高	体重
当前	12/10/00	5′05″	120
过去	11/28/99	5′04″	118

健康体适能范围
Good —— Better
我的分数

有氧能力

散步测试 最大吸氧量
当前 56
过去 46
39 47

最大吸氧量 表示利用氧的能力。由每公斤体重每分钟的耗氧量 ml。

时间
当前
过去 13:20

肌肉的力量、耐力和柔韧性

(腹部) 坐姿两头起 Number
当前 25
过去 21
15 29

（上体）调整后的引体向上 Number
当前 16
过去 8
4 13

（躯干伸展性）腰部挺起 Inches
当前 8
过去 7
9 12

测试时，可以分左右来进行柔韧性测试，并用“可以”和“不可以”来评价两侧情况。

柔韧性 修正式坐姿体前弯 R,L (Inches)
当前 Y, Y(10–10)
过去 N, Y(9–10)
N, Y
Y, N
Y, Y

体成分

体脂百分比 Percent
当前 24
过去 28
32 17

数字越小表明在体成分测试中得分越好。

身体活动

Number of Days

在过去的 7 天之中，你一天参加身体活动总量达到 30～60 分钟的有几天？ 4

过去 7 天你有几天锻炼肌肉的力量和协调性？ 3

过去 7 天，你有几天做了伸展练习来放松肌肉？ 1

个人信息

你的 6 项测试符合或超过了《健康体适能范围》，得分是 5。然而，你每周至少有 5 天需要做一些活动性的游戏、运动或其他身体活动和一些柔韧性练习。

尽管你的有氧能力的分数现在很好，但你的身体活动还不够。你应该尽力每周有 5 天做一些活动性非常强的运动，每次至少 60 分钟，这样会使你看起来感觉不错。

你可以在力量练习中加上腰部挺起动作以增加你的躯干伸展性。你也许要做更多的腰部挺起，确保每周有 3～5 天做这种练习。

你上体力量非常好。确保每周有 2～3 天做一些包括手臂练习的力量活动，如俯卧撑、修正后的俯卧撑或攀爬运动，以保持你的体适能水平。

你的腹部力量符合《健康体适能范围》。要保持一定的水平，确保每周至少 3～5 天的力量训练有坐姿两头起。

你的柔韧性也符合《健康体适能范围》。要保持你的柔韧性，你应该开始每周有 3～4 天慢慢地做一些伸展性练习，保持每次伸展 20—30 秒。别忘了，要伸展全身各个部位。

你的体成分符合《健康体适能范围》。如果每周你能在大多数的天数做一些运动，那会帮助你保持自己的体成分水平。你应该吃一些健康食品如多吃一些水果、蔬菜，少吃富含脂肪和糖的食物。

要保持健康和运动的能力，重要的一点就是几乎每天都要进行身体活动。有氧练习对你的心脏和体成分有好处。力量和柔韧性练习对你的肌肉和关节有益。

干得不错，你现在在上述这些方面都进行了身体活动。再加上一些强度大点的活动会帮助你达到更高的体能水平。

© 库珀有氧运动研究所

图 2-2 教师可运用体适能程序来打出一份学生体适能状况的报告

活动程序

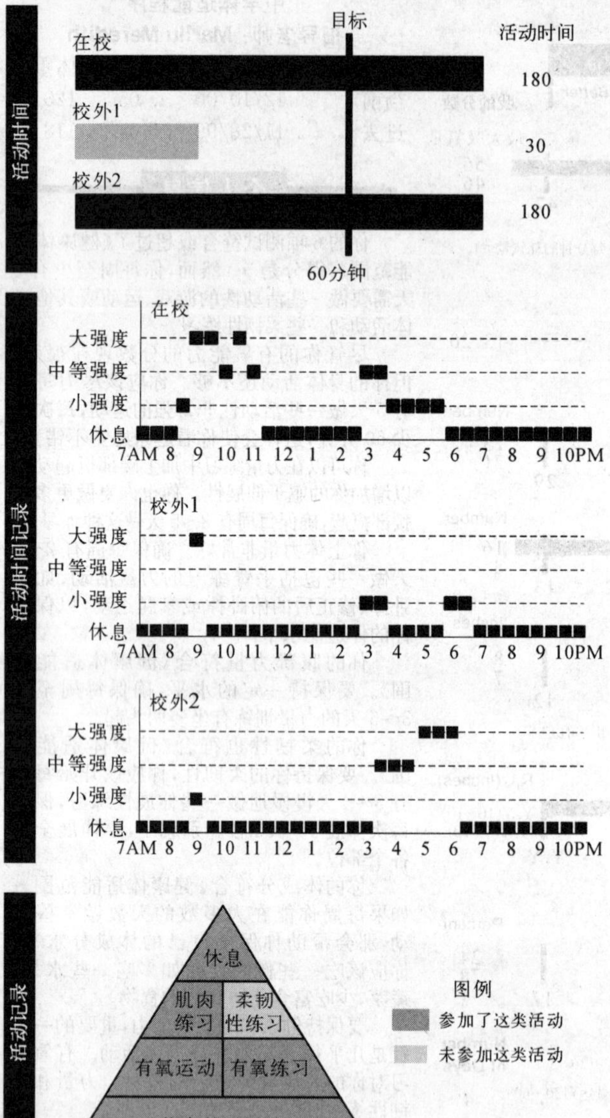

JOE JOGGER

活动程序测试-09/20/00

中学体适能程序

个人信息

该图显示你报告的每天进行中等强度或大强度活动的时间。祝贺你，你的日志显示有几天你进行了至少 60 分钟的活动。这会帮助你保持良好的健康和促进你全面发展。至于乐趣和多样性方面，你可尝试一些以前未做过的新的活动。

活动程序的目的就是寻找每天进行中等和大强度活动的方式(阴影部分是从中等强度到大强度)。

时间记录显示你报告的当天你每 30 分钟的活动强度。结果显示你在校期间的活动略微活跃，但在周末期间非常活跃。要加强你的运动水平，尽量在校期间做更多的活动。

运动金字塔揭示了你这几天所进行的各种不同的身体活动。结果显示除了参加其他水平的活动外，你经常参加习惯性的身体活动。这非常好！活动类别的多样性可以帮助你保持积极性。你的结果显示你每天花 4 个小时在看电视或电脑。在这些活动上花一些时间也没什么，只不过你应该把时间减少到 2 个小时以内。

活动程序提供了关于你进行身体活动的正常水平的信息。该报告显示了你做了哪些活动，多久做一次。它还包括了你一星期 2～3 天的活动信息。

活动程序是 FITNESSGRAM6.0 软件的一个模型。关于 FITNESSGRAM 的资料，由人体运动学分支——美国体适能协会发布(www.americanfitness.net)

图 2－3 可利用活动程序来评价学生在校期间及在校外期间的活动强度与水平

体适能程序一个新的特色是活动程序（译者注：这是一种计算机控制的健身设备，目前我国也有许多单位配备了这些设备）。活动程序是一种对学生在校内外身体活动的评价程序。这种评价包含在体适能程序之内，旨在强化学生对每日参加身体活动重要性的理解。为保持身体健康，学生必须养成终身体育的习惯。活动程序帮助学生更加理解他们身体活动的方式。

计算机评价和储存记录系统越来越受到人们的欢迎。其中一个系统名为HealthFirst TriFit，它使体育教学、锻炼和竞技专职人员能进行一个彻底的体适能评价，并为他们的学生或顾客设计出个性化的锻炼和营养计划。它可评价心血管系统的功能、成分、柔韧性、肌肉力量和进行其他各种生物学测量（biometric measures）。测试工具，如评价心血管耐力的功率自行车、测量成分的皮褶测定仪等，都（把数据）直接转化到计算机中。从其他评价得到的附加信息也可由专职人员输入到计算机中。HealthFirst 的软件分析完成绩测试结果后就能给出一份学生或顾客的健康体适能状况的概要，随后它就会提出一份个性化的体能活动计划。同时，它也可列出进展报告以便追踪一段时间的体适能活动和评价。此外，学生和顾客可通过一个在线学习中心评价自己的健康风险，或寻找和体适能、全面健康相关的大量话题和信息。

公司的健身中心也在他们的健身活动计划中使用微机。一种由计算机控制的登记系统可以记录职工参加活动的情况。职工在锻炼完后，可用计算机记录下他们锻炼的项目、锻炼持续时间以及他们的体重。如此可以很容易地记录下每个职工在实现他们各自目标过程中的进展状况，也有助于活动管理人员画出设施使用情况图表，合计出各种活动的利益，做出活动效能的文件。

无论是校内还是校外背景下给学生和成人上健身课时，心率监视器都是一种非常有效的工具。这些监视器可戴在手腕上监测心率，在佩戴者努力实现自己目标的过程中给予正面强化。它给体育教师、锻炼方面的科学家和竞技运动指导员提供了有价值的信息，他们可根据这些信息调整自己的教学方法。打印出来的每次锻炼课结果就是参与者所做努力的一次永久记录。

在整个体育教学、锻炼和竞技领域都能感受到计算机技术的影响。运动生理学家在极其复杂的心血管系统功能的测试中用计算机来调整设备，分析所获得的大量数据。教练要评价出运动员受伤严重程度，制定治疗方案，并监控恢复进展状况。在运动员恢复过程中，可用计算机设备，比如说 Cybex（一个品牌），把负重训练的作用不断地反馈给运动员和教练。生物力学专家用特殊的计算机程序来分析（运动员的）动作和力的作用；运动社会学家和运动心理学家用计算机来进行繁琐的数据分析；体适能方面的专职人员依靠计算机来做记录工作；俱乐部的会员把他们个人编码敲入每个锻炼设备旁边的计算机控制台中。因为数字显示器上可以显示所举重量和次数，所以计算机也能保存记录并为会员和专职人员提供一份会员进展的全程连续记录。

在互联网上有许多互动网站使人们对自己的健康风险状况做出评价，同时他们也可采用已做好的评价来调整自己的生活方式。互联网互动的日志可以让人们在世界任何地方都能了解自己的身体活动和膳食摄入(的记录)，使人们很容易继续实行并监控自己的健身活动计划。

体育教学、锻炼和竞技专职人员用掌上计算机或个人数字助理仪(Personal Digital Assistants，简称 PDA)来输入数据，分析评价结果，监控人们参加(身体活动)的情况。手持设备使专职人员快速输入数据，然后再上载到台式计算机中做进一步分析同时输入到数据库，这样就会使整个评价过程得以迅速完成。

随着我们步入 21 世纪，科技将在帮助体育教学、锻炼和竞技专职人员评价大量的测试结果方面和监控人们活动进展方面起着重要的作用。

小结

美国的教育面临着一个挑战，它想让各种不同背景下的人们拥有多种能力，使他们在当今和未来世界都有用武之地。体育作为学校课程中的不可或缺的一部分，在这项使命中扮演着一个重要角色。

因为教育是社会机构的主要部分之一，又有几百万的青少年上体育课，所以体育教学、锻炼和竞技的专职人员明白教育的目的和目标就显得极其重要了。目的是对目标的广义描述，反映了人们想要达到的成就。目标是对成果的具体陈述，一步步地实现(最终)目的。《2000 年目标》明确了美国 21 世纪的教育目的，其中包括学习的条件、提高毕业率、在数学和科学方面的国际突出地位、提高成人文化水平、创造一个安全的学习环境、教师的专业培训、学校-家长的合作关系等。学校体育课通过改善学校条件，提高学生的健康和活力，提供一个综合的学习方式，促进终身学习来帮助上述教育目的的实现。NCLB 强调了对学习的义务。

历史上对学龄人群的体育教学的目的早有定义。现在我们的活动计划涵盖了更广泛的年龄段和背景。当代的体育教学、锻炼和竞技强调通过高质量的体育、锻炼和竞技活动计划来培养完整的人。体育教学、锻炼和竞技的目标包括四个领域：发展体能、发展技术、积累知识、发展社会情感。

在过去的 10 年里，专职人员努力工作以明确列出一个经过体育教育的人所应具备的素质。根据 NASPE，一个经过身体教育的人用他所学的技术进行各种体育运动，身体健康，常常参加身体活动，懂得参加身体活动的好处，重视身体活动对健康的生活方式的价值。NASPE 为体育建立了内容标准和评价准则。这些标准和准则为各种环境中的(体育教学、锻炼和竞技)专职人员提供了一个有价值的框架以指导他们的工作。

我们常常在三个领域中描述人们的行为：认知领域、情感领域和动作技能领域。分类学把目标和每个领域联系起来并分成等级。这些分类指导专职人员设计活动计划来满足参加他们活动的人的需求。体育教学、锻炼和竞技在许多方面利于人们在这三个领域的学习。

对学习的评价在体育教学、锻炼和竞技中极其重要。评价是一个持续不断、有着多种目的的过程，它包括诊断、制定计划、分类、成绩测定、做出进展文件、计划改进、专职人员培养。有多种评价种类可供专职人员使用。

科技对评价的影响越来越大。计算机被用来记录、调整测试设备、分析数据。所有专职人员都知道科技对他们的工作有多大价值。

下一章我们将讨论体育教学、锻炼和竞技在我们社会中的作用和教育改革运动及其对我们活动计划的影响。

自测题

1. 仔细回顾一下《2000 年目标》的内容。《2000 年目标》是如何影响着你的高中课程？它给你的体育课带来了什么影响？你的体育课对《2000 年目标》的贡献在哪里？

利用“网络链接”提供的信息找到其中的一个网站，寻找《2000 年目标》的最新信息。美国在此目标过程中取得进展了吗？

2. 仔细回顾经过体育教育的人具有的特点以及应该达到的效果。然后把自己的知识、技能、态度和自己期望的结果相比较。你达到了一个经过体育教育的人的目标了吗？

3. 回顾自己青少年、中学、大学时期的运动实践经历。这些经历对你在认知、情感、运动心理领域发展的影响是什么？运动中可以从哪些方面做些改动以进一步提高自己？

4. 选择一个未来要从事的职业。对每一个学习领域，制定出两个目的，为自己的活动制定出两个具体的目标。

建议阅读书目

AAHPERD：Research Quarterly for Exercise and Sport. June 2000. Entire Issue.

Anderson DR：The humanity of movement or “it’s not just a gym class,” Quest 54：87－96，2002.

Bloch BA：Literacy through movement：an organizational approach，JOPERD 72(1)：39－48，2001.

Corbin CB：Physical education as an agent of change. Quest 54：182－195，2002.

Fortes,S：Climbing the walls to write in physical education. JOPERD 74(8)：12－14，2003.

Gabbei R and Hamrick D：Using physical activity homework to meet national standards，JOPERD 72(4)：21－26，33，2001.

Gallo,AM：Assessing the affective domain. JOPERD 74(4)：44－49，2003.

McBride RE and Carrillo D：Incorporating critical thinking into a secondary school wellness unit，JOPERD 71(9)：20－25，2000.

Docheff D，editor：Character in sport and physical education，JOPERD 68(9)，1997.

National Association for Sport and Physical Education：Moving into the future national standards for physical education，Reston,Va. ,2004.

Nilges L and Usnick V：The role of spatial ability in physical education and mathematics，JOPERD 71(6)：29－33，2000.

Tannehill D，editor：Assessment Series K－12 Physical Education，National Association for Sport and Physical Education，Reston，Va.，1999.

网络链接

疾病控制预防中心：www. cdc. gov

《2010 年健康大众》：www. health. gov/healthypeople/default. htm

身体活动与健康：国家卫生部长报告 www. cdc. gov/nccdphp/sgr/;sgr. htm

美国教育部：www. edu. gov

美国健康与人力服务部健康监控办公室：http://omhrc. gov

第三章 在社会和教育中的作用

学习目标

读完本章学生应能：

■ 了解美国人口数量的变化对于体育教学、锻炼和竞技的意义。

■ 向同事和大众解释体育教学、锻炼和竞技在促进健康和达到全面健康方面所起的作用。

■ 讨论各年龄阶段人们所进行的身体活动及体育教学、锻炼和竞技的含义。

■ 讨论当前教育改革运动以及它对学校体育课的意义。

社会发展趋势影响着体育教学、锻炼和竞技在社会中的作用。其中一个很重要的趋势就是人口的变化。当前社会有着比历史上任何时期都丰富多彩的文化，而且这种多样性随着我们进入21世纪会更加明显。专家们有责任让所有人的生活都变得丰富起来，正如德森斯(DeSensi)所说，要提高我们“对不同文化的传统、特色及价值观的理解与欣赏水平”。

对体育教学、锻炼和竞技起作用的另外两个社会发展趋势是全面健康运动以及体适能活动、身体活动。全面健康强调的是个人有责任做出明智的选择，并且这种选择会利于最佳健康状态。预防疾病和促进健康是这项运动的基石，因此要鼓励各个年龄阶段的人参加身体活动。有大量证据表明终身参加身体活动的积极生活方式对人们非常有价值。

另一个非常重要的趋势是教育改革运动。过去的30年里，人们对教育的重新设计以及振兴和强化教育系统的呼声越来越高。实施的这些教育改革，其性质会对学校体育运动产生深远影响。在20世纪90年代，学生们对平时体育课的参加次数有所下降。此外，青少年在青春期参加身体活动的次数也有所下降。学校的活动使我们能注意到在参加身体活动时的不平等现象，也能鼓励人们一生都要不断地参加身体活动。

人口统计的变化

21世纪已经到来，美国人口数量的改变将对它的未来产生深刻影响，并将极大地影响体育教学、锻炼和竞技的性质和管理。在20世纪后30年里，美国种族和民族的差异性有了很大变化，甚至在接下来的几十年当中还会有所增加。这种不断增长的差异就要求我们这些体育教师、锻炼方面的专家和竞技运动指导员能在跨文化形势下更有效地工作。存在于不同群体(比如孩子们和老人们)的这种差异性变化决定了教育、医疗保健、公共设施和其他一些服务要满足不同人群各种服务的需求，从而也对就业机会、服务基金以及服务于这些人群的各种项目产生影响。

在美国，人们的寿命越来越长，生活方式也更加健康。完善的公共卫生设施、先进的医疗科学和人们生活水平的提高都促进了人们的长寿。20世纪初，美国人的平均预期寿命只有47.3岁。到了2001年，达到了有史以来最高的77.2岁。美国卫生与公共服务部部长汤米·G. 汤普森(Tommy G. Thompson)说："美国人的平均寿命比以前增加了，这大部分要归功于我们在战胜那些导致农村人口大量死亡的疾病方面所做出的努力。但我们还可以通过合理饮食、经常锻炼身体和其他简单易行的方式来提高身体素质，预防严重疾病的发生。"

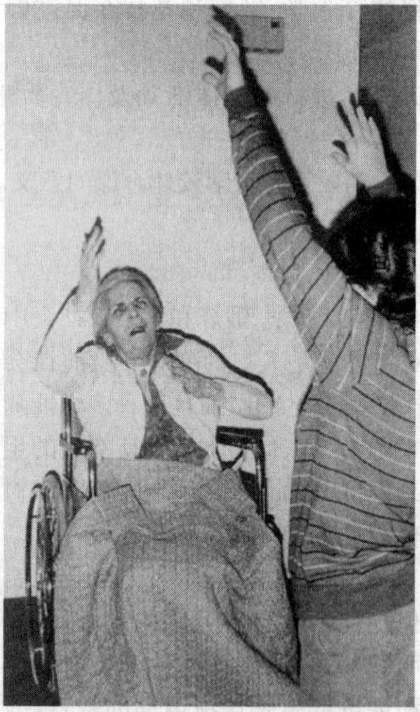
参加适当的锻炼有助于提高老年人的柔韧性

在20世纪，不同人群平均寿命的差距虽然在缩小，但仍然存在。到2001年，白人的寿命依然比黑人长得多。性别间平均寿命的差距也一样在减小，但女性的寿命依然比男性高出5岁。

人们健康状况的提高使得上个世纪老龄人口增长。1900年，大约4%的人年龄达到65岁，到2000年，大约有30%(3 500万)的人年龄达到 65 岁。预计在 21 世纪前 50 年美国老龄人口数量会飞速增长。到 2011 年，在 1946～1964 年“生育高峰”期间出生的孩子们都将到 65 岁。到 2030 年，预计达到并超过 65 岁的老年人将占人口总量的 20%。增长最快的是 85 岁或年龄更大的人群。2000 年，大约有 2%的人年龄达到 85 岁，但到 2050 年，预计美国将有 5%的人达到 85 岁。

美国儿童的数量也会影响到对学校和老师的需求，对医疗保健服务及其专职人员的需求，对其他为孩子及家庭的服务及服务设施的需求。2000 年，有 26%(7 040 万)的人年龄在 18 岁以下，这与 20 世纪“生育高峰”时的 36%相比有所下降。预计儿童占总人口数量的比例会相对稳定，到 2020 年会占总人口的 24%，到 2010 年入学人数会比以往略有增加。

美国以其多样性著称，可以说美国是一个奇妙的多文化、多种族以及多民族的熔炉。为了便于收集和分析这些人口数据，在 20 世纪 70 年代，联邦政府就有了广义的种族分类系统，根据这个分类系统，美国的种族包括黑人(非裔美国人)、美洲印第安人和阿拉斯加土著人、亚洲籍美国人和太平洋岛民以及美国白人(白色人种)；民族被分为非西班牙裔居民和西班牙裔居民。西班牙裔居民或拉丁美洲人包括所有种族的人。(见《美国的种族和人种划分：2000 年人口普查》表)。这样泛泛的分类是一种误导，因为它掩盖了这些人群之间的很多不同之处。比如，在这种分类下，我们看不到非裔美国人和太平洋岛民又可分为 40 多个民族并说 100 多种语言。通过这些对种族和民族的分类可以看到我们的民族的确呈多样化特点。

美国的种族和人种划分：2000 年人口普查

美国人口普查对种族和人种的类别定义		各种族和西班牙血统的人口数量	
		种族和西班牙血统	比例
白人	有任何原先是欧洲、中东、北非血统的人们	种族	
黑人或非裔美国人	有非洲任何黑色族群血统的人们	人口总量	100.0
		单种族	97.6
美国印第安人或阿拉斯加当地人	有任何原先是北美和南美(包括中美洲)人种血统，并且还保持着和部落或社区隶属关系的人们	白人	75.2
		黑人或非裔	12.3
		美国印第安和阿拉斯加人	0.9
		亚洲人	3.6
亚洲人	有任何原先是远东、东南亚或印度次大陆血统的人们	夏威夷和其他太平洋岛人	0.1
		其他种族	5.5
		双种族	2.4

续 表

夏威夷和其他太平洋岛的当地人	有任何原先是夏威夷、关岛、萨摩亚群岛和其他太平洋岛国血统的人们	**西班牙裔和拉丁美洲人**	
		人口总量	100.00
		西班牙或拉丁美洲人	12.5
其他种族	不能列为上述五种类别的人们	非西班牙或拉丁美洲人	87.5
西班牙裔或拉丁美洲人	有古巴、墨西哥、波多黎各、南美和中美或其他西班牙文化和血统的人们，而不考虑他们的种族		
非西班牙裔人	没有西班牙血统的人们，不考虑种族		

【资料来源】From United States Census Bureau, *Overview of Race and Hispanic Origin Census 2000 Brief*, US Census Bureau, Washington D.C., March 2001.

作为一个民族，我们的多元文化还在不断增多。移民的大量涌入又大大促进了多样化。2000年人口普查数据显示美国12.5%的人是西班牙后裔，它包含了所有的种族；87.5%的人属非西班牙籍。就种族来讲，75.2%是白人，12.3%的人是非裔美国人，9%的是印第安人或阿拉斯加土著人，3.6%是亚洲人，1%是夏威夷原居民和其他太平洋岛民，还有2%的人认为他们是多种族的后裔。到2010年，预计少数民族和种族的人数将会达到总人口的32%，而1980年他们只占总人口的20%。与其他民族相比，西班牙后裔人口的增长速度最快，预计到2050年他们将会占到美国总人口的25%。

美国种族和民族多元化的变化体现在各个年龄段。比如，老年人种族和民族多元化的趋势越来越明显。1994年，只有10%的人属少数民族，但到了2050年这个数字将翻一倍。在这几十年当中，西班牙后裔的人数也会从4%增加到16%。

这种人口数量的变化将会更多地体现在学龄人群当中。公立学校少数族群学生的数量就从1972年的22%增加到了1999年的38%。黑人和西班牙后裔的比例也分别占到了公立学校入学人数的16.5%和16.2%。预计到2050年西班牙后裔儿童的数量占全美儿童总人数的31%，与之相比，美国白人和黑人的比例则分别占到了43%和16%。

美国人校生种族和民族结构的变化也使得其学校的语言和文化的多样性发生了改变。1999年，有260万学龄儿童说英语有困难并且在家不说英语。这个数字比

1979 年翻了一倍。美国学校有几个系统，学生们可以在学校说 100 多种语言。各种各样的文化和语言丰富了学生的学习环境，但同时也对学校提出了挑战。

社会经济地位对个人生活的很多方面都有重大影响，比如健康状况、受教育程度及就业等方面。贫困程度跟各个年龄段糟糕的健康状况有关系，包括高死亡率。不幸的是，许多大人和孩子还处在贫困当中，贫困程度也和年龄、性别、种族、民族、家庭结构和就业情况有关系，同时贫困程度跟家庭大小也存在着联系。2003 年的贫困人口是指年收入低于 9 573 美元的个人或年收入低于 18 979 美元的一个四口之家。在 2003 年，全美总人口的 12.5%(3 590 万)的人还生活在贫困线以下。各个种族的贫困比例也不一样，非西班牙籍白人中有 8.0%，黑人中有 24.1%，西班牙籍人中有 21.8%，亚洲和太平洋岛民中有 12.5%。

在 20 世纪，美国的人口发生了显著的变化。在对 21 世纪的展望中我们会发现社会将会越来越呈现出多样化，这种特征将会体现在各个年龄群体中。我们的寿命还会继续延长，老年人的数量也会达到历史最高水平。儿童的数量则会保持相对稳定。在 20 世纪，贫困比例虽然有所下降，但是现在很多人社会经济条件依然很差，这使他们的健康和生活质量都受到不利影响。

人口的变化对体育教学、锻炼和竞技的意义

20 世纪人口的许多变化给体育教师、锻炼方面的专家和竞技运动指导员带来了巨大的挑战，同时也带来了很多难得的机遇。当我们思考人口和社会变化这类问题的时候，我们必须问问自己，要怎样做才能为全民参加体育锻炼创造更多机会。如何让更多的老年人加入到体育锻炼这个行列中来？对不同的种族和民族，我们该怎么设计适合他们的价值观与需求的体育项目？怎样让生活在贫困中的人也能参加进来呢？怎样让那些没有机会参加体育锻炼的人群来参与此事？最重要的是，我们要承担的责任是什么？要实现让全民终身参加体育锻炼的目标，我们不能只是目前让各年龄段的人、各种社会经济背景下的人和不同人群都参加进来，我们要做的还有更多。

我国日益增长的多元文化使得体育教学、锻炼和竞技专职人员必须认真思考他们对于多元文化的观点以及为全民终身参加体育锻炼提供便利所承担的责任是什么。德森斯把多元文化定义为“人们的性别、种族、国籍、民族、社会阶层、宗教信仰、年龄及能力(或丧失能力)之间的差别，也可扩展到个性、性别取向、社会地位、外貌、婚姻状况、父母的社会地位之间的不同之处”。德森斯的这种广义的分类包括许多不同的人群。当你在思考这个定义的时候，你是否感觉不管是在学校、社区、工作地点、医疗保健，还是在私人空间都能跟不同文化群体的人进行交流了呢？你能适应多元文化吗？

文化在全民健康与幸福当中起着既复杂又重要的作用。文化影响一个人的健康、信仰、举止、活动、接受关爱的途径、坚持活动的持久性及治疗效果。专家与顾客、病

人、学生之间的交流受文化规范的影响，这些文化规范包括使用的语言及语言使用方法、眼神交流、个人空间、对症状和焦虑的表达、坦诚度或对私事的公开程度及在合作当中的正式程度。因为文化信仰对健康的影响极大，所以在促进健康和疾病预防服务（包括体育锻炼项目）的设计和实施中，应当重点考虑文化因素。

竞技运动教练的文化能力非常重要，因为它可以提高训练效果

美国卫生与公众服务部少数族群健康办公室（the US Department of Health and Human Service Office of Minority）将语言及文化能力定义为：在一个系统、机构内或专业人员之间所遵循的一套适宜的行为、态度、原则，使得人们在跨文化环境下能有效地工作。“文化”指的是人们行为中不可或缺的一部分，它包括语言、思想、交流、行为、习惯、信仰、价值观以及种族、民族、宗教或社交团体等。“能力”指的是作为个人或组织在人们及其所在社团的文化信仰、行为和需求的背景下能够有效地发挥出自己作用的才能。

那么如何获得文化能力呢？美国卫生与公众服务部初级卫生保健局（The US Department of health and Human Services Bureau of Primary Health Care）出版了《文化能力：一种过程》（*Culture Competence: A Journey*）一书。书中指出，获得文化能力还有很长一段路要走，它是个人思想和成长持续发展的过程。这个过程首先要求你明白并反思自己的文化遗产，你的价值观、信仰、偏爱、成见，同时也要明白这些因素如何影响你对其他文化背景的人的理解以及和他们的交流。文化能力要求你去仔细审视自己的文化遗产和自己文化的特权及劣势。这就需要明白权势、特权、压迫、歧视、套用做法和偏见等因素是如何影响着不同的文化群体。掌握有关其他文化群体的信仰、价值观及其他文化行为的知识，意识到不同文化群体的人有不同的交流及行为方式，学习一门外语等都是通往获得文化能力这条路上必不可少的一部分。

然而，要获得这种文化能力并不仅仅是了解不同的文化或者会说一门外语，我们要做的还有很多。美国老年人管理局（the United States Administration on Aging）指南《获得文化能力》（*Achieving Cultural Competence*）中指出：

要获得文化能力，人们首先要有同情心并且要尊重不同文化背景的人。

然后，他还要学习与文化能力一致的行为规范。仅仅学习他们的这些表面的行为是不够的。隐藏在这些行为之下的是他们对自己文化行为的态度和道德责任。重要的不是他们做了什么，而是对待事情的态度。当一个人从内心关怀、感激、尊重他人时，他表现出来的就是热情、同情和真诚。这就使得他们在文化的层面上有了彼此相同的行为和态度。当三者相互交叉时，人们以认知、尊重、肯定他们客户（对象）的文化差异来展示他们的文化能力。

人们对文化在健康中的重大作用的认识的不断提高以及少数族群的健康状态与白人之间的巨大差异使得美国卫生与公众服务部少数族群健康办公室（the US Department of Health and Human Services Office of Minority Health，简称 OMH）决心建立一个对各文化群体都合理的医疗保健国家标准。这项为不同文化和语言群体制定的标准将被作为提高无法得到服务保障人群的服务质量的一项方针政策，以便让那些进入这个医疗保健系统的人，不管是任何种族和民族，都能得到平等的、合理的、高质量的服务，并且他们的文化健康信仰、习俗及所说语言也会得到保护。

在 21 世纪，体育教学、锻炼和竞技在提高健康水平和预防疾病领域将起着更重要的作用，因为体育锻炼在促进健康、预防疾病、延长寿命和提高生活质量等方面所起的作用被越来越多的人接受了。就像平均寿命反映出的差距一样，不同人群之间的健康差距依然明显。美国卫生与公众服务部初级卫生保健局把文化能力看作他们这个项目——“100％的机会，0％的差距”——必不可少的一个因素，其目的就是通过让人们有更多机会、途径接受高水平的治疗及参加促进健康的活动计划，从而减小与得不到体育锻炼保障人群的健康差距。作为体育教学、锻炼和竞技方面的专职人员，文化能力也同样有助于他们来促进人们终身参加体育锻炼。

当专职人员从文化层面上进行实践的时候，他们为多元文化群体设计并实施的活动计划是在保证活动参与者的价值和尊严的基础上进行的，并且让其文化群体的价值观、传统和习俗融为一体。参加者通过有意义的形式，创造性地进行促进健康、预防疾病的活动。专职人员要尊重个人权利，并通过有效的交流技巧来表达自己的尊敬和慎重，并且明白多元文化丰富了我们的生活。当某一特殊文化群体参加进这个项目当中时，专职人员所做出的努力才更有可能有效地体现出来。

在种族和语言上属少数族群的人们在教育、健康促进及医疗保健等领域供职的人数偏少，在体育教学、锻炼和竞技领域也是一样。大部分教师和健康专职人员都来自于英国文化背景——我们这个社会的主流文化。非主流文化会遭受压迫和歧视，也不会拥有主流文化所带来的很多机遇，你是否对这样的事实很敏感呢？你是否愿意在社会偏见与因不公平被淘汰的压力之下工作呢？

作为这一领域的专职人员，你需要认识到文化是怎样影响一个人的行为和世界观的。有时，你要和来自不同文化背景的人一起工作。比如，在竞技运动训练——和健康职业相关——中来自少数族群的人数偏少。全国大学生运动协会（National Collegiate Athletic Association，简称 NCAA）仅有 5%的一级优秀运动员教练是非洲裔美国人，然而非洲裔美国人一级优秀运动员却占到了 23%。因此教练员可能会和来自不同文化背景的运动员一起工作。福特（Ford）写道："病人的文化背景影响到他们对'关心'的理解、对医生是否配合、与医生的交流、对伤势和病情的诊断以及管理。"鉴于临床实践中文化背景是重要因素之一，所以在诊断、治疗和有效管理计划的改进中均须考虑到病人的文化背景。福特强调当教练从文化层次上考虑具体情况时才能收到最好的训练效果。

学生中的多样化在学校也体现在很多方面。但是与之相比，教师和职工中的多样化却少了很多。当前，在小学和中学有 35%的学生和儿童是有色人种，但教师中的大部分是美国白人，只有 13%的教师属少数族群。考虑到学校设置内在的多样性，体育教育者有机会就要加强自己与来自不同社会背景、民族背景、文化背景以及那些能力不同的学生成功交流的技巧，这一点是非常重要的。正如伯登（Burden）、霍格（Hodge）、奥布赖恩特（O'Bryant）和哈里森（Harrison）所说，体育专职人员的培训项目"有进行教学多样化培训的责任以便新老师能够得到培训，接触与文化相关的知识，掌握教学和管理技巧，获得更多经验，从而有能力教授来自不同文化、语言、民族背景的学习者"。如果我们想达到消除身体活动水平的差距，提高参加项目者的健康状况，使学习者实现终身锻炼的目的，这样的培训就显得非常重要。

文化能力是达到全民终身健身目标的必不可少的因素。因为文化在全民健康中起着非常重要而又复杂的作用，所以体育教学、锻炼和竞技专职人员发展他们的文化能力就显得很重要。了解文化有助于专职人员了解不同文化之间的区别，并且利用不同文化群体间的优势和信仰来获得积极的健康效果，同时避免了老套的做法和偏见——它只会影响我们的活动，最终使我们进一步缩小不同文化群体间的健康差距。在专职人员将文化能力应用到实践中去时，他们也就能认识、尊重并且能欣赏到文化的差异性。

全面发展

在 20 世纪，主要的致死流行病逐渐地从传染性疾病转移到慢性疾病。1900 年，主要致死病因是流行性感冒、肺炎、肺结核、肠胃性疾病（如痢疾）等。那时人们的平均寿命是 47.3 岁。半个世纪后，到了 1950 年，人们的平均寿命突增至 68 岁。造成变化如此之大的原因有抗生素药物的开发、疫苗的应用、居住与卫生条件的改善、食物的来源以及饮食结构的改变等。到了 2000 年，主要致死病因是慢性病，尤其是心脏病、癌症、中风。

从传染性疾病转移到慢性疾病的过程中，我们也收集了一些关于行为因素对疾病和死亡率作用的证据。健康危险因素可分为可控因素和不可控因素。不可控因素有年龄、性别、遗传等。可控因素包括抽烟、不积极参加身体活动、饮食、肥胖、饮酒等。可控因素在促使慢性疾病的发生方面起着非常大的作用。

在美国，据疾病控制与预防中心(the Centers for Disease Control and Prevention)报道："慢性疾病——如心血管疾病(主要是心脏病和中风)、癌症、糖尿病——是所有健康疾病中最流行、(治疗)花费高，同时也能预防的疾病。慢性病占了所有致死病因中的70%，每年还要用掉健康保健费用的大约75%。每年有170万美国人，也就是说10个人中有7个死于慢性病。而且，还有几百万人遭受着由于慢性病给他们带来的痛苦与不便，从而也降低了他们生活的质量。此外，10个美国人中就有1个有过由于慢性病而限制了身体活动的经历。"

两种最普遍的慢性疾病是心血管疾病和癌症，它们占据了美国人致死因素的前两位。心血管疾病包括冠心病、充血性心脏病、中风、高血压等，它在美国是第一杀手。2001年，有93万人死于心血管疾病。不常运动、营养不良、肥胖、吸烟都能导致心血管疾病。习惯久坐的人得心血管疾病的几率是习惯运动的人的两倍。吸烟的人得心血管疾病的几率是不吸烟的人的两倍。虽然不爱动的人和吸烟的人的得病的几率相似，但国内不爱动的人远远多于吸烟的人。癌症在美国是第二杀手。根据美国癌症社团(the American Cancer Society)的统计：在50万癌症死亡人数中约有1/3的死亡原因和营养不良、不爱运动、身体超重、肥胖和其他生活方式的因素相关。重视这些可控制的危险因素将有助于改善国民健康状况。

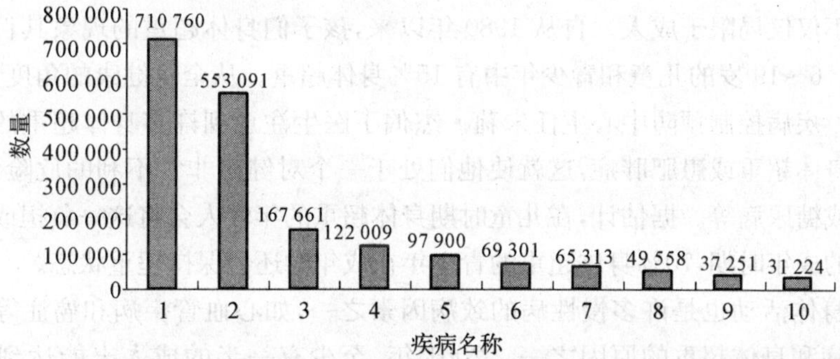

图3-1 2000年美国主要死亡原因(数据来自于美国癌症协会,2004年统计)

1—心脏病；2—癌症；3—中风；4—慢性下呼吸道疾病；5—意外伤害；6—糖尿病；7—流感和肺炎；8—老年痴呆症；9—肾炎和肾病；10—败血症

在美国，前三位可控致死因素是抽烟、营养不良和喝酒。抽烟占据首位，营养不良据次位。疾病控制与预防中心(CDC)报道说由于营养不良和缺乏身体活动而导致死亡的人数在过去10年增加了33%；缺乏身体活动和不健康饮食和每年至少40万可预防死亡有关；抽烟每年造成43.5万人死亡。疾病控制与预防中心主任朱莉·杰伯

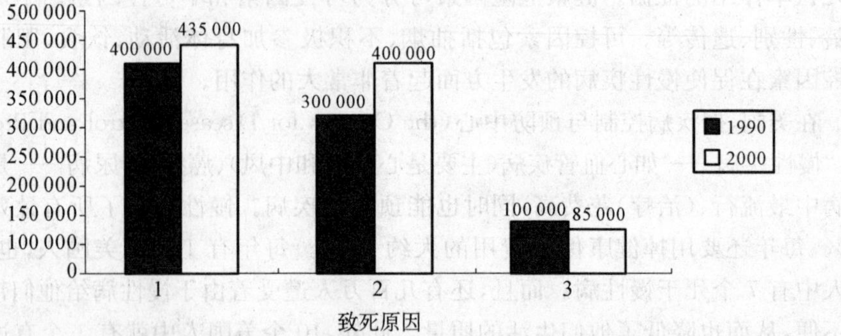

图 3－2 美国 1990 和 2000 年前三位致死原因和相关死亡人数(数据来自美国卫生与人类服务部，2004 年 3 月 9 号)

1—吸烟；2—不良饮食和缺乏身体活动；3—喝酒

丁(Julie Gerberding)医生说："美国每年有多于 1/3 的死亡和吸烟、不良饮食习惯、缺乏身体活动有关，这一事实简直就是悲剧，让人无法接受，因为这些因素在很大程度上都是可以避免的。"不良饮食习惯和缺乏身体活动是造成肥胖症的主要原因。

对所有人来说肥胖对健康造成了严重的危害。肥胖症和冠心病、中风、Ⅱ型糖尿病、某些癌症如结肠癌紧密相连。肥胖增加了其他致死病因的几率，然而不幸的是，普遍存在的肥胖症和身体超重的现象还是呈上升趋势。1976 年，有 47%的成人被认为患有肥胖症或身体超重。这个数字到 1994 年上升到 56%，在 2000 年竟高达 64%。肥胖症和身体超重不仅仅局限于成人。自从 1980 年以来，孩子们身体超重的现象其百分比已经翻了三倍。6～19 岁的儿童和青少年中有 15%身体超重。从全民健康的角度看，这是极其重要的。疾病控制预防中心主任朱莉·杰伯丁医生注意到许多身体超重的儿童到成年后也是身体超重或患肥胖症，这就使他们处于一个对健康非常不利的危险当中，如患上心脏病或糖尿病等。据估计，在儿童时期身体超重的年轻人会将这一负担或危险因素带到他们的成年时期，70%身体超重的青少年在成年时还会保持超重状态。

缺乏身体活动也是许多慢性病的致病因素之一，如心血管疾病和癌症等。它也是造成肥胖症和身体超重的原因之一。2001 年，至少有一半的成人未能达到推荐的身体活动量(每天以中等活动强度至少锻炼 30 分钟)。儿童和青少年的身体活动要多一些，有 60%以上的中学生常常参加强度较大的活动，25%以上参加中等强度的活动。然而，青少年把越来越多的时间放在坐着不动的活动上，如看电视、玩电脑，这就抵消了上述积极参加运动带来的效果，接近 40%的学生说他们一天平均看 3 个小时以上的电视。不爱动的青年人成人后很容易养成久坐的习惯。经常参加身体活动有利于身体健康，可减少慢性病的发病率和死亡率。但是，尽管它的好处众所周知，还是有太多的成人和青少年喜欢久坐，不积极进行能给他们带来健康的运动。如果想要提高全民健康水平，就必须重视如此之多的成人和儿童缺乏身体活动和身体肥胖的现象。

社区的各种健身途径深受居民的喜爱

在 20 世纪，我们对健康的观点有所改变。在传统意义上人们认为不得病就是健康良好，如果一个人没病，那我们就认为他或她的身体健康。这种观点在 20 世纪发生了变化。一般来说不得病只是身体健康的一个方面，我们还可把健康定义为身体状况良好。根据世界卫生组织（WHO）的定义，健康是"不仅没有疾病和衰弱的表现，而且是生理上、心理上、社会适应方面一种完好的状态"。所以，健康不止是关注身体状况，它也涉及心理和社会适应方面的状况。

20 世纪后期，越来越多的人对健康观有了一个整体认识。这种整体健康观比 WHO 定义的健康范围更为宽广。除了生理、心理和社交健康外，整体健康还包括智能、精神方面的状况良好，整体健康注重的是完整的人。根据健康整体观的定义，如果个体是健康的，他就达到了全面健康的一个较高水平。

全面健康是一种最佳的健康和康宁状况。作为完整的人就要使自己的人生活得最充实，把自己的潜能发挥到极限。全面健康包括五个部分：身体健全、情感健全、社交健全、智力健全和精神健全。身体健全又包括身体适应（运动）的能力和合理的营养；情感健全的关键是感情的稳定性和能有效处理压力；社交健全强调发展关于人与人交际的技巧和健康、守信的关系；智力健全是指决策周全、智力发展全面、评价合理；精神健全根据不同人的信仰有不同的意义。

全面健康强调人们对自己的健康负责，过一种有利于他们康宁的生活方式。注意在强调个人责任的同时，也要认识到有多种因素——环境、遗传、社会、人——相互交织在一起影响着个人的康宁状况。生活条件、遗传、社会条件如贫困和歧视等也在很大程度上影响着个人的健康和康宁。

当今的美国人越来越热衷于保养和促进健康。人们逐渐地认识到生活方式对他们的健康有着极大的影响。我们的许多生活方式，如是否吸烟、是否经常锻炼等，都会对我们日常和终身的健康、活动和康宁产生潜在的影响。这种认识来自于更深入地了解个人责任——即在实现达到个体和整个国民健康这个目标中所起的作用。

从20世纪80年代到90年代，社会对促进健康、预防疾病这方面的兴趣逐渐增加。我们所收集的证据证明，人们在行为上做出某些改变可降低他们得病的几率，增加健康生活的年限，提高生活质量，而这又激励了人们在促进健康和预防疾病这方面的主动性。这些追寻健康的主动性使我们提出了在20世纪末改善全国健康状况的宏伟计划。在1979年发布的第一份文件，《健康人：国家卫生部就促进健康、预防疾病的报告》（*Healthy people: The Surgion General's Report on Health Promotion and Disease Prevention*）就确立了国家关于改善健康的目标。它的核心是降低早死率和维护老年人的独立性；1980年，《促进健康/预防疾病：国家的目标》（*Promoting Health/Preventing Disease: Objectives for the Nation*）制定了到1990年要实现的226个公众健康目标，从而最终实现整个国家的健康目的；1990年，卫生和人力服务部（the Department of Health and Human Services）发布了《2000年健康大众：国家促进健康和预防疾病目标》，它确定了到2000年要实现的关于改善健康的目的和目标。

《2000年健康大众》（*Healthy People 2000*）通过广泛强调主动去预防疾病和促进健康，以显著地提高国民的健康状况。《2000年健康大众》有三个广义上的目的：增加人们健康生活年限；降低不同人群间在健康方面的不平等；使每个美国人都有预防措施。

在过去的20年里，我们在改善国民健康的某些方面取得了巨大的进步，这都是我们主动促进健康、预防疾病的结果。婴儿死亡率大幅下降，儿童接种疫苗率达历史最高水平，冠心病和中风死亡率降低，但需要我们做的还有很多。心脏病是我国的头号杀手，糖尿病患者持续增加，HIV/AIDS仍是一严重疾病，精神错乱往往不会被诊断出来，也没有加以治疗；在过去的10年里青少年吸烟现象增加；成人肥胖症增加了50%，至少一半的成人没有达到我们推荐的活动量以获得健康，肥胖和不爱运动都有可能造成心脏病和慢性病。医疗和健康专职人员极其关注儿童和青少年中肥胖症持续增加的现象和他们不爱运动的生活方式。

最近的报告——《2010年健康大众》（*Healthy People 2010*）也是通过广泛强调预防疾病和促进健康来提高国民的健康状况。《2010年健康大众》中指出“个体健康和社区健康密切相关，社区健康指的是个体在其中生活、工作、娱乐的社团和环境的健康。同样，在社区生活的所有人的集体信仰、态度和行为也深深影响着社区的健康”。《2010年健康大众》中的潜台词就是个体健康实质上和社区健康密不可分，而社区健康又决定了国家的健康。从中体现出《2010年健康大众》的观点——“健康的人群生活在健康的社区”。

《2010年健康大众》为21世纪的头10年规划出了改善个体健康和国家健康状况的蓝图，设定了在以后10年要实现的两个总体目的：

- 增加健康生活的质量和年限。

● 消除健康不平等。

这些目的反映出了我国人口的不断变化——我们的人口在变老、变得多样化——的现实。这在疾病预防和促进健康方面为我们提供了需要努力的重点和方向。为实现这些目的，我们又在28个核心领域和目的中设定了467个具体目标。（见表《〈2010年健康大众〉的核心和目的》）我们确立了10个核心健康指标以便跟踪在实现《2010年健康大众》的这两个目的中整个国家的进展情况。

《2010年健康大众》的核心和目的

1. 获得高质量健康服务的途径	增加为人们进行全面、高质量健康保健服务的机会
2. 关节炎、骨质疏松、慢性病导致的病症和残疾	预防由关节炎、其他风湿病、骨质疏松和慢性背部疾病
3. 癌症	减少癌症导致的得病、残疾和死亡率，同时减少癌症新病例
4. 慢性肾病	降低慢性肾病的新病例和由它引起的并发症、残疾、死亡，同时降低它的医疗费用
5. 糖尿病	通过预防措施减少糖尿病病例和患者的经济负担，改善所有患者和有患糖尿病危险人群的生活质量
6. 残疾和二等地位	提高残疾人的健康状况；杜绝将人分成一等、二等的情况；消除美国人群中的不平等现象，无论他们是否残疾
7. 教育、社区的活动计划	提高旨在预防疾病、改善健康和人们生活质量活动计划的质量、可行性以及有效性
8. 环境健康	在健康的环境下提高所有人的健康
9. 计划生育	改进怀孕计划和间隔时间（两胎之间），预防意外怀孕
10. 食品安全	减少由食物引起的疾病
11. 健康交往	运用与人交流的策略来改善自己的健康状况
12. 心脏病和中风	通过预防、检查、应对危险因素的措施来改善心血管健康和生活质量；对心血管疾病和中风要早确诊、早治疗；防止心血管疾病的复发

续 表

13. HIV	防止感染人类免疫缺陷病毒(HIV)以及和它相关的疾病与死亡
14. 免疫与传染疾病	防止由传染病引起的疾病、残疾、死亡，包括能通过疫苗预防的疾病
15. 防止受伤与暴力	减少由意外伤害和暴力引起的受伤、残疾、死亡
16. 母、婴和儿童的健康	提高妇女、婴儿、儿童、家庭的健康和康宁
17. 医疗设施安全	确保医疗设施的安全和有效使用
18. 精神健康与精神错乱	改进精神健康状况，确保适当的、高质量的精神健康服务措施
19. 营养与超重	促进健康，减少与食品和体重相关的慢性病
20. 职业安全	通过预防和提前采取措施来改善工作中人们的健康和安全
21. 口腔健康	预防和控制口腔、颅面的疾病、(病情)状况、伤害，改善相关服务措施
22. 身体活动和健身	每天进行身体活动达到改善健康、健身、生活质量的目的
23. 公共卫生的基础设施	确保联邦、部落、州、当地的卫生部门拥有一些基础设施能提供有效的主要公共卫生服务
24. 呼吸性疾病	通过较好的预防、检测、治疗、教育措施来促进人们的呼吸健康
25. 性病(STDs)	提倡有责任的性行为；加强社区力量和高质量的服务措施来预防性病和它的并发症
26. 药物滥用	减少药物滥用以保护人们的健康、安全以及生活质量，特别是对儿童
27. 吸烟	减少与吸烟、吸二手烟相关的疾病、残疾、死亡
28. 视力和听力	通过预防、检测、治疗、恢复来提高整个国民的视力和听力健康

【资料来源】From US Department of Health and Human Services. *Healthy People 2010*. 2nd ed. With Understanding and Improving Health and Objectives for Improving Health. 2 vols. Washington, D. C.: US Government Printing Office, November 2000.

《2010年健康大众》的第一个目的就是让所有人的寿命更长，提高他们的生活质量。20世纪人们的平均寿命大幅增长，每个年龄组的人群其平均寿命均有增长，如65岁的人群还可平均增加18年寿命，即活到83岁；而75岁的人群则平均增加11年寿命，活到86岁。到2050年，预计男性的平均寿命增长到79.7岁，女性84.3岁。然而，就像本章前面所说，在美国，不同人群的平均寿命有着很大的差异，我们必须消除这些差异。

在我们大幅提升人们平均寿命的同时，也要提高人们的生活质量。生活质量是一个主观评价标准，反映了人们对健康和满意度的整体感觉。根据《2010年健康大众》，和健康相关的生活质量反映了个体对身体上、社会上各因素做出反应的能力。和健康有关的生活质量具有本质上的主观性，所以我们很难对它做出评价。其中一种评价的方式就是看其健康生活的年限，即没有急性疾病或慢性疾病、全面健康的生活年限。从1990年到1996年，健康生活年限从64.0年增长到了64.2年，同时平均寿命增长了整整一年。在提高人们健康生活的年限上取得的进步不如在提高平均寿命上的进步。

尽管在过去的20年里，我们在提高人们平均寿命和健康年限方面取得了巨大成就，但还有进行改进的实质性需要。《2010年健康大众》让所有人学到了（关于健康的）知识；培养和维持了人们（进行健康活动的）动机；参加促进健康和预防疾病的活动等，从而来增加人们的平均寿命和提高人们的生活质量。它也鼓励当地社区和州级的部门要有决心去改善健康行为，创造健康环境，增加对所有人进行健康保健的途径。

《2010年健康大众》的第二个目的是消除美国不同人群之间的健康不平等现象。健康不平等现象指的是由性别、民族与种族、教育和收入、残疾、地理位置、性别取向等引起的不同待遇。健康不平等现象可以反映在国家全面健康状况中，其最明显的一个不平等现象就是不同人群在平均寿命方面存在的差异。

男性、女性在健康方面的差异也非常显著。在头10位致死原因中（如心血管疾病、癌症等）男性的死亡率较高，他们整体的平均寿命要比女性少6年。有些差异明显是由于性别的不同造成，如由子宫癌、前列腺癌造成的死亡。

在种族和民族之间存在着明显的健康不平等现象。《2010年健康大众》列举了一些：

- 美籍非洲裔居民的婴儿死亡率是白人的2倍。
- 美籍非洲裔居民心脏病死亡率比白人高出40%。
- 和白人相比，美籍非洲裔居民HIV/AIDS死亡率比他们高7倍。
- 美籍非洲裔居民杀人犯要比白人高6倍。
- 美籍西班牙裔居民患高血压、肥胖症的几率高于非西班牙裔白人。
- 西班牙裔居民死于糖尿病的几率是非西班牙裔白人的2倍。
- 美国印第安人和阿拉斯加当地人的婴儿死亡率几乎是白人的2倍。

- 美国印第安人和阿拉斯加当地人患糖尿病的几率是白人的2倍还多。
- 美国印第安人和阿拉斯加当地人的非故意伤害和自杀死亡率相对较高。

消除民族和种族之间的不平等现象对于我们国家的康宁来说至关重要。要改善国家的健康状况就必须改善我国人民的健康状况。

收入和教育的不同与平均寿命和患病的差异性相关，这些病包括心脏病、糖尿病、肥胖症、低出生体重等。健康状况最差的人群也是最贫穷、受教育程度最低的人群。收入较高和受教育程度较高的人群也都更健康。举例来说，在65岁的男性白人中，收入最高的人群要比收入最低的人群平均多活3年；低收入人群由于慢性病使活动受限的几率是高收入人群的3倍；较高的收入增加了人们享受好的医疗保健服务和参加促进健康活动的机会。受教育程度越高，其健康状况越好，如在25～64岁的成人当中，那些受教育低于12年的人群的各因素死亡率是那些接受13年或更多年限教育人群的2倍多。

健康不平等现象也和残疾、地理位置、性别取向有关。和正常人相比，残疾人身体活动的时间和机会少，也较易患肥胖症。地理位置也会影响健康状况，乡村居民患心脏病、癌症、糖尿病、受伤害死亡的几率要多于城市居民；乡村居民也很少定期参加体育锻炼。对健康关注面各异的不同社区和同性恋人群都面临着主要的健康问题。对于男性同性恋者，主要的健康问题就是HIV/AIDS、滥用药物(如毒品)、抑郁症、自杀。例如青年男性同性恋自杀的几率是他们同龄异性恋者的2倍多。和女性异性恋者相比，女性同性恋的焦虑度较高。

很难说明造成某些人群之间健康不平等现象的具体原因。人们认为众多繁杂各异的因素交织在一起共同造成了这种不平等现象，这些因素有社交、行为、文化、环境、性别、经济、生理和遗传等。但有一点是明确的，即我们国家的整体健康取决于能否消除各人群之间健康不平等现象。必须分析和强调各种因素以便我们制定、实施、评估促进健康与预防疾病的措施，从而提升健康状况和生活质量。

为实现《2010年健康大众》中提高生活质量、延长健康生活年限和消除健康不平等现象的目的，我们要面对来自健康方面的种种挑战，而我们个人、社区、州以至国家都必须重视这些挑战。我们也需要通过各种途径来实现健康的平等。根据《2010年健康大众》，“减少健康不平等现象的最好方法是让人们自己下决心进行健康保健，并且改进社区范围内的安全、教育状况和增加健康保健的途径”。《2010年健康大众》的指导原则是每人——不分年龄、性别、种族或民族、收入、教育状况、地理位置、残疾、性别取向，都享有同等权利享受全面、符合本人文化背景的健康保健。

这些目的已成为美国的健康议程。为了实现这些目的，监控进展状况，我们又设定了467个具体的目标并将其分成28个核心领域，其中每个领域代表了公共健康的一个重要方面同时包括一个目的。实现这些目的将有利于国家的全面健康。描绘出“健康的人们生活在健康的社区”的图景需要每个人和家庭为自己选择健康的生活方式。我们也鼓励社区和企业支持在学校、工作单位、社区环境下那些促进健康的活动。

我们设定了主要的健康指标帮助个人、机构、社区制定活动计划以改善健康状况和评价今后10年的进展情况。前10个主要健康指标中的每一个都和《2010年健康大众》的目标对应起来以跟踪进展。(见表《主要健康指标》)

主要健康指标

指标		目标
1. 身体活动	22—2	增加成人常常、最好是每天进行身体活动的比例，他们要进行至少30分钟中等强度的身体活动
	22—7	增加青少年进行高强度身体活动的比例，以提高他们的心肺的运动适应能力，每周至少3天，每次至少20分钟
2. 超重与肥胖	19—2	降低成人肥胖的比例
	19—3c	降低儿童与青少年身体超重和肥胖的比例
3. 吸烟	27—1a	降低成人吸烟量
	27—2b	降低青少年吸烟量
4. 物质滥用	26—10a	增加青少年过去30天里没有喝酒或使用非法药物(毒品)的比例
	26—10b	降低成人过去30天里使用过非法药物的比例
	26—11c	降低成人过去1个月里有过狂饮酒精饮料的比例
5. 负责的性行为	13—6a	增加人们在性行为中使用避孕套的比例
	25—11	增加青少年杜绝性交或在性行为中使用避孕套的比例
6. 心理健康	18—9b	增加患抑郁症成人接受治疗的比例
7. 伤害与暴力	15—15a	降低车辆交通事故的死亡人数
	15—32	降低自杀比例
8. 环境质量	8—1a	降低人们呼吸达不到美国环保局健康标准的空气的比例
9. 免疫	14—24a	增加儿童接受大众行政部门推荐的所有疫苗的比例

续　表

	14—29a,b	增加没有隶属机构成人（无工作、学校等）每年接受流感疫苗或接受肺炎疾病的永久疫苗的比例
10. 健康保健途径	1—1	增加人们健康保险的比例
	1—4a	增加人们有具体保健措施的比例
	16—6a	增加怀孕妇女前三个月的孕期保健比例

【资料来源】From US Department of Health and Human Services. *Healthy People 2010: Understanding and Improving Health*. 2nd ed. Washington, D. C.: US Government Printing Office, November 2000.

《2010年健康大众》把身体活动既作为重要健康指标又作为核心领域，这样就肯定了身体活动明显利于良好的健康。在20世纪90年代期间，人们把重心从高强度、剧烈的锻炼转移到了范围更广的促进健康的身体活动上来。流行病学、锻炼、健身和健康方面的专家逐渐达成共识，建议人们几乎每天都要进行30分钟或更长时间中等强度的身体活动，如果加大身体活动的强度和量则更有利于健康。促进积极的生活方式对国家健康非常重要，其实所有人都能从经常参加身体活动中获得好处。

要想寿命更长、生活更健康，就要常常去参加身体活动。积极参加身体活动的人要比不爱运动的人寿命更长。经常进行身体活动能帮助老年人保持身体健康，改善所有人的生活质量，它也能预防疾病，协助控制如冠心病、高血压、糖尿病和一些癌症等疾病。健康和身体活动量成比例。对于那些不爱运动的人来说，即使稍微增加一点身体活动量也对他们的健康大有益处。中等强度的身体活动使人们可以根据自己的爱好和生活环境将身体活动融入他们的生活当中。而那些不喜欢激烈运动或很难持之以恒进行运动的人们可以经常参加一些中等强度的身体活动。较激烈的身体活动适于增强人们的心肺耐力。

在身体活动专区有15个目标。（见《〈2010年健康大众〉身体活动和健身目标》表）这些目标的核心是增加身体活动，减少不同人群进行身体活动中的不平等现象。尽管已有文献证明身体活动利于健康，但仍有许多成人和儿童不爱运动。

《2010年健康大众》身体活动和健身目标

数　目	目　　标	最低比例（%）	目标比例（%）
22—1	降低不参加闲暇身体活动成人的比例	40	20
22—2	增加经常性参加日常身体活动成人的比例，每天至少进行30分钟的中等强度身体活动	15	30

续 表

22—3	增加进行能参加身体发展、保持心肺健康的大强度身体活动成人的比例，每周至少3次，每次至少20分钟	23	30
22—4	增加进行能提高和保持肌肉力量和耐力的身体活动成人的比例	18	30
22—5	增加进行能提高和保持柔韧性身体活动成人的比例	30	43
22—6	增加进行大强度身体活动的青少年比例，每周至少5次，每次至少30分钟	27	35
22—7	增加进行能促进心肺健康的大强度身体活动的青少年比例，每周至少3次，每次至少20分钟	65	85
22—8	增加要求日常体育课国家公立和私立学校的比例		
	A. 初中	17	25
	B. 高中	2	5
22—9	增加参加学校日常体育课的青少年比例	29	50
22—10	增加在学校体育课中至少有50%的时间是在积极运动的青少年比例	38	50
22—11	增加每天看电视少于2小时的青少年比例	57	75
22—12	增加能为所有人提供正常上课时间以外进行身体活动途径的国家公立和私立学校的比例（即上学时间的之前和之后、周末、暑假和其他假期）	正在发展之中，没数据	
22—13	增加为职工提供身体活动和健身活动的工作单位比例	46	75
22—14	增加步行旅行的人群比例——步行1英里或少一点		
	A. 18岁以上的成人	17	25
	B. 5～15岁的儿童和青少年	31	50
22—15	增加骑自行车旅行的人群比例		
	A. 18岁以上的成人——5英里或少一点	0.5	2.0
	B. 5～15岁的儿童和青少年——2英里或少一点	2.4	5.0

跳绳是健身的途径之一

《2010年健康大众》中身体活动的目标核心是增加参加运动成人的比例，使他们能通过身体活动达到健康的目的。因此，《2010年健康大众》也在努力减少不爱运动成人的比例，增加能常常参加中等强度和高强度身体活动成人的比例。此外，越来越多的证据证明增强肌肉力量、肌肉耐力和柔韧性对良好健康状况有重要的作用，所以，《2010年健康大众》的目的就是增加参加身体活动的成人比例，以期提高这些与健康、健身相关的功能。当然，改善青少年的运动方式也是重点之一。

提高参加中等强度、大强度运动青少年的比例有助于他们步入成年后养成一个健康习惯。减少看电视和其他久坐不动的时间将会增加运动的时间。学校的体育课在实现身体活动目标中起着重要的作用。《2010年健康大众》号召越来越多的学校要求学生每日进行身体活动，并且增加体育课中的活动时间。

在《2010年健康大众》中强调人们生活、工作、娱乐的场所——我们的社区，对人们参加运动也起着举足轻重的影响。例如，进行运动的设施、散步的安全场所等都可促使人们参加身体活动。学校能够在放学后为人们提供运动途径和空间，而实现身体活动的目标需要增加这类学校的数目。鼓励所有人徒步或骑车去旅行，如此可将身体活动融入他们的日常生活中去。促使工作单位为职工提供健康活动计划，这样可使一大批成人能够参加各类的身体活动。

不幸的是，人们在参加身体活动时的不平等现象造成了不同群体其健康状况的失衡。妇女比男人、非裔和西班牙裔美国人比美国白人运动更少；年长成人运动较少的现象高于年轻成人；穷人比富人运动少；随着儿童逐渐长大，他们参加身体活动也在减少；拥有较低教育和收入水平的人们比拥有较高教育和收入水平的人们在闲暇时间的运动更少。促进健康和预防疾病需要采用多种途径、方式来阐述和强调上述不平等现象，同时号召所有人进行身体活动并保持下去。

我们在促进健康和预防疾病方面所做出的努力可以显著地限制目前美国巨额且迅速增长的健康保健费用。1999年，我们的健康保健费用总额是1.3万亿美元，占美国国民生产总值的13%，多于任何一个工业化国家。仅4年后，在2002年就达到1.6万亿美元，占国民生产总值的14.9%。其费用继续呈天文数字增长，预计在2013年会达到3.4万亿美元，占GNP的18.4%。

由于个人对自己生活方式的选择而造成不良的健康状况，并且由此引发的费用是非常昂贵的。美国卫生与公共服务部部长汤米·G.汤普森说："我们对食品、运动、烟草所做出的选择不仅影响着我们自己的生活，也影响着我们的家庭、事业甚至于我们整个国家的经济健康。"重视疾病和生活方式所引发的直接和间接费用会使你看到不良健康所带来的经济方面的后果。举例来说，2004年，人们花在心血管疾病上的费用估计为3 684亿美元；2003年，人们治疗癌症的整个费用为1 895亿美元；2000年，美国花在肥胖症方面上的全部费用是1 170亿美元；不爱运动所引发的费用估计是每年760亿美元。重视目前这些状况可在很大程度上降低医疗保健的费用，并大大改善国家健康状况、减少早死和残疾现象，提高人们的生活质量。

螺旋上升的卫生保健费用是美国企业关心的要点。疾病和职工早死每年要花费美国企业几十亿美元；糟糕的健康和健身状况会降低生产力和增加旷工率；医疗保险费持续上涨。持高不下的卫生保健费用，加上人们对促进健康和健身活动能赢利的认识使许多公司为它们的职员设立活动计划。公司发现这些活动具有经济意义，平均每投入1美元会有5.64美元的净收入。这就使得越来越多的公司、企业为它们的员工提供促进健康的活动机会，他们发现引进促进健康活动后医疗费用和旷工现象下降，生产力提高了。

在2001年，美国卫生部长戴维·萨切尔(David Satcher)注意到了身体超重和肥胖症以及由此带来的不健康后果都有所增加的现象，他发布了一个"行动号召"："社区可以帮助解决涉及促进健康和预防疾病方面的问题。没有安全的地域供孩子们玩要，供成人们散步、慢跑、骑车，这是社区的责任；学校的午餐厅和单位的餐厅不能提供健康、诱人的饭食，这是社区的责任；初为父母或将为父母的年轻人不知道母乳喂养的好处，这是社区的责任；我们不要求学校每天都要有身体活动，这也是社区的责任。"这份名为《卫生部长号召人们预防和减少身体超重和肥胖症现象的行动》报告概述了社区策略可帮助人们重视这些问题。它也号召人们每天进行高质量的身体活动，在社区和工作单位创造身体活动机会，减少久坐的行为，提供更健康的食品。

认识肥胖症与身体活动的关系

普遍程度

- 美国的肥胖症已经达到了一个普遍程度的比例。大约64%的成人身体超重，30%患有肥胖症。在过去的10年内，成人患肥胖症的比例增长了60%多。
- 大约有15%、年龄在6～19岁的儿童和青少年被认为是身体超重。自1980年以来，儿童身体超重的数量翻了2倍，青少年则翻了3倍。

续 表

● 有50%以上的成人其身体活动的量不足以使他们从中获得益处。25%以上的成人在闲暇时间不参加任何身体活动。

● 大约三分之一的高中生达不到中等或大强度身体活动在量上的要求。只有32%的高中生参加学校体育课。

肥胖症，不爱运动和健康

● 肥胖症和所有致死原因的增长有关。

● 不爱做身体活动加上不良饮食造成了每年40万例可预防的死亡；只有吸烟每年造成的死亡稍多一些——43.5万例。

● 不爱进行身体活动和不健康的饮食促成了肥胖症、癌症、心血管疾病、糖尿病、骨质疏松症和关节炎。

● 身体超重或肥胖的人们在学术和就业环境下都受到了社会的指责和歧视。

经济后果

● 2000年，和肥胖症相关的卫生保健费用是11 700亿美元。

● 2000年，和不爱运动相关的卫生保健费用是7 600亿美元。

● 如果仅仅有10%的成人开始经常性地参加散步活动，那在心脏病的费用方面大约可以节省560亿美元。

身体活动与健康利益

● 所有成人都能意识到从经常性的适度身体活动中(如30分钟的快走，一周5次或更多)所获得的利益。更多的活动量会带给你更多的健康利益。

● 儿童和青少年也能意识到几乎每天都进行至少60分钟适度的身体活动对他们的好处。

【资料来源】Data compiled from the Centers for Disease Control and Prevention, National Center for Health Statistics, and the President's Council on Physical Fitness and Sports.

预防和减少身体超重与肥胖症的社区战略

● 确保所有中、小学生每天都能上高质量的体育课。

● 确保饮食多样化，低脂肪和低糖，同时在校园和学校活动上能提供水果、蔬菜、全麦类食品、低脂肪或脱脂奶制品。

● 使社区设施可为所有人使用来进行身体活动，包括周末时间。

● 在工作单位创造更多的身体活动机会。

续 表

● 减少看电视和其他久坐行为的时间。
● 教导即将成为父母的年轻人了解关于母乳喂养的益处，已经发现它可以降低儿童长大后患肥胖症的可能性。
● 改变人们对肥胖症的理解，使人们关心的主要方面是健康而不是个人形象。
● 加强身体超重和肥胖症行为学和生物学因素的研究。把研究方向转到预防与治疗方面，转到民族/种族健康不平等方面。
● 培养能提供健康保健的人和健康专业的学生，使他们一生都能预防和治疗身体超重的现象。

【资料来源】Data compiled from the Centers for Disease Control and Prevention, National Center for Health Statistics, and the President's Council on Physical Fitness and Sports.

2002 年，美国总统布什发出倡议，要求政府、企业、教会、社会团体和社区结构共同致力于使美国人民的寿命更长，生活得更健康。一个更健康的美国要求的四个主要目标是：每日进行身体活动；良好的营养和饮食习惯；更多地运用预防性检诊；在饮酒、抽烟、用药、安全方面慎重抉择。2004 年，《健康生活与预防疾病倡议书》出台，它鼓励人们采取一些简单易行的小措施来改变自己的生活行为方式，从而保证良好的健康状况。这些小措施，如每天散步 10 分钟等，将最终改变你的生活方式，使你获得显著的健康利益。如果有 10%的成人开始定期散步，那每年将会节省约 56 亿美元用于治疗心脏病的费用。

实现《2010 年健康大众》的目标需要集中我们的精力。2004 年《2010 年健康大众》在身体活动、营养、身体超重领域的进度报告中显示在这些领域上取得的进展甚小。各身体活动目标在 1997 年时并无大的变化，在营养和超重方面，1988～1994 年的基线数据和 1996 年相比，身体超重和肥胖症现象增加。在下一个关于身体活动和体适能的部分，你会发现有太多的人不爱运动，达不到我们所推荐的日常活动强度，吃不健康的食品，身体超重和有肥胖症。

健身运动鼓励人们选择能改善他们健康、康乐状况的生活方式。不断地强调促进健康和预防疾病对我们国家的健康状况起到了一些改善作用。人们意识到他们的生活方式和个人选择对他们的健康和生活质量有着巨大的影响。此外，人们也更加理解环境、社会、经济状况对他们健康和生活质量的影响。消除人们在健康方面的不平等，并最终使人们的平均寿命比较接近，这是国家头等的健康目标。

全面发展对体育教学、锻炼和竞技的意义

体育教学、锻炼和竞技在促进健康和实现国家公众健康目标中应该起什么作用？

公众健康的核心是促进健康和预防疾病，这就使得体育教学、锻炼和竞技专职人员有更多的机会为全人类的健康和福利作出贡献。在你看《2010 年健康大众》的目的和具体目标时，可问问自己下列一些问题：

● 体育教学、锻炼和竞技在实现这些具体的目标和全人类的最佳健康与康宁的目的中起着怎样的作用？

● 在各种背景下为不同的人群设计的体育教学、锻炼和竞技活动计划中，这些具体的目标又意味着什么？

● 我们所采用的服务方式有何含义？我们怎样把服务对象扩展到贫困人群中去？

● 这个领域中的就业机会意味着什么？

在实现身体活动和健身的国家健康目标中，体育教学、锻炼和竞技的潜力巨大。无论是在校内还是校外，体育教学、锻炼和竞技都为所有人提供了一个途径，使人们积极学习（运动）技能、知识，明白它的价值，以便今后形成一个经常锻炼身体的生活方式。

体育是教育的基础

学校的体育课在实现国家健康目的的过程中也起了一个及其重要的作用。要提高一个国家的健康水平，就必须有效地利用学校健康课和体育课。学校可以使我们每年很容易地接触到超过 5 000 万的学生。由于社会经济地位造成了不平等的机会，而学校是我们重视这个问题的最佳场所。作为专职人员，我们必须是身体健壮、富有激情的体育与运动代言人。孩子们参加日常体育锻炼的人数减少的状况必须有所改观，其中，高质量的体育课是关键。把体育作为一个完整的学校健康计划中不可或缺的部分是另一种增加体育课的方式。在此敏感期（在校期间），学校和父母可以一起做更多的工作来为孩子们能在成人后有一个健康的生活方式打下坚实的基础。

学校的体育课应为人们终身进行体育活动打好基础。年龄较小的孩子们的体育课应把核心放在培养基本动作技能和形成运动概念上；小学高年级和中学阶段，应让学生接触竞技运动、舞蹈、水上运动和户外运动等领域的不同活动，这种接触会使学生找到自己喜爱或使他们满意的活动。

在高中阶段，学生应有机会发展对自己有意义的活动能力，体适能在此就非常重要。教师必须告诉学生进行实践的顺序，这样他们就对体育和竞技运动有了一个基本概念，使他们在闲暇时间可根据自己的需要安排自己的活动和做出调整，选择正确的活动方式。体育教师必须也要记住给学生提供一些有竞争性的、有意义的、能使个体满足的实践机会以激励他们能在今后一生当中继续参加身体活动。整个身体活动计划应被视为旨在发展的过程，它给人们提供了一系列计划好的核心为发展体能、动作技能、知识和价值观的学习实践，以便人们能终身体育。

学校也为成人提供了一个途径。有500万多名成人在学校工作，有的在教育岗位，有的在非教育岗位。许多学校都为教职工提供单位的促进健康活动计划，就像企业中那些活动一样。这些活动一般包括提高体适能、发展技能、健康教育等。

把学校当作社区中心并未发挥它的全部潜力。虽然越来越多的学校在晚间、周末、暑假向社区开放，但还有许多学校未加利用，也有一些未充分加以利用。将学校作为社区中心使我们能接触到成人并为他们设计一些活动计划来满足他们的需求。此外，基于学校的成人活动计划使那些缺乏经济来源从而无法参加健身俱乐部的成人，或那些在工作单位中无活动计划的成人有机会进行身体活动和运动实践。这就使社区内的所有人有了(锻炼身体)的途径。活动的中心是能满足所有人的需求，包括老人和孩子，并且把费用降到最低。还有一些活动立足于整个家庭的参加，它强调父母和孩子共同参加身体活动。

美国的老人数目呈增长趋势，我们要为满足他们的需要来设计活动计划，这一点非常重要。他们的需求千差万别。在美国，有数以百万计的老人参加运动。他们从身体活动中得到益处，使他们保持健康和活力并尽可能地独立生活。从这个意义上讲，体育教学、锻炼和竞技不仅让人们对生活感到满意，它也延长了人们健康生活的年限。

娱乐性的身体活动是发展健康—健身的良好途径之一

现在工作单位的促进健康活动计划已大量涌现出来。许多单位扩大了它们的活动服务范围，从简单的一种健身到一系列不同的身体活动。各活动计划都有所不同，可能有健身、娱乐活动和促进健康活动，如预防癌症、高血压、营养咨询、戒烟活动等。另一个变化是企业不再认为这些活动只是上层管理人员的特权，而是所有各层职员都应参加的活动。这些有关身体活动的发展给这个领域增加了就业机会。

商业健身俱乐部(盈利性)和社区活动机构，如在YMCA(基督教青年会)内的活动，目前也正处在发展之中。此外他们还扩大了服务对象的范围，尽管这些活动起初是面向成人，但现在也对老人和学前儿童开放。其活动内容包括技术指导，鼓励人们发展健身，提供教育，促进人们经常参加(身体活动)。

体育教师、锻炼方面的专家和运动指导员通过直接或间接帮助人们实现《2010年健康大众》中的其他重要的目标，也为达到大众健康这个目的作出了贡献。举例来说，体育课就是一个讨论抽烟、过度酗酒、吸毒对身体造成危害的现成机会，从而利于实现三个重要领域中的目标。体育教师也可通过强调营养的概念使学生发现营养对运动成绩的作用；讲授减轻压力的技巧，如渐进放松法，和学生一起讨论怎样通过身体活动来消除压力，或讨论健身是如何成为压力缓冲器等，可有助于达到精神健康的目标。

体育教学、锻炼和竞技专职人员除了在促进健康的主要领域有所贡献外，他们也可改善健康维护和预防服务。例如，学校通过教学生游泳和水中安全技巧就可减少溺死人数，这是和非故意伤害领域相关的一个目标；身体活动可降低患心脏病和中风的危险几率，这是另一个(和健康相关的)重要领域。

美国现在变得越来越多元化，人们在健康状况和获得健康的机会中不平等现象的也越来越严重。我们必须用更多的努力来帮助那些少数民族和种族的人群、身体有残疾的人、收入低的人群。正如西登托普(Siedentop)所说，专职人员应明白那些阻止人们参加活动的不平等机会都是基于一些“不相关的事情”，如种族、性别、年龄、不利因素、社会经济状况等。人们应重视公平参与的机会，因而他们情愿参加当地水平、省一级水平、国家级水平中的运动，使更多的人能参加该运动。

如果我们要改善整个国民的健康状况，我们就需要更多地加强学校和社区的联系。要实现2010年的(健康)目标，就需要同时利用学校和社区的资源。体育教学、锻炼和竞技方面的专职人员要担起(改善)公众健康的责任，他们就必须像一支综合的团队一样合作，决心改善整个国民的健康状况。体育教学、锻炼和竞技方面的专职人员也必须认识到身体活动只是实现全面健康诸多方式中的一部分。营养学家、健康教师、医护人员和其他人都在全面健康运动中起到了非常重要的作用。实现国家健康的目的和每个人全面健康的目标，需要所有的专职人员一起合作来完成，这一点极其重要。

增加社区内身体活动的机会和实现《2010年健康大众》中有关身体活动目标的最佳方法是什么？在2001年，身体活动专项组(the Task Force on Physical Activity)发布报告确认了能有效增加身体活动的几项干预措施。知道那些干预措施能帮助制定政策的人和身体活动与健康专职人员来最有效地利用社区资源以达到《2010年健康大众》中关于身体活动的种种目标。报告中必须有研究显示身体活动的结果有所提高(如增加了步行的时间)，或选定的健身测量数据有所增加(如增加了有氧运动能力)。

经过对94项研究的系统考察，这个专项组提出了6项措施来增强身体活动(详见下表)：两种信息途径(社区范围内的宣传，抉择点激励法。译者注：此方法是在人们需要就某项行动作出抉择的地点展示鼓励标志)，三种行为和社会途径(学校为基础的体育课；社区背景下社会支持的介入；个人健康行为的改变），一种环境和政策途径（创建或增加人们进行身体活动的途径，包括一些已知的极限活动）。

关于身体活动有效干涉的专项组策略

- **信息途径**
- 社区范围内的宣传
- 抉择点激励法
- **行为和社会途径**
- 学校为基础的体育课
- 社区背景下社会支持的介入
- 个人健康行为的改变
- **环境和政策途径**
- 创建或增加人们进行身体活动的途径

一些简单易行的干预可能对增加身体活动有效。专项组发现采用抉择点激励法鼓励人们用附近的楼梯来达到健康和减肥的目的非常成功。这些激励法使更多的人采取爬楼梯而不是乘坐电梯或滚梯。也可把这些鼓励法应用到社区中许多不同的地方，如学校、交通中心、工作单位、购物商场等。

在社区范围内高密度、持续不断地用各种媒体（如报纸、电视、收音机、传单等）来推广宣传促进体能活动对参加身体活动也很有效。社区的这些鼓励人们参加身体活动的各种方式，包括推广方式都是行之有效的。我们强力推荐采用多途径方式来鼓励人们参加身体活动，如（对他们）支持、自助组、身体活动咨询、危险因素检测、教育、社区活动、增设散步途径等。专项组注意到各种方式所产生的效用是彼此不分的。

我们也强烈建议要根据个人需求来制定与其相符的健康行为更改计划。这些为个人量身定做的计划也考虑到了人们是否为改变他们的兴趣做好了准备，通过教给个体行为技巧，如设定目标、自我监控、建立社会支持、采用自我奖励和自我谈话来强化行为、有计划地解决问题、防止退回到原来状态等，使人们在日常生活中参加更多的身体活动。

专项组还积极推荐学校体育课作为一种干预措施。行之有效的体育课其修改的策略就是增加体育课的时间或者增加学生在课上的活动时间。其他改进学生在规定课堂中的中等强度和大强度身体活动可通过改变活动方式（如从垒球转换到足球）或改变规则（如采用较少人数的小型比赛）来使学生有更多积极活动的机会。在有些干预措施中把健康教育融入了计划当中，这些措施在增加身体活动数量和有氧运动能力上非常有效。值得注意的是大部分对照组都选修了健康和体育课。

另外，也可利用各种社会支持措施，这些措施通过建立和强化社会联系，并且在人们之间建立起各种关系以支持他们做出改变，从而帮助人们变更自己身体活动的水平（难易程度）。如利用工作单位的社会支持，设立伙伴机制（即各负责另一人之安全的两人同行制），组建能彼此互助的散步群组等，都有利于增强身体活动和人们的有氧运动能力。

我们也推荐增加利于人们进行身体活动的途径。建造新的设施或步行街为人们提供了更多的参加身体活动的机会。消除不利于人们进行身体活动的障碍就是一项有效的干预策略，如降低参与的费用或设定好社区居民使用设施的时间。工作单位的促进健康计划之所以有效是因为他们提供了一个利于参与、方便、低价的场所，使人们可以参加各式各样的身体活动。

任务专项组对几项身体活动干预策略未找到充足的证据，即研究中的有些不确定领域或需要继续研究的迹象，包括单一措施多种媒体宣传；学校关于传授信息和行为技巧的健康教育；学校关于减少看电视和玩游戏的健康教育；大学阶段的体育和健康教育；家庭背景下的社会支持策略。

专项组的这些发现使得体育教学、锻炼和竞技的专家能够思考一下这些基于充分证据的建议，以及在完善身体活动来选择措施时要考虑本地社区的需求和目的。久坐的生活方式易造成早亡，同时也会增加患心脏病、中风、糖尿病和其他疾病的危险几率。实现《2010年健康大众》中的目标需要在我们生活、工作、娱乐的社区中采取有效的干预措施。

身体活动和健身运动

人们喜爱锻炼的程度目前在美国达到了一个空前的水平，有几百万人在锻炼和运动方面花费了无以数计的时间和金钱。发展体能运动开始于 20 世纪 70 年代，在之后的 30 年里发展成了我们社会中一个永久的特色。各年龄段的男性和女性都参加体适能和竞技运动，在这个国家如此的积极程度以前闻所未闻。众多儿童和成人积极参加身体活动已是美国社会不可或缺的一部分。

然而，仔细检验参与状况的数据后，我们发现在美国社会中参加身体活动和体能运动的广泛程度并非如此。可获得的数据显示有许多的儿童和成人不爱运动。

1996 年发布了《身体活动与健康：卫生部长的报告》，这个具有里程碑意义的文件令人信服地阐明了身体活动对人的健康和生活的益处。身体活动对健康的贡献见《经常进行身体活动的益处》表。

经常进行身体活动的益处

常常进行身体活动可从下列几种途径提高健康状况：

- 减少早亡的危险因素。

续 表

● 减少死于心脏病的危险因素。 ● 减少患糖尿病的危险因素。 ● 减少患高血压的危险因素。 ● 有助于患高血压的人们降低血压。 ● 减少患结肠癌的危险因素。 ● 减少压抑感和焦虑度。 ● 帮助控制体重。 ● 有助于练成并保持健康的骨骼、肌肉和关节。 ● 有助于老年人变得更强健，可到处走动而不会跌倒。 ● 改善心理健康。

【资料来源】US Department of Health and Human Services: *Physical activity and health: a report of the Surgeon General*, Atlanta, Ga., US Department of Health and Human Services, Centers for Disease Control and Prevention, National Center for Chronic Disease Prevention and Health Promotion, 1996.

此文件几条主要的信息有：

● 所有人都可从身体活动中获得益处。

● 人们常常参加适度的身体活动可改善他们的健康状况。

● 通过改变持续时间、运动次数、运动强度来增加身体活动的量，从而获得更多的益处。

适度的身体活动其定义是每天消耗 150 卡路里或每周消耗 1 000 卡路里的身体活动。步行 30 分钟或游泳 20 分钟，或者在轮椅上自己行进 30～40 分钟都可达到适度身体活动的要求；也可将一天有间断的身体活动量积累起来，如每天步行 3 次，每次 10 分钟。

推荐人们把适度身体活动当成日常计划的一部分，这反映了身体活动正在努力扩大它所能推荐的范围。传统上认为改善健康体能和预防疾病的活动量标准是每周锻炼 3 次或更多，每次以最大心律的 60%～85%的强度锻炼 20 分钟。1995 年，美国运动医学专科学院和疾病控制预防中心都鼓励人们多进行身体活动，强调几乎每天都要参加适度的身体活动。我们希望有了更多的机会来参加有益的身体活动，参加人数也会多起来。虽然在一些活动中强度不够，达不到锻炼心血管系统健康的目的，但多进行身体活动肯定对健康有益。

卫生部长的报告强调了身体活动是关系整个国家的事。不爱运动会导致不必要的疾病和早亡所带来的负担。据估计，每年有 40 万人死于不良的饮食和缺乏运动。

不良的生活方式，如缺乏身体活动、吸烟，占据了导致早亡和残疾一半以上的比例。

强调适度的身体活动是人们生活中不可或缺的一部分，这使那些久坐的人有了更多的机会通过参加身体活动来增进他们的健康，这些都是一些受人喜爱、适合个人需求、易列入日常计划的身体活动。应该在人们还年轻的时候就形成一个健康的生活方式，包括常常参加身体活动。这种生活方式可一直带到成年，以减少患病的危险。常常参加适度身体活动的人们可以更长寿，生活得更健康。

在看儿童、青年、成年体适能和身体活动状况的描述之前，了解一下这些数据是怎样收集起来的，可能对你有帮助。有几个不同的全国范围的调查组来跟踪调查不同年龄组的身体活动、营养和健康状况。每个调查组力争获得一个有代表意义的样本含量，包括不同人群——种族、民族、年龄、性别等。危险行为因素监测系统（the Behavioral Risk Factor Surveillance System，简称 BRFSS）采用电话调查收集了来自于美国各州、哥伦比亚、波多黎各、关岛、美属维尔京群岛（US Virgin Islands）等国家和地区 20 多万人的数据。国家健康访问调查（the National Health Interview Survey，简称 NHIS）通过个人访谈收集有关《2010 年健康大众》目标实现进度的数据。有大约 4 万个家庭，10 万人参加了这次调查。青年危险行为调查（the Youth Risk Behavior Survey，简称 YRBS）是一个对在校 9～12 年级学生的调查，有大约 1.5 万学生参加了调查。

国家健康和营养测试调查（the National Health and Nutrition Examination Survey，简称 NHANES）通过个人访谈和直接身体测试两种混合方法收集儿童和成人健康各方面的数据。如 NHANES 不像其他调查靠个人报告身高和体重，它通过用标准测量技术直接测量每个人的身体和体重来获得数据。

由于获取数据的方式不同，对此评估也就各异。特别是那些个人报告的数据，人们趋向于报告对自己有正面作用的数据，如研究者发现人们趋向于少报他们的体重，这就会导致比研究者实际测量得出关于超重和肥胖的数据少。

可采用体质指数（Body Mass Index，简称 BMI）来确定个体的体重是否处于健康水平。BMI 是体重（千克）除身高（米）的平方（BMI＝体重/身高^2）。如果儿童的 BMI 等于或超出美国 CDC（疾病控制与预防中心）成长表对具体性别、年龄规定的第 85 个百分点并在第 95 个百分点以下就被认为有身体超重的危险，而身体超重被定义为超过第 95 个百分点。对于成人，超重的 BMI 是 25 或更多；肥胖的 BMI 是 30 或更多；极度肥胖的 BMI 是 40 或更多。BMI 达到 30 意味已超重 30 磅；身高 6 英尺、体重 221 磅或身高 5 英尺 6 英寸、体重 186 磅的人其 BMI 为 30。应该注意到虽然 BMI 为测量人是否处于健康体重水平提供了一个快捷、低费用的方式，但它也确实有它的局限性。肌肉非常发达的人其体质指数可能较高，然而他并不是健康不良。

测量儿童、青少年、成人的身体活动水平和健康体重是一件具有挑战性的工作。尽管对身体活动、超重/肥胖、体质指数限度的调查测量各异，但有一点是清楚的，那就是我国的儿童和成人都需要多运动和饮食更健康。

儿童和青少年的身体活动与健身运动

我国儿童和青少年健康吗？他们是否进行了足够的身体活动以从中获取健康的利益和减少得病的危险？对这些问题的回答和公众健康目标的完成情况以及儿童和青少年的健康、将来的康乐状况有着重要的联系。

对于儿童和青少年健康状况以及身体活动的方式，我们很难给出一个清晰的界限。造成这种困难的原因有历史上从与运动成绩相关的健身转移到与健康相关的健身；人们越来越重视适度的而不是激烈的身体活动；对个体的测量和样本取样的形式各种各样。自从 20 世纪 80 年代以来，还没有大规模地对儿童和青少年进行过健康测试。但是大量的信息使我们明白，作为体育教学、锻炼与竞技专职人员，我们需要做的更多，来帮助儿童和青少年拥有一个多运动的生活方式。

因为身体活动的方式在儿童时期形成，必须鼓励儿童少看电视多做运动。同时也要减少花在计算机上的时间

1996 年卫生部长关于《身体活动与健康》报告就我国青少年和年轻的成人得出下述结论：

1. 12～21 岁的年轻人，只有大约一半的人数常常参加大强度的身体活动，四分之一的人根本不参加大强度的身体活动。

2. 有大约四分之一的年轻人参加小强度和中等强度的身体活动，如每天散散步、骑骑车。

3. 大约 14%的年轻人不爱运动，报告说不参加各种强度的活动。女性不爱运动的普遍性比男性高，非裔美国女性不爱运动的比例比高加索女性高。

4. 男性参加力量锻炼活动和大、中、小强度的身体活动要多于女性。

5. 随年龄和年级的增长，参加身体活动的情况大幅减少。

6. 有大约 80%的 9 年级学生进行身体活动，然而这个数字在第二年上高中的时候急剧下降。

7. 从 1991 年到 1995 年，参加日常身体活动的学生从 42%下降到 25%。

8. 在 20 世纪 90 年代的前半期，称在体育课上至少活动 20 分钟的学生人数从 81%下降到 70%。

9. 在每天都参加身体活动的学生中，只有 19%说他们至少活动 20 分钟。

参加体育课的人们经常能够学到一些他们终身都喜爱的运动。
美国康涅狄格州 Concord 高中的学生正在接受高尔夫运动的指导

青少年缺乏体育锻炼是一个严重的问题。在儿童和成人之间这个重要的时期，成人的一些习惯开始浮现出来。如果我们想要一个更健康的国家，那就必须重视在这个关键时期身体活动减少的问题。另外，我们还要付出更多的努力来关注较少参加身体活动的群体，如少数族群和女性。

20 世纪 90 年代，人们对儿童和青少年的体适能状况和参加身体活动的方式做了几项评估。疾病控制与预防中心研发出了青少年危险行为监测系统（the Youth Risk Behavior Surveillance System，简称 YRBSS）来监督青少年和年轻成人危害健康的行为。国家也定期展开调查。这些危害健康的行为有不喜爱身体活动和不健康饮食行为等。

2003 年，有超过 15 000 名 9～12 年级的学生填写了 YRBSS 的调查问卷。其中和身体活动有关的发现，使我们了解到了年轻人身体活动方式和学校体育实践的内部情况。学生回答了调查前 7 天的参加身体活动的情况。YRBSS 显示：

● 有大约 2/3（62.6%）的学生在调查前 7 天的时间内至少有 3 天参加了至少 20 分钟的使他们出汗或剧烈呼吸的身体活动。

● 有大约 1/4（24.7%）的学生在调查前 7 天的时间内至少有 5 天参加了至少 30 分钟的未能使他们出汗或剧烈呼吸的身体活动。

● 有大约一半（51.9%）的学生在调查前 7 天的时间内至少有 3 天进行了力量训练（如俯卧撑、仰卧起坐、举重）。

YRBSS 报告说男学生比女学生更活跃；在参加大、中等强度和力量训练的身体活动上，男学生还是比女学生多。在不同的种族和民族中也发现了类似现象。一般说来，参加大、中强度和力量训练的白人学生要比黑人学生和西班牙裔学生多。随着学生年级的升高，参加身体活动却在减少。因为久坐的行为习惯减少了青少年用来活动的时间，所以也调查了看电视的情况。全国范围内，38.2%的学生在上学日每天至少看3个小时的电视。

YRBSS收集了有关参加身体活动、每日进行身体活动、活动时间的信息。全国范围内，55.7%的学生上体育课，如(图3-3)所示，随学生年级的增长，参加身体活动的情况减少。只有28.4%的学生每天进行身体活动；这和1991年的41.6%相比，下降迅速。上体育课的学生比例也随学生年级的增长而下降(图3-4)。

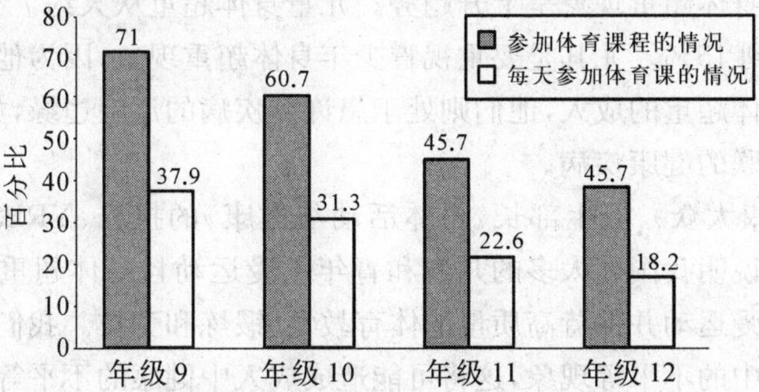

图3-3 YRBSS所收集的不同年级学生的情况

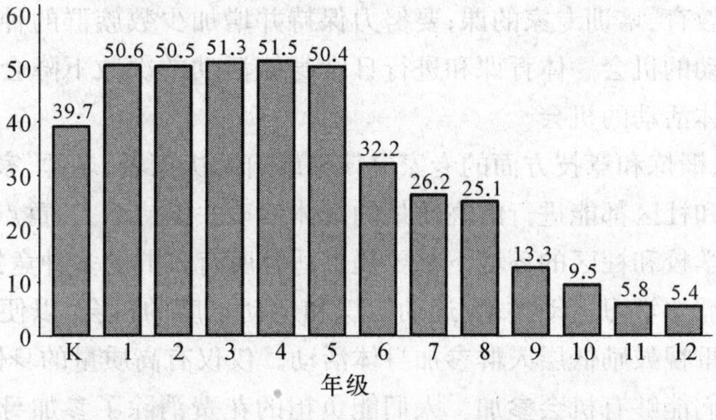

图3-4 从幼儿园到12年级学生上体育课的比例增减情况

参加运动队利于青少年的身体活动。在调查前的12个月时间内，57.6%的学生参加过运动队，男学生(64.0%)大大多于女学生(51.0%)。在所有的种族和民族中，参加运动队的情况都是男性多于女性。

肥胖症威胁着青少年的健康，同时对体成分也起着负面的影响，而体成分是反映健康-健身的一项指标。根据YRBSS统计，有15.4%的学生有身体超重的危险，这对男女学生都一样。黑人和西班牙裔学生身体超重现象要高于白人学生，比例是

18.3%：17.3%：14.1%。每10个学生中就有1个多学生身体超重，也就是说占13.5%。男性学生比女性学生更易身体超重，各自的百分比是17.4%：9.4%。黑人学生身体超重的现象要远远高于白人学生。

国家健康与营养测量调查（the National Health and Nutrition Examination Survey，简称NHANES）由国家健康统计中心和疾病控制和预防中心实施。NHANES包括儿童、青少年、成人的健康、饮食信息，并且定期实施调查。

2000年，NHANES估计有15%的6～11岁儿童和15%的12～19岁青少年身体超重。和NHANESⅡ（1976～1980）、NHANESⅢ（1988～1994）的数据相比，我们发现儿童和青少年身体超重现象呈上升趋势。儿童身体超重从大约7%增长到15%；青少年从5%增长到15%。尤其是要重视青少年身体超重现象，因为他们可能成为超重的成人。对于身体超重的成人，他们则处于患许多疾病的危险边缘，如心脏病、糖尿病和其他与肥胖相联的健康疾病。

《2010年健康大众》、卫生部长《身体活动与健康》的报告、YRBSS、HNANES中列举了大量事实说明我国有太多的儿童和青年不爱运动且身体超重。我们需要能让所有年轻人变得爱运动并保持高质量的体育教学、锻炼和竞技。我们也必须重视不同人群在各种活动中的不平等现象，这将可能造成成人中健康的不平等。因为女性比男性更趋向于不爱运动，我们也必须多花力气来鼓励她们进行身体活动。

种族和民族在身体活动方面的不平等应该受到重视，使他们能够上体育教学、锻炼和竞技方面教育、培训专家的课；要努力保持并增加少数族群的种族和民族中年轻人参加身体活动的机会。体育课和进行日常身体活动的次数下降会进一步减少所有年轻人参加身体活动的机会。

体育教学、锻炼和竞技方面的专家应该和政府的决策者、老师、家长共同努力来开发一些在学校和社区都能进行的高质量的身体活动并保持下去，重点是使人乐于参加身体活动。在学校和社区的环境下都要提供适合所有人群的多种竞技和非竞技运动。儿童和青少年需要学习运动技术、运动知识和运动态度的机会，以便今后能终身进行体育运动。要重视鼓励低层人群参加身体活动。仅仅有高质量的身体活动是不够的，我们还要使人们能够有机会参加。人们能负担的花费消除了参加身体活动的社会经济障碍，一旦在儿童和青少年所居住的地区提供了身体活动，目的就是要让他们常常参加。终身体育要从完善儿童和青少年健康、积极的生活方式开始。

成人的身体活动与健身运动

我们从大量的调查中除了可获得有关成人健康体重和身体成分的信息外，还可得到有关他们健身运动和身体活动方式的信息。通过锻炼器材的销售和参加健康俱乐部会员的信息也可获知成人参加身体活动和其体适能情况。

《2010年健康大众》成人的身体活动和体能目标也反映了美国成人活动方式的信息。《2010年健康大众》报告了对18岁以上成人参加身体活动的一些发现：

● 有40%的成人不参加休闲活动。

● 只有15%的成人能每周至少5天参加30分钟或更长时间的适度身体活动，这种活动足以给人带来健康益处。

● 有23%的成人每周至少3天参加大强度的身体活动，每次至少20分钟，这种活动可以改善心血管健康状况。

● 有18%的成人参加身体活动是为了提高及保持力量和耐力。

● 30%的成人参加伸展性锻炼。

健身对所有人都很重要。这名女子眼睛有残疾，她正在当地一家健身中心与私人教练一起训练

导致人们缺乏身体活动的原因有多种，如时间紧张、接触简易设备的途径有限、缺乏动机和知识等。此外，即使参加了身体活动的人们也只有很少的一部分能坚持下来。

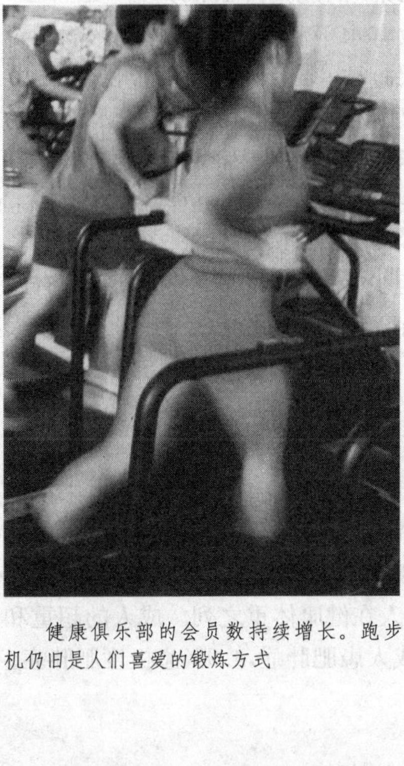

健康俱乐部的会员数持续增长。跑步机仍旧是人们喜爱的锻炼方式

在不同人群当中，身体活动也存在着差异。要实现《2010年健康大众》中消除健康不平等现象的目标，就必须考虑到这些因素。《2010年健康大众》将各人群中不平等现象列举如下：

● 男性比女性更积极主动；在参加适度和大强度身体活动、锻炼肌肉力量和耐力方面，男性多于女性。在每个年龄组中，女性不爱运动的程度更高一些。

● 白人和非西班牙裔人群比其他种族和民族人群参加身体活动的水平高。有几乎40%的非西班牙裔人群不爱运动，以此相对有50%以上的西班牙裔人群不爱运动。在美国的印第安人、阿拉斯加当地人、亚洲人、太平洋群岛居民和黑人，他们不爱运动的程度要高于白人。

● 非西班牙裔和白人跟其他人群比起来是运动最积极的；这些人群进行适度和大强度身体活动以及锻炼来提高肌力、耐力的参与程度很高。

● 不爱运动的程度随年龄的增长而逐渐增长。31%的年龄在18～24岁的成人和65%的75岁以上老人就不参加休闲活动。参加大强度和适度的身体活动其程度随年龄的增长而降低，参加提高、保持肌力、耐力、柔韧锻炼的情况也是如此。

● 随受教育程度水平的提高，人们不爱运动的现象减少，参加身体活动的程度增加。如接受教育在9年级以下的成人中，有几乎75%的25岁以上的人不爱运动，而在大学毕业生当中只有大约25%的人不爱运动。贫穷群体比富裕群体的不爱运动程度高。

● 残疾人比正常人更不爱运动。正常人和残疾人比较起来，有更多的人取参加适度和大强度的身体活动以及锻炼肌力和耐力的活动。

1999～2001年的国家健康访问调查（National Health Interview Survey，简称NHIS）显示有38.6%的成人在闲暇时间不爱运动。有一半以上，即61.4%的成人至少参加了某项身体活动。在所有成人中，有31.3%的人经常参加身体活动——要么每周进行至少5次，每次至少30分钟小强度的活动；要么每周进行至少3次，每次至少20分钟大强度的身体活动。有大约1/4的成人（23.1%）参加力量训练。

根据NHIS，男性比女性更愿意经常性地参加身体活动、力量训练，并且在闲暇时间也更积极主动（见图3-5）。参加闲暇时间的身体活动随年龄增长而减少，年轻的成人（19～24岁）比年长的成人（75岁以上）更愿意参加身体活动，经常参加的频率也比他们高（18～24岁的年轻成人占39.7%，75岁以上的成人占15.6%）。

人们参加身体活动的情况受种族、民族、受教育水平和社会经济状况影响。对于成人经常性地参加身体活动方面，白人（32.7%）要多于亚洲人（27.8%）和黑人（23.9%）；非西班牙裔白人（65.7%）多于非西班牙裔黑人（24%）；受教育水平高的人群多于受教育水平低的人群；收入水平高的人群多于收入在贫困线以下的人群。

还有其他两个调查提供了一些关于成人的身体活动情况。危险行为监测系统（*the Behavior Risk Factor Surveillance System*，简称BRFSS）2000～2001年的数据显示只有45.4%的成人几乎每天能够坚持进行至少30分钟的适度身体活动；有超过50%的成人未能达到所推荐的利于健康的活动强度和次数；此外，还有26%的成人称他们在闲暇时间没有身体活动。另一个调查，《国家2003健康访谈数据》（*the National Health Interview Data for 2003*）显示有32.9%的成人在闲暇时间参加身体活动。

健康的体重是保持良好健康状况的一个重要因素。超重和肥胖对所有人来说都是一个危险的因素。国家健康和营养测试调查（the National Health and Nutrition Examination Survey，简称NHANES）采用了标准测量技术对调查对象进行了身高和体重的测量。它的报告显示，2002年，只有33%的成人在健康体重之列。成人的超重和肥胖的普遍程度达到了65.1%，尤其是有30.4%的成人患肥胖症，4.9%患极度肥胖症。

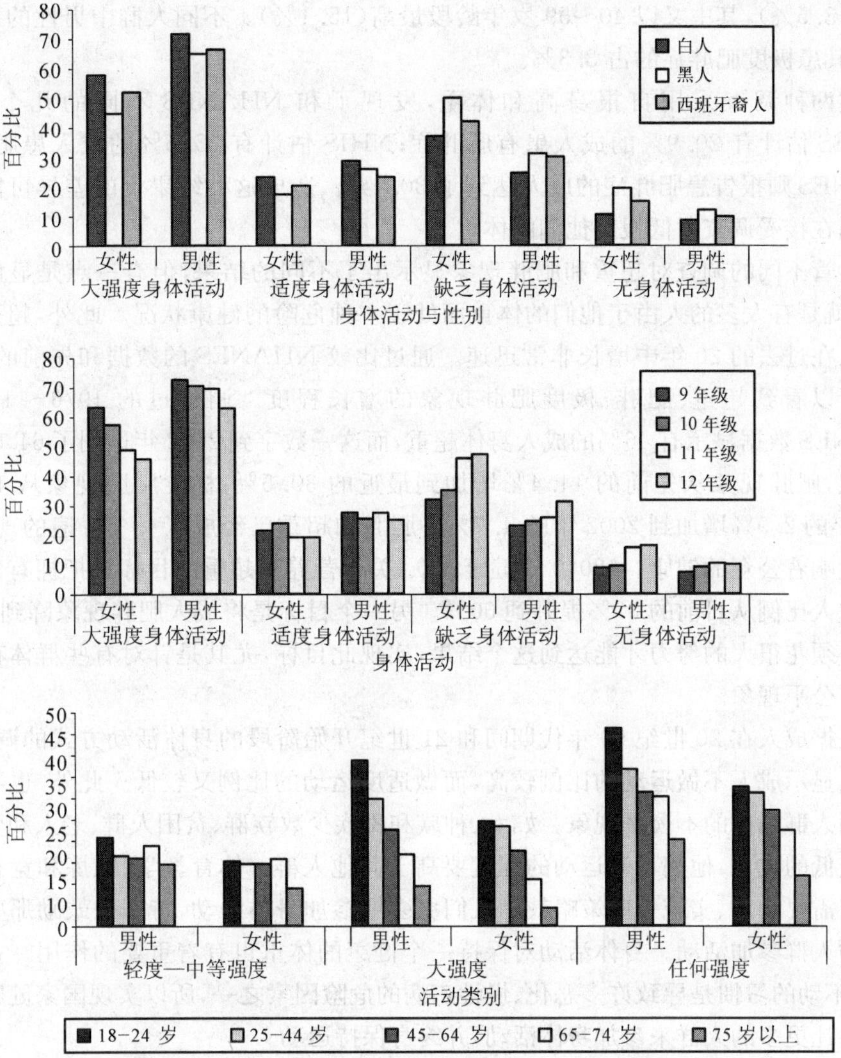

图 3-5 不同年龄和性别的人参加体育活动的对照

【资料来源】Data from 2003 YRBSS and 2000 National Health Interview Survey.

在大多数年龄段的种族/民族人群中，超重现象超过了 50%。在各年龄段的种族/民族的男性中，肥胖症的差异性不大；20～39 岁的非西班牙裔白人患肥胖症的占 22.9%，60 岁以上的非西班牙裔白人患肥胖症的占 32.2%。对于女性来说，不同人群存在显著性差异。20～39 岁的非西班牙裔的白人女性患病占 24.9%；40～59 岁的非西班牙裔黑人女性则占 50.6%。女性患肥胖症的几率远远大于男性。至于极度肥胖，女性在不同的年龄、种族、民族中存在差异性。非西班牙裔黑人女性患极度肥胖症最高(13.5%)，其中又以40～59岁年龄段最高(15.1%)。不同人群中男性的差异性不大，其患极度肥胖症的占3.3%。

这两种调查采用自报身高和体重，发现了和NHANES不同的几个结果。BBRFSS估计有20.9%的成人患有肥胖症；NHIS估计有25.5%的成人患肥胖症；NHANES则报告患肥胖症的成人达到了30.4%。造成这种结果上的差异可能是由于人们在接受调查时低报了他们的体重。

尽管不同的调查对超重和肥胖现象显示出了不同的结果，但有一点是显而易见的，那就是有太多的人由于他们的体重而处于一种危险的健康状况。此外，超重和肥胖现象在过去的20年中增长非常迅速。通过比较NHANES的数据和先前的结果，我们可以看到超重、肥胖、极度肥胖现象的增长程度。调整过的1976～1980年NHANES数据显示有46%的成人身体超重，而这一数字到2002年达到了64.5%；与此相似，肥胖现象从先前的14.4%增加到最近的30.5%；极度肥胖现象从1988～1994年的2.9%增加到2002年的4.7%。肥胖和超重已经成了一个普遍的现象，并严重影响着公众的健康。《2010年健康大众》关于营养和超重的目标是把拥有健康体重的成人比例从目前的33%提升到60%。另一个目标是将成人肥胖现象降到15%。我们必须花很大的努力才能达到这个结果，实现此目标，尤其是针对有些群体存在的严重不公平现象。

根据成人在20世纪90年代期间和21世纪开始阶段的身体活动方式的调查，报告持续显示成人不做运动的比例较高，而做适度运动的比例又较低。此外，也不断发现不同人群当中的不公平现象。妇女、种族和民族少数族群、贫困人群、老人和受教育程度较低的成人，他们不爱运动的程度要高于其他人群。体育教学、锻炼和竞技方面的专家需要制定、实施一些策略鼓励人们更多地参加身体活动，特别是鼓励那些缺乏运动的人群参加活动。身体活动对保持一个健康的体重也有着重要的作用。正因为久坐、不动的习惯是导致许多恶化、慢性疾病的危险因素之一，所以实现国家健康的目标就要让更多的人群来参加身体活动，并终身保持运动。

尽管许多成人过着不爱运动的生活方式，但也有其他的成人喜欢运动。我们这个社会的健身状况图景总是使人感到困惑，并常常出现一些矛盾——健康俱乐部的会员在增长，参加健身活动的情况稳定，但同时超重和肥胖现象已经到了一种普遍的程度。

身体活动和健身运动对体育和运动的意义

尽管大多数美国人锻炼的频率、强度、持续时间并未达到一个健康的体适能水平，但有许多人正尽力在日常生活中进行一些适度的身体活动。此外，越来越多的关于健身和全面健康呈正相关的文献也强调了，我们社会中的所有人都有必要参加健身和身体活动，而不应在乎他们的性别、种族、教育水平、职业、经济状况、社会背景，我们作为专业人士，则有必要把人们对健身的兴趣和它对健康的作用转化为资本，以增加并保证我们（体育）活动的基金。

体育教学、锻炼和竞技方面的专业人士同时也必须是健身活动的指导员，他们对其发展方向起着举足轻重的作用。科尔宾指出医学博士、自命专家、电影明星是健身运动的先锋，但他们当中大多数没有指导这一运动的资格，缺乏训练经验和专业技能。另外，和锻炼、健身相关的产品、活动的大量涌现也引起了人们对其效果的关注。体育教学、锻炼和竞技专业人士拥有这些专门的知识和技能，他们也就必然有责任来指导这方面的活动。正如科尔宾所言，我们要尽已所能承担起此指导任务的重担。专业人士要以身作则，尽力把健康的生活方式展现出来，把身体活动当作是生活中不可或缺的一部分，我们做不到自己所宣扬的活动将会对我们的可信度造成极大的损害。

在对全国青少年参加身体活动的状况调查中，我们发现我国的儿童和青少年急需进行身体活动。学校要重视终身健身活动，特别是要在早期开展。学校的活动计划必须要教给学生终身参加（身体活动的）技能，要使学生珍视健身和身体活动的价值，从而能保持全面健康的身体状况。健身教育也要涉及父母，专业人士在设计有效身体活动的方式时，要认识到父母对孩子形成进行身体活动的习惯中所起的作用，并且让父母参与进来。因为孩子们和青少年的身体活动大部分是在学校环境之外进行的，所以学校和社区的身体活动计划应紧密协调，这样才能把参加身体活动的功能发挥到最大的限度。疾病和预防中心（CDC）为学校和社区的活动计划列出了几条原则以完善全国青少年的身体活动。这些原则清楚地阐明——要形成终身身体活动需要家庭、学校和社区之间的相互协调。（详见《CDC 终身身体活动建议表》）。除此之外，它也强调了促进全面发展的学校教育体系中要包括体育。

CDC 完善终身身体活动建议表

1. **策略** 制定能促进人们喜爱的终身身体活动策略。

● 学校应有日常体育课和全面的健康教育（包括从幼儿园到 12 年级的身体活动课）。

● 学校和社区组织应提供足够的资金、设备和活动监管人员来满足所有学生的需求。

2. **环境** 提供身体活动和社交的环境，鼓励年轻人能进行安全、有趣的身体活动。

● 提供安全的场地设施以及进行测试，以预防身体活动中的受伤和疾病。

● 不主张用身体活动作为惩罚的方式。

● 为学校的老师和员工提供促进健康的活动。

续 表

3. **体育课和指导** 在从幼儿园到12年级的体育课和指导中采用循序渐进的方式。

- 强调终身都要用到的身体活动如散步和跳舞，而不只是竞技运动。
- 帮助培养学生获得终身身体活动的生活方式所需的知识、态度和技能。
- 遵从国家体育标准。
- 让学生在体育课上的大部分时间都积极运动。

4. **健康教育课和指导** 进行健康教育课和指导课。

- 遵从国家健康教育的标准，以积极的学习为特色。
- 帮助培养学生获得健康的生活方式所需的知识、态度、技能。

5. **课外活动** 为所有学生提供形式多样、适当发展性的课外活动，既有竞技性的又有非竞技性的。

6. **家庭参与** 鼓励家长和监护人支持他们的孩子参加身体活动，自己做好身体活动的榜样，包括家庭中的身体活动。

7. **培训** 为教师、教练、娱乐活动和健康保健工作人员以及其他学校和社区人员提供培训，使他们能促进年轻人进行他们喜爱的终身身体活动。

8. **健康服务** 评估年轻人身体活动的方式，为他们推荐合适的身体活动方式，向年轻人宣传身体活动的指导和活动方式。

9. **社区活动** 提供能吸引所有年轻人的各种适当的发展性社区运动方式和娱乐活动。

10. **评估** 定期评估身体活动的指导方式、活动方式和设施。

【资料来源】Centers for Disease Control and Prevention: *Guidelines for school and community programs to promote lifelong physical activity among young people*, *Morbidity and Mortality Weekly Report*, March 7, 1997, 46(RR-6):1-36.

许多成人在问及很少参加身体活动的原因时，都回答说没有时间。而根据现在对身体活动新的建议，人们可以有多种选择把身体活动融入日常生活中去；此外，工作单位的活动项目不断增加，使上班的人们也有更多的机会参加身体活动。条件便利与否是影响人们参加身体活动的一个重要因素，而在工作单位中灵活的身体活动时间给人们把活动安排到日常事务中提供了方便；有些公司为鼓励员工参加身体活动，还减少了他们购买保险的现金支出；家庭健身器材销售额的增长也反映了一种积极的现象——人们为了自己锻炼身体的需要而把设备搬到家中；一些成人还聘请了个人训练师来指导他们的家庭锻炼活动。

我们也要加大对弱势群体的帮助力度，无论是孩子还是成人都一样。家庭在参与身体活动中起着模范的作用。然而，越来越多单亲家庭中的孩子得不到来自父母对他们参加身体活动的支持，而且他们当中许多人的学业成绩也较差。科林伍德(Collingwood)指出，针对这些青少年的健身活动需要加强指导和示范，并且有目的、有计划地进行以便达到预期成效。对于处于"危险"状况的青少年所遇的问题，除了采用促进健康的活动外，也可用有组织的健身活动来解决许多不利因素。那些设计合理、由专业人士指导的身体活动，可以促进人们全面健康和增强自尊心，同时也可教给人们重要的生活技能，如制定目标、计划，重视发展等。

社会经济地位是影响人们促进身体活动的另一因素。富裕的人群参加身体活动的机会远远多于贫困人群，他们有更多的可支配收入用于健身和参加运动。经济状况处于低层的儿童、青少年、成人可利用资源则较少，他们有限的资源——金钱、精力、时间——必须用于生活必需品，如食物、住所、衣物、安全和医疗保健等，而用于像锻炼、运动这些不是生活中特别重要的活动则甚少，即便是那些能担负得起的身体活动对低收入人群来说也是非常困难。社会经济状况处于低层的人们，他们相对较差的健康状况也限制了他们参加身体活动。哈里斯(Harris)指出这些妨碍身体活动的因素是"能力相对缺乏的外部表现，而这种缺乏往往是由于社会经济地位低下所造成的"。穷人和富人比较起来更无力掌控自己的生活、承受更大的压力，得到他人的社会支持更少，而且还要面对贫穷的现实状况。"一般情况，他们得跨越诸多障碍才能过上高质量的生活，或有机会在将来过上这种生活……而且他们无力改变这种状况。"我们作为专业人士，必须认识到这种不平等，以及它们所引发的强烈情感，同时要知道采取哪种策略来改变这种状况是有效的。

在20世纪90年代，和运动与健身相关的私人公司大幅增长，如体操俱乐部、健身俱乐部等。这些企业为那些能担负起费用的顾客提供了更多的活动机会。从历史上看，参加人数比较多的活动一直是在公共场所进行的，如学校、社会娱乐活动、少年足球等，还有公共设施——公园和游泳池。随着个人活动机会扩展的同时，我们也要努力扩展公众活动的机会，使处于各种社会经济地位的人都有机会(参加身体活动)。提供费用低的活动项目或降低收费会让那些低收入的人群也能参加身体活动。然而，只是减少费用是远远不够的，例如，一座城市的游泳池降低了对儿童的收费，但发现低收入家庭的成员并未因此增加。但当这个城市为人们提供免费到游泳池的巴士时，来游泳的人数创记录地增加。所以，我们不仅要给人们提供机会，还要使人们有获取机会的途径。即使是在公共场所，费用因素也可能会限制人们参加身体活动。要重视参与(身体活动)的不平等和机会不公平现象，就需要体育教学、锻炼和竞技专业人士致力于挑战现状，增加弱势群体的参与机会。如果我们想实现所有人都能终身参加身体活动这一目标，就需要有以公平为导向的体育教师、锻炼(方面的)专家、运动指导员。

我们中有一大部分人群年龄在50以上，而且他们的人数还在迅速增长。由于人类平均寿命大幅延长，同时人们也注意到减少那些致病、致残的危险因素，所以促进健康也就成了老年病学的核心。身体活动是健康生活方式的重要组成部分。在2001年，罗伯特·伍德·约翰逊(Robert Wood Johnson)基金会公布了它的报告——《国家蓝图：增加50岁以上成人的身体活动》(*National Blueprint: Increasing Physical Activity among Adults Aged 50 and Older*)。这份报告要求医疗、健康、身体活动的专业人士共同努力来促进老年人的身体活动。而要增加他们的身体活动，则需要在设计和实施活动计划时一定要认识到老年人之间的差异性，并针对此做出计划。身体活动一定要考虑到广大人群的需求，如不同的文化和民族背景、社会经济和受教育状况、种族、性别等。在这些老年人中有较虚弱的老人，有患慢性病的老人和有残疾的老人，也有比较活跃、身体健康的老人。所以"以一种形式来适合所有人"的做法不可取，身体活动要根据具体人群的需求"量身定做"。

经常做适当的身体活动对各年龄段的人们都有好处

体育教学、锻炼和竞技专业人士可以采用多种方式来改善老年人的身体活动。锻炼生理学家在确定不同人群适宜身体活动量的方面起着最主要的作用。我们可跟踪一个时期内身体活动对疾病、残疾、生活质量的影响。锻炼生理学家有资格胜任这项工作，当然也需要其他的研究来确定那些激励人们参加身体活动和自主活动的影响因素，然后再把这些因素融合到活动中去使参加者能持续参加身体活动。体育教学、锻炼和竞技专业人士有能力担任这类工作和其他一些工作。

体育教师、锻炼(方面的)专家和运动指导员要为在不同环境中的老年人开展一些高质量的活动，如在社区、退休社团、工作单位、学校、辅助健身场所、老年人活动中心、健康和运动俱乐部、医院康复活动和其他利于老年人参加的环境。我们也要大力帮助人们选择适合他们兴趣、生活方式、身体功能系统的身体活动，同时也要帮助人们寻求身体活动的途径。体育教学、锻炼和竞技专业人士有能力承担传授医疗、健康保健和身体活动的价值等方面的知识，他们也可告知人们能在其他环境中进行的"最好"的活动。基金会的报告鼓励更多的体育教学、锻炼和竞技专业人士接受和老年人一起活动的训练，因为这部分人群还在持续增长。我们需要更多合格的专业人士来实施这些活动以满足不同人群的需求。

各方面的专业人士需共同努力才能满足各年龄段成人的需求，并给予他们保持一定健康水平健身所必需的技能、知识和态度。我们要让那些做大强度身体锻炼的人们能持续参加活动来获得较高水平的健康体适能，也要鼓励那些做中等强度的人提高他们的强度以获得适当大强度锻炼给他们带来的益处。最后，我们当然也要考虑到那些很少锻炼的人群，帮助他们把身体活动列入其生活之中。为实现这些目标，我们要有一群敬业的合格专业人士，同时也要有一些活动计划能面向所有人群并在各种环境下实施。

教育改革

国家精英教育委员会(National Commission on Excellence in Education)于1983年的报告——《国家处在危险之中》(*A Nation at Risk*)吸引了人们的关注，它大胆地宣称“我们这个社会的教育基础目前正在被平庸所腐蚀，这不仅危及国家的未来，也危及着人民的未来”。美国在商业、工业、科学和技术革新上的领先地位正面临着世界各国的挑战和超越，而我们的教育体制却产生了断层，没教会我国青少年在世界这个大市场中进行竞争的必要技巧。该报告强调一个缺少技术、文化和训练的人将会在经济上处于不利地位并失去完全进入我们这个社会的机会。

《国家处在危险之中》——《佩蒂亚(Paideia)提案：一份教育宣言》(*A Nation at Risk, The Paideia Proposal: An Educational Manifesto*)；《高中：一份关于美国中学教育的报告》(*High School: A Report on Secondary Education in America*)；此外还有其他同时期的报告都呼吁进行教育改革。这些报告一般都是要强化教育体系和改善学生学习，建议我们把更大的力气放在基础课程上，如数学、阅读、写作和科学等；减少“边缘”课程会使学生有更多的时间来掌握基础的知识，提高他们的学业水平。

改善教学是这些报告提出的另一个领域，如有意义的继续培训机会，更严格的教师准入制度，改变培养教师的内容和方式等。资格考试保证了教师掌握他们所要教的内容和有效采用基本教学技巧的能力。

第三个强调的领域是对学校和学校基金的组织管理。为了有更多的时间用于教学，可延长每天和每年的在校时间。建立起学校—社区、学校—企业之间的联系以改善学习环境是帮助学生提高学习和经济有困难的学校的另一种策略。

把越来越多的重点放到核心课程上，如数学，减少了日常的体育活动时间

许多教育学者把《国家处在危险之中》视为是国家教育标准化的开端。这些标准把期望值进行了分类并提供了一种评估学业的途径。在1989年的教育峰会上，布什总统和国家政府官员确认了学校的五种

科目——英语、数学、科学、历史、地理，并将为这些科目设定国家学业标准。

整个20世纪90年代，教育都面临着改革的压力。在1994年，《2000年目标：美国教育法令》制定了2000年的目标，这些教育目标成了评价美国教育进展的标准。正如第二章已讨论过的，这些目标强调了设立更具挑战性的课程和更高的学术标准。除了先前所说的能力范围外，学生在外语、艺术、经济、公共事物、管理方面也要展示出较高的学术水平。另一个目标是要确保美国学生在数学和科学方面的成绩处于领先地位。其他的目标有：要求完善孩子为入学所做的准备；创造一个较好的学习环境；提高教师的专业发展；促进父母、社会与学校的联系；强调终身学习等。教育改革要成功，就必须更加重视影响教育进展和结果等种种社会问题。

20世纪90年代，学校和标准化教育对学业的重视提高了。大多数的学校课程都建立了学生"应该知道什么和该会做什么"的标准，包括数学、科学和体育。这些标准的建立促使学校管理人员和教师增加了要提高学术水平的压力。而提高学生成绩的压力，特别是在科学和数学的成绩方面，导致了人们去尽力增加能用来学习的时间。一些学校延长了每日在校时间；其他学校减少了分配给其他学科的时间，比如体育。

2001年，乔治·布什总统公布了他的倡议《一个孩子也不能掉队》(*No Child Left Behind*)强调所有儿童都要接受教育，不管他们的种族、民族、性别或社会经济背景如何。该倡议要求制定标准，对学生的活动做经常性评价，提高学校对学生学习的责任心。

美国政府每年都要出版《教育状况》为教育进展和趋势提供信息，如学生成绩、辍学率、学位获得情况。《2004年教育状况》显示我们在数学和科学领域已经取得了进步，如在1982～2000年之间，完成数学高级课程的高中毕业生从26%升到65%，科学课程的从35%升到63%。它也显示那些在极度贫穷和极少数族群公立学校中的高中生和那些较贫穷和较少数族群学校中的同龄人比起来，在上英语、科学、数学课时，非此领域专业教师教他们的可能性要大得多，这就造成了学业成绩上显著的差异性。

尽管我们已取得了一些进步，但萦绕在人们心头上的学业成绩差异性问题仍存在于各不同人群中。如在过去的10年当中，我们确实提高了学生阅读能力和数学分数；白人学生和黑人学生成绩上的差距虽然有所缩小，但依然存在。贫穷严重影响了教育成绩，比如内陆城市有近70%的四年级学生在国家阅读测验中达不到基础阅读水平。接受教育中的性别差异虽然还有，但已经在缩小。女性的阅读与写作要好于男性，但在科学和数学方面比男性差。女性在高中毕业后上大学的几率比男性更大。

教育中的不平等现象是一个引人关注的问题。受教育水平往往和良好的健康状况紧密相连(《2010年健康大众》中指出，最严重的久坐不动的行为往往属于那些受教育水平最低的人群)。收入也和健康相关，富裕人群的健康状况要好于贫穷人群，而受教育水平又往往预示着收入水平，比如2000年，拥有学士学位的男性平均年薪是56 334美元，女性40 415美元；与此相对，那些未上完高中的男性年收入是25 095美元，女性 17 919 美元。

另一个反映教育和健康关系的指标是个人健康文化水平。健康文化水平是“个体获得、处理、理解基本健康信息和服务的能力，以做出正确健康选择的水平”。有大约 9 千万成人的阅读水平处于平均线以下。文化水平较低的人群就很可能在判断、理解、应用信息时遇到困难，这也包括和健康有关的信息。此外，有限的文化水平也可能使人们不了解一些与健康有关的知识，如血压的正常范围、每日身体活动的推荐量和每天应吃水果的种类和数量等。

健康文化水平的低下造成了健康状况的低下；研究者称其原因是这部分人群可能不知道怎样预防疾病和如何从健康保健中获得益处。健康文化水平是核心健康保健和预防健康保健的关键。提高健康文化水平可以拯救生命、减少医疗费用，还涉及了几百万美国人的健康和全面发展。让人们获得简单易懂的信息，并以和他们的文化相容的、用他们的语言和各种沟通渠道等方法提供这些信息来提高人们的健康文化水平，从而最终提高他们的健康状况。

获得高质量的教育是人们改善自己生活的最好的途径之一，特别是对于那些社会和经济地位较低的人群来说更是如此。造成许多少数族群人们教育状况低下的原因有很多，如父母较低的教育水平、同单亲一起生活、较少的社区资源、所在学校条件较差不利于学习、生活较贫困等。此外，移民的大量涌入造成了英语是第二语言的学生数目大量增加，他们要学习用英语阅读和写作，同时还要学习学校规定的其他科目内容，这对他们来说无疑是一个巨大的挑战。虽说少数族群自《国家处在危险之中》出台后在教育方面有了很大的改善，但和白人、非西班牙裔的同龄人比起来，还是有太多的少数族群学生在获得教育途径、学业成绩和教育水平方面处于不利地位。

我们国家种族和民族构成的变更也促进了我们学校中的语言和文化的多样性。来自许多不同文化背景、家庭状况、经济环境的儿童和青少年给教育系统带来了挑战，使其担负起为所有学生提供平等机会的使命。我们要接受这个挑战，每个孩子都应接受教育以发挥出他们的全部潜能，否则会“威胁到我们国家和人民的将来”。

教育改革对于体育的含义

体育是教育中不可或缺的一部分。然而，许多倡导教育改革的人士并不认同此观点。有一些教育改革的支持者认为体育是“边缘”科目、非重要科目。有几份教育报告根本就没提及体育，还有其他几份报告把体育降级列入为个人服务或从属课程的地位。这些报告从本质上认为体育就不能列入教育课程当中。

教育改革把核心放在“基础”学科的标准化学业成绩上，使得许多学校对他们的课程做出了调整来增加用于核心学科上的时间而减少“非重要”学科的时间。这样做的结果就是那些不属于考试的内容或被认为是“非重要”的内容的地位就会“低人一等”，其中有体育、艺术和音乐。尽管体育对实现教育目标有着潜在的作用，学校还是取消或减少了体育的时间。他们认为那些被"浪费"在体育上的时间可以用来提高学业成绩。当然，也有一些教育改革的支持者认为应把体育列入学校课程当中。一份由卡内基委员会(Carnegie Commission)发出的报告——《高中》——指出："很明显，没有比健康知识更重要的知识。没有它，就不能成功地实现人生中的任何目标。"该委员会推荐所有的学生都要修一门健身课。

国家运动与体育协会(the National Association for Sport and Physical Education，简称 NASPE)认为在各个层次的教育当中，体育都应是学校课程中不可或缺的一部分。NASPE 政务会上关于体育对儿童作用的一篇题为《体育对全面教育的重要性》(*Physical Education is Critical to a Complete Education*)的论文中写到体育既影响学生的学术学习，也影响着他们的身体活动方式："一个身体健康、经常运动的学生更有可能在学术上积极主动、机敏和取得成功……在整个的学校教育过程中，体育可以促进学生的社交、合作与解决问题的能力。在我国的学校教育中，体育课对培养动作技能、身体健康和形成终身健康生活方式的观念起着重要的作用。"

健康的孩子才能有更多的精力来学习。此外，研究发现每天参加身体活动的孩子和那些不参加活动的同龄人比起来"显示出更高的运动健身、学术成绩和上学动机"。谢泼德(Shepard)通过查阅体育和学术成绩关系的有关文献，提出了他的观点：

> 我们不认为日常体育课一定是学业成绩提高的主要原因，但现有数据显示，积极参加身体活动的学生其单位时间学业学习效率有所提高，所以，课程时间不够(指那些数学、科学等所谓主要科目)不是否定学生日常高质量身体活动的有效原因。

另外，我们不可忽略，在孩子的早期发展过程中，培养和保持一个好的健康习惯是非常重要的。而体育对孩子的全面发展极其重要。各个不同人群都强烈支持各年级的学生每天都要有高质量的体育课。美国参议院和众议院在 1987 年通过一项方案，鼓励国家和当地政府、教育机构为从幼儿园到 12 年级的所有学生提供日常的高质量体育课。该方案提到了体育课对实现教育目标的诸多好处(详见《国会体育议案》)。它特别授权小学阶段教授学生相关知识、技能，培养其习惯和态度，以使他们将来过上幸福、健康的生活。

《国家健康报告》明确支持学校课程中应该包括日常高质量的体育课。所有学校的学生每天都能上高质量的体育课有利于实现我国健康目标。此前我们还从未见过来自国家方面对学校体育的支持。

国会体育议案

鼓励州和当地政府以及当地教育机构为所有儿童(从幼儿园到 12 年级)提供高质量的体育课。

体育对成长中儿童身体发展的重要性。

体育能通过提高心肺耐力、肌肉力量和爆发力、柔韧性,规范体重,促进骨骼发育、身体姿势规范、熟练地运动,增加思维的敏捷性、积极的生活习惯,以及对闲暇时间建设性的利用等来帮助完善儿童的全面健康。

体育能帮助学龄儿童提高思维敏捷性、学业成绩、学习准备和热情。

体育能帮助儿童提高自尊心、人际关系、负责的行为规范和独立能力。

参加日常高质量体育课的儿童身体更趋于健康。

身体健康的成人大大减少了心脏病和中风等危险因素。

卫生部长在《国家的目标》中推荐的关于增加规定上体育课的学校的数量,把重点放在与健康相关的健身上。

教育部秘书长在《第一节课——一份关于美国小学教育的报告》中认为,小学有特权为小学生提供知识、习惯和态度,使他们一生保持健康;并且为所有从幼儿园到 12 年级的儿童提供高质量的体育课是一个完整教育体系的重要组成部分:因此,现在参议院决定(与众议院的意见一致),国会鼓励州和当地政府以及当地教育机构为所有从幼儿园到 12 年级的儿童提供高质量的体育课。

《2010 年健康大众》认识到了体育的益处,并号召增加那些要求让所有学生都上日常体育课的学校数目。此外,1996 年《国家卫生部关于身体活动与健康报告》(*Surgeon General's Report on Physical Activity and Health*)、1997 年《疾病控制与预防中心为促进学校和社区青年终身身体活动的指导原则》(*Centers for Disease Control and Prevention Guidelines for Schools and Community Programs to Promote Lifelong Physical Activity Among Young People*)都推荐所有学生,包括从幼儿园到 12 年级学生,每天都要做一些身体活动。2000 年《对总统的报告:通过身体活动和运动来提高青年人的健康状况》(*Report to the President: Promoting Better Health for Young People through Physical Education and Sports*)确认了经常参加身体活动对健康的实质性益处。日常高质量的身体活动被当成一项战略措施来提高儿童和青年人的健康使他们将其他更多的身体活动列入其日常生活当中。学校的体育课能在学生的人生重要时段涉及 5 千万学生。在早期培养健康的习惯对成人后保持健康的生活方式极为重要。还有一个重要的方面是学校体育课是让弱势群体参与的最佳方式之一。学校在促进国家健康的过程中扮演了一个重要的角色。

从1987年起，NASPE就定期发布《国家状况报告》(*Shape of the Nation Report*)来总结美国教育系统中的体育现状。NASPE在解释调查结果中的建议是联邦法律并没有要求学生上体育课的规定，这一点人们需要记住。各州可根据当地区域情况自行规定体育课的最低时限和内容以及更具体的要求。这样在上体育课时就会因地而异，这种做法同样也适用于其他课程，如艺术和音乐。

2001年的《国家状况报告》显示，大多数州并不要求从幼儿园到12年级所有学生都得上日常的体育课。伊利诺伊是惟一要求从幼儿园到12年级所有学生都得上日常的体育课的州，然而，又有一项法律规定的自动放弃程序使学校可以取消身体活动。有48个州被授权上体育课，但大多数只是立法规定提供体育课，由当地学校负责体育课的内容和形式。

青春期是形成健康习惯的关键时期，包括经常性地促进身体活动。国家对儿童和青少年身体活动的调查显示，在青春期人们的身体活动显著下降。疾病预防和健康促进中心和2000年学校健康政策与计划研究(SHPPS 2000)指出学生在从幼儿园到12年级的过程中，参加体育课的机会是在减少。大约有50%的学校要求1～5年级的学生上体育课；而到了11、12年级，只有5%的学校要求学生上体育课；只有29.1%的学生在从9年级到12年级的期间参加日常身体活动，这和1991年的41.6%相比下降了许多。NASPE发现大多数的高中生在9～12年级的期间只上过1年的体育课。

另一个让人担忧的趋势是把学生排除到体育课之外的政策。据SHPPS 2000报道，有16.7%的小学、25.3%的初中、40%的高中都免除了学生上体育课，原因有较高的身体能力测试成绩、参加一些社区运动和社区服务等。即使在初中、高中，学生也不能参加学校的运动项目、假期训练和学校其他的一些课程(体育方面)。根据《国家状况报告》，有27个州允许替换高中的体育课，替换原因有医疗方面的、宗教信仰方面的，也有参加学校运动队、ROTC、参加比赛的运动队以及其他一些具体的活动方面的原因。

《国家状况报告》显示对体育课的时间要求也大相径庭。在小学阶段，州要求的时间是每周从30到150分钟不等；NASPE建议每周150分钟。在初中阶段，NASPE要求每周225分钟，州要求是80到225分钟。在高中阶段差异更大，NASPE要求是每周0到225分钟。

NASPE建议小学每天至少有60分钟的适度和稍大强度的身体活动，初、高中至少30分钟。NASPE指出为达到这个身体活动量，在学校促进身体活动的整个系统中，学校必须把体育课作为基石，其中也包括假期、课后俱乐部、(学校)内部活动以及一些竞技运动。课堂活动的设计必须要能吸引所有学生，特别是那些对传统竞技运动项目不感兴趣的学生。

教育标准化运动的成果之一就是建立了体育的标准。正如第二章所述，NASPE在1995年出版了《走向未来：体育的国家标准》。其中对从幼儿园到12年级的学生的体育课内容，即“学生在体育方面应该知道什么和能做什么”，以及体育成绩，即“多好算是好”都给出了明确的标准。《国家状况报告》说到大多数州都设立了或正在设立体育课的标准。把内容标准列入体育课中会使学生明白他们已达到什么水平，也有助于学生父母、学校领导、社区成员清楚地看到体育对于学生的教育和对于他们的健康、全面发展所作的贡献。

《通过身体活动和运动促进青少年健康》号召全国为促进终身身体活动多做些事。日常高质量的身体活动会促进青少年的健康和全面发展。通过身体活动，学生可以获得终身体育所需的知识、技能、态度，这对他们一生的健康都有好处。日常的身体活动是有助于学生保持积极生活状况的方式之一。我们的设施、资源要考虑到学校和社区内那些范围广、安全、人们能担负得起的活动。特别要考虑到让那些最需要这些活动的人群，如女孩、少数民族/种族人群等。我们的活动计划必须照顾到不同人群的需求，投资于那些“有创造性、恰当文化语言背景的活动，让所有在美国的青少年都有机会、并激励他们参加这些活动，使他们更积极主动地生活”。

我们也制定了一些策略使所有儿童和青少年能够获得额外参加身体活动的机会。根据报告，青少年可从下列几个方面获得机会和动机来提高自己的身体活动和健康水平：

- 家庭成员，他们能以身作则，鼓励青少年参加自己喜爱的身体活动。
- 学校活动，包括日常高质量的体育课、健康教育、假期活动、课外活动等，这些都能帮助学生培养必要的知识、态度、技能、行为举止和信心，从而过着一种积极的生活，同时也使他们有机会进行身体活动。
- 课外保健活动，使他们能经常地、积极地活动。
- 青少年运动和休闲活动，使他们做一些适合自己发展的身体活动，这对所有青少年都具吸引力。
- 社区环境，使他们能在便利、安全的环境中散步、骑自行车、使用家门口的身体活动设施。
- 传媒公司，激发青少年参加身体活动的动机。

学习网球技术就是残疾人参加休闲活动的途径之一

要完全实现上述策略所提出的要求，需要我们投入物力和财力、艰辛的劳动以及各级政府、非政府组织、私人团体的合作。实施这些策略会为儿童喜爱的身体活动创造出更多的参加机会，不仅是在儿童和青少年时期，而且也有利于在他们成人后继续参加身体活动。怎样才能在我们的学校中为所有学生增加日常高质量的体育课呢？体育教学、锻炼和竞技专业人士必须带头倡导身体活动。既然是作为倡导者，我们就要能说清楚高质量的体育课给人们带来的好处，就要懂得身体活动在推进实现国家健康目标过程中的作用。实施高质量的课程，整合体育内容的标准，时常对学生的学习进行评估，这都需要专业人士必须和政策制定者、社区和学校领导、父母，以及青少年本人建立起合作关系，来增加学校的体育课和社区中进行身体活动的机会。实施高质量的活动计划，呼吁增加身体活动的机会，如日常身体活动、积极寻求变化只是体育教学、锻炼和竞技能为所有人增加身体活动机会的几种方式而已。

有点讽刺意味的是当我们比以前更懂得了身体活动与健康的重要关系时，我们却遇到了比以前更多的压力来为这些活动做出辩护。历史上我们从没有像现在这样更清楚地认识到身体活动对健康的作用，以及积极的身体活动对一生的重要性。体育教学、锻炼和竞技专业人士必须利用现在人们对它的支持，让所有学生每天都能上高质量的体育课成为现实。

小结

社会的发展趋势影响着体育教学、锻炼和竞技在我们社会中的作用。一个明显的趋势就是人口数量的变化。我们社会中的文化差异比历史上任何时期更大，而且这种差异随我们步入 21 世纪还会加剧；我们的寿命更长，我们的社会也变得更老，65 岁以上的老人在 1997 年占全人口的 13%，而到 2050 年将会增加到 18.5%；残疾人口也在不断增长；家庭的结构发生着变化；有许多美国人还生活在贫困之中，而贫困和糟糕的健康与受教育水平有着密切的关系；我们作为体育教师、锻炼方面的专家和运动指导员，必须尽力为所有人提供终身进行身体活动的机会；文化素养对于和不同人群的人们一起工作、对积极锻炼的生活方式以及保持这种方式来说至关重要。文化能力包括认同个体的差异性和独特性，重视机会的不平等现象。

体育和运动也包括了全面健康运动、身体活动、健身运动。全面健康运动强调的是通过对生活方式的调整和个体承担对自己健康的责任心来促进健康、预防疾病。身体活动和健身运动是健康生活方式中不可分割的一部分。有越来越多的证据证明了身体活动对健康的作用。《2010 年健康大众》和《身体活动与健康：国家卫生部报告》都以文献的方式证明了身体活动对促进人的全面发展所起的显著作用。在过去的几十年当中，人们对身体活动和健身运动的兴趣大幅增加。然而，当我们对（身体活动的）参加方式进行检验时却发现有太多的儿童和成人过着久坐、不爱运动的生活方式。专业人士需加大力度来使人们参加身体活动。全面健康运动、身体活动和健身运动大大促进了学校以外的体育教学、锻炼和竞技的发展，使它们深入到所有人群当中。

一系列指责美国学校教育现状的报告促进了教育改革运动，并确定了具体教育改革的范围。这些报告要求加大对核心科目和标准的重视以及终身学习，同时这些报告也反对体育作为教育基础课的地位。因此，在体育课从教育科目中被剔除之前，就需要体育教育工作者找出有力的证据为体育课正名。重视终身教育正好支持了(各年龄段的)人们对体育教学、锻炼和竞技的需求。

自测题

1. 你是在促进健康和实现全面发展的身体活动中扮演着面向社区群体说话的角色。准备一段简短的演讲，反映体育教学、锻炼和竞技对健康生活方式的作用。利用"网络链接"上的信息找到关于身体活动价值的最新信息。

2. 对于《2010 年健康大众》中的每一个身体活动和健身的信息，举例子说明在学校内、校外，体育教学、锻炼和竞技的活动可以帮助人们实现他们的目标。

3. 从人口变化的信息上可以看出我们的生活正变得多元化。体育教学、锻炼和竞技应该采取怎样的行动去深入到那些贫困人口呢？你是否有了能够和我们国家越来越多元化人群一起工作的文化能力？

4. 你家乡的学校委员会正在考虑缩减分配给体育课时间的一项提议，尤其是他们要去掉从幼儿园到 12 年级的体育课。学生每周有 3 天可以进行身体活动直到 10 年级，此后体育课将成为选修课。在此新政策下，参加校际竞技比赛和校队的学生可以被允许在赛季期间不上体育课。作为一名专业人士，你对该解决方案有何见解？你作为这个学校孩子的家长会站在哪一方呢？

建议阅读书目

Burden JW, Jr., Hodge SR, O'Bryant CP, and Harrison L, Jr.: From colorblindness to intercultural sensitivity: infusing diversity training in PETE programs, Quest 56, 173-189, 2004.

Centers for Disease Control and Prevention: Increasing physical activity: a report on recommendations of the task force on community preventive services, MMWR, 50(No. RR-18), 2001.

Centers for Disease Control and Prevention Health Youth: Promoting better health for young people through physical activity and sports: a report to the president from the Secretary of Education, 2000, Healthy Youth Center for Disease Control and Prevention, Silver Springs, Md.

Fabiano P, and Swinford PL: Serving racial and ethnic populations with health promotion, American Journal of Health Promotion, 18(5): 8-13

Ford MG：Working toward cultural competence in athletic training，Athletic Therapy Today，8：60－66，2003.

Harrison L and Worthy T："Just like all the rest"：developing awareness of stereotypical thinking in physical education，JOPERD 72(9)：20－24，2001.

Kulinnna PH：Teaching students to achieve and maintain a health-enhancing level of physical fitness，JOPERD 72(8)：30－33，2001.

Langford GA and Carter，L：Academic excellence must include physical education，Physical Educator，60：28－34，2003.

The Robert Wood Johnson Foundation：National blueprint：Increasing physical activity among adults aged 50 and older，2001，Robert Wood Johnson Foundation，Princeton，N. J.

US Department of Health and Human Services Health Resources and Health Services Administration：Cultural competence works，US Department of Health and Human Services Health Resources and Health Services Administration，Merrifield，Va. (www. hrsa. gov/cmc)

第二编

体育教学、锻炼和竞技的基础

在第一编，我们给体育教学、锻炼和竞技等词汇下了定义，并讨论了它们各自的哲学意义和目标。第二编将讨论体育教学、锻炼和竞技的基础，继续扩充该领域的知识库。训练有素的体育教学、锻炼和竞技专业人士应该明白何为他们这个领域的基础。第二编首先是第四章，体育教学、锻炼和竞技的历史基础；第五章对运动行为做了一个整体描述；第六、第七、第八、第九章描述了该领域生物力学、生理学、社会学和心理学基础，从中演绎出体育教学、锻炼和竞技的相关原理和概念。这些就是体育教学、锻炼和竞技主要研究的科学领域，或者说分支学科——运动生理学、运动行为学、运动心理学、运动社会学和运动生物力学。这些章节所讨论的原理和概念使专业人士能够了解到必要的知识，以便他们在体育教学、锻炼和竞技领域设计出并实施一些有意义的活动。

第四章 历史基础

网络链接

洛杉矶业余竞技运动基地：www. aafla. com

Hickok 运动史：www. hickoksports. com/history. shtml

北美运动史协会：www. nassh. org/indexa. html

学习目标

读完本章学生应能：

■ 了解哪些事件促进了体育教学、锻炼和竞技的发展。

■ 了解体育教学、锻炼和竞技的发展史中一些杰出的先驱以及他们所做的贡献。

■ 讨论最近体育教学、锻炼和竞技的发展。

■ 从讨论指引体育教学、锻炼和竞技专业前景的历史规律中得到一些启示。

当代美国体育教学、锻炼和竞技建立在一个丰富的文化遗产之上。我们今日的活动计划一直受着来自其他文化的哲学、实践和运动的影响，特别是来自古希腊、罗马、英国、瑞典和德国的影响。在美国的发生的一些事件，如殖民主义、边境扩张、大萧条、公立学校、城市化和技术的发展等都影响了我们这个领域的成长和发展。在美国国内，具有活力和真知灼见的领袖引领着体育教学、锻炼和竞技的发展范围和地位。本章简要概述了体育教学、锻炼和竞技的发展历史。由于版面有限，我们无法详述，但读者可到在线学习中心获得更多的信息。一般说来，"体育"和"运动"这两个词在早期的历史发展中有不同的意义，体育是特指学校背景下的活动，而运动则是有组织的竞技比赛，"锻炼学"只是在 20 世纪后几十年才出现。

历史给我们启示——它可使我们明白前辈和先前的事件是怎样构建了当代的体育教学、锻炼和竞技；历史给我们指引——它可给出未来我们行动中最有效的进程和可能。历史是一个学术研究领域，主要研究事物随时间而产生的变迁，历史学家就致力于这种叙述和诠释研究。

叙述性研究尽可能详细地描绘出过去所发生的事情。米基考夫(Mechikoff)和埃斯蒂斯(Estes)说："描述性研究探索的是过去事件中的谁、什么、何时、何地，尽量不把现代的思想、价值观、评判转移到过去的事件中去。诠释历史探究的是过去事件是怎样形成和为什么形成……诠释历史不像描述历史那样，它在其中加入了历史学家的主观色彩，这样历史也就不再是'原来的事实'了。"从诠释历史的角度看，它寻求的是在当时历史和社会背景下说明一些历史事件的突出特点。米基考夫和埃斯蒂斯说采用诠释的方式研究历史就是"让历史更全面、更丰富，使人们更畅所欲言地讨论它、理解它。而与此相对，描述历史并不比诠释历史更好或更差，它们只是对过去事件的两种解释"。历史扩展了我们对体育、锻炼学和竞技运动的了解，同时也扩展了我们对社会的了解。

运动的历史

运动史是 20 世纪 60 年代末从体育教学、锻炼和竞技领域中浮现出的一门分支学科。本节将讨论有关运动史的定义、范围及其发展和研究领域。

运动的定义与领域

斯特鲁娜(Struna)把运动史描述为"一个具有多因素，并且常常彼此互相交织在一起的学术调查领域，它包括锻炼、人体、玩、比赛、竞技、运动、身体娱乐、健康和休闲"。**运动**这个词在此正如斯特鲁娜所言，是广义地包含了这个领域中的多种因素。运动史学家查验运动的历史发展，他们描述和分析先辈们的行动、行为；查验和解释一些知名的事件；研究组织的演变；探索各种趋势的出现等。不了解当时的运动实践、哲学思想、信念就很难明白运动的演进。运动史学家感兴趣的是过去是怎样塑造了我们如今进行的运动。

1994 年马萨诸塞州北安普敦史密斯学院的女子篮球

发展历史

人们一直对运动的历史有兴趣。关于运动史的早期著作在本质上属于典型的描述性研究，它们描述了某种具体运动的发展（如棒球）；按历史顺序某个先辈对体育做出的贡献，如达德利·萨金特(Dudley Sargent)；记录某些事件（如美国健康、体育、娱乐和舞蹈协会的发展）。然而，随着对运动史兴趣的逐渐增强，人们开始了更多的诠释性的分析研究。这些研究融入了当时历史和社会环境下的一些信息内容，从而极大丰富了我们对运动的了解。通过对运动的分析研究，我们对下列一些事件有了深刻的了解：

- 比赛和运动是如何进入学校体育课中的。
- 维多利亚时期的道德观念是如何影响女性来参加运动的。
- 种族隔离对黑人参加运动的影响。
- "新体育"是如何形成和"通过身体进行教育"的哲学理念是怎样逐渐形成的。
- 理解体育界的先辈对这个领域的贡献。
- 了解锻炼和运动科学出现时的环境状况。

运动史是一个充满活力的领域。斯特鲁娜认为20世纪60年代以前大部分运动史的研究是由历史系的学者做的。进行历史研究的体育教师的研究面较窄，主要集中在一些活动和对体育形成有影响的个人。直到20世纪80年代，这种趋势才有所改变，此时很多骨干运动史学家都是锻炼和运动科学系的教员。此外，历史和体育之外其他领域的学者，如人文和人类学领域，也开始调查研究运动。这些学者在他们的著作中采用了不同的观点，这也就丰富了我们对运动在不同纬度上的认识。

随着运动史成为一个丰富的研究领域，运动史学家也进行了更广范围的研究。在20世纪的整个70年代，史学家主要集中于对有组织的竞技运动的演进与规划进行阐述和说明。然而随这个领域的不断发展，他们又提出了更多的问题，也采用了更多的分析方式。正如斯特鲁娜所说，历史学家开始逐渐读懂"现代"运动——有组织的、竞技性的身体竞赛——需要按照产生它的环境来诠释它。历史学家要明白运动是在一个特定的时期由一群特定的人创造的。这种理解引发了很多质疑——不仅关于运动的历史，也有关于它成长的环境。斯特鲁娜注意到这些质疑有"关于锻炼与健康的操作和概念；有关于比赛、锻炼、身体训练所存在的多种环境；有关于长时间以来人们实践差异的根源"。要在运动产生的时代和社会背景下研究运动，这种认识帮助历史学家"按照他们的语言，而不是按照我们的语言，来理解我们的过去；采用多元分析使我们明白过去的各个方面"。

人们对运动的兴趣不断增强，北美运动史学会(North American Society for Sport History，简称NASSH)在1973年召开了它的第一次会议。NASSH为来自各学科的运动史学者提供了一个中央论坛以便进行思想和研究工作的交流。NASSH 的《运动史期刊》(*Journal of Sports History*)被认为是该领域中卓越的出版物，它为学者们提供了一个传播他们研究发现的方式。提供运动史研究的其他途径还有：《加拿大运动史与体育期刊》(*Canadian Journal of History of Sport and Physical Education*)、《国际运动史期刊》(*International Journal of Sport History*)、《运动史评论》(*Sport History Review*)和《奥林匹克史期刊》(*Journal of Olympic History*)。

研究范围

伴随着运动史发展为一个独特的研究领域，运动史学家开始在运动范围内寻求研究更广泛的领域，如体育、舞蹈、身体的概念、竞技运动、锻炼等。运动史学家也认识到有许多群体，像少数种族和民族群体和妇女，在研究运动史的时候被忽略。运动史学家要研究的问题有：

- 都市化进程是如何影响美国运动的发展的？
- 美国本土的运动是如何影响早期殖民主义者的娱乐追求的？
- 大学校际间的女子运动项目是如何受 20 世纪二三十年代女子体育先驱们的信念和行动影响的？
- 美国的边境的扩张对美国运动的发展有何作用？
- 影响体育进入学校课程的因素有哪些？
- 影响*强身派基督教(Muscular Christianity)发展的因素有哪些？他们的哲学思想是如何影响运动的兴起？
- 青年运动是如何发展的？它对青年文化的影响有哪些？
- 种族隔离制度是如何影响黑人参加运动的？
- 促成国家大学体育协会(NCAA)成立的因素有哪些？
- 希腊的思想理念是如何影响运动家精神的形成的？
- 引导 20 世纪 70 年代健身运动发展的事件有哪些？

正如米基考夫和埃斯蒂斯所言，历史常常给我们以启发。它使我们明白自己所思所为的原因，让我们知道一些将来可能发生的事件。运动史能帮助体育教学、锻炼和竞技专职人员知道形成本领域今日状况的一些事件、影响、先驱，并且引导我们将来的行为和行动。

古希腊和古罗马

对体育和运动最有影响的因素之一是古希腊的文明(史前～公元前 338 年)。古

* 译者注：强身派基督教为基督教的一个派系，此教派认为，人们应该时常愉快地从事体力活动(劳动和运动)，并且增强体质健康将有助于坚定人们的信仰。

希腊的城邦，尤其是雅典，极其重视身体活动，他们把运动、锻炼、健身视为教育和生活中不可分割的一部分。希腊的思想理念强调脑、身、心的统一。希腊的教育包括了智力和身体上的培养，“有健康的身体才有健康的头脑”这句话正是此理念的最好体现。“体育馆”作为运动和训练的中心，同时也是思想交流的中心。男子接受身体活动方面的教育，如摔跤、跑步和跳跃。希腊人重视发展身体运动能力，注重用训练来锻炼他们的体格。雅典社会信奉的原则就是追求最高峰，追求优秀，鼓励人们把自己推向可能达到的最高极限。

希腊的花瓶，名为 amphora，在希腊东部出土，可追溯到公元前 550～525 年

希腊人以节日的形式来纪念各个神灵，其中的运动项目给了希腊男人展示自己体格和竞技能力的机会。这些节日以为纪念主神宙斯而举办的奥林匹克运动会最为知名。奥林匹克运动会开始于公元前 776 年左右，每 4 年举办一次，以音乐、盛宴、竞技比赛为特色，时间跨度至少 5 天。奥林匹克运动会在当时是极其重要的一件事，以至于正在交战的城邦往往宣布停战，以使来自各方的参赛者能安全来到运动会举办地参加比赛。

在古罗马时期（公元前 500～公元前 27），身体活动起到的作用虽然不像在希腊那样，但它也受到了罗马人的重视。拥有良好的健身和竞技专长对于罗马在军事上取得胜利至关重要。男子接受各种身体活动的训练，如射箭、摔跤、骑马、击剑等。力量训练对罗马人来说非常重要，它可使男人们能顺利地保卫自己国土，向外发动战争来扩大罗马帝国。罗马征服希腊后，罗马人知道了希腊的体操，但它并不受人们的喜爱。罗马人喜欢专业运动，常常是具有血腥味的运动，如角斗士比赛、人和野生动物打斗、人和人打斗直到一人死去，等等。观众也喜爱这些运动，当然还有其他运动，如战车竞赛。终日狂欢暴饮，再加上很少参加身体活动造成了罗马人身体素质的下降。最终罗马帝国走到了尽头，国民糟糕的身体状况是造成古罗马衰落的原因之一。

古希腊和古罗马的这些运动影响了美国的身体活动。希腊关于精神与身体合一的思想就反映在许多当代的体育课中。许多人们愿意接受符合自己水平的竞争性挑战，他们注重成绩而非取胜，这些人把发展身体、追求卓越当作是一种激励。

近代欧洲的体育运动

在18和19世纪末，现代欧洲的早期经历了民族主义高涨时期。德国、瑞典和英国的身体活动正是在这个背景下得到了发展。在19世纪，这些身体活动的支持者将它们带到了美国。

德国

在现代欧洲的早期，德国体育的核心是通过学校的体育课和社区的组织协会来强化国民的身体素质。此时的体育先驱，如雅恩(Johann Bernhard Basedow)(1723～1790)、古茨姆兹(Johann Christoph Friedrich Guts Muths)(1759～1839)、阿道夫(Adolph Spiess)(1810～1858)，他们在促进学校体操发展方面起到了重要的作用。他们的课程强调各种活动需要练习和指导，如体操、游戏、比赛、跑步和摔跤。体操器械有木马和绳梯。这些先驱认为体育应该在学校课程中占有一席之地。

称为德式体操俱乐部的各体操协会在20世纪20年代还非常流行。左图是一名协会会员在操场的一个器械上练习。右图是Durlach体操俱乐部会员

德式体操俱乐部(Turnverein)——一种体操协会的发展要归功于雅恩。在雅恩的时代，德国被拿破仑占领着。雅恩深深地爱着自己的祖国并想要把她从拿破仑的控制下解放出来。他深信通过将德国青年锻炼成一代强壮、坚强的公民就会实现他的愿望，这些年轻人能推翻外国对德国的控制。

雅恩是柏林普莱曼男子学校(Plamann's Boys' School)的教师，他常常在各种户外活动中教育他的学生。他在城市外面建造了一片操场，在那竖起了各式各样的器械。除了

这是一个操场的草图，是一个德国锻炼场地，包括跳跃、支撑跳跃、平衡、攀爬、跑动等器械

一片跑步的场地还有跳跃、支撑跳跃、平衡、攀爬等设备，这些使男孩子们有机会锻炼他们的技巧和力量。这项活动越来越受到人们的喜爱，不久就有数以百计的男孩子常常来这片操场或体育场，他又添置了更多的器械。雅恩的体操体系得到了德国许多城市的认可，并成立了德式体操俱乐部。在美国定居地的德国移民也成立了德式体操俱乐部。美国的德式体操体系支持者在 19 世纪进一步完善了这个体系。

瑞典

在这个时期，瑞典的体育以其科学的方式得到大家的认可。佩・亨里克・林(Per Henrik Ling,1776～1839)运用解剖学和生理学来研究身体活动对人体的影响。他寻求一种能帮助人们以最大能力发挥身体功能的机制。他研究了锻炼对身体的心脏、肌肉组织、各器官系统的影响，他认为体育教师可以通过科学的方式更好地了解身体的需要，并聪明地选用合适的身体活动。

佩・亨里克・林的体操活动有瑞典器械，如肋木，以及正姿和改善人们健康的锻炼形式。他认为无论是对强壮或是虚弱的人，体育都是必须的。要根据人与人之间的差异来选择不同的锻炼形式，这一点极其重要。必须培养头脑和身体能协调工作，他认为体育教师必须具备有关锻炼对身体影响的基本知识。他在斯德哥尔摩(瑞典首都)建立了皇家体操中心学院来训练体育教师。体育教师在此接受三个领域其中之一的训练——学校体操、军事体操或医疗体操。

佩・亨里克・林最重要的贡献是他科学的体育教学方法和提出了要根据个体的具体需求来选择运动方式。他在美国的追随者完善了他的体操活动和训练教师的方法。

英国

在 19 世纪的早期，英国对体育采取了一种不同的方式。其他欧洲国家强调有组织的体操活动，而英国却强调有组织的比赛和竞技运动。竞技运动在英国有着悠久的历史，早在 1800 年之前，英国人就开始有游泳、划船、射箭、骑马、曲棍球、掷环、网球、高尔夫球、足球、板球等比赛。

阿奇博尔德·麦克拉伦(Archibald Maclaren,1820～1884)是英国体育先驱之一。他既有运动的背景又有医学的背景,认为把体育当作一门科学来对待是非常重要的。他写了几本关于训练的书,有《训练理论与实践》(*Training in Theory and Practice*)、《体育的体系》(*A system of Physical Education*)。在书中他强调体育的目标应该考虑到改善健康要比发展肌肉重要的多。麦克拉伦认识到身体活动是紧张、疲劳、神经过敏、艰苦工作的缓解剂。他注意到比赛和竞技运动里的娱乐活动本身不足以有助于孩子的成长,锻炼身体才是对孩子们全面成长和发展非常重要的活动。麦克拉伦认为身体训练和心理训练是不可分的。人类的身体和头脑是统一的,它们互相依存。他说锻炼应适合个体的健身水平,并且本质上要循序渐进。此外,麦克拉伦也相信在任何学校课程中体育课是其重要的一部分。

在19世纪的早期和中期,强身派基督教的哲学思想形成并受到越来越多的关注。16世纪宗教改革之后,新教,包括清教,都严禁教徒参加许多的身体活动和竞技运动,参加这些活动就被视为罪恶。强身派基督教对此辩论说竞技活动提供了一种教授和强化道德价值观和真善美的途径,同时也是锻炼人的性格的途径。

强身派基督教支持者认为身体上的弱点反映了道德和精神上的弱点,所以参加身体活动和竞技运动来锻炼身体也就反映了一个人要培养令人向往的基督品质的决心。强身派基督教其他倡导者认为身体是灵魂的礼拜堂,作为基督教徒就有维护自己身体健康的义务。强身派基督教强调参加竞技运动来锻炼道德、性格和解了竞技运动和宗教的关系。强身派基督教的思想极大地影响了英国的学校,它们开始把学校中的体育课当作是培养学生公平竞争、尊重他人、自律精神的一种途径,为学生一生的生活做好准备。

德国、瑞典、英国对体育和竞技运动所做的贡献也影响着美国体育运动的发展。在这些活动或体操体系中受过训练的人来到美国后,他们对完善美国的身体活动起到了积极的作用,他们的先驱作用也影响了19世纪美国体育的发展。

美国的体育运动

美国的体育和竞技运动受到了来自欧洲的理念、体操(锻炼)系统、哲学思想的影响。在最近几年,古代亚洲的文化,如瑜伽、武术还有关于思想、躯体、精神之间关系的理念等都在很大程度上融入美国的运动和理念中去了。

殖民地时期(1607～1783)

从欧洲来的殖民者到新大陆定居,发现当地的美国人过着一种极其活跃的生活方式,他们打猎、捕鱼、划独木舟、跑来跑去,靠大量的身体活动来获取食物,建造住所,与其他部落交往。年轻的男子为了成为一名勇士必须要通过一系列有挑战性的身体考验。在他们的宗教仪式中也有形式各异的身体活动(如葬礼、添丁庆祝、治病仪式等，译者注：他们靠举行一种仪式来驱邪、治病)，他们想以这种行为来影响指引他们生活的宗教力量。运动、舞蹈、表演融入当地美国人的节日庆祝仪式当中，同时也成为人们放松的方式。雷(Ray)说很多部落用竞技运动来代替部落和村落间的战争。在大的比赛之前，人们有一段时间为思想、身体、精神做好准备。根据雷的报告，比赛和竞技运动在当地美国人的生活中起着非常重要的作用，它们提升了族群的身份，开启了人们的创造性，提供了得到他人认可的机会。

尽管横跨整个北美，各部落的比赛和竞技运动有许多相似之处，但部落间文化和生活方式的差异还是影响了当地美国人的身体活动形式。男人、女人、孩子都在参加各种各样的运动和比赛，一些活动适于某个年龄群和性别，而另一些活动则不分男女老少人人都喜爱。人们注重身体的强壮、优美、熟练，还有技巧、速度、耐力。兜网球(译者注：它是一种类似曲棍球的游戏，由两队各 10 人参赛，以带网兜的球棒接球、带球、传球)在当时非常流行，在很多的仪式上也打上几场比赛。这种游戏也被当作是一种解决争论的方式，各部落的规则和游戏配备也不相同。简易曲棍球和曲棍球相似，比赛中用一根棍子将球打入球门，男女都可参加。步行竞赛常常延长到好几英里，使部落的成员有机会展示他们的速度和耐力。游泳、划独木舟、射箭和其他球类游戏、撞运游戏都是当地美国人喜爱的活动。

当第一批殖民者从欧洲来到北美时，他们所面临的艰苦的条件使他们把精力都集中在生存上。不工作的时候他们就做一些娱乐活动。由于这些殖民者的传统、宗教信仰、定居区域不同，他们的娱乐活动也不尽相同。在新英格兰，许多身体活动都被宗教所禁止。清教徒认为娱乐性质的身体活动，如跳舞和众多的比赛，会导致罪恶和受到上帝永久的惩罚。而努力工作、纪律严明、真诚、节俭则被认为是永生和受上帝赐福的秘诀。

但在美国其他地域的人们从自己的国家带来了各种运动的相关知识和对运动的向往。在纽约的荷兰人喜欢滑冰、滑行运动、打猎、钓鱼等，但他们最喜欢的是保龄球。在弗吉尼亚，人们喜爱各种运动，如跑步、拳击、摔跤、骑马、斗鸡、猎狐和后来的板球与足球。

这个时期的教育是非常局限的。儿童只是上一些有助于提高他们基础科目熟练程度的阅读、写作、算术。尽管那时也有高等学院，但很少有学生能继续小学以上的教育。体育此时不是学校课程，娱乐性质的比赛和竞技运动只是辛苦工作的一种调节形式，是人们进行社交活动的机会。

独立后时期(1784~1861)

在独立后的这个时期，人们对教育的兴趣渐增，出现了越来越多的男女同校的学校。女子学校(私立学校)的发展增加了妇女受教育的机会。19 世纪,对孩子们免费的公共教育逐渐成为可能,尽管上中学和大学的机会还比较有限。这个世纪的 20～30 年代,体育开始融入了学校的课程当中。

在 19 世纪 20 年代,德国移民把德国体操传入到美国。1825 年,查尔斯·贝克(Charles Beck,1798～1866)——体育协会会员,把雅恩的体操和器械介绍给了他在马萨诸塞州北安普敦的学校的学生。贝克建造了一个室外体操馆,开始了第一节学校体操课。1826 年,查尔斯·福伦(Charles Follen,1796～1840)在德国体操的体系上为哈佛大学的学生开办了锻炼课。

凯瑟琳·比彻(Catharine Beecher,1800～1878)是康涅狄格哈特福特女子学院的主任,该学院是为年轻女性设的高等教育学府。在 1828 年,她拓展了身体活动并把它并入学校的教育科目之中,这些身体活动包括伴随音乐一起跳的健美运动。锻炼形式则有瑞典体操,并且设计成能提高她学生的健康和活力的活动,以便让她们将来成为家庭主妇和母亲做好更全面的准备。她是第一批主张在公立学校设立日常身体活动的人。

在 19 世纪 40 年代,许多德国人移民到美国以逃避德国不稳定的政治局势。他们同时也带来了德国的风俗习惯,在很短的时间内就建立起了德式体操俱乐部——一种体操协会。1851 年,费城举办了第一届全国体操比赛。来自纽约、波士顿、辛辛那提、布鲁克林、尤蒂卡(美国纽约州中部城市)、内瓦克的体操运动员参加了这个比赛。之后,德国人移到西部定居,在他们的社区成立了体操协会。

从 19 世纪早期到中期,更多的学校和大学同时向女性和男性开放。这时期,人们建立起了体操馆和游泳池,增加了人们的参与机会。大学之间的竞技运动也在此时展开。1852 年举行了第一届大学间竞技运动。哈佛和耶鲁大学之间举办了一次集体竞赛,最终哈佛获胜,校际间的竞技运动开始在校园内起到越来越重要的作用。

在 19 世纪 90 年代,仗操是体育课中重要的一部分

随着定居者逐渐稳定，宗教禁忌的放开，有更多的人来参加运动。骑马和步行深受人们的喜爱；棒球就是来自于英国1839年发明的一种叫圆场棒球的运动；划船也是一项有竞技性、受人喜爱的娱乐活动。与此同时，另一项人们喜欢的活动是对这些运动的赌博。

从内战到1900年

许多有着新思想的杰出先驱从内战到19世纪末期间对体育的发展起着重要的影响。学校逐渐把体育融入其内，运动也日渐受到人们喜爱。

在1860年，刘易斯（Lewis，1823～1886）发明了刘易斯轻体操体系，并且把它介绍给了生活在波士顿的男女老少。刘易斯体操的目的就是改善参加者的健康与康乐，它用来改善心血管系统的体育锻炼形式是和着音乐一起进行的，而体姿和柔韧锻炼形式以及轻器械，如杖、棒、豆袋等都被融入他的体操当中。学校采用了他的体操运动，此时刘易斯也意识到需要培训教师怎样教授孩子们他的这种体操形式。刘易斯于1861年在波士顿成立了体育师范学院以做好师资的准备。为期10周的培训课程包括解剖学、生理学、卫生学和体操。这就是美国的首次教师培训。

爱德华·希契科克（Edward Hitchcock，1828～1911）和达德利·萨金特（Dudley Sargent，1849～1924）是大学体育课发展中的两位关键人物。希契科克在1861年任阿默斯特（Amherst）学院健康和卫生系的主任，负责学生的健康发展。体育课由一些发展性锻炼构成，如单杠、吊环、绳操、爬梯、棒操、跳马、投掷器械。此外，行军和健美运动以及其他一些运动技巧都放在这个课程当中。为了监控学生的进展情况，希契科克采用了人体测量法（如身高、体重、胸围等），他要求在受训前和训后都要测量。他在体育中运用了科学的方法，这一开创性的做法也使他得到了人们的认可。

萨金特在1879年被任命为哈佛大学新海明威（Hemenway）体操馆的馆长。选修体育的学生要接受体检和一组身体测试作为他们个性化训练的基础。萨金特创造了独特的锻炼器械来上他的体育课，它与德国和瑞典体操融合在一起。他也鼓励学生参加一些竞技运动，如棒球、击剑和划船。1881年，萨金特建立了一个健身体操学校，用以培养能采用他这种科学、全面的方式来上体育课的教师。后来，这所学校改名为萨金特体育学校，如今它的名字是波士顿大学萨金特学院（the Sargent College of Boston University）。

德尔芬·汉恩（Delphine Hanna，1854～1941）就曾在萨金特学院学习了萨金特的体育教学法。1885年，汉恩成了奥伯林（Oberlin）学院的一名老师。她在上课时积极活跃，把对人体的研究作为工作的一部分。汉恩设计的体育教师训练课程最终成了最初的体育职业培训课程之一。在她的学生中有后来成为体育先驱的托马斯·伍德（Thomas Wood）和卢瑟·久利克（Luther Gulick）。

乔治·菲兹（George Fitz，1869～1934）博士是哈佛劳伦斯科学院的生理研究学家，他主张体育课应建立在科学的原则之上。身体对锻炼的生理反应需要研究才可找到，从而发现锻炼对身体的实际益处。1892 年，菲兹在哈佛大学建立了一个实验室对身体活动进行研究。

1886 年纽约肖托夸(Chautauqua)学校，第一节体育课的教师和学生

在 19 世纪 80 年代期间，完整的瑞典体操传入美国，并在东部盛行起来。这首先是由哈特维格·尼森(Hartvig Nissen, 1855～1924)发起的，他在 1883 年开始在华盛顿特区瑞典健康学院(the Swedish Health Institute)教体操，然后在波士顿继续执教。巴伦·尼尔斯·波斯(Baron Nils Posse, 1862～1895)是皇家体操中心学院的毕业生，他于 1885 年来到波士顿并开始教瑞典体操。波士顿慈善家玛丽·海明威(Mary Hemenway)是瑞典体操的倡导者，她想让学龄儿童能从中获得益处。为了培训瑞典体操的教师，海明威在 1889 年资助建立了波士顿体操教师学校(the Boston Normal School of Gymnastics)。艾米·莫里斯·霍曼斯(Amy Morris Homans, 1848～1933)是学校的校长，波斯是教师。波士顿公立学校在 1890 年采纳了瑞典的体育体系，后来马萨诸塞州的所有学校都采用了此体育体系，其中霍曼斯起到了重要的影响作用。瑞典体系很快超越了德国体操在东部的地位，但德国体操在中西部地区仍十分流行。

在 19 世纪 80 年代后期，体育教育家在何种体操作为美国学校的课程问题上展开了激烈的争论。这场辩论也就是人们常常说的“体系之战”。各体系的倡导人——德国体系、瑞典体系以及其他美国人创建的体系(如希契科克、萨金特)——都阐明了各自体系的优点和为什么要把他们的体系作为全国学校的课程。1889 年发生了创建美国体育体系的一个关键事件——波士顿体育训练会议的召开。由海明威牵头，在霍曼斯帮助下的波士顿会议把各体育派系的首要领导人聚集在一起来讨论和评估各个体系。这次会议之所以有重大意义是因为它激励了人们对美国体育的目的以及哪种体系最适合美国大众的需求进行讨论。但最终并没有在全国性的统一课程上达成共识。尼尔斯·波斯认为美国需要的是适合美国公众的一个美国体系。

这张图是里奇博士(Dr. Rich)的学院，它表现了学生参加了各式各样的体育活动

德式体操运动家的努力促使了体育的发展。此时德式体操协会在促进体育发展过程中起到了积极的作用，它提出在学校中要包含德式体操。德式体操运动家为了培养他们这个系统的教师，他们于 1866 年在纽约市设立了北美体操联盟学校（the North American Gymnastic Union）。这个为期一年的活动包含的课程有体育、解剖学、体操教育、教学法。该校最终迁到了中西部，并于 1885 年扩充为为期 2 年的训练课。在 1905 年，它又搬到了印第安纳波利斯（美国印第安纳州首府）并最终隶属于印第安纳大学。

在此期间另一个促使体育发展的事件是基督教青年会的成立（YMCA）。它于 1884 年在伦敦成立。美国第一个基督教青年会在 1851 年成立。正是因为对体操和其他促进健康的活动有着极大的兴趣，YMCA 在内战后把体育列入其中。为确保有足够的能胜任教授身体活动的教师，YMCA 国际训练学校于 1885 年在马萨诸塞州的斯普林菲尔德成立；该校后来成为斯普林菲尔德大学。卢瑟·久利克在 YMCA 训练学校做了 15 年的教育工作，开始是教师，后来成为主管。久利克设计了 YMCA 的会标，它是一个等边三角形，表示身、心、神的合一，同时反映了培养完整人的重要性——从身体上、智力上、精神上培养人。久利克后来成了纽约市公立学校体育训练部主任。

在 19 世纪末期，人们越来越认识到体育对教育发展的价值所在。有组织的身体活动出现在 19 世纪 50 年代的中、小学课程中。在 1866 年，加利福尼亚是第一个要求学校设立体育课的州，随后俄亥俄州在1892年也提出了此要求。国家教育协会在1881年承认体育为一门课程后，人们逐渐接受了体育。

在体育发展进程中迈出的最大一步是1885年体育发展协会(the Association for the Advancement of Physical Education，简称AAPE)的成立。威廉·安德森(William Anderson)是布鲁克林(美国纽约市西南部的一个区)阿德菲学院的一名教师，他对学习其他体育专家怎样教学和设计体育课非常感兴趣。于是他在阿德菲学院召开了一次会议，邀请了该领域的一些专家。当时人们对建立一个利于专家交流的组织非常支持，这样，就成立了AAPE。希契科克博士为第一任主席。当会员组在1886再次会面时，他们把该协会的名字改为美国体育发展协会(the American Association for the Advancement of Physical Education，简称AAAPE)这个组织就是当今美国健康、体育、休闲和舞蹈协会的前身(American Alliance for Health, Physical Education, Recreation, and Dance，简称AAHPERD)。值得注意的是许多当初在AAPE中的专家都是有硕士学位的外科医生，他们支持体育是因为它能给健康带来好处。

19世纪中期到末期，各运动组织大幅发展。网球运动于1874年引进美国，并在1880年成立了美国草地网球协会；人们在19世纪80年代末开始打高尔夫球，于1894年成立美国高尔夫球协会；保龄球从早期的荷兰人来到纽约后就一直受人喜爱，但直到1895年才成立了美国保龄球会；篮球是起源于美国为数不多的运动之一，是由詹姆斯·奈·史密斯(James Nai Smith)于1891年发明的；这个时期其他一些受人喜爱的运动还有摔跤、拳击、排球、滑冰、滑雪、兜网球、手球、射箭、径赛、足球、壁球、美式橄榄球和游泳等。1879年美国国家业余竞技运动协会(the National Association of Amateur Athletics of America)成立，后来美国竞技运动联盟(the American Athletic Union，简称AAU)在此基础上成立。

AAU为美国在奥林匹克运动会的准备方面起到了重要作用。1896年，在希腊的雅典恢复了奥林匹克运动。顾拜旦(Goubertin)经过几年的努力重新开展了奥林匹克运动。他是一个教育家，想用运动做为一种方式来培养法国年轻人的自豪感和荣誉感，并深深地被这一想法所吸引。但人们并未完全接受其用竞技比赛来锻炼性格的做法。

顾拜旦在美国访问期间，和普林斯顿的一位历史教授威廉·斯隆(William Sloane)就古代奥林匹克运动交换了一些看法。顾拜旦也是一位思想家，他认为奥林匹克运动包含了高尚的思想：业余运动、公平、友好竞争、提升良好意志、让世界所有运动员彼此了解。

在1892年回到法国后，他想让运动员管理组织来重建奥林匹克运动。但这一计划未得到批准。顾拜旦继续致力于他的目标，在1894年巴黎的业余田径联盟的国际会议上，他成功地创建了现代奥林匹克运动。作为新成立的国际奥委会第一任主席，顾拜旦培育了奥林匹克运动的发展。

第一届现代奥林匹克运动会于1896年在雅典举行。斯隆教授率领一个小型的美国代表团参加了雅典奥运会。当时只有男运动员参加28个项目的比赛，其中有田径、体操、目标投掷、击剑。从1896年第一届现代奥林匹克运动会起，它的范围和受喜爱程度逐渐增长并发展成了如今的状况。

校际间竞技运动也在此期间成长起来并迅速发展。以1852年哈佛和耶鲁大学间职工运动会为标志，校际竞技运动便在大学的校园中占据了一个重要的角色。威廉姆斯队和阿默斯特队在1859年进行了第一届校际棒球赛；鲁特格斯队和普林斯顿队在1869年进行了第一届美式橄榄球赛；很快，其他校际间的比赛如网球、游泳、篮球、壁球和足球接踵而至。尽管竞技运动大多数还是由男性运动员参加，但女性运动员也有了一些机会，如1896年第一届女子校际篮球赛就是在加利福尼亚大学和斯坦福大学之间进行的。

起初的大学校际竞技运动主要是由学生组织并且是面向学生。学校的教师和管理人员认为比赛只是课外活动，因为它并不是大学教育的中心任务。然而，人们对各种比赛的喜爱，赛事本身发展潜力的逐渐增长，也导致了各类问题频繁发生。教师对学生运动员的学术成绩、文化知识、商业应酬活动、运动员薪金、过于强调比赛而忽视学业等问题都表示出了关注。

为了解决以上问题以及相关事宜，也为了校际间竞赛将来的发展，学校的教师和管理人员开始涉入对它的管理，同时学校也建立了教师竞赛委员会。哈佛大学在1892年成为第一个成立委员会的大学，接下来一步教师入会控制就是成立大学协会来管理竞赛。1895年，校际教师代表协会（Intercollegiate Conference of Faculty Representatives）成立，由来自中西部7所学院的教工代表组成。该协会规定了对学生的学业要求，如上课情况和学术成绩等问题。它也规定了对竞技运动的财务资助界限和聘请、留用教练的原则。这个后来被称为“十大”(Big Ten)的协会成了全国其他协会的先驱。成立这些协会是为了管理校际竞赛和诠释它在大学生活中的作用。

妇女参加运动的机会受到当时社会的限制。妇女参加的主要是那些能继续保持其淑女形象的项目。维多利亚时代的审美观和同一时代的道德标准致使妇女参加运动时要穿戴整齐，而且不能出汗太多(否则会被认为有失体面)。她们可参加一些个体项目，如射箭等。但随着身体活动在学校逐渐广泛开展，越来越多的妇女想参加种类各异的运动。在世纪之交(19、20世纪)，女子集体项目，如篮球运动受到人们的喜爱。但仍有一些学校和社会人士不想让女子参加体育运动。在1870年左右，一种高轮自行车——前轮大约5英尺高，后轮却非常小的自行车，在当时非常流行。然而这种自行车不大稳定，骑车人极易发生事故。于是在1886左右，人们发明了一种安全的自行车，即现代自行车的前身，众多的男女开始骑自行车。自行车运动的流行导致了女子服装的变化，妇女开始穿一些能使她们运动更便利、能做多种身体活动的服装。此外，

1905 年在内布拉斯加大学一名叫格辛的女生在做撑竿跳

值得我们注意的一点是，在这个时期女子还未获得选举投票权。

黑人参加运动的机会也受到社会的约束。内战结束后，奴隶获得了自由，此时最受人们欢迎的运动项目有拳击、棒球、赛马等。在 19 世纪末，种族主义势头突起，引发了歧视黑人(Jim Crow)法规的出现，它导致了白人在日常生活中的各个领域都采取了种族隔离制度，其中包括学校、操场、各运动项目。黑人和白人之间严禁比赛造成了他们都各有各自的联盟和大学运动协会格局。这种隔离状态一直延续到 20 世纪，直到第二次世界大战后，才在许多运动项目中出现同场竞技的现象。棒球大联盟在 1946 年前一直采取隔离主义。

20 世纪早期

体育和竞技运动在 20 世纪早期迅速发展。1900～1940 年，有关身体活动的理念、本性、行为都发生了巨大的变化。体育的核心从只是强调体操、锻炼、软式体操转移到了更广的范围，如竞赛、运动、水上运动、舞蹈、户外运动等。“新体育”的发展注重的是活动的形式和体育对个体完整教育所做的贡献。体育先驱者对体育是应该强调“对身体的教育”，还是该强调“通过身体来进行教育”展开争论。体育教师培训活动也在发展，有更多的人被授予体育学科毕业学位。

在此时期，运动逐渐组织化并且极为人们所喜爱。一些造价昂贵的(运动)设施也出现在校园和大学内，休闲活动此时发展繁荣。校际间竞赛的进行受到更为严格的学术控制(译者注：学生参加竞赛不可使学业受到影响)。因为人人参加运动已经成了一种趋势，所以校内的（身体活动）更受学生的喜爱。

1924 年在约翰·缪尔学校，学生参加游戏日的活动

在 20 世纪的头 10 年中，卢瑟·久利克一直在从事着完善游戏的活动，他认为这对培养儿童极其重要。1903 年，他在纽约建立了公立学校运动联盟，初衷是为男孩子们提供一个运动的机会。1960 年，美国运动场协会（the Playground Association of America）成立，久利克在其中起到了重要的作用，并担任了该协会的第一任主席。这个协会的主旨是完善城市、乡村运动场的建设，儿童和成人娱乐的机会因此大幅增加。到 1930 年，运动场协会升级成为国家休闲协会（National Recreation Association）。

体育在范围和领域上开始发生变化。引导这些变化的风头人物是托马斯·丹尼森·伍德，他提倡开发一种新的身体活动，这种活动可以使人们通过参加参与游戏、比赛、运动、户外运动来完善人的全面发展。伍德曾和汉恩一起在奥伯林学院上学，在斯坦福大学担任第一任体育部主任，其后从 1901～1932 年在哥伦比亚大学师范学院（Teachers College of Columbia University）任教。在 1893 国际教育大会的演讲中，伍德阐述了他的新体育观，即“体育应该是像教育本身一样有着自己远大的目标……深思体育，它并不是对身体本身的教育，而是身体训练和完整教育之间的关系，而后努力使身体在各种环境、训练以及文化范围中发挥出体育对个体生活的全部功能”。伍德的新身体活动和当时强调体操、健康、发展身体的体育课分离开来。伍德号召身体活动范围应再广一些，要更能满足个体的需求。他的这种活动开始的时候被称为“自然体操”，后来成为众所周知的“新体育”。

罗伯特·泰特·迈肯兹（Robert Tait Mekenzie，1867～1938）是一位内科医生、体育教师和著名的雕塑艺术家，任教于麦克吉尔大学（加拿大）和宾夕法尼亚大学。他致力于发展残疾人体育项目。迈肯兹还写了许多著作，其中就有出版于1910年的《教育与医学中的体育锻炼》(*Exercise in Education and Medicine*)。作为一位知名的雕塑艺术家，他的作品主要是表现各种运动项目中的运动员形象。

第一次世界大战时期(1916～1919)

第一次世界大战开始于1914年，美国于1918年参战，这对国家的教育有着重要的影响。1917年颁布的《服役法令》(*Selective Service Act*)动员所有18～25岁的男性公民为国服役。

社会力量在此阶段也发挥着作用。随着《第19次修改法案》(*Nineteenth Amendment*)的通过，妇女解放运动得到进一步发展。妇女除了参加以前被认为是“超出限度”的活动外，还对运动与体育产生了兴趣。

1904年在马萨诸塞州北安普敦史密斯学院，女子在打曲棍球

一战期间，许多体育教师在提高军队和留守在国内人口的身体素质方面起到了指导作用。萨金特、久利克、迈肯兹等都在军队服役。此时还成立了作战部训练营委员会(the Commission of Training Camp Activities of the War Department)，由雷蒙德·福斯迪克(Raymond Fosdick)担任该委员会的领导。来自普林斯顿大学的约瑟夫·E. 雷库夫特(Joseph E Raycroft)和沃尔特·坎普(Walter Camp)，“全能美国人”(All Americans)的创始者，被分别任命为陆军和海军竞技部的指导。女体育教师也活跃在国内社区和企业的身体素质活动中。

战争结束后，人们才有机会研究服役男性的体检报告，发现有1/3的男性在身体上达不到服役的条件，还有更多的人不适合服役。另外，教育部(National Council on Education)在1918年的一项调查显示，国家中、小学学生的身体素质大大低于平均水平。因此产生的结果就是全国各州开始多种立法来提高学校体育课的质量。

黄金时期(1920～1929)

体育在这一时期的进展对以后几十年的体育产生了深远的影响。受倡导进步教育的理论家，如约翰·杜威(John Dewey)等影响的“新体育”此时开始成形。克拉克·海瑟林顿(Clark Hetherington，1870～1942)在1923～1928年间任教于斯坦福大学，1929～1938年任教于纽约大学，他的体育理念受伍德的一些观念及其“自然体操”方式的影响。海瑟林顿在1910年明确了体育的4个目标：功能发展(体能)、动作技能发展(技术)、性格发展(社交)、智力发展(头脑)。他和伍德一样都认为体育不仅仅是当时正流行的发展个体身体，而是要有更宽广的范围。人们常常提及海瑟林顿创造的“新体育”，它描述了体育改革的重点，而这又是伍德首先提出的。1922年，海瑟林顿写了《学校体育规划》(*School Programs in Physical Education*)，提出他关于体育内容与实施的观念。

罗莎琳德·卡西迪(Rosalind Cassidy，1895～1980)和伍德、海瑟林顿一样，也倡导“通过身体来教育”，这一观念认为精心设计的体育课可以促进人的全面发展。卡西迪做了40多年的教师，1918年开始在米尔斯大学教书然后又在1947年受聘于洛杉矶加州分校，并在那一直工作到1962年。1927年，她和伍德合著了《新体育：公民自然化教育》(*the New Physical Education: a Program of Naturalized Activity for Education Toward Citizenship*)，该书描述了体育如何通过周详安排、设计的活动来教育儿童。卡西迪是一名多产作家，她的作品宣扬了“通过体育来教育”的观念。她写了关于体育人性化的教科书、青春期女孩的第二选择方式、人体运动等。

杰西·威廉姆斯(Jesse F. Williams，1886～1966)同样宣扬“通过身体来教育”，并致力于完善此观念，指出了这个领域的发展方向。威廉姆斯在哥伦比亚大学教了25年的书，于1941年在那里结束了自己的教学生涯。1927年，他出版了《体育规范》(*the Principles of Physical Education*)。在该书中，他阐明了可以通过体育培养人的社会责任感和道德价值观的观点。威廉姆斯的观点是基于身心合一。正是因为体育有利于培养全面发展的儿童，所以学校的课程当中应该有体育课。比赛和运动是一种方式，人们可通过它达到所期望的教育目标。他还主张学校中要有竞技运动，因为他认为竞技运动对培养有社会责任感的公民起着极为重要的作用，而这是体育和学校的共同目的。

关于此领域的理念方向，多年来专业人士之间进行着激烈的争论。“通过身体来教育”的观念强调体育应该包括一个大的范围，该观念的倡导者认为学生参加精心设计的身体活动不仅提高了他们的健康和体能水平，同时也利于锻炼他们的性格和发展他们的智力。而“对身体的教育”观念的支持者把体育理解为一个更狭隘的范围，他们指出体育对个体身体发展的独特作用，认为把体育课设计成能促进体能、技能和健康水平即可。

1926年，杰伊·B. 纳什(Jay B. Nash, 1886～1965)在纽约大学开始了一项可能会是最有名的事业。他深信娱乐的价值，认为个体通过一些实践活动，如宿营等，既能明白(社会、自然的)本质又能理解民主的规范。所以体育课应设计成能让学生学会有意义地利用他们的余暇时间。体育课应该教给学生休闲活动技能，使他们能在一生当中都可以参加自己喜爱的活动。

20世纪的二三十年代，人们逐渐重视要明确体育的科学基础。人们用测量来对学生进行分组、评价成绩、描述锻炼(状况水平)，鼓励(学生)创造出更好的运动成绩。一些前辈认为很重要的一点是要对成绩进行说明、论证，明确哪种锻炼形式最适合。体育博士课程的发展也促进了人们对体育研究的兴趣。1924年哥伦比亚大学的师范学院和纽约大学设立了第一个体育博士学位，同时全国范围内其他课程也有所发展。1930年美国体育协会(the American Physical Education Association)发行了《研究季刊》，现名为《锻炼与运动研究季刊》(*Research Quarterly for Exercise and Sport*)。

至于大学的竞技运动则出现了许多问题。所以在1923年，卡内基基金会授权大学和中学协会委员会(a Committee of the Association of Colleges and Secondary Schools)对南部某些学院的校际间竞技运动展开研究。后来又实施了一项对美国大学和专科学院中竞技运动现状的研究。这项研究报告于1929年发表，题为《美国大学的竞技运动》(*American College Athletics*)。该报告公开指责了大学的竞技运动从本质上是职业化的而不是业余化的，它只是公共娱乐和商业化的一种方式。还有诸如在招募队员和队员补助方面的一些问题也被曝光。

这个时期大学校内的竞技运动也有所增加。女性参加的活动人数在增多；对学生活动时间也有要求并提供了多种活动；体育场馆设施投入使用。

世纪之交，在马萨诸塞州北安普敦史密斯学院的网球运动

大萧条时期(1930～1939)

1929 年的股市崩盘拉开了大萧条的序曲，它也影响了教育。到处是失业和贫穷，健康和身体活动在众多社区中艰难存活。

在美国的这段经济萧条时期，全国各学校本来所取得的一些成绩丧失殆尽。预算缩减，很多情况下身体活动不是被取消就是降格。在 1932～1934 年期间，大约有 40%的身体活动被完全取消。有几个州，如伊利诺伊和加利福尼亚，采取立法行动来解决对体育的要求问题。

在萧条时期的另一方面的变化是更多的体育教师加入到了公司和(国家)规划的休闲活动中去。这些活动主要关注的是失业人口，它们后来得到了政府的特别资助。国家协会确认了人们对休闲的兴趣，要求变更名称把**休闲**一词加进来——美国健康、体育和休闲协会(the American Association for Health, Physical Education, and Recreation)。

查尔斯·麦克洛伊(Charles McCloy, 1886～1959)是当时的知名人士之一。他作为教师和指导员，在中国工作了十几年，他也在美国的几所大学任体育教师。1932 年，他在哥伦比亚大学获得了生物学博士学位。在爱荷华大学做教授期间，他在研究方面较活跃，其中包括人类学。1940 年，他写了《体育的哲学基础》(*Philosophical Bases for Physical Education*)。麦克洛伊主张"身体的教育"，赞成学校体育对人的教育是锻炼人们的系统功能和动作技能。他认为学校体育课应集中于参加健身和教授运动技能。此外，体育教师的重要职责是能够用科学的数据记录结果和评价进展状况。在二战期间和战后，他一直是美国陆军的体能顾问。

美国体育先驱威廉·G. 安德林(William G. Anderson)和埃米·莫里斯·霍曼斯(Amy Morris Homans)

校际竞技运动继续发展，在某些情形甚至在体育中占据了主要地位并出现了一些教育上的问题。根据卡内基报告，大学竞技运动曾经历了暂时的倒退，不过后来又继续发展。国家大学篮球协会（the National Association of Intercollegiate Basketball）在1940年成立，目的是为一些规模较小的大学提供一个协会组织。它后来在1952年改名为国家大学生竞技协会（National Association of Intercollegiate Athletics）。1937年，加利福尼亚初级大学（the Junior Colleges of California）的代表进行会晤，商讨成立国家初级大学竞技协会（the National Junior College Athletic Association）。

各学院和大学的学校竞技运动继续发展。女子竞技协会的数量也在增加。国家女子竞技部（the National Section of Women's Athletics）在早期时候为这些活动制定了大量的规章制度。

20世纪中期(1940～1970)

体育在20世纪中期取得了一些进展。第二次世界大战对体育和运动产生了巨大的影响，整个国家也由于二战引起的大萧条而摇摇晃晃。正是因为吉恩·滕尼（Gene Tunney）在海军部，汉克·格林伯格（Hank Greenburg）在空军部和一些运动知名人士在军队的其他分部设立了身体训练项目，使得体育获得了发展动力。学校和大学被督促发展全国青少年的体能，这样又恢复了正式的身体素质训练。

定向服役的体检结果和其他几个青年身体素质较差的迹象使得我们有必要设立国家健身的活动要求。为此我们采取了几项措施。罗斯福总统任命费城的约翰·B. 凯利（John B. Kelly）为国家身体训练部主任（National Director of Physical Traning）。1942年，防务、健康和社会福利办公室（Office of Defense, Health, and Welfare Service）成立了健身分部（Division of Physical Fitness）。凯利在1943年被任命为政府办公室（Office of Administrator）和联邦安全局（Federal security Agency）体能协会主席。

战争时期对国家的学校和大学中的身体活动造成了极大的影响。很多情况是小学的体育课每天都上，中学和大学的体育课也有所增加。身体活动更加正式，其目的是为了解决当时的国家紧急状况而增强美国儿童和青年的身体素质。

健身运动

1953年12月，一篇名为《肌肉适能与健康》（*Muscular Fitness and Health*）的文章发表在《健康、体育和休闲》（*Journal of Health, Physical Education, and Recreation*）期刊上。这篇文章报道了克拉斯·韦伯（Kras-Weber）对欧洲和美国儿童进行最低体能测验（Minimal Muscular Fitness Tests）的结果。又大约60%的美国儿童未通过测验，而欧洲儿童只有6%未通过。尽管该测试只是测验柔韧性和腹部力量，但美国年轻人令人担忧的身体状况引起了人们的关注。

费城的詹姆斯·B. 凯利(James B. Kelly)和宾夕法尼亚的参议员詹姆斯·达夫(James Duff)提醒美国总统留意这篇文章所谈到的情况。1995年7月,艾森豪威尔总统在华盛顿特区把知名的运动人士聚在一起商讨健身的问题。后来,他又在安那波利斯的海军学院(Naval Academy in Annapolis)召开了青少年健身会议。在会议总结上,艾森豪威尔总统发布总统令——成立青少年健身总统参议会(President's Council on Youth Fitness),任命沙恩·麦卡锡(Shane MacCarthy)博士为执行主管。此后,又成立了美国青少年健身总统的公民顾问委员会(President's Citizens Advisory Committee on Fitness of American Youth)。

艾森豪威尔总统的法令使美国上下对健身的兴趣更加高涨。有几个州设立了自己的健身委员会;YYCA、AAU和其他几个组织也大力促进健身运动,同时也有些企业涉足其中;《运动画册》(*Sports Illustrated*)杂志长期刊登健身特色的内容。AAHPERD的国家研究协会(the National Reserch Council of the AAHPERD)被授权美国儿童的健身测试;大学男子体育协会(the College Physical Education Association for Men)发表了题为《大学健康》(*Fit for College*)的报告;美国健身合作组织(Operation Fitness USA)被AAHPERD授权来促进健身、(运动)指导、公共关系、研究的发展。该项计划学生在各层次取得的成就设立了激励机制,如荣誉证书、学业奖学金和各种奖章等。

肯尼迪出任美国总统后,任命查尔斯·威尔金森(Charles Wilkinson)来领导他的青少年健身参议会,后来改名为总统健身参议会(the President's Council on Physical Fitness)。该会对学校身体活动的建议列入"蓝皮书"。以后它又改名为目前的健身和运动总统参议会(the President's Council on Physical Fitness and Sports)。

职业培训与发展

战争期间和战后教师的短缺是当时国家的一个关键难题。战争期间,有20万教师离开岗位,颁发了10万张紧急时期(教师)资格证书。大部分离岗的教师没再回来上任,因此只好聘请了一些未经过完全培训的教师上岗。教师的亟缺迫使管理人员在选择教师时降低标准。

专业培训课程在此期间也大幅增加,有600多所学院和大学都设置了这些课程。一些大的院校还单独为健康、体育和休闲专业设置课程,而一些规模较小的院校只有体育专业。

早期的体育指导员是由内科医生而并非体育教师来做的。随着体育专业的发展,体育教师承担了许多(体育)指导员的任务,而一些内科医生仍对体育和运动保持着兴趣。1954年,11名内科医生组成了运动医学联合会(the Federation of Sports Medicine),这个名字在1955年改名为美国运动医学学院(the American College of

Sports Medicine，简称 ACSM）。如今，ACSM 在 70 多个国家拥有 17 000 多名会员，他们当中有内科医生、体育教师、锻炼心理学家、生物力学专家。

随运动活动的发展和参加人数的增多，人们需要合格的人员来治疗受伤运动员，同时设计一些活动计划来预防受伤。体育教师、教练和其他一些人员开始做运动员训练师。1950 年，有 200 名训练师在堪萨斯城的一次会议上成立了国家训练师协会（the National Athletic Trainers' Association，简称 NATA）。如今，NATA 成员中包括 27 000 多名健康专业人员遍及全球。

运动

20 世纪中期在竞技运动领域中有 4 个方面取得了显著的发展：对女子运动项目的重新认识、学校体育、终身运动、高中以下学生的运动项目。

女子运动

1962 年，AAHPERD 的女子运动项目分部（the Division for Girls and Women's Sports，简称 DGWS）与男子竞技分部（Division of Men's Athletics）第一次共同开会，这样在此专业领域中的男、女性的观点可以共同阐述。2 年后，第一所女子运动学院成立以促进女子运动。1965 年在一次研究会上，讨论并制定了女子竞技领域所需的指引纲要。与此同时也采取了其他促进女子运动的措施，如加强和奥运会官员的联系作为奥林匹克运动发展的一部分；由 DGWS 出版了女子竞技运动纲要；对社会变革的发掘也意味着要设有女子运动项目。这些措施显示了女子竞技运动的发展，无论在高中还是大学，她们将会有更多的机会参加竞技运动。

学校体育

随着运动在教育领域各个层次受欢迎程度的增加，人们对运动竞赛也有了新的认识，认为它不仅仅只属于那些高水平的精英运动员，而且属于所有学生。1956 年在华盛顿特区召开的大学学校运动国家大会（the National Conference on Intramural Sports for College Men and Women）更是促进了学校体育的发展。它的目的是为大学学生的运动着想，形成自己的规范，给出目前和将来这些活动的管理程序步骤，让更多年轻的大学生加入到健康、休闲活动中来。由国家校园协会（the National Intramural Association）领导的学校体育继续发展着。

终身运动

人们越来越重视将运动加到体育课中，使一个人一生都能参加这些运动。所以在 1965 年设立了终身运动基金会（the Lifetime Sports Foundation）来指引这项活动的发展。它的目的是促进健身和终身运动的发展并资助致力于这些领域的团体。同年，AAHPERD 通过了终身运动教育计划（the Lifetime Sports Education Project），它从属于终身运动基金会。中学和大学的体育课中更加重视教授如保龄球、网球、高尔夫球、羽毛球等课程，这可以反映出该计划对体育课的影响。

高中之前的学生运动项目

在此期间，对于高中以下儿童的运动出现了许多矛盾。1953 年华盛顿特区召开了小学生比赛和运动项目国家大会(National Conference on Program Planning in Games and Sports for Boys and Girls of Elementary School Age)。这是第一次代表着医疗、教育、休闲娱乐和其他为儿童服务的组织聚在一起开会，各组织的领导都赞成要精心组织儿童的竞技活动。此次会议提出了两点建议：(1) 比赛和运动项目要基于利于儿童的成长，12 岁以下的儿童不可参加有较多身体接触的运动；(2) 比赛应是儿童的成长与发展过程中固有的，由于种种因素它可能对儿童有伤害或有益。

人生和文化视角：运动史

- 古希腊人对人体活动的信仰是如何影响体育教育的发展的？
- 体育活动在早期美国土著人的生活中起到怎样的作用？
- 维多利亚时期女性的观念对美国妇女参加体育活动有怎样的影响？
- 什么事件使得老年人更加重视体育锻炼？
- 种族隔离制度是如何影响黑人参加竞技体育比赛机会的？
- 对儿童发展的认识是如何影响 19 世纪 80 年代的体育教学课程的？

国际上的发展

20 世纪中期，召开了一些由世界各地健康、体育和休闲运动方面的领导人参加的国际会议。1958 年，在世界教师职业组织联盟(the World Confederation of Organizations of the Teaching Profession，简称 WCOTP)的年会上，成立了一个委员会来筹建全球国家和国际健康教育、体育和休闲运动协会联盟(World Federation of National and International Associations of Health Education，Physical Education，and Recreation)，目的是把这些领域中的各个协会代表合成一个世界范围内的组织。次年，WCOTP 建立了国际健康、体育和休闲委员会(the International Council of Health，Physical Education，and Recreation，简称 ICHPER)。

残疾人运动项目

20 世纪中期，一些体育教育学家意识到他们的特殊领域也可照顾到有特殊需求的学生，如有发展缺陷、身体缺陷或文化弱势的群体。1965 年约瑟夫 · P. 肯尼迪(Joseph P. Kennedy)基金会设立专项基金使人们开始重视此活动，AAHPERD 也因此设立了智障休闲与健身计划（the Project on Recreation and Fitness for the Mentally Retarded），目的在于此领域的研究、运动项目开放、指导员培养。自 1968 年举行的特奥会（the Special Olympics）以来，智障人士开始有了参加竞技运动的机会。

特殊体育课（译者注：本意是适应性体育活动，但它所谈的都是针对残疾人的体育，所以这里将其译为特殊体育课）受到了人们越来越多的重视，专业培训学院也设立了特殊课程来为这个领域培养指导人员。此外，政府基金也使得人们更加重视体育的这个特别领域。

研究进展

迄今为止，体育教育学家认为对体育研究的必要性要比以前更为重要。1952 年 AAHPERD 成立研究委员会，将其作为总部的一个部门。它的作用和目的有：从策略上促进研究进展；制定长期发展计划；为在此领域工作的人们提供、分发资料；综合和专业领域有关的研究资料等。

研究活动也越来越具体化。研究领域已经分成运动生理学、运动技能学、运动社会学、教育学等。

显著的近期发展（1970～至今）

体育教学、锻炼和竞技当前正处于它的最活跃时期。自 1970 年后发生了许多变革，而我们要把它包含在一个有限的空间内是非常困难的。现在它的内容包括：学科进展、确立身份地位、分支学科的出现、职业培训的新方向以及在这个充满活力的领域中不断增加的就业机会等。国家对疾病预防和促进健康的重视，越来越多有关身体活动对健康正面影响的证据，都刺激了各年龄段人们来进行体育锻炼，这也为体育教学、锻炼和竞技领域创造了新的机会。人人参加体育锻炼的现象比比皆是。立法规定也增加了女子和残疾人参加运动的机会。奥林匹克运动经历了成长期和政治化的考验，现在它的大部分开始成为一项商业活动。科技也在各方面体现着它对体育教学、锻炼和竞技的作用。这些近期的发展将放在其他章节讨论。

学科发展

富兰克林·亨利（Franklin Henry）在 1964 年吹响了研究体育学科的号角，人们也都认为这是此学科发展的开始。但是，体育教学、锻炼和竞技学科的知识库只是在 20 世纪 70 年代至今这段期间得到了迅速发展。一些敬业的学者对它进行了严密的扩展性研究，再加上科技的完善，都对本学科知识库的发展做出了贡献。具体的研究领域或分支学科此时也浮现出来，如运动生理学、运动技能学、运动心理学等（见第一章）。专业人士也在就我们这个领域的核心展开了进一步的商讨。20 世纪 90 年代后

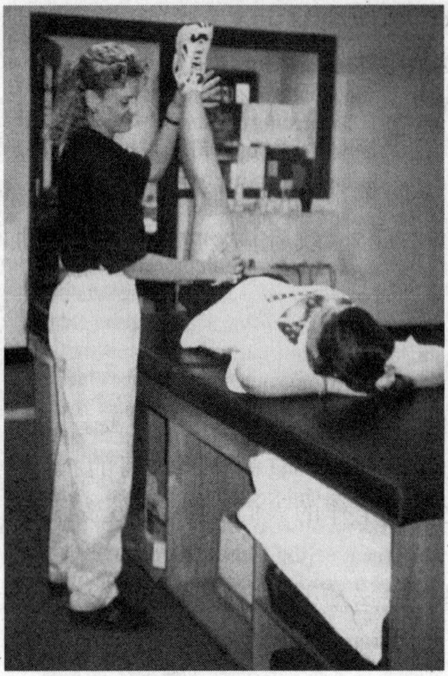
新的职业培训课程训练学生从事一些非传统的职业，如竞技运动训练等

期，人们对身体活动是我们这个领域的核心逐渐达成一致。

从20世纪70年代开始的学科运动发展引发了对我们这个事业领域最佳名称的激烈争论。一些人认为传统意义上“体育”这个名称过于狭窄，未能表现出在运动方面越来越多的学术气息。1989年享有声望的美国体育学会(American Academy of Physical Education)把名字改为美国运动学与体育学会(American Academy of Kinesiology and Physical Education)，建议把运动学作为本学科的名称。还有其他一些人们所熟知的名称，如**体育与运动**、**锻炼科学**、**锻炼与运动科学**等。1994年，齐格勒(Ziegler)的报告中说这个领域中**体育与运动**在世界范围内用得最多。随着学科运动在20世纪70和80年代继续发展，各学院和大学的体育系也都在更换它们的名字以便更准确地表达自己的本来属性。1997年，在美国的高等教育中本领域的名称多达150个以上。

学科的发展也影响了学院和大学的专业培训课程。为涵盖分支学科的知识，又增设了新课程。在大学阶段，这些课程起初是和教师培养课程放在一起的。研究生课程也进一步开展以提供在具体领域研究的机会。自20世纪70年代末开始，越来越多的大学课程给了学生把专业更具体化的机会。结果在一些具体领域中的大学课程，如锻炼学、运动研究、运动管理等得到了发展。由于在体育教学、锻炼和竞技领域中专业培训课程的扩充，使它包含了各具体研究领域，这也使学生在这些扩充的领域中有了形式多样的就业机会。

在20世纪60年代末和70年代初，研究领域的扩大和与同事交流思想的愿望促使了具体学术组织的形成。例如，北美运动与身体活动心理学学会(the North American Society for the Psychology of Sport and Physical Activity)在1967年成立；运动哲学研究学会(Philosophic Society for Study of Sport)1972年成立。人们对此领域的研究兴趣也迅速增长，《研究季刊》(*Research Quarterly*)在1980年改名为《锻炼与运动研究季刊》(*Research Quartely for Exercise and Sport*)。如今有许多体育教学、锻炼和竞技中具体领域的专业组织和期刊，这就提供了众多途径，使人们的研究与发现可以通过参加会议、专业期刊来传播。

体育教学、锻炼和竞技学科的范围在20世纪70年代迅速扩展，并会在21世纪继续发展。体育教学、锻炼和竞技的功能从为学龄人群服务扩展到了为所有人服务——从学龄前儿童到老年人。它的活动也从传统的学校环境延伸到了非学校环境，如社区中心和社团、企业健身中心不断增加。也有越来越多的体育教学、锻炼和竞技转成私人性质的活动。作为完善健康、休闲服务业的一部分，这些活动为那些受过良好训练的人们提供了各种就业机会。专业资格培训课程大量增加。美国高校运动医学（the American College of Sports Medicine 简称 ACSM）、国家竞技运动训练员协会（the National Athletic Trainers Association 简称 NATA）、国家力量与身体素质训练协会（the National Strength and Conditioning Association，简称 NSCA）、美国有氧运动与健身运动协会（Aerobics and Fitness Association）等都设有专业资格课程。（专业培训和就业机会将在第三编中讨论）

这个期间的一个里程碑是美国健康、体育、休闲娱乐和舞蹈协会（the American Alliance for Health，Physical Education，Recreation，and Dance，简称 AAHPERD）在 1985 年庆祝美国体育发展协会（American Association for the Advancement of Physical Education）成立 100 周年。

疾病预防与促进健康

整个社会在过去的几十年中最大变化之一就是对疾病预防和促进健康越来越多的重视。随着对预防疾病和促进健康积极性的增加，人们更加注意通过将一些促进健康的行为习惯融入日常生活中以促进他们的健康。此期间，流行病学家、锻炼方面专家、健康专业人士都达成一致意见，加上越来越多的证据，都认可了身体活动对健康和全面发展的作用。有 4 个国家报告——《健康大众》(1979)、《国家目标》(1980)、《2000 年健康大众》(1990)和《2010 年健康大众》——也都明确了身体活动对全面发展的作用。这些报告给体育教学、锻炼和竞技设立了具体要完成的目标，这些目标的实现将会促进整个国家的健康。在这些目标中，有促进全国人民参加身体活动，增加设有日常体育课的学校，扩展社区娱乐活动，设立工作单位的促进健康活动。

1996 年，一个划时代的报告《身体活动与健康：卫生总署报告》(*Phisical Activity and Health: A Report of the Surgeon General*)肯定了身体活动对获得和保持健康的作用。这份关于身体活动和健康的报告强调所有美国人可以通过日常生活中适量的身体活动来实质性地提高他们的健康和生活质量。这是一份来自国家的号召，它要求我们采取许多措施来提高国家民众的健康水平，给我们这个领域中的所有人员提出了一个巨大的挑战。

学校体育

自 1970 年以来，人们对公众健康的积极性一直强调的是学校体育课对帮助孩子获得一生都积极活动的技能、知识和习惯的重要作用。对终身运动的重视也一直继续着，如定向越野、越野滑雪、高尔夫球等活动就包含在体育课中。动作教育强调的是开发技能动作，懂得并能应用有关人体动作的知识。动作带来的欢乐和有利因素对小学体育课产生着重要的影响。以孩子为中心的教育方式也影响了教学内容、方法和评估方式。

自20世纪70年代后，出现了许多不同的课程设置框架。一些模式强调体能，既包括体能培养也包括对体能内在概念的理解。其他模式，如探险、运动教育所强调的与学校体育不同。探险教育模式重视对户外运动的兴趣，如背包旅游、跳绳课，或挑战课程，在这种课中，一组的所有成员必须共同努力来完成任务，比如说让每个成员翻过12英尺高的墙。运动教育模式要求所有学生都要参与运动实践，而不仅仅是优秀运动员。这种模式认为在好玩的运动竞技比赛中实现对所有学生的教育。该模式和传统的体育课不同，它把学生分成若干队，在整个赛季(传统时间分法)一起训练并参加正式的比赛，比赛以最终决赛结束。学生要自己承担教练、裁判和管理者的责任。

这几十年来，人们对促进体育和倡导学校日常身体活动做了很多的努力。1971年，公众体育信息计划(Physical Education Pubic Information Project 简称 PEPI)开始向公众、教育家、制定政策人士提供有关体育价值方面的信息。PEPI强调"体育是健康的保证"。1986年，AAHPERD的一个协会——国家体育与运动协会(National Association of Physical Education and Sport 简称 NASPE)给"体育人"的特征下了定义(见第二章)。1992年，NASPE制定出了国家体育课内容的标准，接着确立了评价原则。1995年，NASPE出版了《走向未来：国家体育标准——内容和评价原则》(*Moving into the Future: National Standards for Physical Education: A Guide to Content and Assessment*)，它第一次为体育教师提供了一个全国性的大框架来指引他们的工作。

国会在1987年通过一项决案，敦促各州为所有学龄儿童提供日常高质量的体育课。支持这一决案的组织有：国家教育协会(National Education Association)、美国心脏协会(American Heart Association)、美国医学协会(American Medicine Association)以及美国健康、体育、休闲娱乐和舞蹈联盟(American Alliance for Health, Physical Education, Recreation, and Dance)。

一些阶段性的调查，如AAHPERD的《国家的状况》(*Shape of the Nation*)和青少年危险行为监控体系(Youth Risk Behavior Surveillance System 简称 YRBSS)，监控着各学校体育的状况。《国家的状况》在1987年的第一份调查显示，只有伊利诺伊一个州，要求所有学生——从幼儿园到12年级，参加日常的身体活动。到2004年依然是这种情况。YRBSS测试结果显示，高中学生参加日常身体活动的情况从1991年的41.6%下降到了1995年的25.4%。从1995年到2003年只有略微的改善，从25.4%升到了28.4%。

国家健康报告，如《2010 年健康大众》号召所有学生增加高质量的日常身体活动。学校的身体活动被认为是其中的关键，它可以增加儿童与青少年的身体活动，同时也为终身体育打下基础。尽管人们认识到了体育对学生健康的显著作用，体育教育学家正面临着巨大的压力来为他们的活动正名。来自学科改制越来越多的压力致使人们把更多的时间留给了基础教育科目，而缩短了“边缘”学科的时间，如艺术、音乐和体育（见第二、第三章）。此外，体育教育学家称由于财政限制而承受着巨大压力为他们的活动辩护。

在 21 世纪，我们需做出更大努力来促使体育课成为一门教育基础课程，成为所有各年级的儿童和青少年在学校课程中不可分割的一部分。

健身与参加身体活动

健身运动在 20 世纪 70 年代开始形成趋势，并在此后继续发展。众多各年龄段的人们都过着一种主动的生活方式，参加着各种身体活动如慢跑、骑自行车、散步和力量训练，这种状况前所未有。举例来说，据运动产品生产者协会（Sporting Goods Manufacturers Association）报告，2000 年有大约3 600 万的健身步行者；家庭锻炼器材的销售额超过几十亿美元并还在增长；2003 年家庭体操设备的销售额达到了 3.05 亿美元。

然而，在美国显示出自己是一个充满活力的国家的同时，有一些研究报告显示许多成人在闲暇时间根本就不进行身体活动（见第三章）。报告还发现有太多的儿童与青少年不爱运动。这些不爱运动的人们，不管是哪个年龄段的，都需要在日常生活中多进行一些身体活动。最近的研究对持续增长的身体超重和患肥胖症的儿童、青少年、成人敲响了警钟。当众人以前所未有的程度参加身体活动的同时，我们需付出更多的努力来鼓励人们去积极活动和采用健康的饮食。

运动设备销售在过去的 10 年迅速发展，体育零售领域创造了众多就业机会

1970 年以来，人们从重视与成绩相关的健身逐渐转移到了重视与健康相关的健身。在 20 世纪 70 到 80 年代之间，随着人们对疾病预防和促进健康重视程度的增加，健身对健康的作用也得到了人们越来越多的认可。不爱进行身体活动（的习惯）往往和疾病相连。为了提高健康水平，最好还是常常参加一些健身活动。对心血管适能而言，这就需要人们每周要进行 3

到 5 次大强度的身体活动，最大心律在相应年龄段的 60%～90%，每次活动至少 20 分钟。

这个时期，学校中的健身培养与测试也发生了变迁。重点从与成绩相关的健身转到了与健康相关的健身。1980 年，AAHPERD 开辟了健康健身测试（Health-Related Physical Fitness Test）。这项检测是要测试与健康相关的身体各部分体能，测试项目有心血管耐力，体成分，腰、腿柔韧性，腹部肌肉力量与耐力。

保持身体适量运动和在日常生活中常常进行身体活动给健康带来了益处。随着有关这方面的证据越来越多，人们开始关注国家青少年健身活动与身体活动的方式。1985 年国家儿童与青少年健身研究（National Children and Youth Fitness Study，简称 NCYFSⅠ）——这是近十年来第一次对青少年健身状况做全国范围的评价，发现年龄在 10～17 岁的青少年中只有 1/3 的人进行能保持他们心肺耐力的适度身体活动。1987 年 NCYFSⅡ研究结果发现 5～9 岁的儿童其心肺耐力很低。对儿童和青少年来说，他们身体内的脂肪含量百分比要远远大于 20 世纪 60 年代他们的同龄人。NCYFSⅠ、Ⅱ使人们注意到当前学校的体育课可能不足以促进终身的健身，所以有必要对当前的体育进行调整。

为了强调人们的关注热点和让学生知道健身的多种领域，AAHPERD 在 1988 年进行了一项新的测试和培训课程，名为《最佳身体》（*Physical Best*）。《最佳身体》不仅强调健身的各个领域，它也注重认知和情感领域。这项健身测试采用长跑、皮褶厚度测量、坐位体前屈、引体向上、仰卧起坐来评估健身的 5 个部分——心血管耐力、体成分、柔韧性、上肢和腹部力量与耐力。教育培训过程是按照利于教师授课的原则设计的，教师可以通过个性化的目标设定、激励措施、鼓励学生参加校外的身体活动来使学生获得他们所需要的健身习惯。

1994 年，AAHPERD 和库珀有氧运动研究所（Cooper Institute for Aerobics Research，简称 CIAR）宣布合作研究青少年的健身测试与教育。AAHPERD 同意采用 CIAR 的精细健身活动系统来测试和评估青少年的健身状况；CIAR 也同意用 AAHPERD 的《最佳身体》教材来促进所有儿童与青少年的健康生活方式。

随着研究者不断调查研究健身、身体活动、健康之间的关系，他们发现可以通过比先前所知道更为低的活动强度来获得健康。1995 年疾病控制与预防中心（Centers for Disease Control and Prevention，简称 CDC）和美国运动医学学院（American College of Sports Medicine，简称 ACSM）公布的身体活动原则就反映了上述研究发现。CDC 和 ACSM 建议所有成人每周几乎每天，最好是每天，进行累计 30 分钟或更长时间的适度身体活动。国家健康研究所（National Institute of Health，简称 NIH）的身体活动和心血管健康协同发展协会（Consensus Development Conference on Physical Activity and Cardiovascular Health）建议所有人群，包括儿童和青少年，每天进行累计至少 30 分钟的适度强度的活动。CDC、ACSM、NIH 的这些建议也强调进行更长时间或强度更大的适度身体活动会获得更多的益处。

过去的30年中最显著的特色就是健身运动和认识到了健康、积极生活方式的重要性。从强调与成绩表现相关的健身转移到强调健康方面的健身反映了该领域的专业人士对身体活动的认识——身体活动对促进所有人的健康和全面发展起着非常重要的作用。

竞技运动的发展

自20世纪70年代以来，人们参加各水平层次竞技运动的情况大幅增长。儿童和青少年在公众或个体机构指导下参加校外有组织的竞技活动迅速发展。儿童和青少年竞技运动涉及了估计有2 500万儿童、300万成人义务教练、50万有偿教练，他们主要在个体运动俱乐部和一些优秀运动员一起训练。最常见的项目有足球、棒球、垒球和游泳。也有空前数量的儿童和青少年参加一些商业竞技运动组织，如体操和网球俱乐部。

参加校际间竞技运动的男女生人数从1971年的3 960 932增加到2003～2004年的6 903 552人。每年都有50%以上的学生在某个运动队训练。现在某些运动中早期具体化的趋势越来越多。一个年轻人可能秋季时在学校足球队踢球，而冬季又在休闲室内足球联赛中踢，又有春季足球和夏季的足球训练营。一些校区可能面临着预算困难，所以制定了“有偿参加”的计划，它要求所有参加的运动员支付一些费用。人们对此也表示出大量的关注，即费用会限制、影响到来自社会经济地位较低人群的学生参加运动。州立高中协会国家联盟（National Federation of State High School Association）反对这种做法，声明竞技运动有其教育功能，所以学生就应该有机会参加以作为他们教育实践的一部分。

在大学这个层次，也有更多的学生参加竞技运动。据国家大学生竞技协会（National Collegiate Athletic Association，简称NCAA）报告，1989～1990学年，参加校际间竞技比赛的有226 268人，2002～2003学年，则有337 641人。还有另外几千名大学生参加了属于国家校际竞技运动协会（National Association of Intercollegiate Athletes，简称NAIA）成员的300多所学校的比赛，和由国家大专院校竞技运动协会（National Junior college Athletic Association，简称NJCAA）组织的460多所社区大学的比赛。此外，竞技运动开始在NCAA分部（NCAA Division Ⅰ）中成为一个企业。传媒每年转播美式橄榄球赛、篮球赛和各循环赛的收入已达到了几百万美元。如NCAA的美式橄榄球分部每年可从超级碗比赛中获得超过1亿美元的收入（译者注：超级碗赛事是美国最大的美式橄榄球赛事，它每年都要分一部分资金给NCAA的橄榄球分部，以便培养后备人才，这和NBA一样）。

成人参加休闲联盟的人数也大大增加。“55岁以上”的棒球和垒球联盟在许多社区一直受到人们的喜爱。人们对运动的不同兴趣取向和这些休闲活动项目融合到了一起。成人足球和排球联盟也开始普及；公路赛跑吸引了许多参加者；有几百万各年龄段的人参加一些业余赛事，如名人游泳赛和田径赛、全国老年人运动会、国家奥林匹克节，还有一些州立赛事，如纽约帝国大厦赛等，这些赛事使所有人可以参加多种项目、各个水平的比赛。

职业竞技运动也在此期间得到了发展。从 1970 年以来，职业竞技运动的扩展使得许多职业冰球队、橄榄球队、棒球队参与其中。职业运动员的工资也大幅增长，几百万美元的合同逐渐变得司空见惯。

过去的 10 年见证了女子职业篮球的成长。由国家篮球协会（NBA）做后盾的女子国家篮球协会（WNBA）在 1997 年开始了它的第一个赛季。女子足球联合协会主办的女子足球职业联赛，在 2001 年开始踢第一个赛季。遗憾的是，该赛事由于财政上的原因于 2003 年停赛，人们正在努力恢复这项赛事并在将来继续踢下去。女子参加职业竞技运动的人数，如女子职业高尔夫协会（LPGA），开始快速增长。男性和女性网球、高尔夫球运动员现都在为了奖金达几百万美元的赛事而展开竞争。

竞技运动中的女性

女子参加竞技运动是在 20 世纪 70 年代开始迅速发展，如今仍在继续这种势头。社会对女性态度的改变是造成它发展的一个因素。1972 年通过的《教育修改法令第九号文件》（下称《九号文件》）（*Title* Ⅸ *of the Educational Amendments Act*）也在很大程度上增加了她们参加竞技运动（的人数）。《九号文件》所要阐述的核心就是："不能由于性别的原因而拒绝在美国境内的任何人参加由联邦政府资助的各种教育计划或活动，以及从中获得益处或受到歧视。"这项立法对美国的体育和竞技运动带来了很大的影响。

制定《九号文件》的一个主要原因是要保障女性和男性享有同等的权利。在颁布这项法律之前的国会听证会上，大量证据显示女性在许多的教育活动中受到歧视，其中包括体育和竞技运动。尽管《九号文件》适用于各个教育领域，但最受影响的还是体育和竞技运动。女子竞技项目在此时发展特别迅速。

自《九号文件》颁布以来，女子参加竞技运动的情况得到了快速发展。根据国家州立高中协会联盟统计，1971 年，也就是颁布《九号文件》的前一年，美国有 3 366 000 男生、294 000 女生参加了校际间的竞技运动。而在 2001～2003 年期间，则有 4 038 253 男生、2 865 299 女生参加了校际间的竞技运动，这是女生参加情况的历史最高（人数）。在大学层次上，女性参加校际间竞技运动的情况也有了实质性的提高。例如，根据 NCAA 报告，在 1972 年，有 32 000 女生参加了校际间的竞技运动，然而在 2002～2003 年期间，人数达到了 160 650（这些数字只包括参加 NCAA 主办的各锦标赛，所以真正增加竞技运动的人数比这里所列举的还要多)。

《九号文件》给体育和竞技运动项目制定了一些要求。对于体育，在提供活动机会、教师质量、设施与设备的质量和使用途径方面，不允许有歧视态度。体育课要男女同上。但在有身体接触的竞技运动中，如摔跤、篮球、橄榄球等，可以根据性别分班授课；同时在课堂上，可以把学生根据能力或其他因素而不是性别因素分组，虽然这样分组会造成单一性别或以某一性别为主的分组情况。

《九号文件》也促使了竞技运动实施活动的一些变化。中小学和大学必须要有单独的男队和女队或男女同队。例如，如果一所学校只能有一支运动队，如游泳队，那允许男女生都可参加。在教育机构中，男女生必须在下列情况中有同等的机会：设备和供给、练习和比赛设施的使用、医疗和训练服务、教练和学业单独辅导、旅费津贴、住宿和饮食设施、教练补助、财务补助和公共事务。虽然并不要求在合计费用上一样，但必须要求男女有同等的机会。

自1972年以来，对女子校际间竞技运动的管理也发生了一些变化。女子校际竞技运动协会(Association of Intercollegiate Athletics for Women 简称 AIAW)成立于1972年，是最初的女子校际竞技运动管理组织。AIAW 制定了管理竞赛的政策和方式，并举办国家女子校际竞技运动的一些锦标赛。1980～1981年期间，它的成员就达到了960个学院，有99 000名女生参加了AIAW的赛事。AIAW举行了39个国家赛事，包括17项运动。但是NCAA利用它巨大的资金优势引诱着各运动队离开AIAW，一段时间后，也就导致了AIAW的解体。1982年，NCAA和NAIA(国家校际竞技运动协会)承担了所有隶属于他们学院的女子校际竞技运动赛事管理。

从历史上看，曾经有许多在法庭上对《九号文件》提出的质疑。1984年，美国最高法院以6∶3的决议判定格洛夫市立学院(Grove City College)和贝尔之间的案件结果是《九号文件》应该被看作是具体的活动方案；其核心是把《九号文件》狭隘地理解为只有那些接受联邦资助的活动才按照《九号文件》的规定去做，而并非所有学院。在此裁决之前，人们对《九号文件》的理解比较广泛，认为学院接受了任何联邦的资助，那么该学院所有活动都要符合《九号文件》的规定。但因为竞技运动直接接受联邦的资助即使有也是特别少，所以也不担心由于不遵守、不支持女子竞技运动的规定而失去资助。这样，虽然一些学院仍致力于女子竞技运动，但人们担心那些并不害怕不遵守规定的学院会被停止女子竞技运动，甚至使它成为财政缩减的牺牲品。

1988年《民权修复案》(*the Civil Right Restoration*)撤销了1984年美国最高法院的裁定。《九号文件》再一次按照广义理解，恢复了它对竞技运动的适用性。1991年，民权办宣布将有关《九号文件》申诉的审查列为该办的首要事务之一。

《九号文件》给体育和竞技运动的实施带来了巨大的改变，特别是促进了女子在这些活动项目中的参加情况。然而，《九号文件》也受到了几个因素的制约，如性别偏见、财政限制、设施匮乏、缺少高质量的指导(如教练等)和改革中遇到的阻力等。尽管法律规定了参与机会要平等，而且过去几十年来我们也取得了长足的进步，但在体育和竞技运动的平等性方面需要我们做的还很多。

残疾人运动项目

近年来许多司法决议和立法法令都支持残疾人的权利和与其他人享有同样的机会。这些规定使残疾人的体育和竞技运动项目发生了很大的变动。联邦基金资助学校和其他主办组织为残疾人提供参加活动的机会和权利，并受到 1973 年修复法令中第 504 章的保障。该法令包括所有的学校活动，有体育也有竞技运动。

在 2004 年雅典残奥会上轮椅射箭选手正在瞄准

关于残疾人教育最广为人知也最重要的法律是 1975 年的残疾儿童教育法令。它规定了 3～12 岁的儿童免费接受适当的教育。该法令的第十二章说到要使每个残疾儿童都有机会享受教育服务。即使是在最有限的环境下也要为身有残疾的学生提供教育服务。它实质上强调的是残疾儿童被安置在特殊班级或正常班中，或在两种环境中轮流上课，这要根据他或她的才能和接受能力。此外，学校要为身有残疾的学生提供必要的附属服务设施，使他们能展现出自己最大的才能，无论他们是在正常班还是在特殊班。每位残疾儿童要有自己个性化的培养计划(IEP)。

1986 年通过了所有残疾儿童教育修改法案，并于 1990 年起实施。该法案规定了对 0～2 岁有特殊需求儿童的教育服务措施和扩充 3～5 岁儿童的服务范围。特殊教育服务也包括了体育。必须扩展学前教育活动计划来满足这些特殊个体的需求，从而符合法律的规定。

1990 年通过了残疾人教育法令(IDEA)。它规定将所有"有障碍儿童"一词改为"残疾儿童"，对于 14～16 岁之间的学生要提供过渡服务措施。过渡服务措施指的是一系列协调活动，用来帮助身有残疾的学生从学校生活转入到社区中的学校后生活。

它强调在学校和社区中个人、公共服务之间建立一种联系。举例来说，如果健身发展是 IEP 的一部分，那就需要在学校和当地健身活动之间建立一种联系。IDEA 也为残疾儿童提供了更多的机会来获得帮助以提高他们的能力。例如，学生可以获得一辆比赛用轮椅或其他用来提高参赛能力的特殊设备。必须给残疾儿童机会来参加课外活动，如竞技运动、校内活动、艺术俱乐部等。

IDEA 规定每一位接受免费教育的孩子也能进行身体活动和竞技运动。每一名身有残疾的学生都有机会和无残疾的学生一起上正常的体育课，除非他必须全天使用单独的设施上特殊设计的体育课。这种理念，也就是人们所说的结论，是基于残疾儿童——无论残疾有多严重——有权接受家庭学校教育、进入正常教育环境，而不是上那些把他们和同龄人隔开的特殊课堂。另一种做法就是采用最小限制环境。最小限制环境是将孩子放在一个最适合他或她的能力和发展水平的教育环境之中。这种环境多种多样，可以是包含正常教育环境的所有内容，也可以是一个独立的特殊环境。无论是何种方式，最重要的是让残疾儿童有适合他们发展水平和发挥他们最大潜力的个性化课程。

2004 年雅典残奥会的轮椅篮球赛

联邦政府立法要提高残疾人口的身体素质和满足他们的教育，这项立法引起了各方面的众多变革。学校现在被要求为身有残疾的学生提供体育课、校内活动、休闲娱乐活动和竞技运动。特殊体育课（也可称适应体育课）也已经开始发展。教师必须学习不同的教学策略，以使身有残疾的学生在正常体育课中有更多的学习机会，也要做一些设施上的更换和改动来符合残疾人的需求。希望在今后的几年中大家继续努力来改善残疾人的教育条件和满足他们的教育需求。

1990 年通过了一项具有划时代意义的法律——美国残疾人法令（the Americans

with Disabilities Act,简称 ADA)。这项法律旨在结束对所有残疾人的歧视和清除阻碍他们融入美国生活的经济和社会主流的障碍。该法律主要强调 5 个方面：就业、公共设施适应、公共服务、交通、电信。它的作用意义深远，举例说明，ADA 规定所有的设施，包括休闲、运动设施必须同等地面向残疾人，同等地为他们服务。它要求向残疾人开放如运动场、游泳池、体操馆、健康养生馆等以增加他们参加健身和运动的机会。1998 年，职业高尔夫球手凯西·马丁(Casey Martin)请求隶属于 ADA 的职业高尔夫球手协会赋予他乘坐有马达驱动的二轮车参加比赛的权利。马丁患有 Kippel-Trebauney-Weber 综合征(译者注：该综合征为毛细血管瘤或海绵状血管瘤伴有肢体肥大、深静脉曲张、动静脉瘘、肢体温度高、肢体汗多及骨肥大)，它是一种令人痛苦的疾病，影响他右腿下半部的血液循环，从而限制他在高尔夫球场的走动。根据法律规定，PGA 巡回赛必须接收马丁。后来这条规定受到了控诉，但在 2001 年美国最高法院支持了这项规定。

一位截肢男子正准备进行 2004 年雅典残奥会的自行车比赛

自 20 世纪 70 年代以来，参加竞技运动的残疾人逐渐增多。1978 年的业余竞技运动法令责令美国奥林匹克协会为残疾人提供参加竞技运动的机会，特别是让残疾人参加那些正常人进行的竞技比赛活动。这项责令也促成了残疾人竞技运动协会(the Committee on Sports for the Disabled)在 1983 年成立。该协会成立的目的是要促进残疾人参加竞技运动，支持残疾人的业余竞技运动项目。残疾人参加全国和国际比赛与运动会的情况持续发展，这里列举几个，如残奥会、特殊奥林匹克运动会、世界聋哑人运动会、世界轮椅运动会等。州际(指美国各州)和当地的竞赛，如康涅狄格州残疾人运动会，也在继续成长。只要我们这个社会中所有人群都能发现参加竞技运动是一种有意义并能从中得到满足感的实践活动，那这个趋势将会继续发展。

奥林匹克运动

1996 年奥林匹克运动会在佐治亚州的亚特兰大举行。自从奥林匹克运动会于 1896 年重新开始至今这 100 年来，它已经成为了一项全球范围内的活动。1896 年在雅典举行的奥运会当时只有来自 11 个国家的 311 名运动员参加，而在亚特兰大则发展到了来自197个国家10 750名运动员参加。

现代的奥林匹克运动会已从原来的为加强世界各国人民之间的理解发展成了为政治目标服务的工具，意识形态上的差别对奥林匹克运动的实施产生着深远的影响。1972年慕尼黑奥运会被恐怖主义所笼罩，8名阿拉伯武装游击队员闯入奥运村以色列居住区，第2天有11名以色列运动员、5名恐怖分子、1名德国警察身亡。世界上有几百万人为以色列运动员哀悼。慕尼黑奥运会在悼念仪式完后继续进行。

社会和政治上的原因导致了在1976年蒙特利尔奥运会上一些国家由于中国代表团问题和南非种族隔离问题而抵制参加奥运会（译者注：当时奥运会主办国加拿大拒绝给台湾运动员签证；20多个非洲国家退出奥运会，7个已经注册参赛的国家宣布不派团参加奥运会）。美国带头抵制参加1980年莫斯科奥运会，以此抗议苏联入侵阿富汗，作为回应，苏联未参加1984年洛杉矶奥运会，理由是美国没有坚持奥运精神；直到1988年韩国汉城奥运会上，才看到美国和苏联运动员在第24届奥运会同场竞技。国际奥委会强烈阻止使用兴奋剂，加拿大短跑选手本·约翰逊在赢得百米赛跑后被查出类固醇检验呈阳性，然后将金牌授给了美国的卡尔·刘易斯(Carl Lewis)。

20世纪后期的几件非常事件对世界以及奥林匹克产生了巨大的影响。分割东德和西德的柏林墙的倒塌；苏联解体宣告了冷战结束并减轻了中东紧张局势。1992年巴塞罗那奥运会上，德国作为一支队伍参赛，来自苏联的运动员以独联体的身份参赛。南非几十年来第一次参加奥运会；波罗的海诸国自二战以来第一次以独立国家的身份参赛。随着越来越多的国家开始放开对运动员的奖金，奥运会的业余性问题就成了一个争论的热点。越来越多的职业运动员加入到奥运会中。公众的注意力聚焦于美国的"梦之队"篮球队，它的大部分队员是职业球员，如乔丹、罗宾逊、拉里伯德等。商业化发展以及人们对药物使用的关注仍在继续着。

1996年有来自197个国家、近11 000名运动员参加了亚特兰大奥运会，这两个数据都创造了历史记录，也使得这一届奥运会令人难以忘怀。这次赛事向大约35亿人转播。NBC向国际奥委会支付了4.56亿美元来获得该赛事的转播权；而在此之前，CBS却只支付了39.4万美元获得1960年罗马奥运会的电视转播权。到了2000年悉尼奥运会和2002年盐湖城冬奥会，NBC花了12.7亿美元来活动转播权。商业化还不仅仅局限于转播权，要成为奥运会的官方合作伙伴，每个被选中的公司要支付4千万美元。

2000年的悉尼夏季奥运会参赛国家数更是达到了199个。这次奥运会有10 651名运动员(6 582名男运动员、4 069名女运动员)参加了28个大项、300多个小项的比赛。2001年，罗格(Rogge)被选为第8任国际奥委会主席，接替了在1980～2001期间为国际奥委会(IOC)工作了21年之久的前任主席萨马兰奇。在萨马兰奇任期内，出现了许多具有划时代意义的事件，奥运会也经历了前所未有的发展和繁荣。

2001年IOC在决议中选择了中国北京作为2008年奥运会的主办国。夏季奥运会只在亚洲举办过两次，即1964年的东京奥运会和1988年的汉城奥运会。中国是这个地球上人口最多的国家，拥有13亿人口。

2004年夏季奥运会又回到了它的诞生地，回到了它恢复的地方——希腊的雅典。这次参加人数创记录地达到了11 099名运动员。女子运动员参加人数也达到了历史最高。来自202个国家的代表团参加了这次赛事。一些项目特别是径赛项目，内在地和奥林匹克运动会的起源联系到了一起。一项奥林匹克运动——铅球——当代历史中第一次在古奥林匹亚竞技场（Ancient Olympia Stadium）进行比赛。在此次奥运会上新加的一个项目就是女子摔跤。和先前的奥运会一样，一些公司、企业花费几十亿美元以获得这项赛事的赞助权。为获得美国转播权，NBC支付了7.93亿美元。据估计，全球有超过40亿的观众观看了奥运会比赛。

冬季奥运会在此期间也是繁荣发展，并反映了人们在夏季奥运会中所看到的变化。20世纪90年代初期，国际奥委会投票表决，把冬季奥运会由4年举办一次变为2年一次。这次变动从1994年挪威的利勒哈默尔冬季奥运会开始。只要公众对奥运会的兴趣高涨，相信公众会接受奥运会所做的改动。当然，如果奥运会从4年一届变为2年一届，这也会给国际奥委会带来许多经济利益。

女子参加奥运会的情况在过去几十年里也有所发展。1996年的女子垒球、1998年的女子冰球就是新加入奥运会的两个项目。1998年日本的长野冬奥会结束后，国际奥委会声明除了增加（与男子）类似的女子项目外，在今后的比赛中将不再设立新项目。

一些"非传统"项目也列入奥运会当中，如沙滩排球、滑雪、雪地滑板等，就是几项新加入奥运会的项目。

残奥会是为残疾人举办的国际性比赛。残疾人分类有截肢、脑瘫、智障、其他残疾、视力受损和轮椅。在20世纪90年代早期，国际奥委会规定主办奥运会的国家也要承担起举办残奥会的责任。残奥会要在奥运会结束后立刻举办，可使用同样的场地。在2004年的雅典残奥会上，有4 000多名运动员和2 000名随队官员代表130国家参赛。运动员参加了18个项目的比赛。

近年来，奥运会被当作是促进政治意识形态的一种方式。业余和职业之间的界限已经不复存在，商业化程度已经达到了一个新的高度并继续发展。奥林匹克运动已经嵌入我们的全球文化之中。

小结

历史是体育教学、锻炼和竞技领域的基石。我们如今许多项目和活动都成型于我们对历史的传承。研究历史可以使我们了解其他社会的文化意识形态，以及身体活动在这些社会中的作用。

一句格言曾说"历史还会重演"。重复的旋律在体育教学、锻炼和竞技的整个历史发展过程中也是显而易见的。例如，不断的战争就是一种动力使社会加强身体活动或为体育的存在辩护。人民体质的提高又为这些战争做好了准备。

然而，研究历史使我们更全面地理解在我们这个领域中所发生的许多变革。不同理念对体育教学、锻炼和竞技内容与结构的影响，对本质变化的影响以及目标的重要性，都会随着时间的转移而被人们辨识清楚。我们一定要知道那些促进和阻碍我们体育教学、锻炼和竞技发展的事件。

体育教学、锻炼和竞技的近代史展现出了很多的变革。自 1970 年以来，该学科的发展、对疾病预防和促进健康的重视、学校体育的变革、健身运动的开展、对身体活动的强调，以及竞技运动的显著发展，等等，都对我们这个领域做出了不可磨灭的贡献。学习体育教学、锻炼和竞技的历史有助于一个专业人士更好地明白该领域的本质，珍视目前我们所取得的巨大成就，筹划将来的发展趋势。

自测题

1. 举出历史上有哪些事件促进了体育教学、锻炼和竞技领域的发展，哪些又阻碍了它的发展?

2. 利用"网络链接"的信息，寻找关于奥林匹克运动会或其他运动的历史。

3. 根据历史上一些事件，包括早期和现代的，预想一下体育教学、锻炼和竞技的未来发展。

建议阅读书目

Amateur Athletic Foundation of Los Angeles (AAFLA). (www. aafla. com/index. html)

Cazers G and Miller GA: The German contribution to American physical education: a historical perspective, JOPERD 71(16): 44 - 48, 2000.

Davenport J, editor: The normal schools: exploring our heritage, JOPERD 65 (3): 25 - 56, 1994.

Dyreson M: American ideas about race and Olympic races from the 1890s to the 1950s: Shattering myths or reinforcing Scientific racism, Journal of Sports History, 28(2): 173 - 215.

Guttmann, A: Sport, politics and the engaged historian, Journal of Contemporary History, 38: 363 - 374.

Hutzler Y: Attitudes toward the participation of individuals with disabilities in physical activity: A review, Quest 55: 347 - 374, 2003.

Magdalinski T：Sports history and the East German national identity；Peace Review，11(4)：539－546，1999

Massengale JD and Swanson，RA editors：The history of exercise and sport science. Champaingn，Ill.，1997，Human Kinetics.

Mechikoff RA and Estes SG：A History and philosophy of physical education and sport：from ancient civilizations to the modern world（2nd ed.），New York，2002，WCB/McGraw-Hill.

Motley ML and LaVine ME：Century marathon：a race for equality in girls' and women's sports，JOPERD 72(6)：56－60，2001.

Wrynn A：Contesting the canon：Understanding the history of the evolving discipline of kinesiology，Quest 55：244－257，2003.

第五章 运动行为

网络链接

身体内部构造在线：www. innerbody. com

动作技能发展学会：www. aahperd. org>NASPE>Academies>Motor Development

加拿大 Saskatchewan 常青课堂——体育：www. sasked. gov. sk. ca/docs/physed. html

学习目标

读完本章学生应能：

■ 为运动行为、运动发展、运动控制和动作技能学习下定义，在学习运动技术的过程中理解准备、运动技能的形成、动力、强化和个体差别的影响。

■ 理解运动技能及其各个阶段的信息处理模式，并能明白其中的含义以利于对体育教学、锻炼和竞技的学习。

■ 运用运动技能学体育教学、锻炼和竞技中的基本概念进行教学，比如反馈、练习设计和学习迁移。

■ 叙述基础运动和运动技能形成的阶段。

运动行为是一个广义的术语，包括运动控制、动作技能和运动发展几个方面。

运动控制和动作技能是由实验心理学发展而来的，而运动发展是由发展心理学发展而来的。

在过去 30 年中，运动行为发展迅速并且越来越专业。本章将对运动行为作简单介绍。在本章中，“教师”、“学习者”的运用很宽泛，包括为各种背景、各种年龄的人群体育锻炼进行指导的体育教学、锻炼和竞技的专业人士。

运动行为

体育教学、锻炼和竞技的专业人士关心的最基本的一个问题就是运动技术的学习与改进。学习是指在练习或经历之后的行为或表现中相对持久的变化。运动行为与终身学习或掌握运动技术有关系，它包括三个方面：动作技能、运动控制和运动发展。托纳斯和托马斯(Thonas and Thomas)指出了运动行为的三个目标：首先，“理解如何学习运动技术”；其次，“理解如何控制运动技术”；最后，“理解在人的一生当中动作技能和运动技术是发生变化的”。尽管这三个方面都有其很强的专业性，但它们之间也是相互关联的。虽然这些领域的研究人员重点研究它们之间有哪些细微不同之处，但现在一种高度整合的研究方式正在展开。

运动行为的研究领域不断扩大，相关学者也通过各种途径传播自己的观点并寻求机会与他人交流思想。1969年，理查德·施米特(Richard Schmidt)创建了《运动行为学报》，它也是这个领域的学者发表观点的主要刊物之一。另外，《运动体育研究季刊》也发表有关运动行为研究的成果。动作技能、运动发展和运动心理作为体育的分支学科几乎在相同时期出现，各自也根据兴趣暂时结成联盟或协会。1967年，这些领域的研究者创建了北美运动和身体活动心理学协会(NASPSPA)。现在，NASPSPA继续为运动行为及体育和锻炼心理学家提供发表言论的论坛，而这两个群体在这同一个组织内的兴趣和关注焦点不尽相同。研究者也经常在美国健康、体育、休闲娱乐和舞蹈协会(AAHPERD)的大会上提交一些论文。NASPE的动作技能发展学会成立于1979年，它通过在AAHPERD的全国性会议和时事通讯，为人们提供了一个讨论、交流思想的论坛。

运动技能的学习和控制

动作技能和运动控制有着内在的联系。其定义及专业研究领域、发展历史和兴趣领域的范围在这一部分都进行了简短的描述。

定义和范围

动作技能学是指对经过锻炼之后获得运动技术的研究。学习来自于表现的变化。比如说，一个教练员可以通过观察和评估某个人的表现来得知他是否学习过网球的发球技术。如果这个人接受过训练并进行了这方面的练习，他的网球发球技术应该有所提高。也就是说，发球更协调、更有效、更高效。从这样的个体表现你就可以得出这样一个结论：他进行过学习。运动技术的范围是从简单的技术(如学习走路)到高难度的技术(如那些顶尖的体操运动员平时练习的复杂的动作)动作技能的学习侧重于运动技术的认知方面。根据托纳斯和托马斯的观点，动作技能的学习是“理解反馈、学习、个人差别的影响，尤其是理解这些方面如何与运动技术的保持和转移相联系的”。

与动作技能息息相关的范畴是运动控制。运动控制是对神经生理过程和行为处理过程如何影响技术性运动的控制的研究。托纳斯和托马斯把运动控制的目的总结为"懂得肌肉与关节是如何协调运动的，一个连续的动作是如何得到控制的，以及如何利用周围环境的信息去计划和调节运动行为"。运动控制研究者感兴趣的是获得和表现运动技术的内部过程，比如神经系统怎样和肌肉统一工作以产生并协调运动行为，以及在学习和实施运动技术时认知过程是如何与其联系的。

通过练习，动作就会显得更有效、更高效和更协调

发展历史

动作技能和运动控制的形成过程可分为三个历史阶段：早期(1880～1940)，中期(1940～1970)和当前时期(1970至今)。

在早期，尽管研究者对运动技术的习得行为进行研究，但他们的研究侧重于大脑是如何工作的，而不是技术性运动是如何产生的。一个非常重要的发展阶段是桑代克(Thorndike)对习得行为的研究(1927)，这一研究成果被称为"影响定律"。桑代克发现当对某一情境的反应有所回应时，这些反应就会被强化，而且出现更加频繁，于是就变成了习得行为。他的这一研究对此后"反馈对运动技术习得的巨大影响"这一工作起了很大作用。亚当斯(Adams)说，正是早期研究确立了动作技能学研究的五个主要领域：成效知识、练习分配、训练变换、效果保持和个体差异。早期的一些研究已经把重点放在了肌肉特性上，对运动控制的研究实际上在这个时候已经开始了，研究发现大脑可以产生电活动。这一发现使得研究者对电活动和运动行为之间的关系产生了兴趣，这有助于研究人员进一步理解神经系统是如何控制肌肉活动和行为的。

人们对动作技能研究的兴趣大增的现象可以说是中期开始的标志。二战使得人们对选择和训练飞行员产生了兴趣，研究重点放在了实际应用上，研究诸如训练转移的领域(比如，哪些因素能让飞行员轻松而成功地驾驶另一架不同型号的飞机，并且能控制不同的飞行路线)。

20 世纪 40 年代后期，克雷克(Craik)提出了人脑与电脑相似性的观点，这使得人们对大脑如何处理和利用信息以决定运动反应有了更深入的理解。

20 世纪 60 年代，弗兰克林·亨利发表了他的具有里程碑意义的论文"记忆鼓论"，其中讨论了认知行为在动作技能学习中的作用。被称为"运动行为研究之父"的亨利和他同时期的研究者菲兹·哈伯德(Fitz Hubbard)、埃克·亚当斯(Iack Adams)、亚瑟·斯莱特·哈梅尔(Arthur Slater_hammel)和约翰·劳瑟(John Lawther)在 20 世纪 70 年代一起形成了分支学科出现的历史阶段。1968 年，罗伯特·N. 辛格(Robert N. Singer)出版了作为分支学科的第一本书《动作技能学和人类行为》。

20 世纪 70 年代体育领域出现了动作技能和运动控制的分支学科。分支学科的出现和发展使得运动行为学者的研究重点开始从用心理学理论解释运动技术发展到用自己的理论及模式来解释运动技术的习得过程。亚当斯(1971)的封闭环形理论解释了反馈是如何在缓慢分离运动行为发生后更新运动的认知表现并提高其后的运动技术的。1975 年，施米特的图表理论提出了整体运动的观点，即运动模式(比如踢、扔)可以被整体化为运动和环境的一个种类。近期，斯科特·凯尔索(Scott Kelso)和其他研究者提出的动力系统理论认为神经肌肉系统在对运动行为的选择中起着重要的作用。托纳斯和托马斯认为，基于认知和中心处理结构作用之上的运动行为的信息处理观点在运动行为研究领域主宰了 30 多年；但是动力系统观点(环境约束决定动作) 又为大家提供了一个可选择性的解释，并向主宰多年的理论提出了挑战。

研究领域

20 世纪 70 年代，许多话题引起了研究者的兴趣。研究者已经对很多方面都进行了研究：不同锻炼方式的有效性；不同类型反馈对运动行为的影响；运用认知策略改善运动行为；反应时间；学习迁移，即在一种环境下运动技术的学习如何促进或阻碍另一种环境下的学习。一些研究人员已经把重点放在研究特殊人群体育运动中的问题，比如在变老的过程中体位和协调性的控制。

在这个现代化时期，运动控制也逐渐成为一个专门的研究领域。运动控制研究者已经致力于研究各个动作是如何协调的，动作的连续性是如何得到控制的，以及信息是如何从周围环境中获得的，信息是如何用来设计和改变动作的。

动作技能和运动控制研究者会处理诸如此类的问题：

● 反馈方式和频率是如何影响技术的保持的？

● 练习的结构是如何影响技术的保持的？

● 怎样做才能促进使已获得的技能转化为新技术学习的能力？

● 当初学者从新手变为高手时，他的能力是如何转变的？

● 一个人对周围环境的观察力是如何得到加强从而提高技能的？

● 变老过程如何影响运动控制？特殊疾病（如帕金森）是如何影响一个人完成技术的能力的？

● 当教授一种技术时，比如投掷或发球，速度和准确性哪个更重要？

● 每个人不同的学习方式是如何影响他们掌握运动技术的？

21 世纪已经到来，科技的进步和对交叉学科研究的重视将加深我们对运动技术是如何习得和得到控制的理解。

信息处理模式

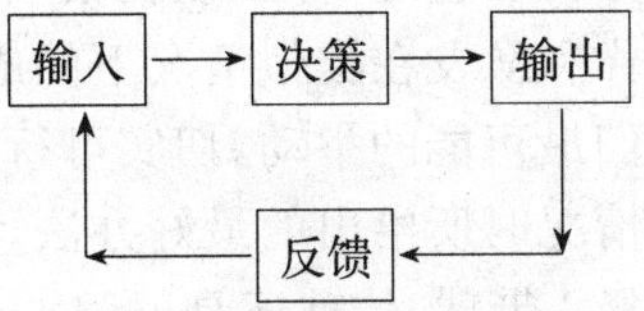

图 5－1　信息处理模式

用来解释运动技术是如何得以掌握和控制的过程的理论有很多，最常用的一种是信息处理模式。用最简单的话来说，信息处理模式分为四个部分或步骤：输入、做决定、输出和反馈。图 5－1 对这种模式作了说明。

输入是指从周围环境获取信息的过程。信息是通过感官系统来获得的。视觉、听觉、触觉及其他感官信息通过神经系统船到达脑的决策处理系统所在地。这就是输入的处理过程，即这些信息经过筛选、坚定、转译，然后有关的环境信号得以确认。用当前的信息和大脑储存的有关经验个体做出恰当的反应，然后决定下一个动作做什么。控制反应的“运动”从记忆中提取然后对反应进行组织。肌肉受到指令后开始收缩，在恰当的时机用适当的力度作出合适的动作。这种反应及其执行过程被称为输出。反馈是指有关动作完成情况的信息，及其质量、正确性和效果。反馈可以为接下来的输入做进一步的调整或者为下一个动作做适当的改动。从反馈信息中获取的知识对决策过程和成功输出都有很好的促进作用。当一个人对技术特别熟练时，往往是对利用反馈信息来提高自己能力的技术也越来越熟练了。

下面这个简单的例子可以解释信息处理模式是如何工作的。假如你在踢足球比赛，并且是你在控球，球在进球射程之内。你是会继续自己带球寻找一个合适的位置把球传给队友，还是会起脚射门？要做出这个决定，你必须首先从你在球场上的位置、你的队友及对手所在的位置，以及你和守门员之间的距离来获取信息。这些都是输入信息，接下来，在决策过程中，你必须利用你在以往足球比赛中的经验，尤其是与当前这种情况相似的情境去理解并分析所获得的信息。基于对信息的这

击剑是一项需要快速处理信息，在毫秒之间做出决定的运动

种分析和鉴定，你必须在很短的时间内做出决定。这一决定受很多方面的影响，比如你和队友在类似情况下的成功经历，根据对手在过去类似情况下作出的反应判断他们最可能的举动，切实可行的策略中哪个成功率最高，老师或教练在以前遇到这种情况时所给出的最好办法。你也可以考虑自己的能力和对自己的信心从而做出选择：带球、传球还是射门。

经过慎重考虑之后，你可以做出选择，然后实施所选择的步骤——带球、传球或者射门。最后，不管是在做出这些反应时，还是实施所选择步骤前后，你都会接收到有关你这一行为的反馈信息。这些反馈信息主要集中在你是不是按照最初的想法实施了这一行为和它的效果是不是成功（如你射进一粒球）。

老师应该对每个人学习技术的方式及影响他们的行为的因素特别熟悉。这有助于老师根据每个人的特点设计练习并创造最佳的学习环境。老师必须经过对教学方法、材料及教学步骤仔细的分析与选择之后才能给学习者恰当的输入。老师必须帮助学习者理解活动的目的，然后区分与之有关和无关的信息或信号，把学习者的注意力吸引到决策过程中所需要的信息上来，教会学习者忽略那些无关的信息。

接下来老师一定要帮助学习者成为一个聪明的决策人。要实现这一点，可以帮助学习者评价他过去的经历，解释技术和策略之中的“为什么”，直到学习者学会如何利用所掌握的反馈信息，确保学习者仔细考虑并正确理解所获得的信息。老师可以通过循序渐进的方法，给学习者提供足够的锻炼机会，使他们达到所需要掌握的技术的过程变得容易些。

最后，老师可以为学习者提供他的行为操作认识，并通过通俗易懂的方式与学习者交流信息，从而对学习者有所帮助。另外，老师一定要让学习者注意从技术实行过程中和有关行为效果的信息中所获得的反馈信息。这些信息能为学习者今后的活动打下基础。

从信息处理模式中你会发现，感官在动作技能的学习和运动行为中起着至关重要的作用。做决策时，视野是从周围环境收集信息或者说输入的最重要的感官之一。运动视野训练作为一个研究领域越来越受到重视。运动视野训练包括视野科学、动作技能学、生物力学、运动心理学、神经解剖学，这一训练将提高人们的能力。

21世纪伊始，对运动技术的控制与学习过程的重点研究已经进入了一个令人兴奋的时代。如今，动力系统理论已经引起研究者的广泛关注。科技的进步、越来越深的研究理论及跨学科的研究方法很可能对增强我们对动作技能的习得与控制的理解力会有很大帮助。明白学习者掌握技术的方式有助于老师使得学习进程变得更有效、更愉快——即减少了学习者的困难。专家也应注意一点，技术的学习是阶段性的。

运动技能学习的阶段

一个人学习运动技术时，从毫无技术到技术熟练，这一过程是分成几个阶段的。菲兹和波斯纳(Posner)将学习分为三个阶段：认知阶段、联结阶段、自动化阶段。老师必须要知道学习者每个阶段的特点，从而安排教学，进行指导。每个阶段要有不同的指导策略与技术，这样才能让训练更有效。

认知阶段

认知阶段是学习的第一阶段。在这一阶段学习者应努力去理解所要进行的活动的性质和目的。这一阶段，学习者可能比较关心这样的问题："我该采用哪种站姿？""我该怎样握球拍？""比赛中怎样才算得分？""这种泳姿的连续动作该怎么做？"学习者需要经常注意指导老师所提供的信息，这包括言语上的指导和所看到的信息——可能是对指导老师具体指导的理解或从录像上观看技术演示。通过分析这些信息，基于对任务的理解和对指导老师具体指导的理解，学习者便制定了自己的活动方案，如制定运动方案或执行方案。完成这个任务需要高度的注意力，因为学习者要把这个技术所分解的各个动作正确地连接起来做。

因为学习者是初次练习这个技术，所做动作难免有很多错误，往往是动作不好看，但可塑性很强。尽管学习者知道自己的动作不正确，但不知道怎样去改正。要想提高技术水平，学习者就要从指导老师那里得到具体的反馈信息，并用通俗易懂的术语与之交流。比如，一个人正在学习网球的正手击球，他必须集中注意力在场地上移动到正确的位置，握紧球拍，站姿正确，转身，注意球路，使球拍的前面与球接触以让球过网，转移身体重心，顺势动作，回到适当位置。初学者随时都有可能把球击过网，接下来有可能把球打在网上，把球打出场地或者根本接不到球。尽管初学者的动作看起来还算连贯，但并不顺畅，也不优美，缺乏像高水平运动员那样的动作的一致性。

表5-1 每个学习阶段的特点

认知阶段	联结阶段	自动阶段
学习者的学习重点 对技术目标的认知理解注意技术所包含的空间因素和连续性	注意运动中的时间因素	注意在实施过程中技术、策略的运用
表现特点 不顺畅，效率低，不稳定，很多严重的错误	有些顺畅，不稳定性减少，效率提高，多余的动作减少，错误减少，错误范围缩小	顺畅、效率高、动作细致，在时间和空间上控制，很好适应环境的要求
老师的教学重点 对技术和目标的性质进行总的概括；对所学技术的目的提供反馈信息；对技术、认知理解提供信息，进行示范	指导学习者注意出现的重要信号和反馈信息，提供大量的练习机会，协调个体差异	关注反应的细微之处，封闭式技术的协调性和开放式技术的灵活性；表现情况下技术的运用；有利于精进技术的反馈信息

联结阶段

第二个阶段是联结阶段。学习者已经学习了基本技术，现在应该把重点放在技术的改进上。在这一阶段应该学习技术的控制时间，使动作看起来更加顺畅。犯的错误会越来越少，但会重复犯同样的错误。学习者在执行任务时会意识到自己所犯的一些比较明显的错误，并利用这一信息对以后的表现加以调整。尽管还没有把握准确击球，网球运动员在学习正手击球时也会更多地注意到是成功地把球击过网还是球落在界内。运动员还会注意到接球后的顺势动作总是不成功，但是不会意识到球拍表面的角度需要调整。指导者会另外对学习者的具体动作进行指导并指出需要注意的相关问题。

自动化阶段

第三个阶段是自动化阶段。这个阶段需要经过大量的练习才能达到。学习者能很顺畅地完成技术动作并且极少出现错误。整个技术动作非常协调，让人看起来做得毫不费力。在这一阶段，这些技术几乎是习惯性完成的，根本用不着去注意掌握技术的各个方面；也不用去刻意地想该怎么做。网球运动员也不用去注意技术的基本要领，因此就可以集中精力去击球，变换球速，打旋转球或实施战术。此时学习者更善于发现错误并进行调整，从某种程度上来讲，他已经成为自己的老师。

每个人在这个阶段的进步速度是不一样的。有时也很难确定到底处于哪个阶段。要制定计划使学习更有效，专家必须对学习者不同阶段的特点及需要非常了解。专家也需要意识到影响学习的因素。

影响运动技能学习的因素

高技能运动员的表现就是学习自动化的例证

动作技能的学习指的是一个人的某种变化——一种练习和展示技术方式上的变化或者对待某一特定事物态度上的变化。学习是一个人行为上的良好的变化，尽管有些变化很快，比如一个人对某一问题有了深刻的见解。学习也可以是在有过某种经历或练习之后产生的结果的变化。在经过训练或受环境影响之后，学习会让一个人的行为得到改善。包括这几个方面：获得知识、提高运动技术、解决问题、为适应新环境做出调整，还表明一个人通过指导或自学来获取知识或技术。学习应贯穿人的一生。

要创造一个有效的学习环境，老师必须熟知影响动作技能学习的因素有哪些。下面就说一下这四个因素：准备、动机、强化和个体差异。

准备

成功获取信息或技术与否要看个人准备情况。准备可以从生理学和心理学影响个人能力及学习倾向的角度去定义。对儿童来讲，生理上的准备指的是一定的强度、柔韧性和耐力的形成，也指身体各器官系统的完善，从而可以控制自己的身体进行身体活动。心理上的准备指的是学习者的一种心理状态。一个人学习一种技术的感觉与状态或态度——或者说学习的欲望与倾向——将会影响对这一技术的掌握。要创造一个有效的学习环境，老师必须了解学习者的生理和心理状态。

老师要安排学习计划，就一定要对学习者在认知、情感和身体方面的特点及过去的经历特别熟悉。了解这些会对老师设计有益的学习环境有所帮助。为了让学习者获得成功的经验，避免当时因任务太难而感到力不从心所带来的挫折感，老师应恰当地安排学习者的学习进程。老师可以把学习任务设计得不难也不易。比如，许多的小联盟棒球队已经开始让年龄偏小的孩子只是击打放在球座上的球，而不是投掷的球。做这样的调整是因为研究发现年龄偏小的孩子追踪并成功击中运动中的物体是有难度的。让小孩子击中静止的球（把球放在球座上）可以让他们练习击中某一物体或击球的技术，从中尝到成功的滋味。当然从球座上打球要比击打投掷的球但打不到更能让孩子们有满足感。要调整学习任务就要考虑到学习者的生理状况是否良好。安排促进成功的学习进程会增强学习者学习的心理倾向。

动力

学习最基本的一个因素就是动力。“动力”这一术语指的是产生使某人达到某一目的的活动的条件。对动力的研究主要集中在行为的成因上，尤其是那些影响最初行为、行为的维持和行为强度的因素。需求和能动性是构成动力框架的两个方面。当人们感到还有未满足的需要时，他们便会着手做与之有关的一些事情。这种心理需求使得人们通过一系列适当的行为来满足意识到的需要。这一系列的行为就要求练习、努力、对知识的掌握或其他行为达到一定高度。比如一个人感到饥饿就会寻找食物。然而就认知水平而言，一个人要想达到一定的标准就需要掌握必要的知识。

动力是促使人们行动的最基本的刺激。这可能是一个人为了满足某一特定需要而去达到某一目标所必须具备的要求或欲望。术语“需要”指的是刺激行动发生的想法。比如，动力可能与锻炼的欲望联系起来，为的是要满足保持身体健康的需要。产生这种动力的因素可能是内在的，来源于自身想保持身体健康的想法，或者来源于外界压力，比如同龄人都想变得苗条。

学习实践要符合参与者的自身能力

尽管动机的本质是内在的，但也会受到外界的影响。无论说一个人的动机是内在的还是外在的都是很正常的。想要锻炼身体、娱乐或者考验某人的极限都是内在的学习动机；为缓解父母压力想要获奖或者赢钱而参加某项活动都是外在动机的例子。一名员工出于想改善自己的健康状况，可能要参加一个员工健身活动计划（内在动机）；另一方面，这位员工也可能是迫于老板的压力才参加的（外在动机）。内在动机对积极学习、行为表现和坚持参加活动比外在动机更有益。活动的意义在于它的学习和参与的动机，而不是奖品、惩罚或者分数。在体育教学、锻炼和竞技活动中，动机——比如想锻炼身体，想学习基本的运动技术，最终掌握某一专项的更高技术，或尽力想要做到最好——都是很好的例子并且应该得到鼓励。

专家应意识到个人参加体育教学、锻炼和竞技活动的动机是什么。学习和参加活动的个人动机有很大差别，所以，考虑到个体动机的差异是非常重要的。比如前面所提到的，一些员工健身活动的参加者可能是由于内在动机参加的；然而另外一些人，可能是在主管建议之下参加的，或者根本就不愿意去参加，这些是外在动机。在参加活动的过程中，由于外在动机的参加者也可能会发展成内在动机。会产生这种变化是因为专家使得活动变得具有挑战性、有意义而且让人满意。结果，曾经不愿意去参加活动的员工也会变得很有热情。

老师的行为也会对个人的动机产生积极的影响。在身体活动中，并不是所有人的积极性被刺激到同样的程度去学习新的技术。实际上，一些人根本就不用去激发学习。老师可以通过目标设定的方法来提高个人的学习动机，即为个人设定具有挑战性而又可以达到的目标。还可以通过改变学习环境，使学习过程更积极、更愉快来加强并成功转化学习动机。个人的动机水平还可以通过强化来提高。

强化

当期待中的行为出现时，体育教学、锻炼和竞技专家应当对学习者技能的强化学习的需要和在其负责之下的学习者的其他表现特别敏感。强化是通过事件、动作和行为来增强对某一反应（如某一技术或行为）再发生的可能性。强化有时是积极的，有时是消极的。如果出现预期的效果，那么强化就是积极的；如果阻碍预期效果的出现，那么就是消极的。成功地完成某一技术之后给予鼓励、表扬、称赞都是积极强化的例子。对个人成功的承认不仅能使正确的技术掌握得更好，而且还可能促使学习者继续努力去掌握技术。如果老师贬低某一没有表现好但付出努力的学生，而当他成功完成某一技术之后便不再轻视他，那么这个老师进行的就是负面强化。

强化刺激的方式有两种：一种是可见的，一种是不可见的。可见的指实物，比如奖牌或金钱。不可见的包括口头表扬、鼓励或点头认同。

研究表明，在某一反应后及时给予强化比延迟强化更有效，随机强化比一直强化更有效，因为强化对于接收者要有意义、显得重要或使之满意。

强化、动力、准备和学习过程是学习技能的重要因素。制定学习计划还有一个重要的方面就是个体差异。

个体差异

在任何学习环境下，不管是教孩子还是成人，教师必须明白在学习者中存在着个体差异。个体差异的重要性已经在准备、动力和强化阶段讨论过了。在制定学习计划时教师还要考虑到学习者其他的不同之处。

社会背景和经济背景应当在考虑范围之内——一些人来自中产阶级家庭，而有些人经济上则很贫困。刚进入到新的学习环境，这些背景因素会在很大程度上影响最初的学习经历。在这样的学习环境下，个人的体能差异会很明显，个人的智力差异以及所喜爱的学习方式有所不同，那么教师传授技术的方式也会有所不同。个性不同也应被考虑进去。有些人性格外向而有些人则比较内向。有些人特别迫切地尝试新的技术，然而有些人则不愿意或者害怕想到学习新的东西。

设计学习过程以适应个体差异需要老师精心的计划。要为能力不同的群体设计学校过程不是一件轻松的事，但也不是不可能。体育教学、锻炼和竞技专家应尽力去帮助每个人，使之做到最好。

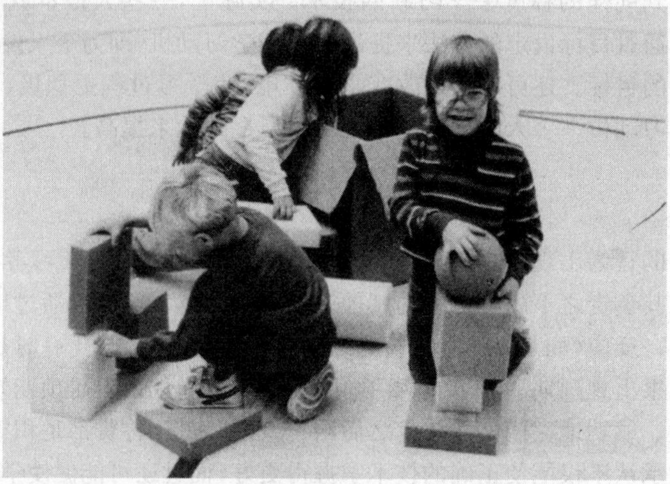

体育教师必须要调解所有学习者的个体差异。这些小学生正在视觉——动作课上摆弄着不同形状的物体

运动技能的概念

要设计动作技能学习计划，运动专家必须考虑学习者的准备情况、学习过程、个人特征、动力及强化需要的程度。从这一点上来讲，对可以促进动作技能和提高能力的其他概念、因素及条件加以考虑还是有帮助的。

1. 事件课程应安排好以创造最佳的学习环境。以有组织方式进行的练习课程对学习技能的多少有重要的影响。实践应当组织好以从学习环境中根除使人分散注意力的因素。指导者应确保学习者有良好的学习状态，有适当的器材和设备，学习者可以理解所给出的材料，明白学习条件充满着挑战性。

关于练习期和休息期的实践组织已经做了大量研究（文献中指的是集中和分散练习）。施米特在看完这个研究之后说：“我们应该意识到单一的最佳的练习期和休息期是不存在的。”设计练习应当考虑到要学习的任务的本质、学习者的特点、完成任务所耗费的精力以及安全问题。马吉尔（Magill）强调说实践课程设计应最大限度地增加学习者完成任务的机会。司登托普则强调最大限度增加学习者任务练习的时间的需要，以及所安排任务是否适合学习者水平的需要。

2. 学习者一定要理解所要学习的任务。帮助学习者去认识理解所要学习任务的性质是学习过程中的第一步。正如以前在学习阶段所说的，学习者必须制定并执行一个运动；这包括理解任务的性质，分析任务要求，找出完成任务的技术。这种任务概念对初学者起着一定的指导作用。

通常，学习者会在老师的口头指导下在头脑中建立起任务或技术的概念。但是，当遇到描述一个很复杂的动作的时候，老师也许会指示过多，这会使学习者承受不了，然后费很大的力气去处理大量的指导信息，比如要做什么，什么时候去做。信息太多反而使他们漏掉很多。应把指导重点放在任务的关键之处。

在帮助学习者理解学习任务这一方面上，言简意赅的言语指导连同其技术一起示范要比单纯的指导更有用。对技术进行示范能让学习者对任务形成一种印象。老师可以用指导性言语让学习者注意技术中的关键之处。最初学习者可以模仿所观察到的行为。孩子们经常自己模仿别人学习技术。老师也可以用技术娴熟的人的电影或录像为学习者提供行为模仿的榜样。

3. 设计练习时要考虑到所要学习的技术或任务的性质。技术的分类有很多种，为了便于学习，练习方式要适合所要学习的技术。

技术分类有其统一性。一种普遍的分类就是开放式与封闭式。这种分类是基于在完成技术的过程中周围环境是否发生变化之上的。开放式技术是在变化的或易变的环境中进行的，而封闭式技术是在稳定不变的环境中进行的。足球赛中的射门，网球比赛中的正手击球、击掷出球，在篮球场上运球完成一次上篮，都是开放式技术的例子。打高尔夫球时的开球，在三米跳板上完成一次向前翻腾两周半的动作，在高低杠或双杠上做规定动作以及罚篮都是封闭式技术。

老师的练习设计应反映出技术的实质以及最终完成技术的条件。在练习封闭式技术时，周围环境相对稳定，老师应把重点放在动作的协调性上。在练习开放式技术时，不断变化的周围环境（比如对手和队友的不停运动，球的速度和方向的变化）要求练习者也要做相应的改变以适应变化的环境。学生练习遇到的多种情形与实际运用技术时所遇到的情况是相似的，所以，练习也应是灵活多变的。

在开放式技术教学的最初阶段，老师应把周围环境控制在稳定状态以便于学习者学起来更容易。例如，在学习击打掷出球时，老师让学习者击打放在球座上的球；然后用发球机器以一定的速度和高度发球；最后练习者可以击打发球者发出的球，还要学习根据球的不同速度和高度来调整自己的击打方式。这样，尽管开始练习时是处于封闭式练习方式下，但一旦练习者技术熟练，开放式条件就会成为主导因素。在教授开放式技术时，老师应帮助练习者做到如何发现周围环境中需要改变相应反应策略的信号。封闭式技术的练习中强调反应的协调性，与之不同，开放式技术则强调反应的灵活多变性。在学习开放式技术时，为练习者创造易变的周围环境是非常重要的。

其他运动技术的分类还有雅观的与通俗的、独立的与连续的、自定进度的与被动进度的运动技术。对这些技术在本章的建议阅读部分会有更进一步的说明。

4. 对于教授技术是连贯教还是分解开来要考虑到任务的性质及学习者的学习背景。指导者必须决定是连贯教还是把动作分解成几个步骤来教。比如，在教游泳向前划水动作时，你是把整个动作一起教下来还是一步一步地来——手臂动作、腿动作、呼吸？在教篮球中的跳投时呢？或者教网球发球时？如果学习者技术娴熟并且有过相关的经验，那么哪种方法更好一些呢？

在这个领域已经进行了很多研究，但结果还是让人有些难以理解。一般来讲，指导者在教授非常复杂的任务时应分解开来教，每部分都应包括其单独的技术。对于那些每一部分之间都有着密切联系的技术（比如篮球跳投），应当作为一个整体去教。那些技术娴熟的有经验的学习者用整体教法会效果更好。技术一般的学习者或者注意力集中时间短的人（如孩子），如果用分解法教会学得更容易些。事实上，所有学习者在看完整个技术的示范之后都会从中获益；这会使学习者对所收到信息的组织能力和对技术的理解能力有所提高。

如果用分解法来教跳高，首先要教给学习者如何跑向横杆，然后教怎样跳，最后是如何落地。所有的环节都教完之后，学习者就可以练习完整的技术了。

还有一种方法是循序渐进法，即先分别教技术的前两部分，然后把这两部分连贯起来；再教第三部分，然后把这一部分与前两部分连贯起来，以此类推。比如在教授一整套舞蹈动作时，先教前两个动作随后进行练习；接着教第三个动作，再把第三个动作和前两个动作连贯起来，然后再把这三个动作作为一个整体进行练习。就这样逐渐增加动作，直到整套舞蹈动作学完为止。

教师在教既需要速度又需要准确性的动作时，必须决定该强调哪点

总之，对任务的安排设计，不管是它的复杂性、组织性，还是学习者的特点，在选择指导方法的时候都应该考虑进去。

5. 在学习技术的时候是侧重于速度还是准确性取决于对技术的要求程度。在学习技术的初级阶段，老师们常常要对教授学习者时是侧重速度还是准确性做出判断。比如，一个技术娴熟的网球运动员尽最大努力把球发到发球落点区，老师是要求速度、准确性，还是两者都要求？在学习棒球掷球时，老师是侧重于把球抛得尽量快、使球每次都落在好球部位，还是尽量每次都又快又准地落到好球部位？

这种情况——侧重于速度还是平衡——通常会涉及速度-准确的平衡问题。实际上，尽可能准确地练习技术就是把练习速度放慢下来，而要想最大限度地把速度打出来，准确性就差一些。当既要求速度又要求准确性时，二者质量都会降低。

不同的运动技术对速度和准确性都有不同的要求。棒球的发球和网球的发球对速度和准确性都有很高的要求。投标枪时速度比准确性更为重要。但是在网球吊球中，球在场地落点的准确性要比速度更为重要。老师一定要理解任务要求，根据不同情况设计练习。

研究表明，要想掌握技术就必须多加练习。当侧重于速度或准确性其中一种时，练习就变得相对简单。比如，根据研究结果，教投标枪时应侧重于速度，在网球吊球中侧重于准确性。但是对于速度和准确性都很重要的技术该怎么办呢？比如棒球掷球或网球发球。一种途径是在掌握了速度的基础之上尽可能地在准确性与控制上多下工夫。另一种方法是先放慢运动速度尽可能做到准确，然后，一旦掌握了准确性，再把重点放在速度上。还有一种方法就是速度和准确性同时侧重。研究表明，当速度和准确性同时都很重要的时候，两者同时同样都要重点练习。理论上，在慢速下掌握的运动技术在真正比赛时发挥就会打折扣，因为他要对此时的快节奏做再调整。所以老师要了解对某一技术的速度和准确性的要求程度，然后安排练习，从而使学习者为最后实战打下基础。

6. 学习迁移能使运动技术的学习更容易。原来的习得技术对新技术的学习或掌握的影响叫做学习迁移。这种影响可能是积极的，也可能是消极的。当先前的经验或技术对新技术的学习有帮助时，便会产生积极的学习迁移。比如一个会打网球的学生能很容易学会打羽毛球，因为两种技术对击球动作和球拍的运用的要求都很相似。大多数研究者认同的一种观点是当两种学习任务之间有或多或少的相似关系时，便很可能产生积极的迁移。我们再次用使用球拍类运动为例，比如平台网球、壁球、网球、短网拍墙球，以及羽毛球等，它们之间都有着部分与整体的联系，所以很多人都认为会产生学习迁移。然而学习迁移不是自动产生的。先前的经验越有意义，目的性越强，发生迁移的可能性就越大。在下列情况下发生学习迁移的程度比较深：聪明的参与者较多，练习的环境相似，学习者有为发生学习迁移做好准备的想法并且付出努力，能理解对最初学习任务最基础的规则或步骤，以及专门进行学习迁移的环境。

老师还应注意消极的学习迁移。当先前的习得技术对新技术的学习产生干扰时，便会产生消极迁移。比如一个刚刚学打高尔夫球的人第一次挥杆有困难，因为他先前的经验技术是垒球或棒球。这时往往会听到这样的话：你打高尔夫球怎么和打棒球差不多呀。

体育学家和教练员已经对从训练到实际比赛中的迁移技术产生了兴趣。为此，他们尽量做到练习模式和比赛环境相像，或者在队内训练时创造出在比赛中将会遇到的情形。比如，在一次篮球比赛之前的训练课上，教练就会让队员模仿对手的动作，为的是练习在实际比赛中与对手相似的打法。

学习迁移可能会使新技术的学习更容易，也可能更困难。体育学家应注意学习迁移的原则，并用积极迁移去促进新技术的学习以使练习者表现更好，迅速抵制消极迁移的影响。

7. 反馈对技能学习非常重要。反馈是影响对技能学习几个至关重要的因素之一。反馈是有关一个人表现的信息。反馈有几个方面的作用。首先，它能提供有关学习者表现的信息。通过这些信息，学习者就可以在下次活动之前进行相应的调整。其次，反馈能使学习者更加努力，增强正确的反应。最后，反馈能提供学习者进步的信息使之更积极主动。

反馈可以分很多类。纠错分类可以把重点放在活动效果或活动本身上。结果认识提供有关这一活动对周围环境影响的信息，由此学习者可以得知是否达到活动目的。操作认识提供活动本身的信息。操作认识是指学习者对与预期活动有关的正确完成情况的意识和感觉。比如在篮球赛罚篮时，运动员能很快知道活动的目标——把球投进篮筐——能否实现，这是结果认识。但是运动员甚至在球进筐之前就知道球会进，因为他“很有感觉”，这就是操作认识。学习者要对自己表现正确与否的“感觉”非常敏感才能获得操作认识；换言之，学习者要意识到自己的感觉对了或感觉不对。当学习者把实际结果认识与期望结果认识做对比，把实际操作认识与期望操作认识做对比时，以后的表现就会发生变化。学习者的今后表现也会相应调整直到出现预期效果。

反馈根据来源或传递给学习者的时间进行分类。当反馈来源于学习任务效果或技术本身时，会被看做是内部的。网球发球时得 1 分，踢足球时射门使球刚刚进入球门，篮球赛时罚球得了 1 分都是内部反馈的例子。来自外部的信息来源比如指导员、朋友或录像资料都是外部反馈或放大反馈。学习者在练习技术时接收到反馈信息我们说两者同时进行。当整个练习过程完成之后收到的反馈信息叫做终端反馈。反馈信息往往是多种信息来源的集合体。比如，学习者在练习的同时老师给了他外部反馈。一个足球运动员看到球进入球门接收到的是内部终端反馈。

专家怎样才能有效地利用反馈信息呢？多契夫(Docheff)说对反馈信息最有效的利用应包括一般信息和具体信息。在提供反馈信息这一点上，给体育教学、锻炼和竞技专家以指导的是一个简单的方法：运用“反馈三明治”。反馈三明治具有反馈的三种作用：强化、提供信息和产生动力。比如，“鲍勃(Bob)，做得不错。球与肘成一直线，投篮时就会瞄准了。继续努力！”体育教学、锻炼和竞技专家应该考虑利用具体的反馈信息。反馈应该是积极的并且和教学过程相关联。反馈三明治对专家的指导可以让他们的反馈更有意义，更有效。

人们已经意识到反馈在学习技术中的重要性。在学习技术的最初阶段反馈尤其重要。事实证明，结果认识对学习开发式技术更有帮助，而操作认识则对学习固定式技术非常有益。对于技术娴熟的学习者，不管是固定式技术还是开发式技术，操作认识显得更有帮助。反馈信息要通过有意义的方式传达给学习者。老师可以帮助学习者使之意识到可获得的反馈信息，并教学习者如何利用这些信息来提高自己的能力。

8. 学习者的能力经历稳定状态。一个人掌握技术的熟练程度从他的表现就可以判断出来。当刚刚学习新技术时，最初的进步相当快。随之而来的可能就是一个稳定期或者几乎没有进步的一段时期。最终通过练习又会取得进步。

稳定期的出现有多种原因，比如失去兴趣，没了动力，对所要达到的目标没有一个清晰的概念，捕捉不到正确的相关信号，在学习过程中对于从基础技术到复杂技术的转移没有做好准备，或者糟糕的学习环境。老师应该意识到稳定期的到来以及学习者在活动中没有进步或进步不明显的情况。老师要特别注意不要急于引入新的学习内容或新的技术，应给学生们足够的时间去掌握。老师还应注意观察影响学生进步的身体方面的因素，比如疲劳，没有力气。一些人因为受到诸如速度、耐力或其他身体方面的生理限制，总是不能突破某一水平。然而，这往往不是生理问题引起的，而是必须要克服的心理问题。通过一些技术训练来提高学习者的学习兴趣和热情，这些情况都会逐渐好转。

9. 应该培养自我分析能力。在学习技术的最初时期，学习者需要老师不断的指导和帮助。但是随着技术的掌握，学习者应越来越少地依靠老师而应越来越多地依靠自己。一个好老师会让学习者成为自己的老师，这包括为学习者提供自我批评和分析的机会。应教会学习者怎样去发现并改正错误。通过帮助学生逐渐意识到自己的表现和提高能力的技术，老师才能让学生学会终身学习。

10. 老师的指导能力在很大程度上决定了学习的多少。老师应确保学习者对将要实现的目标有一个清晰的认识。练习的设计应最大限度地为学习者创造练习技术的机会，并尽可能减少不见成效的活动，如等待。老师要一直注意学习者正确与不正确的表现并鼓励正确的表现。通过为学习者创造品尝成功的机会和提供有意义的活动能增强学习者的学习动力。老师应为学习者提供与学习者水平相当并且能被其理解的材料，还要注意他们之间的个体差异。老师应充分发挥自己的能力以促进学习者的学习。《身体活动指导方针》表对提高能力的动作技能的概念做了总结。

身体活动指导方针

1. 运用信息处理模式以帮助安排学习进程。
2. 指导方式与个人学习阶段相对应。
3. 当教授新技术和提供新信息时要考虑到个人的学习水平。
4. 考虑到个人发展水平的三个方面——认知、情感和精神方面，设计指导过程。
5. 通过学习积极性这一因素的巨大影响促进学习。

续 表

6. 进行正面强化以增强反应满意度。
7. 选择适合各种能力的学习者所需要的教学方法时要考虑到个体差异。
8. 安排好联系可以创造最佳的学习环境。
9. 帮助学习者理解所要进行的学习任务及其要求。
10. 设计练习课时，考虑到技术或任务的性质。
11. 在决定用整体方式还是用分步方式教授学习技术时，对任务要求和学习者的学习背景进行评估。
12. 在决定是速度还是准确性是教学重点时，要对技术的要求进行研究。
13. 通过正向转移促进学习。
14. 利用适当的有意义的反馈信息以帮助学习者修正他们的行为，刺激他们，强化他们的努力成果。
15. 为处理能力发展的平稳时期做好准备。
16. 帮助学习者发展自我分析技术。
17. 具有达到预期目标的领导能力。

运动技能的形成

动作技能的形成也包含在运动行为的广义范围之内。动作技能形成的概念和范围，作为体育分支背景的出现及其研究领域在本章中都做了简短介绍。

定义和范围

动作技能的形成是对终身运动行为的起源和变化的研究。动作技能的形成包括从幼儿到老年生物学（遗传）和环境对运动行为的影响的研究。这包括对运动行为是如何受心理学、社会学、认知、生物、力学等综合因素的理解。

加拉休（Gallahue）和奥兹蒙（Ozmun）认为，对动作技能形成的研究要用到过程方法和结果方法两种。"作为一种过程，动作技能的形成包括基本的生物环境和任务要求，这些要求影响从幼儿到老年的个人运动行为和运动能力。作为一种结果，动作技能的形成被看做是说明性的或规范性的，出现在人生的各个阶段（幼儿时期、童年时期、青少年时期、成年时期），对这些阶段的研究反映出研究者的特别的兴趣。"

发展历史

动作技能的形成可以上溯到发展心理学。加拉休和奥兹蒙认为动作技能的发展经历了三个阶段，分别是：形成阶段（1928～1946）、规范化阶段（1946 年到 20 世纪 70

年代)和以过程为目的的阶段(20 世纪 80 年代至今)。

形成阶段是动作技能形成过程在体育界作为一项研究的开始。在这一时期,研究者的兴趣在于研究动作技能形成的基本生物学过程。早期研究者,如阿诺德·格塞尔(Arnold Gesell)(1928)、莫特·麦格劳(Myrtle McGraw)(1935)、玛丽·雪莉(Mary Shirley)(1931)和南希·贝利(Nancy Bayley)(1935),研究从幼儿到儿童时期动作技能形成的连续性。他们的工作使人们对动作技能形成的正常发展过程中从早期简单活动到成熟活动模式的连续性有了更深的理解。研究人员发现,尽管儿童掌握运动技术的速度是不同的,但学习过程的连续性是相同的。威尔德(Wild)1938 年对学龄儿童的投掷行为的研究是第一项着重针对儿童(而不是对幼儿)的基本动作形成的研究,他把儿童时期的投掷模式分为几个阶段。他的研究后来成为儿童发展运动模式分类的典范,并在这一领域影响多年。

规范化时期重点研究儿童的运动表现而不是幼儿的动作技能的形成。体育学家已经就此做了大量工作;安娜(Anna)、鲁思·格拉斯(Ruth Glassow)和劳伦斯·拉里克(G. Lawrence Rarick)一直处于这个领域的最前沿。这些带头人致力于儿童对活动技术的掌握以及他们的成长和成熟过程是如何影响其能力的发展的。在 20 世纪 50 年代到 60 年代动作技能形成这一领域确立了其博士研究项目,他们为此做出的努力和带头作用,为动作技能的形成在体育界作为一项新领域的研究的出现作出了贡献。

这一时期研究的另一领域是感知动作技能的形成。当执行运动技术时,感官信息,尤其是视觉信息,对技术的完成有指导作用。正如加拉休和奥兹蒙所讲,最新的感官信息与过去的信息相融合储存在记忆中指导运动反应。运动本身的感知反馈信息也是感知动作技能形成的很重要的一个方面。在 20 世纪 60 年代后期和 70 年代早期,随着体育界各学科的发展,动作技能的形成、动作技能的学习和运动控制作为分支学科出现了。随着研究范围的扩大,早期的研究得以延伸,新的研究领域得以发展。20 世纪 60 年代到 80 年代的研究者,如拉里克和罗伯特·马利纳(Robert Malina),致力于研究动作技能的发展与成熟对运动行为影响的理解。拉尔夫·威克斯特龙(Ralph Wickstrom)对基本运动能力的研究有助于我们更充分地理解这些重要的技术。洛拉斯·海沃森(Lolas Halverson)、玛丽·安·罗伯顿(Mary Ann Roberton)、弗恩·西菲尔特(Vern Seefeldt)和约翰·霍宾斯崔克(John Haubenstricker)致力于研究对基本运动技术形成的理解,即儿童在掌握技术时所经历的几个层次或阶段。

20 世纪 70 年代,研究人员对终身运动技术的形成过程越来越感兴趣。凯文·康诺利(Kevin Connolly)的《运动技术的形成机制》(*Mechanisms of Motor Skill Development*)一书为运动技术形成的认知过程的进一步研究奠定了基础。杰里·托马斯(Jerry Thomas)是研究认知因素是如何影响儿童掌握运动技术的带头人之一。

大卫·加拉休(David Gallahue)和凯瑟琳·海伍德(Kathleen Hayward)为终身运动形成的研究做出了很大贡献。其他研究者，如埃斯特·西伦(Esther Thelen)、思科特·凯尔索和简·克拉克(Jane Clark)也在力学理论基础之上创建了理论框架，对动作技能的形成进行研究。动作技能形成中对形成过程理解的重点研究对现在的研究依然起着重要的作用。

研究领域

许多广泛领域的研究都属于动作技能形成的范畴，包括年龄对掌握运动技术的影响及作为对理解运动是如何形成和控制的准则的理论的形成。动作技能形成领域的专家会关心诸如此类的问题：

- 与肥胖有关的最重要的遗传因素和环境因素是什么？
- 多大的孩子可以进行耐力训练？
- 社会经济状态是如何影响运动技术形成的？
- 掌握基本运动技术要经历哪几个发展阶段？哪些因素影响其发展进度？
- 早期的感官刺激是如何影响运动技术的形成的？
- 运动技术的形成一生要经历哪些变化？

因为体育教学、锻炼和竞技方面的专家有责任帮助各个年龄段的人掌握并提高他们的运动技术，所以，不管是从理论角度还是从应用角度来讲，动作技能的形成对体育界专家都非常重要。

运动技能发展的阶段

当今对动作技能形成的研究侧重于考虑影响终身动作技能发展的诸多因素。其形成是一个相互关联的过程。据加拉休所讲，对动作技能形成的研究必须"包括影响动作技能形成的认知和情感行为的生物和环境方面，还必须经过不同年龄阶段的各个时期。如果说对练习者有什么价值的话，对动作技能形成的研究不仅只侧重于技术娴熟的练习者……而且一定要分析并记录各个年龄段的人能做什么……"

加拉休发明了一种沙漏模式来说明形成过程是怎样一种连续性，从出生开始贯穿人的一生，直到死去，在沙漏中"生活的本质是沙子"。加拉休把沙漏看成是从两个容器分别倒出进入沙漏的，分别代表遗传和环境两方面对发展过程所起的作用，"遗传容器"有一个盖子，反映出从一开始我们的基因构造就是不可更改的，这样，容器里沙子的容量就是固定不变的。第二个容器：环境，则没有盖子。这样更多的沙子从环境中加到容器里，多余的沙子就流到沙漏里了。

在动作技能形成早期的本能反应阶段(从生命孕育到1周岁)和初级阶段(从出生到2周岁)期间，沙子最初是从遗传容器注入沙漏的。在2岁以前，动作技能形成的连

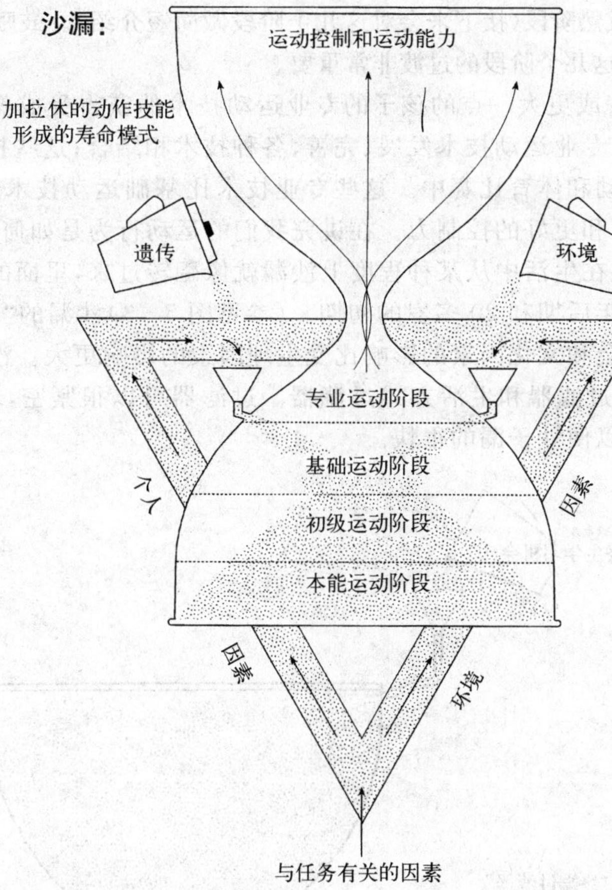

图5-2 加拉休的动作技能形成的寿命模式，用“沙子”来填充沙漏(比如生活的本质)

【资料来源】Gallahue DL and Ozmun JC：Understanding motor development：infant，children，adolescent，adults，ed 5，New York，2002，McGraw-Hill，p. 53.

续性是固定不变的。比如就初级运动而言，孩子时先学坐再学站立，然后是走路。但是，儿童掌握这些基本技术的速度有相当大的可变性。掌握运动技术的这种可变性要伴随人的一生。当人们——幼儿、儿童、青少年和成年人——在适于学习的环境中有额外的机会进行练习，得到鼓励接受指导时，运动技术的掌握更会得到促进。当这些机会缺乏时，运动技术的获得更会受到限制，运动技术的掌握速度还受到任务性质和任务要求的影响。

在基础运动阶段(2～7 岁)儿童开始发展基础运动技术。比如，跑、跳、投、捉和踢。加拉休把这些基础运动技术的获得分成三个独立的但有些重叠的阶段：初级阶段、基础阶段和成熟阶段(接下来会对这几个阶段做简短介绍)。鼓励、指导和多多的练习机会对儿童这几个阶段的过渡非常重要。

7岁到10岁或更大一点的孩子的专业运动技术的获得受成熟技术和基础技术水平的影响。专业运动技术发展、完善、各种技术相结合；这些技术可以用在日常活动、娱乐活动和体育比赛中。这些专业技术比基础运动技术形式更加完善，有更高的精确度和更好的控制力。在讲完我们的运动行为是如何形成的之后，加拉休形象地描述在生活中从某种程度上沙漏就像翻转过来，里面的沙子开始倒出来，尤其是青少年后期和20多岁的初期。(参见图5-3)沙漏的"翻转"时期是可变的，并且受社会和文化因素的影响比受生理因素的影响更大。沙子从两个过滤器中倒出：遗传过滤器和生活方式过滤器。过滤器可以很紧密，让沙子漏的慢；也可以很稀疏，以便沙子漏的很快。

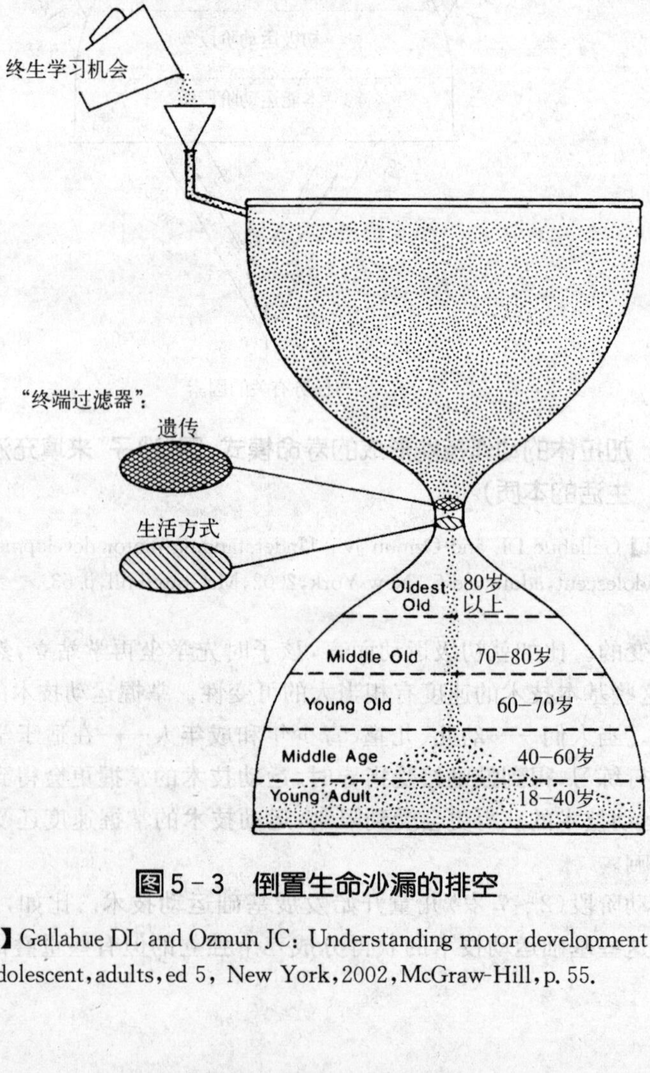

图5-3 倒置生命沙漏的排空

【资料来源】Gallahue DL and Ozmun JC: Understanding motor development: infants, children, adolescent, adults, ed 5, New York, 2002, McGraw-Hill, p. 55.

遗传过滤器代表了我们的遗传特性，不管是长寿的人还是有冠心病的人都是一样。沙子还从以环境为基础的生活方式过滤器中通过，从某种程度上来讲，我们可以对它加以控制。身体健康、营养状态、身体活动、抗压程度及精神健康影响过滤器的密度，沙子就在这样的状态下以这样的速度往下漏。尽管我们不能阻止沙子通过沙漏，即变老过程，但我们可以控制其下落的40%的速度。加拉休对此如是说：作为这些领域的专家，我们一定要帮助人们往他们的沙漏里添更多的沙子，以减慢沙子通过生活方式过滤器的速度。他指出甚至当沙漏翻转过来沙子快漏完时，我们仍有很多机会为沙漏加更多沙子，从而增加我们的寿命。

几种基本的运动技能

基础运动技术的范围很广，这些技术是成功进行游戏、参加比赛、跳舞和健身活动的基础。这些技术分为移动动作技术、原地运动技术和控制运动技术。移动动作技术是指那些身体在空间上移动的技术，包括跑、跳、滑。静止运动技术或轴运动一般是在一个相对静止的位置完成，用一个稳定的支点支持。原地运动技术一般是在适当的位置进行，包括弯腰、肢体伸展、推。控制运动技术用在控制物体上。投、抓、打击、踢等都属于控制技术。

各种基础运动技术的结合就创造出许多活动中所必需的专业动作。比如：投垒球时就需要滑（移动动作技术）、投（控制运动技术）和旋转（原地运动技术）等动作的结合。其他专业运动技术需要更加复杂的运动技术的结合。

接下来就对移动动作技术、原地运动技术和控制运动技术的部分动作做简单的分析。儿童学习技术时也应掌握对练习技术很重要的相关知识。这些知识能提高儿童对技术的理解力，并为将来学习打好基础。

基础运动技术

移动动作技术	原地运动技术	控制运动技术
走	弯曲与伸展	投
跑	转动和旋转	抓
跳和着地	推和拉	击打物体
单腿跳	摆动	运球
跨跃(leap)		踢
滑步		空中截击
快跑		
跳跳(skip)		
躲闪		

移动技术

以下要讨论的是移动技术：走、跑、跳（跳远和跳高）、单腿跳、跨跃、跳跳、滑步和飞跑，这些是小学生最常用的技术。学生们探究并运用这些技术并与原地运动技术相结合，为更复杂的运动技术的运用打下了坚实的基础。

走 走路迈步时重心从一只脚转移到另一只脚。走路时身体的重心一直向前移。从脚后跟到脚底突出部分再到脚尖。两只脚并列向前走，脚趾指向前方。有一只脚一直和地面接触，这就是支撑脚。身体笔直，抬头。手臂的动作与腿的动作相互协调，一侧的手臂和另一侧的腿运动方向一致。这些动作是有节奏的、自然的。

跑 跑与走在几个方面是相似的，但也有一些明显的区别。跑的速度更快，一步的距离更长，腿的弯曲与伸展程度更大，并且有一瞬间身体没有地面的支持而离地。跑步时身体略微向前倾斜，并把身体的重心放在前脚的上方。与腿的方向相反，手臂前后摇摆，为跑步增加力量。

跳 根据目标任务的不同，跳的方式也不同。跳远和跳高是最常见的技术。比如立定跳远，先屈膝，使上半身下移呈下蹲姿势。当身体在脚的支撑下往后时，手臂则向下并摆到臀部之后。起跳时，手臂前后晃动，并与脚和腿相协调使之有力地伸展开来。身体被推动向前好像去够身体前方的某一物体。膝盖在空中弯曲为的是脚不会过早着地。脚落地时，膝盖要弯曲以缓解冲击力，然后身体向前倾，下落。

单腿跳 单腿跳是指一只脚有力地蹬地离开地面，整个身体在空中有片刻停留，然后用同一只脚落地。离地的动作需要用脚趾和脚底的突出部分（支撑脚）协调用力，另一条腿的膝盖弯曲并且脚离开地面（非支撑脚）。双臂向上用力以帮助身体上升，脚趾、脚底突出部分和脚后跟先后落地。膝盖略微弯曲以减轻落地的冲击力。手臂和支撑脚也会用来帮助身体达到平衡。单腿跳两只脚都应练习。

跨跃 与跑相似，跨跃是指一步向前跨过一段距离或者跨跃障碍物。跨跃是扩大的跑步，每一步的距离更长，身体在空中跳跃更高。离地的脚的脚趾最后离地。落地时，另一只脚的脚底突出部分先着地，手臂向上向前伸展以辅助身体跨跃时向上提升。双腿往往是在空中伸展开来。为了给跨跃一个冲力，在跨跃之前有一段短距离助跑。

跨跳 跨跳是迈步和单腿跳交叉进行的动作。先一只脚迈一大步，然后用同一只脚单腿跳。接下来用另一只脚往前迈一步，再用同一只脚单腿跳。为了保持平衡，手

单腿跳是一个基础动作。像跳格子游戏就可以使人愉快地锻炼这种技能

臂的挥动方向与腿的方向相反。

滑步 滑步是身体向一侧运动，身体重心随着滑行的方向而转移。向右滑行时，右脚迈向一侧（主导脚）；然后是左脚（跟随脚）迅速地向右脚靠近。这时重心就从主导脚转移到跟随脚上来了。右脚依然是滑行动作的主导。身体保持向上的姿势，手臂用来掌握平衡。两腿不能交叉。滑行的左右方向都要练习。

飞跑 飞跑和滑行相似，只是运动方向一直向前。一只脚主导向前运动（主导脚），迈一步之后，跟随脚被带动迅速与主导脚靠近。迈步的脚一直是主导脚。左右脚都要作为主导脚进行练习。

原地运动技术

原地运动一般都是以稳定的支撑点为基础。这里讨论的原地运动技术有弯曲、伸展、旋转、转动、推、拉和摆动。一般来说，这些动作都是通过体位的改变适时地进行的（如站、坐），还可与移动动作相结合。

弯曲与伸展 弯曲是身体各部分在关节弯曲之处越靠越近的运动。比如，通过在髋关节弯曲去够脚趾，一个人就会使髋关节上下身体部分之间的角度越来越小，这就是弯曲。弯曲运动可以有几个方向：比如向前、向后、向一侧或者圆形运动。弯曲的幅度取决于关节的类型。球窝关节的运动量最大，髋关节和肩关节都是球窝关节。屈戌关节只能进行前后运动，膝关节是屈戌关节。

伸展是指身体在关节之处正常展开或者过度展开。伸展与弯曲正好相反。大多数完全伸展的运动只是与关节相连的运动躯体成平角（180°）。但是在有些活动中（比如投掷）用腕力，这就需要过度伸展以为投掷增加外部的推力。

弯曲与伸展对维持身体的柔韧性非常有必要——能使关节运动发挥到最大限度。弯曲与伸展的动作在日常生活中最为常见(如穿衣、洗澡)，并且对身体活动特别重要。老师应为学生提供锻炼并精进技术的日常活动。

转动和旋转 转动是指整个身体旋转或身体一部分在一个固定支撑点绕轴旋转。转动可以发生在颈部、肩部、脊椎、臀部、脚踝和腕部。身体可以有不同的姿势，如站、躺。转动也是弯曲和伸展运动，转动的幅度取决于关节的类型。

旋转一般是指身体在空间上的旋转。身体转动时，其支撑点从一个位置转移到另一个位置，向相反的方向跳起或下落。绕枢轴运动都是旋转，转动往往是为了产生旋转。旋转应该向两个方向练习，向左、向右、顺时针和逆时针。

推和拉 推是增加身体和物体之间距离的一种强有力的行为。推可以使某一物体离开身体或者身体离开某一物体。在摔跤比赛中把对手推开或把一个盒子推到地板另一端就是推的两个例子。恰当的身体姿势能增强推的效果。向前跨一步增大了身体的支撑点；屈膝可以降低身体重心，加强身体的稳定性。身体各部分力量恰到好处的结合有助于防止后背受伤。

拉是缩短身体和物体之间距离的有力的动作。拉的动作可以使身体和物体越来越近。拉可以扩大支撑点的范围，降低重心，能增强力的效果。在拔河比赛中，参加者都扩大支撑基点范围，尽最大努力把对方拉过分界线。对抗练习和划船中推和拉的动作都会用到。稳定的可以控制的动作都会用到推和拉。

摆动 摆动是身体部分或整个身体围绕静止的中心点做圆形的或钟摆式运动。中心点可以是关节(比如晃动手臂的肩关节)，也可以是身体之外的一个轴(比如在单杠上晃动)。当使身体静止的必要的外力突然消失了，重力便会使身体晃动。在多数的身体运动中，肌肉收缩的力对保持身体晃动是必需的。摆动应是连续的、有节奏的，并且要自由摆动。

运动控制技术

运动控制技术包括对物体的推动和控制。身体可以把力作用于一个物体，也可以在接到或控制物体时对力进行缓冲。在这里对投、抓、踢和敲击等控制技术作简单介绍。

投 投掷一个物体会用到低手、体侧或肩上投等形式。因为肩上投的形式无论是孩子还是成年人都用得最多，所以在这里介绍一下。

投掷时，用投掷手的手指握住球。开始投掷时，球往后拉，身体旋转以使对面正对着目标。这时身体重心转移到与投掷手相同一侧的脚上。手臂在肘关节处弯曲，肘稍微给手臂力量向前做投掷动作。手臂加速，后面一只脚向前迈一步，同时臀部向前转动。手臂迅速展开，手腕突然发力，球便出手了。手臂随着投掷的方向运动，然后落下来绕过身体。

抓 抓是用手停止或控制某一物体。物体靠近时，要判断出在哪里可以截到它，移到与物体运动轨迹一致的某一位置，伸出手做有效的接应。眼睛随着物体的移动而转动，两只手都伸出去接。用手抓住物体，用手臂和手拉近身体以减少物体的冲力。

踢 踢是用脚和腿给物体以力。踢静止的物体是踢运动中的物体或悬空物体的基础。

踢的时候，支撑脚放在物体旁边。膝关节弯曲，踢物体的脚从臀部自由运动成一弧形摆到物体所在之处。脚接触物体时，膝盖伸展，身体向后倾斜以保持身体平衡。踢物体的脚继续随着物体飞出的方向运动。手臂放松，与腿的运动方向恰好相反，眼睛注视着踢出的物体。

击打 击打是用身体的一部分（如手）或用具（如板网球球拍、网球拍、乒乓球拍）对静止的或运动中的物体施加力量。与被击打的物体的特点一样，用具的长度、大小和重量也会影响到运动形式的性质。前面已经讲过"踢"也可以认为是击打的一种，击打动作在打球时比较常见，身体应与飞来的球的路线一致。双脚一前一后约与肩同宽，身体向后转。重心移向后面的脚，球拍向后挥动。在接触球之前，眼睛一直注视着球的运行。身体重心朝着要击打的球的飞行方向移向前面的脚，重心转移时在髋骨的作用下，臀部和身体朝同一个方向转动。手臂向前运动使球拍与球接触，随球动作顺着球飞的方向。

基本的运动技术是专业比赛、运动、舞蹈和健身活动发展的基础。这些技术是未来发展的基础。掌握终身运动技术要先掌握这些基本的运动技术。所有的孩子，不管是技术娴熟的还是毫无经验的，都需要多多的机会和大量的训练来打好这些重要的运动的基础。（在在线学习中心可以看到有关运动技术形成的更多信息）

基本运动技能的形成

动作技能形成领域的研究专家对儿童掌握运动技术所经历的连续阶段和交叉阶段进行了研究。为了更好地说明掌握技术的过程中所发生的变化，要对与掌握基础运动技术相关的各个阶段作一个简单的概括。儿童在掌握基础运动技术的过程中要经历三个阶段：入门阶段、基础阶段、成熟阶段。表 5－2 和图 5－4 以肩上投掷方式为例对三个阶段作了说明。

表5-2　肩上投掷的发展顺序

Ⅰ. **投掷**

A. 入门阶段

1. 动作主要由肘部发出
2. 投掷手臂的肘部始终保持在身体前方，动作跟推相似
3. 手指放松地展开
4. 跟随动作向前，向下
5. 身体和目标保持垂直投掷过程中有轻微的旋转动作
6. 身体重量在后面以保持平衡
7. 双脚保持不动
8. 在准备投掷之前双脚经常毫无目的的移动

B. 基础阶段

1. 在准备阶段，手臂向上、向侧面、向后摆动以达到肘部弯曲的位置
2. 球放在头的后部
3. 手臂向前晃动，高过肩部
4. 在动作准备阶段身体向投掷的方向旋转
5. 肩向投掷的方向旋转
6. 随着手臂向前，身体向前弯曲
7. 身体重心向前有明显的移动
8. 脚迈出的方向与投掷手臂的方向一致

C. 成熟阶段

1. 手臂向后晃动为投掷做准备
2. 为了投掷手臂的预备动作做准备，另一手臂的肘部举起以保持平衡
3. 投掷手臂的肘部伸展时水平向前移动
4. 前臂旋转，大拇指指向下方
5. 准备阶段身体明显向投掷的方向旋转
6. 投掷肩部稍微向下降
7. 投掷时臀部、腿部、脊柱和肩部有明显的旋转
8. 准备活动阶段身体中心在后面的脚上
9. 随着身体中心的移动，另一只脚向前迈一步

Ⅱ. **存在的困难**

A. 向前移动的脚与投掷手臂在一侧
B. 后摆动作不够舒展
C. 投掷手臂向前时不能转动胯部
D. 投掷手臂另一侧的腿迈不出去
E. 手臂与身体的运动不能有节奏地协调好
F. 不能按照预期的轨迹把球送出
G. 投掷时不能保持平衡
H. 手臂向上旋转

入门阶段反映出儿童练习技术的最初想法。对技术的空间与时间糟糕的结合是这一阶段的特征。在这一阶段，技术各部分之间的连续性不太好，身体不怎么转动，对身体的利用过度，没有节奏感，并且动作协调有困难。处于这个阶段的孩子一般在两

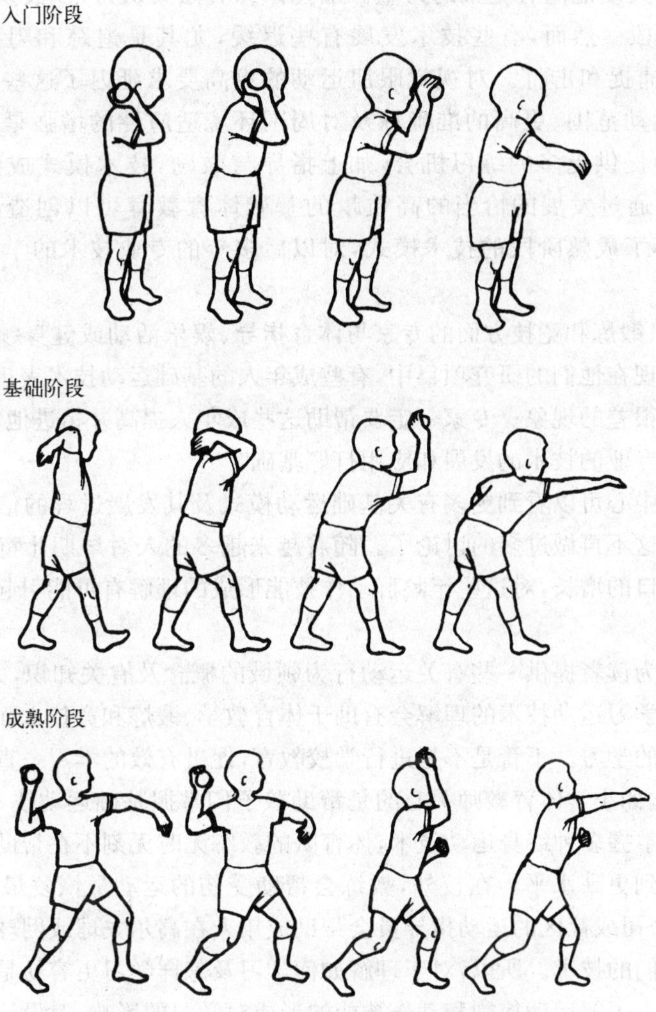

图5-4 肩上投掷方式的发展阶段

周之内。

基础阶段呈现出对动作更有效的控制和更好的协调性。动作在时间和空间上的一致性也有所改善,动作的协调性也更加顺畅。但动作还是放不开或者过大,力学原理没有得到连贯的运用。三到四岁的孩子一般处于这个阶段。加拉休和奥兹蒙认为,许多人在有些动作上都突破不了这一阶段。如果你曾经观察过成人进行肩上投掷,此时你会用基础阶段的模式去看待它。比如,向前迈一步的脚应是投掷手臂一侧的脚,而不是另一只脚。

成熟阶段的标志是运动效率的提高、协调性的改善及控制力的增强。身高的增加和力气的增大使他们有更大的力量。加拉休和奥兹蒙认为，多数孩子五六岁前就会达到成熟阶段。然而，有些技术发展有些迟缓，尤其是追踪和阻截某物体的控制性技术，如捕捉和击打。对视觉眼肌运动的更高要求延迟了这些动作技能的发展。更大的运动范围、更高的准确性及对周围环境适应性的增强是这一阶段的特点。为练习者提供更多的练习机会，加上指导与鼓励，技术模式成熟阶段的形成就会加速——通过发展的恰当的高质量的基础体育教育可以创造出很多这样的机会。掌握不了成熟阶段的技术模式，对以后多年的专业技术的学习会产生不利的影响。

体育教学、锻炼和竞技方面的专家与体育指导、娱乐活动或健身领域的成年人一起工作时会发现在他们的研究项目中，有些成年人的基础运动技术表现出初级阶段或成熟阶段发展很差的现象。专家一定要帮助这些成年人提高并精进他们的运动技术，以便他们为更专业的技术的发展和应用打好基础。

在线学习中心可以看到更多有关基础运动模式及其发展过程的信息。对有关动作技能形成在这不再做过多的讨论了。随着越来越多的人对早期儿童教育的重视及美国老龄化人口的增长，对这些年龄群动作技能形成的理解有可能引起越来越广泛的关注。

本章旨在为读者提供一些有关运动行为领域的概念及有关知识，并作简单概括。对于人们如何学习运动技术的理解会有助于体育教学、锻炼和竞技方面的专家设计练习以进行有效的学习。不管是不是进行学校教育，促进有效的学习一直是专家所关心的。在学校，比如小学体育教师关心的是帮助孩子们掌握基础运动技术，中学老师更注重帮助学生掌握多种终身运动技术，体育队的教练无时无刻不在帮助运动员精进必要的技术以达到更高水平。在校外，教练会帮助受伤的运动员恢复最有效的运动模式，然而一个公司或社区的运动指导员会帮助成年人在高尔夫球或网球这类终身身体活动中精进他们的技术。所以，对于理解如何学习及怎样学习更容易是运动专家应掌握的重要知识。了解运动控制和动作技能的形成对学习的影响，对设计学习计划也是非常有帮助的。

小结

运动行为——尤其是运动控制、动作技能的学习和动作技能的形成可以上溯到心理学。这些领域是在 20 世纪 60 年代中期到 70 年代从父系学科——心理学中发展而来的，并且在越来越多的体育学术科目中发展了许多与之相关的分支学科，就是指现在所说的体育教学、锻炼和竞技。

运动行为是一个很宽泛的术语，包括运动控制、动作技能的学习和动作技能的形成。运动控制是对运动的学习和控制所凭借的神经结构和神经思考过程的研究。动作技能学习是在经过了练习和获取经验之后对运动技术的掌握。动作技能的形成是对终身运动行为的起源和发展所进行的研究。

对于有关动作技能的学习已经提出了许多的理论和模式，其中，最普遍的理论就是信息处理模式。根据这一模式，运动技术的学习和表现可以被分成一系列的信息处理任务，其中包括输入、决策、输出和反馈。运动技术的学习要经历三个阶段：认知、联想和自动阶段。动作技能学习受准备、动力、强化和个体差异等因素的影响。为了便于动作技能的学习，体育教学、锻炼和竞技专家应把动作技能的学习与练习设计的概念有机结合起来。

基础运动技术是学习更复杂技术的基础。对这些基础运动技术的学习，要经历三个阶段：入门阶段、基础阶段、成熟阶段。专家应该明白运动技术是如何形成的，以便能够很好地设计练习过程使学习者对技术的掌握更容易一些。

自测题

1. 假如你是一名学校的老师，一名和老年人一起工作的社区运动指导员，或一名公司健身计划的健身指导员，和成人一起工作。你如何将下列一些概念融入你的活动计划当中：做好准备、强化、激励、个别对待？

2. 从先前的实践中选择一项自己熟悉的技能。描述一下你怎样把这项技能教给一位初学者。在你的描述当中，说一下学习者在学习的三个阶段中的每一个阶段都会经历哪些东西，你如何运用学到的信息处理模式来提高学习者的技能学习。

3. 回顾促进动作技能学习和提高成绩的运动技能学概念。挑选其中的五个，然后说明你如何把它们应用到教授基础技能或运动技能中去。

建议阅读书目

Goodway JD, Crowe H, and Ward P: Effects of motor skill instruction on fundamental motor skill development. Adapted Physical Activity Quarterly 20: 298-315, 2003.

Okely AD, Booth ML, and Chey T: Relationships between body composition and fundamental movement skills among children and adolescents. Research Quarterly for Exercise and Sport, 75: 238-248, 2004.

Rink J: It's okay to be a beginner, JOPERD 75(6), 31-35, 2004.

Steinberg GM: Using the five-step strategy to teach motor skills to older adults, JOPERD 71(5): 40-44, 46, 2000.

Valenti NC and Rudsil ME: An inclusive mastery climate intervention and the motor skill development of children with and without disabilities. Adapted physical

Activity Quarterly 21：330－348，2004.

Williams K：What's motor development got to do with physical education? JOPERD 75(6)：35－40,2004.

网络链接

在线生物力学杂志：www. biomech. com

健康科学领域探索：www. exploratorium. edu/sports/index. html

国际运动生物力学协会：www. uni-stuttgart. de/External/isbs

运动与科学——冬季奥林匹克：http://btc. montana. edu/Olympics/physbio/default. htm

第六章 生物力学基础

学习目标

读完本章学生应能：

- 给出生物力学的定义和理解它与运动学的关系。
- 明确生物力学对于体育教学、锻炼和竞技专业人士的价值。
- 理解一些和生物力学分支学科相关的专业术语。
- 解释与静止、运动、杠杆和力相关的力学原理和概念的意义。
- 描述一些用于分析动作的技术方法。

懂得一些控制人体运动的因素对于体育教学、锻炼和竞技方面的专业人士来说非常必要。他们关注的是帮助人们学习如何有效、省力地移动。在初级体育课上，老师主要教一些基础动作技能，如投和跑等，这些会为学习更高级的运动技能打下基础。在竞技运动中，胜负之差也许只有百分之一秒或几分之一厘米，教练可采用科学的方法如高速摄影和计算机模拟等来对运动员的动作进行精细调整；在周末打高尔夫球的运动员，为打出低于标准杆的成绩，就需要专业人员来帮他除去挥杆时的多余动作。高尔夫球专业人员先把运动员的动作用摄像机录下来，然后找出错误的根源，最后告知运动员要做哪些改动；田径教练员在帮助运动员恢复肩伤时，根据该关节活动的范围制定出一份有效恢复计划；特殊体育教师（或称适应体育教师）分析一名脑瘫儿童的走路姿势以便制定一套身体活动来改善他的步法；一位锻炼指导员谨慎地监视着他的顾客使用潜水器，确保他在锻炼过程中整个动作能正确地进行。上述这些例子展现了体育教学、锻炼和竞技专业人员是如何运用运动学和生物力学中关于人体运动的科学知识来帮助人们进行高效、省力的运动。

运动学和生物力学

运动学和生物力学的核心就是研究人体运动。**运动学**是对人体运动进行科学的研究。运动学一词来自希腊语 kinesi，意思是“运动”。从广义上讲，一些专业人士把运动学当作是一个总概念，涵盖了 1970 年以来体育所有的分支学科。本章所提及的运动学是从它的狭义概念上理解的，即传统意义上对人体运动的解剖和生理研究。要全面了解人体运动，就必须了解身体运动或运动学。

运动学关注的是对人体运动进行解剖和骨骼肌肉方面的分析。它包括对骨架、肌肉结构和其功能、关节运动、运动的肌肉神经基础等方面的研究。运动学有助于我们了解人体运动的复杂、精妙之处。卢特根斯(Luttgens)和汉密尔顿(Hamilton)写道：

> 一个人，不管他怎样认为，都情不自禁地被人体运动的优美所倾倒，被它展现出的无限可能性、它的内涵、它的秩序性以及它对周围环境的适应性所倾倒，毫无例外。

运动学帮助我们以新的视野来看人体的动作，来更多地了解人体运动。

体育教学、锻炼和竞技专业的学生学习运动学是为了通过分析身体的动作，把运动原理应用到他们的工作中来提高运动成绩。卢特根斯和汉密尔顿认为体育教学、锻炼和竞技领域的学生学习运动学有三个目的。体育教学、锻炼和竞技方面的专业人士可以运用运动学知识来帮助人们以最安全、有效、省力的方式运动。安全是所有专业人士需要注意的重中之重。我们为人们设计并实施的运动实践就是要避免他们(在运动中)对身体造成伤害。专业人士和(运动)参加者为了更有效地运动而一起制定目标，而是否能实现这些目标就取决于运动是否有效。我们所设计的活动计划应该帮助参加我们活动的人们实现这些目标。专业人员和参与者也要尽可能以最省力的方式达到他们的目

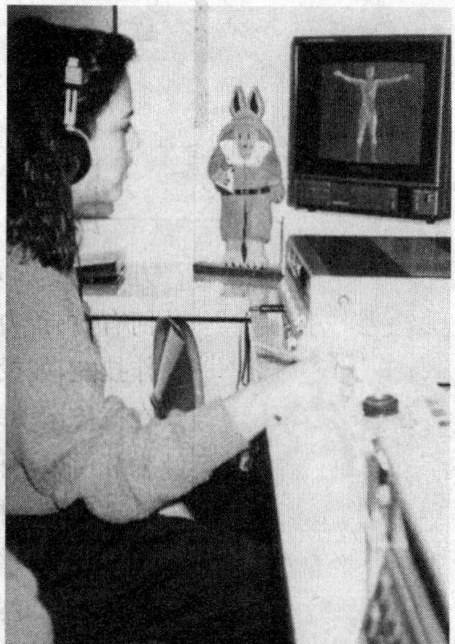

运动学关注的是动作的解剖学基础。这名学生正在运用自我调整指导模型运动学来回顾解剖动作

标——也就是说花最少的力气。如此，根据卢特根斯和汉密尔顿所言，在体育教学、锻炼和竞技中运用运动学的潜在目的就是安全、有效和省力。

运动学可以让体育教学、锻炼和竞技专业人员做好准备来教授各年龄段人们基本动作技能和具体的竞技运动技术，以达到最佳的运动成绩。运动学也给专业人员提供了一种背景知识来评价锻炼和活动情况以及它们对身体的作用。

定义和范围

生物力学(Biomechanics)是体育教学、锻炼和竞技的分支学科，主要是运用科学的物理力学原理来理解人体的运动和动作以及运动器械(如网球拍)。可以从追溯生物力学一词的起源来更好地了解该词。Bio 来自希腊语，意思是生命或有生命的东西，mechanics 指的是牛顿物理学说和运动中施加于人体上的力。生物力学研究的是各种力是如何作用于人体运动，以及怎样使动作更有效和省力。

运动学和生物力学紧密相连。学习身体怎样移动，如关节、肌肉、骨骼的功能和活动等，对于学习生物力学至关重要。为了更好地研究力对动作的影响——生物力学——就必须知道产生这些力的关节和肌肉动作，这是运动学的领域。运动学和生物力学都是了解人体运动、帮助人们发挥他们最大潜能的基础。

生物力学原理也可应用于体育教学、锻炼和竞技之外的许多其他研究领域。如生物学、生理学、工程学、航天工程、体格检查和职业病治疗学、医学等。

生物力学专家研究运动员的动作，以提高他们的成绩，减少受伤的发生

发展历史

生物力学可以追溯到 19 世纪 90 年代，但只是在 20 世纪 60 年代中期到 70 年代

才从体育中分出来成为一个具体的研究领域。在美国生物力学的初期，运动学一词指的是运用力学研究运动的科学，直到最近才被交替使用于各领域。威尔克森(Wilkerson)把生物力学的发展分成三个阶段：早期基础阶段(指运动学时期)、成立分支学科或生物力学时期阶段、生物力学发展阶段。

运动学时期横跨了从18世纪末期到20世纪前60年，代表了生物力学的启蒙期。在此期间，运动学一词指的是运用力学来研究运动。阿特沃特(Atwater)认为尼尔斯·波斯(Nils Posse)是第一个使用*kinesiology*一词的人。波斯在1894年出版了《教育体操中的特殊运动学》(*the Special Kinesiology of Educational Gymnastics*)一书。

20世纪早期和中期的学者通过他们的教学、研究探索、著书立传对运动学和生物力学的成长发展做出了不可磨灭的贡献。亚瑟·施坦德勒(Arthur Steindler)、查尔斯·麦克洛伊、鲁思·格拉斯、托马斯·科尔顿(Thomas Cureton)、格拉迪斯·斯科特(Gladys Scott)、库珀(Cooper)就是其中的一些运动学家，他们扩展和完善了运用力学原理来研究人体运动的方法。1935年，施坦德勒——一位内科医生和爱荷华大学的教授，他在该大学教运动学——成为第一个在体育文献中应用*biomechanics*一词的人。这些运动学家为生物力学打下了基础。

威克尔森把20世纪60年代看做是生物力学发展、成长的开始——从体育中的生物力学分离出来，成为一门涵盖锻炼和运动科学的分支学科。在此期间，生物力学一词逐渐取代运动学一词，常常被用来描述科学地运用力学研究人体运动。从解剖学和力学角度研究人体运动越来越受到人们的重视。科技、仪器设备、方法学上的进展促成了该领域的繁荣发展。

在大学生和研究生教育层面上的运动学和生物力学课程也开始增多。生物力学开始在研究生层次上作为一个单独的研究领域。1977年，召开了第一届全国运动学-生物力学教学专题研讨会，会议期间人们就运动学和生物力学的区别展开了大量的谈论。此外，这次会议促进了大学运动学-生物力学教学纲要的制定；《大学运动学-生物力学教学纲要与标准》(*Guidelines and Standards for Undergraduate Biomechanics-Kinesiology*)于1980年出版，1992年修订。根据该纲要，大学生层次的运动学-生物力学应让学生“1. 懂得人体和外力是如何让身体移动的；2. 拥有必要的知识以便能用系统的方法对动作技能、身体活动和锻炼进行分析；3. 拥有实践经验，能运用所学知识在现场和教学环境中对运动者及其表现进行评估”。这些纲要影响了无数体育教育家、锻炼方面专家和运动指导员的学习实践，也影响了其他将要研究人体运动的专业人员。

根据威克尔森的观点，生物力学时期的发展以下列一些事件为标志：学者学会的组成，学术研究室的成立，创建学术期刊等。这些活动为大家在本领域交换思想、公布研究发现、交流机会提供了一个平台。1963年，属于美国健康、体育、休闲娱乐和舞蹈协会(AAHPERD)的运动学兴趣组开始成立，它于1965年正式成为AAHPERD的运动学分支。1974 年运动学分支又成为运动学研究会，并于 1993 年改名为生物力学研究会。

有几个学者学会是由一些对生物力学，或更具体些，对运动生物力学有兴趣的人们组成的。国际生物力学学会(International Society of Biomechanics)在 1973 年成立，美国生物力学学会也于 1976 年成立。这些学会研究领域非常广泛，会员有体育、医学、生物工程学、生物学、工程学等领域的专家。人们对运动生物力学逐渐增长的兴趣以及迫切想联系生物力学研究领域和运动教学与训练领域的愿望，促成了国际运动生物力学学会(International Society for Biomechanics in Sports，简称 ISBS)于 1982 年成立。

在此期间，有几家期刊创建，目的是为这些研究和交流思想提供途径。1968 年第一期《生物力学期刊》出版。《国际运动生物力学期刊》首次出现于 1985 年，后来更名为《应用生物力学期刊》。最近，ISBS 出版了它的最新期刊——《运动生物力学》。

生物力学的成长非常迅速。随着生物力学的出现和繁荣，它的分支学科的具体领域也开始发展。生物力学可具体到某一项目，如游泳，或把研究焦点放在某一具体主题上，如鞋类等。还有其他一些生物力学专家把他们的注意力放到现场实践中，如恢复。在这个广泛且仍在发展的领域还有其他方面，如步态、身姿的分析与计算机模拟等。

自行车运动员可以从设备的设计和研发中获得益处，它会使运动员的体姿成流线型从而提高成绩

生物力学使得体育教学、锻炼和竞技专业人员能科学地分析人体运动，增强他们的能力，使人们能更安全、省力、有效地达到他们运动的目的。在锻炼和运动科学领域内，生物力学发展成运动生物力学的趋势越来越大。此外，将来人们更多的兴趣不仅仅是把生物力学应用在优秀运动员身上，而且是应用于所有人群来加强和提高他们在不同运动中的表现。

研究生物力学的原因

生物力学被认为是体育教学、锻炼和竞技学科的分支学科。读完本章，未来的专业人士会更好地理解这个研究领域的要素并认识到它对其将来事业的价值。也许在某些情况下，它会激励人们在这个领域做更深入的研究、更具体化的研究。

许多专业人士能从研究生物力学当中获利。要成为一名成功的训练师、体育教师，锻炼和竞技方面的专业人员应该懂得生物力学原理。生物力学方面的知识可以让专业人员能更好地了解人体和影响人体运动内、外力以及作用在物体上的力，而这又会使专业人员在体育教学、锻炼和竞技方面众多的身体活动和技术领域内成为一位更好的教师、教练和指导员。

想要在它的领域中成为一名专家的教练需要有深厚的生物力学基础。生物力学中的科学知识有助于提高运动成绩，一名最好的教练员一定要充分地利用这些知识。那些从事高中、大学和奥林匹克竞技运动的教练员看到目前的竞技运动已经非常剧烈，因此想要运动员成绩更好，教练员就必须运用所有这些知识和最好的技术。生物力学可用来改善运动技术和运动器械，从而在确保安全的基础上提高运动员的成绩。

生物力学常常是处于技术和科技变革的前沿。在 20 世纪 60 年代末和 70 年代初期，在优秀教练员和生物力学专家的共同努力下，人们对游泳的理解有所改变，新的技术也涌现出来。詹姆斯·库希尔曼(James Counsilman)教练——《游泳中的科学》一书作者，和生物力学专家一起进行了游泳中推进力研究。1971 年，布朗(Brown)和库希尔曼让游泳运动员在一个水是深色的游泳池中游泳，同时手上戴上灯光装置，他们对其进行摄影。这样会清楚地看到运动员手和脚的运动方式从而能更仔细地研究运动员的动作。他们发现传统的通过拉力来获得推进力的手臂划水技术不如产生升力的划水动作有效。库希尔曼与其他的教练和研究员继续致力于这个领域的研究，很快就使游泳运动产生了一次革命性的变革。

体育教学、锻炼和竞技专业人士在指导人们进行锻炼时，应保证每个动作要正确地实施，并且遵从生物力学原理。这除了确保人们获得预期的效果外，很重要的一点是安全。

运动员的一些创新也促进了生物力学研究的发展。运动员曾经创造出了一些新的技术帮助他们获得了更好的成绩，如跳高和网球运动。在 20 世纪 60 年代末以前，跳高运动员都是以和杆成一角度的助跑方式，过杆时向上急速抬身体一侧的臂和腿然后跟一个剪腿动作，让身体“滚”过杆。1968 年，跳高运动员迪克·福斯贝利(Dick Fosbury)采用了他非传统的背越式跳高动作并获得了墨西哥奥运会金牌。“福斯贝利”背越式跳高采用的是弧线助跑，运动员过杆时背向杆，身体成一仰角。不到 10 年，长期以来一直被人们采用的滚式跳高被背越式跳高取代，纪录也直冲新的高度。一名年轻的网球选手，克里斯·埃弗特(Chris Evert)首先使用了反手双手回球的击球方式。而现在这种技术已非常普遍，这是因为它比传统的反手单手回球更容易控制球和球速。

体育教学、锻炼和竞技领域中也有其他的专业人员运用生物力学原理来改善人们的运动和技能表现，他们有特殊体育教师、竞技运动训练师、锻炼指导员等。这些专业人员的运动学和生物力学知识帮助了他们来设计和实施一些活动计划以提高人们的运动技能。

生物力学中也有一些具体的研究领域。发展生物力学强调的是研究运动方式，以及这些方式在人的一生中——从幼儿到老年，包括残疾人——是如何变化的。特别是针对老年人，了解他们日常活动中的生物力学原理，如走路、爬楼梯、举重物、搬东西等，对设计一些身体活动以便他们能独立的生活和照顾自己所需来说极其重要。

运动生物力学是另外一个具体的领域。体育锻炼应基于生理和生物力学原理。懂得运动生物力学可以把从锻炼中获得的利益最大化，同时减少受伤的机会。体育教师、锻炼方面专家、运动指导员可以应用体育锻炼中的生物力学原理来确保人们正确地锻炼，达到最大的效果。

恢复生物力学研究的是受伤人群或残疾人群的运动方式。它帮助专业人员明白受伤和残疾是如何改变了人们正常的运动方式。然后再用这些信息设计一些活动，帮助人们在其能力范围内最大限度的活动，如有可能帮助其恢复正常的功能。

器材设计是生物力学中一个正在成长的领域。器材上的改动可以导致成绩大幅增长。在 1998 年长野冬奥会中的速度滑冰就是使用新技术的一个例子：开合式冰刀。就是荷兰人发明的这种开合式冰刀，刀刃装以铰链，改写了多项纪录。而使用传统的冰刀时，运动员利用的是股四头肌而不是腓肠肌，用冰刀的后部向前推进。开合式冰刀利用了铰链弹簧机械原理，把刀刃和冰靴前部连起来，后跟儿和刀刃不连接。这样当脚抬离冰面的时候，刀刃会在后跟儿弹回，发出那种有特色的开合声音。开合式冰刀可以让运动员利用腓肠肌的力量，使前冲更有力。这种冰刀还可让刀刃和冰面接触的时间更长，从而滑步更长、速度更快。

生物力学家还检测新型制衣材料，评估它们对提高运动成绩的潜力。经过几年试验开发出的新材料通过减少水和空气的阻力来缩短运动员的耗时，这可用于几种不同的运动项目。在 2000 年悉尼奥运会上，游泳运动员身着由特殊材料制成的套身游泳衣，它在水中的阻力比人体皮肤在水中的阻力还小。Speedo 的“快肤”(Fastskin)材料就是模仿鲨鱼的皮肤帮助运动员省掉了几秒时间，这对于胜负可能只取决于百分之一秒的比赛来说至关重要。在 2002 年的犹他冬奥会上，速度滑冰运动员都穿上了相似的“速度套服”。耐克的“快速皮肤”和迪森特“旋风”服，再加上配套的头盔、手套和防护，把速度滑冰运动员从头到脚用特殊设计的材料“裹上”来减少空气阻力。开发这些材料做了大量的测试，目的就是要减少摩擦来提高成绩。

在器材设计领域工作的生物力学家对运动技术的变革、提高成绩、减少受伤、增加安全等方面做出了自己的贡献。自 20 世纪 70 年代早期以来，跑鞋的设计迅速发生了变化。这些可从当前运动员的鞋上反映出来，增加了缓冲，更注意预防受伤，鞋的尺码增多，为不同目的设计具体的鞋（如：跑鞋、交叉训练用鞋、篮球鞋、比赛用鞋等）。运动鞋也可根据使用者的具体需要来设计，如为了利于脚掌向下蹬地，为提高舒适性、运动成绩等。女性的要求也引起了人们的注意。从 20 世纪 80 年代中期开始，运动产品企业开始生产特别是适合女性的器材，如滑雪板、跑鞋等，它们并不是简单地把男式鞋或设备的尺码缩小就行。了解人体工作的方式、运动方面的知识、应用生物力学原理的能力对于器材设计来说非常重要。

生物力学原理不只是应用于体育教学、锻炼和竞技的领域内。企业中的生物力学家可以运用这些信息与知识来确保工人安全的工作环境和较高的工作效率。在医学方面，病理学家可以运用生物力学知识来评价病人的病情如何影响他的运动或评价假体器械对病人的适合度。随着生物力学领域的不断扩展，它对我们理解人体运动的作用将会更加显著。

研究领域

生物力学有两个主要的研究领域。第一个领域是生物学本质，正如它名称中的含义——生物力学。人体的动作和运动中的生物学因素有骨骼和肌肉。如动作就是作用于骨骼上的力、肌肉收缩、骨骼做杠杆运动的结果。骨骼、肌肉和神经共同作用产生运动。不首先了解人体运动的内部生理，如关节动作、解剖构造、肌肉力量等就不可能明白动作技能的形成。

生物力学第二个主要研究领域和力学相连。这个研究领域之所以重要是因为它利用牛顿物理学原理并把它应用到了人体的运动和动作中。生物力学家也关注物体运动。力学研究包括静力学，就是研究和那些静止不同的系统或动作相关的因素（如平衡位置的重心）。力学也包括动力学，就是研究和运动系统有关的力学因素。动力学又依次分为运动学和运动力学。运动学研究的是运动中时间和空间因素，如速度和加速度，而运动力学研究的是力，如作用在一个体系上的重力和肌力。

生物力学关注的是研究影响成绩的动作和因素。下列是它可能研究的问题：

- 跑步动作是如何随儿童的成长而变化的？
- 怎样集中力量在网球的发球中产生最大的爆发力？
- 世界级跨栏运动员的运动方式是怎样的？
- 如何设计运动鞋来避免在人工草坪上受伤？
- 优秀轮椅马拉松运动员的腰部是如何动作的？
- 标枪的最佳设计是什么？
- 影响投掷项目、各种基本动作技能、运动技术的关键因素有哪些？这些技术常出现的错误有哪些，怎样更好地纠正这些错误？

- 这些基本动作技能的力学基础是如何随年龄的增长而变化的？
- 肩膀做了重建外科手术后，哪种技术能最好地增加它的活动范围？
- 蝶泳的最佳身体姿势是什么？
- 某一品牌的划船测功计使用起来是否安全？处于不同健康水平人群都能有效地使用这种健身器材吗？生产者所宣称这种设备的好处名副其实吗？

这些只是生物力学研究所强调的几个问题而已。为了回答这些问题，研究者要对一些因素进行测量，如关节角度、肌肉动作、作用力、线和角加速度等。下一部分将会介绍生物力学术语。

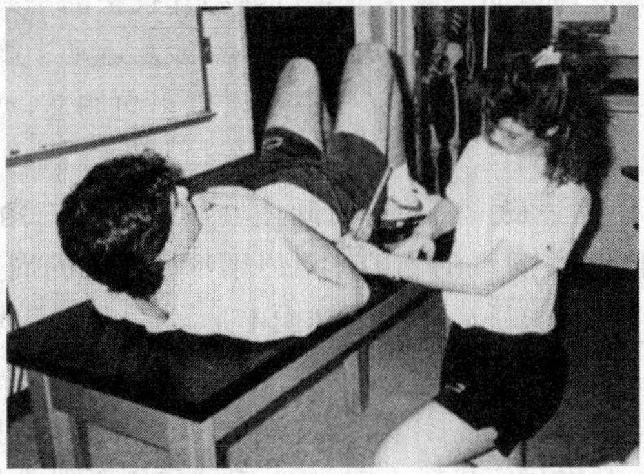

学生在使用量角器测量关节角度

与人体运动相关的生物力学术语

生物力学有一套独自的科学用语用来表述力和运动之间的关系。如前所述，运动学关注的是人体运动的空间和时间特征，即运动的方向和运动的时间。和运动学相关的关键术语有：速度、加速度、角速度、角加速度、直线和转动运动等。运动力学关注的是产生、调整、限制运动的力。和运动力学相关的术语有：质量、力、压力、重力、摩擦力、功、功率、能、力矩等。（见表 6－1）

表6－1 主要生物力学术语

运动学——研究运动的时间和空间因素，如速度和加速度
运动力学——研究作用于一个体系的力，如重力和肌力
速度——单位时间内物体变化的速率和方向
加速度——速度的改变量
角速度——单位时间内转动的角度
角加速度——单位时间内角速度的变化程度
质量——一个物体所含物质的量
力——改变或试图改变物体运动的任何动作，我们可以用大小和方向来描述力
压力——作用于单位面积上力的大小
重力——地球引力
重心——物体在某种具体情况下保持平衡的点
摩擦力——物体表面接触时产生的力
功——作用于物体上的力并使物体沿力的方向移动一定距离
功率——单位时间所做的功
能——物体做功的能力
力矩——使产生角加速度的扭动、转动、转动的力

速度　指的是在单位时间内物体变化的速率和方向。因为运动中的物体在不断地改变姿势，所以通过测量在一定时间段物体位置变化的程度来确定它的速度。例如，棒球运动中球速就是以球离开投手的手到到达接手的手套这种方式来测量的。

加速度　是速度的改变量，涉及运动中物体的速率和方向。例如打篮球的运动员在快攻中运球突向篮下时就可以正向加速，或者改变步法减速，以使其他队友为他做掩护。

角速度　是单位时间内转动的角度。**角加速度**是单位时间内角速度的改变量。如球道中滚动的保龄球可以用每秒转动的周数来计算，而角加速度在球离手后就开始有，就是离手后开始转动而不是滑动的一瞬间。

我们也要明白物体转动运动和直线运动的关系。诺思瑞普（Northrip）、洛根（Logan）、麦金尼（McKinney）引用了下面的例子：(1) 投掷动作就有腕关节的角速度，帮助确定投掷方向；(2) 踢球动作有踝关节的角速度，来确定踢的动作。上述两个动作中的线速度是由身体各关节综合作用产生的。因为身体大部分动作是身体各关节的转动动作，所以为了把动作做得更好，就需要将直线运动和转动运动合在一起。

质量　是物体所含物质的量。它是度量物体惯性的一个量，也就是说是阻碍物体运动或改变物体运动的阻力。物体的质量影响使物体产生加速度的力。例如，在田径运动中，使 16 磅的铅球产生加速度就比使 12 磅铅球产生加速度需要更大的力。

力　是改变或试图改变物体运动的任何动作。力既有大小又有方向。作用在物体上的力可以是内力，如肌肉收缩对它附着的骨骼产生力，又可以是外力，如作用在物体上的重力。

压力　是作用在面积上力的比例。如同样大小的力，16 盎司的拳击手套就比 12 盎司的拳击手套作用的面积大，所以压力会减小。这样，使用 16 盎司手套就会分散压力，从而减小受到打击时受伤的几率。

重力　是自然力把所有物体引向地球中心。重力一个重要的特点是它常常是通过物体重量或质量的中心。对于人体来说，重量的中心就是重心。重心就好比是人体所有质量集中于一点，是物体的平衡点。重心在运动过程中是不断变化的。它可以在身体上也可在身体之外，这取决于身体的姿势。它常常随运动的方向和外部的重量变化而改变。人体直立，手在两边时，重心在臀部。运动员就可以运用对重心的了解来改善他们的技术。如篮球运动员在跳球时，两臂向前上方摆动以增加高度。一旦腾空，他让一只手臂下垂而尽力使另一只手臂达到最高点。一只手臂下摆可使运动员达到比两臂在头上的姿势离重心更远的距离。

摩擦力　是当两物体表面接触并相对运动或有相对运动趋势时产生的力。表面的粗糙程度以及压在表面上力的大小共同决定摩擦力的大小。表面越粗糙，压力越大，摩擦力也就越大。摩擦力对于引力非常重要，而引力对运动员又极其关键。运动员急速转弯、变向、急停、前冲等，之所以能站稳脚步就是依靠适当的摩擦力。运动鞋制造商在设计鞋时就要考虑到具体运动项目、运动场地的表面、天气因素等以给运动员提供适当的摩擦力。减少摩擦力对于一些项目也非常重要，如滑冰和滑雪，这些项目中在冰上和雪上的滑行能力对于成绩至关重要。

功 是使物体沿力的方向运动一定距离的力。一个人卧推 240 磅 2 英尺，那他就是在做功。运动的方向和力的方向一致，所以他每做一次的总功是 240×2＝480 英尺磅。

功率 是单位时间做功的量。例如，一个人做一件事，拿跑步来说，在规定时间内用一定马力完成了一件事，为了耗两倍的马力完成同一件事，他就必须用规定时间的一半做完同样多的功（如跑同样的距离）。

能 是身体做功的能力。生物力学中使用两种能：(1) 动能，即由于身体运动才具有的能（如滑雪者的体重和速度就决定了他的动能）；(2) 势能，即由于身体和地球表面的相对距离而具有的能。身体的重量和身体距地球表面的距离决定势能。如跳水运动员在最高点时有做功的能力是因为他和地表的相对位置。当他落向水面时，身体重量所做的功等于重量乘以身体沿力所移动的距离。

力矩 是和产生角加速度有关的扭动、转动和旋转的力，它和产生直线加速度的力相对。身体或身体的部分由于转动而产生力矩。例如，桡尺骨关节中的一个向下的力和一个向上的力即可构成一个力矩。力矩对体操来说非常重要，因为体操很多规定动作中要求使用器械，如单杠、双杠、高低杠和吊环。

与动作相关的力学原理和概念

运动都符合力学原理。生物力学家就运用这些原理来分析动作。本节讲的就是一些力学原理以及和稳定性、运动、杠杆、力相关的原理和概念。

稳定性

稳定性是动作技术中一个重要的因素。它和平衡密切相关。当作用于人体上所有的力都是大小相等、方向相反的平衡力时，合力为零，这时就可以保持身体的平衡。当身体的重心在支撑面以上，重力作用线（重心和地球中心的连线）在支撑面之内，身体就会处于平衡状态。身体支撑面是把身体和地面所有接触点的外廓连接起来所形成的那部分面积。身体和地面接触

了解生物力学原理可以帮助体操运动员提高他们的表现与成绩

面越大，支撑面也就越大。所以，坐姿就比站姿的支撑面大，身体有四点和地面接触，而不是站姿时的两点和地面接触，就极大地增加了支撑面。

稳定性是身体移动后恢复平衡姿势的能力。身体的稳定性越好就越难影响它的平衡性。

静态平衡是重心处于一个固定姿势的状况（如一个坐着的人，或体操中的手倒立动作）。动态平衡是重心处于一个运动中的状况（如一个跑动中的人，或体操中的侧手翻动作）。在运动和动作的术语中，稳定性经常指的是平衡性。身体保持稳定和平衡的能力遵从三个基本原理。

原理一

重心距支撑面越近，稳定性越好。在人们做需要稳定性的动作时，就要降低他们的重心。比如在跑动过程中，如果能弯膝以降低重心，并把脚向前跨步，这样就可以更有效、更快地停住。其他的例子包括摔跤运动员的半蹲的姿势、橄榄球前锋的三点着地姿势等。

原理二

重心距支撑面的中心越近，身体的稳定性越好。当重心超出支撑面边际之外，就会失去平衡。把身体的重心控制在支撑面之内有助于提高稳定性。然而在一些运动中，为了朝一个方向移动得更快，把重心向该方向移动会利于将动作做得更好。如百米赛跑的起跑动作，运动员会向前倾以便迅速跑出起跑区。

某些项目如平衡木就需很小的支撑面。在这类运动中很容易失去平衡。在平衡木运动中失去平衡时，身体向一面倾斜，这时可抬起另一侧的手臂和腿把重心移回到支撑面内。

原理三

扩大支撑面可以增加稳定性。扩大支撑面可以帮助人们获得更好的稳定性。如站立时，向移动的方向伸出两脚就会增加稳定性。在需要站位的项目中，把双手和双脚都用上会增加支撑面。

在一些受力和发力的项目中，要增加稳定性就必须考虑力的方向。在接一个移动非常快的物体或

太极拳被发现可以提高老年人的平衡力。指导老师在带领班级活动时，宽广的支撑面为他提供了稳定性

受到一个非常大的力时，就要向力发过来的方向扩大支撑面。而发力时，就要向发力的方向加大支撑面。

运动

运动意指移动，它对身体的平衡有破坏或扰乱作用。身体运动时需要有一个力来使运动减速、停止、改变方向，或移动更快。任何运动中的物体都符合牛顿的运动定律。这些定律描述了事物是如何运动的，以及预测物体的运动。

牛顿第一运动定律

惯性定律表明，物体在不受外力的作用下，将保持其静止或匀速直线运动的状态不变。

使物体运动，就必须有作用于物体上足够的力来克服物体的惯性。如果作用力小于物体的阻力，物体就不会运动。

概念

1. 运动中的物体只需较小的力就可维持原来运动的速度和方向(即动量)。如人让自行车开始运行时所用的力要大于保持运动中的自行车原来速度所用的力。

2. 物体越重，速度越快，就需要更多的力来克服它的运动惯性或它的动量。在橄榄球运动中，运动员阻止对方大块头、快速移动的前锋要比阻止身体较轻、移动缓慢的四分卫需要的力更大。

牛顿第二运动定律

加速度定律表明，物体速度的变化(加速度)直接和产生它的力成正比，和物体的质量成反比。

如果两个大小不同的力分别作用于两个质量相等的物体上，受力较大的物体移动更快。与此相反，如果两个相同的力分别作用在两个不同质量的物体上，质量较小的物体移动较快。

例如，在投 12 磅的铅球时，身体强壮、力量大的铅球运动员比力量小的运动员投得远。同样，投 16 磅的铅球要比投 12 磅的铅球用的力更大。

概念

1. 物体越重，使它加速所需的力就越大(正加速度)或使它减速的力越大(负加速度)。

2. 速度增加的程度和作用于物体上的力成正比。施加于物体上的力越大，受力作用的物体速度越快。

3. 动量既是速度又是质量的度量。如果同样的力，用同样的时间作用在不同质量的物体上，质量小的物体产生的加速度较大。如果让两个物体产生同样的速度，质量大的物体其动量较大，因为克服它的惯性要比克服质量较小的物体的惯性需要更大的力。

牛顿第三运动定律

作用力与反作用力定律表明，每个作用力都有一个与它方向相反、大小相等的反作用力。

在蹦床上跳跃和从跳板上弹起就是作用力与反作用力的例子。向下压力越大反弹就越高。游泳中的划水是另外一个例子，水向前推动游泳者的力和他向后划水的力相等。

概念

当一个物体移动时，就有另一个物体向相反的方向移动。当你推一个物体时，它也在推你；当你拉一个物体时，它也同样在拉你。

直线运动与转动运动

运动有直线运动和转动运动。人体运动常常是两者皆有。如两腿做转动运动促使身体做直线运动。

直线运动

直线运动指的是从一点到另一点的笔直移动。例如在跑步中，身体从起点到终点保持一条直线，脚和手臂前后做直线运动而不是在体前交叉摆动。

转动运动

转动运动指的是身体围绕转动中心，即轴，做运动。人体大部分的运动都是由转动转为直线运动。转动半径缩短，转动速度就会增加。相反，身体转动半径增大，转动速度减小。例如，在技巧动作时，抱膝缩头以增加身体的旋转速度，以及在冰上做刀齿旋转动作时伸开双臂以减慢身体旋转速度。

杠杆作用

通过杠杆系统可使身体的动作更省力。杠杆是机械设置，围绕一个固定点——轴——做转动。杠杆包括支点（中心或轴心）、力臂（支点到施力点的距离）、负荷或阻力臂（支点到重心或阻力点的距离）。人体的骨骼就是一套杠杆，关节是支点，使骨骼移动或围绕关节或支点做杠杆运动的力由肌肉收缩产生。

支点（轴）、负荷、力的作用点决定了三种类型的杠杆。第一种是支点在负荷和力

的作用点之间；第二种是负荷在支点和力的作用点之间；第三种是力的作用点在负荷和支点之间。（见图6-1）

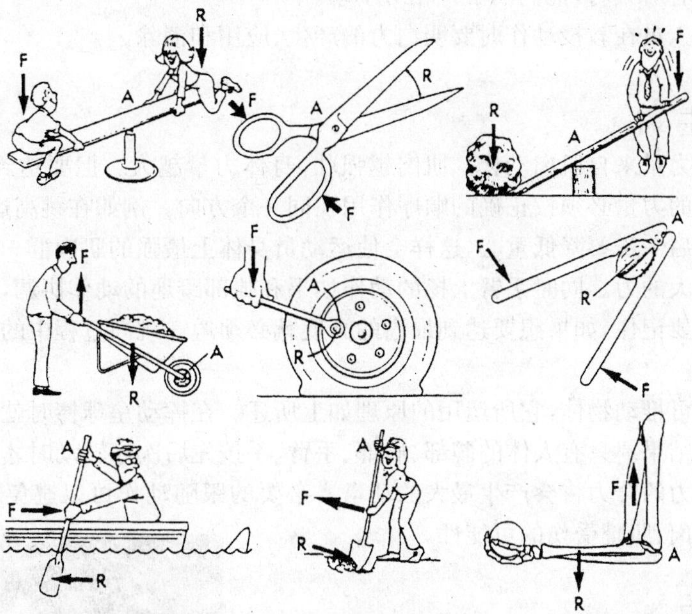

图6-1 三种类型的杠杆

杠杆可通过产生力或速度使人获得利益。第一类杠杆既可产生力又可产生速度，除非支点在作用力和负荷正中间。第二类杠杆产生力，第三类杠杆更适合产生速度。人体大部分运动是第三类杠杆运动。第三类杠杆力的作用点（由肌肉产生）在支点（关节）和阻力（要移动的物体）之间。

力臂的长度是产生力或速度的关键。要产生更大的力，力臂越长越好。要产生更快的速度，就要缩短力臂。身体内部的杠杆不能用力臂的长短来控制。然而，当使用器械时，如球棒和球拍时，就可以握得远一些以增长力臂，从而增加更大的力。如果想挥拍的速度快，他可握得短一些来缩短力臂。使用器械来增加速度或力时，器械的长度和尺寸要符合使用器械人的力量。

概念

1. 杠杆可通过产生力或速度来获得力学上的优势。
2. 缩短阻力臂可获得更大的速度，增长力臂可获得更大的力。

力

力是一个物体作用在另一个物体上的效果。人们看不到它，但有运动发生时就有力的存在。应该指出的是，不发生运动时也可能有力的存在，如人在推一堵墙时。尽管人施了很大的力，但墙并未移动。另一个例子是当摔跤运动员的两臂以相同大小的力互相推着对方时，他们的手臂相对不动。

专业人员在教授动作时要明白力的产生、应用和消除。

力的产生

身体力量来自肌肉动作。肌肉越强壮，身体力量越大。但要达到最大力量，肌肉或肌肉群的力量必须按正确的顺序作用在同一个方向。例如在跳高运动中，身体在起跳前的最后一步要降低重心，这样会使运动员身体上最强的肌肉群——大腿肌肉收缩以产生最大的力。同时手臂上扬的动作如果和腿部蹬地的动作协调，会给弹跳增加更多的力。要记住，如果想要达到最高的高度就必须遵守跳高过程中的稳定性原理和运动定律。

力也可推动物体，它所运用的原理如上所述。在挥动垒球棒时就是不同肌肉群协调用力的结果。只有人体的髋部、肩部、手臂、手按先后次序转动时才可能产生最大的力。这些力的合力将会产生最大的动量。必要的跟随动作可以避免动作的不连贯性和减少肌肉、肌腱受伤的可能性。

力的应用

作用在物体上力的方向和它运动方向相同时最有效。运动中有许多涉及身体的腾空或将物体抛向空中。要使物体或身体向前，最省力的方法是通过物体或身体的重心向前施加力。要使身体向上移动，身体必须笔直，所有的力应该通过它的重心向上。跳高运动就是很好的例证。要把最大的力作用在跳越上，腿部的力就要作用在和重心同一条直线上，如果运动员的身体在起跳时向一边倾斜，那离地的时候会有一部分的力分离出去。

当人们投掷物体时，要考虑下面 3 个主要因素：(1) 投掷的速度；(2) 投掷的距离；(3) 投掷的方向。

测力计用于测量力的大小

投掷的速度取决于手离开物体时的速度。正确地展开手臂、转动身体、转移重心，向物体运行方向迈出一步可以提高手臂的速度。这些动作要连贯地做，以获得动量。如果用器械，如球棒或球拍等，它就可视为对手臂的延伸，所以同样的原理也适用。使用器械时应尽量靠近拍端以延长动力臂，这会使人们应用更大的力。

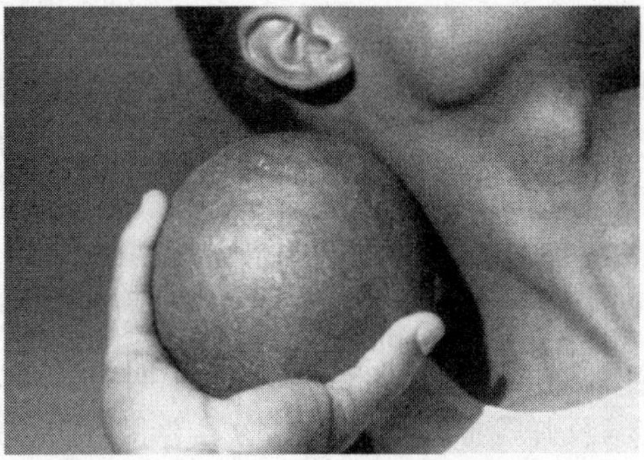
发力是许多运动的重要部分，如推铅球

投掷的距离受重力和空气阻力的影响。因此，物体运行的距离取决于投掷角度和所用的力。如果投掷角度在45°，那受重力和空气阻力的影响会较小。这就说明投掷角度和物体在空中停留时间要协调，因为空气阻力的缘故，时间不可过长，投掷角度不可过小，因为重力会使物体缩短运行的距离。

投掷的方向或准确性取决于物体的投掷点。投掷点应该是目标和手臂弧线的切点。为了达到理想的投掷角度，手臂在投掷时应该是一个平滑的曲线。例如垒球的肩上传球，手在向后挥摆和传球后的跟随动作中，尽可能地和目标成一直线运动。

除了重力和空气阻力外，被投掷或击打的物体运行也受它本身旋转的影响。物体会向旋转的方向运行。

力的吸收

很多情况下，人们必须受力或吸收力。如在接橄榄球或垒球过程中吸收一个被投掷物体的力；跳越后的落地；足球中的头球等。要逐渐减弱力的影响，并且要尽可能地扩大接触面。因此，在接球时，就要伸出手臂去迎球。触球时，手和手臂要“退让”(即时收缩卸力)。跳跃后落地时，要弯曲髋、膝、踝以逐渐减弱跳跃的动能，从而减小它的动量；两脚也要稍微跨开以增大接触面。

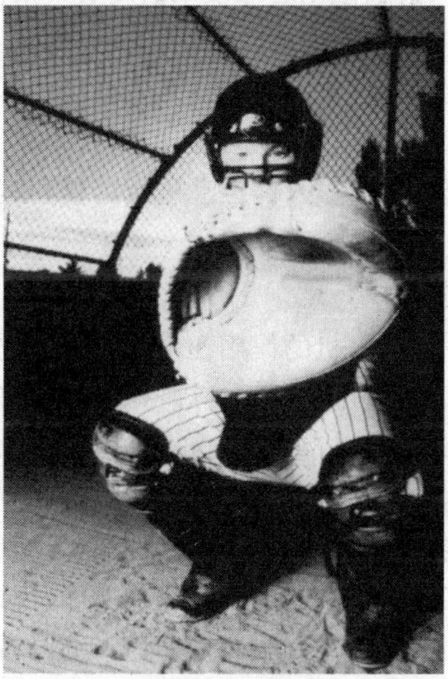
在接物体时吸收力非常重要。接球者的手套通过更大的面积来分散力，接球时“退让”帮助吸收投出球的力

概念

1. 用的肌肉越多，产生的力也就越大(当然指的是同样大小的肌肉)。

2. 肌肉伸缩能力越大，它能提供的力也越大。每一块工作肌都要完全伸展以获得最大的力。

3. 对于运动中的物体，拉或推它的力要通过物体的重心并沿着它运动的方向。

4. 当移动或投掷较重物体时，要有序地使用肌肉的力量。如投掷动作的顺序就应是躯干、肩、上臂、小臂和手指的转动顺序。

5. 在使用身体的一部分(手臂和腿)或使用器械(如球棒和脚蹬)情况下，和要施力的物体接触时的这部分身体或器械要完全伸展。这样会有一个较长的动力臂，从而产生最大的力；要握住器械的末端。

6. 在接受或减弱投掷物体（如接球）、摔倒、脚踢的力时，要用最大可能的面积来减少受力。例如学生用双手来接一个既快又猛的球，这样有更多的空间来减弱球作用在手上的力。

7. 通过运动中涉及关节的反冲和“退让”应尽可能延长减弱力的过程。

分析人的动作，体育教学、锻炼和竞技方面的专业人员要懂得支配运动的原理。本章谈论了和静止、运动、杠杆、力相关的原理。专业人员在评价运动成绩时也要考虑摩擦力、空气动力学、液体动力学、球的旋转与反弹等概念。理解生物力学和运动学是专业人员了解和分析人体运动的基础。

生物力学分析

生物力学家采用各种设备和技术来研究、分析运动。过去的15年，设备的完善和计算机、微型芯片技术的发展大大帮助了生物力学家的工作。此外，使用这些设备更多、更好方法的开发也在很大程度上提高了人们对人体运动的理解和改善运动成绩的能力。这些设备工具有计算机、人体测量仪、计时器、电影摄影机、电视录像机、角度测量器、肌电图、动力描计器、遥测等。有时研究者也使用风道。这些工具以及视觉观测都可用来对人体运动进行定量和定性分析。

设备

计算机的作用在生物力学研究中越来越重要。生物力学分析需要处理大量的数据，所以用计算机处理这些数据就显得非常必要了。此外，很多生物力学的研究设备都和计算机相关。也有许多的信息可以在线分析，从而几乎可即刻得知结果。

计算机也可用于动作的模拟。模拟需要用数学公式来建立一个具体动作的模型。接着，这种计算机模型就可以帮助生物力学家测定对动作做了某些调整后的效果以及某些变化对成绩的影响。例如，模拟可回答“跳水起跳动作的变化后对随后的成绩有何影响？空气阻力是如何影响滑雪运动员成绩的？”等问题。这种方式可以帮助研究者确定如何提高运动员的成绩。计算机技术的使用把最佳或理想成绩与运动员实际成绩做了更好的比较。计算机可用来绘制理想成绩和运动员实际成绩的图表，这些图表的绘制来自对运动员运动过程中的摄影资料，所以可以用这些图表对理想成绩和运动员实际成绩进行比较。通过这种方式可以帮助我们找出错误，并且确定提高成绩的策略。计算机大大帮助了生物力学家对运动的了解。

电影摄影器是生物力学研究的基本工具之一。我们用精密摄像机对人们的运动过程进行拍摄。在观测人们的运动时，高速摄像机可以捕捉到专业人员看不到的一些运动细节。采用电影摄影能拍摄到整个运动过程，捕捉到诸如速度、角度、幅度、各运动部分的顺序等细节。电影摄影提供了一个永久的记录，可以在运动后对它进行研究。可以在研究中用慢动作、定格等技术对运动进行研究。通过录像，我们可用手或计算机分析绘制出运动图表。基于对录像中信息的数学计算是运动分析中极其重要的一部分。计算机的使用使这一过程更加迅速和简化。

频闪观测记录也是应用于运动研究的一种摄影技术。这种技术是在黑暗的背景下拍摄，有灯光闪烁到被拍摄物体上，全部动作由一系列按顺序排列的单帧胶片记录。例如，用此技术可拍摄网球运动中的整个正手击球动作，它可以显示在整个击球过程中身体各部分的移动路线。它使人们分析人体动作时更加便利。有了这项技术，就可把人在运动中运用的技术动作(如网球的正手击球或手腕动作)和另外一个人的动作或和理想动作比较。

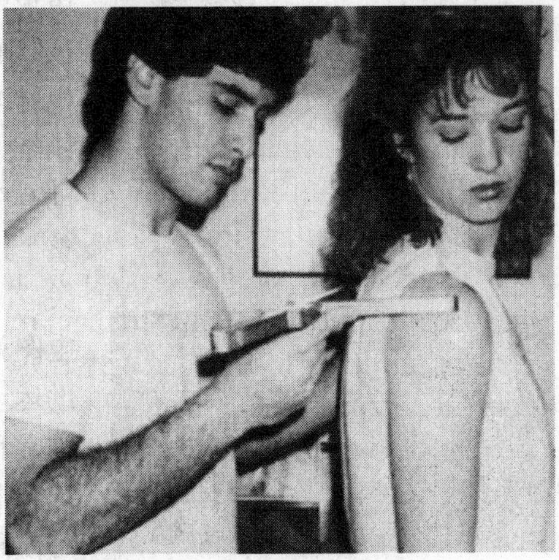

人体测量仪是测量人体的设备。有各种各样设备被用来测量身体和它各部分的信息

电视录像机是使用一套视频系统来记录人的运动过程。它有摄像机、录像机和回放设备。电视录像比电影摄像费用低，便于操作并可以随时使用。即刻回放所录内容的功能可以使分析者能马上观测，也可立刻反馈给运动者。电视录像系统可以和电脑相联，它是费用最低的高科技分析运动系统之一。科技的进步使我们拥有了质量更好的摄像机以及精细的反馈功能，这些可以让我们拍摄出更清晰的静止和运动的画面。

人体测量仪主要是对人体的测量。我们可以测量人体以及部分肢体的长度、宽度、直径、围度(周长)、表面积等。正确辨认人体解剖标记是获得精确测量的关键。人们利用人体的结构信息来计算作用在身体关节的力和运动中产生的力。人体结构的信息对建立计算机运动模型至关重要。

计时器或极微时间测定器用来记录身体运动的速度。计时器的种类有秒表、数字定时器、计数器、开关垫、光电电池、实时电脑时钟等。计时器在预选时间点开始，特别是指运动的开始时刻，而后在特定时间结束，如动作的完成时刻。这样就可计算出运动的速度。雷达测速仪可以为人们随时提供关于速度方面的信息。

电子角度测量器是用来提供在整个运动过程中关节角度信息的设备。电子角度测量器的另一个名字叫测角器(见第七章关于使用测角器测量柔韧性的信息)和一种叫电位计的设备一起使用来测量关节的活动角度。所获信息可直接传输到电脑、记录纸或示波器上。如这种设备可以使人们研究在走或跑的过程中膝关节的动作。它也可测量运动的范围、角速度和加速度。电子角度测量器在和肌电图合起来使用时特别有用。

发光二极管使得对动作的跟踪与分析变得容易

肌电图(EMG)是用来测量肌肉或肌肉群的电信号活动。当正确使用时，它可大致显示出一块肌肉所产生的力的大小。这就使我们可以观测运动中一块肌肉或肌肉群的参与状况。人们可以把电极贴在肌肉或肌肉群的表面，亦可把极细的电极线嵌入到要观测的肌肉内。这样肌肉活动时的电脉冲信号就会被处理、记录和显示在示波器、记录纸或电脑上。肌电图可用来记录和某一具体运动有关的肌肉活动，不同时段的肌电图就构成了整个过程的记录。某些肌肉活动的节律和运动有关。一名发挥不好或比较消极的运动员，他的肌电图就会显示出与平常不同。这些信息可用来帮助运动员改正错误动作并恢复理想状况。肌电图常常和电子角度测量器一起使用。研究者也可以把脑电图和肌电图同时使用来记录脑电波，这样可使研究者获得有关大脑是如何影响运动的信息(这属于运动控制学的研究范围)。

动力描计器是用来测量运动中力的大小的设备。为了测量力，特别是静止时的力量时，可以用弹簧装置和电缆张力计。也可使用张力测量计来测量力的大小。目前已经可以把它们安放在运动鞋内底、自行车脚蹬、高低杠上来测量运动员所用力的大小。另一个测量力的设备是测力台，它嵌在地板上来测量走路时脚对地板的力。也可用它测量短跑时的起跑、撑竿跳和体操运动中产生力的大小。

遥测是对运动各方面进行无线记录。遥测系统包括一个安放在运动员身上特殊设计的电极和一个给接收台记录员发送信息的传输器。遥测可用来传送运动中心率和关节角度等信息。此设备的显著优点是可以在没有那些妨碍运动员的电线和影响其运动的其他设备情况下记录其运动数据。

风道可用于很多方面来提高运动员成绩。耐克公司在开发它的“快速皮肤”时就用了风道来测量空气阻力。可用风道来确定能否进一步完善设备器材的设计，如自行车新头盔的形状和车轮是否能真正减少空气阻力，而减少空气阻力可使运动员在运动中创造更好的成绩。

滑雪和雪橇运动员利用风道来精细化他们的运动以使其动作最有效和速度最快。这些运动员在风道内尝试各种姿势，研究者和生物力学家通过分析运动员的录像给出各种姿势的空气动力学信息。有时为了达到最佳姿势，还用一些特殊设计的测量设备来提供其他信息。研究者、教练、运动员一起努力，运用这些信息帮助运动员做一些姿势调整从而获得最佳运动成绩。

计算机和仪器设备上的进步加上使用这些设备方法取得的进展使人们对人体运动有了更多的了解。如生物力学和生物反馈的交叉促使了人们开发出新的设备来提高运动成绩。生物反馈为人们提供了生理学参数，如肌肉张力等。人们就可利用这个信息调整自己的反应。创新运动训练（译者注：一个公司机构名称）开发的挥杆训练器和自行车训练器可用来做恢复运动和提高运动成绩。挥杆训练器能提供完全实时、立体的高尔夫挥杆分析与生物反馈训练（见图 6 - 2）。在人体上粘上很容易放置的传

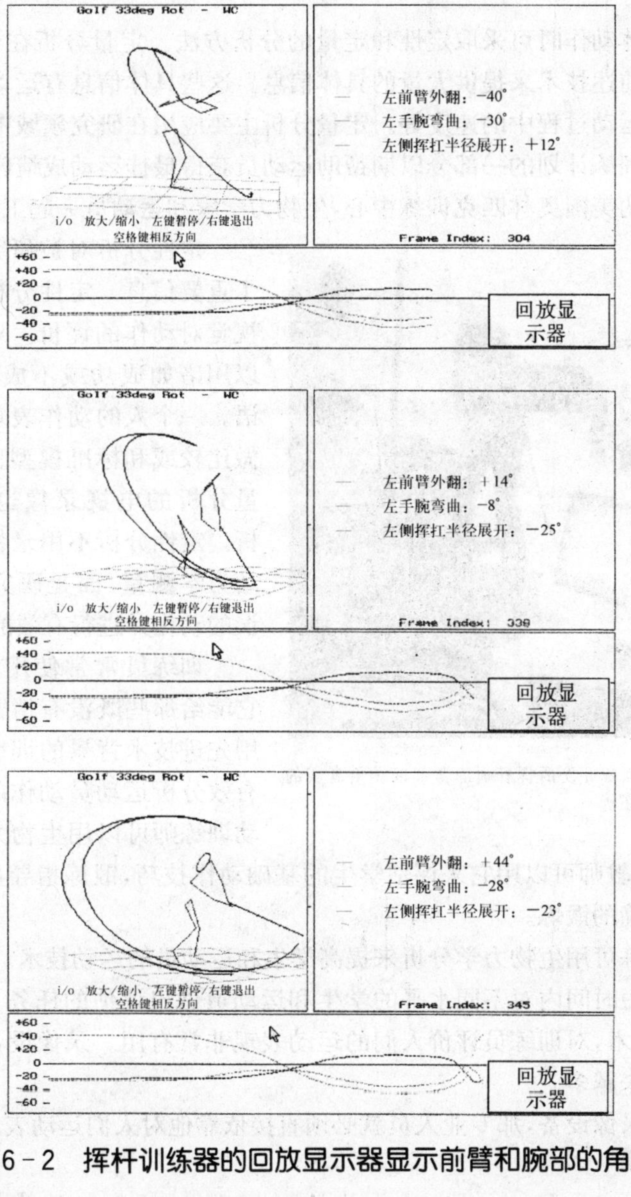

图6-2 挥杆训练器的回放显示器显示前臂和腕部的角度

感器，挥杆训练器就会捕捉到高尔夫挥杆的全部动作并提供它各方面的详细信息。视觉和听觉方面的生物反馈确保了最佳的身体姿势。一旦运动者的姿势不正确，就会有一个声音来提醒他，同时在显示器上给出正确的姿势。自行车训练器的运行方式和挥杆训练器基本相同。它能测量在骑自行车时关键的矫形角度、身体姿势、脉搏和输出功率。

分析

在分析人体动作时可采取定性和定量的分析方法。定量分析在分析被研究的动作时用了许多前述技术来提供大量的具体信息。这些具体信息有运动中的关节角度、产生的力以及运动过程中的速度等。定量分析主要应用在研究领域中，它逐渐成为优秀运动员全程训练计划的一部分以期帮助运动员获得最佳运动成绩（如在美国科罗拉多州斯普林市的美国奥林匹克训练中心，生物力学家和运动员一起工作、训练）。

由创新运动训练开发的挥杆训练器可以提供真实的立体高尔夫挥杆分析

定性分析对被研究的动作也提供了重要信息。定性分析大部分取决于视觉对动作的评价。对动作的描述可以用诸如成功或不成功、难或易等词语。一个人的动作表现可以和其他人做比较或和标准模型比较。用来做定量分析的电视录像也可用于定性分析。定性分析不用录像带来计算各种动力学测量，而是研究录像带找出错误的动作并进行有效的改正。

训练员常常使用定性分析，因为它能给那些既没有精密设备又没有使用先进技术背景的训练员提供了一个有效分析运动员动作的方法。竞技运动训练师可以用生物力学分析来制定恢复计划，体育教师可以用它来评估学生的基础动作技巧，锻炼指导员可以用它来确保顾客得到正确的锻炼。

教师和教练可用生物力学分析来提高学生和运动员的运动技术。此外，教师和教练还要面对在短时间内对不同水平的学生和运动员做出评估的任务。使用录像和慢放/定格回放技术，对训练员评价人们的运动表现非常有用。录像设备的使用在学校和社区中也越来越多。

如果没有录像设备，那专业人员就必须直接依靠他对人们运动表现的观察。无论是采用录像或观察法，专业人员应该在脑中有生物力学原理和被观察动作的理想模式，以及完全了解该动作的本质。作为观察者，专业人员应该客观和系统地进行训练、教学和指导。

对于采取视觉评估技巧来评价运动表现的体育教学、锻炼和竞技专业人员，阿德里安、库珀和布朗给出了几点建议。这些可以编进训练员观测计划的建议如下：

● 从一个恰当、有利的观测点来观测运动技术。在一个合适的位置观测动作技术的关键部分是极其重要的。如果可能，最好能从至少两个角度来观测。

● 在对某个技术给出改善建议之前，多观测几次。这样可以找出可能在做一次动作时不是很明显的固有问题。

● 采用整体——部分——整体的方法来观测。观测完整个动作后，再集中观测身体的某个部分(如腿、躯干等)。要观测这些部分的顺序和运动时机，以及动作的幅度以便找出不必要或多余的动作。然后观测整个身体，注意运动中身体各部分和其他部分的协调性以及各自的顺序。

● 如果运动者使用器械，如球拍，或将力作用于器械上，如投掷铁饼或踢球，那对器械的观测也非常重要。

● 应该对运动的整体效果做出评价。

● 可以用运动表现观测表来指导观测内容，以确保观测到关键部分，而不会忽视它。

完成观测后，训练员应该找出运动的错误所在，并对他的运动表现给出准确、相关的反馈。

克努森(Knudson)建议在对动作技术进行定性分析以便提高成绩时，要采用一种综合的方式。专业人员不只是专门找出错误、给出改正方案，或局限于生物力学因素，他们应该采取一种全面的、交叉学科知识方法，以及为提高运动者的成绩而进行干预时，要运用多种锻炼和运动方面的科学知识。克努森的四步法是：准备、观测、评价/诊断、干预。因此，准确性和连续性在做定性评价时非常重要。

准备期间，体育教学、锻炼和竞技专业人员必须收集要分析的动作和运动者的相关信息。该动作的关键特征是什么？运动者的能力如何？克努森鼓励专业人员通过做动作的"学生"，以及研究动作和影响运动的因素来尽力增加自己对于人体运动的知识。

对动作的动力学分析必须结合观测实践以准确地认识到动作的关键特征，使运动表现最佳化就必须正确找出动作的关键特征，这一点很重要。这些关键特征决定了该动作是否安全、省力和有效。而生物力学帮助了专业人员确定哪些才是动作技术的关键特征。

专业人员可以从系统观测当中获得利益。传统方式强调基于技术——准备、运动、随后动作这三个时间段对关键特征的观测。而其他一些专业人员更喜欢用一种全面的方式，先观察一个技术的几项细节从而获得它的整体印象，然后再把注意力放到关键特征上。

准确的诊断要求确定运动者的基础力量和他的弱点。这里是在预先确定的关键特征基础上对动作的分析。

在干预阶段，专业人员要让运动者把注意力放在关键的运动上，而不是对运动者进行全面的众多纠错。克努森建议专业人员要确定自己的干预方案能最大限度地提高成绩，同时最方便地利于运动者实施。一旦诊断准确，干预也就易于成功。

持续性是定性分析的另一个重要方面。根据克努森所言，对运动者的诸多观测可以提高分析的持续性和可靠性。当准确、清楚地定义出动作的关键特征后，就会进一步提高持续性。最后强调一点，简单易行地区分出动作的关键特征会提高持续性。

体育教学、锻炼和竞技专业人员在许多方面采用定性分析帮助运动者的运动过程中动作更安全、省力、有效。开发定性分析技术需要我们理解生物力学原理和准确、持续地观察、评价、制定策略来改善运动者的动作，无论它是竞技运动中的动作、一项具体的锻炼方式还是日常生活中的活动。

未来发展

科技会继续推进知识的进展。阿德里安和库珀说："当前精密、复杂的科技使我们在过去 10 年所知道关于人体运动的知识多于以往任何 10 年。"他们还声称"我们必须运用过去所知道的基本概念对将来提出疑问，并创造出更加有效、安全、有价值的人体动作"。

阿德里安和库珀说运用人体解剖特征的数学模型和计算机模拟技术，可以让生物力学家预测未来的运动成绩，同时发明新的、高级的运动技术。精通数学、解剖学、生理学、物理学和计算机是运用这种方法的必要条件。通过电影摄影、电视录像、动力描计器、电子测角器、肌电图、加速器测量获得的数据构成了建立模型的基础，把这些数据输入计算机，再通过软件包对数据进行分析。模拟技术使得动作根据速度、时间、运动幅度、环境而有所不同。通过模拟可以探索这些不同动作的变化，确定运动的最佳方式和安全性。计算机协助绘图和制定计划可以加速设备的设计。

对人体动作分析取得的进展会继续快速发展。科技越来越实用、费用越来越低使得复杂的分析可以为教师、教练、训练师、运动员、健身和锻炼的人们所使用。来自不同分支学科的运动科学家组成团队，使通过各种渠道收集的数据在整合时更加容易，增强了我们对运动的理解，也使体育教学、锻炼和竞技专业人员更有效地工作，让学生、运动员以及所有人们能更有效、省力地运动。生物力学和运动技能开发的结合增加了我们对人在一生中各类运动的理解，使我们更容易地为恢复训练所遇到的问题提出解决方案，也能让各种人群安全地提高自己的成绩或运动表现。

在科罗拉多州斯珀林的美国奥林匹克训练中心，生物力学专家和优秀运动员一起来精化他们的技能，最大限度提高他们的成绩

专家的仿造与模拟拓宽了知识的范围，并提高了运动成绩。美国奥委会运动科技分会（the United States Olympic Committee Sports Science and Technology Committee）已经资助了几项研究计划，其中包括模拟长橇滑雪和建立划船和皮划艇划桨、桨面模型与模拟。

世界范围的数据库使全球对此有兴趣的研究者可以很容易地获得数据。这些数据库可用于对运动的诊断、仿型和合作研究事业。

互联网为对生物力学有兴趣的人们提供了大量的信息。例如有一个世界生物力学网站（Biomechanics World Wide）就提供了世界上很多生物力学家和实验室的有关资料，它甚至还提供了一个交易或买卖设备的平台。目前出现了一些具体的研究领域，如姿态与运动、运动与锻炼生物力学、肌肉、动作技能控制、计算机模拟、生物工程学、整形外科、弥补术、生物医学工程等。在这个网站还有关于生物力学学会、就业机会、专业期刊等信息。该网站和其他相关网站为人们提供了一个了解当前信息的渠道和交流思想、合作的平台。

随着我们踏入21世纪，一个令人激动的趋势是生物力学家所研究人群的变化。威尔克森说将来人们会把重点放到研究妇女和老年人上，这两个人群在以前还未被研究过。此外，我们的研究也会转向面对更广泛的人群、更广泛的环境，研究核心也从优秀运动员转移到更多的人群，不仅是参加运动的人，也包括做日常事务的人。

小结

懂得控制人体运动的相关因素对于体育教学、锻炼和竞技专业人士来说至关重要。体育教学、锻炼和竞技专业人士关注的是让人们的动作最佳化。要完成这项任务，他们需要完全了解左右运动的力学原理。生物力学就是运用物理学和力学原理来分析人体的运动和体育器械的运动。最近几年，美国的生物力学研究迅速发展，人们普遍认为它是体育教学、锻炼和竞技的分支学科。

生物力学有两个主要研究领域。一是运动的解剖方面研究；另一个是运动的力学方面研究。无需赘述，这两个领域彼此紧密相连。生物力学家有一套自己具体的词汇来描述他们的研究领域。本章给功率、加速度、速度、质量、压力、摩擦力、功、能、角速度和角加速度、力矩、重力下了定义。同时和稳定性、运动、杠杆、力相关的一些生物力学原理和概念也在本章中给予了解释与说明。

在过去的 15 年中，关于设备的改进与应用数不胜数，这同时也扩展了我们的知识库。尽管参加锻炼的人们无法用到生物力学研究者应用的大部分仪器设备，但他们可以用一些简易设备如录像机等来直接观察和分析他们的动作或运动表现。理解生物力学原理对提高人们的运动成绩意义极其重大。

自测题

1. 就生物力学知识对从事体育教学、锻炼和竞技领域人员的价值写一篇 250 字的文章。要从你未来想从事的专业从业者角度写：即教师、教练、竞技运动训练员、运动心理学家、体育广播员等。

2. 解释并说明下列每个术语的意思：功率、加速度、速度、质量、压力、摩擦力、功、能、力矩、重心。

3. 找一项你熟悉的运动，说明其中与稳定性、运动、杠杆、力相关的原理和概念。

4. 利用“网络链接”的信息找到《生物力学杂志》。选择一篇有趣的文章，写一篇关于它的概要以及它对你未来事业的用途。

5. 利用“网络链接”的信息找到《健康科学的探索活动》。寻找一个你认为有趣的活动，写一篇简短的描述，介绍给全班。

6. 利用“网络链接”的信息找到《运动与科学——冬季奥林匹克》。读一下关于物理和生物力学的内容。还有哪些运动应用了这些原理？选择一项运动，写一篇简短报告说明生物力学是如何影响运动成绩的。

建议阅读书目

Abendroth-smith J：More B-BOAT：the Volleyball Spike，JOPERD 70(3)：56－59，1999.

Adrian M and Cpooer J：Biomechanics of human movement，ed 2，Dubuque，Iowa，1997，Brown & Benchmark.

Bladin C, McCrory P, and Progorzelski A: Snowboarding injures: current trends and future directions, Sports Medicine, 34: 133-139, 2004.

Carr G: Mechanics of sports: a practitioner's guide, Champaign, Ill., 1997, Human Kinetics.

Greenwald RM, Penna LH, and Crisco JJ: Differences in batted ball speed with wood and aluminum baseball bats: A batting cage study, Journal of Applied Biomechanics, 17: 241-252, 2001.

Hall SJ: Basic biomechanics, ed 4, McGraw-Hill, 2001, New York.

Hamilton N and Luttgens K: Kinesiology: scientific basis of human motion, McGraw-Hill, 2002, New York.

Reeve J, editor: Qualitative analysis: putting it all together, feature, JOPERD 71(1), 2000.

Reeve J: Introduction, JOPERD 71(1): 16-17, 2000.

Pinheiro VED: Qualitative analysis for the elementary grades, JOPERD 71(1): 18-21, 2000.

Morrison CS: Why don't you analyze the way I analyze? JOPERD 71(2): 22-25, 2000.

Wilkinson S: Transfer of qualitative skill analysis ability to similar sport-specific skills, JOPERD 71(2): 16-18, 23, 2000.

Knudson D: What can professionals qualitatively analyze? JOPERD 71(2): 19-23, 2000.

Salo A and Bezodis I: Which starting style is faster in sprint running—standing or crouch start? Sport Biomechanics, 3: 43-55, 2000.

Scientific American—September 2000 Issue—The Elite Athletes.

Strohmeyer HS: Biomechanical concepts for the physical educator, JOPERD 75(7): 17-22, 2004.

Tsang WWN and Hui-Chan CWY: Effect of 4- and 8-wk intensive Tai Chi training on balance control in the elderly, Medicine and Science in Sport and Exercise, 36: 646-657, 2004.

网络链接

美国运动医学学院：www. acsm. org/newsletter. htm
竞技运动计划：www. athleteproject. com
健身和运动总统委员会：www. fitness. gov
佳得乐运动科学研究所：www. gssiweb. com

第七章 运动生理学与体适能

学习目标

读完本章学生应能：

- 定义运动生理学并理解其对锻炼者的重要性。
- 理解健康和健康相关行为的概念。
- 理解并意识到体育锻炼在健康中所扮演的角色。
- 解释制定健身处方的原则。
- 利用健康原理制定健身处方。
- 描绘其他健康相关因素。

运动生理学是对人体反应以及人体对锻炼的适应性的研究。运动生理学是体育锻炼对身体各方面机能长期准确影响的调查。这些影响包括：肌肉系统的反应、身体活动对神经系统的作用、对呼吸系统的调节、心血管系统的动力。促进身体对体育锻炼的反应也是研究的一个重要领域，这些作用在不同水平(从分子水平到系统水平)都得到了检验。对由体育锻炼的频率、持续的时间，以及强度所引起的众多方面的功能变化的解释对运动生理学来说是一个重要的领域。

运动生理学的领域为专家提供了体育锻炼对身体作用的坚实的理论基础。不管是学校的教师还是非学校的教练员、商业俱乐部的健身指导、医院的体适能训练者，都必须理解体育锻炼对人体产生的反应。指导不同类型训练计划的理论知识、制定有效的运动处方所依据的原则可以使专家学者制定出符合每一个人体育锻炼目标与需求的运动。

运动生理学已经发展得日益复杂。新的科学研究方法和测量技术、先进的设备、计算机技术以及其他相关学科，如生物化学已经具有广泛的理论基础。长期以来，运动生理学家一直关注的核心是体适能和优秀运动员，近几年的研究更加关注于从幼年到老年的各个年龄阶段以及各个技能水平的所有方面，也包括一些残疾人。

运动生理学概述

运动生理学是体育、锻炼和竞技领域中快速发展的一个特殊部分。本章节将讨论运动生理学的定义、发展史以及研究范围。

定义

运动生理学是一项描述运动对人体的影响的学科。尤其是运动生理学从分子水平到系统水平研究了人体随着运动所产生的反应以及人体对运动的适应。这些变化或者是暂时的，即变化只显示在运动期间，或者是长期的反应，即只要运动是经常性的。运动生理学的理论知识对于体育、锻炼及运动方面的专业人士来说是必不可少的。

作为一门分支科学，运动生理学是在体育、锻炼和竞技领域中最大的、最流行的一个研究领域。它拥有最富有的传统，它对运动对人体的影响的关注可以追溯到古代。今天，运动生理学知识的宽度和广度因研究的增多而快速发展，由于这个领域中越来越尖端的技术以及专业人员的广泛兴趣而促进了这些研究。

发展历史

运动生理学作为一门专业学科诞生于 20 世纪 60 年代中期和 20 世纪 70 年代。追溯其根源应该在 19 世纪中后期和 20 世纪早期。而今，生理学的基础仍然不断地影响着运动生理学的发展。

巴斯科克(Buskirk)、爱德华・希契科克(Edward Hitchock)、达德利・萨金特、托马斯・伍德、罗伯特・泰特・迈肯兹和乔治・菲兹在奠定运动生理学的基础、推动体育教育科学基础的发展方面具有很大的帮助。在 19 世纪 60 年代，爱德华・希契科克在学生按照他的生理锻炼计划方案进行锻炼后，利用人体测量技术测试了学生的身体指标的变化。1879 年哈佛大学的达德利・萨金特也用人体测量技术在他的体育课上测试了运动对人体的影响。在 19 世纪 90 年代托马斯・伍德在他在斯坦福德大学执教期间促进了体育教育科学基础的发展，他开展了四年的学位培养方案，并对合格者授予相关学位。学生把解剖、生理以及体育课作为他的学位培养方案的一部分。

1892 年，生理学家乔治・菲兹博士在哈佛大学建立了第一个正式的运动生理实验室。在体育发展史上有一段时期，就是当各个体系的优点被争论的时候，菲兹提倡利用科学的途径去评价每一个体系，以便使各个系统的优点被证实。他在自己的实验室指导实验研究，在解剖系、生理系和体育系教运动生理学，并将其作为四年学士学位培养方案的一部分，主持了多项科学研究，并于1908年出版了《生理卫生原理》(*Principles of physiology and Hygiene*)。著名的生理学者、体育教师以及雕刻家泰特·迈肯兹倡导调查体育运动对人体各个系统的影响，他还推动预防医学的发展。在1910年他出版了《教育和医疗》(*Education and Medicine*)。

20世纪初期，在春田学院，詹姆斯·麦柯迪在发展生理学研究方面发挥了大的作用。1924年，麦柯迪出版了第一本《运动生理学》的教学课本。彼得·卡波维奇(Peter Karpovich)继续了麦柯迪的工作，扩展了运动生理实验室并且创建一些新的研究途径。1923年，亚瑟·斯坦豪斯在芝加哥威廉姆斯学院建立了运动生理实验室。他和他的学生进行着一项与生理、体育、和肌肉活性有关的关于介质的研究。他最广为人知的就是在1933年一个标题为《锻炼的长期效应》的著作。

在运动生理学发展的道路上一项重大的事件就是1927年疲劳实验室在哈佛的建立。劳伦斯·亨德森(Lawrence J Henderson)和梅奥(G. E. Mayo)建立了实验室，大卫·布鲁斯·迪尔(Dvid Bruce Dill)担任主任直至1946年实验室的关闭。这个实验室吸引了许多著名的学者，这些学者从事运动生理和环境生理的研究。在实验室存在期间，这些学者们发表了50多篇关于体育锻炼和环境对人体的影响的论文。大多数研究者在全国范围建立实验研究，以疲劳实验室作为模板。

二战过后，许多学院及大学开始制定计划。例如：1948年，托马斯·柯尔顿(Thomas K. Cureton)在伊利诺伊大学建立了体适能研究实验室。这个实验室重点调查体适能的生理基础，进行全国青年人的体适能测试，通过军人增加整个社会对体适能的兴趣。

在20世纪60年代中期和20世纪70年代早期，大学和体育先驱们号召更严谨的教师培养体系，更加强调体育研究生课程中严格的学识与学术，这些促进了运动生理学作为一个具体领域而不断成长。体育研究生课程受到重视和改善，使得更加专业化的培训出现在更多的领域，包括运动生理学。最终推进了大学各具体研究领域的发展，大学的专业也在这个不断扩展的领域中得到发展，如锻炼科学、成年健康、心血管恢复。最终，带着把学生培养成体育科学家(包括运动生理学家)的信念，各个独立的部分建立起来。

在20世纪70年代，美国生理学会(APS)统一了对快速发展的运动生理学的认识。运动生理学正式作为一个具体的部门被包含在美国生理学会之中。另外，为了将运动生理学收入其中，APS改变了其杂志的标题。因此，“应用生理学”被重新命名为“应用生理学：呼吸、环境、运动生理”，在20世纪80年代中期，又被重新改回“应用生理”。就像蒂普顿所解释的：这些元素的共同重要性就是，运动生理作为生理学合理的特殊领域，最终获得了APS真正的认同。这不仅是对运动生理学家的学术认可，而且促进了在运动科学职业接受运动生理学作为其主要的一个专业。

20世纪80～90年代，人们更加了解了身体活动和健康之间重要的联系。1996

年，卫生部长发表了第一篇《关于身体活动与健康》的报告。国民健康报道，如：《2010年健康大众》，使公众更加确信了身体活动和全面发展的作用。

随着运动生理学领域研究的持续发展，更多的学术期刊创建起来，为科学成果的传播提供了多种渠道。一些早期的科学著作在《美国生理杂志》上刊登，这个杂志在1898年发行其第一卷。1948年，美国生理学会建立了《应用生理》期刊，刊发一些人体对各种压力，包括体育锻炼的条件下所产生的反应的研究。1930年出版的《研究季刊》最后也改成《体育运动研究季刊》，成为研究者发表研究成果的一个途径。众研究者也通过AAHPERD会议上的专题研究小组提出自己的研究论文。

在1954年，内科医生、生理学家、体育教育者一起建立了美国运动医学学院（ACSM）。1969年，《医学与体育科学》开始出版发行，1980年被重新命名为《医学与运动、锻炼科学》。1974年美国运动医学学院出版了它的第一部书《体育测试与处方的评价指南》，并在1975年首次组织了心脏病康复与体育锻炼的测试证明。1997年美国运动医学学院出版了它的首刊《体育与健康杂志》。近年来，美国运动医学学院建立临床运动生理注册，并且在2000年组织了临床运动生理学家的资格考试。

随着运动生理学的发展，一些其他的刊物杂志建立起来，以便共享他们的研究成果，包括：《内科与运动医学》《体育锻炼科学回顾》《美国大众运动医学》和《世界大众运动医学》。

范围和地位

运动生理学包含了一个广泛的范围，研究领域列举如下：

- 各种体育运动对机体各个系统的影响，包括：心血管系统、呼吸系统、神经系统、骨骼、肌肉和泌尿系统。
- 运动与能量代谢的关系。
- 各种不同的训练计划对增进不同部位健康水平的潜力。
- 不同的环境因素——温度、湿度、海拔以及污染对运动产生的生理反应。
- 个体差异（年龄、性别、先天的健康状况、残疾）对体育运动的影响。
- 对限制运动的因素的认识。
- 不同的康复方案对受伤运动员、生病个体以及残疾个体的作用。
- 增补剂，如药物、音乐对运动的影响。
- 适度的身体活动对健康和治疗的益处。
- 营养对运动的影响。

运动生理学家可以在不同的情境下工作。他们可以在实验室中指导实验，可以在大学里担任体育课程的教授，可以择业于各种临床应用，比如：指导一个运动员通过跑台等级考试，在医院制定心脏康复的处方，在工地制定健康促进计划。

根据历史的说法，运动与体适能是运动生理学家两个主要的研究方向。在运动生理学方面，研究人员大部分的精力集中于对心血管的研究上，即在运动过程中心血管系统消耗多少氧气。一些研究也集中在运动代谢上，调查在各种不同的条件下，运动训练引起的代谢的反应。

近年来，心脏病康复和运动生物化学是越来越流行的两个研究领域。心脏病康复主要关注评定心血管的功能和确定各种运动处方对心血管系统疾病的预防作用以及对生病个体康复的作用。运动生物化学在分子水平检测运动产生的影响，尤其是在肌细胞方面。运动生理学领域出现了两个新的研究方向：运动流行病学和运动儿科学。运动流行病学研究身体活动与死亡率的关系，对于从事体育教育、运动科学研究的学者来说，大众健康扮演着越来越重要的角色，对于身体活动、发病率、死亡率之间的关系已经达成一致的理解。运动儿科学集中精力进行体育运动对儿童时期机体的影响的科学研究，包括：对生长发育期和成熟期的影响以及对成年人和儿童的影响的差异。

对运动生理学知识的运用大多显示在对身体活动和运动对机体的影响的研究。两个主要的应用为：第一，增强适应性、增进健康、预防疾病；第二，对动机行为的提高与精练，特别是运动。运动生理学的理论原则可以用来维持和改善与健康相关的适应性和与技能相关的适应性。对于体育教学、锻炼和竞技的其他分支学科，人们更加注重对人们从年轻到年老的整个生命时期研究与应用。

运动生理学的知识与技能被专家学者们通过各种不同的方式应用于体育教学、锻炼和竞技中。不管在校内的体育课上还是在校外的课余活动中，体育老师帮助学生制定健康目标。教练员更是利用训练原则去帮助他的运动员提高运动成绩。在医院、诊所、工地或社区工作的心脏康复专家能够改善心脏病患者的体适能状况、做体适能评价和指导一些预防措施。在私人俱乐部的健康指导和社区服务者为不同年龄的人们设计、指导健康处方。力量训练专家与职业的和大学中的运动员以及康复者一起工作。田径教练员制定防止运动员受伤的训练计划。

当前人们对健康、体适能和身体活动的巨大兴趣以及该领域不断的扩展也造就了许多的就业机会。越来越多的年轻人正在运动生理学方面进行着大学和研究生阶段的研究学习，准备在成人体适能、心脏康复和力量训练领域从事自己的事业。（关于这些领域中的就业机会在第十二章中讨论）

运动生理学是一门非常广泛的学科，具有悠久的历史。运动生理学集中了许多科学理论，如：生物、化学、生理和解剖。另外，由于这些理论的深度与广度，所以利用有限的篇幅给它一个有价值的概念是一件很不容易的事情。因此，我们把重点放到运动生理学的其中一个领域——体适能上，并且使其更加接近应用前景。我们希望，这种做法可以让学生学习这门初始课程，获得在运动生理学领域的视点，并能够把这些知识与他们自己的运动、健身的经历联系起来。随着他们继续地学习，就会有机会更广泛地研究运动生理学。

体适能

体适能是运动生理学的一个研究领域。体适能是机体各个系统的有效的功能。体适能好的人能充满活力、灵敏地完成日常工作而不疲劳，可以有足够的精力消遣休闲时光，能够面对紧急需求。

当代的专家普遍认为体适能由 11 种不同成分的性能，每一种成分都对身体的发展与维持有专门的作用。体适能元素有代表性的分为两类：健康相关元素和技能相关元素。

体适能各组成部分定义

体适能组成部分	定　义
与健康相关的体适能	
体成分	和非脂肪物质相对的体脂含量，用百分比表示
心肺耐受力	心肺系统保持大肌肉群持续一定时间工作或进行身体活动的最大能力
柔韧性	一处关节或关节组所能运动的范围
肌肉力量	肌肉或肌肉群在一次收缩克服阻力时所产生的最大力量
肌肉耐力	肌肉或肌肉群在克服阻力时重复收缩或长时间收缩的能力
与技能相关的体适能	
灵敏性	快速控制改变方向的能力
平衡性	在静止或运动时保持均衡的能力
协调性	平稳、高效运动的能力
爆发力	快速产生力量的能力；是力量和速度的结合，通常在短时间内产生
反应时	开始刺激和身体对刺激做出反应所用的时间
速度	快速移动身体的能力

体适能对每个人的一生都很重要。通过预防和身体康复来增强他们的健康是体适能的重点。一项人体实验证实了身体活动对人们生活质量的贡献。

与成绩表现相关和技能相关的体适能强调发展能促进身体活动的成绩表现，比如说运动；然而健康体适能的重点是活得更好。成绩表现相关的体适能与技能相关的体适能密切相关。况且成绩表现相关的体适能对于人们约定的运动与活动是特殊的。不同程度的成绩表现相关的体适能元素都是必需的，它依据其特殊的动机。例如：足球运动员需要的力量、灵敏度和速度与一个网球运动员是不一样的，虽然两种运动员都需要这些素质去完成他们的动作。

体适能不管是与健康相关还是与成绩表现相关都被认为与个人的性格、目标、需要完成的任务有关。每一个素质的发展依据于每个人的个体差异。一个业余网球运动员比马拉松运动员还要需要不同的体适能水平，70 岁的爷爷与 10 岁的孙子相比所需要的体适能水平也是不同的。宣布了设计和指导健康处方责任的专家都会问参加锻炼的人“健康为了什么”，是不是这些参加锻炼的都期待着体适能会对总体健康或者在特殊的体育运动中有突出的表现？每个人都根据他们的个体需求努力达到或保持体适能的最佳水平。

适当的发展和对体适能的改善需要运动生理学领域的知识。因为运动生理学关注机体即刻反应和长期效应，可以利用这个领域的知识制定健康处方以满足个体的特殊健康要求。准备比赛的优秀运动员、想经常锻炼的健康成年人、心脏病康复中的病人、为比赛训练的青年运动员、康复中的受伤者、期望过着独立生活的老年市民们、在人生中遭受挫折的残疾人都能够在以运动生理学理论为依据的好的体适能活动中受益。

身体活动、体适能与健康

当今体育锻炼研究的重要部分即身体活动、体适能对个人身体健康状态的影响。对美国人健康的最主要威胁就是慢性疾病，他们中的许多人都可以归纳为运动功能减退，如冠心病、过度紧张、骨质疏松、Ⅱ型糖尿病、长期背痛和肥胖病。

影响健康的因素

研究发现，影响健康的危险因素主要为慢性疾病，像心脏病和癌症是当今美国死亡的主要原因。这些疾病的成因是许多复杂因素相作用的结果，如：生物学、环境和行为因素；遗传和生物学因素：性别、种族、年龄、遗传易感性，是不容易改变的。然而其他环境和行为相关的易感因素是比较容易改变的，减少个体的患病危险性，那些可控的危险因素很多被归类为环境和行为因素。

环境因素包括自然环境如空气质量和社会经济因素如贫困表现出来的身体素质差等方面。虽然这些因素是可变的，但是人们想要改变时仍会遇到很多障碍。脱离贫困是很困难的，尤其是在混乱的经济时期；然而，有些其他的因素是可以改变的，人们可以通过在社会上做一个积极的人来谋求改变。你可以要求清洁空气和支持社区为基础的公民健康权，就像以优惠的价格清理血浆胆固醇。可以减少在不健康环境中的活动，如避免呆在二手烟的场所。

行为因素，像吸烟、缺乏运动、缺乏营养，都反映个人的行为习惯。当人们承担起对自己健康的责任时，这些因素可以被改变。从生活方式上减少个人慢性病的发病几率。将健康饮食习惯和体育锻炼共同加入到自己的生活方式中，饮酒适度都可以帮助人们减少患病的危险，提高整体的健康水平。

缺乏体育锻炼被确定为许多疾病的危险因素，在大量的慢性病研究中发现，久坐工作者患慢性病的几率和死亡的危险性会增加。一个非常典型的例子就是，体育锻炼与冠心病的关系。在美国，冠心病是引起死亡的重要因素，不运动的人患冠心病的几率是运动的人的两倍，危险的程度类似于人们所熟悉的吸烟与高血压和肥胖症的关系。

相关性讨论

关于体育锻炼对身体健康的积极作用是一个不断讨论的课题。这个相关性讨论围绕着一些关键的问题进行着。“应该做什么样的运动才是有效的”、“什么样的运动时间、强度、频率对身体健康有益”，坚持一定强度的训练可以提高体适能水平，达到期望的健康水平，降低患病的危险性，延长寿命。1996 年，《体育运动与健康》上一篇关于普通外科手术的文章表明，提高身体素质的科学依据：适度的、规律的体育锻炼可以提高人体的身体素质。每天参加适度的锻炼 30 分钟或以上，每周 7 天，能够提高他们的健康水平，降低生病的危险性，身体健康可以通过增加体育锻炼的时间，或提高体育锻炼的强度，从而获得最大的收益。即使一个久坐工作的人中年开始后进行体育锻炼也能提高其健康水平。运动永远不迟。

2000 年，国际研讨会召开并讨论关于体育运动与健康的相关性问题，参加研讨会的人们认真讨论了 24 个与体育和健康相关的话题，体育对健康的贡献被组委会所认可，并提出了体育运动与健康之间的关系，也对研究提出了建议。组委会指出，“体育运动与高致命率的心血管疾病的死亡率、冠心病的发病率死亡率以及Ⅱ型糖尿病呈线性关系”。加强体育运动，疾病的危险性就会降低。在李(Lee)和斯凯瑞特(Skerrett)的研究中，没有按照现有的准则来训练受试者，要求一周中每天都要锻炼至少 30 分钟的中等强度训练(如快走)，算出能量消耗至少 100 kcal/周，同时能使那些身体差的人死亡率降低 20%～30%。

虽然规律的健康锻炼可以给人们的身体带来好处，如减肥能提高生活质量，但是很难发现运动与健康的比例关系，也许可以说明一定的锻炼或适度的运动是有益的。身体越健康，锻炼的强度就越可以提高。制定健身处方时，不仅要考虑有益于健康的运动强度，还要考虑到潜在的受伤情况。

健康的益处

身体活动、体适能和健康的关系给体育教学、锻炼和竞技专业人士提供了一个促进国民健康的机会。专业人士按照不同的年龄结合人们生活中安排的身体活动，提高他们的体质。而且，专业人士还可以鼓励人们适当地提高强度来进一步地增强体质。体育锻炼的一大好处就是提高心血管的功能，降低心脏病的危险性，还包括提高心血管功能、降低心律、降压，提高血液携氧的能力，提高外周和中心的环境，避免动脉粥样硬化，降低血浆胆固醇的浓度，降低低密度脂蛋白含量，提高高密度脂蛋白的含量，这样心脏病的危险性就降低了，心脏恢复的几率就增加了。体育锻炼也可以降低由肥胖和高血压导致的疾病的发病。

有氧健身操是职工健身中心、社区活动和健身俱乐部提供的受人欢迎的运动

体育锻炼可以维持健康的体成分。过多的体脂对人体健康是有害的，会缩短人的寿命。体重过重引起胆固醇的增高，引起糖尿病、高血压、骨关节炎和各种类型的癌症。另外，过度肥胖的成年人和儿童都会有一定的心理压力和自我认识问题。规律的体育锻炼可以维持体形，消耗过量的能量，避免发胖，降低了一些敏感性疾病发生的可能性，因为肥胖儿童在其成年后也会肥胖，随着年龄的增加，肥胖日趋严重，所以适当的身体活动和合理的营养是极其重要的。机体运动可以提升生理体征和自我形象。

肌肉的力量、耐力和柔韧对健康而言也是极其重要的。有许多美国人都有腰疼的现象，这些问题都是由于肌肉力量薄弱与不平衡造成的，是不经常运动或者在运动过程中不正确的姿势引起的。由于这些因素的影响，许多老年人、残疾人处理日常生活都是困难的。有规律的正确的生理活动能使他们获得功能独立，并能降低损伤。

身体活动的作用不仅局限在机体，也会影响精神健康。能够减少精神损伤，降低压力和焦虑，能够帮助人们有效抵御压力。许多人也发现，身体活动能够使人们放松，使人感到舒适。身体活动者这样评论“我感觉更有活力了”、“我感觉更有精神了”、“我不再那么累了”、“我更有精力做事情了”。

经常运动能够树立积极的自信和自尊，提高自信、情感稳定性、自我肯定、独立和自控能力。

社会化是身体活动的另一个作用。身体活动、娱乐活动以及一些活动组织为人们提供了渴望属于一个群体的机会。这些都是重要的心理需求。

除了能提高健康外，身体活动也能够提高工作效率。健康的个体有充足的精力，能为生理和精神负担提供更强的解决能力。一些娱乐活动和体育休闲活动使人们有充沛的精力。健康的个体能更好地消除疲劳，促进睡眠。

健康体适能可以促进整体的表现。健康的人能够正确的处理一些日常生活中的生理活动和运动技能。另外，健康的人比非健康的人能够从高强度的锻炼中更迅速地恢复。通过发展正确的肌肉群适宜的柔韧，提高动作的质量，从而维持人们的良好姿态。

经常运动能减轻由年龄的增长带来的负面影响。所以这种良好规律的运动的生活方式应该尽早地介入。坚持终身体育运动的个体获得更高水平的心血管健康、肌肉力量、肌肉耐力和体成分。

经常运动的个体也将积极地参与其他的一些能够促进健康的活动。因为他们肯定了运动的好处，他们饮食合理、劳逸结合，能够积极地克服生活中的压力。个人健康是重要的个人资源和财富。

经常、合理的身体活动有很多好处。然而，人们必须经常性地参加身体活动才能体现出这些益处。为了正常地发挥功能，人体的器官、系统就需要常常进行锻炼，把它作为不可或缺的一部分，就如同身体每天都需要有营养的食物一样。一生积极地锻炼身体对保持持续的健康极其重要。

体适能发展

为了设计一份健身方案，健身专家必须对身体活动过程中能量的生成过程具备一定的知识。了解能量的产生过程可以帮助健身方案达到预期的效果，健身方案的训练原则指导着健身锻炼。在健身锻炼过程中，运动项目的频率、强度、时间及运动项目必须详细说明。

身体活动的能量供应系统

能量是身体活动所必需的，无论是进行日常活动，调整紧张状态，参加娱乐性活动，或者是参加高水平的竞技比赛，肌肉组织必须生成能量才能运动，新陈代谢是人体所有化学反应的总和，包括能量的生成和利用。

肌肉收缩所需能量来自我们所吃食物的分解，食物是身体的燃料来源。食物中的蛋白质、碳水化合物、脂肪通过一系列的化学反应生成三大主要分子，氨基酸、葡萄糖、脂肪酸。这些分子通过血液运输到细胞，在细胞内，通过一系列的化学反应，生成三磷酸腺苷（简称 ATP），ATP 是肌肉活动的能量物质。

能量物质的生成方式主要有两种，特别是 ATP，包括有氧系统、无氧系统。有氧系统指需要氧气，无氧系统指不需要氧气。运动项目决定着哪种能量系统成为能量的主要来源，特别是运动的持续时间和强度（或者是能量的使用率）以无氧系统提供的能量必须要求运动项目在较短时间内高效地消耗能量，例如，100 米、50 米自由泳，投掷或者像体操、足球等爆发性项目。无氧系统迅速地生成能量以满足即刻要求，使用 ATP 或者其他储存于肌肉细胞内重要分子通过化学反应生成能量。当这些少量的ATP消耗完，身体利用储存的糖原作为能源物质。糖原分解成葡萄糖，葡萄糖在肌肉细胞中新陈代谢生成ATP以供肌肉收缩，因为体内燃料在无氧条件下通过新陈代谢生成少量的ATP，这就是无氧代谢，但是，无氧条件下的工作也是有限的，无氧系统仅能维持短时间高强度运动。无氧系统的产物是乳酸，它存在于肌肉中，最终导致疲劳。

如果运动持续很长时间，则依靠有氧系统提供能量，需要长时间低效率地能量消耗，例如慢跑5里、10千米越野，或者参加篮球赛，利用有氧代谢提供能量。有氧运动时，肌肉需要连续的氧气供应。氧气是碳水化合物和脂肪分解生成ATP复杂过程中所需的一部分。有氧系统能够高效地从食物营养分子内生成ATP，并且不生成诸如乳酸之类的疲劳产物。

在许多运动中，有氧系统和无氧系统同时起作用。例如，许多身体活动从性质上可以理解为有氧运动，如篮球、足球、小球类项目或者长距离比赛，但也包括无氧运动。这些项目需要突然爆发性活动，迅速跑到前场接队友的一个长传球、加速摆脱对手跑到无人防守的区域、接近终点线的加速跑都需要爆发性的速度和功率。

这些能量系统的利用关系取决于运动项目的强度和持续时间（见表7－1）。如少于或接近1分钟的激烈运动项目，无氧系统提供能量，而运动项目的强度较弱或持续时间较长，则是有氧系统起主导作用。

表7－1 能量系统的使用

能量系统	运动时间	运动项目
无氧运动	6～60秒	所有短距离、短时间、爆发性项目（跑步、游泳）
组合型运动	1～3分钟	中等距离（400和800米）间歇性运动项目
有氧运动	多于3分钟	长距离、长时间间歇性运动项目

人体的无氧系统和有氧系统的能力可以通过训练得以提高。无氧系统的能力训练包括：改变高强度的项目的间歇时间，循环训练的重复次数。通过无氧训练提高在无氧条件下工作的能力、乳酸耐受能力和肌肉块。相比而言，有氧系统能力训练主要是通过大量长时间的强度的训练。有氧系统能力的训练可以提高身体运输和利用氧气、生成ATP、消耗碳水化合物、储存能量生成脂肪的能力。有氧系统能力的训练可以增强心血管的功能。区分能量系统的不同，在发展、执行和评价训练对健康促进是非常重要的。

体适能训练原则

专业人士依据运动生理学领域的知识制定和实施训练计划提供原则。这些原则必须包括：小学体育教师为了增强学生的体质、教练员为了提高运动员的成绩、体育指导员为了提高成年人身体素质而设计锻炼项目，或者是运动医学专家为心脏病康复期的病人设计运动处方。一些生理和行为方面的因素也必须进行考虑。

1. 超负荷原则

超负荷原则是健康训练达到预期目的的最基本原则，简单地说，要实现增进健康的目的，锻炼者就必须完成远远超过正常水平的运动量。例如：如果需要增加肌肉力量，肌肉所给予的训练强度就要比正常状态下高得多，一旦达到预期的健康水平，锻炼者仍然必须坚持这一训练强度，以维持预期达到的健康水平。

2. 专门性原则

因锻炼者的个体差异，训练时不同的生理指标将随着出现不同程度的改变。训练目的不同，训练项目也不尽相同。例如，要获得心血管系统的最大耐受力，训练的项目就必须服务于这个目的。

3. 锻炼者初始的体适能水平

锻炼者必须得到专家的同意方可开始锻炼。专家对锻炼者当时的健康水平进行评估，从而进行训练项目的方案设计。健康水平低或长期坐着工作的锻炼者，必须从低强度开始训练。

4. 健身方案的级数

训练效果的好坏，健身方案的级数起着非常重要的作用，而训练的级数取决于锻炼者本身。把锻炼者的初始状态当作训练的起点，当锻炼者对训练计划适应时，锻炼者的成绩才会有所提高。通过增加训练的频率、时间、强度，锻炼者的级数也随之稳定地增加，这样锻炼者就会在不过度的状态下进行训练。

5. 个体差异原则

在训练计划设计过程中，锻炼者的目的也要考虑，同样影响锻炼者的成绩的影响因素也要注意。锻炼者的工作性质、生活习惯也要考虑。锻炼者在训练过程中所承受的压力也对成绩起到重要的影响。

6. 训练计划包括热身运动、正式训练、整理活动

热身运动和整理活动是非常重要的。在正式训练前至少进行 5～10 分钟的热身运动。热身运动能够预防损伤和为进入高强度的训练做好准备。热身运动是训练过程的一部分。正式训练阶段之后，最好有一个 5～10 分钟的放松整理活动以使身体开始恢复到正常状况。体适能水平较低或中老年人群应该用更长的时间来做热身和放松整理活动。建议热身和放松时做一些拉伸运动和低强度的有氧活动。

7. 安全的重要性

训练者的安全应该首先考虑。在开始训练之前，锻炼者应该进行全面彻底的医学检查，诸如疾病(如心脏病)的恢复期或者长时间不参加运动者，彻底的安全检查就更加重要。锻炼者参加训练时，身体所接触的一些危险情况，也必须引起注意，佩戴一些

许多成人都以足够的强度、持续时间、频率进行锻炼以获得健康的益处

保护装备也是必需的，特别是头、颈、眼睛和牙齿（如打壁球时要戴上眼部护具）。锻炼者应该注意采取适当的预防措施，特别是在特殊的天气条件下，例如高温、高湿或者极冷条件下。最后，锻炼者必须学会怎样仔细留意他们对训练的反应或向指导他们活动的专业人士、医师说明任何不寻常事件（如过度呼吸）。

8. 在训练计划的进行和执行阶段，行为因素也应该考虑

依据健身计划激发锻炼者的兴趣和把健身计划带到日常生活中。本质上说，健身专家怎样认真仔细地为锻炼者设计训练计划，训练者就会怎样激发自己的训练计划，实现理想的健康水平。目标的定位在健身方案中是非常重要的。斯温（Swain）和利兹（Leathdtz）认为，作为一个专家最重要的是在设定目标的时候考虑周全，允许你的实施者根据你对他们的指导自己制定目标。（在第九章我们将讨论目标设定）

斯温和利兹认为社会支持是行为改变中重要的因素之一，例如，从运动到静止，来自家庭、朋友、教练的支持加强了个体之间的影响，有效地被用于帮助个体的抑制行为。朋友和家人在训练计划中的参与、结伴训练是教练们利用社会支持的两种方法。

体育教学、锻炼和竞技的专家必须设计策略去提高一个训练计划并结合这个计划到锻炼中去。迪斯曼（Dishman）估计50%的个体不能坚持他们的计划。利用合作和刺激来提高对锻炼的坚持。自我效能，个体完成一项具体行为的信心，是持之以恒最具有决定性的行为之一。因为高水平的自我效能能够有助于锻炼坚持到底。体育教学、锻炼和竞技专业人员以及从事身体活动的人必须一步一步地帮助个体在他们各种形式的身体活动中和运动能力中获得信心。

体育教学、锻炼和竞技专业人员在设计训练计划时必须意识到运动生理学的理论原则，还要注意个体的差异，行为的策略如：目标设定和动力定型能够促进坚持锻炼。体育教师、锻炼专家和运动指导员也要注意到扮演一个好的角色对健康生活方式的重要性。

体适能训练计划

为了达到和维持健康，个体必须在规律的基础上进行运动，为了顺利通过训练的开端，他们必须充分地锻炼，以达到最理想的结果。他们必须在健康的范围内进行运动。当教练为一个个体制定锻炼计划的时候，必须明确说明次数、强度和运动方式。

每一个健康因素都有一个专门锻炼的开端，训练的开端是达到所需要的收益的最低水平。目标的范围就起始于从训练的开始和训练极限的定义。为了实现健康，每个个体必须在目标的范围内以充足的强度、持续的时间和规律进行练习。超极限的练习可能会产生相反的作用。所有目标范围是最佳的锻炼水平。

练习的频率就是每周锻炼的次数，比如一周 3 次或 5 次。达到和维持健康要求个体进行规律的体育锻炼。

强度是在运动过程中，能量支出的程度，就是一个人怎样努力工作。例如，竞赛运动员可以被分为 80%最大耗氧量的运动和 100%耗氧量的运动。一般认为，强度是在运动变量中最重要。

时间就是对这项活动的持续时间或训练的时间长度。时间也就是这项运动必须进行多长时间才是有效的，是以时间为单位连续表现出来的，如进行 40 分钟的活动。

类型就是活动的模式。由于健身发展是特别的，所以不同类型的活动构建了健身的各种各样的组成部分。这些活动如：慢跑、划船、自行车、跆拳道以及少数的力量训练，都是被采用的实现专项健身效果的活动类型。对于这些活动类型的选择应该受要实现的健身目标的指导。

FITT（频率、强度、时间、类型的首字母缩写）可以被用来帮助记清这些描述性的变量。这些活动的变量是相关的，而且能够操纵它们去实现一个运动，并且这些计划是与个体需求相适应的。例如，心血管系统的提高可以通过慢跑、70%最大吸氧量、40 分钟、每周 5 次的方式进行锻炼，或者 80%最大吸氧量、20 分钟、每周 4 次。假如一些人为了提高健康，通过较长时间和较低强度执行训练计划，也可能会实现目的。对于肥胖的人，短期内的活动是非常有益的。

各种锻炼活动内在联系的特点，要求考虑活动的计划是否满足特殊的需求。个性化非常重要。在制定运动处方时必须考虑到个体的特点，如体适能状况、医疗体格检查状况、年龄等。体适能初始水平较低的个体要比体适能较高的个体在开始锻炼时的强度要低。在设计锻炼活动时也要考虑个体的医疗体格检查状况，如心脏病、糖尿病和哮喘等。锻炼过程中要做适当的调整，使个体能够安全地参加身体锻炼。在中年或年纪更大时才开始锻炼的人们，他们的开始强度要低一些。还有一点我们需要注意的是性别并不是一个限制因素，女性和男性对训练的反应相同。

在制定锻炼计划时必须考虑参与者的需求和目标。该计划必须设计成能够让参与者形成他所期望的高水平的体适能。应该根据具体的目标选择合适的活动，例如，参与者想提高自己的精力和心肺耐力，就要选择能够刺激循环系统和呼吸系统的活动（如跑步和游泳），控制各锻炼环节以实现这个目标。

在选择锻炼形式时，愉快是另一个关键的因素。当参与者能够享受所制定的锻炼活动时，他就会增加参加训练计划的持久性。身体活动应该让参与者达到他们所期望的健身目标，但同时也要保持兴趣和享受。参与者发现一种活动具有娱乐性时，他就很可能继续这种锻炼，以达到期望的改善健康目标并且将其融入自己的生活方式之中，从而保持改善的结果。

制定锻炼计划时同样重要的是要有实践的机会，这会促进认知和情感效果的形成，而这些对他们终身的健康是非常关键的。实现期望目标是我们所关注的重点，但也必须重视让参与者知道制定个人锻炼计划、自我评估健康状况、处理个人健身问题的原则。培养一个有知识的、独立的健康消费者——一个能实现并保持终身健康的人——才是真正的关键。人们需要控制自己的生活，承担起保持他们健康水平的个人责任。

健康体适能构成要素

体适能包括心肺耐受力、体成分、肌肉力量和耐力，在这一节，将对体适能的各组成部分进行定义，叙述他们与健康的关系，讨论如何提高各部分的能力，区别评定各组成部分。运动训练结束后，必须进行为时 5 分钟的放松活动，这样让身体恢复到训练之前的状态。健康水平较低以及中龄人或者年龄更大的锻炼者，热身活动和放松活动的时间应该再长些。柔韧练习和低强度有氧运动也必须进行热身活动和放松活动。

心肺耐受力

心肺耐受力是指为保证机体顺利运转，向运动肌群有效输送氧的能力。良好的心血管系统（如心脏和血管）和呼吸系统（如肺）是向身体输送氧气和营养物质及将身体废物清除的保障。

三项全能训练可以在几项运动中发展高水平的体适能和技能

持续大强度的身体活动受心肺系统效率的影响。心肺功能越好，在身体疲劳之前就可以做更多的运动。当心肺系统不能向运动肌群输送足够的氧气时，运动能力将大大降低。

心肺功能是体适能最重要的指标。因为好的心肺功能，可以带来很多好处，如减少心脏病的发生，提高工作能力，提高抗疲劳能力，正确锻炼心肺功能可以给个体健康带来很多的好处。

体适能可以使运动机能减退，健康体适能可以预防运动机能衰退。运动机能衰退是由于身体活动不足所致。运动机能衰退的人常表现为灵活性差、心血管功能衰退、骨骼肌肉功能下降、膀胱和肠道功能变弱。缺乏运动的人是心脏病和中风的高危人群。此外，和心脏病相联的过度压力和肥胖可以通过参加有规律的运动使这种现状得以改善。

心肺耐受力是身体有氧运动能力的关键。有氧运动能力是指身体向肌肉输送能力和氧气的能力。心脏泵血能力是影响心肺功能的重要因素。一颗好的心脏每搏输出量大，这样才有更多的血流入血管，进而输送到全身。

评定心肺耐受力好坏的另一个指标是肺的能力。在运动中向工作肌输送氧气的能力是有限的。氧气的量必须满足集体产生能量的需要。食物代谢需要能量，在这个过程中也需要氧气。吸入空气，把氧气运输到心脏，从心脏运送到各个器官也都需要氧气。血液把各组织器官产生的二氧化碳返回到心脏，再到肺，都是需氧的过程。

当对氧气的需求增加，如在进行激烈的运动时，身体吸氧量和给工作肌供氧能力是决定身体工作能力的重要的、决定性的因素。身体输送氧气的能力越强，人到疲劳和力竭的时间就越长。因此，个体拥有功能良好的心血管系统和呼吸系统，就能进行更长时间的运动。

有氧运动有很多好处。有氧运动是持续时间较长且在肌肉中不会产生氧债的运动形式。骑自行车、慢跑、跳绳、划船、散步、野外滑雪和游泳都是很好的有氧运动。有氧运动的锻炼价值包括提高运动时的供氧能力、运动时保持较低的心率、产生更少的乳酸、更好的耐受力。有氧运动提高心脏的工作能力和降低血压。

心肺耐力对很多运动项目都非常重要。在需要较长时间的运动项目中，如 500 码游泳或足球赛，心肺的耐受力对运动成绩产生重要影响。经过训练而拥有较高心肺功能的人可以承受强度较大的运动而不易疲劳，而一般人做不到。此外，他们在疲劳之前可以做更多的工作，也比一般人恢复得更快。

经过系统的锻炼，心肺能力可以得到改善和提高。科学的锻炼包括适合的强度、持续时间、运动频率和运动方式，只有科学的锻炼才能提高心肺功能。

强度。为了锻炼心肺的耐受能力，运动锻炼必须有个合适的强度。在运动中，心率随运动所需能量变化。当能量需求增加，心率也随之增加。因此，心率可以用于衡量运动强度。因为在运动结束一分钟以内，心率就会变慢，所以常测 10 秒的心率再乘以 6(或者测 6 秒的心率乘以 10)来计算每分钟的心率。为了获得准确的心率，可以测运动结束后 15 秒的心率。

为了安全和取得有效的锻炼效果，以合适的强度运动是必要的。强度可以通过运动的速度或步幅来控制。为了达到锻炼的目的，运动强度必须是可以控制的，那样心脏才能提高到预定的心率水平并保持在一定的心率范围。这里的水平是训练的临界点，范围则是目标心率带。

美国运动医学学院推荐，如果想提高心肺功能并使之保持良好的耐受能力，应以 55%～90%的最大心率(HR_{max})或者 40%～85%的心率储备(HRR)或最大摄氧量(VO_2R)运动。最低心率保持在 55%～64%的 HR_{max} 或者 40%～49% 的 HRR，这些都是针对那些心肺耐受力差的人群。

无论男性还是女性，最大心率(HR_{max})可以估计在 220/min。最大心率和年龄有关，随着年龄增长，最大心率减少，比较简单的计算方法是 HR_{max}＝220－年龄。

HRR 是安静时的心率和最大心率的差值。HRR 可以这样计算：HRR＝HR_{max}－RHR(安静心率)。

这里有几种方程可以计算靶心率以控制运动强度。其中一种是计算 HR_{max} 的百分比，可以这样计算比较简便：THR＝(Target Intensity)HR_{max}(注：Target Intensity 是目标强度)。

另外计算靶心率的方法可以用 HRR 公式。这种方法考虑了个体安静的心率，给出了一个比 HR_{max} 公式计算更准确的方程。这个就是 Karvonen 等式：

THR＝(Target Intensity)(HR_{max}－RHR)＋RHR

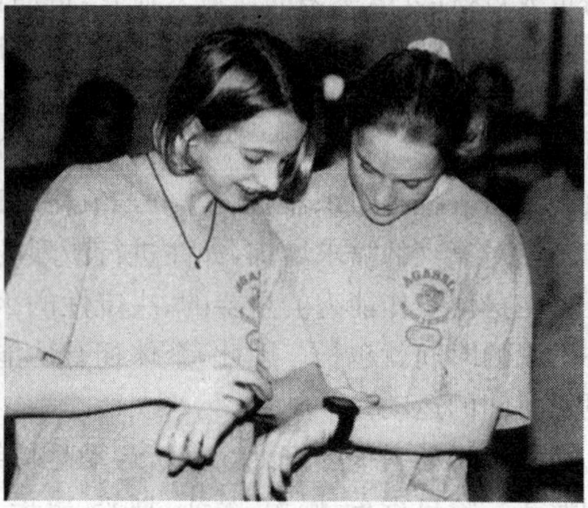

学生用心率检测仪测量她们运动的强度

靶心率可以让锻炼者较容易掌握运动强度，确定他们在达到临界点的合适强度，心率在靶心率范围内变动。

采用 HR_{max} 和 HRR 计算心率举例

对一位 20 岁、安静心率为 70(次/每分钟)的运动员，计算其在以 65％强度的训练心率

最大心率(HR_{max})

计算公式举例

220－年龄(最大预期心率)×强度百分比＝训练心率

(220－20)×65％＝130(本例这位锻炼人员的训练心率)

储备心率(HRR)

计算公式举例

(220－年龄－安静心率)×强度百分比＋安静心率＝训练心率

(220－20－70)×65％＋70＝154.5(本例这位锻炼人员的训练心率)

锻炼者要根据自身的心肺耐受力水平和要达到的目标来选择锻炼的强度，如果有条件的话强度可以循序渐进地增加。

美国运动医学学院推荐 20～60 分钟持续的有氧运动。可以以一天当中运动量累

加来达到这个量，但必须有运动周期和至少有一次不少于10分钟持续运动。

应该记住的是，运动的强度和持续时间对于取得效果和保持锻炼所获得的效果十分重要。一般的，运动强度增加，持续时间减少；相反的，运动强度降低，则持续时间增加。典型的做法是，采用较低的强度和较长的持续时间来发展心肺耐受力。然而，同样要记住的是，无论是强度还是持续时间都要达到所要求的最低值。

运动频率：美国运动医学学院推荐每周进行3～5次锻炼，可以最小限度地提高心肺功能的目的。许多锻炼者选择更多的锻炼次数。身体必须有足够的时间恢复，这点很重要。许多人将以隔天锻炼作为恢复的时间放到锻炼计划中。尽管发展心肺功能没有要求每天都要锻炼，但仍旧有很多人坚持每天锻炼。为了让身体得到恢复，他们常常是一天强度大点，一天强度小点。

运动方式。有氧运动是锻炼心肺耐受力常用的方式。有氧运动是指身体的吸氧量能够满足身体的需氧量。在进行这种方式的锻炼时，心率保持在延长期的兴奋水平。这些运动典型地包括表现为精力充沛的、反复性的整个身体或大肌肉长时间的运动。常见的有氧运动有慢跑、跑步、散步、游泳、骑自行车、划船、有氧操、越野滑雪。因为这些运动方式都是持续的，这样的强度可以较容易地控制。间歇性运动有橄榄球、篮球和网球，在运动过程中运动强度始终处于变化之中，因此，在运动中调节能量消耗更困难；然而，如果强度合适，这种运动方式有助于发展心肺功能。

总之，为发展和保持心肺功能，建议以合适的强度、在靶心率范围内持续运动至少20分钟，每周锻炼3～5次。运动应该包括持续的、充沛的，尤其是应使锻炼者感到身心愉悦。一旦心肺功能达到一定的水平，还是要进行有规律的运动才能保持锻炼的效果。锻炼者如果停止锻炼，5～10周后锻炼所获得的效果就会消失。取得和保持较高的锻炼水平，就应有终身体育锻炼的意识。

心肺功能可以测定。最好的方法是测定最大耗氧量。身体运送和利用氧气越多，身体在疲劳之前就可以做越多的练习。最大耗氧量是身体消耗的最大氧量。最大耗氧量是在运动时达到最大心率时的耗氧量。

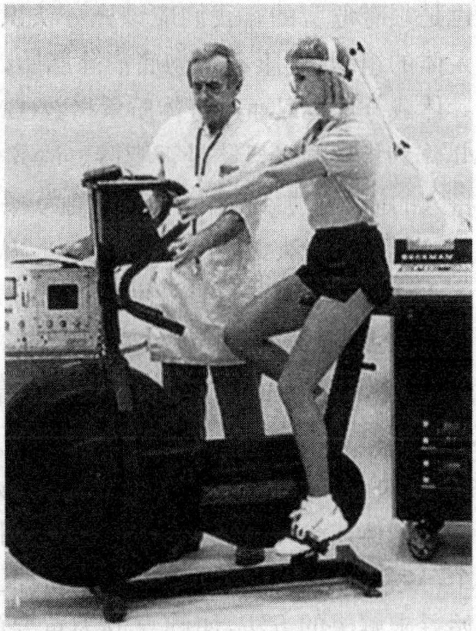
功率自行车可用来测量最大耗氧量

测定最大耗氧量需要复杂的实验设备和训练有素的，且能在测试中认真完成测试动作的人。这种测试建立在个体素质的基础上。接下来介绍测试的程序、测试内容。在跑台或功率自行车上，通过特制的呼吸设备呼吸。各种生理和代谢的参数都可以测到，如心率、呼吸频率和氧耗率。这个练习测试强度是逐渐增加的，只到力竭为止。这个时候的耗氧量就是最大耗氧量。尽管测定的准确性高，但由于价格昂贵、耗时长，又要求复杂的设备和训练有素的人，所以适应范围不广。

还有各种其他的方法可以用于锻炼心肺功能。这些实验测试以最大工作能力所能持续的一段特殊时期。学校和社会团体在体适能检查中常采用这些评定方法。如果是正确地使用这些方法，得出的结果一般比较准确，能反映出被测试者的最大耗氧量，并以此评定出被测者的心肺功能。

体成分

体成分是描述身体肌肉、骨骼、脂肪等组成成分。它涉及机体的脂肪与其他非脂肪或组织的比例。脂肪成分高会严重影响机体的健康和舒适感。

身高体重比经常用来决定机体的适量体重。相对于性别、年龄，体重超过标准体重的 10%～20%被认为是超重，超过 20%被认为是肥胖，超过 50%被认为是病态。

肥胖可以归因于超标的脂肪组织和体重。举例来说，如今的足球运动员可以被列为超重，而给他们作体成分的测试就会发现，他们超重的原因是由发达的肌肉引起的。但他们的总体脂肪确实很低的(比如：一个职业运动员，他的体重可以达到 250 磅甚至更多，而体脂却只有 12%或更少)。反应机体健康状况的不是体重而是体脂百分比。平均的体脂百分比男人是 18%、女人是 23%，人体的适度脂肪含量男人是小于等于 12%、大于等于 3%；女人小于等于 18%，大于等于 12%。体脂百分比很低对于健康也是很有危害的。我们应该充分认识到体脂是我们日常生活所必需的，脂肪同样也是人体的组织，健康不是彻底消除脂肪，而是使脂肪含量达到理想的标准。

体成分也可以通过身体质量指数(BMI)来评定，国家健康协会(NIH)已经通过了用 BMI 作为指标衡量机体是否肥胖。BMI 的定义是每平方米体表面积的千克数(根据估算将人的体重增加到 703，然后分割为每平方米体表面积)。对更多人来说 BMI 相对于之前的身高体重法更能反应体脂含量，从而清楚地发现健康风险。但是 BMI 的弊端是对于非常强健的人它的结果往往会显示更高。通过 NIH 的指导方针，超重时的 BMI 介于 25～29.9 kg/m^2。BMI 超过 30 kg/m^2 为肥胖。一个人的 BMI 达到 3 kg/m^2 时，体重超过 30 磅，一个人的体重达 210 磅，身高 6 英尺，或一个 5.6 英尺高的人体重 186 磅，BMI 值达到 30 kg/m^2。对于小孩和青年人来说，超重是指 BMI 值大于等于相应性别年龄指标的 95%，这是基于修订后的疾病报告中心和保护未成年人而制定的。

差的体成分与多种健康问题息息相关。在 2001 年，美国公共卫生部部长发布了一个《号召预防和降低超重和肥胖》的报告。普遍的超重和肥胖已席卷而来，这使人们开始寻求解决的方法，使健身成为重要的社会目标。通过报道，1999 年，61%的成年人超重或肥胖，13%的儿童和青年人体重超标。

超重和肥胖的后果是很严重的，每年接近 40 万人死于超重以及和肥胖有关的疾病。流行病学研究证实，当一个人 BMI 大于等于 30 kg/m^2 时，就有 50%～100%的风险死于各种疾病。

超重和肥胖是与死亡率高的冠心病相关的。Ⅱ型糖尿病、癌症、呼吸道问题和肌肉疾病如膝关节炎，中度和高度的超重都会明显带来疾病威胁。例如，体重增加 10～20 磅，患冠心病(非致命性的心肌梗塞和坏死)的几率女性增加 1.25 倍，男性增加 1.6 倍。若男性体重增加 22 磅，患冠心病的几率就会增加 1.75 倍；女性体重增加 40 磅，患冠心病的几率就会增加 2.65 倍。超重和肥胖会加剧很多慢性病的状况，如高血压和高胆固醇血症。另外，体重超标和肥胖的个体可能会受到社会的歧视，肥胖也会影响他们的形象，而且体重超标的儿童和青少年更有可能发展成体重超标和肥胖的成年人。

确定肥胖产生的原因是非常重要的。大多数情况下，肥胖是由于热量摄入过多和身体活动过少引起的，而少数情况下肥胖也可能是由疾病导致的。在处理肥胖问题时，特别是极度肥胖的个体，咨询医生是非常必要的，身体检查和对饮食生活习惯的审查对诊断肥胖产生的原因是非常有帮助的。一个合格的医生会在设计和实施解决肥胖问题的健康处方方面给你很好的指导。

体成分主要是受营养和身体活动的影响。尽管体成分受遗传的影响，但饮食的种类和数量及身体活动的参与程度也对体成分有着深刻的影响。营养不良不利于体成分，热量摄入过多或高脂饮食会导致身体脂肪百分比的增加。热量摄入应该和热量消耗相平衡。健康饮食的指导原则建议大家应该减少脂肪的摄入。美国人平均有 34%的热量来源于脂肪，而推荐值是 25%～30%，并且饱和脂肪酸的比例不超过 10%。久坐工作者能量消耗较低。健康的生活方式对体成分非常有利。

能量平衡对达到合理的体成分非常重要。食物摄入和能量消耗的关系是关键。这种关系通常被称为能量平衡，或卡路里平衡：能量/卡路里平衡＝以食物摄入身体的热量－消耗的热量。

能量是通过以下三个途径消耗的。(1) 维持基本生理功能的基础代谢；(2) 消耗能量比基础代谢多的任何活动，包括运动；(3) 身体的散热。

当摄入的热量和消耗的热量相等时就达到了平衡。在这种情况下，体重保持不变。当正平衡出现时，即摄入热量比消耗热量多，多余的热量就会以脂肪的形式储存起来，体重就会增加。负平衡时，消耗的热量比摄入的多，体重就会减少。控制体重需要保持适合的热量或能量平衡。人们必须仔细关注食物摄入并且清楚能量的消耗。热量表在指导摄入能量的数量方面是有用的。能量消耗表在监测能量消耗方面是有帮助的。这些表格不仅提供了日常生活如做家务所消耗的能量的信息，还提供了参加身体活动，如骑自行车所消耗的能量。

体成分可以得到改善。不健康的体脂比例的人们可以通过调整生活方式来降低体脂比例。减少脂肪可以通过以下几种方式：(1) 减少饮食热量的摄入；(2) 通过增加身体活动，增加热量消耗；(3) 把热量摄入适度减少和身体活动或热量消耗适度增加结合起来。

专家们认为：通过饮食和运动的结合脂肪含量减少能够被实现。例如，如果每天热量摄入减少 200～300 卡，同时热量消耗每天增加 200～300 卡，那么经过一周的时间，大约 3 500 卡也就是 1 磅的脂肪将被利用。利用合理健全的营养以及有规律的适宜的运动训练将帮助大多数人们达到一个理想的体成分。

不断地增加运动目前被认为是减少脂肪含量的一个关键因素。希望减脂的人们经常把注意力集中在热量的消耗上，而忽略了运动。运动能过通过以下的方式减少脂肪含量：(1) 增加能量消耗，一个 180 磅的人在一个小时内行走 4 英里将消耗大约 400 卡的热量；(2) 降低食欲从而减少热量的摄入；(3) 在激烈的运动后，在一段时间内增加代谢率，即可增加额外的能量消耗；(4) 有益于身体健康。同时，不经常参加活动的生活不利于维持健康的体成分，因此，我们把规律的适宜的运动纳入我们的生活，从而有利于维持我们的体成分。

为了获得一个健康的体脂含量，我们必须非常密切地关注饮食方式。营养学家们正在不断地鼓舞每个人密切关注实用的脂肪热量。低脂肪的食物是维持体脂含量的有效方式。低脂饮食将减少心脏病和癌症的危险性。健康的人若想预防癌症也应该采用含 20%～30%脂肪的饮食，高的体脂成分和心脏病患者应该在脂肪中消耗10%～20%。

低脂饮食的人们应该去监测食物中的脂肪含量，然后选择总热量不高于 30%的食物。另一种监测脂肪消耗的方式是计算每天所食用的脂肪重量，从而保持消耗脂肪量不高于理想水平。为了计算每日消耗的脂肪，必须利用下面的公式：

需要的热量×从脂肪中获取热量的百分比/9(每克脂肪的热量)＝脂肪重量

因此如果每天需要 2 000 卡热量并且采用脂肪含量仅占总热量 20%的饮食，每天应消耗不小于 44 克的脂肪。为了获得一个理想得体成分，我们必须重视和密切关注饮食和体育运动。

希望达到理想体重的人们应该把注意力集中在减轻体重而非脂肪含量上，通过在每周内制定健康的肌肉训练计划，并且增加热量吸收，从而增加 1～2 磅体重。若没有把运动纳入整个计划之中，那么多余的热量吸收将被转变为更多的脂肪。因此，即使体重增加，体脂百分比也应低于最佳体脂百分比。总之，一个增重计划应该包括两方面，即热量吸收且合理的增加；计划完善的运动处方，只有这样才能达到理想的体成分。

在减少脂肪含量的过程中，应采用完善的实施计划。关于减少脂肪，专家们给予以下指导原则：

1. 持续地控制饮食，从而严格地控制热量，从医学上讲是危险的。这样的计划将导致大量水分、电解质、无机盐以及糖元储备和无脂组织的丢失，而脂肪的丢失是极少的。

2. 适度的热量控制是合理的，例如，每天的热量吸收少于 500 卡。对于一个女性来讲，每天的最少热量吸收不能低于 1 200 卡；而对于男性来说，不能低于 1 400 卡。这对他们来说是极其重要的。

3. 进行大量肌肉参与的适度锻炼，来维持无脂肪的组织、肌肉体积和骨密度，通过减少脂肪来降低体重。

4. 一个理想的减重计划应该自然地进行。它应包括合理的营养、适度能量限制的低脂饮食、合理的规律的运动。每周减重不能超过两磅。

5. 维持适度的体重和良好的体形需要养成终身合理饮食和适度体育锻炼的习惯。

注意：有些个体具有体重丢失、饮食病和运动等现象。这些应与其他的原因有关系，多数是由饮食失调导致的。两种常见的饮食病是神经性厌食和食欲过盛。

神经性厌食症是病人表现为从心理上厌食导致体重丢失的病态。食欲过盛是循环饮食后通过人为方式吐出来。这两种失调在年轻女性中发病率很高，当然男性也有此现象。这些失调对人类健康构成严重的威胁，需要专业的治疗。

体成分测定。体成分可以通过几种方法来测定，最适合的一种方式就是水下称重法，通过地面和水下分别测量受试者的体重、身体密度，即可计算。这种技术大多用在运动生理实验室或者医院里，它需要昂贵的设备并需要耗费大量的时间，因此并不适用于数量太多的人。

排气量体积描技术，也就是体成分测量仪(Bod Pod)，是测量人体构成的另一种方式，类似于流体静力学的测量，只不过体成分测量仪(Bod Pod)测量使用空气代替了水。把一个人放在与外部隔离的隔离间中，用所配备的计算机传感器测量由于人体作用所替代的空气总量，这种测量方式提供了与水下称重同样的准确性，而这种称重方法并不需要把人全部浸入水中。这种测量方法使用起来非常简便，但它的成本限制了它的使用。这种技术大多用在运动生理实验室或者临床上。

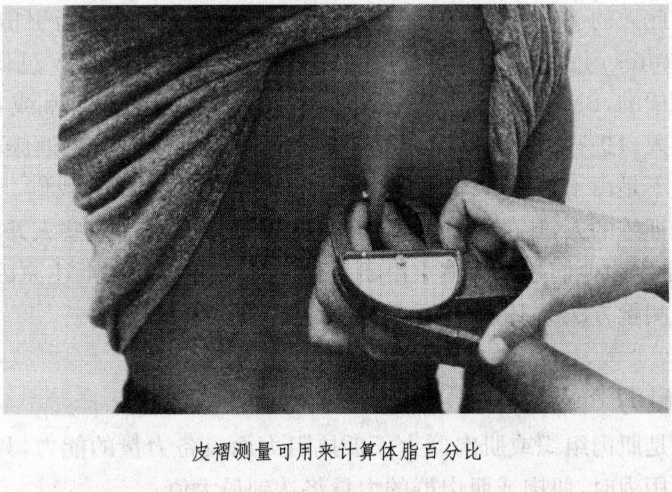

皮褶测量可用来计算体脂百分比

另一个可供选择并最普遍的测量方式是皮肤褶皱测量法。皮肤褶皱测量法是用皮下褶皱测量仪测量选定的位置，例如三头肌、肩胛、大腿，然后用公式就可以计算出身体脂肪的百分比。这种测量方式费用相对较低，可用于大量人群，并且只要对实验者进行培训，得出的数据就会非常准确。

体成分(BMI)分类

分类	BMI
体重偏轻	$<18.5\ kg/m^2$
正常体重	$18.5\sim24.9\ kg/m^2$
身体超重	$25\sim29.9\ kg/m^2$
肥胖症(1类)	$30\sim34.9\ kg/m^2$
肥胖症(2类)	$35\sim39.9\ kg/m^2$
极度肥胖症	$\geqslant40\ kg/m^2$

还有一种方法是使用体质数(BMI)，它是身高与体重的一种比率，它是这样计算的，首先把体重换算成公斤，把身高换算成米，然后用体重除以身高的平方，即 BMI＝体重/身高^2。下面我们来举例说明一个身高 5 英尺 8 英寸，体重 170 磅的人的 BMI 值是如何计算的。

1. 用体重除以 2.2 从而把单位从磅换算成公斤(170/2.2=77.3 kg)。
2. 用身高乘以 0.025 4 从而把单位从英尺换算成米(68×0.025 4=1.73 m)。
3. 计算身高的平方(1.73×1.73=2.99 m^2)。

最后得出此人的 BMI 值为 25.8。见国家卫生研究院临床指引值分类表（The National Institutes of Health Clinical Guidelines Classifications)。过低的 BMI 值并不是我们所期望的，BMI 值太低可能是健康出了问题，比如饮食混乱或者严重疲劳。

对大量的人口进行 BMI 值计算，能检测出人体构成所潜在的健康问题。但是当过量的体重并不是由于脂肪组织造成的，这种计算结果就会误导我们。例如：一个进行高水平力量训练的人，比方运动员，就会有很高的 BMI 值。这些人并没有与肥胖相关的疾病，这是因为他们过量的体重由于瘦体重造成的。基于上述原因，建议使用身体构成的其他测量方法对 BMI 进行补充。

肌肉力量与耐力

肌肉力量是肌肉组织或肌肉群为了抵抗阻力而具备力量的能力，具体来讲，当抵抗一个单一作用力时，肌肉或肌肉群的力量将达到最大值。

肌肉组织或肌肉群持续抵抗阻力的能力被称为肌肉耐力。肌肉耐力也是肌肉组织或肌肉群在一段时间内保持收缩状态的能力。

每个肌肉组织或肌肉群都有特定的肌肉力量和耐力。也就是说，身体中不同的肌肉有不同水平的肌肉力量和肌肉耐力。而且，经常运动的肌肉组织比不常运动的肌肉组织力量更大耐力更强。保持肌肉力量和耐力需要经常使用这些肌肉组织或肌肉群，如果肌肉组织或肌肉群不经常运动，那么力量和耐力就会降低。

许多人都认为肌肉力量和耐力只对运动员或从事较重的体力劳动比较重要，例如，建筑行业。肌肉力量和肌肉耐力不仅对这些人高效率完成工作非常必要，这些合理的身体构成同样对所有人都非常重要，我们日常的一些工作，保持正确的身体姿势，抵抗疲劳，都需要肌肉力量和耐力。

肌肉力量和肌肉耐力对良好的健康状况非常重要。它们对维持正确的身体姿势和改善各人外貌都非常有用。这是因为强健的肌肉对身体的关节点提供更好的保护，并能降低关节损伤。无数的美国人正在遭受着后背疼痛，这是由于肌肉力量微弱以及非常差的柔韧性造成的，加强适当的肌肉练习以及发展肌肉的柔韧性能帮助改善这种状况。

较高水平的肌肉力量和耐力对运动员来讲非常重要。许多运动水平的提高都是由于训练手段的改进，特别是力量的发展。力量是表现运动水平的一个关键因素。体育运动中的力量训练必须与运动项目相关联，这样，一名短跑运动员的力量训练与铅球运动员的力量训练将会显著不同，同样，铅球运动员的力量训练也不同于体操运动员。为了达到高效的训练效果，每个运动员都应发展特定肌肉组织或肌肉群的力量。

人生与文化视角：运动生理学

对于 60 岁以上的人们要从身体活动中获得益处的建议是什么？

心肺系统长期处于失重环境下，如太空，它的反应如何？

儿童应该在几岁开始负重训练？哪种负重训练最适合儿童？

人们在不同年龄、性别、民族、先天健康状况和家庭背景方面存在的差异是如何影响他们对身体活动的态度？

年龄是如何影响人的有氧工作能力的？

少年时期身体活动水平与体适能状况和成年时期有何联系？

为了提高运动水平，力量训练应与其他身体素质的练习相结合，例如，爆发力，它的增强与速度息息相关。它是一项重要的动作技能。爆发力可以使篮球运动员跳得很高并且快速弹离篮板，可以使高尔夫运动员一杆把球打到 250 码远，也可以使体操运动员完成两次空翻，体育运动中的许多动作在完成过程中都需要爆发力。当力量爆发得非常快速时，这便称为爆发力。爆发力是今天许多运动项目获胜的关键因素，正确的力量训练可以增强爆发力。

用等长、等张以及等动练习来发展肌肉力量和耐力。身体的活动依赖于肌肉的收缩，当肌肉收缩时，肌肉内产生张力，致使肌肉变短、变长或者不变。

等长收缩。当肌肉受到一个固定的阻力时肌肉产生等长收缩，尽管肌肉中的压力不断变化，但是肌肉的长度相对稳定，在连接处也有移动，这也被称作静止收缩。

当肌肉产生等长收缩时，一个人对一个静止不动的物体施加最大的力，肌肉内部的张力也会变化。例如，站在门口，把双手手掌放在与肩同宽的门框上，感觉一下肌肉内部的张力变化，即使你用尽全力，肌肉收缩疼得你呻吟，你还是不能移动门框。另一种使肌肉等长收缩的方法是用自身的一块肌肉对抗另一块肌肉，用一对大小相等方向相反的力，在这种情况中，相对的肌肉作为阻力，例如，把双手放在胸前，双臂与肩同宽，双手掌相对合起来，然后双手同时用力，肌肉收缩。这时，当你的一块肌肉在对抗另一块时并没有产生移动。

当进行等长练习时，建议使肌肉在最大力量下保持 5 秒，每天重复 5～10 次。等长练习的优势是不需要任何器械，任何一个固定的物体或者你自己的身体都可以用来作为阻力。等长练习的一个不利点在于它只能发展关节在某个角度的肌肉力量，而不是整个动作所涉及的范围，等长练习在 20 世纪 60 年代末至 70 年代初非常流行，目前，等长练习常常用来发展关节在某个角度的力量以及加强某个特别的动作，或者用来康复治疗。

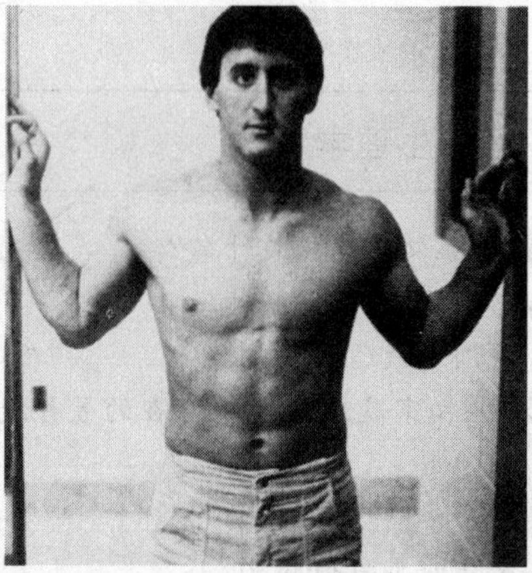
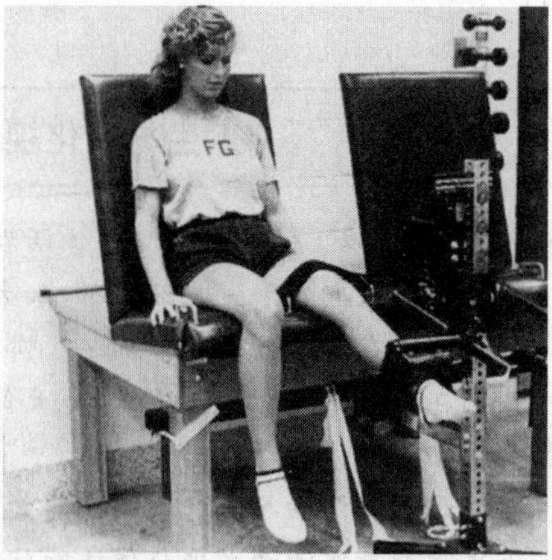

A. 等长练习是作用在固定物体上的力； B. 等动练习器，如 Orthotron，能以恒定速度提供阻力

等张练习。当肌肉受到压力进行等张收缩时肌肉长度发生变化，动作发生在关节处，肌肉会变短或者变长。例如：当一个人提起重物时，二头肌用力，收缩并变短，这

被称作向心收缩。为了控制重物使其不回到原来位置，二头肌继续收缩并慢慢变长，这被称作离心收缩。当进行等张练习时，重要的是向心和离心收缩都要使用，从而获得最大的提高，同时也是为了在动作的范围之内进行锻炼。

等张训练的一个问题是施加压力的力在整个动作的范围之内是不断变化的。这是由于引力作用以及人身体的杠杆系统。一旦克服了最初的阻力，举起重物的难易程度取决于重物与身体的相关位置。因此，在整个活动范围内肌肉并不是使用它最大或接近最大的力。

常见的等张练习器械有自由的重物、杠铃、哑铃以及各种各样的设备，一些等张练习器械为了使整个活动范围内的阻力不断变化而进行了特别的设计。这就使肌肉在整个活动的过程中发挥出它最大的力量。

等张练习是发展肌肉力量和耐力最流行的一种方法，成千上万的人使用这种方法以发展或者保持他们所需要的肌肉水平。

等动练习。在做等动练习时，当以一定的速度进行收缩时肌肉的长度会发生变化。等动练习的设备例如 Cybex，这种设备的阻力会以恒定的速度移动，不管这个阻力的大小是多少。这个练习方法的关键之处就是阻力移动的速度。因为等动练习的器械非常昂贵，所以大多用在诊断以及各种损伤的治疗上。

每个练习方法的优点和缺点都已经在科学的著作中讨论过。大量研究人员对各种各样的练习和训练方法都进行了测试，以便找到最安全有效的练习方法，以达到需要的锻炼效果。了解如何运用这些方法以及这些方法的优缺点来设计锻炼计划将会包括在你的专业作业准备中。

可以改进肌肉耐力和力量。有许多不同的训练方法可以有效地发展这些适当的成分。尽管力量训练并不是增加肌肉力量和耐力必需的，但很多人都在采取这种方式。渐增负荷阻力练习一般是指随着肌肉对负荷或阻力的适应而逐渐增加的力量训练。

尽管所有训练原则都与举重训练自成一体，但是超负荷训练是至关重要的。当肌肉组织或者肌肉群在高于它已经适应的力量下做功，肌肉力量和耐力会增强，这就是超负荷训练。随着肌肉力量和耐力的增强，身体开始适应这时的阻力，为了得到进一步的增强，阻力应适当慢慢增加。一旦到达所要求的适合的水平，为了保持这种水平需要继续在当前的阻力下进行训练。

在讨论一般训练指导方针之前，有必要界定一下以下术语。

● 阻力是指工作量或者所要移动的重量。

● 最大可重复次数是指能施加的最大力量或者能提起的最大阻力的重量。一个最大负荷是单凭个人努力所能举起的最大重量。强度检验可以用最大负荷的百分比来表示。例如，如果一个人能卧推 200 磅，他最大负荷的 80% 就是 160 磅，每一次重复的重量就是 160 磅。

- 重复次数是所有活动范围内的指定运动或者练习形式的表现。
- 一组训练是没有间歇、重复练习的次数。

当制定一个训练计划时，必须考虑每次提起的重量、重复的次数、做功的负荷以及每周运动量。因为有太多的力量训练方案可用，所以只有与强度、持续时间以及频率相关的一般方针可用。

运动强度 运动强度是指肌肉负荷量的程度。负荷量可以结合以下任何方式实现：增加阻力或者提起的重物，增加每组重复次数，增加组数，增加每次重复的速度或者减少组与组之间的休息时间。

可以设计出发展力量、耐力或者两者同时增强的训练方案。这些训练方案的不同之处在于重复的次数以及阻力的大小。一般来讲，一个发展力量的训练方案负荷量较大(例如，最大负荷的70%～80%或者更大)，重复次数较少(例如，8次或者更少)；一个发展耐力的训练方案负荷量较小(例如，最大负荷的40%～70%或者更大)，重复次数较多(例如，12～20次)。为了同时发展力量和耐力，负荷量以及重复次数(8～12次)都应该适中。图7-1显示了肌肉力量和耐力训练的方针。重量以及阻力的大小根据个人的不同以及训练方案要达到的目标不同而不同。

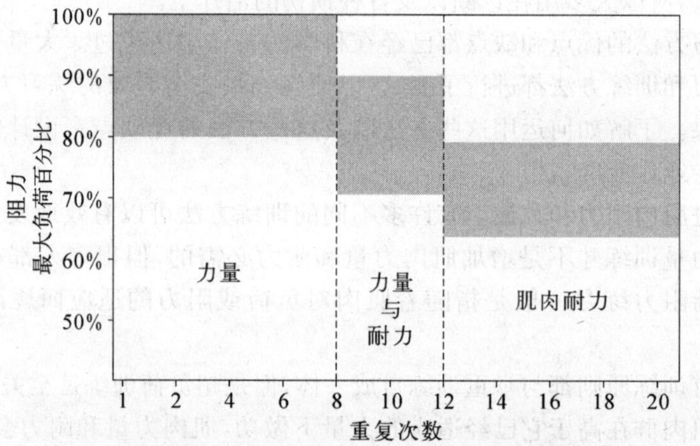

图7-1 锻炼力量和肌肉耐力原则

时间 训练方案的持续时间取决于个人的实际水平、适当的目标、可用的器械、可计算出的时间。每次练习一般是一到三组，每组之间的休息时间根据个人训练方案的不同而不同。

频率 为了使肌肉得到休息以及适应较高生理水平负荷后得到恢复，训练计划中包含这些休息以及恢复的时间，同一个肌肉群不应该在连续的几天内做功，每周练习两到三次或者隔一天练习一次即可。

肌肉力量和耐力是可以测量的 因为每块肌肉和每个肌肉群都有特定的肌肉力

量和肌肉耐力，发展的水平根据肌肉和肌肉群的不同而不同。因此，每块肌肉和每个肌肉群的力量和耐力是可以测量的。

力量可以用测力计根据等动收缩原理测出。当肌肉收缩时，力量传递到仪器上并被记录下来(例如，手用的拉力器可以测量手的拉力)。力量也可以根据等张收缩原理通过在特定的运动范围内可提起最大重量测出(例如，台式测压机)。这就是最大负荷量。

耐力可以通过一个可以持续的特定运动的次数来测定(例如，台式测压机重复的次数可以代表指定的阻力)或者在特定时间段内重复的次数来测定(例如，测定一分钟内蹲、起的次数)。耐力还可以用一个特定收缩可以维持的时间来测定(例如，一个静止的提起所坚持的时间)。

柔韧性

柔韧性是指在关节处可以活动的最大范围——也就是说，一个关节在适当范围内的活动幅度。尽管柔韧性也是身体健康最重要的组成部分之一，但是它常常被忽视，并且柔韧性的发展也常常被忽略。

柔韧性并不是一般的身体素质，特定的关节(例如，膝关节)或者一系列关节(例如，脊椎骨关节)有不同的柔韧性，这就意味着一个人不同的关节柔韧性也有好有坏。

一个关节的活动范围受关节构造的影响。例如，肘关节和膝关节是链式关节，只允许在一个方向上活动，也只能做弯曲和伸张运动。相反，肩关节和髋关节是环式关节，它的结构允许它在任何方向上活动，与链式关节相比环式关节有一个更大的活动

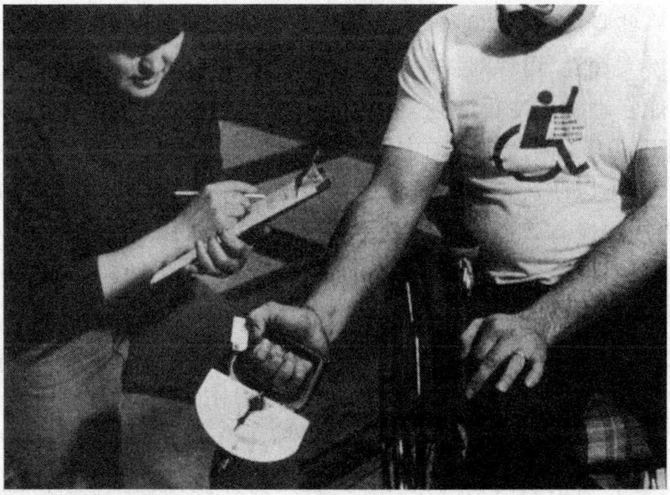

一些特殊设计的设备可用来测量握力

范围。软组织比如肌肉、肌腱、韧带也在很大程度上影响着关节的活动范围。柔韧性也受肌肉可能伸展的长度的影响。当不使用肌肉时，它们会变短变松，从而会减少关节的活动范围。

柔韧性在我们的日常生活中起着非常必要的作用，而在一些体育运动中更加至关重要。体育运动例如体操、瑜伽、游泳、空手道以及舞蹈都对柔韧性有很高的要求。有限的柔韧性会降低日常工作以及体育运动的效率，因此，一个健康方案中必须列入柔韧性的发展。

柔韧性对良好的健康状况非常重要　柔韧性对维持良好的姿势非常重要，错误的身体姿势会导致疼痛并且限制人的活动范围。

柔韧性可以帮助预防低位背部酸痛。在美国，有将近 8 500 万人在忍受着不同程度的低位背部酸痛。这种情况是由于肌肉发展以及肌肉的柔韧性较差造成的。使用正确的坐、立姿势以及提起物体可以发展肌肉以及肌肉的柔韧性从而帮助减缓这种状况。

柔韧性对于防止肌肉损伤同样重要，较差的柔韧性会导致动作僵硬和不协调，从而增加了肌肉损伤的可能性。在运动开始之前和运动完成之后安排一些不错的伸展练习来发展柔韧性，这样在激烈运动中就可以降低肌肉受伤和身体僵硬。

柔韧性对身体动作的完成非常重要　柔韧性对有效地完成各种身体动作包括日常的工作和运动，作出了贡献。柔韧性能帮助一个人发挥他最大的潜能来完成这些动作。

柔韧性对日常的最简单的动作也起着非常重要的作用。想象一下如果没有适当的柔韧性，穿衣是一件多么困难的事。发展和维持柔韧性对老年人独立地完成各种动作至关重要。一些身体条件，例如，关节炎以及脑瘫都严重限制了一个人的柔韧性。最大限度地发展柔韧性，可以对一个人的生活质量产生良好的影响——甚至在一定程度上使一个不能自理的人变得能独立完成一些动作。

运动员意识到了柔韧性在运动中发挥着很重要的作用。充分的柔韧性能加强动作完成的能力，它可以使运动员伸展和达到得更远，在踢或者投掷物体时发挥出更大的力量，或者更加快速有效地移动位置。相反的，较差的柔韧性会对动作的完成产生不利的影响。例如，一个短跑运动员，也许由于肌肉的柔韧性较差，从而影响髋关节的活动范围，导致步幅和步频较小。因为为了成功地完成一些特定的体育运动需要很好的柔韧性，所以加强柔韧性的伸展性的练习在准备活动和放松活动中都是必不可少的。这些活动加强了肌肉的弹性并且减少了肌肉损伤的可能性。

许多因素会导致柔韧性下降　一个好动的人比一个喜欢久坐的人的柔韧性要好。如果肌肉不常使用，会使肌肉变短、变紧，并且失去弹性；接下来，柔韧性就会下降。年龄是影响柔韧性的另一个因素。随着年龄的增长鼓励人们保持活跃的体育运动至关重要，这样，因衰老对柔韧性带来的负面影响将会降到最低。

过量的身体脂肪妨碍着身体活动和身体柔韧性。试想一个大胖子要想弯下腰系鞋带都非常困难：脂肪堆积嵌入身体的各个部分，因此限制了活动的范围。

肌肉一直处于紧张状态也将影响柔韧性。一个人如果长时间地使脖子、后背、脊椎的肌肉处于被压迫状态，肌肉的柔韧性会降低。肌肉发展不均衡同样会限制肌肉的柔韧性。例如，当进行力量训练时，一个人加强了一个关节的一组肌肉而忽视了另一组肌肉（例如，只加强了大腿前部的四头肌而忽略了大腿后部的腿窝处），柔韧性也将降低。因此，在力量训练时为了使柔韧性达到最大限度的提高，使用正确的训练方法，并且通过动作活动的整个范围，以及发展相反的肌肉群都是至关重要的。

要成功，运动员必须发展他们运动中所需的各种体适能

柔韧性是可以提高的 有许多不同的方法可以发展肌肉的柔韧性，参加一些体育锻炼就可以增加肌肉的柔韧性。游泳就可以发展许多关节的柔韧性，并且游泳不用克服重力，因此，在温水池中游泳可以推荐给患有关节炎的患者。

经常做伸展练习同样也可以发展柔韧性。由于每个关节的柔韧性是特定的，所以发展和维持柔韧性所采取的练习手段应该跟特定的身体关节相合起来。柔韧性练习可以通过弹力拉伸运动、静力拉伸运动以及收缩放松伸展运动来达到。

弹力拉伸 这种动力学的方法使用重复运动产生的动力来使肌肉伸展。尽管这种方法非常有效，但是大多数专家不建议使用这种方法，因为这种方法容易过度伸展从而使肌肉拉伤。

静力拉伸 这是一种极其流行有效的方法，它是指慢慢伸展肌肉达到最大的拉伸限度，然后保持一段时间。动作的幅度应该要尽量的大，直到肌肉或肌肉块感到有点

保持柔韧性有利于老年人继续独立生活

发紧再停止。随着肌肉的放松，伸展要再一次地扩大和保持。伸展不应该感到很痛苦。一定要注意不要强制关节活动幅度过大，否则可能引起受伤。伸展的动作应该保持 10～30 秒，每次练习最少要重复 5 次，一周最少进行 5 次这样的伸展性练习。如果有些关节部位练习得很少，那么最好每天都练习一次。在进行测试开始和结束时也应该进行一下伸展练习。

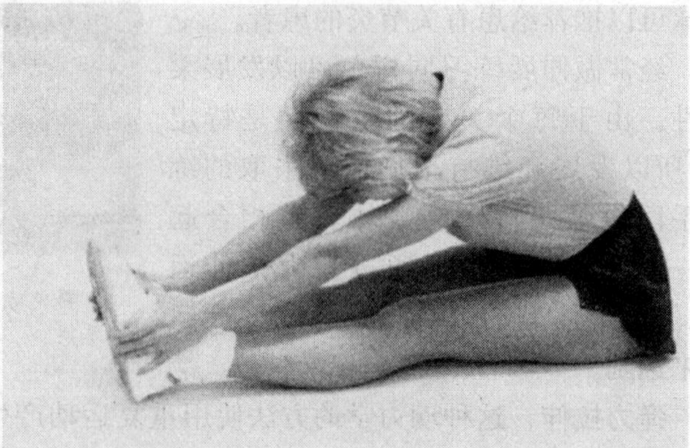

交替触摸脚趾是拉伸练习的一个例子，但专家并不建议这样做。坐姿拉伸肌腱的练习比较安全，可以用来静力拉伸或放松练习

收缩放松伸展 当一个人做伸展练习时，让有关肌肉放松下来很重要。收缩放松

伸展技术可以更快地使肌肉放松。肌肉要被成对地分组，一块肌肉收缩时，另一块肌肉则放松下来（比如，四头肌收缩时，大腿肌则放松）。要用这项技术练习柔韧性时，与拉伸肌肉对应的那块肌肉应该收缩至少5秒钟，这样可以放松拉伸的肌肉。然后在想要练习的那块肌肉上进行静态伸展练习。想用这项技术来提高四头肌柔韧性的话，应该收缩大腿肌，这样就能放松四头肌，然后静态伸展练习四头肌。这项技术动作的幅度大一些。

由于柔韧性的特殊性，提高和维持柔韧性的锻炼必须要有一些练习项目的每一个动作都能提高关节的柔韧性。

柔韧性的测量 由于柔韧性与关节特性相关，因此没有一项测试能够全面测量一个人的柔韧性。测角器，带有可移动的胳膊，可以从角度的维度来衡量可移动的幅度。

也已经发明了一些其他的测试来测量特定的关节的活动量，这些测试需要小的设备来完成。体前屈测试能测试出后背肌和大腿肌的柔韧性。

用测角仪测量髋部的柔韧性

健身活动的实施

在设计一个健身的运动项目时，体育教育、训练科学和职业运动必须遵循运动的基本原理，必须考虑到运动的特殊性、负荷、步骤，同时人的差异性和安全因素也要仔细地考虑。如果要设计一个适合不同人需要的健身项目，设计者必须确保锻炼者要进行足够强度、持续时间和频率的练习，这样才能达到健身的目的。要想获得长期的收益，进行有指导性的练习非常重要。学校的体育科目，心脏的康复练习，在社区、商业以及一些公共的场所的成人运动项目，应该在专家指导下进行，这样就最有可能让你受益终生。

健身项目不仅有身体上的活动，还要包括感性的教育目标 为了让适当的项目变成一生的完整的一部分，必须得告诉他健身活动的知识，而且还要理解这种健身活动带来的好处。参与者要知道：(1) 为什么健身这么重要，(2) 不健身的坏处，(3) 设计个人练习项目时的指导方针，(4) 怎样评估和解决他们自己的健身问题。把活动的经验汇总起来建立积极的态度以及形成长期健身习惯。通过培养大家对健身给一生带来的好处的理解来完成这个目标。参加者要抓住机会来提高一些生活中常用的身体活动的熟练程度。

与健康相关的健身指导原则

心肺耐力

- 频率： 3～5 天/周
- 强度： 55%/65%～90%最大心率或 40%/50%～85%储备心率*
- 时间： 20～60 分钟
- 类别： 有氧活动

肌肉力量与耐力

- 频率： 3 天/周
- 强度： 力量需要大阻力，重复 6～8 次
  耐力需要小阻力，重复 12～20 次
- 时间： 1～3 组
- 类别： 等张或渐进式阻力练习；也可用等长和等动练习

柔韧性

- 频率： 2～3 天/周
- 强度： 以超出正常长度做伸展运动，直到感到有阻力
- 时间： 开始时保持伸展姿势 5～10 秒，最后达到 30～40 秒
- 类别： 静态练习或收缩——放松练习

体成分

- 保持目前身体活动的水平，减少热量摄入
- 保持目前热量摄入水平，增加身体活动的量
- 减少热量摄入，增加身体活动
- 吃一些低脂肪的食品

* ACSM 声明低强度——55%～64%HR_{max}或 40%～49%HRR 的强度可能合适体适能不佳的人群。

要娱乐健身 令人厌烦和枯燥单调的练习活动对健身的乐趣没有一点好处，健身活动要符合参加者的兴趣和需要。在许诺健身目标时，要挑选那些让人感到舒心的活动。并不是所有人都喜欢慢跑，有些人喜欢游泳、自行车、网球，或者是足球。指导的人一定要帮助每一个参加者进行他喜欢而且有助于健身目的的活动。健身者进行这些愉快的活动时，他们很有可能把这些活动融入他们的生活中去。

要有健身的目标和达到目标的计划 每个健身者根据个人不同需要应建立一个健身目标。有些人想提高心肺功能水平，有些人要减肥，还有些人为了日常生活方便想加强身体柔韧性练习。在设计一个项目时，要考虑到这些不同的目的。

健身的目标给参加者树立了一个方向，让他们专注目标并努力达到。目标要现实，还要安排充足的时间。健身不是一夜之间能达到目的的，它需要努力、决心和训练。长期目标建立后，短期或每周的一个目标要安排一下，来帮助朝着希望的目标一步步迈进。一个可接受的健身水平的提升是需要时间的，健身者认识到这点是很重要的。据估计大约50％或更多的成人在开始一项练习时不到一个月就放弃了。应该告诉这些健身者要注意或感受到努力的成果是需要时间的。体验到健身带来的好处也许要8周左右的时间。然而，通过监视每周的成果，个别人也可能感觉到他们正在进步中。

监控健康的过程 我们应该根据基本的原理来监控进展，这样有助于让他们了解自己提高的程度。我们应该鼓励每个参加者持续记录个人信息，比如锻炼的序号、时间和强度，卡路里的吸收和摄入量，体重变化和锻炼的个人感受。加强常规的监控过程，它能提供如何评价一个人的进步。

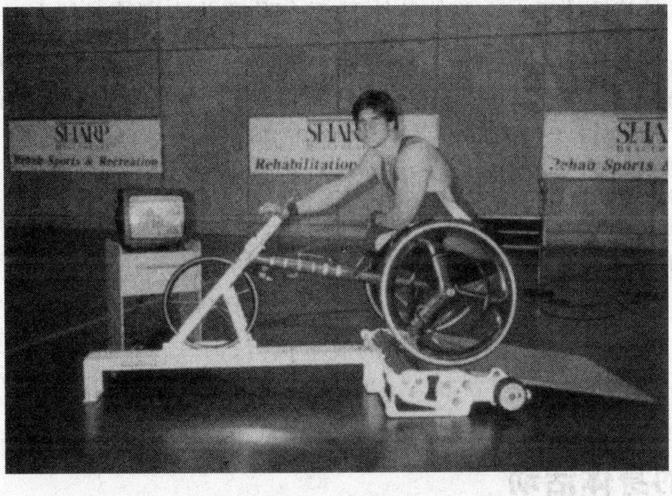

人们开发特殊的健身设备来满足轮椅运动员的需求。这个由D&J开发公司发明的阻力训练器拥有一个互动的计算机，它可以模拟公路竞赛

健康需要持续的过程 要达到预期的健康目标，需要一个持续的过程。一旦停止锻炼，已经取得的成绩很快就没了。一个人如果重回到不良的饮食习惯，体重会很快反弹，正如不好的活动习惯能破坏已经获得的健康成绩。

许多参加者在健康课程里经常问："我需要坚持锻炼多久？"或者"现在我已经达到了我的目标了，我还需要坚持锻炼吗？"或者"如果我停止锻炼会怎么样？"一旦训练停止，已经取得的健康成就将消失。心肺取得的健康成果消失得最快，而且几个星期或几个月（5～10周）不锻炼的话会消失得一干二净。通过训练得到的力量会持续得久一些，例如在停止锻炼之后，一些获得的力量会保持6个月到1年的时间。

锻炼课程应当成为个人生活的一部分，因为一旦停止锻炼，健康成绩就会慢慢消失。一旦预期的健康目标已经达到了，持续的健康课程必须纳入个人的生活方式中去。因为，保持健康比取得健康要容易，我们可以在锻炼强度、锻炼时间和频率上做一些调整。但是，必须达到最低的标准，而且要在基本的规则上持续锻炼。

提高和保持健康是每个人的责任 要取得和保持一个最佳的健康状态，需要所有人的努力。每个人都应该为自己的健康负责，健康必须成为一个人生活中最重要的部分。每个人都必须认识到：参加一个健康课程所获得的好处是很有价值的。我们鼓励每个人把健康活动纳入他们的生活方式中。

训练的效果

通过周期性的肌肉工作或锻炼取得的结果是多样的且差距很大。一个人参加了常规的符合他需要的锻炼然后取得物理健康的状态，我们称之为训练过的人。一个人的肌肉松弛柔弱并且处于一个差的条件下，我们称之为未训练过的人。

一个锻炼的人比久坐不活动的人身体状况更好。当两个人，一个锻炼一个不锻炼，进行同等量的适度的肌肉工作的迹象表明，锻炼的人有较低的氧气消耗，较低的脉搏速率，每次心跳有较大的搏出量，较少的血压升高，较大的红血球和白血球的数量，较低的呼吸频率，较低的乳酸形式和更快速地恢复到正常的血压和心跳频率。当不是很频繁的心跳时，心脏变得更有效率，能够循环更多的血液。而且，锻炼的人有更大的忍耐力，能够消耗更多的氧气，更快地恢复到正常的心跳和血压。锻炼产生更有效的生命体。因为心脏活动的提高的效率能够使更大的血量流到达肌肉，因此确保燃料和氧气的更多的供应，更多的工作以更低的成本执行；力气、力量的增强，神经肌肉的调和及持久性的发生；运动的调节和时间选择更好；体适能的进步状态。

有益健康的身体活动

正如前面讨论的，专家们一致认为从了解产生适当好处的锻炼的必要性开始，通过参加身体活动达到心脏血管的健康的益处。疾病控制和预防中心、美国运动医疗大学和普通外科的关于身体运动和健康的报告推荐成年人应该每周尽可能多地参加更适宜的 30 分钟的身体活动，这相当于活跃的持续行走。活动可以按每次 8～10 分钟积累，但是 20 分钟的任务一定要执行。更大强度的活动会产生更多的健康好处，这是被提倡的。2 岁以上的儿童应该每周尽可能多地参加更适宜的一天至少 60 分钟的适当强度的身体活动。鼓励额外的身体活动，国家健康舆论研究院发展会议关于身体活动和心血管健康的声明强调儿童和成年人每天最少积累 30 分钟身体活动的重要性。鼓励各年龄段的人们采用积极的生活方式。

一种对健康有益的活动的控制方法是通过测量卡路里的消耗。卡路里的消耗指示能量的支出。推荐在每周规律的身体活动情况下最少消耗 1 000～1 500 卡路里，或者每天每磅体重不少于 1.35 卡路里。为了最佳的健康益处，推荐每周 2 000～3 500 卡路里的消耗。而且，应该说明的是为了产生健康益处，卡路里必须是每天长期的参加尽可能多的活动的消耗。如果要获得这些好处，活动是构成人们完整生活方式所必需的。

通过参加阻力训练来提高力量所带来的健康益处使疾病控制和预防中心、美国运动医学学院和卫生部长关于《身体活动与健康》的报告都推荐成年人每周至少进行两次力量训练。建议至少进行 8～10 次提高力量的活动，这样的活动运用腿部、躯干、胳膊和肩膀的主要肌肉群来做每个任务，每次练习做一到二组，每组 8～12 次的重复。

这些推荐的活动给各年龄段的人们提供多数的包括他们生活中的身体活动。希望这些推荐能够鼓舞那些对坚持大强度的练习计划有困难的人们，例如结合健康体适能，在他们生活中参加适当的身体活动。

特殊因素

在进行健康项目时，有许多因素需要考虑，教练必须着重注意环境条件，教练和学员必须知道如何随着天气变化来改变他们的锻炼计划。他们必须很熟悉各种会给训练带来风险的天气，比如酷热天气、潮湿天气和严寒天气。

教练和学员经常想了解与健康相关的其他领域的知识，其中一个方面就是营养。合理的营养结构可以提高个人的健康状况，另一个生理学方面领域是增补剂，运动员为了提高个人成绩，对各个方面都很注意，有些运动员使用各种增补剂，如碳水化合物、肌氨酸、咖啡因和运动饮料。

环境条件和健康

教练必须把学员的生命安全放在健康计划的首位。在酷热、潮湿或严寒环境下锻炼都需要人体短期或长期的使用，教练与学员必须意识到在这些环境下训练的危险性，并且要知道如何为保证学员的安全对健康项目做一些修改。

特别要注意的是在炎热、潮湿环境下训练，人体一般温度是 98.6 度（华氏温度），在训练过程中，当人体的温度上升，人体自己会采取一些措施来降温，主要的措施是蒸发。当你运动时，你会冒汗或流汗，汗水的蒸发会保持体温恒定在正常水平。当环境变热，湿度达到 65%时，通过蒸发降温已经不那么有效了，人体驱散热量的能力受到了损害。

另外，过度流汗并且没有水源补充会导致脱水，一个脱水的人会停止流汗，蒸发无法再给人体降温了，有关酷热引起的问题，比如：中暑性痉挛、热衰竭和中暑，经常发生在炎热潮湿的环境下。

中暑性痉挛是肌肉痉挛，尤其是发生在锻炼中过度使用肌肉的情况下。轻度中暑的特征是肌肉痉挛、虚弱、头晕、目眩、恶心、体温升高、过多出汗、脉搏加速和倒下。中暑的突然发作是会危及生命的，症状包括突然倒下、不省人事、脉搏加速，由于出汗过多而干燥的皮肤，温度达到106度(华氏)或更高。中暑突然发作时，汗液系统垮掉，身体不能靠出汗消耗热量。如果突然中暑，降低身体温度和使用药物是必要的紧急措施。

为了避免中暑，在又热又潮湿的天气里锻炼要小心谨慎，要保证在运动前、运动中和运动后喝足够的水补充蒸发掉的水分。水和运动饮料如佳得乐等对补充液体都有好处。在一天中最冷的时候锻炼，早晨或者傍晚；在很热或者潮湿的日子，锻炼者应该考虑降低锻炼强度来减少炎热程度。其他状况可能包括停止锻炼或者在室内凉爽环境锻炼。花时间使身体适应热而潮湿的环境也是很重要的。通常5～7天能够适应。锻炼应该降到身体适应的炎热强度的正常水平开始。

锻炼过程中也需要预防寒冷的天气，在寒冷天气中锻炼重要的是保存热量。气温在50℉到60℉之间 而且潮湿有风时体温过低，身体产生热量的能力衰竭。低体温在身体温度降低到95℉以下时发生，开始发生颤抖和协调性降低。随着身体温度降得更低，颤抖停止，肌肉僵硬，失去知觉。这是医疗急症，首要目的是提高体温和寻找立即药物治疗。

极度寒冷也能导致冻疮。为了阻止寒冷带来的问题，参加者意识到体温过低的情况。锻炼前，人们应该检查温度和风的寒冷来判断锻炼是否危险。在寒冷天气中锻炼要适当穿衣，应该戴帽子以减少热量从头部散发，应该多穿几层衣服让体温更容易恢复正常。尽量避免在冷天弄湿，那样会增加降低体温的风险。为防冻疮，要戴口罩、手套和帽子。花时间来逐步适应在寒冷中练习。在极端条件下，考虑结束或者限制活动或者到室内活动。

环境条件给寻找规律基础锻炼的人们造成挑战。知道安全锻炼时的天气，他们面临的危险，和适应的变化是很重要的。保持体温，花时间逐步适应环境，安全预防，和使用通常的感觉能帮助在极热、出汗和寒冷的练习条件下降低健康风险。

营养和健康

营养在提高体适能和健康的方面扮演着很重要的角色。科学地讲，营养与食品的研究有关，影响人类的身体。营养的中心焦点是对产生能量和身体处理规律需要的食物的研究。

“你就是你所吃的”是一条讲述营养对我们健康和全面发展重要性的格言。我们所吃的影响我们的健康、成长和发展，以及生活中充满的处理各种各样事情的能力。在健康适当的时候，我们直接消耗的食物影响我们身体的结构和我们进行身体活动的能量。从食物中得到的能量以千卡衡量，通常指卡路里。通过仔细控制卡路里的消耗和使用来调节能量平衡对于达到健康体适能的预期水平是很重要的。人们还必须注意应消耗足够的卡路里以使他们有进行工作和身体活动生活方式所必需的能量。

营养品是身体生命进程的基本物质，例如细胞功能的修补调节和产生能量。六种主要的营养品是碳水化合物、脂肪、蛋白质、维生素、矿物质和水。

碳水化合物、蛋白质和脂肪这三种基本的食物材料提供肌肉工作所需的能量。它们在身体组织的维持和功能调节中也扮演重要角色。碳水化合物是身体能量的主要来源，脂肪是第二来源。

维生素和矿物质必不可少。尽管只需要少量的维生素和矿物质，它们对身体功能还是很重要的。日常的成长和发展需要维生素。维生素不直接产生能量，但扮演着从消耗的食物中释放能量的重要角色。矿物质在身体功能的规律和性能上是必要的，如保持水分平衡和骨骼肌肉收缩。

水是所有营养品中最重要的，它是维持生命所必需的。水大约占身体重量的60%，是身体中所有营养品中最丰富的。身体中的所有化学过程的进行都需要水，对于能量的产生、消化、温度规律和消除新陈代谢的副产品，水都是必需的。

保持适当的水平衡是至关紧要的。水分不足会引起脱水；严重脱水可能导致死亡。进行身体活动的人们应该仔细控制水的摄入以确保维持足够的液体平衡。这对在热而潮湿的环境中锻炼的人们是特别重要的。在这种环境下锻炼尤其会导致过多的出汗和并发的大量缺水。应该喝足够的水以保证维持适当的体液平衡。

为了获得身体需要的各种营养品，好的平衡饮食是必要的。图 7－2 显示的食物金字塔是美国农业部(USDA)设计的，帮助人们平衡饮食包括从每个食物组中获取足

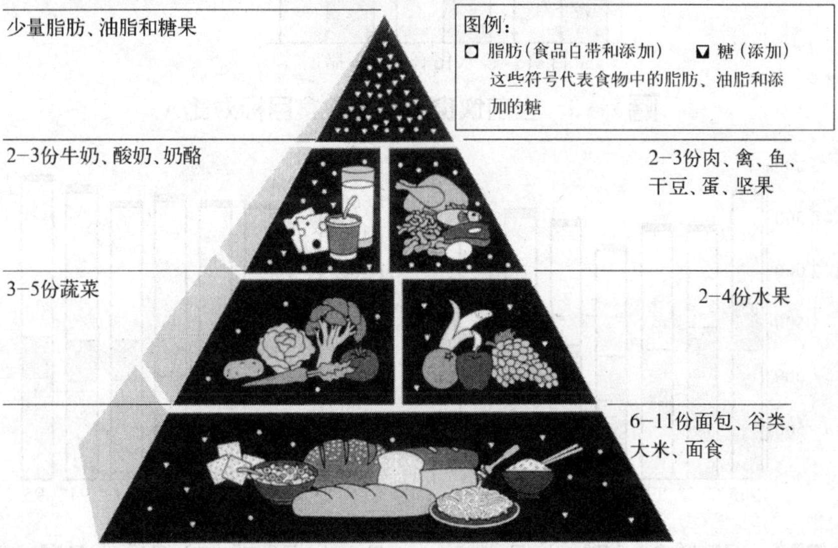

图7－2 食物金字塔

够的食物。食物金字塔的底部是谷类、蔬菜和水果，占据了主要的位置。下一个是奶制品类和肉、家禽、鱼、干豆、蛋和坚果类。金字塔顶部是脂肪、油和糖，旁边的注释建议少用这些食物。所有必需的营养品都可以通过日常饮用推荐的各类食物获得。

在计划每日饮食的时候，仔细控制卡路里的摄入和消耗碳水化合物、脂肪、蛋白质的数量也是很重要的。美国健康官员表示目前美国饮食中脂肪、胆固醇、糖和钠太高，碳水化合物和纤维缺乏。尽管美国人在 1995 年把脂肪中摄入的卡路里从 45％降低到 35％，减少的结果是增加卡路里的摄入和不必要的脂肪消耗的降低。

美国农业部对美国人的饮食指南，这 10 个指南重点在建立健康饮食和生活习惯上。指南鼓励美国人饮食健康和每日活动“来瞄准适应度”，“建立一个健康的基础”重点是用食物指南金字塔指导食物选择。最后，鼓励美国人“聪明地选择”，也就是按推荐的比例摄入脂肪、糖和盐以及适度的酒精饮料来饮食。这是第一次把身体活动包含在美国农业部的饮食指南中。

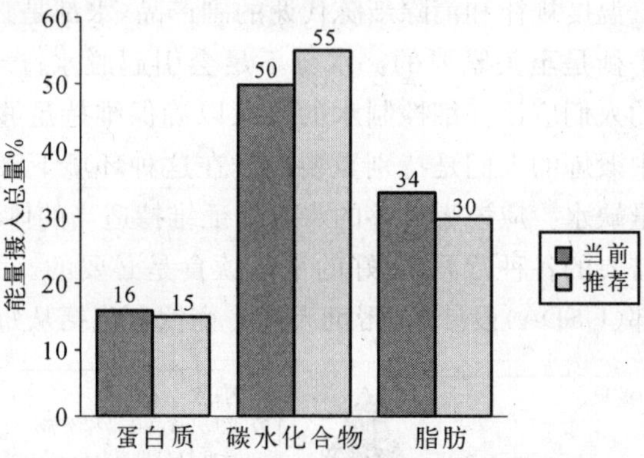

图 7－3　当前饮食和推荐饮食目标对比

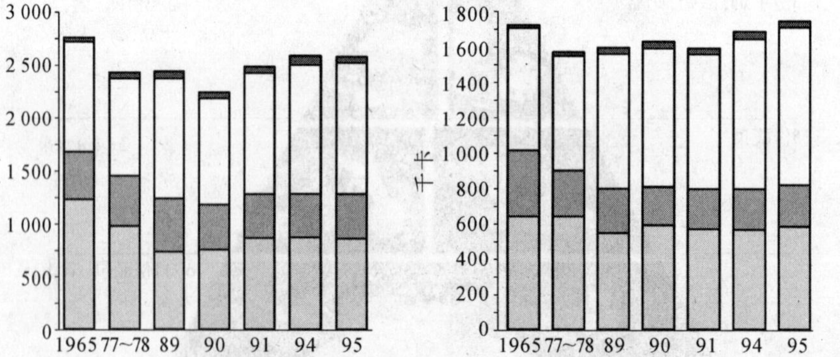

图 7－4　美国成人饮食中卡路里（热量）构成

A. 19～50 岁男性；B. 19～50 岁女性

饮食计划需要仔细运用营养知识来确保饮食是适当的和平衡的。个人状况和因素例如年龄、性别、体重、身体状况、身体活动水平都必须考虑在饮食计划内。由于健康方面的营养习惯的重要影响，身体活动的能量的产生和身体成分的调节，达到和维持健康体适能的预期水平需要仔细注意营养练习。

2000 年美国居民饮食指导原则

良好健康的目标、构成和选择——体适能的目标

- 以健康的体重为目标
- 每天都进行积极的身体活动

健康基础的构成

- 以食物金字塔作为你的食物选择指南
- 每天要吃多种不同的谷类食品，特别是全麦类
- 每天吃多种不同的水果和蔬菜
- 所吃的食品要安全（干净、卫生）

明智的选择

- 选择饱和脂肪和胆固醇低的食品，脂肪总量要适度
- 选择那些能使你的糖摄入量适度的饮料和食品
- 准备食品时要少放些盐
- 如果饮用含酒精的饮料，要适度

增补剂

各种水平的运动员都在寻找不同的方法去改进他们的运动水平。使用增补剂（也称作营养保健辅助物）是一种改进运动水平的方式。根据鲍沃尔和霍利（power&Howlye），增补剂会产生被认为是增进运动水平的物质或现象。运动员们在有改进他们运动水平的需求时，会使用增补剂提高他们体适能的使用、产生和恢复。

营养保健辅助物有很多不同的形式。有物质辅助物，比如体重束缚带或者呼吸带；有心理辅助物，比如紧张管理或催眠，还包含了其他的营养保健辅助物；药物辅助物包括一些合法的和一些不合法的药品，咖啡因和促蛋白质合成类固醇就属于这种种类；生理学的辅助物包括使用血液兴奋剂和氧气补充物；最后，营养学辅助物，比如碳水化合物的供应和产生，这些东西都被很多运动员用来提高他们的运动水平。

运动生理学研究营养保健辅助物在个体生理学状态和个体表现上面的影响。他

们调查营养保健辅助物在多种水平中的影响。这些组织包括肺部、心血管、神经肌肉和新陈代谢系统。他们的调查焦点在许多不同的营养保健辅助物的使用方面。比如，他们调查不同数量或剂量物质的影响对长期和短期表现的效果，以及是否对训练过和没训练过的个体有不同的影响。研究人员发现对一些营养保健辅助物来说，支持那些增加肌肉尺寸和力量或者是快速恢复体力的有所改进的表现的证据不足。然而，有些时候，运动员也会相信他们所选择的药物，尽管没证据证明这些药物广受欢迎的好处。

有些营养保健辅助物，如促蛋白质合成类固醇，已被发现具有不利的影响。另外，有一个问题就是，它是被合法使用呢，还是处在包括国际奥委会在内的体育组织的禁药名单中。肌肉素补充剂、促蛋白质合成类固醇、碳水化合物装填剂、运动饮料和咖啡因仅仅是很多运动员使用的营养保健辅助物中的一些。

咖啡因

咖啡因是饮料和数不清的产品中的刺激物，在很多食品中也可以发现。国际奥委会把咖啡因列为被限制的药品，允许使用到一定的水平。这个标准是尿液中所含咖啡因的限量是 12 毫克/升，它相当于 6～8 杯咖啡所含有的咖啡因。咖啡因沿着肠胃的轨迹迅速地吸收，消化 15 分钟达到了一个显著的水平，摄取后 45～60 分钟后会达到峰值。所以，一个运动员想从咖啡因中得到表现上的提高，需要在运动前 1 个小时消耗它。证据显示，摄取相当于两杯咖啡的咖啡因对人有营养保健上的影响。

咖啡因能增强肌肉骨骼的功能，增加肌肉力量。它模拟了一个有心肺的紧张系统，它导致了增加灵敏和降低疲劳的百分比。研究表明咖啡因能增强忍耐力的表现。然而，这个营养保健在运动员表现上的影响是可变的，并且，对运动员服用的剂量和数量上也是有影响的。不规律地摄取咖啡因的运动员所得到的营养保健的影响比规律摄取咖啡因的人要显著。另外，长时间禁用咖啡因的运动员受到的影响比使用它的运动员要显著。

使用咖啡因的另一个方面的影响包括急性心脏病、多尿、失眠、神经过敏、腹泻和忧虑。那些使用咖啡因的运动员们，必须小心监视他们的使用剂量，修正剂量以重视他们摄取咖啡因的形式，认识到受影响的方面。

碳水化合物

碳水化合物的摄取或糖的超量补偿是运动员在完成 60～90 分钟或更长的耐力活动后的一项体内生理反应。碳水化合物对身体内部能量的产生非常重要。他们被转化为糖储藏在肝和肌肉中。血液中的葡萄糖、碳水化合物衰落时的副产品，对能量产生也非常重要。储藏在肌肉中的葡萄糖用于肌肉能量的新陈代谢。肝储藏的葡萄糖用来代替血液中的葡萄糖。在持续时间 60～90 分钟或更长的一类的活动中，葡萄糖的储藏量由于肌肉的疲劳、能量的消耗和精疲力竭会降到非常低。

为了取得好成绩，耐力运动员会在运动前进行碳水化合物的摄取。通过制定食谱来摄入更多的合成碳水化合物，运动员希望这样来储藏更多的葡萄糖在肌肉中，有时可达到平时的4倍以上。比赛期间，运动员消耗过后剩余出来的葡萄糖储藏起来用于延迟疲劳期的到来，来保持比赛速度更长时间。除了改善食谱，运动员还通过改变他们的训练体系来保证葡萄糖的储藏是充足的。

碳水化合物的摄取有几种途径。最典型的一种途径是比赛前7天运动员就摄取碳水化合物，运动员的食谱和训练都要相应地调整。赛前7天，通过精疲力竭的训练来消耗完肌肉中储藏的葡萄糖，高强度的训练接着持续3天，接下来赛前的3天休息。除改变训练的安排外，还要调整食谱。典型的安排是，疲劳的第一天，要吃包含50%碳水化合物的食物；高强度训练的另3天，要吃高脂肪高蛋白的食物；最后3天，吃的食物要包含90%的碳水化合物。比赛当天，要多进餐高碳水化合物，最典型的有谷类、意大利面食、米饭等组成的混合碳水化合物。这种方法不能使所有的运动员从中受益，一些运动员很难适应这种极端的食谱，还有一些运动员不习惯赛前3天停止训练。

研究人员发现了改进的一种方法，这种方法更能使肌肉葡萄糖的储藏最大化。这种方法不需要运动员超负荷训练来消耗完葡萄糖储藏，也不需要吃极多或极少的碳水化合物，而是赛前的这些天，运动员逐渐降低运动强度和测验持续时间，同时食物的碳水化合物含量要达到70%。比如，比赛前5天，测验时间从90分钟降到40分钟，食物的碳水化合物含量要达到50%。两天后，测试时间降到20分钟，食物的碳水化合物含量要达到70%。赛前一天休息同时食物的碳水化合物含量继续达到70%。实践证明，这种方法对增加葡萄糖储藏并提高比赛成绩更加有效。一些运动员觉得这种方法比经典方法更容易适应。

比赛前的进餐，建议运动员碳水化合物的摄取量每千克体重对应1～5克的碳水化合物。最好在赛前的1～4小时进餐，食物应该是易消化的碳水化合物，但是，如果赛前1小时进餐，食物最后是液体。比赛前摄取碳水化合物，运动员要在平常的练习中测试一下步骤。在紧张的练习后，运动员被建议通过摄取碳水化合物加速体力的恢复。

被摄取的碳水化合物在运动中延迟了疲劳的到来。活动中摄取碳水化合物的一种方法是大量喝运动饮料。

水合作用、能量和运动饮料

在运动过程中，热量被身体散发出来，以减少身体内部温度的升高。普通的过程是汗液的蒸发。汗液的蒸发程度随着运动强度的增加而增加。在湿热环境下的运动加速了汗液的蒸发。研究表明，在炎热的天气里，平均每小时汗液的蒸发量为2.8升。在长时间运动情况下，如马拉松，有些运动员可以是他们体重的8%。除了丢失水分以外，对人体机能重要的电解质也同时丢失了，一些电解质的水平，如钠、钙、氯和磷的含量都有所降低。体液和电解质的流失严重地影响了细胞的功能。如果这些体液和电解质没有得到补充，重大的健康问题就会出现，如中暑和虚脱。

运动生理学研究最佳的途径是补充身体丢失的体液和电解质。运动过程中体液的补充与降低心率、身体的内部温度及感觉运用的水平有关。体液补充的难易程度取决于运动的情况。在间歇性运动中，例如足球或橄榄球，运动员比较容易补充体液和电解质；在长时间的运动中，例如马拉松长跑，体液的补充只是象征性地进行。已经确定了运动过程中补充体液是有益的，下一个问题就是哪种液体最好。

对于体液更新，水一般被认为是最天然的选择，容易得到而且价格低廉。一般说来每10～15分钟的运动要消耗4～6盎司的水，尤其是长时间的运动，或者在高热高湿的环境里。饮用水的一个问题是运动员不能喝足够的水来更新体液，对于某些人来说，因为水没有其他补充饮料好喝而补充不足量，另外一个问题是水并不含电解质和糖类。

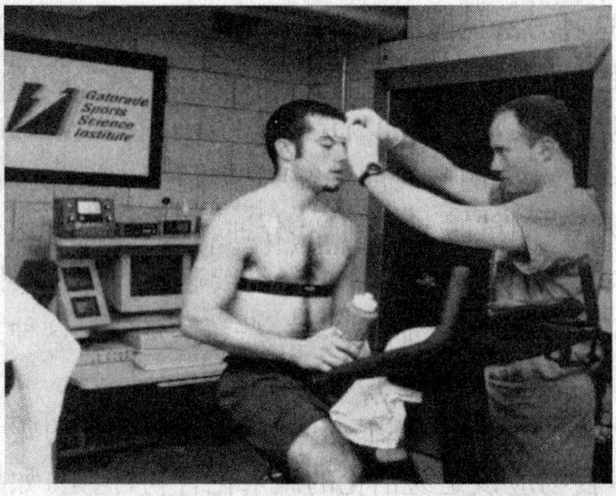

为了确定运动饮料对成绩的影响，各公司都在测验不同成绩条件下的运动员。这是佳得乐运动研究所中准备接受测验的运动员

运动型饮料因为可以继续水合所以受欢迎，可以让你最大限度地吸收。运动型饮料被用来通过补充失去的电解质和增加碳水化合物来提高葡萄糖含量，最终提高运动成绩。研究发现运动型饮料含有4%～6%的糖是最适合的，可以提供更多能量来提高成绩。因为口味很多，相比于喝水，运动员更喜欢喝运动型饮料。在长时间比赛尤其是高温高湿的环境里，补充体液和电解质特别重要，因为它可以减少比如中暑之类的危险。

运动过程中体液的补充可以降低运动员的心率、体温以及运动影响。饮用的液体越多，运动员的反应越小。除此之外，鲍沃尔和霍利还报道了饮品的温度影响吸收的速度。对于持续时间小于60分钟的运动来说，用水来补充体液是可行的。但是，如果运动时间超过一小时，饮品就应该含有钠、氯和钙。

在设计体液的补充品时，必须考虑运动员的适应性、运动的强度和持续时间。除此之外，环境也是很重要的。环境的情况，例如过高的温度和湿度、严寒和高海拔，都要增加液体的摄入量来防止脱水。

肌酸

很多人希望可以通过加强营养来提高运动成绩，其中常用来提高成绩以获取奖金的补品是肌氨酸化合物。

骨骼肌里的磷酸肌酸对于 ATP 的生成是非常重要的，它是高强度的瞬间剧烈运动(持续时间小于 5 秒)的能量来源，比如 50 米跑、跳高、英式足球里的拼抢或者举重。在这些运动中，磷酸肌酸迅速消耗，会降低 ATP 的生成速度。

磷酸肌酸在短时剧烈运动中是限制因素，为了提高肌肉里的磷酸肌酸从而获得更多的能量去参加这种运动，很多运动员服用肌氨酸来努力提升肌肉的力量。同其他补品相比，肌氨酸的效用被更多地研究，研究结果多种多样，有些研究结果支持肌氨酸对短暂高负荷运动的效果，而有些研究却没找到信服的证据支持这点。而且更没有什么证据表明肌氨酸可以在持续时间超过 90 秒的运动中提高成绩。美国体育医药学院的立场是补充肌氨酸可以提高短期剧烈运动中的成绩，尤其是在重复性的运动中。另外，研究表明个体补充的效果是不一样的，用完以后每个人获益的程度是不同的。

典型的说，运动员都想通过一个装填的阶段以最大化他们肌肉中的磷酸肌酸。他们连续 5 天，每天 4～6 次，每次摄入肌氨酸 5 克以装填肌肉。这个阶段足够使肌肉饱和并且使磷酸肌酸的可用量最大化以便于 ATP 的生产。然而除了在改进体适能之前供给肌氨酸之外，运动员还在淡季用它最大化他们的训练效果。许多运动员还会继续连续数周或者数月每天摄入肌氨酸几克。在这个阶段他们参加大运动量训练以增加肌肉力量、肌肉大小和肌肉块。肌氨酸的供给使运动员可以进行更高强度的训练，使他们能够提高一套训练中重复的次数以及使他们能够在不同套训练的间隙尽快恢复。

关于指导短期和长期口服肌氨酸的效果的研究很少。一些运动员在使用过程中已经出现了抽筋、胃肠道功能紊乱等症状。然而总体来说使用肌氨酸不超过 8 周不会引起健康危险，更多的原因产生于长期使用。

合成类固醇

合成类固醇是由睾丸激素合成的，它是主要的雄性激素。类固醇是由睾丸分泌的。在青春期以及青春期之后的成年期，人身体出现的男性特征的改变就是由类固醇引起的。类固醇作为雄性激素不但促进了男性性征的形成，而且推动了身体组织、肌肉块、体重和骨骼的增长。

类固醇的合成形式被一些寻找最大化类固醇合成效果最小化类固醇雄性效果方法的科学家进行了发展。最初这些类固醇合成形式的研究被用于帮助遭受某种使人衰弱的疾病的病人加快身体组织的生长。类固醇促进肌肉块和力量生长的能力很快吸引了运动员。运动员开始服用类固醇并采用高阻力训练计划以迅速提高力量。

许多研究论文被用于指导研究获得力量的机制和各种性能要求。在研究结果中发生了相当多的变化。此外由于进行人体试验的伦理限制，研究所用药量推荐使用治疗剂量。运动员为了寻找提高身体机能的方法自行尝试推荐剂量的10～100倍的药量。许多运动员的身体机能得到了巨大的提高。许多运动组织包括国际奥委会禁止使用它们。

即使违规，运动员仍然继续使用类固醇。运动员和其他人包括青少年使用合成代谢类固醇提高成绩和改进体形。合成类固醇被口服和注射的剂量数倍于医用推荐的剂量。典型地说，每天使用的剂量以数周或者数月为周期进行循环，然后停用一段时间，然后继续使用。有时为了获得最大效果和最小的负面作用，使用者把多种类固醇结合使用，这个过程被称为堆积。在体育运动中类固醇的滥用最广泛，因为它使力量增加。举重、田径中的投掷项目、美式足球和篮球中的运动员可能会为了取得好成绩使用类固醇。

类固醇的使用可能带来许多严重的副作用，包括一些是不可挽回的。对于男性和女性使用类固醇有相反的副作用，包括增加了心脏病、肺部肿瘤和癌症的危险，高胆固醇和高血压。心理方面的副作用包括情绪波动和攻击性的性格。男性中，包括男性特征的减少、痤疮和声音加深。男性也会经历性功能的减少，包括精子的减少和乳房发达症——乳房发达。情绪波动和攻击性行为也是类固醇长期滥用的副作用。女性使用类固醇会导致声音不可复原的加深，以及阴蒂变大。面部毛发增加，乳房尺寸减小，性欲增加，食欲增加以及月经不调也是女性类固醇长期滥用的副作用。青少年使用者要冒着减少身高的危险。青少年使用者的骨骼仍然在增长，如果他们滥用类固醇的话，骨骼增长期可能会过早停止增长。

增补剂的使用能采用许多形式，包括机械的、心理的、生理的或者药理的。通过研究显示一些增补剂是有益的，然而另一些增补剂的流行是通过一些奇闻轶事证明的。增补剂需要被很小心地使用，需要理解正确的使用方法，知道是否是合理的以及相关的健康结果。

小结

运动生理学是研究身体练习的效果，包括从系统水平(例如心血管系统)到亚细胞级(例如用于产生能量的ATP的生产)。运动生理学家对于身体对急性和慢性锻炼的适应能力都感兴趣。体育教学、锻炼和竞技是以不同的方式建立在这门科学的基础上的。运动生理学的知识用于为所有年龄层的人设计有效合适的锻炼方式，可以用于设计指导心脏恢复项目的发展和实行，计划项目帮助孩子和年轻人把身体活动融入他们的生活中去，指导精英运动员训练以及为受伤的运动员设计复原项目和训练疯狂运动者。

运动生理学家主要关注体适能的发展、保持、评估和结果。业内对于健康体适能的兴趣不断增长并且开始反对与成绩表现相关的体适能。健康体适能和与成绩表现相关的体适能的组成是不同的。并且他们的组成还和个体的目标有关。健康体适能的组成成分是心脏血管功能、体成分肌肉力量和耐力以及灵活性。达到这些组成成分的目标水平能够提高一个人的健康。体适能不佳的个体会有更多生病的危险。

许多健康优势来自于适当的身体条件和生活方式中身体活动的协调。在开发和实行身体项目时，体育教学、锻炼和竞技专业人士应该遵循医学的指导以及合理的训练规则。专业人员应该留心有助于合适的条件，例如合理的营养练习。体育教学、锻炼和竞技专业人员必须在教育美国公众关于正确的体适能和营养实践中起到积极的作用。

运动生理学家的另一个研究领域是增补剂。增补剂例如咖啡因、肌氨酸的补充方式，运动饮料、碳水化合物的摄入和胆固醇被用于提高竞技成绩。

自测题

1. 为运动生理学下定义并讨论运动生理学对体育教学、锻炼和竞技专业人员的重要性。对运动生理学的其中一个研究领域进行调查并就自己感兴趣的话题写一篇简短的论文。

2. 运用“网络链接”中所提供的信息，登录 ACSM 网站并阅读一篇意见书。你有什么新的认识？作为一位专业人员，你怎样运用这些信息？或者，登录体适能和运动总统委员会网站阅读最新的研究文摘。这项研究对专业人员的意义是什么？

3. 写一篇短论文，讨论一个人的生活方式和习惯是如何影响其体适能和健康状况的。对于总是感到疲惫、压力很大并且过于肥胖的某位朋友或亲戚，你会运用什么理论去说服他去参加健身运动？不积极参加身体活动的理由都有哪些？你怎样去应对这些借口？

4. 有关想提高运动成绩的人所使用的各种增补剂的研究信息。就你所采用的方法作一个简短的演讲，包括有效的机制，使用这些方法的权利，对其有效性的研究，其合法性，以及其他的相关领域。

建议阅读书目

Faigenbaum AD：Strength training and children’s health. JOPERD 72(3)：24－30，2001

Frontera WR：Exercise and musculoskeletal rehabilitation，The Physician and Sports Medicine，31(12)，2003，(www. physsportsmed. com)

Health GW: Epidemiologic research: a primer for the clinical exercise physiologist, Clinical Exercise physiology, 2: 60-67, 2000.

Kremer WJ: Strength training basics. The physician and Sports Medicine, 31 (8), 2003 (www. physsportsmed. com)

Knuttgen HG: What is exercise? A primer for practitioners, The Physician and Sports Medicine, 31(3), 2003. (www. physsportsmed. com)

Medicine and Science in Sports and Exercise 2001, 33 (6) June Supplement 2001.

Pediatric Exercise Science, 12(2), 2000.

Powers SK and Howley ET: Exercise physiology: theory and application to fitness and performance. St. Louis, 2004, McGraw-Hill.

Welk GJ and Wood K: Physical activity assessment in physical education: a practical review of instruments and their use in the curriculum, JOPERD 71(1): 30-40, 2000.

Wilmore JH: Aerobic exercise and endurance. The Physician and Sports Medicine, 31(5), 2003. (www. physsportsmed. com)

第八章 社会学基础

网络链接

社会运动研究中心：www. sportinsociety. org

国家青少年运动联盟：www. dsusa. org

国家大学生竞技协会：www. ncaa. org

女子运动基地：www. womenssportsfoundation. org/cgi-bin/iowa/index. html

学习目标

读过这章之后，我们应该能够做到以下几点：

- 展示在美国的文化中体育如何发挥它的社会力量。
- 讨论体育运动的性质和范围。
- 追踪体育在美国教育机构中的发展以及教师们对其发展的态度。
- 了解当今运动中对于女孩、妇女、儿童以及少数族群的相关尺度，运动暴力，提升运动成绩的装备以及残疾人运动。

体育运动是本国文化以及世界范围内的其他文化的一个重要组成部分。它出现在报纸的头版头条，牵引着电视观众的心，给企业家们创造着百万美元的收益，更甚者影响国际事务。奥运会就是这样一个世界范围内的大家最耳熟能详的体育盛会，奥运会的收看观众达到数十亿。1995 年，NBC 向国际奥委会支付 36 亿美元购买 2000～2008 年的奥运会比赛的电视转播权。各个想要占领这个市场的公司都向国际奥委会支付百万美元来成为它的主要合作伙伴（发行官方信用卡、电影、太阳眼镜等）。

体育运动对美国的生活方式的许多方面都产生了影响。数以百万计的美国人都喜欢躺在椅子里收看棒球、橄榄球、篮球和高尔夫球比赛，比赛在节目表中排得满满的。广告投资人很重视这一方面，他们在比赛期间插入他们的产品广告。比如，2004 超级杯橄榄球赛期间，1 分钟的广告时间售价 400 万美元，这一数字与 1967 年第一届比赛时的 75 000 美元相去甚远。专业运动队每年都能吸引数以百万计的观众，他们投入大量的资金来签下大牌明星以吸引观众并满足观众的需求。这样他们就可以在这一年中有充盈的收益。报纸相对于艺术等方面与体育结合得更多。运动象征并融入了美国的语言、艺术、政治。

体育运动的市场潜力同样影响到大学和中学的运动。中学和大学为了构建最好的队伍，它们可以在学习成绩方面做出妥协。名牌大学自然更加认识到他们学校运动成绩的重要性。

在最近10年间，大众运动参与人数明显增加。数以百万计的各年龄层次人群纷纷加入到形形色色的运动中来。因为社会、政治、法律和教育的影响，我们需要好好地研究一下这个现象。

运动社会学

体育运动的社会价值在美国是"无可比拟"。运动与经济、家庭、教育、政治、宗教、大型媒体和流行文化相互影响。(见人生和文化观点表)"运动已无处不在，这可从它新的扩展领域、运动设备的销售情况、财务花销、参与人数和观众人数以及对流行文化的渗入(电影、书籍、休闲、漫画和日常会话)等方面显而易见地看出。"库克利说："运动作为一种社会现象，已经不再是得分和技术统计，运动与我们的社会息息相关。"美国文化中出色和无所不在的运动以及它的机构本质导致了它在研究方面与社会是不可分割的。本章将谈论它的定义、范围、发展历史和研究领域。

人生和文化观点：运动社会学

为什么大学间和职业运动中在教练和管理员位置上少数族群和女性占极少数？如何增加其数目？

社会课堂如何鼓励人们参加运动？

残疾人运动如何影响我们对其的看法？

运动如何影响我们对男性气质和女性气质的看法？

孩子们如何在社会上进行运动，怎样才能让他们参与运动？

奥林匹克是否促进国际上的交流和理解？

美国如何用运动来影响运动参与者和观众对美国人的看法？

在青少年运动中，什么社会现象会导致父母的暴力行为？

定义和范围

社会学关注的是对社会中的人、团体、机构以及人类社会活动及其社会规律的研究。这是一门关于团体、家庭、政府、教育和休闲的学科。社会学家同时也关注社会团体对个体的影响，社会行为和人类之间会发生团体影响个体的现象，以及社会中不同团体间的相互关系，比如：运动和教育、宗教以及政府的关系。

在美国，人们成为冠军的意愿是如此强烈，以至于常常忘了参加体育运动的真正意义

就像媒体融入社会中每一个重要事件一样，运动让体育教育者和社会学家认识到应该进行大量的运动学习，特别是当这种教育在构建社会文化以及整个社会时，影响到了人们的言行以及社会机构。运动社会学致力于研究体育运动和社会的关系。科克利指出运动社会学的主要任务是：

● 由运动引发和组织的问题。

● 运动和其他社会关系的联系，比如：家庭、教育、政治、经济、媒体和宗教。

● 运动和运动参与对个体在性别平等、种族、道德、残疾和其他社会问题上的影响。

● 社会因为运动充满了动力，比如说：建设计划、团队合作以及相互作用。

● 文化、建设和具体情况等原因对运动本质的影响、斗争和改变。

哈里斯解释社会体育行为(包括运动)时，他讲到了以下三点：

1. 在我们的社会生活中用透彻的眼光来看待体育问题。

2. 去辨别和分析体育运动中的变化和稳定的样式。

3. 辩证地看待体育运动，以便于识别问题和促进改革，来促进我们的平等和社会福利。

社会运动学家让我们试着检讨我们对于运动通常的和可能崇尚的情节，从不同方面进行审核，以理解社会问题和社会事件与运动的关联。运动学家发现社会力量能够促使运动变化。

发展历史

运动社会学在 20 世纪 60 年代末成为一个特殊的研究领域。尽管如此，运动社会学渐渐崭露的基础却可以追溯到 19 世纪的中晚期。期间，社会科学家们研究了游戏、竞赛和运动的自然和社会功能——这些活动如何作用于个性的发展和建立以及他们如何反映当时的文化。1899 年，索尔斯坦·维布伦（Thorstein Veblen）写了《休闲阶级理论》，他在书中批评了体育运动。维布伦认为，运动象征着回到未开化时代。体育运动曾经是上层阶级表现他们富有的方式，表现他们无需工作并且有闲情逸致来享受运动的方法。这一时期的社会学家写了一些关于体育运动作为社会现象的文章，描述了运动和社会行为之间的关系。这个时期的主题包括了一个对美国原住民竞赛的人种学研究、身体活动对学术成绩的影响以及其在学校教学活动中所扮演的角色等研究。尽管如此，就像塞奇（Sage）所指出的，这方面的研究还是零散的且常常局限于游戏和竞赛本身。

20 世纪 50 年代是一个社会学领域对运动的兴趣激增的年代。1953 年，体育教育者弗雷德里克·科恩（Frederick Cozens）和弗洛伦斯·斯顿夫（Florence Stumpf）出版了《美国生活中的体育运动》。如社会学家塞奇所说，这本书在证明运动于美国社会中所扮演的社会角色方面起了先锋作用。两个著名的、经常被引用的关于运动的研究也在发生这个时代。约翰·赫伊津哈（Johan Huizinga）1955 年所著的《游戏人》和 1961 年罗杰·凯洛斯（Roger Caillois）所著的《人、游戏与竞赛》都分析了游戏在文化中所扮演的角色。

20 世纪 60 年代，描述该领域需要和重要性的出版物及相关表述大大刺激了运动社会学的发展。1965 年，格拉德·凯尼恩和约翰·洛伊（Gerald Kenyon and John Loy）合著了《走向运动社会学》，书中清晰地阐述了对于一个专门关注于运动的社会层面的学科。1969 年，凯尼恩写了另一本书名为《运动社会学：一个分支学科》。

人们对于不同观点的交锋和研究分享的兴趣越来浓厚。导致了学术组织和相关出版物的发展。1964 年，欧洲和北美成立了国际运动社会学委员会（ICSS）。该委员会在 1994 年成为国际运动社会学联合会（ISSA）。ISSA 是联合国国际教科文组织的成员，同时也是国际社会学组织的下属委员会——国际运动科学和体育教育理事会的分支委员会。在 1976 年，AAHPER 成立了运动社会学学会，其主要任务是，促进对运动社会学的研究。1980 年，北美运动协会成立，提供了另外一个交流和分享运动社会学研究的平台。

随着研究的不断推进，关注运动社会学的出版物也得到发展。1966 年 ICSS 开始出版《运动社会学国际展望》。1977 年，最早的一期《运动与社会问题期刊》发行。

NASSA 出版的第一份刊物《运动社会学期刊》在 1984 年首度面世，它的编辑是著名的运动社会学者杰伊·科克利(Jay Coakley)。另外，《置疑》(*Quest*)和《锻炼与运动研究季刊》(*Research Quarterly for Exercise Sport*)也经常刊登一些体育运动学方面的文章。

当运动社会学出现并发展为一个研究领域后，其所关注的焦点也发生了改变。珍尼特·哈里斯(Janet Harris)在追溯身体活动(包括运动)的社会学历史时描述了不同时期主要研究的不同重点。受关注最多的是那些与社会不公正相关的主题——特别是性别、民族、种族、财富、性取向和文化等方面。20 世纪 70 年代是一个标志着社会经济学领域的不公平及体育运动中的阶级关系被广泛关注的年代，这些主题在 80 年代继续成为研究的热点之一。同时，在 80 年代，更多的学者开始研究体育运动中的性别歧视，至今仍然是一个重要的关注点，而另一个出现的研究领域训练与躯体的社会概念也是当今研究的热点。

90 年代，学者们越来越多地把他们的注意指向种族与民族的不公，特别是面对非洲裔美国公民，这也是当前的焦点议题。运动的全球化、媒体的影响、经济以及不同文化中政治对运动的影响也是 90 年代的关注热点；并在当今受到极大的关注。

运动社会学者用了大量不同的方法收集数量与质量的资料，当运动社会学产生、拓展和发展，研究从简单的描述与分析，逐渐转向用多样化理论与方法论的途径进行研究和阐述。如今，许多运动社会学者扮演着更加活跃的角色——用一种批评的、评论的方法考察和评论体育运动，同时，也对如何解决体育运动中发生的问题提出建议，探索如何使体育运动更加公正。

研究领域

运动社会学者用社会学的研究策略来研究个体与群体在运动环境中的行为。他们关注于理解社会关系的影响、过去的社会经验以及个体与群体在体育运动中的社会背景。运动社会学者可能提出这样的一些问题：

- 参与运动有助于个性的形成么？它有助于个体更好地适应生活么？
- 运动能帮助弱势人群(包括女性)么？能帮助女性更好地融入社会么？参加体育运动对弱势人群的社会和经济地位有何影响？
- 大众媒体如何影响体育运动？
- 青年体育项目对其参与者的生活有何影响？
- 政治与体育有何联系？宗教与体育呢？社区或国家的经济地位与运动呢？
- 大学间的体育运动如何影响参与者的学业成绩？
- 教练如何影响运动员的运动生涯？
- 在 21 世纪运动的本质将会变成什么样子？

为了提出这些或类似问题，运动社会学家会检验或考察一下历史背景、社会条件、经济因素、政治环境以及所涉及人员间的关系。

作为一个研究领域，运动社会学将有可能继续在深度和广度上进行拓展延伸。虽然如此，该学科仍面临着许多挑战。科克利指出，致力于发展关于体育及其与社会和社会生活关系的理论研究还需要进一步深入。而且，科克利建议，应该将注意力更多地放在女性参与的运动项目和个体终身的运动生涯研究上(目前的情况是我们仅仅关注了儿童及成人早期的体育运动)。

体育运动可以被视为一种社会制度，并可以在其与其他社会制度影响的关系层面上进行考察，比如说，经济或教育系统。体育运动对于参与者的影响也是研究的一个重要领域。在对于运动社会学者所关心的其他领域进行讨论之前，对运动进行定义以及讨论其本质和范围可能是有很大帮助的。

运动的定义

为了对体育运动进行系统的研究，形成一个对于运动的专门定义是必要的。从本质上说，这样的一种定义，会是有限制性的。但是，为社会提供一个关注和共同的展望有助于理解体育运动与社会的关系。

科克利把运动定义为：

> 运动是规则化的、竞争性的活动，伴随着严酷的体能要求或与之相关的复杂身体技巧的运用，参与者的动机是个人兴趣或外部奖励。

这种定义，涉及组织化的身体活动，就像大众所知晓的那样。在此定义的基础上，三个经常被提起的问题是：(1) 哪些活动可以纳入体育的范畴？(2) 在哪种情形中人们参与的活动可以被认为是身体活动？(3) 什么界定了体育参与者的内涵？

运动

什么样的活动可以被认为是体育运动？慢跑可以作为体育运动么？下棋？赛车？举重？能把投棒球游戏认为是一种运动么(尽管在这个运动中，其参与者与职业选手的行为还是有本质上的区别)？

正如以上所定义的，体育运动要求参与者运用相关的复杂躯体控制技巧和身体力量。因为这些术语可以作为一个连续概念的一部分，人们常常很难明确地界定体能和非体能技巧、复杂和简单肌肉运动、休闲与竞技运动等范畴。因为这些术语还没有被量化的标准界定。而且并不是所有具备复杂体育技巧或严格的体能运用的活动都属于运动。在划分这些范畴时，这些身体活动发生的环境和条件的不同需要作为一个考虑因素。

条件

可以把身体活动发生的场所和环境设置为正式无结构的或正式的结构化的。举个例子，我们可以比较一下，场地传接球比赛和两个职业球队之间计划好的比赛。两种比赛中的个体都打篮球，但其本质和结果却大不一样。因此，有这样一个疑问，这两群人都在参加体育运动么？

当运动社会学家谈论运动时，通常都会把它说成是正式的有组织的竞赛。根据这种观点，朋友们聚在一起打场球不能算作运动。只有在职业队效力的球员进行比赛才算运动。从社会学角度出发，运动是制度化的竞争性的身体活动。

如社会学所界定的，制度化是指一种标准化的行为模式或规定，并且在不同场合情况下持续一定时间。因此，当竞争性的身体活动成为制度化的，就可被认作为运动。制度化的出现，是当标准化和强化规则支配着某个活动。强调组织性及活动的技术部分(例如训练、策略运用、专门化以及运动是教练的角色定位)，还包括形式化的技术发展的途径(例如，请专家进行指导)。制度化的过程中，非结构化非正式的身体活动，就像扔飞盘，成为一项名为终极飞盘的运动，其竞赛和组织是一个活动设置的完整部分。

参与动机

运动依赖于在内部和外部动机之间保持平衡，当自身存在的内在满足与对外部奖励的关注相共存(如：金钱、奖牌、家长或教练的肯定)，运动就产生了。这种平衡不一定是五五开，但当一种动机开始大大超过另外一种动机，活动的本质和参与者的实践活动就会发生变化。当参与者的内在动机胜出，身体活动的组织性和结构就成为剧本的一部分。当参与者的外在动机占上风，如奖牌或奖金，体育运动就从运动变为展览物或工作。值得注意的是，在一个单独的运动竞赛期间，参与者会在内在和外在动机之间摇摆。有时，参与者会被比赛所吸引并为参与其中而享受满足。不久之后，参与者会被赢取奖牌和人们的奉承的欲望所驱动，比赛的精神被获得外部的奖励所取代。

总的说来，根据科克利的定义，一个活动能被定义为运动，必须符合三个标准。活动必须包含勇气、体能技巧、奋斗的精神；必须制度化和富有竞争的本质；参与者必须结合内在和外在奖励。这些标准在决策某个身体活动是否是运动时很有用。而且，这个定义为社会学家科学检验运动在生活或社会中所扮演的角色提供了论点。

作为一个研究领域，过去的30年里，运动社会学极大地发展。由于空间限制，只能在这一章提出对于几个主题的看法。选择的主题是为能让学生在过去经验和当代的主题的基础上把它们相联系。由于参与运动的儿童和青年的数量，这个主题也将他们包含其中。另外，因为许多学习这本教科书的学生，参与了中学间和高校间的运动比赛，提出了一些相关的主题。本章也介绍了运动比赛中的女性、少数族群、残疾人、运动比赛的暴力以及违禁药物。

教育机构中的运动

最近在美国，中学和高校的身体活动相对增多。1875～1900 年期间，第一次高校间的比赛是哈佛与耶鲁大学的美式橄榄球比赛、BIG-TEN（译者注：Big-Ten 是美国大学体育协会 NCAA 一个联盟，现在包括 11 所大学）盛会和全美联赛。电台和"月球火山口"的出现，这是橄榄球教练阿朗索·斯塔格（Alonzo Stagg）对竞技场馆的称呼，导致了"观众病"（指热中于观看他人竞赛或表演）和"运动剥削"现象的增加，而这一切是因为运动拥有它的商业价值。

《九号文件》加速了各个水平女子运动的发展

随着运动项目的增加，它们向低教育水平延伸。1852 年，运动员在哈佛、耶鲁的体育队伍中产生。随之，把其他运动项目介绍到了大学校园。随着高等教育水平的运动项目获得关注和欢迎，高中运动必须也成为他们提供的教育的一部分。接下来，初中也开始了校际间的运动项目比赛，其中多数只是对高中的简单模仿。这些也都是高中从大学模仿来的。现在，当竞争性运动推向更低的教育等级，一些小学也在安排比赛。

从一开始，许多教育学者就关心体育运动，因为它具有值得商榷的教育价值以及它能歪曲一个学校或一个国家的价值观。例如，就像《体育画报》（*Sports Illustrated*）报道的，耶鲁的毕业生帮助集资了 18 万美元来建造 VALE BOWL 的纪念大道；尽管如此，耶鲁的崇拜者吉伯斯（Josiah Willard Gibbs）——本国最伟大的物理学家之一，集资了 12 000 美元献上了一个更适合的礼物。

尼尔斯·汤姆森（Neils Thompson）——前 NCAA 主席，提出了另一个关于机构和高等教育中运动的观点。他认为："显而易见，公共机构的形象受到了体育运动行为的影响"，中场后卫们比哲学家模仿得更好，而且不幸的是这好像是个事实。毋庸置疑，成功的运动项目能积极地影响新生的招募和财政支持的增加。

除了一些教育者的异议，本国学院、大学的运动员和体育运动继续增长，超过 690 万青年参加校际间的运动。2003～2004 年，NFSHSA 报道，4 038 253名男生和 2 865 299 名女生参加了校际间的运动比赛。成千上万的年轻人参加了高校间的体育运动。2002～2003 年，国家最大的管理高校运动员的机构报道，216 991 名男性和 160 650 名女性参加了高校间的体育运动，成千上万的其他学生参加了社区大学和非 NCAA 成员机构的运动比赛。《九号文件》（*Title* Ⅸ）和妇女运动成为在教育机构中女性参加运动人数增加的因素。估计，这个数字会越来越接近男性的数字。

自从《九号文件》颁发以来，女子运动受到人们的喜爱。康涅狄格大学篮球队员在她们 2004 年的冠军图片上为球迷签名

今天，中学和学院运动员正在经历的困难超过了教育批评家的预想。运动员的经济化、预算的紧缩、学生的指责、运动员学业表现、对少数族群和女性运动员的关注，造成了一些教育机构对体育项目进行经费缩减，放弃或重新评估。自从运动员在美国文化中扮演了如此重要的角色以来，检验一些运动的社会学含义是很有意义的。

中学校际间的运动

校际运动比赛被许多包括 NFSHA 在内的机构认为是高中学生完整教育经历的组成部分之一，并且，在初中学校也越来越受到关注。把校际运动名正言顺地包括在教育课程中就是建立在运动有利于实现教育目标这一基础之上的。

学校间运动的倡议者指出他们在学校教育任务上的有价值的贡献。批评家则指出运动干扰教育目标的达成。（可以查看卡科利关于最近的有关校际间运动的争论）

参与学校间的运动能以一些方式促进学生进步。参与运动能帮助学生更好地强健身体，另外能达到所挑选的运动技术和运动的各种不同方面的知识一个精通的高程度。其他方面也经常提到的参加运动的好处包括团队运动精神、合作、指导和忠诚。运动能提供机会促进个人成长，为友谊的发展铺路，发展决策和思考的能力，提高自我修养和义务意识，提高个人自尊心和状态，并且促进其他的人对其的接受而不论种族或人种起源。

关于校际运动支持与反对的民众争论

支持

1. 促进学生参加学校活动而且丰富校园生活。
2. 为成人后踏进社会建立责任感，确定成就方向和增强身体活力。
3. 刺激学校里所有学生对运动的兴趣。
4. 产生精神和个体需要来维持学校作为一个可行的组织。
5. 促进父母、校友和社区对于所有的学校计划的支持。

反对

1. 转移学生在学习上的注意力。
2. 永远依赖和不成熟，而且集中注意力在学生身上会导致学生无法在大工业社会中找到合适的位置。
3. 将大多数的学生归入观众而并非积极的参加者的角色。
4. 产生表面的短暂的反对学校教育目标的思潮。
5. 剥夺教育项目的资源、设备、人员和公众支持。

然而，参与运动是否能提高学院的成就是一个非常复杂的和可争论的问题。当其被看做一个团体时，中学运动员通常有较好的平均分数，而且跟他们的非运动的同学比起来表现出更为强烈的学习兴趣。这是相当重要的，然而这种差异的影响是很大的。而且，学院的成就与若干的因素相连，包括学院的目标、个人的成就价值和动机。运动参与也难以孤立地影响学院的成就，像家庭背景、来自重要的其他经济的状态、支持和鼓励和个别的特性，其他的因素都有影响力。

校际运动也能提高学校的精神并且得到学生父母的支持。在全国上下，社团活动的焦点就是学校间的运动。

调查发现校际运动即使拥有合理的展望，其预算资源也是不均衡的。然而，在多次的资金节制时期它们是第一批受到威胁的课外活动。

不论学校间的运动是否帮助参加者达到令人期待的教育目标，以及提供一种积极的经验，这些需求不是参与者自动参与的结果。然而，它们可以理解为学校管理人员和教练员努力构建运动，促进学生的教育目标的实现和满足学生的需要。卢姆普金(Lumpkin)提供了提议，帮助运动参加者获得积极的校际运动经验以及较好目标的理解。

校际运动

校际运动是一个自然发展的基本指导计划，提供很大范围内的体育教育经验。这个计划的目的是帮助参加者：

更好地理解他们生理和心理能力，而且建立合理的个人目标。

把赢得胜利看做是自我改善而不是一个运动的结束。

在计划和指导学校内和学校间的运动方面承担指导角色。

在那些计划中参与决策的部分。

参与或者竞争在年龄、能力、身高、体重、生理学的成熟和力量上是公平的。可以受益于专业教练员，这种教练员的主修科目或一个副修为体育，或者拥有专业教练证明。

在校际运动前、中、后接受过适当的医学指导。

1. 身体检查应该是所有的参与校际活动所必需的。
2. 健身医师指出在严重的疾病或受伤后，学生应该通过运动来恢复健康。
3. 运动的训练者或老师应该出席所有的比赛和练习。

从一个管理员的立场，学校间的竞赛包括所有的中学；包括季前比赛，应该在州司法高校竞技协会领导之下，而且由教育的地方董事会供给经费。

校际运动是数以百万计美国中学学生的学习经历的一个部分并且拥有广大的支持。然而，在全国各地的许多学校中，校际运动都是需要认真改革的。一些计划与教育的进程没有关系。校际运动的批评者指责其过分强调胜利，限制学生上场机会和对于参与者的资格要求；同样也提到了药物的滥用、费用飞涨以及父母和社区支持者及教练员的方面的施压。

过分强调胜利是学校间运动的最常见的批评之一。这种不成比例的强调为了比赛的胜利增加了对特殊运动员影响，受伤运动员、教育进度的颠覆和教练员的工作都仰赖于比赛的胜负。

与10年前相比，较多的中学运动员是选择参加的多项运动并且专攻一项运动。而在过去运动员秋天会进行比赛，一个冬季和一项春季竞赛，今后的趋势将是一年比赛一次。逐渐地，运动员参加有计划的运动和非正式的练习是为了季后赛，并且在夏天他们会参加特别的运动露营并且与其他联盟进行接触。运动专业化的建议者提出，这种强调可以促进运动员掌握高等技术，保持与其他的队的竞争关系，并且增加运动员获得学院补助金的机会。批评家议论到专项化运动限制了运动员的发展，拒绝了他们发展其他的活动技术的机会，以及参加其他的运动、向其他的教练员学习的机会。专项化的运动员可能会被寻求胜利的教练员所利用；他们受制于过度的伤病，受到因伤退出比赛的威胁，（也就是，很疲累而且比赛情绪用尽）也可能退出运动，而且时常是在到达他们最大潜能点附近。

为了赢得胜利，教练员可能会使用不受欢迎的行为。他们可能强迫运动员练习并且在受伤情况下继续比赛。为了设法维持运动员的参赛资格，教练员可能指导运动员转到较容易的课程，强迫老师让运动员通过考试或者在某些情况下，修改运动员的成绩。

当老师被雇用或开除是基于他们比赛胜负的时候，而不是因为教师一般的能力。优秀的老师已经因为贫乏的训练记录被开除，而且较差的老师却因为他们的杰出训练成就而被保留。

如果校际运动是为了了解他们的教育潜能，那么对胜利应该保持正确的看法。强调学术和发展的教育目标，而不是比赛的输赢。

参加比赛的机会受限制是校际运动的另一个争议点。校际运动通常对参与者提供有限制的上场机会。学校一般在多种运动项目上会有一个大学校队和一个资格较低的代表队，虽然较大的学校也可能有新人队以及预备队。因此，当一所给定的学校提供篮球队机会给学生时，也许只有 48 位学生将会有机会参加。许多技术不好的学生被排除，尽管他们热爱着这项运动，而且通常没有其他的校际运动的机会会提供给他们。此外，除了消耗很多的时间和体育老师的精力外，校际运动队会在参与者身上用到资金、设备、仪器和其他资源。除此之外，即使联邦的立法已经命令，男孩和女孩拥有相等的运动参与机会，通常非正式的资助和承诺会因为维持计划的质量，因此给予女性的资金和帮助是缺乏的。（这一章还在其他地方讨论了这个问题）

学院的资格要求也是一个有争论的议题。大多数的中学要求学生达到特定的学院标准然后参与课外的活动，包括运动。这些标准时常超过仅仅是在校学习的标准。许多州已经采用“ 不通过测试，不能参加运动” 政策，加强他们在运动员资格保持方面的管理能力。这些需求可能不太一致，但是典型的政策就是禁止那些不通过他们的所有课程的人或在评分阶段无法维持一定水准的平均分数的个人参加运动。

这一个政策的提倡者相信对于参与运动的标准的建立将会导致运动员的学习观方面的积极效果。为了要维持他们的资格，运动员将会努力地学习。这一个政策的批评者指出，主要任务是留在学校进行运动比赛的学生发现他们自己很可能辍学。

按照司登托普(Siedentop)的观点，“不通过测试，不能参加运动”的关键是校际运动中的教育重点。资格标准可能是适当的，如果运动是一个课外的活动，而且参加运动就是需要争取的一项特权。然而，如果运动是教育经历一个整体部分中的一部分——如果它有教育的价值——那么对一些学生而言被剥夺这种经历是适当的吗？

如果参与校际运动是教育的一个组成部分，如果这种经历能增加学识和促进个人发展，为什么一些学生会被拒绝获得这一个机会？司登托普也使这一个争论和先前被讨论的校际运动的排除性质产生关联。如果参与运动是青少年一种重要的发展经历，它应该是更广泛的认可，以便使更多的学生——不论男女——都能受益。

在校际运动中最严重的问题之一是药物滥用。在专业的、国际的和大学间的运动中，许多媒体注意把重心集中在像合成代谢类固醇这样的提高运动成绩的药物的使用上，这种药物的使用也是校际运动所关心。据估计，许多青少年非法地使用合成代谢类固醇，而女性大约只占使用者的三分之一。当进行剧烈运动练习服用剂量远远地超过被推荐的药量（巨大剂量）的时候，合成代谢类固醇能保持并且提高肌肉的功效。如此大药量的副作用是严重的，将导致不能复原的损伤。美国小儿科学院指出，类固醇的使用对青少年将造成一种特别的危害，“高中和初中学生和运动员需要意识到类固醇在生长上的影响。合成代谢类固醇，甚至小的剂量，已经被证实在短时间内就会停止人体的生长。青少年很有可能造成对类固醇的依赖，使用类固醇的青少年也更可能会服用其他的会令人上瘾的药物和酒精”。教练员同时准备解决其他的严重问题，包括烟草、酒精的使用和违法的药物，比如大麻、安非他明和古柯碱。像肌酸这样的补充物的使用，同样必须得到教练员的许可。

上升的费用正在逐渐地变成校际运动所关心的事项。受伤和责任保险经费的提高，女学生和残疾学生的开销，已经导致一些学校减少他们的运动范围和对参与运动者收费。“收费运动”政策需要参与运动的学生支付其费用。由于它区别于不能负担费用的学生，所以批评者已经责难这一政策。一些学校和团体在回应中，已经为经济条件不好的学生的参与运动做好了准备。然而，通常这些学生很少选择参加运动。

许多压力在校际运动上是看不见的。当学校管理人、团体成员和父母压力促使教练去获得胜利时，当父母在他们的孩子上赋予了太多压力时，当教练员施加不适当的压力在他们的运动员身上时，运动的教育质量会快速地恶化。对于参与者而言运动变得没有益处，伤害大于获得帮助。教育的经历被颠覆，而教育的结果变得无法理解。

当意识到教育目的时候，指导的资格和本质就是一个值得议论的问题。如果学习是为个人的发展，那么管理员和教练就应该制定计划来实现预期目标。

当高中教练在竞技表现中没有义务的压力时，当他们过度地管理运动员时，当他们强迫滥用运动员来给其他队员做示范时，大学校际间的运动教育目标就无法实现了。那些教练一意孤行，单方面决定运动事宜，并且不给参与者提供提出意见的机会（比如设定团队目标并计划比赛策略）。这些教练或许可以赢得比赛胜利，但是他们不能保持长久。教练员指导他们来实现运动员的发展，允许他们做出决定并承担决定的结果，注重运动员的价值和尊严可以帮助大学校际间运动的全面发展。

大学校际间的运动

美国的大学校际间的运动的种类是非常广泛的。一个学校提供男女运动的项目在10～25种之间。在更小的机构中，竞技计划是教育计划的一部分并且基于其目标，教练需要从事教学工作，会一个人指导两个以上的队伍。相比之下，大的机构其竞技部门是单独存在的，竞技部门有自己的目标和大量的收入——来自门票收入和资助，教练不用从事教学工作，只进行运动训练。计划哲学也分为很多种，在一些机构中大学间运动的教育本质是受到特别关注的，而在其他机构中运动都被看做是摇钱树。对于运动员的经济资助几乎是与其竞技能力直接相关的。一些学校不提供运动奖学金，经济资助就成了不可或缺的。一些学校提供全额的奖学金包括学费、住宿、往返费用、报名费和书本。同样，其他一些学校提供部分奖学金比如只提供学费。大学间的运动项目的分类很广，在美国，由于参与者的分布很广所以其大学间运动的经验的本质也会不同。

大学间运动可以分为三种基本体系：全美大学生竞技协会（NCAA）、全美大学间竞技协会（NAIA）、全美大专竞技协会（NJCAA）。这些协会试图用教育原则管理大学间的竞技运动。

全美大学生竞技协会（NCAA）是最大的协会，是大学间竞技内最权威的管理机构。2003年，NCAA拥有超过一千个活动机构，以各自的竞技项目分在5个区域。Ⅰ区包括117个学校，以大投入大产出作为特点。Ⅰ-AA区是123个学校的稍小的橄榄球分区。Ⅰ-AAA区是85个无橄榄球的分区。Ⅰ区的大时间跨度项目尤其是高级别的橄榄球和男子篮球，它们有巨大的市场潜力，成功的项目通常可以获得数以百万计的奖金。Ⅱ区和Ⅲ区分别包含了270个和910个学校。

许多大学间的运动项目，包括Ⅰ区的大型活动项目，都是一种相似的长时间的大型高校间项目。这些大学间运动项目包括了Ⅰ区的项目以及被NCAA分为Ⅱ区和Ⅲ区的和NAIA及NJCAA管理的项目。他们提供与高等级大学间运动项目类似的参与体验。然而，与那些高中不同是，大学和大专院校的教练需要为他们的队伍招收成员。一些选择这些学校的运动员可以得到一些经济资助。这些资助从全额奖学金到基本需要资助。

参加Ⅰ区运动项目的运动员多数拥有过人的天赋并在运动上花了更多的时间，他们享受全额奖学金，到各处去参加比赛，并从媒体的报道中得到收益。对冠军的追逐是永无止尽的，比赛的输赢就变得尤为重要。这些项目的付给运动员的资金依靠门票收入、赞助和渐增的电视接触。胜利的队伍能吸引更多的球迷，然后门票收入就增加了，也就可以请更好的教练，得到更好的发展，然后将项目提升到更高的地步。经济和娱乐是主导，教育地位降低甚至被破坏，竞技运动变成了商业娱乐活动。

许多有建设性的教育结果都可以从大学校际间的运动中发现，只要在运动中注重教育目标。同样，许多与大学间项目有关的问题都可以从国内的大学间运动项目中看出来。由于过于强调胜利，运动员的教育目标和他们的合格身份以及服用药物等问题都在这些项目中存在。

对于大学校际间运动，过分强调运动会导致教育的地位降到第二位。运动道德、个人提高、社会进步等目标会因为追求胜利而被放置一边。赢得胜利的渴望和压力会导致各校力争招收最好的队员以及防止其状态的颠覆和受伤害。

学校的目标和大学校际间运动是紧密相连的。有一些运动员就很好地诠释了运动与学术的结合。一个典型的例子就是前美国参议员比尔·布拉得利，他曾效力于普林司顿大学篮球队，曾获得罗兹奖学金，并在从事政府工作前获得了出色的篮球职业生涯。在许多大学里，运动员的学术目标与不运动的人是一样的。调查发现，在NCAAⅢ区的队伍中一些运动员以及其他几乎无收入团队的学术成绩可以与其他大学生持平。

可在一些队伍中学生运动员会因为弄错身份而引起事故，在这些事故中他们的运动享有比学术更高的地位。这对于长时间运动项目的运动员而言更是如此。在那些项目中的运动员，尤其是大收入项目，比如橄榄球、篮球，他们在那些项目上花的时间会影响到他们的学业。

一些从事长时间跨度的运动员可以很好地协调运动和学习的关系并且两方面都发展得很好。然而，有时候，一些教练员会把取胜的压力转换成保持运动员的足够的运动成绩。把注意放在合格而不是学习上会导致许多滥用问题。教练员会招收学习有困难但运动好的运动员来学校。他们将让主要学科容易通过，让教授给予其高分，并鼓励他们学习比较容易的专业课程。

不幸的是，学位上的进步并不像训练那么简单。另外，由于许多黑人运动员来自农村和内陆城市，在那里教育是不够发达的，但是却盛产黑人运动员。

1990年，美国国会通过了一项法律，自1991年开始所有高等院校和大学都必须公开其运动员的学习成绩。然而，即使如此规定，但是要做出他们的学习情况图有点为难。这些领域的教学情况是很难计算的，因为有许多其他因素。更有甚者，一些因素还会影响到毕业率。比如，学校将学生转移部门，离开学校参加职业比赛，或者因为无法交学费而退学，所有这些都导致无法毕业问题。

2003年NCAA Ⅰ区的毕业率数据在表8-1中有记录。这些毕业数据是基于那些接受运动奖学金和毕业于6年制大学的学生。数据显示如下：

表 8-1 1997 年和 1984 年进入大学的 NCAA Ⅰ级分区学生运动员和普通学生的毕业率

学生群体	1997 入学学生的毕业百分比		1984 年入学学生的毕业百分比	
	学生运动员	普通学生	学生运动员	普通学生
学生运动员	62	60	52	53
男　性	55	57	47	51
白人男性	59	60	55	54
黑人男性	48	36	33	28
女　性	70	63	62	54
白人女性	72	65	66	57
黑人女性	62	47	45	34
男性篮球运动员	44	57	38	51
白人男篮运动员	48	60	53	54
黑人男篮运动员	42	36	29	28
女性篮球运动员	64	63	53	54
白人女篮运动员	67	65	66	57
黑人女篮运动员	59	47	42	34
足球运动员	55	57	47	54
白人足球运动员	65	60	56	56
黑人足球运动员	48	36	35	33

【资料来源】Based on 2003 NCAA Division I Graduation — Rates Summary Data rdflect individuals who received an athletic scholarship and who graduated within 6 years of their intial college enrollment. The data from 1984 are before Proposition 48 took effect in 1986.

● Ⅰ区的接受奖学金的运动员的毕业率与其他学生无异，6 年内相比于大多数学生的 60%，其可以达到 62%。

● 女子运动员的毕业率相比男子要高，达到 70%，而男子只有 55%。女子运动员的毕业率比非运动员要高，而且相比其他学生也要高得多。

● 运动员的毕业率比相同种族和性别的学生要高。例如，黑人运动员学生的毕业率是 48%，而普通黑人学生是 36%。女子运动员学生的毕业率达到 70%，而全部女子学生是 63%。黑人女子运动员学生的毕业率是 59%，全部黑人女学生是 47%。

● 创收项目运动比如篮球、橄榄球的运动员毕业率相当的低。橄榄球运动员只有 55%，男子篮球运动员是 44%，女子篮球运动员为 64%。

● 黑人运动员的毕业率比白人运动员高。例如，黑人男子篮球运动员的毕业率是 42%，而白人男子篮球运动员是 48%。更有甚者，黑人运动员的离校的平均比率比白人运动员高 2%。

毕业率显示管理人员需要花更多时间来培养、学习和注意提高运动员的学习。即使运动员比以往接受更多的教育支持(比如学费),还是有许多方面需要注意的。

国家教育与运动联合会(NCAS)寻找使学生坚持运动的方法以及寻找更好的平衡学习和运动的方法。国家教育与运动联合会是一个包含 215 所高等院校的组织,它提供曾经是学生运动员的学生有继续接受教育的机会。作为国家教育与运动联合会的一个成员,高等院校同意"让他们返回学校,免学费,无论他们是否是因为通过运动赚钱而没有办法完成学业。作为交换学费资助的条件,这些运动员被要求参加学校的延伸和交流服务项目"。自从 1985 年这个计划实施后,超过 1 万名退役运动员和超过 6 000 名的职业运动员重返校园来完成学业。国家教育与运动联合会会员学校已经捐赠了超过 1.3 亿美元来支付他们的学费。许多运动员因为他们合格地完成任务而离开校园。NCAA 同样给那些运动不合格和学分达到 30 或者更少的运动员设立新的学位。

1983 年,通过了一条规定,规定了Ⅰ区新入校运动员的最低合格线。比如建议 48,条文规定为了使运动员达到标准,第一年新运动员必须在 11 门高校课程中平均绩点达到 2.0,并且学位才能考试要达到 700 分,或者全美大学考试 15 分以上。规定于 1986 年实施,规定要求只要达到学校一个条件的学生就可以接受奖学金。但是他们在第一年不能随队训练,他们需要用一年来达到合格的目标。

NCAA 希望建议 48 能够给高等院校和他们的运动员传播一个信息,学校教育是学生参加Ⅰ区比赛的基础。长远的计划是让高等院校能够打破录取那些没有教育背景也不可能在 4～5 年内毕业的优秀运动员的习惯。它同时也提供运动员第一年所必须掌握的文化知识,期间不给予其运动或与之关联的压力。

从 1986 年的建议 48 开始,附加法规,诸如,NCAA 的建议 42,将原来的要求提得更高。运动员如果无法达到指定标准那么第一年的经济资助就取消。然而,符合制度的经济资助通常是来自非运动资源的资助。

1993 年,NCAA 增加最高资格的要求。从 1995 年开始,在建议 16 的指导下,按照最高资格要求,新人需要毕业于高等院校并根据 GPA 的要求接受 13 门核心教育课程并达到学生的平均绩点或学位才能考试(SAT)的要求。这是一个下划的尺度,学生的平均成绩越高考试要求成绩的最低限就越低。比如,学生的平均绩点为 2.5,或者学位才能考试(SAT)达到 820 分或者全美大学考试(ACT)达到 68 分;学生的核心课程成绩平均分低,比如 2.0 分,需要学位才能考试(SAT)达到 1010 分或者全美大学考试(ACT)达到 86 分。

NCAA 实施其他手段来提高运动员的学习表现。比如更多的紧迫的延续资格要求,包括要求运动员设计一个特别的专业作为三年学业的开始;成功地完成 24 分会给他们每年带来一个特殊的等级;保持特定的平均绩点要求,在第三、四、五年之前分别达到 25%、50%、75%的基准点。作为强大的头等条件与继续资格要求的效果体现,许多机构都扩大他们的教学对运动的支持。

1996年，NCAA公布了NCAA资格情报交换所。所有希望在Ⅰ区和Ⅱ区运动的高等院校的学生都必须去那里注册并且要通过其验证。资格情报交换所通过检阅学生主修课程的学习情况来检阅大学课程。平均学习成绩(GPA)和全美大学考试(ACT)、学位才能考试(SAT)用来检查学生是否合格。

建议16和之前的建议都是有争议的。舆论指责它们会歧视那些经济困难的学生，那些不够幸运没有准备升入比较好的大学的学生，或者没有足够资源重新进行资格考试，以及支付收费考试课程。2001年，NCAA发表了它的最新Ⅰ区最高资格等级。NCAA宣布，当建议16实施以后，会出现很大的阻碍或者不合格人数的增加。然而，从那时开始，不论种族或有收入的家庭团队的不合格人数都下降。

不同的不合格数据引出了许多发人深省的问题。不合格的整体数据是6.8%，黑人学生为20.6%，西班牙人为9.2%和白人为3.7%。收入低于3万美元一年的家庭相对于高于8万美元一年的家庭的不合格率更低，更远的关联还有资格考试的文化偏见。它要求学生的学位才能考试(SAT)达到820分或者全美大学考试(ACT)达到68分，这个就是有争议的决定。按照批评家所言，全美大学考试(ACT)歧视黑人和女子。全美大学考试(ACT)的平均分数比男学生平均分要低。对于全美大学考试(ACT)和学位才能考试(SAT)，家庭收入的增加促使了平均分数的增加。大多数少数族群和女子的分数都比较低。统一标准考试已经在法院进行申请，NCAA正在研究其条件。

建议48和建议16成功地提高了那些运动员的学习成绩了吗？1984年的毕业率——正好是建议48实施的时期——在表8-1中有记录。建议48生效期间，运动员学生的毕业率从52%升到了62%，普通学生从53%升到了60%；黑人橄榄球和篮球运动员的毕业率分别从29%升到了42%和从35%升到了48%。建议48执行以来，近乎75%的运动员受其影响在大学期间取得了好成绩。用一年的时间来专心学习看来对于运动员而言是很有帮助的。为了提高对招收运动员的成绩关注，一些学校甚至发布和扩大了对运动员的教学支持服务。

这一规定的支持者指出这一规定对高等院校有一个积极的促进作用。年轻运动员开始注意核心课程的学习和更加认真地对待考试。教练员也更加关心运动员的学习，教育支持服务也帮助学生更好地提高他们的学习技巧。

建议48的长期效益始终存在着。希望这一效益能够推动教育的改革，加强高等院校运动员对于学习的关注，并且重新完善教育在大学校际间的运动项目中的作用。

还有许多其他问题困扰着长时间跨度的大学间运动，比如运动的商业化。这种商业运营使得更好的运动成绩远重要于学习和个人发展。与电视的接触使得胜利变得更为重要，以此获得更多的资金资助。媒体对运动的覆盖在继续扩张。NCAA最近的收入达到了62亿美元；11年来与CBS的合作使得它的大学间运动获得了巨大的商业市场，将近 80%的 NCAA 收入都来自电视转播权。

不断扩张的国际赌博和运动的赌博危及了 NCAA 的大学间运动。联邦调查局(FBI)调查表明，1995 年 NCAA Ⅰ区的男子篮球锦标赛的非法收入达到 25 亿美元，仅次于全美橄榄球超级杯的赌博。一项对辛辛那提大学的调查，通过对超过 600 名的Ⅰ区橄榄球和篮球运动员的调查，有 25%的运动员在其他运动项目上下注，4%的运动员赌自己参加的比赛，5%的运动员接受下注者的钱然后不在比赛中好好发挥。不断发展的国际赌博提供给了大学间运动额外的收入，使得大学间运动变得不好管理。NCAA 将赌博放在一个相当重要的位置，并指出：合格运动所蕴含的潜力、运动员的福利以及大学校际间运动员的交际。

与运动有关的事物不断地增加。一些大学间运动员甚至可以从这些机构中获得几百万的收入。但是，NCAA 允许的薪金只有学费、住宿费、饮食费用和医疗费。就算在最高等级的机构里，用来支付运动员的奖学金被分在了运动员的上场时间内，但是费用是很低的。虽然有议论说教育的价值很难定位，但是运动员一般总是将精力放在运动而不是学习上。此外，教育的滥用会导致教育本质的减损。经常运动的部门通常在运动员 3～4 年合格运动后才会考虑其学习。过了这个阶段他们在学习上的进步就会相当缓慢。那些升学时背景不好或者准备不充分的学生大多数都会受到练习的负面影响。那些运动员通常没有经济能力来支付第一年后的学费。另外，由于他们更多地把自己贡献给了运动而不是学习，他们会无法适应失去那些帮助。

许多其他大学间运动的事情也不能漏掉。媒体增加了大众对运动员招收方面违规的关注。非法招收惯例应该被废止，比如支付现金给有潜力的运动员。运动员为了在比赛中表现得更好，会使用安非他明和合成代谢的类固醇。虽然违禁药物检查水平在不断提高，但是躲避检查的方法也在进步。胜负比率决定着教练的去留，教练员在高等教育机构里的角色、校友的角色和其他有影响力的支持者的角色在决定教练去留问题上都是值得慎重地估价和参考的。

20 世纪 80 年代到 90 年代初曾经有重建大学间运动的口号。运动中的滥用已经变得更为严重而且大肆扩张，使得教育部门对其的支持受到了置疑。1990 年，美国国会号召监督运动员毕业率。1991 年，骑士基金委员会对于大学间运动发表了一份报告，试图呼吁大学间运动的重建。大学校长号召加强对大学运动项目的管理，不论是财政方面还是教育方面。大学间运动中的不断增长的投入需要加强关注。同样重要的还有要加强对学生运动员的教育。NCAA 通过法令来提供更多的机会和环境来促进运动员学生的学习。在这些法令中，是运动员室友的减少和每周及整个赛季训练时间的减少以及更严格的学习管理以获得学位。

2001 年，就是 1991 年报告后的 10 年，具有里程碑意义，骑士基金委员发表了另一个报告《呼唤行动：重新连接大学运动和大学教育》。2001 报告说："当 NCAA 和个别学校取得了巨大成功的同时，长时间跨度的大学运动的问题也在变化而不是消亡。最突出的问题是违反学业规定、设备攀比和商业化，这些都是大学教育与大学运动愈加分离的原因”。

为了调查教育和运动间的巨大隔阂，骑士基金委员作了以下记录：

● 长时间的运动项目的实施除了运动员的资格问题与学校事宜无关之外，橄榄球和篮球运动员的毕业率相当低。

● 曾经风靡的“设备攀比”使得消费额快速增加。在所有等级里，只有15%的运动是赢利的。赤字问题愈演愈烈，一些计划为了获得足够的赞助资金不得不放弃一些小的运动。许多长时间跨度的运动中心整修或者重建新的体育场和竞技中心，在一些情况下，会以赞助者的名字命名。超过30个大学的橄榄球和男子篮球教练年薪百万美元或者更多，超过大学或高等院校的其他人，包括校长。

● 长时间的大学间运动类似于职业运动。大学运动的商业化使得大量的运动员跟电视和运动鞋公司接触，并且场馆内更多的空间被用来作为广告使用，赞助者的标志出现在运动员的服装和装备上。

当回顾运动员学生的校内表现时，运动成绩是上升的，大学间运动的商业化是进步的，骑士委员会推荐一个“1+3”模式来重建大学运动。“1”是指一个校长联合会的成立，联合会关注一些团体诸如致力于重新吸取运动员作为教育事业的一部分的美国教育协调会。联合会就是“3”，学校重建，运动装备攀比的降低和大学间运动商业化重要性的降低。学校重建的时间里，关键点是“运动员学生应该享有其他学生同样的权利和义务”。一些推荐的意见如下：

● 将冠军和季后赛机会与毕业率结合起来。到2007年，毕业率不到50%的队伍将被剥夺参加冠军联赛和季后赛的机会。

● 保持运动员的解释权，与其他学生一样，重视录用标准、学校支持服务、专业的选择以及在学位方面的不断进步。

● 缩短赛季的长度和季后赛的竞争性，给运动员学生更多的时间来学习以获得学位。

● 鼓励NBA和NFL发展其他小型的联盟来提供给他们的职业运动的机会。

关键点二，把经费支出控制在能力范围内。联合会坚持：“运动部门的目标应该与其他部门一样接受监督并且和其他大学部门一样直接接受管理。”为达到这一目标的建议如下：

● 减少长时间跨度运动项目（橄榄球、篮球）的经费支出，包括降低Ⅰ-A区的奖学金数量。

● 当长时间跨度运动的开支不断增加时确保《九号文件》和对女子项目的支持不变成资金增长的借口。

● 确保教练员的薪金在机构规范范围内。

● 将 NCAA Ⅰ区的 4 个总决赛电视收入分配到机构的教育发展计划中，来提高运动员的大学经验并且贯彻男女平等。

最后，对于商业化的顾及，基础事宜为“高等院校应该把电视转播和其他合作项目控制在适当范围”。涉及这些问题，联合会需要做到以下要求：

● 坚持机构的自主权，自己掌握比赛的进行时间和电视转播，而不是被它们所控制。

● 禁止运动员穿着印有合作伙伴和赞助商的商标的服装。

● 极力禁止大学间运动的赌博事件。

另外，骑士委员会建议，一个独立的监视机构应该建立来管理长时间跨度运动。骑士委员会号召大家注意并且重申了竞技运动在教育机构中的地位，并且强调了一个受争议的需求，重建一个系统来更好地区分教育模式的运动和职业运动。

不少个人也提出了许多关于大学校际间运动方面职权滥用的其他建议。这些建议包括去除第一年的运动资格，更多的限制，包括训练和比赛的限制，严格的学习标准资格，将学生的毕业率和运动奖学金的获得数量挂钩，提供教练员一些形式的职业保护来促使他们更加关注运动员的学习和成绩。其他意见还有，提高运动员的行为权利，号召根除剥削，区别对待由于少数族群和男女不平等而导致的带有偏见的训练。

就像大学校际间运动一样，大学间的运动对于赞助者资助的教育目标而言上是有很大潜力的。不论这些教育目标是否基于领先的地步，当胜利被过分强调时，商业化就变得无法控制，运动员受到剥削，与之相关的教育也卷入了问题。当胜利被列入计划后，当教育结果被强烈支持着，当运动员被鼓励并且提供机会来发挥他们的潜力时，大学校际间运动的最终目的就达到了。

女子运动

早在 20 世纪 70 年代，女子是不允许参加运动的。在之后的 30 年间，女子运动高速发展起来。这一变化体现在很多方面，比如：奥运会、职业运动、业余运动、校际间运动和青年运动。

近几年美国女子运动的发展可以归因于多个因素。比如：联邦的立法、女权运动、健康运动以及不断增加的女子竞技意识。

联邦立法，特别是教育修订计划第 9 条，对其促进作用最为有力，因为它赋予了女子接受联邦政府帮助的权利。1972 年通过的第 9 号法案(《九号文件》)规定，凡是接受联邦资助的教育项目或者活动禁止性别歧视。文中说道，在美国，任何人都不能因为性别原因禁止对方加入或者拒绝其合法权益或者在接受联邦资助的教育项目或活动中歧视对待。

自《九号文件》颁发以来，女子运动的机会大幅度增加。运动不再只是属于父亲和儿子的事情

因为《九号文件》在政治上颇有争议以及指导方针复杂，所以实施起来有一定困难。当法令生效后，女性可参加运动增多了。然而，在1984年，格录夫城大学，美国最高法院指出为了更好地实施《九号文件》，它应该作为特别项目对待。因此，《九号文件》只回应计划中直接接受联邦救助的部分，而不是整个计划。女子运动由于矛盾而导致的资金流失和缺乏资助并不是问题，因为运动通常不会全部被许可，除非有联邦资助。结果显示，在美国教育部门的800个声称性别歧视并要求公民权利的案例中，不是目标人群太小就是被驳回。之后的几年中，1988年，发布了公民权利修复法案。通过对所有接受联邦资助的计划中提供男女平等机会的修改，法案对《九号文件》中做出了更为广泛的解释。1991年，公民权利机构宣布《九号文件》中，运动中的问题将优先处理。

1997年，《九号文件》公布后的第25年，女子运动基金会执行主管诺娜·洛比亚诺(Nonna Lopiano)指出，超过90%的学校和大学并不遵守《九号文件》。你所在的学校和大学遵守吗？公民权利机构有一个三管齐下的测试，用来测试所测机构是否遵守其法令。法律规定，学校必须进行其中一个测试：

1. 比例

学校提供给全日制在校男女学生的参加运动的机会是否均等？最近法院决定，比例浮动应该在5%之内。因此，如果学校里女子比例达到49%，那么女子占运动员的比例就可以达到44%～54%。

2. 历史和将来

即使学校没有上述的比例，但是在过去3年间只要学校在增加女子运动并且最近仍然在继续，那么学校也归为遵守法令行列。

3. 兴趣和能力

如果学校调查发现该校女子没有能力和兴趣增加队伍，那么学校可以考虑为遵守法令。但是，如果学校内有俱乐部从事运动，那么在法庭上这可以作为有足够兴趣的来组建其他队的证据。

巨大的进步使得男女运动近乎平等。在运动的各个领域中，有更多的需求要通过增加运动参与机会来实现。

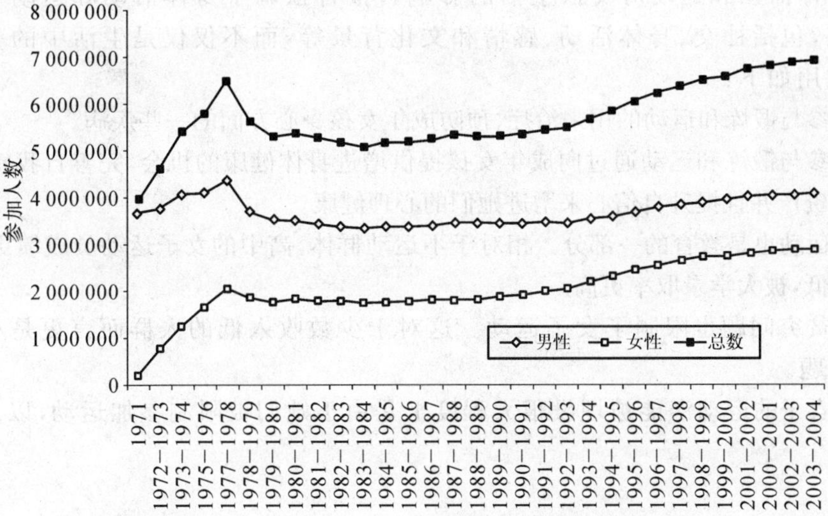

图 8-1 男女学生参加学校竞技运动的情况

《九号文件》导致了学校和大学内参加运动的人数显著增加。学校女子运动参与在《九号文件》影响下的增加。大学内，女子团队的人员需求明显增加，聘请合格的教练，向出色的运动员提供高额奖学金。1972 年，32 000 名女子投入大学间的运动竞赛，全美大学生竞技协会报道指出 160 650 名女子参加了竞技项目。女子运动的观众也理所当然地增加了。这使得普通运动的参与也得以增加。例如，1999～2000 年间，田纳西州的强力年赛就吸引了超过 15 000 名的观众到主场观看球赛。电视对女子比赛的播放面也扩大了，全美大学生竞技协会的游泳、跳水、篮球、体操、排球和田径纷纷搬上了荧屏。连常规赛事的播放都在不断扩大。

女子运动促使参加竞技的女子数量增加。它重新定位了女子的社会地位、职业、家庭并让女子更多地掌控她们的生活。当女子得到更多权限时，不同年龄的她们追求更多的爱好，体育运动就是其中一项。更有甚者，文化的变革促进了女子运动的发展。不论女子运动员曾经受到多少非女性待遇或者被当作参加高等级比赛的专门人员，现在，女子参加运动已经被普遍接受。理论上，区分男性和女性是基于社会定义的，并且许多方面不需要限制，不需要给运动参与设置障碍。在将来，更多的人将认识到体育运动不是男子的专利活动，而是整个人类的活动。

从事体育运动可以通过女子的自我感觉增加其经验。运动可以增加竞争意识，提高自信心，帮助女性更好地掌控自己的生活。这是相当重要的，因为在我们的社会中女性通常被认为是羸弱、无助，没有力量的。1997 年发布的政府议会健康报告——《女孩生活中的身体活动和运动》，报告中用跨学科的方法来检查身体活动和运动对女孩生活的影响。报告强调了身体活动和运动可以完善女孩，包括社交、身体活动、感情和文化背景等，而不仅仅是生活中的一个方面。作用如下：

- 参与锻炼和运动的用来治疗、预防成年女孩身心方面的一些疾病。
- 参与锻炼和运动通过向成年女孩提供增进身体健康的机会，完善自我感觉，增加有形资产并且提升自信心来增进她们的心理健康。
- 运动也是教育的一部分。相对于不运动群体，高中的女子运动员成绩更好，失学率更低，被大学录取率更高。
- 贫穷问题也限制了女子运动。这对于少数收入低的人群而言更是相当现实的问题。
- 女子的运动潜能被埋没很大程度上是由于她们被限制参加运动，以及过往模式。

运动参与的好处是显而易见的。体育教育和专业运动能提供大量运动机会和解除参与运动的障碍。

1970 年的健康运动促使许多妇女开始投入身体活动(包括体育运动)。许多妇女开始加入慢跑、健身走、健美操、游泳，并感觉到其与健康的关联，尤其是运动使其感觉和气色都更好。虽然运动美容和运动保健很流行，但是运动强身也开始流行。值得补充的是，许多妇女开始由保健运动转向竞技运动，她们开始参加公路赛跑、马拉松，甚至铁人三项。对于运动的兴趣也增加了女子参加团体运动的人数，比如：垒球、排球和篮球。

随着参加运动的女性的增加，女性运动员会不断增多。政府对于女子运动员的管辖和官方资助使得她们可以了解目标并且相比过去可以在更多的方面观看她们的表现。奥运金牌促进了美国女子运动员在垒球、足球、游泳、田径、体操、篮球、滑雪和其他运动项目上的成功，促进了她们的运动参与并且追求她们的夺标野心。

妇女的职业机会也同时增加了。1996 年，2 个女子职业篮球联盟——全美篮球联盟和全美女子篮球协会，一起组织了精英运动员继续运动事业的活动。1998～1999 赛季后全美篮球联盟缩小了，而全美女子篮球协会迅速发展。联盟内的 16 支队伍分为两个赛区，在 2000 年总计吸引了 250 万观众。全美女子篮球协会的电视观众更是达到了 6 000 万。现在，女子职业足球也开展了。2001 年，全美女子足球协会开始了它的 XX 赛季。

如此 8 支队伍组成的联盟，它们的队员由全美世界杯锦标赛队队员和许多世界顶级球员队组成。87 场比赛可以吸引超过 70 万的球迷，平均上座 8 295 人。22 场比赛在 TNT 和 CNN/SL 向全世界直播。超过 500 万的观众会去观看这些平台。2001 年，全美女子篮球协会和 PAX 电视合作，由其播放其在 2002～2003 年间的所有比赛。不幸的是，2004 年，由于经济原因，联盟进行了改革。希望在经济问题解决后，全美女子篮球协会能够重新回到我们面前。虽然职业运动机会不断在增加，但是它们仍然是受限制的。

立法、女子运动、健康运动，以及可见的女子竞技运动对于增加女子参加运动机会做出了很大的贡献。然而，虽然在过去 30 年间女子参加竞技运动的机会大大增加了，女子运动参与率的继续提高取决于包括、支持、鼓励女子竞技努力的发展。一些因素可能阻碍其发展，比如：经济限制，对于政府和立法的明显、敏感的抵抗，女子教练的缺乏，不断的琐事。

按照金额服务会限制女子参与运动。当学校、大学、相联系的竞技项目由于重复而受到威胁，女子运动便会是最容易遭到淘汰的项目。因为那些项目比较新颖，并且不像一般男子运动那样公布，它们没有多少时间集中管理和相互交流，并且没有办法在没有支持的情况下运作。

女子参与运动的机会同样会由于新计划的发布和提高所需要的更多的经济支持和资源，不便实施计划而受到影响。因为许多女子运动都是新提出的或者在发展过程中，运动的持续发展需要经济的支持。于是，如果需求相反，女子运动将比男子运动更加容易发展。资金的短缺导致了计划的发展并且影响了女子运动的参与机会。

与《九号文件》相反，性别歧视仍然是许多运动发展的阻挠因素。新的法令经常会遇到阻挠和如何完善的置疑。另外，人们似乎不情愿改变目前的状况。一些个人为了保持其社会地位会用他们的权力来控制经济资源以阻挠女子运动的发展。全美的不同地位的女性都受到这样的不公正对待，所以，这种歧视可以看做是对于建立计划的抗拒。但是在很少关注的方面这种不公平现象就经常发生，比如：合格设备的准备、提供以及制服，比赛的策划和练习时间，使用设备和专门人，分配平等转移和转移的机会，获得称职教练的机会，教练团队的大小，接受支持服务的机会如学费、医疗和训练管理服务，以及多数服从少数运动员和球队。

与《九号文件》的禁止性别歧视相反，女性依然不能在运动中享受平等的待遇。更有甚者，违反《九号文件》通常不会被揭发。图 8－2 显示了男女运动的不同取向。

性别歧视在校园外依然存在。在国际上，例如当变革没有得到立法支持时，女子对运动的贡献所得到的回报会比男子少，并且鲜有报道。尽管变革在最近 20 年已经开始落实，女子运动始终没有登上国际舞台。在夏季奥运会上，女子赛事少，参加者也

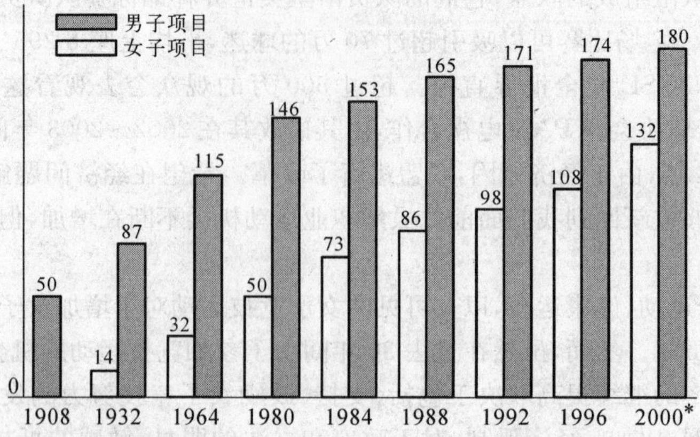

* 2000 年有 12 项男女混合项目。这 12 项也算在男女比赛项目总数之中。本图把混合项目算到男女比赛项目总数之中的这种方法也用在其他奥运比赛项目中。

图 8-2 夏季奥运会男女比赛项目的数量

少。表 8-2 显示了夏季奥运会的赛事男女比例。2000 年的悉尼夏季奥运会，男子运动员为 6 582 人，女子为 4 069 人。1996 年的亚特兰大奥运会美国队有男性运动员 382 名，女性 280 人，相比之下 1972 年，男性为 342 人而女性只有 96 人。在 1996 年的亚特兰大奥运会，女子运动员占总人数的 36.5%，而 1992 年的巴塞罗那奥运会只占 28.5%。形势在不断好转，国际奥委会正在慢慢地增加女子运动项目。国际奥委会于 1972 年在慕尼黑批准了 1 500 米跑，1984 年的洛杉矶批准了 3 000 米跑和马拉松，1988 年在汉城批准了 10 000 米跑，1996 年亚特兰大奥运会批准了 5 000 米跑。女子运动的长期完善相比其的缓慢进步难以理解。

表 8-2 2003～2004 年男生女生最喜欢的十大校园体育运动

男生		女生	
运动项目	参加人数	运动项目	参加人数
橄榄球(11 人制)	1 032 682	篮　球	457 986
篮　球	544 811	室外田径	418 322
室外田径	504 801	排　球	396 322
棒　球	457 146	快速垒球	362 468
足　球	349 785	足　球	309 032
摔　跤	238 700	网　球	167 758
越　野	196 428	越　野	166 287

续 表

男生		女生	
运动项目	参加人数	运动项目	参加人数
高尔夫	163 341	游泳和跳水	144 565
网　球	152 938	各类竞技小组	89 443
游泳和跳水	96 562	高尔夫	63 173

【资料来源】Data from National Federation of State Hing School Associations. High School Athletics Participation Survey, 2003 - 2004.

现在，女子运动中的女子教练相对于《九号文件》发布后已经大为减少。与女子运动的发展相反，女子教练员大为减少。在大学里，阿科斯塔和卡彭特（Acosta, Carpenter）报道了大学女子教练的变化情况，1970 年为 90%、1978 年为 58%、1996 年为 47.7%。2004 年，全美大学竞技协会报道只有 43.3%的女性担任女子队伍的教练，并且只有 2.5%的教练是少数族群，这是有史以来最低的主教练比例数据了。正如你所见的逐年下降的数据，女子教练正在减少。那么，虽然女子队伍的男子教练达到 58.7%，只有 3.5%的女子教练作为男子队伍的教练。1972 年，90%的大学间女子竞技运动是由女性管理的。全美大学竞技协会揭示只有 17.4%的岗位是直接由女子接管的，1/3 的协会管理者和助理管理位置由女子掌管。现任全美大学女子竞技管理协会主席佩格·布拉德利·多普斯（Peg Bradly-Doppers），在 2000 年骑士委员会上的一次演讲中请求骑士委员会“重申政府的政策，强调体育教育环境中有关性别方面的平等、差别、道德以及诚实正直”。

表 8-3 NCAA 人口统计信息

主要运动管理人员 2003～2004 *（%）								
	白人		黑人		其他少数民族		总数	
	男子	女子	男子	女子	男子	女子	男子	女子
运动部主任	77.5	17.4	2.7	0.2	1.5	0.6	81.7	18.3
运动部副主任	58.1	33.0	5.2	1.5	1.3	1.0	64.5	35.6
运动部主任助理	60.2	30.2	4.8	2.0	1.7	1.0	66.9	33.1
体育信息部主任	84.4	12.3	0.9	0.7	1.3	0.4	86.6	13.4
力量教练员	77.2	11.0	8.5	0.2	2.8	0.2	88.7	11.3
主教练	68.8	26.6	1.2	0.5	2.0	0.9	72.0	28.0

续 表

主教练 2003～2004 *（%）								
	白人		黑人		其他少数民族		总数	
	男子	女子	男子	女子	男子	女子	男子	女子
男 队								
所有分区的百分比（%）	88.2	3.1	4.8	0.3	3.5	0.1	96.5	3.5
Ⅰ级分区	87.6	1.9	7.2	0.5	2.6	0.0	97.4	2.4
女 队								
所有分区的百分比（%）	52.5	38.8	3.4	1.6	2.8	0.9	58.7	41.3
Ⅰ级分区	51.4	37.9	4.0	3.0	2.6	1	58.0	41.9
篮 球								
男子所有分区	86.0	0.0	12.3	0.0	1.7	0.0	100.0	0.0
男子Ⅰ级分区	76.4	0.0	23.2	0.0	0.4	0.0	100.0	0.0
女子所有分区	35.9	56.0	2.9	3.9	0.6	0.7	39.4	60.6
女子Ⅰ级分区	29.9	59.4	1.9	7.7	0.8	0.4	32.6	67.5
足 球								
所有分区	97.7	0.0	1.6	0.0	0.8	0.0	100.1	0.0
Ⅰ级分区	96.8	0.0	2.2	0.0	1.1	0.0	100.1	0.0

学生运动员的种族划分								
	白人		黑人		西班牙裔		其他少数族群和暂居外国人	
	男子	女子	男子	女子	男子	女子	男子	女子
所有分区	71.6	78.9	17.9	10.5	3.5	3.0	7.0	7.6
Ⅰ级分区	62.6	71.9	24.6	14.8	3.3	2.9	9.5	10.4
篮 球								
所有分区	50.3	65.9	41.8	26.6	2.4	2.4	5.5	5.1
Ⅰ级分区	32.3	48.7	57.9	40.9	1.3	1.7	8.5	8.7
美式橄榄球								
所有分区	62.1		31.4		2.6		3.9	
Ⅰ级分区	49.3		43.8		2.2		4.7	

【资料来源】From National Collegiate Athletic Association 2003－2004 race demographics of NCAA member instituions athletics personnel, NCAA, 2004, Indaanapolis. IN. National Collegiate Athletic Association 2002－2003 participation statistics report, Ncaa, 2003, Indianapolis, IN.

* Information for Athletic Administration Staff and Head Coaches exclude historically black instituions. Percentages are dlighty higher when historically black instiutions included.

女子在这些领域内的描述被广泛地讨论，研究的结果是混乱的。然而，一个原因被多次提到，那就是没有称职的教练和管理员。最近，在美国实施了一些计划来补充和训练更多的女子教练。运动组织构成中没有一定可见的女子教练和管理员榜样对于女子在这一领域内的憧憬会产生一定的影响。其他原因还有对于女子的传统观念和这些理念的反对势力、男权主义以及提供给女子的运动机会。

一些反对者提到的一些有关完善《九号文件》的观点，按照法令，特别是女子运动机会的扩大将会减少男子运动的机会。2001 年，美国会计办公室总部（the United States General Accounting Office，简称 GAO）在《大学竞技》上发布了一份有关性别平等的报告：《4 年大学经验对于运动团队的增加和阻碍》。报道提到了在这一变化中做出竞技计划的最大的两个大学间协会——全美大学生竞技协会和 NAIA，一个持续了 18 年的计划。以下是一些全美会计办公室的数据：

● 女子大学间参加运动的人数迅速增加，从 9 万增加到 16.3 万，增加了 81%；男子运动参与稳定的增加了 5%，从 22 万增加到 23 万。

● 女子团队从 5 695 个增加到 9 479 个，增加了 3 784 个团队；男子团队增加了 36 个，从 9 113 个到 9 149 个。虽然女子团队超过了男子的，但是男子运动参与者还是比女子多，因为大型男子团队的参与者比女子要多得多，比如足球。

● 男女团队都在增加的团队。运动团队中，不论男女，增加得最多的就是足球。在 1998～1999 年间女子足球团队从 80 个增加到 926 个；男子团队增加了 135 个，从 744 个增加到 879 个。

● 男女运动团队都减少的团队。女子运动中，体操团队最容易解散，从 190 个减少到 90 个；女子击剑团队也从 76 个减少到 45 个；男子运动方面，摔跤从 428 个减少到 257 个；男子体操也从 82 个减少到 26 个，还有男子网球从 952 个减少到 868 个。

● 从 1982 年到 1993 年，962 个部门增加了团队，307 个部门减少了团队。大多数学校（72%），都有能力增加团队，通常是女子团队，并且不缩减其他团队；学校内增加的女子团队是其男子团队的 3 倍；女子增加了 1919 个而男子增加了 702 个；而团队的减少则是男子比女子多出一倍，男子 386 个而女子 150 个。

● 在增加团队的机构当中，有两个因素经常左右其决定，运动方面学生的特别兴趣和运动中学生的性别平等目标和要求。总体而言，对于增加女子团队，有 52% 的学校取决于兴趣而只有 47% 的学生取决于后者。增加女子团队的理由取决于其机构的大小，例如，全美大学竞技协会的Ⅰ-A 部门有 82% 选择性别平等作为标准而Ⅲ部门只有 35%。

● 男子团队减少的学校，33% 是因为学生缺乏兴趣，31% 是因为性别平等因素，30% 据报道是因为运动目标的转换而影响了他们的决定。男子团体减少的总体因素还是其所在机构的规模。全美大学竞技协会的Ⅰ-A 部门报道有 54% 的决定受到性别原因的影响，而在Ⅲ部门有44%的学校因为学生兴趣的转移而减少其团队。

学校通过各种手段来增加团队数量同时不减少男子团队，使得女子竞技运动的选择范围得到了扩大。大多数情况下，学校可以获得增加团队的额外收入而不是团队延续和再分配的收入。Ⅰ－A区的学校倾向于依赖其他运动和外部资源的收入。在小一些的学校，比如Ⅲ区和NAIA学校，通过基金会的资金资助和现有资源的再分配来提供支持女子运动运动机会增加的资金。

虽然一些学校没有能够成功地增加男女运动的机会，学校选择裁减团队而不是设法让团队从各个方面增加资金。事实上，学校在男子运动方面的支出比以往都要多。1999年，全美大学竞技协会对Ⅰ区和Ⅱ区大学校际间的竞技项目的收入和支出进行了研究，发现Ⅰ－A部门平均为女子运动支出374.1万美元而男子的平均数字是954.4万美元，男子的支出几乎是女子的3倍。

2001年的《骑士委员会报告》(*Knight Commission Report*)，忠告应尽力确保"不应把女子的运动权益合法化与长期保持与《九号文件》相符等作为费用飞涨的借口，而与此同时，花在那些最高水平的运动费用却多得从来也不用考虑"。男女运动机会都可以通过减少过度开支和减少拒绝参与来增加。这个可以通过多种方法实现，比如：保持男子运动的人数，再分配新的收入来支持女子运动，并通过减少小组人数来减少资金的过度消费，减少学员人数或者调整一些现行的计划，如在主场赛前一天入住旅馆。请记住，《九号文件》禁止性别歧视，联邦法令也规定了男女享有同等的运动参与机会，包括参加大学校际间的赛事。

虽然在最近30年女子参与运动迅速发展，女子运动员的才能仍然被双方所埋没或嘲笑。例如，女子运动员需要忍受队名和吉祥物的没有竞争力和没有魄力。来分析一下，在一所大学里，男子队会叫做熊队而女子队会是泰迪熊队，其他的比如蓝鹰队和蓝鸡宝宝队、公羊队(Rams)和羊美人队(Rambelles)、老虎和母虎队(Tigerettes)。你所在的学校有这种男女队名趣闻吗？如果有，那么对于这些队伍的能力和它们的努力在社会上有时如何评价呢？

女子运动不平等经验的其他方面是由其运动参与、锻炼、社会、女子的心理角色等不明因素组成的。这些不明因素，例如：从事运动深入的人轻松地从事一些体力工作并且不易受伤，女子比男子更容易由于骨质疏松而导致损伤(而当双方都接受合格教练员的指导训练后，这一比例变的几乎相同)。其他因素还有女子参与运动会导致女权主义(女子认为她们的参与不会影响到她们的想法)。虽然通过研究和教育试图揭示这些不明因素，但是它们仍然在阻止和限制着女子参加运动。

过去的30年间，许多大事件都增加着参加运动的女性，而且是所有等级的运动。联邦立法、女子运动、健康运动，以及可见的、大家都知道的女子运动员的增加促进了各年龄的女性通过体育运动来得到各种提高。但是，在进步的基础上，继续增加运动参加人数需要通过扫除发展道路上的障碍来实现，比如：经济原因、《九号文件》的完善、女子教练和管理员的缺乏，最小化的女子成绩以及一些不明因素。科克利写到男女平等问题是复杂的并建议我们按照1993年NCAA性别平等评判小组的规定来思考这类问题：一个竞技计划只有当它被男女双方都完全乐于接受时才是一个公平的计划。资格和审定先驱需要改变运动的结构来减少不平等和减少长远发展的障碍，使得每一个人不论性别都能从运动中得到提高。

运动中的少数族群

体育经常被称颂超越了种族和文化背景。例如，根据"体育无肤色"——在运动场上，一个人是因为能力被肯定和奖励的而不是种族和阶层。电视上广泛转播的关于西班牙人和黑人在足球、垒球、拳击、田径等运动项目上的成绩似乎昭示着在这个领域没有像社会上其他领域那么多的偏见和歧视。尽管体育要求运动员后以对方的能力来接受对方，但是严格的审查揭示了运动组织其实也是有偏见和歧视的，就像我们在周围其他的环境中所看到的。

美国体育有种族主义和偏见的历史，但是黑人和其他少数族群有一个辉煌的参与运动的历史。在20世纪50年代，少数族群很少进入职业联赛的体育比赛或者大学、中学联赛，少数族群组织自己的联赛。例如，黑人就有自己的篮球联赛和垒球联赛。1946年开始，体育开始专业一体化，当时，杰基·鲁滨逊(Jackie Robinson)打破肤色障碍为布鲁克林队效力。校际运动的一体化比较缓慢，特别是在南部地区。美国最高法院1954年对布朗和教育委员会一案(Brown v. Board of Education)的决定，加上1970年代的民权运动，逐渐使学校开始整合并且放松对少数族群参加体育运动的限制。

目前，黑人参加为数不多的运动项目。黑人运动员在少数几项运动中集中，比如在橄榄球、篮球、棒球等不需要太昂贵的装备和不菲的训练费用的运动，这些运动项目在公立学校有合格的教练。在排球、游泳、体操、足球、高尔夫球、网球等运动项目中需要相当的费用，如需聘请私人教练、昂贵的设备、旅行费用、俱乐部年费，这极大地阻碍了黑人参与这些运动项目。黑人妇女参与运动的机会更为有限，黑人女运动员的成绩总是被赋予很少的注意。

在各种水平的运动项目中，少数族群很少占据教练和管理人员岗位。14年来，理查德·拉普契克(Richard Lapchick)博士已经撰写了性别和种族的报告，报告提供了一个对女性和少数族群运动机会的综合分析。高校体育和专业体育组织根据训练定级，级别从A+到F，一个等级用来考虑性别，一个等级考虑种族，还有一个综合考虑。在这个研究中包括的专业体育项目有职棒大联盟(投手)、全国篮球协会(NBA)、女篮协会(WNBA)、足球大联盟(MLS)、全国曲棍球联盟(NHL)。

《2001种族与性别报告》(*The* 2001 *Racial and Gender Report Card*，简称RGRC)不光显示了所关心的重要领域，也显示了高校体育和专业体育中少数族群和女性的记录水平。最新研究表明，《2003种族与性别报告》揭示了从2001起RGRC的一些发现，2003年关注的问题和重点如下：

- 非洲裔美国人参加的高校体育和专业体育的运动项目中，除了篮球和棒球外都比前一年有所下降。
- 与2001年相比，少数族群在高校和专业体育中获得最高管理职位的机会更小了，包括总经理、副总裁队、体育学院董事。
- 拉丁选手的人数在MLB、MLS、大学一级棒球组中都达到了新高。
- 在三大职业联赛中，24位总教练和经理是有色人种。NBA有12个，NFL有三个南非裔教练，MLB有六个非洲裔教练和三个拉丁人做经理。
- 甚至在《九号文件》颁布的30年后，对于学院体育的女子队伍来说，女性教练的数目仍然少于45%。
- WNBA曾经有最好的多样化的记录，这反映了综合的对于性别和种族的机会。WNBA中的有色人种和女性分别占45%和95%。WNBA中的女性比例最高，WNBA争得了一个A^-，是所有组织中最好的综合成绩。
- 在所有组织中，NBA在种族问题上做得最好、80%的选手是有色人种、48%的总教练和33%的副教练也是有色人种。此外，28%的联盟办公室职员、17%的总经理、19%的领队是有色人种，另外还有三支队伍的主席是有色人种。对于女性的机会来说，NBA这个男性的联赛提供了最多的机会。在所有的组织中，NBA排名第二，等级为B^+。

随着大学美式橄榄球进攻策略的改变，四分卫更像是跑动的后卫，更多的非裔美国人被招募到球队打此位置

RGEC 显示哪些地方取得了一些进展，并指出哪些地方必须改善少数族群和妇女的参与机会。理查德·拉普契克关注哪些因素会削弱《九号文件》和已经被人们认可的活动，以及哪些活动会限制少数族群和妇女的机会。

分析 NCAA2003～2004 的资料，对运动员进行统计研究表明，在高校体育中少数族群参赛机会是有限的。这些信息包括：

● 在所有分组中，在体育指导人的位置上，仅有 5%是少数族群，18.2%是女性；副领队大约占 9%，助理领队中大约有三分之一为少数族群和女性。

● 在所有分组中，男队中仅有 8.7%的总教练是少数族群，但男性学生运动员占少数族群人数的 28.4%；在Ⅰ组的水平中，男队中少数族群总教练占 9.8%，少数族群在男性学生运动员中占 37.4%

● 在所有分组中，女队中少数族群总教练仅占 8.7%，但女性学生运动员占少数族群人数的 21.1%；在Ⅰ组中，女队中少数族群总教练占 10.8%，少数族群运动员在女学生运动员中占 28.1%。

● 男子篮球，所有的分组中，与占 49.7%的男子篮球运动员相比，少数族群总教练占 14%；在Ⅰ组中少数族群总教练占 23.6%，少数族群男篮运动员占 67.7%。

● 女子篮球所有的分组中，与占 34.1%的女篮运动员相比，少数族群总教练仅占 8.1%；在Ⅰ组中与这一水平赛事中占 51.34%的女篮运动员相比，少数族群教练只有 10.8%。

● 男子足球所有的分组中，少数族群总教练占 2.4%，少数族群运动员占到 37.9%；在这一水平的Ⅰ组中，与占 50.7%的足球球员相比，少数族群教练占 3.3%。

2002 年，在学校Ⅰ-A 的 117 个分组中，黑人教练很少，仅有 5 位黑人总教练，占总教练人数的 3%；在同一水平的竞赛中，50.5%的运动员是黑人，57%的运动员是少数族群。在 2002 年，圣母玛丽亚大学雇佣了黑人泰龙·威廉汉姆（Tyrone Willingham）做总教练。虽然他离开斯坦福大学而转向圣母玛丽亚大学，但是在这一竞赛水平上的少数族群教练数量并未增加。在 2004 年，威廉汉姆被圣母玛丽亚大学解雇，而后与华盛顿大学签约。

少数族群参加职业体育的机会仍很少，如在 2001 年举行的 NFL 中，仅有 3 个黑人总教练，占的比例不到 10%；在某一赛事中运动员中 60%多是黑人，70%是少数族群。

少数族群机会较少是种族歧视一种体现！2003 性别和种族报告单指出：少数族群和女子参加体育比赛的机会增多了，但他们参赛的机会仍存在极大的不公正。

关于不同民族和种族的社会信仰的影响，可以从来自不同民族、种族背景的运动员在比赛中起的作用和位置中看出来。科克利用“种族逻辑”和“种族意识形态”这样的术语来指许多人共同分享的一系列复杂的信念，同时使用种族术语描述和解释人们的行为和事件。在许多团体运动中，如棒球、足球和女子网球等，运动员在比赛中所处的位置可以反映出一些民族和种族的陋习，来自某一民族或种族的运动员出现在某一位置是不均衡的，这种现象称为分层。例如，在职业棒球比赛中，黑人运动员大都集中在外场手位置，而白人运动员则集中在投球手、捕手、内野的防守位置，但在第一场很少这样安排。白人运动员出现在要求领导的、可信任及决定技能的位置。而黑人运动员则大多出现在要求速度、灵活、迅速反应的位置。在女子大学排球比赛中，少数黑人位于主要的进攻位置而白人则位于后卫或中间的位置。比赛中同一位置由同类的许多人担任，在其他比赛项目中也如此；并且在世界上许多国家也是这样，如在英国，英式足球比赛时，西部印第安黑人和非洲人经常在前锋的位置，而白人运动员则担当守门员和中场位置。这一现象也反映在用陈腐的观念看待不同的民族和种族，如优秀的跳高运动员大多是黑人而指导者大都是白人。尽管这一现象是体育人类学家所研究的主要课题之一，但是人们对为何存在如此多的同一类型的运动员而持有严重分歧。即使人们不了解产生这一现象的原因，但是认识到在体育中这一现象是带有偏见和歧视，这一点非常重要。

人们不断认识到在高校体育中黑人和其他大多数运动员所遇到的问题，人们经常引用的问题包括教练不平等地对待运动员；迫使运动员为了体育而放弃受教育的机会；对于运动员来说，靠仅有的教育背景而上大学是很困难的；还有脱离社会及教练和队员的偏见。尽管已经废除了种族差别待遇，但偏见和歧视依然存在。

美洲本土人经常参加体育运动及组织一些具有文化仪式的身体活动。尽管许多人在体育上取得了杰出的成就，但是人们很少在意这些成就。公众往往喜爱少数的几个本土美洲人。如吉姆·索普(Jim Thorpe)是一位杰出的运动员，属于当时种族隔离政府所资助的学校的足球队和棒球队的运动员。总之，在大多数体育项目中已经开始或继续限制美洲本土人的参加。

贫困、身体状况不好、缺少器械及运动项目贫乏，这些都是制约美洲本土人参赛的因素。关于缺乏文化意识、偏见、缺少理解和一些人对美洲本土人所表现的麻木态度，这些加上刚刚提及的因素，都是限制体育发展的因素。

缺少感情的一个例子是校队的名字和吉祥物，这些保留了美洲本土白人的一些陋习，有的队名为印第安人或红皮人；有的队的吉祥物打扮得像个野人到处跑，并挥动战斧要斩掉对方，这些行为反映了他们曲解了美洲本土人的信仰。像这样不恰当或被扭曲的滑稽形象，作为学校的吉祥物，装饰在体育馆的墙上和地板上。学校和公众大都不了解美洲本土人丰富多彩的文化，更具有讽刺意味的是这一现象竟然出现在所谓教育人们了解世界上所有的不同文化的机构中，这一旧习作为一种对美洲本土人固定的描述被人接受，贬低了美洲本土人的文化遗产和历史。

在广告和体育运动中，经常把美国印第安人的父母看作不带有旧习的美洲本土人。本书所附的标语就是其中一个例子。他们努力使公众认识到本土美洲人的种族主义经历。因此，在美国体育界普遍接受这一观念。科克利说道：

在任何情况下，使用红皮人或印第安人这个名字都是毫无理由可言的；对于大多数美洲本土人来说，称美国黑人为印第安人是和‘黑鬼’一样轻蔑的称呼。曾经慷慨地对待本国人民的州政府大厦，有一个命名为印第安人的足球队。这就是种族差别论的象征，这象征着对复杂、多样的文化和本国人的遗产缺乏理解。在北美这也是对了解本土人民历史人们的一种冒犯。

在 2001 年，美国人权委员会发表了关于使用美洲本土人的形象别称作为体育符号的讲话，大会号召人民不要再使用美洲本土人形象和别称。会议认为：

使用本国的吉祥物及他们自己的动作、标识语、图象和别称都被称为[SIC]，这些对美国印第安人和反对这些旧习的人来说是粗鲁和无情的。在公立学校机构中提供民族、种族、宗教或其他组织的习俗：学校教给学生大多数人都认可的习俗，这一行为在多种族国家是危险的。学校有责任教育自己的学生，不应该造成对其他文化和民族的人的误解。

有心的美国印第安父母用这幅海报唤起公众对美国当地人的种族主义意识

该委员会强调在学校竞争中一直使用本土美国人的形象，引发了人们对美国本土文化产生浓厚的兴趣，这是表示对美国本土人的一种尊敬，他们指出，有些学校没有听从本国和公民权利机构组织所提出的反对意见：

一些对美国印第安人的不真实描述，使非美国人很难了解他们的历史和文化。令人悲哀的是还提出对当代美国印第安人的一些偏见，这些主流文化所描述的正是他们所创造出的虚幻的印第安人，但是他们限制了当代人及以后美国人的理解。

许多州的教育部门极力敦促学校禁止使用、设计本土美洲人的吉祥物、队名和标志语。使用这些吉祥物是一种令人不悦的事情，必须停止，最后会议决定：

与会者非常理解美洲本土人所面临的包括贫困、教育、住房和健康等一系列问题，努力去除在体育上对印第安人的诨号和形象扭曲是美国印第安人所面临的最大任务之一。去除对美洲本土人的诨号和形象扭曲不仅有利于美洲本土人，也有利于全美国人。去除旧习为真正的印第安人、当今美国人的子孙后代及各种各样的美国印第安人提供了更大的教育空间。

旧习是偏见和种族主义的来源，人们的态度是可以慢慢改变的。特别是有关不同种族、民族的偏见信念。正如第三章所讲的那样，文化资本在体育教学、锻炼和竞技领域是非常重要的。理解和尊重各国的文化对于机会均等和公平公正是至关重要的。在当今时代，多元文化和互异文化越来越突出，对于我们来说加强体育教学、锻炼和竞技专业并不在这些领域起到必要的作用，通过呼吁公众减少对美国印第安人的偏见，我们能够积极地促进对孩子的教育，像印第安人和非印第安人。

运动中的残疾人

在 20 世纪 70 年代以前，女性残疾人很少有机会参加比赛。随着人们思想观念的转变，体育运动又繁荣起来。为此，联邦立法机构出台了一系列法规，增加了残疾人参加体育竞赛的机会，像 AAHPERD 这样一些专业的组织鼓励人们（包括残疾人）去参加体育教育和活动。

大约有 8 200 万人因为严格的年龄限制而影响他们参加身体活动，其中包括大约 350 万学生。联邦法律对在校的残疾人参加运动起了重大影响。

残疾儿童教育法规定学校要尽量为残疾学生提供自由和适当的教育环境，在这一法规中用具体的条款陈述了体育教育，在《修改法令》(*the Rehabilitation Act*)的 504 节中规定必须给予学生平等的机会去参加包括校内各种运动的课外活动，在 1978 年的业余运动法中，美国奥林匹克委员会提倡开展残疾人业余运动，并增加他们和其他运动员比赛的机会。

社会观念的转变促进了残疾人的参与，这些变化主要表现在对其实行更人性化的教育理念，及对其权力的社会认知。人们逐渐接受了残疾人并认识到他们的能力，而从这些因素开始，最终使残疾人融入社会。

这些变化发生得很缓慢，奥尔(Orr)认为学校员工不愿给残疾人提供运动机会源于运动管制和迷信之说，为了详细说明围绕着残疾人的迷信，奥尔写道：

人们迷信于残疾人不同于被称作“健全”的运动员，他们在体育比赛中处于劣势。而事实上，虽然残疾人在比赛中从量的本质上可能不如正常运动员，但从质上看，残疾运动员的表现可能与他们相同甚至可能比他们更好。人们的这一想法妨碍了残疾人参加运动的机会，使他们的时间精力和金钱白白浪费在其他方面。

参加校队和院队的残疾运动员开始逐渐增长。在近几年，残疾运动员的地区性、国际性比赛越来越多。其中残疾人奥运会是最重大的比赛，它由约瑟夫·P. 肯尼迪基金会(Joseph P Kenndy Jr. Foundation)赞助举行。该基金会比其他任何一个单一组织和立法机构更加关注残疾人的身体活动。

在 1968 年的残奥会上，有精神障碍的运动员有机会参加各种运动项目，这些项目包括地方级别、州级、地区级、国际级水平，成千上万的人志愿训练参加残疾人奥运会赛事，这些赛事包括：田径、游泳、体操、曲棍球、排球，在这些自愿者中有许多是职业运动员。

在随后实施的业余体育法案中，残疾人体育委员会确定为 USOC 的一个部门，这些委员的主要职责在于促进残疾人的运动，调研和传播关于体育竞赛各方面的信息。比如，涉及体育用及的药品、体育器械的设计及比赛的实况分析，他们还负责宣传残疾运动员所创造的好成绩。其次，7 个专门为残疾人而设的业余体育组织获得了认可。而能够确认其为主要的运动组织的一个标准为该组织必须能组织进行两项或两项以上的全国性赛事，这些比赛项目必须属于奥运会的赛事或全美比赛的赛事。这些组织机构包括：为脑瘫疾者服务的国家体育协会，为聋哑人而服务的美国运动协会，美国截肢者运动协会、盲人运动员国家协会及残疾人运动协会。

由国际奥委会成立的残疾人奥运会为优秀的残疾运动员提供了国际性的比赛。参赛运动员包括盲人、有身体缺陷的人、截肢者和脑瘫疾者。奥运会之后在其主办国举行残疾人奥运会，2004 年在雅典举行的残疾人奥运会有来自 130 个国家 2 000 个代表队，4 000 多名运动员参加；运动员参加 18 个赛事，争夺 550 个奖牌，有 10 万多人参加了开幕式和闭幕式。先进的训练方法及高科技的体育器械使运动员有杰出的表现，残疾人奥运会的成功举办提醒人们要注重残疾人的潜在能力而不是他们的缺陷。运动是一个重要的媒介，它促使人们以平等、包容、可亲、认知的态度对待残疾人潜能。

虽然提供给年轻残疾运动员许多参赛机会，如果使每个人都有机会参加的话，那就需要设立更多的体育活动啊，如果可行的话，要鼓励残疾运动员和正常健康运动员共同参加比赛。

儿童和青少年的运动

对于许多美国人来说，青少年时参加各种身体活动是成长中所必不可少的一部分，据估计每年大约有 242 万人参加校外的青少年身体活动，此外估计大约 300 万教练自愿参加这些活动。青少年运动项目主要有：足球、棒球、垒球、网球、冰上曲棍球、高尔夫、体操、英式足球及游泳等。女孩子参加各种水平比赛的机会在逐渐增加，在少年时代，许多孩子就开始参加上面这些比赛项目了。

在过 10 年间青少年体育运动获得了很大发展，人们广泛关注与这一活动有关的项目和成果。虽然这一活动非常盛行，但它却遭到一些批评，正如我们得知的关于这一运动所产生的有利和有害的效果及一些批评言论，这可能有助于你形成自己的看法，及帮助你那些参加这一运动的朋友考虑下列问题：

● 在你的经历中印象最深刻的及毫无印象的事情是什么？通过参加青少年身体活动你学到了什么？

● 你的父母对你参加该运动产生了什么影响？他们给你去参与哪些运动项目的建议？

● 怎样描述你所接受或观看的训练其性质和功效？

● 当你的队友、父母和教练对你的成功和失利作出评价时，你该如何做？

● 在你多大的时候，你不再参加这一身体活动？你不参加的原因是什么？

● 在你参加的这一运动中，你有什么样的变化而成为你一生中最有意义的经历？

从青少年的体育运动中，人们获益颇丰，支持该运动的人强调这一身体活动有利于身体健康、情感发展、适应社会、竞争态度和自信。此外，青少年体育运动有利于青少年体育技能的发展，并能激励人发挥出自己的较高水平而取得成就，同时还为孩子们提供了更多的运动机会，使孩子们拥有更好的经历。

在学校体育运动中，最大的弊端在于过分强调成功，评论家们也表达了自己的忧虑：孩子们参加这些消耗体力的活动可能会导致发育不全，或参赛者会产生巨大的心理压力；此外，参赛者因为心理不成熟而不能参加这样的体育赛事，青少年体育运动具有淘汰性，把许多想参加该运动的孩子们排除在外，同时使孩子们在很小的的年龄就努力提高自己的专业水平。有些评论是针对过度热情的教练和把取得成绩看得很重要的父母及强迫孩子们取得成就的父母，或不顾孩子的需要而把自己的需求强加给孩子们的父母。

在青少年运动中，过度注重成功导致许多弊端。为了成功，有的教练使用各种手段使最好的队员到他的队里；有的教练让队员长时间的训练，反复操练直至完美；有的则因孩子们训练出一点差错就责骂。许多体育教育和体育专业人士公开谴责人们过度注重成功这一做法。

他们认为青少年体育在于基础发展，我们应该以增强每个孩子及青少年运动员的身体、认知及感情的发展为基础来组织和进行该项运动。这些发展在青少年时期是非常重要的。应该增强比赛的乐趣（而不是击败对手的兴趣），还应增加孩子们的参赛机会（而不是限制参加），加强体育技能发展（而不是增强专业水平）。

专业化是人们经常关注的方面，在孩子们还小的时候，就应该使孩子有机会熟练掌握基本的体育运动技能，并让他们参加各种体育运动。

有些孩子在很小的时候就开始练习专项体育，如足球，有的则熟练某项运动中的特定位置如棒球投手。这些早期的专业化训练使孩子们丧失了发展自己对各种体育项目的兴趣及技能的机会。

我们有太多的情况把注意力放到了比赛和取胜上，这导致我们忽视了运动员传递给我们的重要信息

在 20 世纪最后 10 年，进一步加深了对专业化问题的关注。在这一时期，注重某专项体育技能发展的私人体育组织及俱乐部增加了许多。这导致了很小年龄的运动员开始参加高水平的比赛。最小的孩子可能从 3 岁就开始参加诸如游泳、体操、滑冰、足球这样的运动，而训练是艰苦的，通常要进行一年的基础训练。从身体角度上而言，孩子们基本上每天要练习几个小时，就可能使他们过多地受伤；从心理学方面而言，这些运动员每年都重复同样的动作会非常厌烦，他们可能会在达到自己运动状态的时候就退出体坛，甚至在刚成名几年之后就退役了。

许多在体育教学、锻炼和竞技方面专业人员认为青少年的竞技体育并不是本质上的好与坏的问题，而是每个人所能达到的程度。在正确的引导下，孩子们就会获得好的成就。比如：考虑到孩子们最基本的幸福，或给孩子们提供温暖舒适的练习环境，或考虑该运动是否符合选手的特点及兴趣。但是，如果采取不恰当的指导措施，就会产生不好的效果。

专业人士提出了许多建议来改善青少年的体育运动，他们认为青少年体育运动应以使孩子们能够经历成功和满足感为目的，并且有利促进孩子们能力的发展，这就意味着可能要修改比赛规则，或变动体育设施及比赛场地以便促进参赛者的成功而不是失败，例如：简化或减少一些规则，使用小球，使用小的场地及较大的球门，打置于球座上的球而不是投球手投出的球，改变规则使得分更容易。让参赛者获得良好的比赛经验的方式之一是使所有参赛者具有同等的比赛时间。

设立青少年体育运动的目的还在于孩子们在参加非正式的比赛时，能够享受到快乐，大量的运动和许多机会，相近的比分使比赛更为有趣、激动人心及增进友谊。这些对于孩子们都非常重要，青少年体育规划应该包括这些因素，同时应给孩子们机会参加并制定一些比赛策略，如决定使用什么策略或制定一段时间的训练规划，在比赛过程中，使孩子们感到自己有责任遵守比赛规则。

指导的质量对青少年在运动中取得的成绩有着巨大影响

正如上述所提到的，指导质量可能对孩子们从比赛中获得的成果会产生巨大的影响。青少年运动中的教练是自愿的，通常是他们的父母，他们在关于怎样培养自己的孩子上还缺少专业知识。正是意识到这一点，这一领域的专业人士已经提出要更多地注重培训教育的发展，该计划重点强调理解发展的特点和孩子们发展的需要，并修改已存在的程序使其符合这些需求，同时把一些合理的训练技术组合在一起，并且努力帮助支持他们，提供合适的机会使他们成为更好的运动员。增强孩子们的自尊，认可他们的成就并表扬他们的努力，比讽刺、羞辱、轻视他们的成绩和努力要好得多。

在恰当的指导下，纠正一些与青少年体育有关的问题，执行一些好的措施可以使参赛者对好的体验留下深刻印象并减轻痛苦的经历。这一体育活动成功的关键是把孩子的需要放在首位，修改该规划来满足孩子的需要而不是成年人。青少年体育规划应呈现不断发展的模式而不是专业化模式，该规划主要集中于培养孩子们的身体、认知和感情的发展。当设计和实行该规划时应该考虑到孩子也是有感情、有思想、有感觉的人。

运动中的暴力

暴力是当今体育界所面临的一个主要问题，特别是在职业选手参加的竞争性比赛中，如足球、曲棍球、职业篮球比赛中，与对手在身体与心理上的对抗被认为是最基本比赛部分。但是这种形式的对抗会引起暴力吗？教练是否做得太过了？鼓励自己的队员去打垮对手？在一些有身体接触的运动中，如曲棍球，有些队员甚至被命名为防护者来负责保护自己的队员。挑衅、威胁对手，然而暴力在有身体接触的运动中并未受到限制；两队板凳队员的争吵很频繁地发生在非身体接触的运动中，如棒球。难道人们很难控制暴力现象吗？

媒体大量报道体育暴力以引起公众的注意，报纸和体育杂志也讲述了一些暴力事件，电视台为了使人能清楚地看到，经常以慢动作重播，人们制造了专门的录影带来播放运动员为了追求取胜在比赛中实施的一次次的暴力行为。

在专业水平的比赛中出现的暴力现象对其他水平的运动产生了什么影响？许多专家表示了关注：那些有名的职业运动员的言行会引发参加较低水平竞赛的运动员模仿他们的行为，包括他们的暴力行为。其他的运动员，包括高中甚至青少年都可能热衷模仿职业运动员的比赛风格。因此，暴力充斥于其他各种水平的竞赛中，它对比赛本质的影响在扩大。

观众暴力也是人们关注的一个问题，媒体向全世界报道体育赛事中的暴力行为，在许多事件中，体育迷在拥入场地时将其他人践踏而死。专家已经发现观众暴力与比赛中运动员的行为有关系，事实上，运动员的暴力行为助长了在以后的赛事中观众发生暴力对抗的可能性，媒体大力报道比赛中所含的潜在的暴力促使发生观众暴力。当观众认为由于不公正的裁判使他们队失去 1 分或丢掉胜利，潜在的暴力行为就增加了，观众的变化也影响暴力发生，包括喝酒的数量、赛事的重要性、观众的数量以及座位的安排。

发生在运动员和观众间的暴力也是关注的另一个方面，最近的一次发生在职业运动员与观众间的暴力冲突是 2004 年 11 月 19 日在底特律奥本山体育馆进行的一场比赛。底特律活塞队对印第安纳步行者队的比赛中发生了打架事件。步行者的前锋阿泰斯特(Artest)对活塞队的中锋本·华莱士(Ben Wallace)的一次严重犯规引起了华莱士的报复，他用力掐住了阿泰斯特的脖子。事件升级到双方队员开始互相推打，观众开始谩骂运动员并向场内投掷物品。观众扔的一个饮料杯子打中了阿泰斯特，于是他跑到观众席和那名他认为是向他投掷东西的观众纠缠到一起。紧接着许多运动员冲到观众席，有些观众被挤倒在赛场上，运动员与观众之间互相拳打，脚踢，推推搡搡。这次暴力冲突持续了 10 多分钟。NBA 总裁大卫斯特恩立刻采取行动，对步行者 5 个队员和活塞队 5 个队员禁赛 140 多场比赛，禁止阿泰斯特参加本赛季剩余的比赛。这是 NBA 历史上最严厉的停赛，通过这一事件，斯特恩表示如此这样的行为不仅不恰当而且是难以令人接受的。他认为这一事件对运动员做出了规范，“我认为再也不会发生这样的事情了，特别是不能发生在我们队内任何人身上”。此外，人们认为在 NBA 历史上最糟糕的事情是对运动员的犯罪指控，观众也卷入类似事件，常见的指控是强奸和殴打。

在青少年体育运动中，父母暴力经常发生，媒体报道的这类事件越来越多，父母袭击教练，殴打裁判或者卷入与对方父母的殴打中。2000年就发生了一件最令人震撼的事件，一名叫托马斯·朱塔(Thomas Junta)的孩子家长与另一名家长迈克尔·科斯汀(Micheal Costin)打在了一起，当时科斯汀正在指导男孩子们练习冰球。他们在冰上进行激烈的殴打之后，科斯汀失去意识被送进医院，第二天就去世了。经法庭审判，认为朱塔属于误杀。在2002年1月25日，朱塔被判6～10年监禁。这一受到全国关注的悲剧会对青少年体育中父母暴力产生怎样的影响呢？简直令人难以置信，在这一判决两天之后，在科罗拉多的一场青少年曲棍球比赛中，30位父母间爆发了一场斗殴，4位父母，其中包括一位下班的警官，被控告妨害治安。所以需要强有力的措施以消除青少年比赛中父母的暴力事件。父母需要为自己的行为负责，必须制定一些法规以确保参加此类项目的青少年的利益。

有必要指出，比赛环境可能导致潜在的暴力行为。科克利指出观众的言论和想法反映了他们对一些体育事件的看法。当冲突和暴力成为他们社区生活的一部分时，在当地体育比赛中暴力发生的可能性会增加。如引人注意的比赛在两个相互竞争的高中进行，而这两个高中所在的社区存在着极其紧张的民族和种族关系，这种比赛就会导致暴力。在许多社区，为了努力避免在学校体育运动中发生暴力，往往禁止观众观看或使比赛在友好的气氛下进行。

解决体育中出现的暴力问题，没有惟一的简单的方法，专家们一致认为，设立一些能够人为控制的规则，一定要考虑到那些热爱运动的人及避免体育运动受降低其意义的行为的影响。他们指出，人们痛恨暴力，特别是因为它影响正常的比赛，影响优秀运动员的表现，其本质上是一种野蛮的行为。大多观众并不想看到运动员受伤或残疾。他们想看到公平、认真的比赛。这就是体育运动的本质。

有人建议，为了减少暴力，应该在各种水平的体育运动中实行严厉的惩罚。实际上，参加各种水平比赛的运动员因为粗暴的行为会受到严厉的惩罚，最好的解决方法是改变有关人员的态度，如果这些想法得到职业和业余运动员、教练、观众、体育经纪人的认可，这将会降低暴力行为对比赛场地与体育竞赛的不利影响。这些想法包括：使比赛按规则进行，以能力打败对手，尊重其他运动员。

当对某些可能引发暴力行为的方面作好预防措施时就可减少这一行为的发生。同时也可减少观众中潜在的暴力行为的发生，减少参赛者之间的暴力，使媒体不要夸张地把比赛渲染成两个互相敌对的对手间的对抗。任用有能力的官员控制比赛的进程，采取预防性控制措施，所有这些方法都可以减少观众暴力的发生，加强两队之间或社区间的良好关系及使运动员积极融入他们所生活的社区，这些也有助于减少暴力。

提高运动成绩的手段

奥运会的口号是“更高、更快、更强”，这意味着运动员的杰出表现。在最高水平的竞赛中，田径赛场上仅比对方快1秒就是获胜者，比对方高出一点就会就获得金牌，相差一丝就获得荣誉，所以运动员不断尝试各种方式以提高自己的运动水平。如今为了比其他参赛者"更快、更高、更强"，有些运动员可能会借助药物使自己发挥出更好的水平，并使用或滥用一些能提高运动水平的物质。不幸的是，使用或滥用药物提高发挥水平并不只是在高水平的比赛中，在大学和高中水平的比赛中也查出此类问题。

专业组织、体育机构、国际奥委会、NCAA等，这些组织都有禁止使用药物的规定，并列出许多被禁的药物。这些物品包括合成代谢类固醇、促进人体分泌的荷尔蒙、苯丙胺和它们的复合物。运动员服用这些药物和其他药物，以便在训练时力量增大，能力增强，加大训练强度或增大自己的承受力。最终目的是提高自己的成绩。

社会体育学家也非常关注运动员所使用的这些药品，他们试图找到下列问题的答案：如果运动能塑造人的性格，为什么运动员采用欺骗手段使用违禁药品呢？为什么运动员还使用违禁药品以使自己表现出所谓的优势呢？著名的运动社会学家科克利在讨论体育违规问题时提出了上述问题。他认为在体育中使用增强体质的物品是一种违规行为，它与运动员的行为道德是相斥的。

科克利把运动道德定义为：人们在参加体育运动时所要接受的一套标准，这是界定是否为合格运动员或成功运动员的主要标准。与体育道德相关的四个标准包括：献身精神、奋斗、冒险和努力拼搏的精神、无限的追求梦想的境界。

当运动员遵守这些体育道德时，在他们的生活中，他们会认为体育是很重要的，他们会努力使自己做到无愧于自己的教练和队友。他们乐意为有意义的比赛作出必要的牺牲，运动员为取得优异成绩而奋斗，不断地提高以达到最高水平，运动员具有冒险精神，面对挑战，他们不会放弃，他们有勇气使自己具备克服害怕和接受失败的心理素质。正是这样的勇气使运动员能够克服伤痛来参赛，运动员以献身精神追求自己的梦想并坚信通过自己的不懈努力就能取得成功。

当运动员尽最大努力来遵从运动道德时，他们是以自己的健康和生命冒险来过度地维护它。例如为了维护体育道德，而以自己现在的健康状况冒险的运动员包括：为了保持参加摔跤比赛的体重，严格限制饮食和延长训练时间；为了参加越野比赛而高强度地练习跑步，当受伤时为了参加比赛服用大剂量的止痛片。为什么运动员经常毫不犹豫地采取这样的冒险行为呢？

科克利认为：首先运动员遵守职业道德就可以参加任何竞赛，因为运动经历是令人兴奋的；其次运动员认为他们遵守职业道德，才有机会参加高水平及更高水平的竞赛，教练也想要具有献身精神、责任感并乐意为自己所热爱的体育事业献出一切的人；最后，规定一条界限，以限制运动员注入身体的兴奋剂药量，人们不增加运动中的规则同时使其与运动员联系起来，严格遵守体育道德准则对大多数运动员来说不是反常的行为而是为了保证体育运动正常进行。

使用违禁药物属于违反体育职业道德，有些人认为并非如此，因为运动员通过努力并不足以达到一定的成就，他们也并不想采取欺骗手段，运动员把增强运动水平的物品作为一种达到运动顶峰的手段，有些人把这些物品作为达到比赛最高水平的一种途径，或当作自己能够参加所喜爱的体育运动的一次机会。热爱他们所从事的项目的运动员，为了达到卓越的成就，会做任何事。

很难确定违禁药品在运动员中的使用有多么广泛，在体育界内是通过药物检测来处理非法使用违禁药品的。WADA 和 USADA 是两个药物检测机构，它们对包括奥运会在内的运动员进行药物监测。

人们对药检有很大的争议，评论家认为药检侵犯了个人权利，在许多国家它不符合该国的文化习俗，此外，新的检测方法不断出现，运动员为了躲避检测结果，转而使用难以检测出的药物或使用伪药品。药物检测也是非常昂贵的，用于检测的费用完全可以用以维持运动员的身体素质，比赛中所用的这些违禁药物往往会引起死亡和严重的健康问题。药物检测是保证某一水平比赛成果所必需的，某一项目的获胜者应该是为提高自己技术水平而刻苦训练的人，而不是那些服用药物来获取成绩的人。

人们使用教育手段和方法去制止使用非法药品，严厉惩罚违反者。如终身禁赛、短期禁赛或禁止参加比赛 2 年，以此来制止运动员使用非法药品。尽管使用了这些及其他的一些方法，新闻中还是经常报道发现运动员使用非法药品以使自己发挥出最高水平，这些运动员涉及田径明星、足球球员、棒球运动员、优秀的自行车选手以及其他的一些运动员。

现代医药科学越来越先进，新的科学技术的发展也超出我们的想象，如控制遗传因素。我们一定要严格确定支配体育的标准。科克利认为，认真地研究现存的标准是非常重要的，如果要控制违规行为就一定要制定规章制度。他说："要控制违规行为需要严格检查体育的标准规则，并对一些机构所掌管和资助的身体活动进行调查。"为了解决当前和今后的难题，在体育中所涉及的一些问题我们应考虑到它们的意义、目的和运动组织形式。为了维护体育比赛的公正性，我们应该在面对挑战时采取积极的行动。

小结

运动是美国文化的一个重要组成部分。作为一个社会结构，它和我们这个社会中的其他机构组织互为影响，如政治、教育、家庭、宗教、传媒等。已深入社会的运动也导致了人们从社会学角度来对它进行研究。

运动在教育机构中也起到了一个重要的作用。在高中，有超过 600 万的学生参加体育运动；在大学，有几千名男女运动员参加竞技比赛。运动对参加者的生活既可能有正面的影响也可能有负面的影响。教育机构中和体育运动相关的问题有：过度强调取胜；竞技目的重于学业目的；飞涨的费用；高水平运动的持续发展(译者注：它影响了其他层次运动的发展)；妇女和少数族群参加运动机会的不平等。

运动社会学家致力于改革运动，改变运动的本质，使参与运动的人们获得更公平、更有益的机会。运动社会学家研究的课题之一是种族主义，包括本族美国人图像象征的使用。其他研究课题有：性别问题、女子参加运动的机会、残疾人运动、违禁药物的使用等。

作为体育教学、锻炼和竞技方面的专业人士，最重要的一点是理解运动作为一个社会机构的显著作用。希望体育教学、锻炼和竞技专业人士将来能更积极地为所有人创造更多的运动机会。

自测题

1. 讨论竞技运动在美国文化中的作用及其对社会各个方面的影响，如经济、教育、家庭和媒体等。

2. 讨论有教育意义的竞技运动其社会学含义。参加它的利益和可能的优势是什么？仔细思考你的个人运动经历，这些经历对你的个人发展和教育目标起到什么作用？

3. 运用"网络链接"中所提供的信息，深入地研究女性参加竞技体育运动的程度。参加的好处是什么？怎样使她们参加的程度更深，尤其是那些不具代表性的人群比如社会经济地位低下的少数民族、女孩和妇女。怎样才能增加妇女在指导和运动管理领域中的人数？

4. 在互联网上或到图书馆查阅有关在竞技运动、青少年竞技运动中的暴力，或使用非法提高运动成绩的物质的最新信息。

建议阅读书目

Ashe AR, Jr: A hard road to glory: a history of the African American athlete, New York, 1988, Warner Books.

Baca LR: Native images in schools and the racially hostile environment, Journal of Sport and Social Issues, 28: 71－78, 2004.

Brittain I: Perceptions of disability and their impact upon involvenent in sport for people with disabilities at all levels, Journal of Sport and Social Issues, 28: 429－453, 2004.

Coakley JJ: Sport in society: issues and controversies, ed 8, New York, 2004, WCB/McGraw-Hill.

Coventry BT: On the sidelines: sex and racial segregation in television sports broadcasting, Sociology of Sport Journal, 21: 322－342, 2004.

Donnelly P：Approaches to social inequality in the sociology of sport，Quest 48：221－242，1996.

Duderstadt，JJ：Intercollegiate athletes and the American university：A university president's perspective，Ann Arbor，MI，2000，University of Michigan Press.

King CR：This is not an Indian：Situating claims about Indianness in sporting worlds，Journal of Sport and Social Issues，28：3－10，2004.

Landers MA and Fina GA：Learning life's lessons in tee-ball：the reinforcement of gender and status in kindergarten and sport，Sociology of Sport Journal 13：87－93，1996.

Marzano-Parisoli MM：The contemporary construction of a perfect body image：body building，exercise addiction，and eating disorders，Quest 53：121－135，2001.

Staurowsky EJ：American Indian imagery and the miseducation of America，Quest 51：382－392，1999.

网络链接

高级实用运动协会：www. aaasponline. org/index2. html

头脑工具箱：www. demon. coluk/mindtool/page11. html

美国锻炼与运动心理协会：www. psyc. unt. edu/apadiv47

洞察竞技运动：www. athleticinsight. com

第九章 运动与锻炼心理学

学习目标

读完本章学生应能：

- 描述参加身体活动对心理的益处。
- 理解不同的行为理论及它们对坚持锻炼的应用。
- 讨论焦虑、激励和注意力在运动技巧运用中的作用，及干扰策略的应用对提高能力的作用。
- 理解目标设定及其如何在体育教学、锻炼和竞技中有效地运用。
- 描述运用自我言语及修正自我言语以提高行为和表现能力的策略。

运动与锻炼心理学从属于心理学范围，但有其自身的心理学传统。在 20 世纪 70 年代，随着教育心理学研究范围的扩大，运动与锻炼心理学成为一门分支学科。起初，运动与锻炼心理学者关注的焦点是竞争性较强的运动和高水平竞技运动。随着这一分支学科的发展，运动与锻炼心理学家开始对体育运动的其他方面产生了兴趣。此外，他们关注的范围也由高级运动员扩大到掌握各种技能、各种年龄的人群。如今，这一分支学科的命名就可以反映这一点。

本章将简单介绍运动与锻炼心理学，包括这一分支学科的发展。我们还会简单地讨论一些关于运动与锻炼心理学的话题，鉴于页面限制，我们讨论的话题数量及深度都有限。本章还列出了体育运动、坚持锻炼、性格、焦虑、刺激、注意力和目标设定、自我言语对人的心理的益处。希望通过简单的浏览，激发大家在这方面的兴趣，并能鼓励大家深入学习。

运动与锻炼心理学

运动与锻炼心理学很快发展成为体育教学、锻炼和竞技领域的分支学科。起初该分支学科与运动技能紧密相连，然而经过 20 年的发展，它已经演化为一个独特的学科领域。本部分主要介绍运动与锻炼心理学的定义、范围、发展历史和研究领域。

定义和范围

威利（Vealey）曾经这样定义，运动与锻炼心理学是对参加运动的人的行为、感受和想法及身体活动做系统研究的学科。鉴于它与高级应用运动与锻炼心理学之间的联系，我们知道运动与锻炼心理学主要研究参加运动和锻炼的心理及精神方面的问题，探索参加与心理之间的关系。高级应用心理学协会（the Association for the Advancement of Application Sport Psychology，简称 AAASP）指出，这个领域非常活跃，它可以增加人的阅历，包括男人、女人、孩子等各种年龄的人的阅历，这些人既包括因爱好而参加的运动者也包括追求更高水平的专业运动员。

残奥会运动员在比赛前，心中对动作再回想

运动与锻炼心理学的研究范围相当广泛，包括理论和应用两个方面，反映了它与心理学之间的紧密关系。起初，这门学科只关注高级别的运动，如今研究的范围已经扩大，包括体育竞赛、锻炼、身体活动和健美。运动与锻炼心理学寻求的目标是理解影响不同运动者的心理因素，丰富他们的经验和阅历。这些运动者可以能力不同也可以年龄不同，可以是年轻人到奥林匹克运动员中的各个层次的运动者，可以是为康复心脏而锻炼的老人，也可以是为维持健康而锻炼的中年人。

发展历史

早期，运动与锻炼心理学与运动技能紧密相连。20 世纪 70 年代，在美国随着研究领域的发展扩大，它们开始独立出来，成为教育心理学的分支。即便是今天，在欧洲人们还是会把这两个分支联系在一起。

19 世纪 90 年代到 20 世纪初，心理学教育者和心理学家开始写了一些关于体育运动的作品。这些早期研究人员中最为显著的是诺曼·特里普里特(Norman Triplett)。他出生于1890年，主要研究旁人在场对运动技能的影响，也就是指观众在场对运动员技能的影响，后来它进一步演化为人们行为研究的社会简易化。

被誉为运动与锻炼心理学之父的科尔曼·格里菲思(Coleman Griffith)在1918年，也就是他在伊利诺伊大学攻读博士研究生的时候，为运动与锻炼心理学的奠基作出了杰出的贡献。后来，他成为体育研究实验室的主任，参与了动作技能学和运动与锻炼心理学的研究。此外，格里菲思教授运动与锻炼心理学课程，发表了大量的学术论文，写了两部运动与锻炼心理学领域的经典作品——《教育心理学》和《运动与锻炼心理学》。如同当今的许多应用运动与锻炼心理学者一样，格里菲思的研究范围扩大到试验设备以外，他采访了许多杰出的运动员和教练。1938年，他又被聘为芝加哥保龄球队的心理顾问，他主要研究提高运动员自信心和积极性的方法。

1940～1965年，格里菲思指出运动与锻炼心理学的特色是无规则性。二战后各个大学相继设立了运动行为研究项目，如之前提到的运动技能的学习，亨利(Henry)和劳瑟(Lawther)在运动及表现的理论研究方面起到了相当重要的作用，其中有一些作品的论题是当今运动与锻炼心理学范围以内的。同一时期有重大贡献的另一个人是沃伦·约翰逊(Warren Johnson)，1949年他研究了运动员在足球比赛中表现的情绪问题，为后期研究情绪与竞争之间的关联打下了基础。他在1951年发表的《训练心理学》反映了应用心理学在体育训练应用中的目标。

人生和文化视角：运动与锻炼心理学

- 社会文化环境如何影响人们参与一项运动的持久性？
- 年龄会影响从参与身体活动中获得的心理优势吗？
- 优秀运动员的个性和心理倾向会由于种族或性别的不同而有所差异吗？
- 对于运动技能较低的孩子，如何培养他们的自我成效感？
- 用哪种干涉能最有效地调节奥运会参赛者所产生的焦虑影响？

在20世纪60年代出版的几部书中包含了运动与锻炼心理学研究的相关信息。这些书是面向体育专业的本科生和研究生的，同时还介绍了运动学及运动与锻炼心理学。布莱恩特(Byant)是该领域创作较多的作家之一，他在1964年出版了《运动行为和运动学》，在1967年出版了《心理学和体育运动》。1968年罗伯特(Robert)出版了教科书《运动学和人的表现》。同一时期奥格利夫(Oglive)和塔特库(Tutko)共同写作的《体育问题及其解决策略》也出版了，吉尔(Gill)说这部书在当时受到了许多致力于提高运动与锻炼心理学科学本质的学者们的攻击，主要是因为该书在一定程度上缺少科学框架及它的临床应用方法，然而这部书还是深受教练们的欢迎，为运动与锻炼心理学在20世纪80年代的发展开启了新的阶段。20世纪60年代晚期到70年代是运动与锻炼心理学成为心理学分支学科的标志时期。体育专业的本科生及研究生课表中都增设了运动与锻炼心理学课程，为研究生的课题揭开了序幕，研究项目也相继成立起来，另外还组织成立了专业社团，创立了心理学专刊。在一些学者如雷纳·马丁斯(Rainer Martens)等的努力下，该领域的研究方向逐渐成形。随着研究数量的增加，人们对运动与锻炼心理学的研究兴趣也越来越浓，对外开展学术研究和研讨会是当时的必然趋势。1965年，国际运动心理协会成立。1967年，基于人们对运动与锻炼心理学和运动学的兴趣，北美运动与锻炼心理学和体育协会成立。1975年，运动与锻炼心理学成为MASPE的一部分，是AAHPERD的分支结构。直到1979年运动与锻炼心理学杂志发行以前，研究季刊和杂志是学术论文发表的主要载体。

然而，这段时期运动与锻炼心理学依旧和运动技能连在一起，并且其理论受到心理学科原则的严重冲击。好多工作是在实验室内完成的，而不在运动范围内，对老师、教练及参加运动的人都没有多大的帮助。1979年，雷纳号召加强对运动与锻炼心理学刊物的重视，这也包括相关刊物，更强调的是以领域研究为基础而不是以实验室研究为基础，同时强调发展具体的独立的运动模型。这些研究焦点的变化可由20世纪80年代发表的运动与锻炼心理学作品反映出来。

20世纪80年代是运动与锻炼心理学大幅度发展的时期，许多学术研究包括了更为实用的方法相继出现，学者们做了更多以领域为基础对运动参加者更具有指导意义的研究，进一步强调了研究在实际中的应用。1986年高级应用运动心理协会成立，它由相互联系的三部分组成：强化干预与表现，健康心理学和社会心理学。1987年《运动与锻炼心理学家》得以发行，这使学术研究从应用的角度找到了突破口。

促成这一领域形成和发展的另一个因素是有越来越多的临床心理学家对运动与锻炼心理学感兴趣。起初人们不怎么接受奥格利夫的运动与锻炼心理学应用方法，但在这个时候已得到很大程度的认可。同一时期，理查德·休恩(Richard Suinn)也作出了杰出的贡献，他是美国奥林匹克滑雪队的心理顾问，他所做的大量工作引起公众对运动与锻炼心理学的关注。1986年，在美国运动与锻炼心理学正式成为心理学分支，这使运动与锻炼心理学的发展迈出了显著的一步。

20世纪80年代运动与锻炼心理学演化为专业领域，学者们开始对健康和锻炼感兴趣，包括影响运动的心理因素及运动对心理的影响。人们参加身体活动的注意力也由增加阅历转向维持健康。随着研究和公众的注意力转向运动对健康有突出贡献，人们对运动与锻炼心理学的兴致越来越高。为反映出这一分支学科研究范围的扩大，运动心理学杂志更名为运动与锻炼心理学杂志。

从20世纪90年代至今，运动与锻炼心理学在研究和实践中都呈现出了丰富多样性。许多学者强调加强对理论研究的严密控制，寻找潜在的心理机制。其他学者重视传统研究，运用启蒙方法寻找经验知识。还有一些学者根本不关心研究，他们只需求教导和治疗运动者的策略和方法。

许多学者只关注运动心理学，而其他学者只重视锻炼心理学。在21世纪随着运动与锻炼心理学的进步和发展，吉尔表明将会有更多的具体运动锻炼方法形成，通过更多的专业研究，人们对运动与锻炼心理学的理解也将更深入。

研究领域

运动与锻炼心理学包括多种不同的学习领域。运动与锻炼心理学家对影响运动和锻炼的心理因素很感兴趣，比如，在压力下为什么一些运动员会窒息？为什么先天性心脏病患者不能完成康复项目？运动与锻炼心理学也研究参加运动的心理结果，比如，参加运动能不能缓解压力和减轻沮丧？年轻人参加运动能否塑造性格？

为了丰富运动参与者的阅历，体育教育者、锻炼科学家和运动指导人可以在运动与锻炼心理学的指导下对运动和锻炼项目做出相应的改正。这包括：帮助运动员学习调整刺激水平的技巧，从而使他们发挥出最佳水平；帮助教练学会如何提高自信，怎样激发运动员的积极性，怎样争取社会支持使运动者坚持锻炼并从中获得乐趣。

运动与锻炼心理学的研究内容包括，注意力、性格、抱负、暴力、自信、自我肯定、自我言语、刺激、社会支持、恒心、组队、献身精神和呼吸强度。研究人员设计了多种有效干预措施来强化表现和运动，比如认知重组、精神训练、社会支持。研究人士也对那些促使人们参加或退出训练和运动的因素感兴趣。

在过去10年中，学者们对运动与锻炼心理学所作的研究数量大幅上升。现将研究人士所研究的问题列举如下：

- 杰出的或高级的运动员的性格是否与一般运动员或非运动员的性格不同？
- 锻炼是怎样影响一个人的体型的？锻炼对一个人的自信和自控能力有什么样的影响？
- 参加体育运动人们会获得哪些心理益处？体育运动和心理之间有什么样的关系？
- 参加体育项目是否会使一个人的性格发生变化？如果是，发生改变的本质是什么？
- 焦虑在不同类型的身体活动中有什么样的影响？
- 运动员怎样才能有效地处理竞争压力？运动员处理竞争压力的有效策略是什么？
- 什么因素影响个人对锻炼和康复项目的坚持？
- 运动能否赋予残疾人力量？
- 自信对运动员的表现有何影响？怎样才能有效地发掘一个人的自信，使其发挥最佳水平？

● 怎样提高个人的自我肯定？怎样促进有益的体育运动类型的建立？

以上的这些问题仅是运动与锻炼心理学家研究的众多问题中的几个例子。

如今，运动与锻炼心理学家研究的对象包括男女运动员，帮助他们，使他们发挥出最佳水平。这些心理学家既研究专业队也研究国家队，许多专业运动员或高级运动员，比如花样滑冰运动员为达成既定的目标就需要一个运动与锻炼心理学专家来帮助他们。

运动与锻炼心理学对各种水平的教练来说都很重要。它可以帮助教练深入地了解自己的行为决定对运动员产生的影响。教练应该把心理学观念同运动员的训练准备联系起来，在比赛竞争时应用这些理念使团队和运动员都发挥出最佳水平。此外，运动与锻炼心理学有助于教练理解那些影响运动员的因素，这些因素或者促使运动员积极努力奉献自己或者影响他们中途退出运动。

锻炼心理学家集中精力研究那些参加维持身体健康以及身体复员锻炼的人。专家们一直在探索决定参加体育运动的心理要素同影响完成康复目标的因素之间的区别。鉴于充足证据的研究表明，有规律的体育运动对身体是有益的。所以，理解运动与锻炼心理学的范围对体育教学、锻炼科学及这些领域内的专业研究是十分重要的。通过理解，帮助实践者设计锻炼项目，重组经验，使参加体育运动的人们从必要的程度上认识到体育运动对健康的益处，从而使他们把运动和锻炼融入生活中。

运动与锻炼心理学者根据自己所具备的资格应提供相关的教育和临床服务。临床心理学家接受过大量的训练，由国家委员会颁发执照，用心理学为患者治病。临床心理专家通过打乱人的性格及饮食习惯并借助化学药物来训练参加者。他们用额外的运动与锻炼心理学训练补充了心理学训练。运动与锻炼心理学家通常有体育教学、锻炼和竞技相关学历，并经过广泛的运动与锻炼心理学训练。不给教育心理学者颁发执照，但高级应用心理学协会为他们提供了一套考取应用心理学证书的程序，通过证书认可他们所掌握的应用心理学知识。一旦达到授予证书的要求，个人将被应用运动与锻炼心理学协会授予"认可的心理咨询师"的头衔。认证心理咨询师参加各种教育活动，这些活动是以研究和发展不同年龄、不同水平的运动者的认知行为和有效技能为焦点的。关于教育活动的例子有：使个人明白心理因素在锻炼、体育运动以及具体心理技能学习过程中所起到的重要作用，比如想象力和技能协调能力。此外，他们还参加团体的教育活动，发展团队的凝聚力，研究促使运动员坚持锻炼的策略，以及调整年轻人的运动项目以增加他们的阅历。如同高级心理协会所提出的那样，尽管许多人有丰富的训练经验或掌握了分析治疗精神病症的知识，但他们不在授予证书者范围内。

运动与锻炼心理学包括许多的研究领域，接下来将介绍一些关于这一分支学科的话题。

身体活动对心理的正面影响

体育运动对加强体质非常重要，这也得到了越来越多的公众及专业人士的认可。

人们从一般基础上确定了体育运动的心理作用，越来越多的证据可以说明体育运动所产生的心理益处，其中尤为明显的是健美和增强抵抗力的锻炼。

参加体育运动的心理益处如下：

● 体育运动可以加强心理和健康状况，从而改变生命的质量。

● 体育运动能改善人的情绪。情绪状态影响人生观、情感、思维过程和行为。

● 体育运动可以减缓人的沮丧状态，同时运动对于治疗急慢性抑郁症有重要的辅助作用。

● 体育运动能够减少焦虑状态出现，也就是紧张焦虑不安及各种情况引发的焦虑。

● 体育运动能够有效地调节人的压力，它可以缓解人的压力，同时为减压提供了一系列的有效措施。

● 体育运动有益于个人的自我塑造和发展，它增强人的自我观念，改善自尊和人生观，提高对自信和自我能力的肯定。

● 体育运动为人们融入群体提供一系列的方式，这是很重要的心理需求。

● 体育运动给人们提供了体会尖峰时刻的机会，尖峰时刻的特点是人完全地被运动所吸引，感觉充满力量，不会做错事。跑步者的尖峰状态是兴奋。

● 参加体育运动也是一种娱乐方式，改变一下人们长期工作和学习的节奏，使遵守日常时间制度的人得到体力和精神的更新。

● 体育运动同时带给人们挑战，成功后会有一种成就感。某些体育运动是带有风险的，比如登山，但它可以让登山者兴奋，并为他们提供机遇。

● 体育运动让人体会到艺术和创造力，比如舞蹈让人以一种新奇的方式来表达情感，并为人们提供交流的机会。

人们正在理解体育运动为人的心理带来的益处，关于这方面的研究也愈发让人兴奋。

研究人士列出了一系列的假设，他们用这些假设来解释运动对精神健康的影响。这些假设还将进一步解释心理的影响机制，其中有两个假设是认知行为假设和精神分散假设，此外荷尔蒙假设引起了广泛的关注。

按照认知行为假设的说法，参加锻炼能够促使人们积极的思考，以此来削弱那些消极想法，改变沮丧和焦虑的状态。尽管不经常参加锻炼的人把开始锻炼和坚持锻炼视为一项艰难的任务，可一旦他们实现了目标就会加强他们的竞争意识，提高他们对自我能力的认可。自我能力认可与努力和坚持密不可分，这两种因素帮助参加者继续锻炼，并取得收获。

注意力分散假设指出，参加体育运动可以分散人们对令自己焦虑和沮丧的事情的注意，从而使人身心大大受益。锻炼把人们从焦虑和抑郁的琐事中解放出来。

荷尔蒙假设解释：锻炼之所以使人心理受益与体内荷尔蒙分泌量的增加有关。

荷尔蒙是大脑在刺激作用下产生的化学物质，所谓的刺激包括压力，压力可以使荷尔蒙分泌量增加。大量的荷尔蒙可以改变人的情绪状态，加强健康感。荷尔蒙带给人的总体健康感可以降低沮丧、焦虑和其他消极状态的程度。普通压力指改变人的情绪状态的长期锻炼，尽管研究人士一致认为长期锻炼可以增加荷尔蒙分泌量，但对它的作用机制研究还是模棱两可的。

作为专业人士，我们必须制定出有效的行为学策略帮助久坐不动的人们采取一种健康、积极的生活方式

尽管人们提出了很多的假设，但至今人们依然不清楚锻炼到底是通过什么样的机制促进人的心理健康的。针对这样那样的假设，研究人士做了调查研究，却得到相互矛盾的结果。然而，人们能够肯定的是锻炼与各种心理状态之间成积极关系。在每个人开始一项锻炼之前，最好先咨询一下内科医生。

人们正在不断地发现把体育运动作为治疗方式的另一种价值体现，而且还开发出了一些新的途径。可是，关于体育运动的价值弗姆泰恩(Fomtaine)提出了一些必须注意的问题：

- 在什么样的情况下怎样才能把体育运动融入治疗精神错乱症的方法中？
- 体育运动对治疗精神错乱症的长期功效是什么？
- 有规律的体育运动能否预防精神错乱出现？
- 治疗精神错乱的最佳运动疗方是什么？

弗姆泰恩指出尽管还存在上述问题，但体育运动对治疗精神错乱症能够起到重要作用。

舞蹈治疗法和娱乐治疗法都把体育运动作为治疗和恢复身体机能过程的一部分。体育运动在改善人的精神和心理状态中起到积极作用，这使治疗和预防精神错乱症的可能性变大。

运动的持久性

运动与锻炼心理学的研究领域扩大到调查研究坚持锻炼。研究人士发现医生为病人开的应坚持的医疗生活计划十分重要。尽管数据不同，权威人士估计出大概有一半的病人不遵守他们的治疗计划。在过去 10 年里，人们逐渐认可了运动作为医疗手段的价值。体育运动现在已经成为治疗几种疾病全疗程的一部分，包括心脏病和糖尿病。不幸的是，遵守锻炼计划的人数几乎和遵守其他医疗生活计划的人数差不多。据调查，在前 6 个月中大概有 50%～80%的人坚持锻炼，可是能坚持到第 3 年末的人数只剩下 30%。

特殊行为对我们的身体或者有益或者有害，但这种认识不能一直影响我们的行为。大多数人都知道吸烟、食用高脂肪食物和沉闷的生活方式等会对健康构成威胁。尽管人们知道这些行为会给人的健康带来恶果，但好多人就是一味地坚持着。为什么没有更多的人充满活力？为什么明知道锻炼的好处，参加锻炼的人还是那么少呢？我们该做些什么？

怎样才能把人们引导到一个更为活跃的生活方式上？怎样才能促使人们改变他们的行为？我们已经能够运用一些关于人类行为的理论和模型来干预和引导人们，以使他们的生活更充满活力，并鼓励他们做一些有益身体健康的行为。这些模型分别是典型理论、健康信念、社会认知理论、理论转移和生态前景。

跨理论模型及其对促进身体活动的应用

变化阶段	行　为	专家建议
预先思考阶段	没有在未来 6 个月内改变行为的意图	对行为者进行教育并将身体活动对身体健康的重要性的信息传达出去
思考阶段	知道问题所在和做出改变的利弊；打算在未来 6 个月内采取行动	强调改变行为的益处，尽力转移决策平衡
准备阶段	在开始进行身体活动时，可分若干小步或制定一个具体计划(比如检查步行路线或参加健身俱乐部)	帮助人们选择最恰当的步行时间和安全的步行路线；教给他们热身和放松伸展练习；帮助制定循序渐进的步行计划(从每周 3 次中等强度的步行到每周几乎每天都进行 30 分钟的快走)

续　表

行动阶段	生活方式有所调整并且参加身体活动(比如，早起1小时把散步列入一天安排之中)；承诺坚持锻炼	鼓励并支持练习者变得积极；帮助监督他们的身体活动；讨论环境改变时怎样对计划做出调整
坚持阶段	坚持变化后的行为至少6个月；对保持这种变化的能力越来越自信(如每天继续步行活动)；锻炼成为每日的例行公事	在积极的状态下继续支持练习者；研究甚至在时间安排改变而不能在常规时间散步时，他/她还要继续活动时的想法
末期阶段	这种行为已经完全融入生活中(比如，步行作为每天活动的一部分)；锻炼已经成为一种生活方式	步行活动已经成为生活的一部分；使它成为每个人进行身体活动的一种资源
重复阶段	回到第一阶段	提醒练习者重复是对身体活动策略进行再思考的时候，哪些策略有效及哪些策略需要调整；鼓励练习者以适当的水平作为起点重新开始体育锻炼

传统理论强调通过改变组成大行为的小行为形成一种新的复杂的行为方式，比如由少活动的生活方式转变为活跃的生活方式，也就是说把大的目标分解为一个个小目标，然后阶段性地依次完成。比如，你打算每天连续走30分钟，可先由每天走10分钟开始，然后在一周内每天逐级增加5分钟，逐渐地形成习惯朝最终目标前进。在很大程度上，回报和刺激是促使人完成目标并坚持下去的动机和催化剂。如参加运动获得一件衬衫或体会到一种成就感，这些都能促成个人行为改变。健康信念模式强调个人能否采取有益健康的活动主要取决于对以下四种因素的认识：潜在的疾病的严重性、面对疾病的脆弱、运动的好处及运动的障碍。把提示同行动结合起来对坚持既定的行为非常重要，比如把散步列入日常活动的清单。一个人对自己能力的自信和肯定也是这一模式的主要因素。

社会认知理论指出个人行为的转变受环境因素、人为因素和行为自身的特点影响。自信是这一模型的核心，一个人必须相信自己完成目标的能力，并能认识促使自己发生行为转变的刺激因素。行动引发的结果应受到人们重视，人自然会受益，比如自我满足感、参加运动的愉悦感和长期规律地运动对健康的改善，等等。

健康理论转移模式应用了行为阶段性改变的观念和相关原则，将所有阶段结合起来就是一个整体。后来，普罗克斯卡(Prochaska)和他的同事进一步发展了这一理论模式，在1997年塞默姆塞尔索(Samecelso)评价这一理论模式是10年内促进健康发展的最重要理论。理论转移模式把行为转变视为螺旋式上升的统一体，从完全相信到维持不变在某一天、很快、现在、永远转移。普罗克斯卡的阶段改变理论及各阶段过程简单叙述如下：

- 提前考虑阶段：即可预见的将来时段，一般指6个月范围内人们没有产生改变行为的意图。在此阶段人们还不完全清楚他们的行为及失败所导致的结果，他们可能会怀疑自己改变行为的能力，他们还可能表现出抗拒或不积极。
- 思考阶段：在下6个月内，人们可能时而会考虑参加运动，他们开始了解并衡量改变行为的益处和缺点，这势必引起深远的矛盾，此时人们保持长期思考或延误状态。
- 准备阶段：为了实现改变，个人可能会迈出一小步，比如研制出一系列的饮食改变计划或锻炼计划。
- 行动阶段：个人已经对他们的生活方式做了一定的修改，他们参加促进身体健康的活动，比如每天花30分钟的时间散步或每周在午饭时间游3次泳。
- 坚持阶段：坚持这种改变行为至少6个月。在这段时间内人们会更自信，坚信自己能够维持住这种改变。
- 在末期阶段，这种行为已完全融入生活方式之中了，在这阶段人们表现出高度自信，即使面临许多诱惑，他们仍旧坚持这种行为。

这种行为的复发或不连续被视为行动或保持阶段到初期的一种循环，如停止运动。尽管复发频繁地出现在许多行为改变中，然而只有15%的人会回到提前计划阶段。应该用一种乐观的方式对待复发状况以至于人们不会把它视为一种失败而丧失意志，而是把它看作改变过程中的一个环节。复发或堕落是人类性格的一部分，而且给人们一个机会去认识哪种行为策略能起作用，哪种行为策略不起作用？

决策的平衡和自我肯定是转移理论模型的重要因素，决策平衡包括衡量行为改变的优势和劣势之间的关系，那就是可视的优点、缺点和改变的障碍物。在提前计划阶段，劣势要超过优势，而在行动阶段优势要超过劣势，决策衡量改变发生在计划和准备阶段。

自我肯定在该模型中是一个重要的特点。自我肯定是一个人在某种确定情况下对自己能力的自信，自我肯定是一个人的信念，即相信自己能够保持这种健康的举动，如运动或戒掉某种不健康的行为，如吸烟。自我肯定在提前计划阶段很低，而在保持和末期阶段则很高。

个人对当前阶段的了解可以为插入项目提供重要的指导。插入的类型应该以这个阶段的为标准，在提前计划和计划阶段，人们没有准备传统的初始项目，例如开始一项身体活动，与阶段相配的插入项目，例如教育、自我意识上升、自我评估，在这一点上更有效，在准备阶段人们应该参加行动阶段的初始项目，例如减肥和运动。

这个理论转移模型被频繁地应用到终止不健康习惯了的行为举止上，也被频繁地用来获取健康行为，例如运动上，获取一种健康行为也被看作终止一种不健康的行为。那就是说培养一种健康的积极的生活方式可以结束那种少活动的不健康的生活方式。这种模型提供了身体教育、锻炼科学和体育专业知识，很好地洞察了变化的过程，并为发展插入项目提供了向导。这个模型被用来预测心理咨询的用处。

在过去的几年里，越来越多地流行的另一种模型是生态学方法。对许多关于改变健康行为的理论和模型的一种批评是：它们都强调了个人行为转变而很少注意到社会和环境对这种行为的影响。生态学方法是强调运用综合方式对待健康，包括个人技能的发展，创造一种合作的、促进健康的环境，创造长期持续的转变和维持健康的生活习惯，可以通过增加环境和社会障碍来加强。例如由于贫穷在服务通道上强加了限制或者由于一个人生活在不安全的区域而带来散步和运动的困难。这种干涉可以发生在家庭、学校、工作地点、社区和健康机构。体育教学、锻炼和竞技专业必须考虑到利用这种社会和环境对健康行为造成的影响。

提高执着、鼓励坚持、阻止堕落的因素是什么呢？研究人员已经确认了造成人们放弃体育锻炼的若干因素。一般来看，研究人员发现低的积极性、沮丧和低的自我肯定都与停止这个项目有关，而不是因为人们的心脏条件不好。更高的放弃率发生在吸烟者、蓝领工人和肥胖者当中，他们认为运动对健康没什么益处，从而引发了不积极的生活习惯，并从事参与活动较少的职业。缺乏社会支持、家庭问题以及与工作相关的责任，这些都干扰着体育项目，因此被认为是停止运动的影响因素。

个人退出团体锻炼项目的几率比中断自我设定的锻炼项目的几率要低，而退出那些强度大不便参加的体育项目的几率要比退出强度低便于参加的体育项目的几率高。

只有了解人们退出锻炼的因素，才能确保实践者为那些存在退出锻炼想法的人设计出相应的干预措施。促使人们坚持锻炼的干预措施有教育方法和行为方法。教育方法为人们提供一系列的信息，这些信息帮助人们增长知识、增强理解；行为方法研究的焦点是加强个人参与体育项目，创造更多有益身体健康的行为方式，这些措施可以帮助人们加强锻炼，增强彼此的关系，提高自我控制力，设定目标，实施行动，以满足生活方式的需求，并增强自信。与教育方法相比，行为方法更能促进人们坚持锻炼。

可以通过精心设计锻炼项目帮助人们坚持锻炼。第一种方法是将这些方法建成机构，这样就会得到更多的社会支持，成功的策略应能使参加者形成锻炼小组，而不仅仅是停留在个人锻炼上，并应能使那些杰出的运动者参与进来，比如家庭和朋友都能鼓励他们锻炼。在方便的时间和地点为参加者组织一些活动项目对他们维持锻炼是很重要的。通过一些技巧满足个人要求从而促使他们坚持锻炼，降低退出锻炼的几率，为此我们可以把目标确定同周期评定进步结合起来，聘用水平高又热情的指导者，促进指导者和参加者之间的联系，建立和谐融洽的关系，开展多样有趣的活动。

坚持锻炼已被列入运动疗法领域，许多促使人坚持锻炼的心理因素对人的康复起到至关重要的作用。人们逐渐认识到，运动医学专家和体育训练者所掌握的为完成身体康复目标需要的关于受伤机制和治疗议案的知识是不够用的。研究人士发现可通过一些措施来促使人们坚持参加恢复身体的活动，比如设定目标，建立有效的沟通方式，针对个人需求设计运动项目，监控进步以及建立合作关系。社会支持在运动员的康复阶段起到至关重要的作用，它可以减轻痛苦，加强协调，使受伤运动员在恢复期保持积极状态。此外，还发现它可以加强受伤运动员同队友和教练之间的联系。理解社会支持在锻炼和复原过程中所起的作用是很重要的，这可以帮助体育教学、锻炼和竞技专业人员进一步研究干预康复目标的心理措施。

许多有抱负的年轻专家们投身于健康和康复学的研究领域内，他们把健康、锻炼和心脏病的康复治疗结合起来，在工作中他们从运动与锻炼心理学这一分支学科获得了有价值的知识。

人的个性

研究人士对参加运动的人的性格很感兴趣。这方面的关注已经很久了，许多研究者致力于运动是否影响性格这一问题。另外一些研究人员调查了运动员和非运动员的性格差别，此外还有一些人则承担起了研究出色运动员和一般运动员的心理区别的工作。其中一个问题是性格能否预示运动员成功。

维基(Veakey)把性格描述为心理特征和行为趋势的奇异组合，它使人彼此不同或相似。安希尔(Anshel)描述说性格是个人具备的持久稳定的特征。因为性格持久稳定，在大多数情况下以一定的方式影响个人，使他倾向于一贯的行为，所以从一定程度上讲个人行为是可预知的。安希尔表明心理情况对心理特征的研究更有用，好胜心、焦虑和自控力等性格特征与性格类型有关。

早期研究比较注重性格和运动表现的关系，研究者们致力研究的问题诸如：运动员和非运动员是否不同？能够通过性格区分运动类型不同的运动员吗？人们选择某项运动的原因和他们的性格有关吗？在同一项运动中能力较强的运动员和能力相对较低的运动员的性格是否不同？是不是某些性格预示着运动员的成功呢？

研究结果表明每个问题的答案都是矛盾的，研究方案中的许多问题都导致了矛盾的结果。考克斯(Cox)通过回顾以往关于性格与运动的研究，概括了以上所列出的相关问题：运动员和非运动员的性格是不同的，不同研究表明运动员更自立、客观、自信心强、好胜和外向，他们也不像非运动员那样易焦易躁；在年轻运动员性格成型期间，运动能够影响性格的发展方向，也就是说年轻人的运动对性格的发展起到或积极或消极的作用；通过性格特征可以区分运动类型不同的运动员。也许最清楚明显的例子就是个人运动的运动员和团队运动员，个人运动的运动员没有团队运动员外向，但个人运动员更独立，更不容易出现焦虑状态；因性格不同，70％的情况下我们能够准确地区分世界级运动员和水平相对较低的运动员。在预言运动员的表现水平时，所采取的调整心理状态的措施和运动员的性格侧面都会被准确地表现出来。

考克斯在纵观领域研究的基础上进一步作出了概括，尽管许多概括还不是决定性的。

安希尔指出技巧纯熟的运动员表现出来的神经质、紧张、沮丧、生气和疲劳的状态相对较少。他们能够很好地表现出高度自信、自我观念、自尊、活力、好胜、雄心、社交、创造力、稳定和外向。高级运动员的性格组成反映出他们身心健康成熟、出色。

随着人们对研究运动员性格兴趣的增加，不同的方法开始被用来研究运动员的性格和心理特征。联系方法认为人的行为同时受性格和周围环境因素的影响，研究人士研究运动员的另一途径是研究他们的性格状态。状态不像性格那样稳定，它能清楚地表现个人在某一特殊时刻的行为和感觉，反映出性格和环境之间的作用。比如焦虑既包括性格方面也包括状态方面。

认知心理学的出现为我们提供了另一种理解和研究运动员行为感觉和想法的方法。依据这一理论，人们不断地从环境中接收信息，理解信息，评定情况再作出行动。维克指出，运用认知的方法研究人士就可以区分出成功的运动员和成绩相对较差的运动员，与较差的运动员相比成功的运动员更自信，在面对障碍和精神分散的状态时，他们在比赛中更能够有效地调节出最佳的注意力，更能积极地去争取优势，他们的决定水平更高。

安希尔讨论了成功运动员的心理特征。这些运动员最大的特征是勇于承担风险，这意味着他们要参加一些可能对身体或心理构成危害的活动。与差一点的运动员相比，杰出的运动员参加那种风险较大的运动表现更频繁些，而且他们更喜欢竞争性运动带给他们的挑战。在竞争激烈时，他们会奋力争取成功，但他们评价成功的标准不仅仅是赢，而是使自己发挥到最好。高级运动员高度自信，他们确信自己能够成功地表现技能，并能取得意想的结果。他们对成功的高度期望使他们获得了成就。同时他们具备处理失败和从错误中总结、学习的能力，根据情况所需，他们把注意力转移到环境中的关键线索上。此外，最好的运动员能用恰当的调节技巧和干预措施来缓解压力。

尽管对运动员性格和心理特征的研究有时会出现矛盾的结果，但还是为我们提供了更为深入的观点。不同的性格特征影响运动员的行为和体会，从一定程度上我们可以肯定的是必须把每个运动员作为独立的个体来对待。

焦虑与唤醒

最佳唤醒水平对超水平发挥极其重要，它因人和运动项目的不同而有所差异

教练、老师和运动与锻炼心理学家的目标是使每个人的表现达到最佳状态，为完成这一目标他们必须克服焦虑和刺激对表现的影响。如莱比特(Lebitt)所定义的那样，焦虑是随心理刺激程度提高产生的一种客观反应。刺激是身体各器官受到刺激时产生的自然反应。比如刺激使运动员手心出汗、尿液分泌频繁、呼吸加快、肌肉紧张、心率增大等。焦虑通常分为两种，性格焦虑是一个人性格的整体部分，它常指个人划分威胁性和非威胁性因素的趋势；状态焦虑是一个人在具体情况下产生的害怕、紧张、好胜等情绪反应。运动与锻炼心理学家大量研究了性格焦虑和状态焦虑对运动表现的影响。

教练和老师不停地寻找，企图找到最佳的刺激度，刺激度过高或过低对运动表现都会起到负面影响。刺激度过低，人们的行为就会缺少动机，注意力不集中，动作选择不当或动作太慢；高度刺激会破坏运动员的协调性，使他们注意力分散，做出的动作僵硬不灵活。在一项活动中，运动员找到最适合自己的刺激程度是最重要的。然而某些人知道怎样才能准确的找到并维持这种心理状态。体育教学、锻炼和竞技专业人士为寻找这一目标已经用了很多方法。这些技巧包括鼓励话语和讲话，做出鼓舞人心的标语、板报、训练放松、想象，以及在特殊的情况下请运动心理专家作专门指导。

运动与锻炼心理学家和研究人员研究了焦虑、刺激和运动表现之间的关系。考克斯回顾了领域内的以往研究，提出了以下观点：那些害怕失败的运动员会感到高度焦虑，可以通过自我重新定义成功和保持获胜的信念来降低对失败的恐惧程度；那些存在高度性格焦虑的运动员在面对竞争的时候易显现出高度焦虑状态，了解运动员性格焦虑程度的教练要清楚他们的运动员在竞争中会作何反应，帮助教练选择恰当的方法把运动员的焦虑和情绪调整到最好；运动员对周围环境的感知能够影响他们的焦虑程度，不是每个运动员都以相同的方式来感知同一环境的，教练必须清楚，当运动员被置于同一环境中时，他们会表现出不同程度的焦虑。这时鼓励性话语或讲话是调节运动员情绪的有效方法，然而这种方法对某些运动员是不起作用的。必须针对不同的运动员和不同的环境选择不同的技巧；适当的刺激程度对尖峰时刻的表现非常重要，运动员的性格、表现、技能特征以及竞争环境影响所需要的刺激程度；随刺激程度加大，运动员易做出惯性反应，在竞争压力作用下，他们倾向于感觉起来更舒服的技能表现方式，因此一个平常被训练扣低球的排球运动员在竞争中可能采用更容易的高扣方式。

通过运动与锻炼心理学研究，我们给教练提出以下几点建议，使用这些方法教练可以清楚怎样降低运动员的焦虑程度和刺激程度。主要是判断运动员是否精神紧张，在比赛前比赛过程中及赛后帮助运动员准确的确定他们的情感，鼓励他们控制感觉和情绪，帮助他们学习应用最恰当的策略，以达到最佳状态。

安希尔确定了几种不同的方法用于减少焦虑和刺激。

● 通过身体活动减少压力和焦虑。热身活动对减压非常有效，但必须小心的是情绪不能过于波动，强度也不可以太大，以免消耗运动员的能量。

● 降低新任务和新活动产生的焦虑。在比赛之前教运动员一些竞争规则并加以训练，让他们熟悉比赛。

● 实际模拟比赛，不断的训练运动员的技能和策略，直到他们完全掌握。

● 为每个运动员制定竞赛准备，运动员应以不同的方式准备竞赛。一些运动员喜欢赛前静坐，以自己的方式放松，思考在即将到来的比赛中应该做些什么；对于其他运动员，吵闹的、让人兴奋的环境以及教练那激励人心的话更让他们振奋。不管何时都应该让运动员以自己的方式准备。

● 帮助运动员树立高度的自信，但所有的期望应该是现实的。缺少安全意识、自我怀疑、不自信、害怕竞争等都会加大运动员的焦虑感。强调运动员的力量、温习策略、展示自信等可以促使运动员积极思考，减轻他们自我怀疑，减少消极想法。

● 帮助运动员解决错误。当错误出现时，要帮助运动员把注意力集中在当前或将要发生的事情上，而不是停留在所犯的错误上，强调从错误中学习的机会，避免加剧焦虑和破坏表现的自我消极状态产生。

心理技能可以帮助运动员获得最佳运动成绩

另外还有很多策略被教练用来控制焦虑和刺激。再次强调必须把运动员分为个体来对待，为每个运动员选择适合他自己的最好方法。

教练怎样才能振奋一个团队的精神呢？有时候提高运动员或团队的刺激度是很有必要的。安希尔建议教练考虑每个运动员的能力水平、年龄、心理需求和所要表现的技能，记住运动员使用不同技能时的反应。在不同运动中运动员所需要的刺激程度不同，教练需要将多种不同的策略综合起来提高刺激，比如增大声音的强度，应用声音大节奏快的音乐。设定具体目标、做热身运动可以帮助运动员调节刺激程度。一些教练放映对手的录像带，还有一些教练放映运动员表现成功的高潮部分。

控制焦虑和刺激是一项挑战，教练清楚运动员对环境的感知会影响他们的焦虑和刺激反应。每个运动员的身体和心理状态不同，这就要求针对每个运动员采取相应的技巧帮助他们发挥最佳水平。焦虑影响那些对运动员表现有影响的因素，比如注意力。

注意力

注意力严重地影响每个运动员的表现，就如同前面所讨论的那样，每个运动员必须寻找、选择和关注能够促使他成功的相关提示。运动员不仅要区分有关和无关的提示，还要维持住注意力。如果运动员把注意力集中到无关的提示上，或不能维持所需的注意力，他就不能表现出最佳水平。尼德弗是这样定义的，注意力是把感觉和思维转移到特殊的事物、想法和感觉上的能力，可以从两种范畴描述注意力——广泛的和狭窄的，关注的范围又分为外界的和内部的。在任意特殊情况下，一个人的注意力范围可以是广泛的内心或外界，也可以是狭窄的内心或外界。一个注意广泛外界的人会注意较大范围内的环境提示，一个观察广泛内心的人会注意多种内心想法和感觉。相反，对外界注意狭窄的人只会选择一些环境因素来关注，而关注狭窄内心世界的人只关心自己选择的内心提示和想法。

要想取得比赛成功，随着比赛进行一个人的注意力就应该不断地变化，使本身的注意力与任务要求一致。所以若想取得成功，一个人的注意力应能在不同类型间迅速转化。以棒球比赛为例，一个运动员站在击球区外等待击球机会时，他的注意力是广泛内心型的，在等待中他会回顾教练的教导及投球运动员所喜爱的投球方式，在心里分析当前的状况，确定场上每个跑着的人的位置及离自己的距离，然后想出策略，这时注意力被缩窄为具体的想法。如果是在击球区内，他就会广泛地注意外界，通过投球运动员的提示预测投球类型，球一旦投出，他就会只关注狭窄的外界，也就是注意球的方向。

为了评定每个人注意力的类型，尼德弗展开了注意力类型和人际类型测试实验，由设计好的六个标准组成，用这些标准来衡量注意力的纵横向范围，广泛的外部标准、广泛的内部标准和狭窄标准，用以代表有效的注意力类型，和其他三种反应无效的注意力类型。用超负荷的外部注意力同时处理多个环境提示所产生困惑的数量。超负

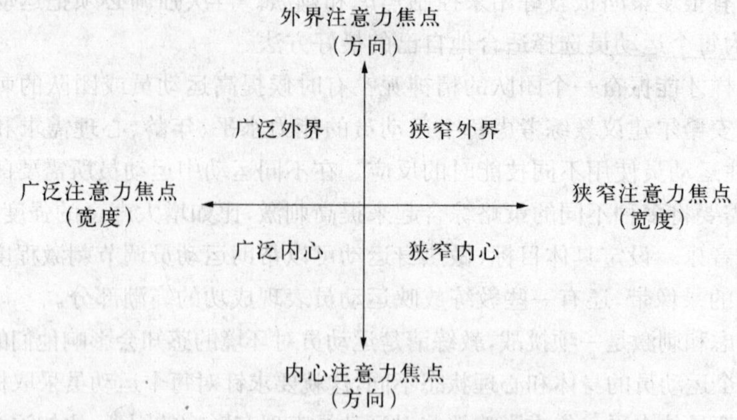

图 9-1 注意力的范围

荷的内部注意力描绘太多思考导致的困惑。最后，不包括在内的焦点则反应了狭窄的注意力，即所谓的视野狭窄。

在一般情况下使用 TAIS 检测注意力，后来研究人士把它应用于运动场合，这就使尼德弗的测验转向特殊的运动场合。现在研究人士已经在网球、高尔夫球、排球、跳水、足球和棒球领域展开了有关注意力的测验。体育教育学者需要去认识不同运动和不同技能对注意力的要求以及每个运动员集中注意力并维持适度注意力的能力。每个人的注意力受多种因素的影响，其中焦虑对注意力的集中起到至关重要的作用，焦虑使一个人的注意力变得狭窄化、内在化。运动与锻炼心理学者用不同的技巧帮助运动员，使他们抓住所需要的注意力类型。

目标设定

体育教学者、锻炼专家和运动指导者学会在不同的环境中为运动员设定目标是非常重要的，可以通过设定目标帮助接受体育教育的学生、运动员、处于恢复期的伤员以及存在健康隐患的成年人。设定目标很重要，它既是积极的策略，也是改变行为和强化表现的策略，同时它还是改正错误或更改努力方向的干预策略。

目标的类型

温伯格(Weinberg)把目标定义为个人努力完成的事情，是行动的目标。设定目标是在一定时期内使个人的熟练及精通程度达到某一具体水平，分为结果目标、表现目标和过程目标。结果目标注重人与人之间的对比及事件的结果，比如在赛季末赢取区域竞赛项目的第一名。结果目标能不能完成或受不受影响部分原因取决于对手的实力和表现。

设立目标是取得成功的第一步。参与 Tenneco 健康与健身活动的人们正在记录他们的进展

表现目标指与个人成就水平相关的实际表现，比如在曲棍球比赛项目中球员的进球数由 5 个增加到 10 个，走 1 000 米的时间由 25 分钟减少到 15 分钟，自由射球率由 35％提高到 50％。

过程目标关注的是怎样表现特殊的技能和动作，比如在乒乓球比赛中打反手球。过程目标实际就是提高技能，技能一旦提高表现就会进步。

设定目标的作用

设定目标能够改善运动员的表现水平。洛科和拉森（Locke ShawSaari and Lathan）确定了 4 种不同的通过设定目标来改进运动员实绩的方法，这 4 种方法主要把注意力集中在调动努力、培养恒心和研制新策略上。

设定目标能把个人的注意力集中到手头工作及所要取得的成就上。没有具体目标的时候注意力比较容易游离，从一件事情转移到另一件事情上。一旦有了具体目标每个人的注意力就会集中在当前的任务及其完成上。比如，一个排球运动员的目标是在比赛中完成 15 次扣杀，那么他就会把全部精力集中到练习特殊技能上，以求完成目标。一旦确定了目标，每个人就该为了完成它而不懈努力。如果努力了，就会提高水平。明确自己想要完成什么并具备一套完成目标的具体策略能够影响一个人的积极性，促使他努力。设定目标不仅能集中注意力调动积极性，还能鼓励人持之以恒。恒心是非常重要的，通常为了实现一个目标需要人们长期集中精力。这段期间每个人在学习新的策略，向更高的水平发起挑战，在过程中会体会到失败感和沮丧，这就要求人们在寻找目标的过程中坚持不懈。

学习相关策略是设定目标的另一重要方面。这些策略包括学习新的技巧、改变惯用技能和训练方式，还包括研制出一套循序渐进的改变行为和实绩的方案。比如一个人希望通过健康节食和运动减掉 30 磅，那么他就要学会选择健康食物，改变走路计划，还要学会实现目标后怎样保持体重。

设定目标可以改进一个人的实绩，促使其行为发生变化。目标分为结果、过程和表现三种。设定目标帮人转移注意力、调动积极性、鼓励人持之以恒，还可以引进新的战略从而提高个人实绩。设定目标需要谨慎计划，只有这样才能成为有效的积极的策略和干预战略。

设定有效目标的原则

有几条原则是体育教学者、锻炼专家和运动指导人员设定目标的指南。正确地组合和执行目标确定方案非常重要，因为设定目标不当会削弱一个人的表现。为了帮助大家设定目标我们从 SMART 开始，SMART 为首写字母的组合词，用它可以帮助专业人士记住有效目标的关键特征。目标应该是具体的、可衡量的、行动明确的、现实的，还要及时。

与没有目标和尽自己全力的目标相比，具体目标更能提高实绩。尽自己全力能激发人、鼓励人，但它不能像具体目标那样发挥强大的作用。诸如我要成为最好的游泳运动员，我要更加健康之类的笼统目标不像具体目标那样有效，很难监控大的目标，同时也很难知道为完成这一目标应该做哪些类型的改变。一个具体目标，比如一个游泳运动员强调我要在 200 米自由游泳比赛中把时间由 2 分零 5 秒降到 1 分 56 秒，这更有利于提高运动员的水平。此外，监督可衡量目标的进程相对更容易些。可衡量目标为每个人提供了一个反馈过程，这能刺激他们，促使他们坚持下去。一个人打算每周有 5 天要步行，每天以较快速度行走 30 分钟，这个就比较容易监督在目标实现过程中是否真的进步了。行动目标是可察视的目标，通过观察一个人的行动我们可以评定这些目标，判断他是否在为想要的目标努力。规定实现目标的时间是设定目标的关键部分，能否在季末完成目标或能否在月末完成目标？时间规定应该是合理的，足够一个人去完成目标。如果规定时间太短，就不够现实，迫使人提前放弃；如果规定的时间太长，就可能造成拖延。

个人所确定的目标应该是中等难度的，既使人感受到挑战又能让人完成。目标应该是现实的，是通过努力和坚持就能实现的。

温伯格和考克斯一致表示运动与锻炼心理学者在设定目标时应该考虑除了 SMART 以外的其他几项原则，包括把目标写下来，项目包括不同类型的目标，确定长短期目标时要针对团队中的每个人为他们设定目标，这些目标要既适用于练习还要适用于竞争，同时还要内在化；经常评估进步过程，区别对待个人，帮助他们准备。

要把目标写下来，并进行监控，判断运动员是否真的进步了。许多游泳运动员都很认真地把每次的训练成绩制成表格，把每次所用时间记在游泳日记上，而另外一些运动员或许只把比赛成绩列成表格。重要的是每个人必须清楚地知道自己的目标，把它写下来，并能不断地追踪进步。目标确定方案应该集合了不同的目标，建议把结果目标、过程目标和表现目标结合起来。根据自己实际水平确定的目标控制起来更容易，以衡量结果为基础目标使人丧失积极性或导致高度焦虑，比如游泳，原因是结果目标的许多方面不是人能够控制得了的，好比对手的实力。此外，把多种目标结合起来可以为人提供更多的成功的机会，比如游泳运动员与第一名失之交臂，但获得了第三名，这时他就可以通过对比以前比赛所用的时间来体会成功的感觉，也就是表现目标。

拟订长期目标使个人的努力方向比较明确，此外还要确定短期目标。短期目标对实现目标起到重要的作用，它们是实现长期目标的阶梯。短期目标是评定个人进步的基准点。这种反馈形式使运动员保持较高的积极性，使个人注重循序渐进的地取得进步，使长期目标看起来没那么难控制。

在不同的环境下设定目标，目标对训练和竞争都很重要。每日的锻炼是成功竞争的关键组成部分，在竞争时平时训练所发生的就会表现出来。如果一个乒乓球运动员想在比赛中提高发球的成功率，那么在平时训练时就要注意这一点，并为实现其他目标提供机会，这有助于团体成功，比如多和队友交流。

也可以为团队设定目标，团队目标是实践目标的焦点。比如曲棍球队的目标是在比赛中进球第一，那么平时训练就要为这一目标努力，此外个人表现目标对实现集体目标起到重要作用。为了提高进球的百分点就应该注意个人技能的训练。

在目标实现过程中，社会支持是一个重要的因素，社会支持对完成康复目标和健康目标都很重要。比如，在心脏病恢复阶段，取得妻子或丈夫及其他重要人物的支持，能够增大个人实现康复目标和营养目标的可能性。来自于社会的真挚关心可以把病人从沮丧和低谷的状态中拉出来，使他们保持积极性。

使人接受目标并将其铭记于心是设定目标的重要环节。每个人必须献身于目标，为达到目标而努力。允许每个人自己设定目标，这能促使他们为自己将来的成就献身。如果目标是别人定的，比如教练，运动员就会感到丧失了设定目标的权利。因此，应该通过广泛的途径实现个人拥有设定目标的权利。如果目标不是自己确定的而是别人安排的，专家们还要保证运动员能为既定目标努力。

目标确定方案应包含频繁的评定。阶段性评定能够反馈个人目标的有效性和战略的可行性，而且，设定目标是一个活跃的过程。频繁地评估长短期目标的实现状况可以反映个人的进步、环境的变化及战略的效用。

设定目标时应考虑每个人的区别。许多人喜欢充满挑战难于实现的目标，而另外一些人需要提高自信，那种包含多个短期目标的目标更使他们受益，因为实现短期目标的成就感能刺激他们的竞争意识。目标确定方案应该能够反映个人的真实情况。

目标确定是体育教学、锻炼和竞技专业工作的整体部分，应在目标确定指南中列出目标确定的大纲，通过有效的方式运用目标确定帮助个人改善实绩、改变行为。

通过自我言语来提高运动成绩——一种认知策略

比赛之前你的脑海首先想到了什么？当你坐在教室前排等候历时10分钟的演讲时，你在想什么？当你开始每日3公里的跑步锻炼时你对自己说了什么？当你参加一门考试时你对自己讲过什么？运动与锻炼心理学的认知方法集中研究个人想法、感觉、行为和表现之间的关系。

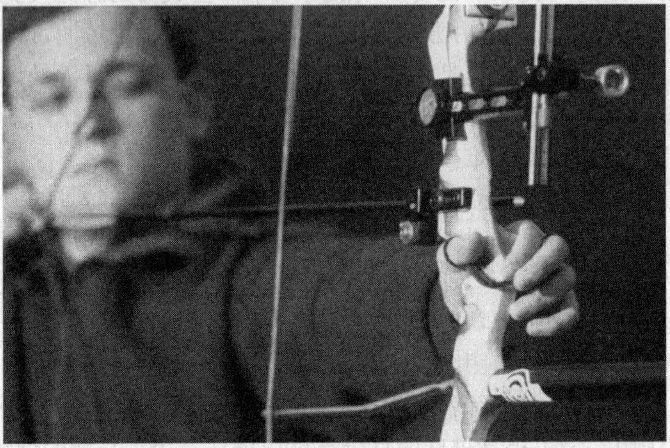

自我言语可以帮助人们集中注意力，把精力放到相关提示词上

比赛中，一个人的自我交谈可能是积极的也可能是消极的。这些想法和感觉能够影响一个人的自信，反过来自信又影响表现。在足球比赛中哪个球员更有可能被罚球呢？是怀着信心"我不断地练习射门，我一定行"的队员，还是怀着如果输了怎么办的心思踢球的队员呢？哪个人的自我言语更能引导出成功的实绩？引导并改正个人的自我言语是认知运动与锻炼心理学的研究焦点。

按照威廉和利菲沃尔的理论，当一个人思考的时候就会发生自我言语，这种自我对话或者是外在的或者是内在的，自我言语是占据人的思想和言语的想法，它们可以是积极的也可以是消极的。积极的自我言语不能保证个人表现杰出，但它可以促使人有更好的表现，比如自信和注意力。运动与锻炼心理学家应用不同的策略来提高自我对话的积极影响，削弱它的消极影响。

自我言语的类型

有几种不同的自我言语方式。与任务相关的自我对话能够强化技能，比如排球运动员发球时用钻石提示手的正确位置。积极的自我言语指那些能够鼓励人努力、坚持、增强自信的谈话。一个跨越乡村的跑步者，在上山的最后一千米或许会对自己说“我行”，以此作为自我激励的方式，推动自己完成任务。第三种自我言语方式是情绪语言，指提高强度和增加刺激的语言。比如，一个自由式游泳运动员在 1 500 米比赛的最后 50 米会对自己说“加油”。

自我言语的应用

自我言语有几种应用。自我言语对提高技能、集中注意力、改变动作、提高自信都非常有效。自我言语不仅对运动员有用，而且对参加各种身体活动的人都有用。

自我言语对学习新的技能和改变以往的技能与习惯都有用。自我言语范围包括从自述训练技能的关键词到用提示词来提醒你该做什么。把自我言语的焦点放在应该做的动作上比放在不该做的事情上更重要。比如一名乒乓球运动员准备发出高球，他就应该提醒自己把球抛高而不是一定不要抛得太低。

自我言语的另一个作用是集中注意力。比赛时运动员的注意力易游离或转移不当，提示词可以帮助运动员重新集中注意力。自我言语也可用来帮助运动员把注意力集中到与任务相关的提示上，比如瞄高一些和根据球调整位置。

适当的时间和适当的强度对表现非常重要。运动员可以通过自我言语来改变强度和刺激度，使表现达到最佳水平。自我言语可能提高或降低活跃性。

自我言语的调整

自我言语能够提高自信，自信受很多因素的影响，比如比赛结果和对手实力等。同时自我言语能够影响自信，自我言语对自信起到或积极或消极的影响。消极的自我言语和自我怀疑削弱一个人的自信。尽管自我评价为后期的表现提供了重要的反馈资源，但重要的是自我评价不可过于笼统。积极的自我言语能增强人的竞争意识。赛前或赛中的积极自我言语是强大的动力。

许多人不知道自我言语对比赛的影响和自我言语具有影响比赛的潜能。运动与锻炼心理学要帮助个人学会有效地利用自我言语。我们可以通过几个步骤改变自我言语消极的人。威廉和利菲沃尔确定了几种改变自我言语的方法：中止消极想法、变消极想法为积极想法、削弱消极想法和变角度思考。

中止想法是指一旦无用的想法出现就立即提醒自己中止这种念头。当一个运动员听见自己说“我不行”的时候，立即对自己大声说停止，以此中断这种消极想法，这就好像十字路口的红灯信号。在造成消极感觉和负面影响之前必须中断消极想法，不断地使用意念中止来降低无用的消极言语出现的几率。

另一种方式是用积极的想法代替消极的想法。应用这种方法消极的自我评价会被积极的自我评价取代。比如，犯规罚球时运动员可以用"今天晚上我练了 8 个球中了 5 个，如果再多练习我投中的几率会更大"来代替"我不擅长在犯规线上投篮"之类的消极思想。与中止消极思想相比这种方法可以鼓励运动员用积极心态取代消极心态而不单是中止消极心态。

削弱消极心态强调挑战个人信念，使他接受消极的事实。削弱消极心态就是用事实理由和理性分析击退消极心态。比如，一个运动员感受到自己压力大时会抽筋，就可以通过检查以往比赛的压力状况帮助他削弱这种信念；如果事实却证明带着压力尤其是在重要比赛中运动员表现很好，就可以用"我知道我能克服压力"来帮助运动员赶走消极心态。

雷弗拉明(Reframing)的技巧主要是改变运动员的世界观和他们对环境的感知，用这种方法换角度解释环境可以使运动员的消极观念变成积极观念。一个运动员可以把紧张和心跳加速解释为准备充分而不是将其视为焦虑的外在反应。还可以帮助运动员把竞争和胜负解释为检验自己的挑战和机遇，使他们找到需要改进的地方，从中受益。

改变个人自我言语方式是运动与锻炼心理学家的一大挑战。首先个人没有自觉的意识到消极想法，在改变自我言语之前运动与锻炼心理学家要帮助每个人，使他们意识到通过自我言语可以战胜自己，自我言语影响个人表现。发掘个人潜在的消极自我意识也是改变过程中的重要一步。处理潜在的消极自我意识需要额外的干预。另一个挑战是个人思维方式根深蒂固，要改变它就要像改变其他习惯那样需要积极性、新的技能的学习、忍耐和练习。

为了发挥改变消极自我意识的最佳效用，威廉和利菲沃尔建议把停止消极思想、变消极心态为积极心态和削弱消极心态结合起来。自我言语是提高个人实绩，促进个人进步的惟一认知想法。

自我认知的使用范围不局限于体育界，在体育课上也可以教导学生认知策略，比如自我言语，以此增强他们作为运动参加者的竞争意识。当开始学习新的活动单元时，许多学生可能表现出很擅长的心理想法，这种或类似的消极思想会使学生丧失积极性，缺少努力能动性。这时就该改变学生自我言语的角度，使他们意识到新单元为他们提供了改进技能和学习新知的机会。

自我言语在人的生活方式中发挥着重要作用。一个参加过二十几项不活跃活动的中年人在开始新的锻炼项目时或许存在自我矛盾的想法"这样下去迟早要中断运动，我做不了，我从来就不是一个好的运动者"，这预示着参加运动的人会半途而废。自我言语对康复身体也有一定作用，比如一个运动员做了肩部手术之后会怀疑自己将来能否继续参加比赛。"纯属浪费时间"之类的消极思想致使一个人在康复阶段付出努力不足，专业人士需要认识到诸如此类的个人自我消极交流，以免对运动参加者造成负面影响。体育教学、锻炼和竞技专业需要训练并学会如何修正运动参加者的自我言语方式，以增加他们的阅历。

干预策略

近几年来，老师、教练及运动与锻炼心理学家依赖不同的干预措施帮助运动员发挥最佳水平。如前所述，焦虑和刺激对运动员的表现存在负面影响，致使运动员缺少积极性，不自信，从而破坏他们的表现。这是由心理与身体、自身的消极思想与感觉及运动员的能力之间的亲密关系决定的。采用恰当的技巧，依据运动员所掌握的能力和战略，把他们的心理状态调整到最好，从而发挥出最佳水平。

有时运动员过度焦虑和刺激，这就破坏了他们的表现。干预的目标是降低焦虑及刺激程度，应用多种方式解决运动员不断攀升的刺激感，使运动员受益。这些技巧可以使他们的身体跨越紧张，经过放松把紧张降低到适当的程度。一旦学会了具体的放松技巧，只需几分钟就可以完成整个过程。要注意的是，运动员不可以过度放松，否则会对他们的表现产生有害影响。

这几年，运用认知策略能使运动员表现出最佳水平已经被广泛认可。认知策略教会运动员许多心理技能，把这些技能应用于赛前心理准备。此外，这些技巧注重减轻焦虑和刺激产生的有害影响。可以应用认知策略提高运动员的积极性、自信度，坚定他们的恒心。这些方法包括认知重组、意念中止、自我言语、假设和自我假设、目标确定以及精神想象。

许多认知干预技巧主要用于改变运动员的想法和看法，就像前面讨论的，自我言语是干预技巧的例子，认知策略还可以改变运动员对事情的看法，以此可以降低焦虑程度。另一个认知策略是认可运动员在即将比赛中取胜的实力，使他们发挥出最佳水平。

想象是对情况的预见，此种技巧可以通过多种方式来实现，以提高运动员的实绩。在练习技能和回顾以往运动员所做的杰出表现时，运动员可以通过记忆与最理想表现相关的运动感觉来提高表现。同时想象可以减少焦虑，运动员通过检验生成焦虑的环境，认为自己能够处理这种焦虑体会，从而在类似的环境中提高自信。

干预策略有益于运动员作出最佳表现，这些策略不仅仅适用于运动员，而且适用于参加体育运动的任何人。比如确定更高的目标使一个慢跑初练者受益很大。当然实践者在使用这些策略时必须因人而异，否则会产生负面影响。

随着运动与锻炼心理学的发展，体育教学、锻炼和竞技专业已经能够更清楚地认识影响个人表现的各种心理因素。运动与锻炼心理学家能够应用不同的策略提高个人成绩。尽管运动与锻炼心理学界做的大量研究是关于运动员的，但研究结果和技巧适用于不同的身体活动。随着运动与锻炼心理学研究范围的扩大，实践者对如何提高个人实绩有了更深刻的认识。

小结

运动与锻炼心理学理论的应用及运动和身体活动的概念相关。尽管事实已经证明身体活动的生理益处，但体育教学、锻炼和竞技专业人员也应对有规律的身体活动的心理益处非常熟悉。糟糕的是，许多成年人惰性很强，还有很多成年人从身体活动中中途退出。坚持锻炼侧重于对影响身体活动计划最开始和继续参加身体活动的因素的理解。有好几种理论应用在对身体活动的参加和健康行为的改变的研究上，包括传统学习理论、健康信念模式、健康理论转移模式、社会认知理论和生态学观点论(ecological perspective)。

运动与锻炼心理学家已经研究了很多与运动表现相关的领域，包括性格、焦虑和刺激，即注意力。设定目标和自我言语是帮助人们提高表现力的两种途径。为了使运动员达到最佳的表现状态，运动与锻炼心理学家帮助运动员学习技能并运用多种干扰策略。运动生理学家其他的一些研究结果，如方法论和干扰策略也能用在其他的身体活动环境下以帮助我们更好地理解所参加的活动并增加身体活动计划的参加者的经验。

自测题

1. 证明参加身体活动对人们心理有积极影响的说法。

2. 运用“网络链接”中所提供的信息，登录 MindTools or Insight 网站，并阅读有关竞技运动和运动心理领域中某一方面的文章。然后写一到两页的文章总结你的所学所得，并讨论你将如何把这些知识运用到自己的专业工作当中去。

3. 很多人对规律的身体活动存在惰性。而且，很多已经参加进来的人中途退出。运用运动持久性的原理，制作一个小册子专门介绍规律的身体活动对生理和心理的益处。在小册子中要鼓励那些已经参加身体活动的人要坚持下去(比如，独立设计运动的小团体)。其中一定要配上体现体育运动好处的人物图片和照片，再加上一个“漂亮的”题目。

4. 近些年，运动与心理学领域有了飞速发展。作为练习者，不管你是老师、教练、特殊体育教育者、体育教练员，还是运动生理学家，都要使自己的运动能力达到最佳状态。讨论焦虑、刺激、注意力、自我谈话和目标设定在运动技巧运用中的作用，及干扰策略的应用对提高能力的作用。

建议阅读书目

Anshel MH：Sport psychology from theory to practice，Scottsdale，Ariz.，1997，Gorsuch Scarisbrick.

Berger BG：Psychological benefits of an active lifestyle：what we know and what we need to know，Quest 48：330 - 353，1996.

Bianco T and Eklund RC：conceptual considerations for social support research and exercise settings：the case of sport injury，Journal of Sport and Exercise Psychology，23：85 - 107，2001.

Cardinal BJ and Kosma M：Self-efficacy and the stages and processes of change associated with adopting and maintaining muscular fitness-promoting behaviors，Research Quarterly for Exercise and Sport 75：186 - 197，2004.

Cox RH：Sport psychology：Concepts and applications，ed 5，New York，2002，McGraw-Hill.

Hutchinson GE and Mercier R：Using social psychological concepts to help students，JOPERD 75(7)：22 - 27，2004.

Iso-Ahola SE and St. Clair B：Toward a theory of exercise motivation，Quest 52：131 - 147，2000.

Shumaker，SA Scrhon EB，Ockene JK，and McBeem WL：The handbook of health behavior change，ed 2，New York，1998，Springer.

Van Raalte JL and Brewer BW：Exploring sport and exercise psychology，ed2，Washington，DC，2002，American Psychological Association.

第三编

事业与职业的思考

最近几年，知识的不断扩展也促使了体育教学、锻炼和竞技的分支学科自身的发展。它的发展，再加上我们社会对运动与健身的高涨热情，就促成了体育教学、锻炼和竞技方面专业人士的就业机会也在不断增多。

此编中，我们将要谈到体育教学、锻炼和竞技领域各种不同的就业机会。这部分以第十章开始，即事业准备、专业职责和指导能力的培养。第十一章讨论了传统意义上的就业机会，如在学校环境下的教学与执教；但随着体育教学、锻炼和竞技领域扩展到了学校以外，当面对所有人的时候，这也就自然形成了非学校环境下的教学与执教机会。人们对健身和健康的强烈兴趣刺激了与健身、健康和治疗方法相关的一些职业的出现，这些在第十二章中得以验证。第十三章叙述了在媒体、管理、表演和其他相关领域的就业机会。社会上运动的盛行与媒体交流的发展，促进体育交流事业的成长。而体育作为一个产业逐渐发展起来，自然会对体育管理方面的专业人才有所需求。在过去的 10 年中，人们从事运动表演业的机会也出现了大幅的增长。

第十章 职业与事业的发展

网络链接

事业筹划：http://careerplanning.about.com
职业前景手册：www.bls.gov/oco/
专业组织：

AAHPERD	www.aahperd.org
NATA	www.nata.org
ACSM	www.acsm.org
NASPSPA	www.naspspa.org
AAASP	www.aaasponline.org
LAPS	www.dmu.ac.uk/dept/schools/pesl/affiliat/iaps.htm
NASSH	www.nassh.org
NASSS	www.uwm.edu/～aycock/nasss/nasss.html
NASSM	www.nassm.com

研究院：http://gradschools.com

学习目标

阅读完本章学生应能：

- 确认在体育教学、锻炼和竞技领域中的就业机会。
- 对能力、兴趣、目标和事业取向做出自我评价。
- 理解自己的专业培训课程。
- 讨论在专业培训中实践经验的作用。
- 描述提高自己开发市场能力的策略。
- 懂得体育教学、锻炼和竞技专业人士的指导技能。
- 列出体育教学、锻炼和竞技专业组织名单。

在体育教学、锻炼和竞技等领域的就业机会越来越多了。作为传统职业的教学和训练已经从中学和大学的校园延伸到了校外，如社区中心和俱乐部。许多体育教学、锻炼和竞技领域的专业人员也开始涉足健身领域，在健康俱乐部或健身中心工作。还有一些专业人员在体育管理、体育医药和体育传播领域工作。体育教学、锻炼和竞技领域专业化程度的提高，增加了许多就业机会。例如，生物力学专家可能在体育用品公司做设计和检测设备的工作，如跑鞋的研究；运动生理学家可能会在健身中心、医院的心脏康复计划或者是体育医药诊室中工作。对于学习体育教学、锻炼和竞技的学生来说，他们的就业前景从来没有这么好过。体育教学、锻炼和竞技方面的专业准备在这一章我们也将讨论。

体育教学、锻炼和竞技领域中的事业

在过去的30年里，体育教学、锻炼和竞技领域的工作机会大大增加了。增加的就业机会是几个因素共同作用的结果。首先，虽然好多人还是不够积极，但是成千上万来自不同层次的美国人从事于健身活动。这些人参加各种各样的活动，包括工作之余到健康和健身俱乐部工作以及从事于有偿健身计划。这些都会导致对有能力的体育教学、锻炼和竞技领域专业人员的需求，需要他们去设计、指导和评价身体活动计划。除此之外，人们想要快乐地度过自己的闲暇时光就会进行身体活动和体育运动。需要合格的人才来指导娱乐计划并教授终身运动技巧。不同阶层的人对竞技体育兴趣的不断增加是造成竞技体育、体育俱乐部、体育联盟以及在教练、体育管理、裁判、运动训练相关领域就业机会增加的关键。最后，体育教学、锻炼和竞技领域中的知识广度和深度的增加导致了分支学科的进一步发展并使像生物力学、运动生理学、运动心理学以及残疾人体育方面的就业得到了增加。

体育教学、锻炼和竞技领域的就业机会只受到某人想象的限制。兰伯特指出，一个人对体育的理解可以限制或拓展他的视野。只把体育看作是在学校的运动、跳舞和练习的教学，就只能把就业机会限制到传统的教学教练职业领域。但是，如果你把体育定义为人类运动的艺术和科学、运动教育、健康教育或预防和康复医学，更多的职业可能将显现出来。相类似的是，把体育定义为玩的研究，人能量的研究，感觉运动发展或作为探索身体活动的使用和意义来理解它们与人们和文化的相互关系和作用的一门学科，则打开了在其他领域的就业之门。可能的就业机会都列在体育教学、锻炼和竞技的表格里。这

Tenneco 公司的员工在室内田径场进行锻炼

个表格绝不是把全部内容包含在内，但将帮助读者认识到在体育教学、锻炼和竞技领域的就业的数量和类型。这些职业选择将在其他章节进一步讨论。包含在各种背景下教学和教练的活动技巧将在第十一章讨论；与健康和健身有关的职业将出现在第十二章；有关体育管理、体育传播以及其他领域的就业机会将在第十三章说明。

你同样可以利用你的想象去创造新的适合你的能力和兴趣的就业机会。知识的增长加上我们对不同人群服务的扩展已经创造了新的令人兴奋的工作机会。把你在分类学科的能力和你在特殊背景下与特定群体和年龄层的人工作的兴趣结合起来，你就可以创造一个特别适合你的就业机会。关于体育教学、锻炼和竞技领域的创造性就业机会表将帮助你开发这些不同的就业选择。

体育教学、锻炼和竞技领域不断扩展的就业机会是一个令人兴奋的发展。从众多可能的选择中做出职业选择要求仔细考虑一些因素。

职业选择

你在体育教学、锻炼和竞技领域里做出职业选择了吗？也许你在几年前就决定找一份教学、运动训练或体育传播的工作了。另一方面，你也可能像许多其他的学生一样——没有选择一个特定的职业。但是你确实知道体育教学、锻炼和竞技领域是非常有趣的，并且你决定尝试在这些领域的多种选择。不论你是确定还是没确定职业，大学都提供了机会来扩展关于这些领域工作的基础知识以及开发大量可利用的机会。

体育教学、锻炼和竞技领域的就业机会

教学的机会		与健身和健康相关的机会	
学校环境	非学校环境		
小学	社区休闲活动	心脏康复	空间健身活动
初中	工作单位休闲活动	运动医学	公司健身活动
高中	商业运动俱乐部	运动疗法	运动营养
大专和社区大学	青少年服务机构	健康俱乐部	竞技训练
大学、专科院校	幼儿园	社区健身活动	控制体重养生馆
基础指导课	健康俱乐部	工厂的健康改善	军队人员的活动
专业培训课	军队人员活动	个人训练	
特殊身体教育	旅游景点运动		
海外学校课程	老年人活动	**运动管理方面的机会**	
军事学校课程	矫正机构的活动	竞技管理	运动组织的管理
		运动设施管理	健康俱乐部管理

续 表

执教的机会		社区休闲活动管理	运动信息
中学校际的运动	商业运动俱乐部		运动产品零售
大学校际的运动	社区运动	校园休闲活动	公司休闲活动
商业运动训练营	军事运动		旅游景点运动管理
体育传媒方面的机会		**与运动相关的机会**	
体育记者	体育广播	体育法规	体育裁判
体育摄影	运动艺术	职业运动员	舞蹈家
体育写作		企业家	体育统计
		研究、探索	顾问
		运动心理学家	

在这么多机会之中你怎样做出你的职业选择呢？第一，建议你选择一个职业路径而不是一项具体的工作。一个职业路径允许你在一个特定的范围内选择许多不同的职业，如体育管理。第二，你可以通过懂得职业选择并非不可转变来减轻与找工作有关的压力和忧虑。在接受大学教育期间，许多学生都改变了关于他们早已想得到的工作的主意。第三，职业并不是终身的承诺。转换工作已经变得越来越常见了。一些人精心地计划去做一份工作一段时间为的是为第二个职业打好基础。例如，一个学生在回到学校做体育心理学培训之前，他可能会当几年老师和教练，从教练中得到的实践经验提高了他作为专业队的体育心理学专家的新职业的机会。除此之外，你应该不时地评价你对你所选职业的满意度。如果你从你所选职业中得不到什么满意的话，你可能就会寻找其他领域的就业机会。

职业选择是一个做决定的过程。包括事例收集、信息评价以及从你可利用的众多选择中做出选择。影响你职业选择最重要的因素是：体力、兴趣、目标和倾向。

在体育教学、锻炼和竞技领域中创造就业机会

通过把某一研究领域与自己所感兴趣的群体、年龄群或环境结合在一起，然后做出职业选择。你还可以在每一栏添加上其他选项。

研究领域	群　体	年　龄	环　境
特殊身体活动	运动员	青少年	体育比赛
生物力学	心脏病患者	成年人	诊所

续 表

运动生理学	残疾人	儿童	大学
运动发展	居民	青年	社区
运动技能学	军人	婴儿	公司
运动史	肥胖者	老年人	矫正机构
运动管理	病人	老年中心	
运动医学	学生	健康/健身俱乐部	
运动营养	健康并适于运动人群	健康水疗馆/旅游胜地	
运动教育学	健康但不适于运动人群	家庭	
运动与锻炼心理学	慢性病患者	医院	
运动社会学			媒体机构
测量与评估			公园
			专业/体育组织
			研究实验室
			零售机构
			学校
			太空
			运动设施

做出自己的选择并明确自己的职责。在下面的例子中，运动心理学与青少年、残疾人和家庭环境连接在一起，这就产生了一份在家庭环境下教授有残疾的青少年的私人健身教练的工作。

研究领域	+	群体	+	年龄	+	环境	=	职业
运动生理学	+	残疾人	+	青少年	+	家庭	=	残疾的青少年的私人健身教练
运动与锻炼心理学	+	运动员	+	成年人	+	大学	=	NCAA Ⅰ级分区竞技运动的心理学家

在寻找一份令人满意的工作时对于你的体力和能力有一个真实的认识是很重要的。选择职业时，你应该根据你目前的体力和能力以及你有潜力去发展的欲望。确认你的体力和能力包括自我评价的过程。自我评价应当积极和持续及时。问问自己关于体力和能力的如下问题：

● 我的优势是什么？

● 我最好的个人品质是什么？

● 在我的工作成果中反映出了我的什么个人能力？

● 我想要发展什么能力？

● 我喜欢做什么？

从你父母、老师和同龄人那里得到的评价中收集关于你自己能力的更多信息。你的指导能力经常受到称赞吗？或者是关于你的组织能力？还是与小孩子的共处能力？你同样要考虑你的学术能力和兴趣：

● 你的学术优势是什么？数学、自然科学、计算机，还是历史？

● 你喜欢什么领域的研究？音乐、语言、数学，还是心理学？

● 你有什么特别的天赋和技巧？你是一个出色的摄影师、高尔夫球手、画家、篮球运动员，还是网页设计者？

● 你想要发展什么天赋和技巧？

你选择涉足于体育教学、锻炼和竞技领域的决定反映出你对这些范围的兴趣。在很大程度上也反映出喜欢和人们一起工作。

在衡量你的职业选择时，问你自己你的个人和专业的目标是什么。

● 你的目标是什么？

● 从这个角度出发你一生最想实现的是什么？你在 5 年、10 年、20 年之内要实现什么？

● 很显然你的目标会对你的职业选择有很大的影响。

最后，依据你的生活方式和工作来判断什么是你的偏好：

● 你是想在城市、郊区还是农村工作？

● 你想在什么样的环境下生活？

● 你喜欢和多大年龄的人一起工作？

● 你是喜欢集体工作还是单独工作？

● 你想在什么条件下工作？学校或大学的体育馆，还是医院，还是健康护理中心、社区中心、公司？

● 你期望的薪水是怎样的？你对以任务和功绩为基础的工资满意吗？

● 在做职业选择时工资是你考虑最多的问题吗？你还是更多地看中与工作有关的其他奖励？例如，从帮助一个心脏病人恢复到正常活动的水平所收获的个人满足感比你的工资重要吗？

● 你喜欢在哪几天、什么时间工作？

● 你希望每年有多长时间的假期？一年有两到三周的假期你会满意吗？还是两个月更吸引你？

● 你认为工作安全性有多重要？职业领先？额外奖励？

这个自我评估过程的结果是，你将对你的优势、兴趣、目标和生活方式以及工作倾向更加了解。如果你很难判断你的个性，你可以利用由你所在大学的职业设计工作室或咨询中心提供的服务。训练有素的人员可以帮你确定你的特点并设定你的目标。你可以利用各种记录或电脑新发现来帮你对不同职业的能力和偏好做出确定。最常用的是“斯特朗-坎波尔兴趣量表(Strong-Campbell Interest Iventory)”。计算机化的发展，如“发现”用得越来越多了。

交流以及从其他人那里得到建议在这个过程中也是有帮助的。和你的家人、导师以及你的朋友讨论一下你的自我评价成果。听取他们所给出的建议，但记住最后做职业决定的还是你自己。你是那个要找到职业满足和奖励的人。

关于你自己的能力兴趣目标和偏好的信息应该和你将来要选职业的特征相一致。例如，你可以结合你的组织能力和数学能力去寻找一份体育管理的工作。但是，在你能准确地使你的特点和职业结合起来之前，你应该收集更多的关于对你可能涉足的工作。

把自己的特点和工作匹配起来要求对你想得到的职业的本质有一个了解。可以通过多种途径得到这样的信息。职业策划或咨询中心就是非常好的资源。他们可以为你提供关于职业特点和前景的信息。大学的图书馆也是一个很好的信息来源。如果需要的话，可以向相关的图书管理员寻求帮助。

两个可能有帮助的出版物是《职业展望手册》和《大学安排年鉴》。《职业展望手册》每年一期并提供关于大量领域中的就业机会的信息。互联网也是可以利用的资源。《大学安排年鉴》提供关于在你喜欢领域的潜在就业机会。另一个来源是《协会大全》这本书，这个材料列举了在你的职业领域活跃的专业组织。例如，一个健康调查列举了美国运动委员会和美国体育医药大学只是为了命名一对夫妇。如果你想了解更多有关福利的信息，你可以写信给美国福利委员会。浏览百科全书的体育部分，你将发现你也许认为从没存在的那些就业机会。一个扩大的版本——《协会无限》一书，可以从网上进入。

另一个绝好的关于潜在职业的途径就是和前辈交流。大多数人会很高兴与你谈论他们的职业并与你分享他们的感觉。问前辈如下问题：

● 典型的工作日是怎样的？

● 工作的职责是什么？

● 你喜欢你的工作的哪一点，不喜欢什么？

● 你的职业有什么奖励措施？

● 你的工作有哪些消极的方面？

- 是什么使你来到了这个工作领域？
- 你怎样使自己变得很专业？
- 一般情况下你这个职业的起始工资是多少？有哪些额外的奖励？
- 有什么样的继续深造的机会？
- 进步的标准是什么？
- 你属于什么样的专业组织？你参加什么样的会议或团队？
- 你对想到你所在领域工作的人有什么建议？

试着在相同的领域多和他人交流，因为每个人的感觉就像他们的经历一样是会改变的。

还有一个寻找有关各种职业信息的途径，那就是你自己的实践经验。这一点将在这一章的后面提到。

你的专业准备课程也将给你提供关于各种就业机会和它们所要求的信息。希望通过阅读这篇文章以及参加这个课程能对你的职业选择有所帮助或对你先前做出的选择起到稳固的作用。

收集完关于你自己和你所选的职业特点的信息之后，试着把你的特点和你所选职业的要求以及性质联系起来。虽然你可能已经有满意的职业了，但是当你做专业准备时，应视野开阔、灵活并时刻准备开发其他任何吸引你的工作。

最大程度地做好专业准备

为一个职业而作准备的过程叫做专业准备。专业准备是成为有学识的人所必需的知识以及理解体育教学、锻炼和竞技所必需的知识的获得过程。

专业准备同样包括根据某人所选职业尽可能地增加优势和发展能力。除了提供成为成功的先行者所必需的知识和技巧之外，专业准备过程可能会被认为是增加个人竞争力和就业面的过程。当从这个角度看的时候，专业准备不仅包括你的课程和学术，还包括你的相关职业经历。

核心是为学生将来的教学和教练事业做准备

教育

一般情况下，专业准备课程是为个人在教学和教练方面的职业准备而设计的。分支学科和工作转换市场的增长刺激了为在体育教学、锻炼和竞技领域中就业的准备课程的发展。虽然专业准备课程在不同的机构有不同的安排，但这些课程确实有一些共同之处。

文科课程

专业准备课程主要包括文科课程。文科课程提供获得广阔知识基础的机会。这些课程是科学、数学、语言、英语、艺术和音乐。这些艺术课程可能要求所有的学生都参加；这些就是指核心课程。例如，所有一年级学生可能被要求参加写作和演讲课。附加的文科课程通常会被授权，依据所学的专业传统专业课程的领域而定。一些学习课程的指定科目可能要求一些具体的课程，而其他的课程允许学生选取他们想参加的文科课程；有时要求必须参加一定数量的课程而另外一些课程可以任意选择。

专业课程

构建这个文科基础的是体育教学、锻炼和竞技体育专业课程。专业理论课程主要是集中在传授体育教学、锻炼和竞技体育原则下的知识。体育教学、锻炼和竞技专业在追逐同一职业路径的学生所需的专业理论课程不同的机构之间有所不同。

专业理论课程提供给学生与原则有关的知识，是为专业学生的职业选择作准备而设计的。一些在体育教学、锻炼和竞技领域之外的课也要求上。通常他们要上的课程是特定的。因此，学生在准备教学和教练的职业时要上包括课程设计、教学方法、活动课程、结果分析课程和教练课程在内的体育教育课程；专业之外的课程包括教育课程和心理课程。准备涉足锻炼领域的学生要上专业科学课程和有关锻炼心理学以及营养学在内的课外课程。除了必要的专业课程，学生还可以在这个领域内选修。

选修课

虽然选修的数量、项目和机构不尽相同，但是大多数课程都有选修。选修课主要是为了特殊的兴趣，扩展你的文化背景以及通过完善和增强职业准备来提高你的竞争力。

想达到你的目标，选修课就要仔细选择。如果你想读研究生，仔细检查一下你是否对入学要求都满意。想在另一个领域读研究生来完成学位的学生要达到几个要求。例如，运动训练的学生想获得体育医疗的硕士学位，要参加生物、化学和物理等辅助课程。你可以利用选修的机会来完成这些。

副修课

越来越多的学生在利用他们的选修课去开展副修课或者是专业领域。（不同的机构对这些内容的定义不同，所以你要清楚这些内容在你的单位是如何开展的）这样做，可以扩展他们的职业选择并增加竞争力。一些体育教学、锻炼和竞技的专业课程要求副修或集中培训。体育管理专业通常要求一项在商务方面的副修或是参加一定数量的商务、经济、会计和管理课程。体育通讯专业的学生可能是在采访、摄影或演讲方面有副修。运动科学专业的学生要在科学营养和健康方面有副修。

在一些州，如果体育教育专业的学生在第二个学术领域得到了足够的学分，那么他也有资格在那个领域教学。通常，拿证书的学分只比在你的学校完成副修的学分多一点而已。因此，体育教育专业的学生可以成为合格的数学、科学或健康教育的老师。对所有的学生来说，合理地利用学分可以有很大的帮助，不管他们的专业课程是什么。

计算机技能对体育和运动专业人士来说是必备的。这个学生正在用计算机做动作的生物力学分析

实习课

提供实践经历已经成为许多体育教学、锻炼和竞技课程的共同特征，不管他们将来从事什么工作。在教学领域，这样的实践经历早就是传统并被看作是学生教学。学生教学实习一般是在三年级下学期或是四年级；实习可能要持续四分之一到一个学期不等。近几年，许多专家作了大量的工作来给未来的老师们提供实践或和专业相关的教学实习的经历。这就允许学生去练习在课上学到的教学技巧并帮他们稳固他们的职业选择。

与体育教学、锻炼和竞技有关的实践经历通常是指现场工作或见习。现场办公比见习时间要短；见习和学生的教学实习的时间差不多。这些课程主要是把学生放在校内外的实践背景下。从事现场工作的运动科学专业的学生要和健身中心或健康俱乐部的顾客一起工作。作为见习生，运动科学专业的学生可能要在心脏康复医院或健身中心工作。体育管理专业的学生可能要在专业运动队见习，而体育传播专业的学生可能要在广播或电视台进行实践活动。运动教练通常是在学校里获得实践经验，在训练房花上几百个小时或作为指导者为各种运动队服务。很多专家把从现场工作、实习和教学实习中得到的实践经验在职业准备中看得很重。

证书

你也可以利用由大学和社会机构提供的各种证明项目来提高你的专业信誉。例如，许多学生参加由美国红十字会提供的急救课程作为他们课程的一部分。但是，你也可以通过参加额外的红十字会课程成为一名合格的急救指导者。这些指导资格证书将允许你去教急救课并保证你的学生符合美国红十字会的要求。红十字会提供有关心肺复苏术（CPR）的指导证书，这些将允许你去教学并保证人们能获得合格的技巧。美国心脏协会也提供这个领域的证明。如果你计划从事运动科学的工作，如作健身中心的指导，作心肺复苏和急救的认证，你就将有资格作为这些救生领域的培训人员。如果你想从事教学教练工作的话这些证明也是很有帮助的。如果你所在的单位没有这些课程，你所在地的红十字会在短时间内能给你提供必需的培训。

如果你喜欢运动训练或运动科学的工作，你会考虑成为合格的紧急医疗技师。全国运动训练协会为运动教练提供资格证明。为了拿到证书，个人必须完成正式的课程，拥有一定时间的实践经历并通过资格考试。

证书，如美国红十字协会颁发的游泳证书，以及实践经历可能对事业准备大有益处

美国体育医学院可以给喜欢体育医药、健身或运动科学的人提供有关证明的课程计划。美国体育医学院的证书被分成了两部分，每个领域提供不同水平的证明，每个水平反映不断增加的竞争和责任。健康和健身领域的证明最初是为那些想从事疾病预防工作的人设计的，目标人群是低到中等风险的人或是公司、医院和社区中患一般疾病的人。在这一领域的三个证书包括美国运动医学学会（ACSM）的运动指导者、ACSM 健康或健身的指导者以及 ACSM 健康健身指导。诊所部分的证明是为在诊所工作的人设计的，这些诊所的病人主要是由进行心脏或肺部康复或患有慢性疾病如糖尿病的病人所组成。在大多数情况下，这些诊所的病人所涉及的与运动相关的危险将大大增加。在这一领域的三个证书是：ACSM 运动专家、ACSM 课程指导和 ACSM 注册的诊断型运动生理学家。

证书也可以在特殊体育领域获得。例如，你可以朝着合格的高尔夫专家或潜水指导员而努力。由美国红十字会认证的水上运动安全指导员能让你去教各种水平的游泳课。有氧舞蹈认证也变得越来越受欢迎。许多专业组织机构提供认证和培训课程，如美国有氧健身协会。在各种体育领域的权威地位可以从特殊体育的官方本身获得。

在你自己的单位也可以得到这其中的一些认证。如果不能，你可以通过合适的机构或是专业组织来获得认证。但是，记得要去核对，确保这些机构是规范的，认证是在这个领域被专家广泛认可的。和在这一领域的老师和参加过的人核对关于是否拥有有效的信誉和认证，对于你来说是有帮助的。

学术表现

你的就业机会和专业上的成功的主要决定性因素就是你的学术表现。潜在的雇主把学术表现看作是将来职员能力的重要反映，并认为这通常是一个人潜在成功的可信标志。在你大学生活起步的时候你就要确保你的学术表现。除此之外，你的学术表现可能影响你是否能成为研究生。

许多学生在完成他们的本科学位之后马上就读研究生。在专业领域内不断增加的专业化程度使读研究生成为一些学生的必需，同时对想在自己感兴趣的领域增长知识的人来说也是诱人的选择。为将来在运动生理学、生物力学、体育管理、体育心理学、体育医学、特殊体育教育以及教育学领域的进一步工作而读研究生是许多本科生的选择。但是，对于拥有糟糕的学术记录的人来说就没有这个选择的机会了。大多数研究生学校要求最少要获得 4 个学分中的 3 个学分。可能进入到你所选择的研究生学校需要更高的平均级别分。你本科时的平均学术分可能会影响你是否能得到研究生助学金来支付你的研究生学习费用。由于研究生助学金提供给被授予者实践的经验，所以它被看做是很高的奖励。

个人发展

个人技巧和能力的发展是教育过程的重要组成部分。作为自我评估过程的一部分，你能够辨别你的优势领域和有待提高的内容。此外，你应该认真考虑怎样提高你的过渡性工作技巧以及适用各种不同岗位的技巧。沟通技巧、指导技巧以及在不同的工作背景下都适用的人际关系技巧。过渡性技巧表详细地区分了这些过渡性和高度面向市场的工作技巧。

有效的体育教学、锻炼和竞技可以教育和引导其他人采用积极健康的生活方式。你是健康生活方式的榜样吗？你是否每天都参加身体活动呢？吃的是低脂肪的食物吗？是以一种健康的方式来应对压力的吗？东部华盛顿大学所作的一项研究表明虽然申请者的健康水平没有作为正式的工作标准或在面试的时候没有涉及，但是这也是聘用时的一个重要因素。1990 年，这个大学创办了岗位健康计划，目的是帮助这些专业人士拥有一个健康的生活方式并确认生活积极的人群。这个计划包括三项基本原则：健康测试生活方式或康乐评估以及个人建议。符合计划要求的学生被授予一个岗位健康证明。这个证明让雇主知道这个学生是健康的，是健康角色的榜样。

通用的技巧

通用技巧是指那些应用于各个不同事业中的技能。可以通过课堂教学、相关实践、个人活动来培养这些技能。下面就体育教学、锻炼和竞技领域，这些技能对不同职业的专业人员所具有的重要性给出了一些例子。

演讲

在课堂上和指导实践中培养自己作为公众演讲人的技能。学习如何准备演讲，有效地交流思想、激励人们。（应用：教练在学校董事会上提出他或她的预算；运动信息部主任在当地电视台报告最新消息）

写作

勤动笔，学习如何为不同的读者写文章。可以通过给大学报纸的编辑、你常常阅读的出版物写信来锻炼该技能。为你所在的俱乐部和组织写一些时事通讯。（应用：为完善个人的训练写一本小册子；给公司健身活动的参与者写一个时事通讯）

教学和教导

完善自己向不同年龄段的人们解释事物的能力。你大部分的工作是向人们传输有关技巧、健身、健康的生活方式等方面的内容。培养自己交流信息和教育的能力。（应用：在学校环境下教学生；指导运动员如何让受伤的膝盖康复）

续 表

访谈

学会如何通过直接询问从人们那里获得信息。学习如何让人们感到放松，即使在讨论一些棘手的话题时。（应用：在健身和康复活动中加入访谈；竞技运动管理人员搜寻信息来解决问题）

与公众的关系

接受那些你必须面对或和公众接触的职责，如和公众打招呼、接电话、处理公众的抱怨、募集资金、在公共场所露面等。（应用：职业组织中的员工管理员参加一个运动员资金募集）

指导才能

承担指挥一件事，监督他人工作，举办一次活动并完善它的责任。学习如何提出自己的或代表其他人提出观点，以求改变状况。（应用：为残疾人提议额外的社区运动机会；指导一个公司的健身活动）

预算管理

从制定预算中获取经验，即使有时它是一个小的预算。管理资金如何支配、平衡"账面"收支、做好报告。（应用：设备管理；门票销售）

谈判

学会将对立的双方带到一起，帮助人们讨论他们的分歧，处理困难问题；学习如何和那些当权人士谈判。（应用：处理健身俱乐部职工之间的冲突；和当地的报纸出版商谈判以获得对你们的赛事更多的报道）

组织

负责一项事物，管理一些计划，学会如何指派代表以及使他贯彻到底。（应用：组织一次社区普及健康知识集会或主持当地教师会议来交流一些思想和活动）

计算机与分析技能

培养操作文字处理、电子数据表、数据库、图像软件的技能；数据分析和图表演示；制作网页。（应用：建立一个数据库来监控你训练的私人客户；建一个网页来完善你的计划）

作为学生，对你所学的课程很熟悉是很重要的，这样你就可以为你所选的职业来规划你的学业并强化你的资质。大多数机构都是指派教授做学术顾问。在规划学业时要与你的顾问密切配合。利用你的教育经历是成为有知识的个体和专家所必须要做到的。在你选择职业的过程中，通过你的学术课程和责任选择来创造更多的选择机会。你的活动和相关的经历对你的专业发展同样有帮助。

相关的经历

你的活动和相关经历能极大地完善你的职业准备。你的课外活动可以帮助你发展与你所选职业相关的技巧。也许把你的课外活动看作是非正式工作或是这一方向的实习对你也是有帮助的。当然，作为运动员、管理者或是统计人员参加大学的运动队能提高你在那项体育中的专业度。你作为体育摄影师、体育工作者或学校报纸编辑的经历能使你在体育传播领域得到很好的职业锻炼。如果条件具备的话，在体育专业俱乐部里积极地表现会对你的专业提高有帮助。作为学生指导组的一个成员可以培养在不同职业中的指导能力和组织技巧。

你的工作经历也有助于你的专业发展。通过兼职和暑期短工而获得的工作经历可以给你提供很多关于工作的有价值的经验。虽然找工作很难，但是你还是要努力地去寻找与你的职业目标有关的工作。夏天的时候，你可以通过在社区娱乐项目中指导和组织各个年龄层的人的活动来获得经验；或是试着找一份健身或健康中心的工作，教顾客怎样使用各种练习器械，监督他们的练习成果以及教他们有氧舞蹈。为了获得实践经验，你可以考虑在与正式职业相关的工作中找一个待遇更好的工作并找第二个工作作为补充。

参与竞技运动是以后从事教练工作非常有价值的一段经历

另外一个实践经验的来源是校内工作。如果你有经济需要，你可以尝试一下半工半读的工作。作为一年级学生，你可能得不到你想要的工作并不得不在咖啡厅工作，但一年以后你将会有更好的机会去得到你想要的工作。半工半读的工作可以作为学校研究助理、试验助理或计算机助理来获得。当然，你必须要有能胜任工作的能力或是有机会去做这项工作的话有学习的欲望。另外一个针对合格学生的校园就业机会是在宿舍做管理助理。作为一个管理助理，你将学习如何与人紧密地一起工作并发展咨询和规划技巧。

志愿者是另外一个获得实践经验的手段。虽然志愿工作不付给你任何费用，但是试着把它看作是对你未来的投资。也许你已经喜欢暑假在联合健身中心工作了，但是你发现由于预算限制中心不能雇用你，去问一下中心是否愿意接纳你为志愿服务者。这就意味着如果你需要学费及相关费用的钱，你不得不在晚上和周末加班来保证上学所需要的钱。但是，当涉及你的职业时志愿工作会有一个很大的回报。一句建议：即便你只是一个志愿者，一定要像一个付薪员工一样在工作上尽可能地多花费时间和精力，那样你就会被管理部门看作是潜在的员工了。如果你这个夏天工作得很出色，你可能被顺理成章地定为下个暑假的员工。志愿工作是进入职业领域的一个很好的途径。考虑过从事体育传播的工作吗？想在当地电视台成为一个杂务志愿者总是在幕后获得生活的体验。也许这些将把你在正确的时间放到正确的地点去利用你所遇到的任何机会，志愿工作也将使你获得更多的专业接触。

像刚才所说的，现场工作和实习是获得实践经验的好途径。如果你的课程没有涉及这些，确认一下你能否拿到其中一项的学分或是自愿地去做。许多专业组织都很愿意为志愿者提供实习的机会。例如，AAHPERD 为感兴趣的学生提供实习。和你的研究领域内的专业组织保持联系，去看他们是否愿意接受实习。

考虑在一项研究项目中自愿与你的一个教授一起工作，他或她会在你感兴趣的领域对你有所引导。如果你参加一个关于体育教学、锻炼和竞技方面的硕士或博士计划项目的机构，要自愿地帮助其中的一个研究生为研究计划收集数据。这项研究经历将证明是有启发作用的并在你进行自己的研究生教育时会有所帮助。再次提醒：对研究计划作出承诺并让研究者知道你是可以被信赖地去完成你的责任。

课外活动、工作经历和志愿者活动对你的专业发展都有好处。这些实践经历给你提供在你所选的领域工作，学习必要技巧以及完善专业接触的机会。即使你刚刚为你的职业做专业准备，但也该是开始考虑成为一名专家和为将来打算的时候了。

专业事务

尽早地成为专业人员。专业的活动是知识和成长的来源。一个起步的方式是通过积极参与你所在单位的体育教育、运动训练、体育管理或是运动科学的专业俱乐部。如果没有专业俱乐部，试着在学生和有兴趣的员工的帮助下去成立一个。

加入一个和你的职业选择紧密相关的全国协会。许多专业组织提供给学生的位置越来越少了。参加你有机会见到专家的全国大会，取得个人联系并参加关于研究发现和新技术的会议和工作组。除了全国会议，许多组织有举行各自会议的州协会和区域协会。这些组织更方便参加并使你有机会遇到和你在同一区域的专家。协会会员，作为他们会员费的一部分，接收专业杂志。例如：AAHPERD 会员可以选择 JOPERD、体育教育、娱乐和舞蹈的杂志或是作为他们的出版物之一的运动和体育研究。

建立一个专业图书馆。除了你要订购的杂志，整理和保留你的上课笔记手稿和课文。许多出售给特殊班级笔记或卖课本的学生发现后来在工作中需要这些材料时这些材料意味着大量的额外工作和金钱。当你开始你的职业时这些资料就是你的资源。在你读研究生的课上这些本科笔记和材料将会很有帮助。

获得一个专业岗位

不论你在毕业后是做全职、兼职还是假期短工、实习、研究生助理工作，还是志愿者工作，获得想得到的职位要有一个周密计划和不懈的努力。热门职位吸引大量的申请者，竞争非常激烈。因此，使自己更有效率并全身心地努力是非常重要的。

获得专业位置的准备可以被看做是一个4年持续的努力。每一年都可以看做是朝着实现作为专家或进入研究生院的长远工作目标而迈进的基石。为实现目标而设的4年时间安排如表10-1所示。如果你以一种很系统的方式进行，你可以最大程度地增加你的专业，准备并提高你的竞争力。

写简历

在你教育职业的早期你就该开始进入到完成简历的过程中。简历是对你的资质和经历的总结。为了帮助完成你的简历，在你的整个职业生涯中把你的所有活动都一直地记录下来。没有这样做的人，经常不在意地忽略了重要的活动或是在他们简历里记载的荣誉，因为他们已经忘记了。一些重要的活动的例子包括荣誉、参加的运动会、打工、专业协会成员以及志愿者活动。

一种记录你的活动的方法是使用一种索引卡片系统。把档案写上简历，每次你参加专业活动、从事课外活动或是被授予了荣誉，在检索卡片上做好记录并把它放到档案里。一些学生使用电脑来有效地记录他们的成果和活动。不论信息是记录在检索卡片上还是电脑上，要确保记录得准确和完整。对于学生教学、实习、工作和相关经历一定要保证恰当的标题、组织、地址、名字和监管人的头衔的正确拼写。仔细并准确地描述你所扮演的角色任务并给出相关的数据。例如，如果你刚刚完成在施乐公司的联合健身计划中的实习，你可以这样写你的简历档案：

> 施乐公司实习。导师：理查德·史密斯博士，联合健身中心主任。职责：协助压力测验管理；设计个人运动处方；管理个人运动；接受参加者有关营养方面的咨询、戒烟和压力应对。日期：2005年1～5月。

你获得过什么荣誉吗？如被列在院长名单上。把它记下来：2004年秋院长名单。把每年的课外活动也都记下来——校内、校际的运动员身份，体育教育专业俱乐部成员，学生组织的代表，州健康协会的参加者，残奥会的体育，娱乐和舞蹈协会的志愿者等，也要记下你获得证书的日期。

找工作

有好多途径可以帮你展开你的职业生涯。大学的安置办公室设有工作列表并不断地更新。一些专业组织给他们的会员提供分配服务并不时地宣传关于工作的信息。AAHPERD,全国运动训练协会以及美国体育医疗学院都对他们的会员提供分配和工作信息服务。报纸、劳动人事办公室以及一些州的教育部门都有职业机会列表。工作列表也会被传到万维网上。

网络是找工作的最重要的策略之一。接触公司职员、朋友、亲戚、原来的老板以及实习督导看他们是否有关于工作的信息,就是通过个人接触去了解工作。参加会议或加入专业组织是增强联系和扩展网络的重要途径。一定要确认跟上最新动态。

申请工作

一旦你注意到可能的空缺位置,马上发一份带开头信的简历要求面试或申请。开头信的目的是取悦雇主。要是可能的话,把信寄到特定的人员那里。要说明来信的用意,把读者引到简历上让他注意到资质尤其是和职位相关的资质,并说明你为什么喜欢这个职位,强调你的职业目标以及对组织的潜在作用。信应该紧紧切入到行动的要求、面试或是申请,并感谢他或她花时间阅读。

面试

如果你被邀请去参加面试,要仔细准备,换句话就是做作业。尽可能多地查找关于工作职责以及其他的相关信息。在面试之前,花些时间去总结常见的面试问题的答案。如下所列的就是一些常见的问题:

- 你的职业计划和目标是什么?
- 你在大学选择专业的时间和原因是什么?
- 你的教育为这项工作是如何作准备的?
- 你的哪项经历和技巧是和这项工作紧密相关的?
- 你最大的优势是什么?你主要的缺点是什么?
- 你的专业哲学是什么?你能给出一个例子来说明你的哲学是怎样引导你的行动的吗?
- 你有什么工作?你是怎么得到它的?为什么又离开?你原来的导师关于你的工作表现会告诉我们什么?
- 你是怎么评价你自己的?
- 你最满意的成就是什么?
- 你所做的事情有哪些能显示你的指导才能、开创精神以及工作的意愿?

- 你期望得到什么样的待遇？
- 你希望一周工作多少个小时？
- 在这么多的候选者中我为什么要选择你呢？
- 你对我们单位有什么问题要问？

作为准备过程的一部分，你也应该准备一系列的问题去问面试者。如下是一些可能出现的问题：

- 有什么个人发展的机会？
- 雇员有什么样的培训内容或教育机会？
- 这个职位的具有挑战性的内容是什么？
- 你们未来的计划是什么？
- 新雇员要具备什么素质？
- 在你们公司什么品质是成功人士的象征？
- 贵单位的管理模式是怎样的？
- 你们如何更好地使用我所拥有的技能？
- 增加一些适用你所面试工作的额外问题。

第一印象非常关键，所以凭你的专业表现、态度和人格来创造一个积极的印象。面试时要合理地穿着；要保证按时到，在约定的时间之前到；用稳重的握手来迎接面试者，并要严肃，泰然自若，关注，有回应并充满热情；准备好去以一种诚实自信的方式讨论你的成绩、技能、兴趣、个人品质以及工作价值；要自信，切忌自大或张扬；认真听每一个问题并花些时间去总结一个审慎简洁的答案；记住你不仅是在你的成绩方面受到评价，还有你思考和交际的能力；面试结束的时候，要向面试者道谢。

后续工作

每个面试之后都需要一封感谢信。这封信应着重写你对这个职位的兴趣以及你认为在面试中进行的比较好的话题。一定要感谢面试者和他们对你的考虑。如果你面试之后决定放弃这个职位，要感谢面试者并有礼貌地说你对这个职位不感兴趣。

接受工作

当得到一份工作，依据你的技能、兴趣、个人和工作价值以及职业目标来重新仔细衡量这份工作的性质和你的自我评价结果之间的关系。如果你接受工作，先前在你的信中就要答应接受并表现出对迎接这份工作的挑战时的兴奋。如果你决定回绝这份工作，回绝信应该表达你的悔意以及对面试者花时间、精力和考虑的感谢。

得到想要的工作要求保证有效地展示你自己。主动寻求关于空缺职位的信息并不断地追寻对于引导一项成功工作很重要的决定因素。你的简历应该真实地体现出你的能力和成绩并调整去适应这个职位。为每个面试做好充分的准备并表现得像个年轻的专家。要审慎地作出你的最后决定并以一种专业的态度和你的未来老板交流一下这个决定。

表 10-1 专业准备四年的时间安排

重 点	第一年	第二年	第三年	第四年
学 业	了解自己的专业要求，包括文科和专业课程；确定有多少有兴趣的选修课程或者作为副修课程。	开始按照副修课程的要求学习；认真检查自己的学业成绩；记住很多研究生院校入学时都要求最低的GPA3.0的成绩。	明白研究生入学的必要条件并思考怎样去满足这些条件。确保自己能够顺利毕业；抓住机会参加学业荣誉团体。	仔细看看自己是否符合毕业要求，因为这是你必须要完成的。
职业目标	确立短期和长期的职业目标。	找到自己独特的技巧并计划如何去发展完善它。	加强转移技巧的学习；重新审视自己的短期和长期职业目标。	使未来一年及五年的职业目标更加坚实。
校园活动	参加体育活动或与健身有关的活动。	继续参加体育活动和健身活动；参加其他校园组织或其他活动。	在专业组织的活动中担任领导角色，比如在某一委员会当主席或干事。	通过担任更具挑战性或责任重大的职务来加强自己的领导职责。
专业活动	参加专业俱乐部；成为当地专业组织的会员（如，国家体育训练员组织）。	参加国家专业组织；参加专业会议并利用好一切为学生创造的机会。	参加一次专业会议并参加领导阶层的组织。	参加一次专业会议；利用好专业组织提供的工作机会。
志愿者活动	在学校或家乡寻找志愿者活动的机会。	在自己所感兴趣的组织中每周做志愿者几个小时（如，特奥会、美国心脏协会）。	不断增加做志愿者的时间或者考虑换一个其他感兴趣的领域。	承担志愿者领导者的工作（如，招收志愿者）。
相关工作	在课余时间或暑假寻找相关工作的机会。	暑假或课余时间在相关领域工作（如，校园有氧运动指导员或在健康俱乐部做健身教练）。	增强工作责任感；考虑换一个工作以拓宽专业视野。	继续工作并扩大职责范围；把职位提高到领导者或监管者的位置。

续 表

重 点	第一年	第二年	第三年	第四年
实 习	寻找实习机会，包括短期和长期机会。	参加短期实习，比如实地调查。	调查本专业的实习机会。继续参加实习工作。	完成全职实习或教学生的工作，最少持续十周。
职业计划	去职业计划办公室，通过自我评定和就业指导方案明确自己的兴趣、特长及其他需要提高的方面。	草拟一份你的简历，拿给专业或职业计划顾问看一看。	利用好有关采访，写信和进行有效工作研究的机会，更新你的简历。	更新你的简历，参加校园人才市场，利用校友关系，利用职业计划、互联网和其他资源寻找潜在的职位空缺。
关系网	了解你所在学校的教员和学生；采访专业人员的工作。	利用当地有关本专业的机会（比如会议）以遇到你专业领域的专家。	扩展你的专业联系和关系网。	利用教员、专家、朋友和家庭的关系网寻找就业机会。
证书	明白考取哪些证书能提高自己的专业技巧和市场开拓能力。	开始准备考取证书，比如，CPR、急救、水上救生。	适当的时候可以再多考取几个证书。明白所学专业——体育训练、健身和教学等认证考试的要求。	参加体育训练、健身和教学的认证考试。
毕业后的求职申请	熟悉这一领域的就业机会。	在暑期打工，实地调查和实习过程中练习求职技巧。	建立证书文件，并尽力获得推荐信。	求职。
研究生申请	熟悉可以继续深造的相关领域。	找出可以读研究生的学校并了解基本要求；制定计划以达到这些要求。	写申请信并确定入学要求。参加入学考试。	申请入学并申请研究生助教奖学金。

指导才能和专业发展

培养具有指导能力的专业人员对于体育教学、锻炼和竞技领域的未来发展非常关键。知识的领先，为适应各个年龄层的人而不断增长的身体活动，对社会的显著作用，都取决于专业人员的指导能力。加入到体育教学、锻炼和竞技领域中的专业人员在这些领域扮演积极的指导角色是很重要的。

对于体育教学、锻炼和竞技的成功而言，指导才能是很重要的。威力思和坎贝尔把指导才能描述为保持参加者参与运动的关键因素。没有任何其他的因素能像一个有能力并充满热情的运动指导者一样拥有引出变化的潜在能力。麦克把指导才能描述为辨别伟大教练的重要因素。许多教练在拥有他们所在体育领域的广泛的知识的情况下也是很出色的战术家。把伟大的教练从好教练中分开的是他们作为指导者的特性。

虽然体育教学、锻炼和竞技体育变化很大，但是指导才能对于实现计划的成功是很关键的。虽然有人会说指导才能是天生的，不是培养出来的，但伟大的指导者他们自己会告诉你有效的指导是可以学习的技能。史密斯指出指导者是和我们其他人一样的人，但是不同的是他们懂得指导的技能和技巧。

指导的定义

指导一词是指影响人们和谐地一起工作去实现他们预期目标的艺术。根据史密斯所说的，指导有扩展视野的能力，从实践的角度表达梦想的技能，以及引导和协助其他人开展这个实现的各个方面的技巧。一个团队的指导影响团队成员的感觉、信仰和行为。一个指导者可以用一种集体的感觉帮助团队实现目标并给成员提供实现自我价值的机会。指导包括鼓励和激励团队的成员去尽最大的努力。这些指向了关键的来源并鼓励更高水平的成绩。它消除了懒惰、冷淡和漠不关心并用鼓舞、热情和信心来取代它们，给自我价值的实现以及令人满意的尝试提供了机会。这造就了会员的能量而不是指导的权力。

指导应该注意到组织或同行内每个会员实现自我价值的需要。每个人需要知道他或她对一些事情负责、被关注并认为是有价值的。同时，指导需要认识到每个人拥有不同的兴趣、需要、能力、态度、天赋、容忍度以及创造性的能力。对指导才能的真正考验是它能扩展人们生命的数量。它是一个帮助人们认识他们自己的过程。

许多特点、品质、性格和技巧被用来描述高效的指导者。早期对指导能力的研究集中在描述高效指导所拥有的个人品质特征上。目前的研究建议高效的指导能力是高度的互动性。与现场情况相结合的个人行为来决定在特定情况下最有效的指导行为。因此，体育教学、锻炼和竞技的专业化过程包括在这种情况下有效，而在另一种情况下不一定有效的指导才能特性。整体的特性同样影响对于有效的指导能力所必需的行为。在众多必须考虑的整体特性中包括性别、年龄、能力水平、品质、种族特点和经验。对专业人员的挑战是在特定的情况下去决定哪种指导行为是最有效的。

许多人相信指导能力是天生的不是培养出来的。但是，关于指导品质特点和技巧的研究反映出这些是很明显可以学习和提高的行为。史密斯在争论生来就是指导这一迷惑时指出，指导能力是可以被描述和学习的。指导能力的关键在于可得到而不是生来就有。因此，去完善和改进对于有力指导所必需的行为是鼓舞专家加入体育教学、锻炼和竞技的分内之事。

由于指导的相互作用本质，不是所有的指导品质和技巧在任何情况下都需要。需要它们的程度不同，这取决于特定的情况和偏爱以及团队成员的需要。但是，那些花时间和精力去完善品质特点和技巧的专家会在更多的情况下更有效果。

指导能力的品质、特点和技巧

许多品质都用来描述有效的指导者。温伯格和古尔德(Gould)注意到并没有一个明显的必需的核心品质能确保一个人将来成为指导者。但是，他们注意到指导者似乎有如下共同的品质：智慧、主张、同情、自我鼓励、灵活性、野心、自信和乐观。这些品质都是成为合格的指导者所必需的，但还不够。有效的指导能力起源于能把能力和当时的情况以及团队成员的个性相结合。

许多其他的品质也同样与高效的指导才能有关。不懈的工作决心和坚持是经常被引用的个性。根据安希尔所说，希望教练拥有这些指导的特性：真正为人们着想，尊重他人、有教学的能力、体育的知识以及出色的交流技巧。关键是基于对体育的长远承诺以及团队和个人目标的实现。做选择时的公平性，社会支持和积极地进取也很重要。这些个性特征能提高所有的体育教学、锻炼和竞技的专业人员的工作效果。

指导者对自己的事业有自己的看法，对自己的努力有强烈的信心，并热衷于它

在讨论从事健康或健身职业的指导能力时，彼得森(Peterson)和布莱恩特提出了有关指导能力的另一个方面。虽然彼得森和布莱恩特说明了与成功地作为个人指导有关的高效指导的重要性，但是他们关于指导能力的思想对于体育教学、锻炼和竞技的专家在健康、健身和康乐领域工作来说是可以利用的。依据彼得森和布莱恩特的观点，作为一个成功的个人指导，懂得和改进有效的指导才能是极为重要的。为了成为一个高效的指导者，你必须有能够影响别人的能力和想法。

彼得森和布莱恩特指出没有一个简单的成为指导的方法。成为一个成功的指导的特点和要求，不同的情况会不同，不同的个体会不同。指导才能就像一幅马赛克画，由不同的特征组成。随着情况的变化，有效领导力编织的蓝图也会变。但是，彼得森和布莱恩特也指出，作为一名全面的指导者，如果不能拥有如下所有特征，也必须要符合其中的一部分：

● 价值取向行为和种族引导原则。

● 充分的准备包括精心计划的目标，安排时间及实现目标的资源的能力以及适应变化的环境的灵活能力。

● 自律、包括很高的职业道德和完成所必需工作的承诺以及引导行动的道德准则。自控能力是很重要的，并影响一个人对情况的反映；时间和资源的利用，承担对时间和资源的责任以及保持专注的能力。

● 知识是能力和信誉的来源。胜任引起尊重并能提高作为指导的威信。

● 追求结果、引导创造性及诠释憧憬的态度，完善计划去得到那样的憧憬以及持续的进步评估。激情和奉献有助于确保计划是成功的。憧憬是帮助引导指导者行为的试金石。

● 有效的交流包含几个必需的技巧，这些技巧对指导能力有作用。这其中包括语音交流、倾听、书面交流、反馈、电子交流和非语音交流。

● 鼓动性能力能使指导者帮助顾客实现个人目标并帮助公司实现他们的憧憬。有效的指导者懂得并能对影响个人健康和健身的动机的其他因素和特殊需要作出准确的回应。

● 解决问题的技巧能使指导者在各种情况下知道最需要关注的是什么的时候能以一种及时、系统的方式来解决问题。

● 能使指导者区分和利用机会的机会主义的观点将对他们的专业生涯、他们顾客的生活以及公司都会有积极的作用。

● 勇气是能使指导者应对恐惧很难做决定、冒险面对挑战、承担责任以及保持自立的个人能力。这使每个人成为真正的自己，依照他们的良心并紧握他们的憧憬。

体育教学、锻炼和竞技的专业人士必须要完善指导蓝图所必需的品质和方面。指导能力有助于你作为现行者的效果，一步步地发展你的指导能力是很重要的。

在讨论关于体育教育中行政人员的指导技巧时，麦金泰尔(McIntyre)提出指导技巧可以通过不断发展的内容来学习。这些技巧对于在公司里想当指导的人也适用。这些技巧是：平等交流技巧、指导技巧、矛盾解决技巧、信息处理技巧、抉择技巧以及反思技巧。平等交流技巧是指建立和培养高效团队和同龄人之间的关系。指导技巧包括开发各种指导方式，结果评价技巧以及培养积极斗志的技巧。矛盾解决技巧是以积极态度应对团队矛盾所必需的。信息处理技巧包括信息的收集、信息的评价、基于信息的行动计划总结以及对其他人的信息宣传。抉择技巧就是典型的问题确认，不同的解决方式，对可能的方案结果评估以及在可行办法中作出选择的模式。最后，反思技巧包括对某人行为以及这种行为对其他人影响的敏感性。发展这些技巧将提高一个人的指导能力。

麦克(Mack)把指导才能技巧描述为教练的最大财富。在教练工作中，指导才能可能是决定成败的关键因素。教练不仅需要利用指导才能去竞争，还要用到每天的练习当中。麦克关于有效指导才能的原则对于在体育教学、锻炼和竞技领域工作的专家很适用。这些原则包括：

创造一个目标和承诺。创造目标是所有指导才能技巧中最关键的。有效的指导者要创造一个共享的目标并培养一种责任感。他们协调和推动团队走向目标的实现。

保持正直。有效指导者有着很强的民族感和道德价值感。他们会坚守自己的信念并永不妥协他们的价值观。

做模范来指导。有效的指导者会是他们想要去发展他们的团队成员该有怎样的行为的模范。他们会实践他们所宣扬的，亲自去履行自己所说的话。他们懂得实际行动的巨大效果。他们作为一种潜在的推动力。

展现成功的把握并承担失败的责任。有效的指导者意识到其他人对他们成功的作用。他们总结他们的失败并从错误中学习。

赞扬团队的贡献。有效的指导者总是能抓住团队成员做得漂亮的事情。积极赞扬常常引发热情，增加自信心以及培养承诺的勇气。

有效地交流。有效的指导者体现出能巧妙地使用各种不同的交流技巧包括倾听。

代表有效的指导者能明智地作出表率，分给团队成员要完成的任务以及要完成的责任。他们通过提供给成员必需的资源，鼓励他们努力工作并支持他们的行动来促进他们完成任务。

按金箴行事。你希望别人怎么对你，你就怎样去对待别人。要尊重、体贴和善良。古老的箴言“对待别人就像你希望别人怎么对你一样”，给指导者提供了一个在他们的行动中去遵守的绝好的标准。

给自励创造一个环境。虽然指导者鼓动他人这种方式经常得到肯定，但是更多的鼓动是来自于他们自己。有效的指导者能培养团队成员的力量，提供实现成功所需有意义但具有挑战的机会并促进自信和独立的发展。

有效指导能力的许多品质、性格特征、原则和技巧受到了争论。

史密斯(Smith)建议既然有效的指导者在他们的所有能力中拥有各种各样的行动和技巧，通过在各种层次上关注指导者，不论是在一个团队还是在工作单位都必须完成指导责任，比如核心角色，可能更容易理解指导才能。这些角色包括前景角色、关系角色、控制角色、鼓励角色和信息角色。

前景角色要求指导者要清晰地把他的设想传递给团队。与这个角色有关的活动正在创造一个前景描述，设立特定的目标有助于实现梦想和推动作用。在关系角色中，指导者培养有助于朝向达到目标的关系。完成这一角色包括培养团队内部的关系、团队建设以及获得帮助所需要的网络。

在控制角色中，指导者要安排活动的开展和问题的解决顺序，同时也要决定哪些是对解决问题有用的。这个角色还包含作决定委派和矛盾的应对。在鼓励这个角色中，指导者意识到成员对团队的作用，通过给予称赞和奖励来提高努力，并支持把团队推向目标方向的行动。在完成信息角色的过程中，指导者在群体里设立交流通道和组织并确认群体里的成员拥有完成他们的责任所必需的信息。

体育教学、锻炼和竞技专业人员可以采取史密斯的指导方式有效地指导人们按照他们的程序运动。这些对于一位教师教授儿童如何提高他们的技术，或对于一位管理者如何在一个运动组织中有效地工作都非常有用。

在体育教学、锻炼和竞技领域工作的专业人员应该在职业生涯当中不断对自己的指导行为进行仔细的评估并制定出一个进一步强化它的计划。麦克写道："不能磨砺自己的指导才能就等于失去了一个机会。"体育教学、锻炼和竞技专业人员应该积极去寻求使他们成为更好指导者的实践活动和机会。

培养指导才能的机会比比皆是。史密斯建议人们利用这些机会锻炼在各种情形中的指导才能，从指导一个人到在一个组织最高水平上的指导。举例来说，一个有抱负的专业人士可以通过帮助一位室友开始一项锻炼活动并继续下去，协助一位朋友学习一项新的运动，志愿做一位青少年运动队教练，担任校内比赛的裁判等活动来学习指导才能。一位专业人士经过循序渐进地在各种校园、社区、专业组织中担任更多挑战性的指导责任，可以进一步培养和细化他或她的指导能力。此外还有一点非常重要的是，努力寻求培养自己指导能力的机会，使它更加完善。

谈话给专业人士有了交流和建立伙伴关系的机会

专业素养

专业素养是对体育教学、锻炼和竞技所有领域由衷的奉献。专业素养对人们来说意味着很多，也包括许多领域。它包括展示较高水平的专业能力与实施行为；拥有所需的资格；能够告知和人们所参加活动有关的准确、真实的信息；向人们示范一个健康、积极的社会方式。专业人士要对他们的工作有一种热情，对他们专业的发展有一种兴趣，同时也要有指导技能，愿意进一步发展这个领域。

责任感

专业人员要有责任感。他们从专业上要担负起许多义务并身体力行。他们要计划好活动、制定活动目标、根据当前专业实践标准实施这些运动、让活动最适合参与者的兴趣、持续不断的监督活动质量、采用已认可的评估技术定期评定这些活动，等等。此外同等重要的是专业人士对公众所声明和宣称有关他们的资格、活动和结果要准确、真实。

文化能力

文化能力对专业人员至关重要。正如第三章所述，我们的社会变得日益多样化。体育教学、锻炼和竞技专业人士需要在多文化背景下有效地提供我们的服务。在对待疾病起因、预防和治疗以及保持身体健康的问题时，专业人士要适应涉及语言、文化、民族的事宜并谨慎处理文化信仰问题。体育教学、锻炼和竞技专业人士必须培养自己的文化能力，这样他们就可以让我们重视人与人之间在健康上的不平等现象。文化能力方面的健康保健对少数族群的健康有着正面影响。谨慎对待文化、尊重文化，把文化信仰融入预防性活动计划（如工作单位里的促进健康活动）以及恢复活动之中（如心脏恢复）可以使体育教学、锻炼和竞技专业人士满足所有人的需求。

道德规范

专业人士和活动参与者要遵守行为道德标准。这些道德标准是行动的原则，帮助人们做出正确的决定。同活动参与者的合作方式要恰当。如许多行为规范和普通的职业共识都禁止教练和运动员之间有不合适的关系，不允许在一个工作单位负责促进职员健康的专业人士公开关于职工的个人隐私信息，不允许竞技教练在对待首发和非首发运动员时有歧视行为。（详见表 10 - 2）对待活动参与者和这个领域的其他专业人士的行为要诚实、尊重和公平。

表 10-2 体育教学、锻炼和竞技道德与行为规范例证

国家运动与体育协会(NASPE)运动和体育的行为规范	●"运动与体育从业人员……他们的专业和品格代表了道德行为的最高标准。" ●"运动与体育从业人员……寻求并实施能反应在体育教学与运动训练中最好的、最合适的指导策略。"
国家运动与体育协会教练员行为规范	●"教练拥有指导队伍的知识，并做好准备"，如国家标准中有关竞技运动教练员的规定。 ●"教练员有责任确保运动员健康、全面发展，这些要比胜负记录重要。"
应用运动心理学发展协会(AAASP)道德规范	●"AAASP 会员要意识到人们在年龄、性别、种族、民族、国籍来源、宗教、性别取向、能力、语言、社会经济地位上的不同会大大影响到他们的工作。AAASP 会员在和特殊人群工作时，有责任培养必要的技能以便适应这部分人群，或向他们做出适当的推荐。"
北美运动管理协会(NASSM)会规或原则	●"专业人士应该(a) 把他们对学生/顾客的义务和责任当成自己的重要工作；在专业事务上是一位诚实、可靠的顾问；(b) 尽力让学生/顾客享有最大限度的自主；(c) 尊重学生/顾客的个人隐私，不泄露在专业指导过程中获得的所有信息；(d) 保证个人辅导或商业费用公平、合理、适当，与所提供的服务相称，尊重学生/顾客所付出的相应费用。"
国家竞技教练员协会(NATA)道德规范	●"会员应有责任提供考虑周全的锻炼活动形式。不应以任何方式，不管是直接的还是间接的，错误地展示他们的技能、训练、专业资格、评价、服务。" ●"会员要确保高水准的服务。"
美国运动医学学院(ACSM)道德规范	●"会员应不断地努力提高自己的知识和技能，使他们的同行和公众能用上他们在专业方面所取得的成就。"
IDEA 健康与健身专职人员作为大众锻炼指导员的道德规范	● 大众健身指导员应"通过自己的行为和外部形象给大家一个专业的印象。(a) 做示范时，身体能力、功能、健康要比外表重要；(b) 展示关于身体的健康行为和态度(包括自己的)，避免吸烟、滥用药物、不健康的锻炼和饮食习惯；(c) 鼓励自己和他人拥有健康的饮食习惯；(d) 穿着以不影响正常工作为准，同时增加学生(对你服装)的满意度；在不了解班级水平的情况下，穿着、举止、言词要谨慎一些；(e) 在班中形成一种氛围，鼓励、支持每个人不管处于何种技术水平都要尽力"。

模范作用

专业人士要记住他们对于活动参与者来说是一个模范，处于一个能影响参与者行为的地位。年轻的专业人员起初可能不大注重外表的重要性，他们认为能力才是最重要的。然而，第一印象和外表的确影响着人们对他们的看法和信任。一个穿着邋遢、身体超重、体形并不健美、抽烟、表达不清楚的体育教学、锻炼和竞技的专业人员给参加锻炼的活动者会留下一个什么印象呢？同一位穿着整洁、谈吐文明、健康、充满活力和激情、有着健康的生活习惯的专业人员相比，哪位更让人感到可靠呢？给人印象深刻的专业人员具有模范的作用；他们能够以身作则。

私人教练和其他身体活动专业人士应该经常参加身体活动以促进身体健康，为我们所宣扬的做出榜样以提高作为专业人士的可信度

对于身体活动的专业人士来说，在积极的生活方式和健身方面做出模范作用是非常重要的。NASPE 在一份题为《给身体活动专业人士在身体活动和健身方面的建议》的意见书中说道：

> 对在各个层次所有身体活动领域中的专业人士来说，非常重要的一点就是要经常参加身体活动以促进身体健康。（这些专业人士包括教练、从幼儿园到 12 年级的老师、高校体育和运动学教师、健身专业人员、运动员，以及所有倡导以积极参加身体活动为生活方式的人员）

为了支持这一点，NASPE 指出模范作用是改变他人行为和态度的一个重要因素。它可以影响到人们健康的习惯、动作技能的获得、选择积极运动的生活方式等。他们应该以最近所推荐的促进健康与健身的建议为标准，如几乎每天都要进行累积至少 30 分钟适当的身体活动，每周做 3～6 次较大强度的有氧活动。此外，专业人员每周应该做 2～3次的肌肉适能练习和 3～7 次的柔韧性练习。专业人员除了在恰当的行为方面做出榜样、以身作则外，他们也要理解他们的活动给人们带来的健康利益。这样，他们就会赢得更多的可信度，做出模范榜样，让人们明白竞技活动的生活方式的价值。

活动的参与

体育教学、锻炼和竞技领域正在迅速成长。专业人士一定要确保跟上本领域最新研究发现和技术变革。他们要有学习的兴趣，利用接连不断的教育课程、专题研讨会、各种会议和专业期刊，赶上最新进展。专业人士通过实施一些研究工作，同他人交流一些研究发现，探索新的思想，担任各个层次指导员（如本地、省级、国家级水平）等活动，在推进本领域的发展过程中起着非常积极的作用。通过网络的建立，专业人员可以交流他们的思想，彼此也可互相帮助。

服务

专业素养并不只是为专业提供服务，它也包括为社会提供服务。专业人士意识到他们在社区的服务职责不仅仅是在他们的专业技能领域中为人们提供指导服务，它还包括参加一些能使整个社区融成一体的活动。专业人士呼吁为那些没有或只有很有限的途径享受这些服务的人们增加身体活动和运动的机会。

专业素养是一个有着多重含义的概念。它反应了对本领域以及他们服务对象的投入程度；对他人的尊重和为他人考虑的态度；对自己、他人和社会的责任。

体育教学、锻炼和竞技领域的专业组织

专业组织在体育教学、锻炼和竞技领域的成长和发展过程中起了应该非常重要的作用。这个领域中许多巨大的变化就始于一些组织的会谈和讨论会。会议上对学术研究、课程发展、标准要求和其他几百个主题的详细讨论，以及一些活动都和专业组织息息相关。体育教学、锻炼和竞技领域无论是在美国还是在世界上其他国家都有着众多的协会，它们涉及了该领域的各个方面。

所有体育教学、锻炼和竞技专业人员在他们各自的领域上都隶属于国家和州立的各种协会。如果所有专业人员都能隶属于他们的专业组织并为其工作，那这么巨大的团体共同协调工作就能使我们这个领域得到更多的收益和更大的声望。

为什么要隶属于一个专业组织

属于一个专业组织有众多优势。

1. 提供更多工作、服务的机会。人们可以利用专业组织提供的诸多办事处、协会职责、活动功能更好地为这个领域工作。

2. 提供为专业筹划未来的机会。组织成员以积极工作来影响这个领域的未来发展方向。这些可以通过参加研讨会、专项任务组、管理来实现。当然，他们也可主动影响立法来发展专业。如 NASPE，AAHPERD 的协会组织，就致力于积极地改革所有中、小学生的日常体育课，通过在国会游说作为实现目标的一种方式。

3. 提供交流的渠道。交流是一个领域发展的关键，这样成员可以及时了解领域发展过程中最新出现的技术发展、活动内容的重点、其他发展趋势的有关信息。专业

组织利用出版物、会议、通知等提供了有效的交流渠道。许多组织有自己的网站，在网站上为专业人士提供信息。

4. 提供了解本领域的途径。必须让在国家、州和当地范围内的公众了解体育教学、锻炼和竞技。这种了解是获得公众对专业人员工作支持的重要途径。专业协会提供了让人们清晰、广泛地了解最好的思想和观念的机会。这样做的结果就是这个专业得到了认可、尊重、声望，能够和其他教育、专业领域以及公众进行全面合作。

5. 提供解决专业问题时所需帮助的源泉。体育教学、锻炼和竞技专业人士常常要碰到一些难题。专业协会可以通过它的工作人员、组织会员、会议和其他活动，在解决这些难题过程中起到重要的作用。例如，协会可以帮助解决特殊身体活动课程（残疾人的体育课）的管理问题，甚至个人的责任保险问题。

6. 提供建立伙伴关系的机会。体育教学、锻炼和竞技专业人士可以通过协会的会议和讨论会结交一些其他做同样工作的人士，这就可以发展成友谊，成为许多令人愉快的专业和社交场合。建立和保持这个网络的机会就是隶属于一个专业组织所带来的好处之一。

7. 提供研究论坛。专业人士必须不断地进行研究以确定给社会带来有效性的活动计划、技术和成果的质量。专业组织就可以做发放研究成果、时势通讯和出版物的工作。这些协会也必须通过研究工作寻求各类知识，使本专业向前发展，扩展它的服务范围。

8. 提供分担费用的方式。专业组织的目的是使成员获益。工作需要经费，通过加入一个专业组织，专业人员要分担部分费用。如果你从中获利，那你就应该分担获得这些利益所需的部分费用。

9. 利于获得就业机会。通过专业组织，体育教学、锻炼和竞技专业人员能签订一些专业合同，这对就业非常有用。这些合同能让专业人员了解预期就业机会和得到一封理想职位的推荐信。许多专业组织都为他们的会员提供就业安排服务。它们为会员发一些最新职位空缺信息，把它发布到网站上，在全国性会议上提供就业安排服务等。这些服务既可以帮助人们转换工作，也可帮助他们找到第一份工作。

体育教学、锻炼和竞技领域中有众多的专业协会，可以满足专业人士的不同兴趣与需求。你可以从它们中精心选择最适合自己兴趣和需求的机会。加入这些组织，做一名敬业、主动的专业人员来为我们这个具有活力的领域规划未来的发展方向。

专业组织

要谈到所有属于体育教学、锻炼和竞技领域的专业组织是非常困难的。这些领域的发展导致了众多组织的成立，好像每一个具体的研究领域和每一项运动都有它的专业人员成立的组织。

专业组织发行的期刊可以为会员发布一些信息，促进专业人士的交流

你有多种途径找到属于自己兴趣领域的组织。第一，你可与其他有共同兴趣的专业人士交流，比如说你所在大学的教师。也可和你将来就业领域的指导人员交流，找到属于会员的组织。第二，你可通过互联网找到自己感兴趣领域的组织。第三，在协会百科全书中可以找到美国所有组织的详细名单。这种名单中有各个组织的性质、名称、地址、咨询电话、会员规模、协会员工、协会出版物等信息。这种百科全书在大部分的大学和专科院校的图书馆内都有。

这里将介绍美国健康、体育、娱乐和舞蹈协会（AAHPERD）、美国运动医学学院（ACSM）、国家竞技运动训练协会（NATA）。其中提到了对运动心理学、运动社会学、运动哲学、运动史有兴趣的个人协会组织。最后，也提供了对具体运动领域有兴趣的专业组织。因为目前大部分的专业组织都有自己的网站，人们很容易就可获得关于该组织的信息，甚至在线访问。

美国健康、体育、娱乐和舞蹈协会（AAHPERD）

AAHPERD 始建于 1885 年，起初的名称为美国体育发展协会（American Association for Advancement of Physical Education）。AAHPERD 主张发展所有美国人的健康、积极的生活方式，并且提高他们的运动技能和美学表现。AAHPERD 的任务就是“通过有关健康、体育、休闲娱乐、舞蹈和运动中的高质量活动来促进人们富有创造性的和健康的生活方式，同时为会员提供专业发展机会以增加他们的知识，提高技巧，鼓励他们进行全面的专业实践”。他们中有管理者、各水平的教师和教练、运动医学专业人士、竞技运动训练者、舞蹈人员（dancers）、健身专业人士、休闲运动者、身体活动专家等。

AAHPERD 由 6 个全国性组织构成。

● 美国休闲娱乐协会（AALR）关注的是促进国家和社区中休闲服务和学校的娱乐教育。

● 健康教育发展协会涉及中小学、大学、社区的健康教育活动，同时也关注社会健康问题，如饮酒与驾车，以及完善健康立法。

● 美国积极生活方式与健身协会(AAALF)包括几个具体的兴趣组织，如户外教育委员会、老年人与成人发展委员会和管理组织，以及学院和大学管理委员会等。

● 国家女子运动协会(NAGWS)主要是改善女子在各个比赛层次中指导运动的机会。

● 国家运动与体育协会(NASPE)关注的是促进各层次的体育与运动水平。NASPE 具体领域组织有研究院(如课程与教育、运动哲学)、体育委员会(如儿童体育委员会)、运动委员会(如国家中学竞技运动指导委员会)。

● 国家舞蹈协会(NDA)寻求的是促进教育环境、国家和社区环境下的舞蹈运动。

研究社团也是这个协会的重要组成部分。研究社团给专业人士提供一些服务和出版物，让他们随时了解本领域的最新研究进展。它还促进了思想的交流以及科技信息的发布。

AAHPERD 在全国范围内分成了 6 个区域性组织。东部、南部、中部、西中部、西南部、西北部各区。和 AAHPERD 的目标基本相似，官员是由选举产生来支持本地区会议。这些区域组织为专业人士提供指导机会，允许 AAPHERD 为满足本地区需求而设立的一些具体活动。

州立协会给每个州的专业人士提供服务。州立组织的会员需交纳一定的费用，而参加全国性组织的会员则是可以选择的。州立协会为年轻的实践者提供了许多良机，使他们融入到自己的专业中去。

本协会的出版物是给它的会员传播本领域的相关信息、知识。其中有《体育、休闲和舞蹈期刊》(JOPERD)、《锻炼与运动季刊》、《时尚健康教育策略》等。此外，AAHPERD 还出版其他一些与协会工作有关的材料，如体育的国家标准。

协会的主要任务有以下几点：

● 对各论题进行研究，并通过会议、专题学术讨论会、出版物来公布研究结果。

● 利用众多的会议、讨论会、训练会议发展专业。

● 代表会员在各层次的政府和其他国家性结构倡言诸如性别平等、教练资格、教育计划实施等问题。

● 为会员提供工作安排服务和专业发展服务。

● 颁发大量的奖项对做出杰出贡献的人士进行表彰。

AAHPERD 学生协会(AAHPERD Student Action Council，简称 SAC)是一个学生组织，它通过让学生参与来为学生的利益服务。这个组织的目标有：1. 让学生更多地参与 AAHPERD 的活动；2. 促进专业的职业化；3. 完善专业兴趣组织。协会和 SAC 的合作为学生制定了特殊的会员计划。

AAHPERD 全国办公室地址：1900 Association Drive, Reston, VA20192 - 1498，电话：800 - 213 - 7193(www.aahperd.org)

美国运动医学学院(American College of Sports Medicine,简称 ACSM)

ACSM 成立于 1954 年,是世界上最大的运动医学和锻炼科学组织。它的目的就是“促进和整合科学研究、教育、运动医学实际应用、锻炼科学,保持、完善人们的运动成绩、健身、健康和生活质量”。ACSM 在寻求各种方式使人们更长寿、工作更有效率、生活质量更高,它所面对的人群从宇航员到运动员,到患有慢性疾病的或体弱的人群。

ACSM 在全国有好几个分会,如 ACSM 大西洋中部分会等。它有 18 000 名会员,其中有内科医师、健身专业人士、心脏康复专家、运动医学专业人员、竞技运动教练、体育老师和教练等。2002 年,工作单位健康促进协会(Association for Worksite Health Promotion)加入 ACSM。ACSM 隶属于国际运动医学协会(International Federation of Sports Medicine,简称 IFSM),国际运动医学协会组织在欧洲和南美洲多年来一直起着重要的作用。

ACSM 关注与健康、健身和运动医学有关的各种不同的活动,如下所示:

- 提高公众意识,让人们明白身体活动和锻炼给他们带来的诸多好处。
- 为对预防与恢复锻炼有兴趣的专业人士举办资格培训班。
- 每年为本领域的专业人士举办一些会议和专题讨论会。
- 出版一些期刊,如《运动和锻炼医学与科技》(*Medicine and Science in Sports and Exercise*)、《运动医学会刊》(*Sports Medicine Bulletin*)、《运动科学与医学百科全书》(*Encyclopedia of Sport Sciences and Medicine*)等。
- 支持和鼓励科学研究与探索,使本领域不断向前发展。
- 就运动医学和相关领域和其他组织合作。

ACSM 的邮寄地址:401 W. Michigan Street, Indianapolis, IN 46206 - 3233,电话:317 - 637 - 9200(www. nata. org)

国家竞技教练协会(National Athletic Trainers Association,简称 NATA)

NATA 成立于 1950 年,其任务是“提高运动员和参加身体活动人们的健康保健质量,通过对伤病的预防、评估、处理、康复等方面的培训与研究,来进一步发展竞技训练这一职业”。NATA 在全国有 28 000 名成员,其中有 22 000 多名会员经过 NATA 资格委员会认证,拥有资格竞技训练员称号(Certified Athletic Trainer,简称 CAT)。1990 年,竞技训练被美国医学协会认可为和健康职业同属一系。

NATA 通过培训课程制定了竞技运动训练员标准。全国有 100 多所大学、专科院校都设立了经 NATA 认可的课程。每年有 1 200～1 500 名竞技运动训练员通过这个课程获得资格证书。

NATA 为它的会员提供下列一些服务:

● 为竞技运动训练员制定专业标准和道德规范。

● 管理资格培训活动。

● 通过会议和专题研讨会提供继续培训机会。

● 为会员举办年会。

● 通过宣传来影响立法以利于本领域的发展。

● 利用公众关系的力量促进竞技运动的训练。

● 为会员提供就业服务。

● 出版期刊和时事通讯，如《竞技运动训练期刊》(*Journal of Athletic Training*)、《科学季刊》、《NATA新闻》、每月的会员杂志等。

详情咨询：NATA at 2952 Stemmons Freeway, Dallas, TX 75247-6916(电话：800-TRY-NATA)(www.nata.org)。

体育教学、锻炼和竞技的分支学科组织

体育教学、锻炼和竞技的许多分支学科都有自己的专业组织或协会。由于具体领域的专业人士在他们的专长领域建立新的组织，每年这些具体组织的数目在不断增长。这里介绍其中5个具体研究领域的组织。

北美运动心理学和身体活动协会(North American Society for the Psychology of Sport and Physical Activity，简称NASPSPA)成立于1965年，它是一个行为科学和相关专业的多学科学术协会。主要职责有：

● 发展运动和身体活动中人体行为的科学研究。

● 促进相关信息的发布。

● 完善运动心理学、动作技能发展、动作技能的学习和控制方面的研究与教学质量。

NASPSPA给体育教学、锻炼和竞技专业中对运动行为和运动与锻炼心理学有兴趣的专业人士提供了一个交流思想、展示研究成果、跟上本领域最新发展形式的机会，也为会员提供了就业服务的途径。

NASPSPA期刊反应了本会会员有兴趣的两个主要领域。有《动作控制》(*Motor Control*)和《运动与锻炼心理学》期刊(*Journal of Sport and Exercise Psychology*)两种刊物。该协会也发行时事通讯使会员了解这个领域的最新发展动态。NASPSPA每年都有年会，一般在夏季初。详情咨询它们的网站：(www.naspspa.org)

国际运动哲学协会(International Association for the Philosophy of Sport，简称IAPS)成立的初衷是"加强想更好地理解运动的学者之间的理念交流"。该组织的前身是运动研究哲学协会(Philosophic Society for the Study of Sport)，成立于1972年。这个组织的核心是要对各个层次的运动进行学术调查，包括对实践内涵的调查。

IAPS 发行《运动哲学期刊》和会员的时事通讯。IAPS 举办的大会给它的会员提供了交流研究成果和思想的机会。详情咨询网站：(www. dmu. ac. uk/dept/schools/pesl/affiliat/iaps. htm)

北美运动史协会(North American Society for Sport History，简称 NASSH)成立于 1972 年。它声明：

> 北美运动史协会的目的是完善、促进、鼓励运动史的研究、探索和著书立传；资助有共同目的的当地、国家、国际组织并与它们合作。本协会的所有活动仅为学术和著作目的，而不是出于经济目的。

NASSH 鼓励人们对各个时期的体育、锻炼和身体活动以及历史上的著名事件进行研究。该组织通过年会和《运动史期刊》来进一步完善运动、锻炼和身体活动历史的研究与教学。它的时事通讯和每年的学报可以使会员了解社会活动和运动史的最新研究发现。了解详情可登录网站：(www. nassh. org)

北美运动社会学协会(North American Society for the Sociology of Sport，简称 NASSS)成立于 1980 年，它关注的是促进对运动社会学的研究。根据它的声明：

> 该组织完全是为教育的目的，完善、促进、鼓励对游戏、赛事、运动的社会学研究；资助有共同目的的地区、国家、国际组织并与它们合作；组织安排和协会相关的会议和出版发行物。该协会应该确认并代表所有研究游戏、赛事、运动的社会学典范，促进代表这些典范与观点的专业人士之间的学术活动与思想交流。

NASSS 通过年会、《运动社会学期刊》、时事通讯、专家通讯录和运动社会学名单服务器(listserv，计算机用语，指 BITnet 上用来管理邮件清单的程序)促进本领域的学术研究和交流。详情登录网站：(www. uwm. edu/～aycock/nasss/nasss. html)

北美运动管理协会(North American Society for Sport Management)成立于 1985 年。它的目的是：

> 完善、促进、鼓励在运动管理领域内的研究、探索、学术写作、专业发展(广义的解释)。协会会员关注的是具体到运动、锻炼、舞蹈和游戏等领域管理理论方面的理论和实践以及实施情况，因为这些是大众所追寻的。本协会资助有共同目的的地区、国家、国际组织并与它们合作，组织、管理一些会议

以促进协会目标的实现。

NASSM 的大部分会员是大学、专科院校的运动管理学教师，从事研究探索工作。它的官方学术期刊——《运动管理期刊》主要是支持运动管理方面广泛领域针对各种题目的定性和定量研究。其中的一些研究领域有运动与法律、运动市场开发、指导、管理等。会员资格面向学习运动管理活动研究的所有学生。它的年会以及运动管理电子论坛为会员在讨论他们的研究、交流思想、对彼此有兴趣的计划进行合作等方面提供众多的机会。详情可以咨询网站：（www. nassm. com）

教练和专业人士的运动组织

大多数组织都隶属于各自具体的运动领域。其中很多都有自己的年会和专业人士、实践资格课程讲习班，出版与运动相关的时事通讯和期刊。从事具体运动领域教学与训练的专业人士就是了解这些运动协会信息的最好来源。另外，也可通过网上协会百科全书来了解。如一位对游泳有兴趣的专业人士就可以从百科全书中找到下列一些组织：

- 美国游泳教练员协会
- 水上运动协会
- 美国大学游泳教练员协会
- 美国大学国家游泳教练员协会
- 美国游泳联合会
- 美国跳水联合会
- 美国花样游泳联合会

而对网球有兴趣的专业人士可以从下列一个或几个会员组织中找到帮助：

- 大学网球教练员协会
- 轮椅运动
- 美国职业网球注册处
- 美国职业网球协会
- 美国网球作家协会
- 女子网球协会

一些专业组织可能对会员有一定的要求，而其他组织则是对所有有兴趣的人开放。它们给专业人士提供了一个便利的条件，让他们互相联系，学习新的技术、技能，以便跟上本运动领域的最新进展。

小结

当前对想在体育教学、锻炼和竞技领域求职的人们来说有许多让他们兴奋的机会。在学校各个层次教学和担任教练依然是人们所钟爱的职业选择。当然，教学和执教也已经跨出了学校的环境。随着体育教学、锻炼和竞技领域的不断发展，有资格的人员又有了新的就业机会，现列举其中的几个，如健身、促进健康、心脏恢复、竞技训练、运动管理、运动传媒等等。

在众多的就业选择之中挑选自己的就业之路需要仔细考虑许多因素。要做出一个明智的决定必须收集各个渠道的各种信息并对它做出评价。你个人的能力、兴趣、目标、爱好是选择职业时首先要考虑的，同时也要考虑关于职业本身的一些信息。可以通过调查以及同将要从事本职业的从业人员谈话等来获取这些相关信息。

为一个事业做好专业准备包括：学术研究、相关实践和专业活动等。要做好一个事业的筹划需要了解这项工作的本质和要求。既然你已经知道了体育教学、锻炼和竞技不同的有关就业机会，所以在寻找适合自己兴趣的就业机会时就要灵活些，让头脑开放些。

要确保体育教学、锻炼和竞技领域的活力和持续成长，专业指导是必不可少的。在帮助参加我们活动的人们达到理想目标时，专业指导也非常关键。指导员不是天生的，他是后天培养的。专业人士可以通过锻炼和提高自己的指导质量和技能来完善自己的工作效果。

隶属于一个专业组织有许多优势。它可以提供服务的机会，便于交流，为其他专业人士提供发布研究发现的渠道。组织的会员可以彼此形成网络，成为难题解决方案的源泉，也增加了自己的就业机会。

现在已有很多的专业组织。人们可以就自己感兴趣的具体领域咨询专业人士或从业人员，如协会百科全书、互联网等。

自测题

1. 了解体育教学、锻炼和竞技专业领域的五种就业机会。运用“网络链接”中所提供的信息，登录 Occupational Handbook 网站并查阅有关身体活动职业的信息。了解每一职业所要求的技巧、可能的雇主、发展前景及工资情况。

2. 以本章中所提出的问题作为指导，对你的强项、兴趣、目标和喜好做一个评估。基于此，你会选择什么职业？如果你要做出选择，与你的同学进行共同探讨，并就可能选择的职业获得相应的输入信息。

3. 制定一个提高你的专业能力的多年发展计划。具体来说，除可达到专业课程的要求之外，你还会在其他方面（如认证、课外活动、职业等）做些什么以提高自己的专业能力。

4. 通过认真思考，明白自己具有哪些指导素质和技巧？哪些方面的素质还有待提高？

5. 仔细阅读图表 10－2 中有关专业人员道德行为规范的内容。选择一个职业领域并制定出一个有五条行为规则的条例。

6. 运用“网络链接”中所提供的信息，找到各协会列表。查找你所感兴趣的领域中的两个协会的信息，获知成员资格、成员收益和出版物的费用。

建议阅读书目

Bolles RN：What color is your parachute? A practical manual for job-hunters and changers，Berkeley，Calif.，current edition，Ten Speed Press.

Cardinal BJ：Role modeling attitudes and physical activity and fitness promoting behaviors of HPERD professionals and preprofessionals，Research Quarterly for Exercise and Sport，72：84－90，2001.

Cardinal BJ and Cardinal MK：Role modeling in HPERD：do attitudes match behavior，JOPERD 72(4)：34－39，2001.

College Placement Council：CPC annual，current edition，Bethlehem，Pa.，College Placement Council.

Horton ML：Digital portfolios in physical education teacher preparation，JOPERD 75(9)：35－39，2004.

Melograno VJ：Preservice professional portfolio system，Reston，VA：1999，National association for sport and Physical Education.

Stoll SK and Beller JM：Professional responsibility—a lost art，Strategies 9(2)：17－19，1995.

网络链接

国家运动与体育协会：www. aahperd. org
体育中央网站：www. pecentral. org
体育信息连接：www. pelink4u. org
国家残疾人体育与休闲协会：http://ncperid. usf. edu

学习目标

阅读完本章学生应能：

- 描述在学校或非学校环境中就业的优势与劣势。
- 描述教学与执教的异同点。
- 讨论过度疲劳对教师和教练的影响。
- 讨论在教学和训练职业中寻求最大机会的策略。

第十一章 教学与教练的职业

对于体育教学、锻炼和竞技的教学和训练而言，已经从学校领域扩展到了非学校领域，并且从学龄人群扩展到了跨越学前儿童和成人的各个年龄阶层。虽然传统教学和训练在公共学校仍在继续，但是专业人士正在为教学和训练在其他领域中搜索。健身和体育在全国范围内的不断升温，促进了在其他非传统领域教学和训练工作的开展。重要的是对各年龄阶段所开展的健身活动和运动的持续升温，给那些潜在的体育教师和教练呈现出了一幅令人鼓舞的画面。

对于那些愿意进入教学和训练领域的人的挑战都反映在亚里士多德所说的一些话中。他说那些能教育好孩子的人比那些生养他们的人更值得尊敬，因为生养他们的人给他们的仅仅是生命，而那些教育他们的人给他们的是生存的艺术。一位体育教师或教练有责任去鼓励学生或运动员拥有学习的欲望，让他们认识到完美身体技能和保持良好身体状态的必要性并且还要让别人看到他们正在提高他们的能力。

文化能力对于教师和教练都很重要。在我们这个不断发展的多文化社会里，教师和教练必须能够设计出能及时满足来自不同文化背景下的学生和运动员的需要的文化反馈性计划。这个计划要求对所有的人，不分种族、性别、社会地位、能力和宗教，都要平等对待。

教学职业

教学一直以来都是体育和运动的传统中心环节。虽然在体育教学和运动领域中有许多类型的工作可以选择，但是许多年轻人仍然坚持选择教学和训练。学校确保有教学最流行的背景，这让工作的岗位数目非常乐观。据估算，在接下来的 10 年间，将有 200 万新教师接替即将退休的一代教师，并且需求量还要增加。20 世纪 90 年代反映出对教学职业的兴趣是有起伏的。

在学校和非学校领域的教学有许多优点，同样也有许多缺点。无论在什么背景下，高校的老师对他们的学生抱有很多的期望，让他们的学生涉足与学习有关的活动，并且创造有助于学习的学习环境。新教师能在提高学生学习成绩的许多不同领域中胜任。

不断发展的恰当的教学实践的使用，更能有效地帮助教师满足学习者的需要。

选择教师职业

教育有许多益处，不管它是否发生在传统的学校还是其他非学校环境，可能最重要的是教育对帮助塑造人生、创造健康的生活方式提供机会。学生选择教学作为自己的职业有许多原因。

许多体育教育家之所以去教学，是因为他们对孩子的爱和对帮助别人的欲望。参加一项健全的体育活动对于人们生活质量的提高有很大的作用。这一事实激励了一些人加入到了教育领域。那些有幸在高质量的体育活动中有所收获的未来的老师们经常表达他们想要和其他人共同分享他们亲自收获的愿望。其他在学生时期的体育成绩较差的人，之所以加入教师领域是因为他们想要去完善体育活动，以便得到高质量的活动。

当然个人的兴趣、爱好和喜好也影响一个人加入教学职业的决定，许多人选择去教体育课，因为他们喜爱运动和可能是想把这种喜爱传递给他人的欲望。有机会到户外，在户外工作和保持健康有乐趣往往作为加入教学职业的原因。

这项工作的本质吸引许多人，在学校漫长的假期中，相对教师而言并不正规的体育馆中的教学，教师职位保有的稳定性是激励一些人去寻找教师职业的动因。其他可能涉足教学领域的人是因为他们想去当教练，并且在许多学校中教学是一个必要条件。教学可能也被用做通向其他职业的跳板，例如运动员管理。

许多这些涉足教学专业的原因对于那些寻求非学校工作的人也同样适用。利用自己精通体育的机会和其他参加者分享成果的欲望，还有对和别人在一起工作的喜爱可能激励体育教育家们为在非学校领域开始他们的教学生涯而做准备。

教学奖励的增加在很大程度上取决于个人和每个人利用他们的机会做了些什么。内在奖励加上经济上的和其他方面的奖励对于那些勤勤恳恳地、诚心地奉献给教育的人来说是再好不过的事情了。

做教师的优缺点

教学职业被看做是一项服务性职业。同其他的服务性职业一样，涉足教育领域的人必须经常对内在奖励感到满意而不是外在奖励。

学校中的体育教育能得到一些收益，同教学相关的收入变化范围很大。根据美国教师联盟的调查结果，2002～2003 年度教师的平均工资是 45 771 美元，平均工资最高的是加利福尼亚、密歇根和康涅狄格，平均工资最低的是南达科他、俄克拉荷马和北达科他。美国教师联盟估计 2003～2004 年度的平均起始工资为 30 496 美元。2002～2003 年度最高的平均起始工资是在阿拉斯加、新泽西和哥伦比亚区，而最低则是在蒙大拿、亚利桑那和北达科他。

第一，和其他的专业性职业相比教师的工资很低，但是，不要忘记教师是典型的一年工作 9 个月或大概 180 天的职业。

另外，许多老师还会收到针对训练后排练/监督额外活动，例如校内运动和健身俱乐部或者甚至是劝告写学生年鉴的人。当看待老师的工资时，记住不同的地方消费水平也是不一样的。教师漫长的假期为他们挣到额外收入，去旅行或者去深造提供了机会。虽然教学不是一个赚钱的职业，但是经济前景在许多情况下并不像有时想象的那么令人沮丧。

第二，在一个教育性机构中教学职位非常稳定。长期聘用的最初目的是提高教师的学术自由。但是，它也被看做是给教师提供工作安全。在公共学校典型的长期聘用是在对学校系统提供令人满意的服务 3 年后授予。在学院和大学水平，则是在 6 年以后授予。其他许多与教学有关的好处把年轻人引向这个领域。内在的奖励是伟大的，这其中就包括作为年轻人的行为模范的机会。

正如许多从你自己的亲身经历得知的那样，老师可以对年轻学生的一生产生深刻的影响，对于他们的成长贡献很大。其他的人被吸引到教师这个领域是因为他们有机会教各种各样的活动，对于许多年轻人来说，教体育一个很大的好处是这让他们有机会去做教练。

另一方面，我们还应该注意到追求一个学校的教师职位也有几项缺点。虽然公众对教师的信心表现得越来越好，但是缺少全心全意的承诺已经导致士气受挫，缺少经济支持，钱少工作多的压力，还有和经常不够用的设置一起过日子。教师还经常被纪律问题所困扰，而对那些缺乏学习动机的学生的超员班级及被要求承担很重的教学负担，老师们经常做大量与教学无关的工作，例如餐厅和自习室的监管工作，自习室卫生和操场或校车的巡逻。有些好教师和在非学校领域中的教学联系在一起。在非学校领域中教学，如作为一名网球或高尔夫的专业选手，在社区的娱乐计划中教学，或是在盈利性体育俱乐部中工作，例如体操俱乐部、游泳俱乐部或是板球俱乐部。

首先，因为这些项目的参加者是自愿的，教师一般情况下和单人以及学习兴趣很高并且迫不及待想加入到这些活动中的学生一起工作。其次，许多体育教育家之所以选择在非学校领域教学是因为有专业化的机会；许多体育教育家有喜欢只教一项活动的主意，例如高尔夫、网球或者游泳。但是，许多非学校领域例如 YMCA/YWCA 和社会娱乐计划都需要教各种各样活动的能力。

在非学校领域教学也有一些缺点。不像在学校中教学，在非学校领域中缺少工作的安全性。每个参加者的数量能决定是否还继续保有这个职位以及还可能决定教师的工资，工资变化的幅度也很大。学校的工作时间被限制在了工作日（除非是教练），非学校领域的工作时间可能是下午或晚上甚至经常周末加班。他们的工作时间需要和客人可以利用的闲暇时间相一致。工作也可能呈现出季节性，但这些取决于活动的本质和地理位置。例如，东北部的专业高尔夫球手可能只能从 5 月到 9 月找到工作，但在南方则可以工作一整年。

即将上任的老师应该像根据他们自己的优势和目标来估计与这项职业相关的好处一样，认清他们加入教学专业的原因。

不论是在学校和非学校领域中的教学都是各有其优缺点。在做职业选择时这些因素都必须考虑。

什么是高效率的教学

教学可以被看做是使学习更加成功的教师和学习者之间的相互作用。虽然没有老师的介入人们仍可以学习，但是教师能够促进知识、技能和态度的掌握。

有效使用各种各样的教学方法和技巧以及步骤来保证他们的学生在大部分的时间里准确地参加与学习相关的活动的老师，给他的学生带来积极的希望以及创造和保持一个温暖和哺育人的教学环境。

老师的行为可以被分为几大块区域：组织、交流、介绍、鼓励和人际关系。这些特点对于高效率的老师来说很常见，不管要学习的是什么技能，学生的年龄或者是教学发生在什么背景下。

对于建立学习的环境和促进学生参加活动，组织技巧是非常重要的。老师的讲课方式是非常重要的。为了高效率，教师必须保证将要呈现的课必须与所说的目标相关，符合单个学习者的需要并且以一种符合逻辑的、系统的形式呈现。通过高效和完整的计划，高效率老师会将过渡时间和解决时间降至最少。给课程做好计划是为保证学生获得练习相关技能的最大机会以及体验成功。主动观察和监管学生的表现以及

体育教师和教练必须为他们在这个领域中的工作做好准备，
这个未来的教师正从她的指导老师那获得教学实践的反馈

给学生提供正确的反馈是成功老师的品质。有经验的老师通过总结得到了什么和通过把对学生所说目标进程的评价提供给学生来完成每节课。

教师所需要的交流技巧包括语音和非语音的表达性技巧，写作能力以及使用各种媒体的能力。在教学过程中有效的语音交流技巧是必需的。清楚的表达以及以一种令人愉快的方式突出自己的声音的能力也是必需的。一个成功教师的其他属性是给出清晰、简洁的指导和说明以及使用术语和符合活动以及学习者水平的准确词汇的能力。老师使用问题吸引学生的参与，鼓励学生的加入以及阐明学生对所给材料的理解的能力可以促进学习的效率。高效的老师也同样注意他们的非语音行为对学生的学习过程的影响。眼神的交流、微笑以及轻拍后背的使用是与学生用非语音形式进行交流的一些方式。通过他们语音和非语音的行为，高效的老师给学生做出榜样，让学生拥有他所期望的行为方式，例如对活动的兴趣和乐趣以及尊重他人的意见和需要。教师交流的热情是通过他们的语音和非语音行为的共同作用来体现。

写作交流技巧是必需的，尤其是在教学的计划和评价阶段。那些掌握有效写作交流技巧的老师能够清楚地表达他们自己。与管理者、参加者的交流以及吸引其他人的能力可以制定出更成功的方案。一个合格的高效老师要能熟练地使用各种展示性的媒体技术、幻灯片、投影机、录像机技术，这是该职业所需掌握的技巧。正确使用媒体能提高和促进学生的学习。

掌握各种介绍性技巧的能力对于有效教学是必需的。在给学生做计划时，高效的老师把要教授的知识和教育目标以及学生的需求结合在一起，使用恰当的经验可以获得预期的目标。高效的教师要求有安排随着学生的进步而不断增加困难和复杂性任务的能力。通过给学生机会，不仅是为了发展技巧，更重要的是锻炼他们自己。好的教师不但要能够有效地实现计划的经验而且要灵活，只有这样他们才能够在学生学习过程中遇到新情况时正确的修改计划来适应学生的需要。

高效率的教师能保持一个有序的、创造性的学习环境；正确地处理纪律问题；鼓励学生要有责任感并给他们这样的机会，让他们为自己的行为负责。采取形式多样的教学方法与策略，使学生积极主动地完成相关的学习任务。做出清晰的解释以及准确的说明对学习非常有帮助。高效率的教师总是主动地监督学生的表现，关注他们努力的程度。教师应注意各种发生在教学环境中的事件并做出反应。“with-it-ness”的品格通常被描述为“头的后面也长眼睛”。评估技巧同样也很重要。教师必须能够观察和分析学生的表现，利用反馈做出必要的加强或调整，以便把主要的精力集中在与目标有关的关键因素上。

对每个学生提出较高的期望值也很重要。教师应对学生的学习和行为都提出较高的期望。正面的期望以及抱有所有的学生都能学习的信念，对建立、培养一个温暖的教室气氛和创造性的学习环境极其重要。鼓励学生挖掘出他们的潜力是每个教师的目标，有技巧的教师使用各种教学手段来刺激学生学习的兴趣并不断寻找创造性的手段使学生加入到学习队伍中来。他们同样使用恰当的增强手段来保证学生的参加以及提高学生的努力程度。这些手段可能包括登记表、合同、奖励系统以及语言和非语言反馈。赞扬被贴心地使用，只要有正确的表现它就能发生，它的本质和意图是明确的并是真诚的。成功的教师不断地更新他们课程来满足学生的需要，对于学生来说这些课要既有联系又富有挑战性。

高效率的教师拥有超人的人际关系技巧。他们听取学生的意见，把学生当作一个平等的个体来对待。他们努力给每个学生逐步灌入自我价值观。高效率的教师对他们班里的每个同学的状况都很关注，并且努力给学生提供增强他们自信心的机会。建立和保持与学生和同事的友好关系的能力以及愿意承认自己的错误同样是成功教师所拥有的品质，幽默感也是受欢迎的品质。

总而言之，高效率的教师能成功地利用各种关于组织、交流、说明、鼓励和人际关系的技巧。但是，高效率的教学不仅是这些技巧：他要有能力准确地估计出现场情况，并根据具体的环境和情况选择适宜的解决技巧。虽然这样的技巧对于某些人来说许多是天生的，但如果想成为高效率的教师，所有的这些技能也可通过后天的培养获得提高。

新任教师应具备的能力

新任教师应该懂得些什么？他们应该能够去做些什么？他们应该以多好的程度完成任务？什么才是能胜任的初始教学？努力去回答这些问题，一个教师、教育学家和州级官员组成的委员会聚到了一起来决定什么是合格的初始教学。在这些人共同努力的作用下，在 1992 年，州际新任教师评估与协助协会（Interstate New Teacher Assessment and Support Consortium，简称 INTASC）明确了各层次、各学科的新任教师应该具有的知识水平、品质和表现能力。

1995 年，“国家运动和体育协会”（NASPE）进一步完善了新任体育教师的标准。这些标准说明新任体育教师应该拥有什么样的能力。

INTASC

INTASC 基于表现能力的标准给出了教师知识的共同核心，它跨越了不同的学科、年级和州。指导制定这些标准的一个核心前提是：“一位高效率的教师必须能够把知识和学生具体的能力与需求整合起来，确保所有学生在较高水平的层次上学习与表现。”

INTASC 的标准为新任体育教师提供了关于行为和期望的信息。根据 INTASC 的标准，新任教师应该对他们所教课的内容，与不同学习者工作的能力以及各种教育策略的能力有所了解。新任教师同样需要能够鼓励学生，使学生能主动地学习并且要创造一个积极的学习环境。新任教师使用大量的交流手段来培养积极询问、主动参加和自我鼓励的能力。

当新任教师制定教学计划时，他们需要考虑科目、学生的需求、课程目标和学生所生活的社区。使用正式和非正式的评估手段是为了保证学生智力、社会和身体的全面发展。

新任教师努力从他们的已有经验中学习，进行系统的教学反馈，考虑它们的选择和做法对他们的学生、家长以及学校其他专业人员的作用。新任教师寻找机会去变得更加专业，进一步发展他们的技巧以及获得新的能力。应该认识到教师是学习群体的一部分，新任教师培养与学校同事、家长和社区机构的关系，努力扩展学生学习的机会以及帮助他们全面发展。

这些标准说明了新任教师应该了解的内容，他们应拥有的技能以及所期望的成绩。INTASC 的标准已经帮助教师给他们的准备计划定位，就像教师的资格定位一样。

新任体育教师应具备的能力

新任教师应当都有什么能力呢？1995 年，全国体育教育和运动联合会完善了新任体育教师的标准。在完善这些标准的时候充分考虑了 NASPE 的标准。共认定了九条标准。与能力有关的标准涉及以下领域：

1. 学科知识
2. 成长和进步
3. 不同的学习者

4. 管理和鼓励
5. 交流
6. 计划和说明
7. 评价学生
8. 反馈
9. 合作

与每个标准联系在一起的是性格倾向、知识和表现能力。倾向就是最根本的态度，是教学的基本信念，它构成了在实践中专业和道德的基础。知识是新任教师需要知道和理解的主要内容。表现指的是教师应当展示或拥有的示范效果与教学技巧。

标准、倾向示例、知识和表现能力可以参照《新任体育教师标准》表。

新任体育教师标准：国家运动与体育协会(NASPE)部分标准

标准 1. 内容知识。 教师要理解体育的内容、学科概念，培养经过身体教育的人所需的询问技巧。

倾向 2. 教师热衷于采用体育作为一种方式来培养一名经过身体教育的人。

标准 2. 成长与发展。 教师要理解人是如何学习和发展自我的，并且能够为他们创造机会，支持他们在身体、认知、社交、情感方面的发展。

知识 3. 教师要拥有预期发展进程、个体差异范围方面的知识，确认他们准备程度的水平。

标准 6. 计划和教导。 教师要计划和实施各种不同的、适当的发展教育策略，以便培养经过身体教育的人。

表现 10. 教师根据学习者的需要和表现制定短期和长期的计划，并调整计划以确保学习者不断取得进步、受到激励，以及他们的安全性。

标准 8. 反思。 教师是一名有思想性的实施者，他不断评价着自己的行动或计划对他人的效果，寻求在专业方面不断取得进展。

倾向 1. 教师要致力于不断的自我反思、评价和学习。

标准 9. 合作。 教师要培养和同事、父母/监护人、社区机构的关系，以利于学习者的成长和全面发展。

表现 3. 教师能发现并利用社区资源以增加身体活动的机会。

不断发展正确的身体活动实践

从传统意义上讲，与学校相关的体育课和竞技运动就已经包括了动作和运动技能的教学。但是，在过去的10年里，又分支出了学校以外运动技能教学活动。如学龄前和日托班的运动技能发展课程、社区青少年运动课程、老年人中心的锻炼课程、社区娱乐活动、私人体育俱乐部和公司的健身课程等。这些活动照顾到了各个年龄段和运动能力的人群。

如果这些身体活动是为了给参加者提供一个积极的经历并得到预期结果，那么强化的指导和正确的方案设计是很重要的。这些活动应当如何安排来确保最大的学习量，以及给参加者提供一个愉快的经历呢？

可能从一个名叫《儿童正确发展体育教育实践》的文件中获得一些启示和指南，这个文件是由儿童体育教育协会（COPEC）编写的。它是NASPE的一个部门，NASPE是NAHPERD的一个协会。这个文件列举出了在对年轻孩子进行体育教学时的正确及错误实践。虽然它是为学校的体育教育而设计的，但是它所展现的许多指南对于所有学校的体育教育活动和社会各个年龄阶层的身体活动都适用。

选出的指南被修订成包括所有人群和背景，展现在表11－1之中。当你读每个指南时，首先要思考自己体育课的亲身经历并且判断你所经历的锻炼是否正确。接下来，重读一下指南并扩展你的思维去构思这些指南在各种不同的身体活动中是怎样适用于指导者（老师）和参加者的。例如：这些指南对于学校身体活动、青年身体活动、老年人活动、公司健身活动、心脏康复活动和学龄前动作技能发展活动有哪些含义。

表11－1 不断实施、发展正确的身体活动

活动组成	正确实施	非正确实施
课程	身体活动是基于目的和目标有它自己的范围和顺序的课程，要适合于参加者的需要。活动内容设计要平衡，能提高每一位参加者的认知、动作、情感和身体健康的发展。	身体活动的课程缺乏发展目的和目标，只是基于指导者，而不是基于参加者的兴趣、个人喜好、背景。
培养运动概念和基础技能	为参加者通过众多适合他们年龄的实践机会，培养他们从功能方面理解运动概念（身体意识、空间意识、成就和关系），锻炼他们完成不同动作的能力和自信心（移动、静止和控制方面的动作）	人们只能参加有限的身体活动，其中培养、发展他们基本概念和动作技能的机会也受到限制。
认知发展	身体活动要设计成既能锻炼人们的身体也能培养人们的认知能力；指导人员要鼓励人们提问、整合、分析和交流，运用认知概念，获得对世界多元文化的认识，把自己身体活动的经历和其他人生经历融合在一起。	指导人员没有认识、发现身体活动可以让人们学会运动的同时也可让人们从运动中学习的独特作用。人们未能获得将他们身体活动的经历融入其他经历之中的机会。

续 表

活动组成	正 确 实 施	非正确实施
情感发展	指导员要有目的地设计和指导这些活动，让参与者有机会一起活动以提高他们的社交和合作技能。这些活动也有利于培养一个积极的自我概念。指导员要帮助所有参与者经历和感受到经常参加身体活动给他们带来的满足感和乐趣。	当活动不包括能促进人们合作和社交技能的发展时，指导员也不能有目的地完善人们的情感发展。指导员忽略了那些能让人们体会到参加身体活动给他们带来的情感因素。
健身概念	人们所参加的活动要能使他们理解和重视健身的重要观念，以及健身给他们健康的生活方式所带来的好处。	要求人们参加身体健身活动，但不提示他们来健身的缘由。
健身测试	同步的健身测试是帮助人们理解、享受、提高和保持身体健康与全面发展过程中的一部分。测试结果只限于私人用于发展健身方面的知识、理解和能力。人们要为健康评估测试做好身体上的准备。	健身测试不能经常进行，只是在需要它们的时候测试。人们被要求进行一组健身测试，而不知道为什么，以及测试的结果对他们个人将来的健康和全面发展的含义是什么。人们健身测试时身体素质准备不完善。
柔软体操	要根据人们具体的目的来正确地教授锻炼方式，如提高技能、协调性、健身水平等。要教给人们正确的锻炼体姿，因此要使肌肉在不给周围关节、韧带、腱造成紧张和疲劳的情况下适当拉长肌肉。	人们进行标准的软式体操练习而在头脑中没有具体的目的（如箭步跳、旋转）。锻炼的方式损害体姿，同时给肌肉和关节带来不必要的紧张（如膝部深弯、弧线或剧烈的拉伸肌肉）。
健　身	健身活动是采取一种支持性、激励性、循序渐进性的方式来帮助人们提高他们的健身水平，从而促进他们有一个积极的健身态度。	健身活动被指导者当作惩罚错误行为的方式（如跑圈、俯卧撑，因为他们未完成任务或对指令反应较慢或指导者想给他们一个教训）。
评　价	指导者主要是基于人们在身体活动时的同步个体评价来做出决定的（形成性评价），而不是基于一个单一测试（总结性评价）。我们对个体身体活动的进展和成绩进行评价是为了实施个性化的指导、设计活动、满足个体需求、评价活动的有效性。	只是基于健身测试成绩和一次身体技能测试对人们进行评价。
参与的持久性	人们经常参加身体活动是因为他们意识到了它是生活中重要的一部分，对他们的健康至关重要。	人们不经常参加身体活动，没有意识到它对他们生活和健康的价值和贡献。

续表

活动组成	正 确 实 施	非正确实施
积极参与	让所有人参与活动，使他们保持长久的活力。设计课程要满足个体积极参与所有实践学习课的需求。	因为等待轮流次序、缺少设备、分组人数过多等而减少了活动的时间。人们被排除在活动之外，没机会再进行活动。
活　动	教师或个人有顺序地选择、设计、调整活动项目以最大限度地发挥活动的学习性和娱乐性。	活动没有明显的目的，而不是让人们保持“不闲着、愉快、良好”的状态。
平等性	所有人参与活动的机会要平等。要平等地鼓励、支持每个人，使他们适应社会，不考虑他们的种族和性别如何。指导者的言论要利于指导，在各种不同的被认为是平等的活动中给予正面的强化。	因为传统、老套的条条框框而限制了人们参与的机会（女性或男性化）。偏见和歧视减少了平等参与身体活动的机会。
成功率	根据个体水平，能给人们以较高的几率成功地完成动作的机会。	要求人们完成过于简单或难的活动，造成受挫、厌烦感和造成错误动作。不考虑个体的能力和兴趣，要所有人按照同样的标准完成任务。
时　间	要按照人们每天计划的时间来进行身体活动；活动时间的长度要适合个体的发展水平。	没有规定的身体活动时间。在进行身体活动的时候不考虑个体的年龄和成熟程度。
环　境	要有足够的空间供人们自由、安全地进行身体活动。	在有障碍物的环境下上课，导致活动的机会受限。
设　施	要有足够的设施，使每个人从最大限度地参与活动中获得益处。设施要适合每个人的体形、技能和信心度，以便受到激励去参与活动。	设施数量不能满足上课人们的需求。设施不合适，阻碍人们技能的发展、造成损伤，使人们变得胆小。

专业人员在国民健康中起到了一个重要的作用。他们通过实施这些活动来帮助参加者获取技能、知识以及态度，将身体活动融入他们的生活之中，对我们来说是以一种有意义的方式来奉献，但是，我们必须确保我们的活动对于参加者的需要而言是高质量的并且正确的。重视体育教育活动的安排是著名健身先驱和作家查尔斯·科尔宾给教师提供的明智的建议。促进终身身体活动是体育教育活动的最初目的，这个假定是个前提，这个前提应该成为各层次活动的基础。像查尔斯·科尔宾所注意到的，这个最初目标与 NASPE 的指南是一致的。对促进身体活动的观注支持了体育教育

的公众健康作用，和“疾病预防和控制中心”所提倡的重视使用身体活动为青年人增强更好的健康是完全一致的。我们朝着这个目标逐步地建立起高质量的体育课，让每个层次的体育课都能帮助学生获得技能、知识和终身体育的态度。

教学责任

每天学校和非学校领域的老师都有大量的工作。未来的老师要清楚他们的责任。除教学以外，老师需要开展许多管理性以及与专业相关的工作。金塞默(Gensemer)把教师的活动分成了三个区域：学院工作、管理工作和教学工作。工作是与教学有最直接的关系的责任和活动。这项工作包括解释和说明怎样展示技巧，描述在游戏中怎样执行一个特殊任务，评估学生的表现，通过各种技术的使用来鼓励学生，适用问题来检查学生对于所给材料的理解来决定表现得明晰以及吸引学生的投入。

管理工作是与班级管理相关的活动。在学校，这项工作可能包括点名、处理纪律问题、巡查锁门的教室。在非学校环境的商业性健康俱乐部或体育中心，管理工作包括组装和拆卸设备、设备维修、发放毛巾、分发结果记录单以及记录个人的进步情况。

学院工作是和所在执教机构相关的活动：即教师工作的学校和学院。在学校环境中，教师可能要承担监管饭厅或午餐室的责任，参加学术和系部门会议，主持家长—教师座谈会。许多教师注意到学生咨询影响他们身体发展因素、给学生个人问题提出建议占据了他们大量的时间，但这种为学生服务的机会是值得去做的。在非学校环境

更衣室的监管是教师的管理责任之一

中，教师可能要承担一些学院的责任，如在前台检查会员卡，邮寄一些宣传手册来吸引新的会员，写各式各样的报告等。在某些情况下，教师承担管理和学院方面的责任所用去的时间要比他实际的教学时间还多。

教师除了负有先前所说的责任外还担负着许多专业方面的责任。教师要进行研究工作以推动本学科领域的发展。另一个专业方面的责任是向公众诠释体育和运动的价值。这就需要体育教师精通这个学科的科学基础，如此他们才能向他人解释体育和运动的价值所在。体育教师要意识到他们所做的这些活动反应了该领域的目的和价值。体育教师自己的身体力行象征着他们对此职业的责任与义务；他们应该做出健康、积极的生活榜样。专业人员应利用各种机会向教育者、社区、公众和其他团体介绍他们所为之奋斗的领域。

许多的体育教师也许还承担着社区方面的责任，这些往往都是义务的。然而，体育教师所拥有的特殊资格和技能就使得社区的一些团体寻求他们来协助青少年运动和其他体育运动，如小联盟或成人休闲活动等。体育教师应该有兴趣来指导这些社区活动，通过他们的指导，来组织和管理这些活动，确保它们最有利于青少年和成人的兴趣。体育教师的参与，使他们有了一个向大众全面解释体育和运动的机会，同时他们在社区受到尊重和成为重要的指导员，这些反过来又可以使他们的活动得到更多的支持。

教师的责任并不只是局限于教学。他们在工作的过程中可能要进行各种各样的活动。还有和教学相关的管理、行政、专业等方面的责任。这些工作的本质从严格意义上讲根据不同的环境而不同。下面就讨论一下在学校环境和非学校环境中对于各年龄段人群的教学机会。

教学事业

如果教学是你的事业目标，那你将会有许多不同的工作机会。传统意义上的体育教学是和孩子以及年轻人一起在学校工作。但是，今天在学校以外的许多背景下有许多可用的教学机会，这给老师们与所有年龄段的人工作创造了非常好的机会（见《人生和文化视角：教学》表）。

人生和文化视角：教学

教师和学生的性别、种族、民族是如何影响他们之间的互动的？

身体过度疲劳对教师和教练行为以及对学生或运动员学习的影响后果是什么？

经验丰富的教师和新任教师在设计和实施他们的教学过程中的区别是什么？

学生的能力是如何影响与教师的互动的？

续 表

新任教师所面临的挑战是什么？我们作为体育教师应该做哪些准备来面对这些挑战？
根据技能水平分组能提高技能的学习吗？
怎样鼓励更多的少数族群的人进入到体育和教练事业中来？
学生应如何利用上课时间，怎样增加他们的学习机会？
成人的文化能力是如何影响到他们参加身体活动的持久性的？
教师对运动的个人喜好是如何影响他们的课程决策的？
如何利用体育来提高学生的责任感？
对于身体有某种残疾的学生，用什么最有效的方式来设计教学以满足他们的需求？
体育教师如何更有效地促进终身身体活动？

学校环境中的教学

学校中的教学岗位，在公共学校和私人学校、高等教育以及特殊学校中都可以发现，公共学校和私人学校是根据各种管理形式而组织的。

传统的年级体系是小学和高中，小学是由幼儿园以及 1～8 年级组成的，高中是由 9～12 年级组成的；另外一个被使用的体系是小学、初中和高中。越来越常见的体系并入了中学，这个体系是从幼儿园到 5 年级，从 6～8 年级以及从 9～12 年级。

在美国学龄前活动的数量增长迅速。目前 4 岁入学的州已经超过了 30 个。一些学校 3 岁就可以入学。“NEA”(全国教育联合会)建议把对幼儿的教育放在一个重要的位置。不断地增加学龄前的活动，为体育教育者和孩子们一起工作创造了更多的机会，这让孩子们的运动技能得到发展，同时也促进了健康生活方式的发展。

在高等教育中，就业机会包括在 2 年制的大专院校或社区学院以及 4 年制的学院或大学中教学。对于那些想和残疾人一起工作的专业人员以及那些渴望教授专业课的人，他们也可获得一个教学岗位。教学机会在特殊学校中也同样存在，例如假期和技工学校，还有发展中心。

小学体育教学

小学体育教育是作为人类运动的艺术和科学出现的。高质量的小学课程和合格的老师寻求的是给孩子们逐步灌输为什么运动、怎么运动以及运动的生理、心理以及社会学的结果。这些课程的最初目标是运动技巧的健全发展以及人类特有的运动形式，为孩子提供一个高质量的体育教育计划是非常关键的。孩子们在最初这几年所上的高质量的体育课很可能让他们一生都喜爱身体活动，对体育有一个正确的态度。如果这种经历是负面的影响，那么这些孩子会开始讨厌体育和身体活动，这种感觉可能会伴随他的一生，因为身体活动和健康关系紧密，所以这一点会对孩子生活的质量产生重大影响。

在孩子生命的早期，运动经历被认为是所必需的教育。在这个时期可以建立一个牢固的运动技术，为孩子将来的体育运动以及各种形式身体活动的收获提供一个基础。更重要的是，孩子们通过运动表达自己，使自己更具创造性以及完善自我的形象，并对他们的身体获得一个更好的理解。通过这样的运动经历使孩子们的探索、发展并以有意义的方式成长。

从开始的幼儿园到 3 年级，孩子们大量的注意力都放在了学习基础的运动技巧上，例如：跑、跳、爬、掷、接、踢和击打。孩子参加有引导的发现和解决困难的活动，这些活动主要集中在运动概念上，包括身体意识、空间意识、运动质量以及运动关系。概念性的活动是孩子对运动的理解进一步的加深。理解性的活动帮助孩子发展眼和手、脚的配合，横向和方位以及移动物体所必需的技巧。小学的课程主要是关注发展每个孩子的积极的自我形象，就像一个搬家工人。我们也应该注意发展必需的社会技巧，如与其他人一起工作，单独化的学习，在这个过程中学生以他们自己的节奏学习，这种学习能与困难的解决、引导的发现以及对小学生而言创造性的学习共同相处。

在高一些的年级，体育课集中在精细基础运动技巧上，并使用这些技巧来发展与运动相关的技巧。在这期间，应该给所有的孩子参加多种多样的运动和身体活动的机会而不是专门从事几种的活动。秋天上橄榄球和足球，冬天上篮球和排球，春天上垒球和跑步，这样的课程不能提供必需活动的多样性来保证在这些年级的水平下获得最好的技巧。除了传统的活动及体育运动之外，这个水平上的学生应该接受舞蹈、体操和个人活动的教育。鼓励获得与体育相关的知识以及培养良好的运动员精神、领导能力和伙伴的关系，在构建小学体育活动时应考虑详细的说明要求。虽然全国没有统一的课程，但是小学体育教育者可以找到被“儿童体育委员会”(COPEC)完善后的指南，这个指南是 NASPE 和 AAHPERD 的基础，对实现和设计他们的计划是有帮助的。“COPEC”推荐应该有一个合格的说明计划为每个孩子发展运动技巧和高效率的运动形式以提高健康水平。通过运动学习交流获得自我理解，社交活动得到期望的动作技能、认知和情感结果来提供机会。

COPEC 指南也建议小学生还参加合格的体育活动，至少每周 150 分钟。

体育教育家对热衷于小学教学列出了许多原因。在小学阶段，学生往往易受鼓舞、充满渴望和热情以及对自己的进步而自豪。这个年龄的孩子喜欢活动和拥有无限的精力。在他们最初和印象最深刻的几年里，许多体育教育家喜欢与孩子们打交道的工作。小学生在技能学习上取得的显而易见的进步是对老师的奖励和鼓舞。

儿童喜欢在不同的环境中测验他们的能力，如平衡力

初中体育教学

对于体育教育者来说教初中学生是一系列特别的挑战。在这期间的学生正处于发育阶段，身体、社交感情每时每刻发生着变化。由于这个年龄段的解剖学和生理学特征，活动的选择必须小心。这个水平的学生处在一个快速增长时期，这给他们动作的协调性带来困难，经常造成尴尬和过度的劳累。学生要面对处理与青春期相关的大量变化的任务，包括第二性特征的发展。同样也要经历社会和情感的变化。独立的愿望以及同龄人的影响特别强。体育教师要注意学生正在发生的众多变化。在这个过渡期间，学生可以经常从体育教师那里得到指导和帮助。这期间体育课应该包括单人和双人身体活动的平衡，如水上运动和网球以及团队活动，如足球和篮球。舞蹈、体操和健身活动应是课程的必要部分。在小学水平下进行技巧和健身活动，同样应是课程的必要部分。对那些还没有像同龄人一样在运动方面取得进步的学生应该给予特殊的关注来帮助他们提高技巧。学生的体育知识应当进一步扩展并多提供使用它们机会。在学校的几年里，学生开始专门从事于某些特定的身体活动并积极地寻求其中的乐趣。

NASPE 的中学体育活动应该为每个学生提供从事提高运动技巧和终身的健康发展活动的机会。这种水平下的计划，在通过增长的自我责任和自我定位，提高社会和情感运动的时候，应该先发展体育知识。在体育活动中，学生应根据兴趣和能力分成组，应小心避免性别角色的消除和定型。推荐每周最少 250 分钟体育活动，最少被分到 3 天之中。校内活动、俱乐部活动以及恰当的学校间的体育竞赛应为学生参加身体活动实践提供更多的机会。

高中教学

在高中阶段，学生展现出来更多的身体、思想、社交和感情成熟。这个阶段正是由少年到成年的过渡期。

对于在中学水平教学的体育教师来说最基本的目标之一是在符合学生需要和兴趣的身体活动中使学生适合社会生活的角色。潘格拉兹和戴安斯特（Pangraz and Diarst）两个人提出中学体育教育计划的最重要目标应该是帮助年轻人把身体活动的一些形式融入到他们的生活方式之中，这就意味着教师设计的体育活动必须以一种特殊的方式来完成。在这种方式下学生的态度、知识和技巧的发展正是对目标关注的结果。潘格拉兹和戴安斯特认为一个成功的高中体育活动的最终考验是把身体活动，如练习、运动、跳舞和户外冒险活动，融入到生活中的学生的数量。

课程一般向终身体育方向安排，尽管团队体育也可能很受欢迎。体育教育者在计划课程时考虑学生的兴趣和需要是很重要的。在这期间，学生应有机会去发展足够的技巧，以便当他们离开学校时，他们有欲望和知识去成功并快乐地参加身体活动和运动。因为许多学生不再继续上大学，所以在他们离开高中之前获得能力和兴趣是必需的。

NASPE 的中学，学校体育委员会建议高中水平的计划应集中在各种活动中的精练技巧，以及在学生自己选择的生活活动中发展的高级技巧。学生应该学习怎样完善个人计划来获得和保持终身的健康水平。与体育相关的科学知识，设计个人身体活动方案时的自我空间以及恰当的身体活动角色和社会体育运动，同样是一个合格的高中体育活动的结果。建议为所有学生提供日常的体育活动。课时的长短、班容量的大小以及高质量的质量标准，应该和其他科目的课程内容相融恰。

许多高中的体育活动要求学生参加的同时，给学生机会去选择他们想参加的项目。越来越多的学校通过使用校园以外的设施，如高尔夫球场、溜冰场、水上运动中心或滑雪坡来扩展他们的课堂。趋势正朝着提供给学生更多的知识和对体育概念的理解方向发展。这些都是通过开设有关兴趣的小课来实现，例如健身或体重控制，或是通过有关概念的融合来实现，例如有关体力的问题。校内体育、校际体育和体育俱乐部为学生参加运动、发展专项，以及实现其他想得到的结果提供了机会。

高校体育教学

即将上任的体育老师可能也有更好的机会去高校教学。可能有机会在一个 2 年制的社区学院或 4 年制学院或大学任教。通常体育的某一个领域的硕士学位是获取这个水平工作的先决条件。在一些机构，训练责任可能与教学位置相联系，然而在其他机构，教练不承担任何责任。在美国，学院和大学的一般或基础体育活动的地位在最近几年已经改变了。在以前一段时间，许多学院和大学要求所有学生每个学期必须参加一项体育活动，例如每学期一项体育，持续2年。现如今这个阶段的体育课通常是自愿的，因此要求体育系有责任提供吸引学生的课程。因为这个需要，这个阶段的课程往往更加灵活而且根据学生的兴趣和需要而变化更多。

终身体育和娱乐性活动是这个阶段所关注的，包括网球、高尔夫、有氧舞蹈、自卫术和个人健康，户外运动（如：泛舟、宿营、攀岩）和水上运动。学生有机会参加理论课，课上的话题可能包括健康概念、锻炼原则、生物力学原理、心血管健康和个人化健身方案的发展。一些大学开设叫做"终身安康"或"终身健康"的课程，这些课程把理论信息和宝贵经验结合起来，目的是帮助学生获取引导健康生活方式所必需的知识和技巧。体育俱乐部为爱好者提供社会群体经历和特殊身体活动的乐趣。校内和校际体育在学院和大学课中起着很重要的作用。这些活动根据学生的能力、需要和兴趣提供给学生额外的参加机会。

专业课程的体育教学

专业准备计划是为学生的体育教学、锻炼和竞技的事业而设计的。渴望在学院和大学水平教学并有兴趣为成为将来的指导者而做准备，来给他们的职业方向定位的专业人员，在超过700多个能提供这种计划的机构中有许多这种服务的机会。

从事专业课程教学需要有高学历、较强的学术能力，对大学生有兴趣并了解他们，懂得众多的教学难题，而且大多数情况还要有先前在小学或中学的教学经历。大学教师必需精通本领域的知识并胜任此项工作。

专业课教授可能教分支学科和相关领域的理论课程，如体育史和体育哲学、评估、动作控制、运动技能学、动作发展学、生物力学、运动生理学、课程与方法、组织和管理学、运动社会学、运动心理学和适应性体育。这些教授在他们的专业领域一般拥有博士学位。想教专业课的老师也可能教专业活动和技术课以及训练方法课。这些人在他们的专业领域通常具有高超的技术。教授活动和技巧课的专业人员拥有硕士学位，一些人可能得到了博士学位。

除了他们的教学责任以外，老师还从事科研，参加系、学院或学校的委员会，并为学生提供建议和咨询。这些老师要发表一些专业性著作，提供社区服务、咨询并从事一些专业性组织的工作。

专业课体育教师所提供的服务价值非凡。通过老师提供的经验，能帮助发展预期的素质、能力、使学生为在自己的领域成为带头人做好准备，并通过训练实践中的突出成绩，教师的工作将在学生和其他将来带头人的心中永存。

特殊的身体活动教学

对残疾学生的体育教学是另外一个职业机会。残疾的学生包括脑力和情感缺陷，

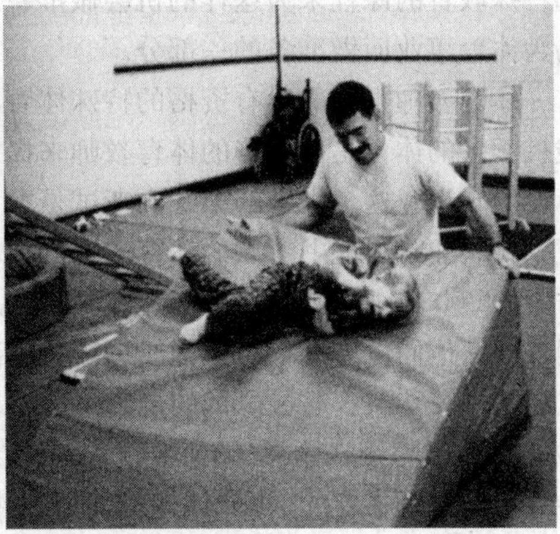
特殊体育的核心是调整身体活动内容以满足学生的需求

身体挑战如：脑瘫或截肢、视力和听力困难、语言障碍、学习困难以及其他健康缺陷，如哮喘、心脏病和癌症。特殊的身体活动主要集中在改变或调整身体活动来满足学生的需要。“好的”体育是适应体育，因为高质量的体育和适应性的身体活动的核心是恰当地满足每个学生的需要。随着其他法规的颁布，残疾的学生有机会参加身体活动。

根据法律，每一个被确定为残疾的学生必须有一个个人化的教育计划，或是IEP。法律规定在每个学生的教育计划中要包括体育。体育老师有机会参加这个个人计划的设计。

给有残疾的孩子提供教育有几条途径，包括体育。把环境区分要求放到最小，将有残疾的学生安排到适合他们能力的教育环境中，让他们享有尽可能多的自由。对于一些学生来说，这可能是一个有或没有助手的安排，在一个和没有残疾的同龄人一起上课的“常规”体育课中，或者可能安排到一个特殊的班或适应性体育课。这些班级一般都很小并且只包括有特殊需要的孩子。把残疾孩子安排在常规班级里是目前“主流”做法。

20 世纪 90 年代，一些学者已经倡导把残疾的学生安排在常规的课堂，包括体育课。这一综合性研究坚持把所有的学生，不管他们是否残疾和残疾程度，都安排在附近的常规学校。额外的帮助和服务用来协助残疾的学生在常规课堂背景下获得成功。在使用这种方式的许多社团中有大量的争论。他们认为常规的老师对于有特殊需要的孩子来说可能不胜利。他们缺乏特殊的训练来给孩子们提供一个高质量的教育经历。

体育老师可能给予这些残疾的个体许多不同的服务。一些学校或学区有适应性体育专业人员，他为残疾的个体提供直接的服务。在其他环境中，适应性的体育学者作为顾问来帮助其他老师提供必需的服务。

所有的体育老师应准备好和残疾的学生一起工作。体育学者将参加制定 IEP(个别化教育方案)。这些计划可能集中在帮助学生改进身体条件，这些条件通过练习能够得到提高，在他的能力范围内帮助每个学生达到最高的身体健康水平，帮助学生去辨别哪些身体活动和运动是适合他的能力和兴趣的，并提供每个学生对健康的自我概念发展具有过渡作用的积极经验。

即将上任的喜欢和残疾个体一起工作的体育老师应该通过选修适应性身体活动

和特殊教育的课程来为这样的机会做准备。把试图获得与残疾人工作的实际经验作为为体育事业而做准备的一部分。

体育教师也能成为有资格的特殊体育教师。全国改进体育标准工程是为了确保残疾学生的体育是由合格的体育教师来提供而设计了一项证书考试来测试关于这些标准的知识。这个内容的第一次考试是在 1997 年 5 月。

有兴趣参加证书考试的体育学者必须说明他们具有体育的学士学位，在适应体育方面的 200 个小时有记录的实践经验并且成功完成至少一个 3 学分关于改进体育的调查课。他们也应该学习全国改进体育标准来确保作为体育的特殊工作者所必备的广泛的体育知识。通过考试的老师可以执教 7 年并且能在他们的名字后使用缩写词 CAPE(合格的特殊体育学者)。他们的名字被列在分发到每个州教育部门的关于合格的特殊体育学者的全国档案里。他们也被接受为国家残疾人体育与休闲娱乐协会(NCPERID)的免费会员 1 年。

目前，在美国大概有 5 000 万残疾人，大多数已到学龄的残疾人都在常规学校接受教育。打算教体育的人能教具有特殊需要的人群能力是很重要的。

对于那些有兴趣在学校教学的人来说有大量不同的机会存在。这些机会包括教所有年龄的人。对于那些有兴趣的在海外工作的体育学者而言，同样也有许多机会。教师交换计划和“和平团队”(Peace Corps)提供了在国外的小学、初中还有学院和大学中教学的机会。美国军队同样在海外为全体学生开设小学和初中。在这些学校教学并不需要是军队的一员。对于那些积极在学校寻求教学岗位的将来的体育老师而言，工作的岗位还是很多的。

非学校环境中的教学

获得体育教师资格证书为你开辟了许多机会之门。学校以外的体育教学机会在不断地增加。全民对体育兴趣的增长刺激了其他领域教学的增长。现如今在体育俱乐部、娱乐社团以及体育项目、度假胜地、军队、高级市民区和退休中心还有休养机构都可以找到教学机会。这些工作岗位的要求、工作条件、工资和其他待遇变化很大。一些工作岗位要求在特殊体育领域有很高的水平，而其他的要求能教各种各样的活动。工作时间变化也很大，一些岗位，工作时间常常要听从学生的时间安排。如果是和年轻人一起工作，往往是在课后或周末。如果是和成年人一起工作，工作时间往往在周末或晚上。但是，白天的工作时间仍可以利用。这样的工作可以是钟点工，工资大概每年 15 000～25 000 美元，或是以所教学生的数目来计算工资。福利也不尽相同，可能从没有到有完整的医疗、牙医和人体保险计划。

一些学校以外的教学岗位要求老师也承担其他责任。这些责任可能包括公共关系工作、做记录、推销员以及设备维修。

体育教师可以在学校以外非学校场所找到教学和执教的机会，如这名教师正在一个学前班体操课中

一些工作本质上呈现季节性，主要取决于气候或设备类型。例如，如果你在美国东北部是一个户外水上运动的老师或导演，那么你的工作很可能是从6月到9月；如果是在东北部的室内，那么你的工作将是一整年。在西南部，不管什么类型的设施，同样的工作可能一整年。

由于这些工作需要教学技巧，所以许多想在学校以外教学的体育教师也要获得教学资格证书。

通过这样做，他们增加了工作的范围。其他准备在学校教学的体育教师，当他们不能找到适合他们需要和兴趣的教学岗位或作为一种兼职手段和暑假工作时，他们就寻找其他的工作领域。许多雇用体育教师来填补这些岗位的雇主也是因为看到这些申请人的证书，在他们简历上能够列出教师资格证。对于一些岗位，可能要求特殊的证书，例如作为一名专业高尔夫球手时的专业高尔夫球协会证书或专业女子高尔夫球协会证书。

体育教师也应该明白为什么成人和年轻人会寻求指导。成人在这些组织中寻求指导有许多原因：第一，他们在年轻时的体育课上做这项活动或其他活动时没有得到指导。第二，他们寻求指导可能是为了个人的成长和乐趣。寻求指导可能是因为社会原因，例如能和朋友和家人一起参加特殊活动的愿望。例如，一些成人在打高尔夫球时寻求指导是为了能够在这项已被接受的活动中成功地参与到商业交往中。通过一个专业人员的辅导来提高和精细一个人运动表现的愿望常常是参加指导课程的原因。

青年人参加这些有组织的活动和课程有许多和成人一样的原因。除此之外，青年人参加某些活动课，可能是因为他们学校没有那项活动的指导课或那项活动的校际间竞赛。青年人想要发展更多的高级技巧，例如体操或参加某项运动的比赛，如游泳，他们可能会发现这些组织可以提供他们所需要的经验。因为想成为一名专业运动员，青年人和他们的家长可能会寻找专业的指导，例如高尔夫球或网球，或者是因为想在某些体育领域成功地获得大学奖学金的愿望，他们可能会寻找为实现这些目标所必要的学校以外的指导机会。

商业性运动俱乐部的体育教学

最近商业运动俱乐部和设施的数量得到了惊人的增长。网球和网拍球类俱乐部、体操俱乐部、游泳俱乐部、乡间俱乐部等俱乐部的设立，高尔夫、网球、空手道和柔道培训班以及相关设施的配备都是商业运动企业的范例。

由于商业运动俱乐部通常集中在特殊体育上，所以想在类似的组织中教学的体育老师应该拥有在特殊体育上很高的专业水平。许多例子表明，这些专业水平可以通过参加校际田径队来获得。许多年轻教师也通过参加私人俱乐部，例如体操俱乐部来获得专业技能，并在整个大学期间继续参加。教学责任可能包括私人课和集体课。同样也有机会去训练高水平的选手。其他的责任可能有在网球和网拍类俱乐部中筹划竞赛；在乡村俱乐部中的专业高尔夫商店卖运动装备；从游泳或体操俱乐部选送运动员去参加比赛。许多商业俱乐部也时常希望老师承担一些管理方面的责任。

雇主除要求很高的专业水平作为雇佣条件之外，可能也要求被雇佣者获得相关证书。在水上运动领域可能要求有水上安全指导、救生指导和泳池管理的证书。作为专业高尔夫球选手的证书，例如通过 PGA 和 LPGA，可能是必须的。对证书不作要求的地方，证书可能会提高就业机会。

青年中心和社区的体育教学

YMHA（青年犹太男人协会）、YWHA（青年犹太女人协会）、YMCA 和 YWCA 以及类似的组织如男孩俱乐部、女孩俱乐部和 4－H 俱乐部都为社区的青年和成人服务。

大多数这些组织的最初目的是宗教培训。但是，现如今运动和健身是他们计划中的重要部分。计划包括多种身体活动的课程，工人、青年人和成人的运动联盟以及青年人群。这些组织的经济花销通常通过会员费、社区和商业捐赠以及私人捐赠来承担。它们的目的是通过身体活动项目来提高参加者的社会，身体、道德、思想以及精神状况。通常这些组织雇用体育教师和娱乐专业人员去教各式各样的活动。

在许多社区，事情从清晨一直安排到深夜，如上午 6 点的晨游，就是为商业人士和专业人员在他们工作前和在深夜打了网拍球类的比赛后准备的。除了在身体活动中给顾客讲解外，体育教师还可能有机会成为一个队的教练。许多青年俱乐部提供给青年人和成人在地方、州际、区域以及全国性水平队中参加比赛的机会。其他的责任包括发展健康和健身计划、管理设施和预算以及选拔人才。许多中心除了身体活动之外还提供运动和健身评估计划、心脏康复以及健康咨询，在这些领域的背景和教学经历都对找工作非常有帮助。虽然工资待遇有变动，但是和公共学校的教学岗位待遇不相上下。

在学校以外的环境中有机会教授成人，并在许多不同的活动中提供的指导。这名瑜伽教师正在帮助一名学生纠正姿势

虽然 YMCA、YWHA、YMHA 和 YWHA 建立了广泛的组织，但是他们不是仅有的提供给体育教师就业机会的社团组织。其他机会包括为城镇娱乐项目、社区中心和 YMCA 等在本质上相似的青年中心以及运动场工作。这样的机会可能有些是季节性的，一般都是在夏天，但是越来越多的项目全年化正成为一种趋势。这些项目为所有年龄层的人，娱乐体育联盟及娱乐活动提供身体活动方面的指导。除了这些组织的教学和训练工作外还有其他的工作，如人才管理和项目发展。

老年中心的教学

最近几年，老人从美国政府和其他机构那里得到了大量的关注。老年人口超过了人口总数的 11%，并且这个数字每年都在增长。老年人的身体健康和保持最好的健康状况的需要也受到了关注。最近几年，由娱乐机构、退休中心和健康保健设施所提供的老年人活动在数量、类型上已经增长。

许多这类活动都提供了适合参加者能力和兴趣的身体活动指导。在这些机会里经常包含练习。除了身体的收获，体育活动还能提高社会文明。有兴趣在这些活动中工作的体育学者可能从适应体育、社会学、心理学和老年医学中获益非浅。

旅游景点的体育教学

闲暇时间的增加刺激了旅游观光产业的发展，景区的数量在增加，而且许多景区提供各种身体活动的指导来作为他们活动的一部分。可能包括的活动有航海、网球、高尔夫、游泳、水上滑板、雪上滑板和潜水。在这些景区的工作要求具体运动领域的专业技能。指导通常是在小组里或在私人课堂上。工资因情况而异，虽然许多景区是全年营业的，但由于受景区的位置影响，工作也可能是季节性的。在景区工作可以得到许多附加的好处，例如在一个很吸引人的、繁华的地方工作，有机会和各种各样的客人在一起工作等。

部队的体育教学

陆军、海军、空军、海岸护卫队和国家护卫队有多种身体活动规划旨在保持服役人员良好的身体状况和精神面貌。除了用人才来指挥这些组织的健身和身体培训计划以外，在他们的空闲时间还需要使用体育老师来指导服役人员的身体活动和运动。部队在它的基地开展各式各样的休闲活动，并且需要合格的人才来指导，也需要教练来帮助军队运动员参加世界比赛的训练。部队也为军人的孩子组织起学校。想在国外教学的体育教师可考虑在这样的学校里工作。对于许多这样的职位，体育老师并不一定要属于部队。体育老师想知道关于这些职位的更多信息应该和当地部队招募部门进行联系。

教学资格证书

每个州都规定了老师在拿到合法教学资格证书之前必须要满足的最低要求。教师资格证书通过保证高水平的教学能力和合格的人事雇用来保护学校的孩子们。许多州要求教学岗位的候选人参加一个标准的测试，如 PRAXIS。这些标准化的测验通常包括一个核心内容，这个核心内容主要是测试常识、交流技巧和专业知识。有的州要求学生在他们的专业领域中参加额外测试，例如体育测试。对于标准化测试不同的州有不同的考核标准。有的州有它们自己的资格考试，例如纽约要求教师参加资格考试。

因为获得证书的过程和要求每个州都不同，即将上任的老师应该从所在学校或通过直接与州的教育部门联系来获得确切的要求。由于每个州的要求不同，一个州的教学证书在另一个州不一定有效。但是区域内州际间相互交换的现象越来越常见了。有时，在没有相互交换的地方，未来的教师在另外一个州仅仅需要参加一些额外要求的课程就能成为有证书资格的教师。

在公共学校教学需要有教师资格证。一些私立学校可能不要求教师拥有资格证书。对于想在学校以外教学的个人来讲，教师资格证同样是一种资质。已经达到证书要求的候选人可能会打动要雇用他的人。

教练事业

许多未来的体育老师想获得一份教练职业。因为在许多州当教练都需要教师资格证，所以许多想成为教练的人都参加能取得体育教师资格证的学习计划。一些将来的教练寻求一个作为教师和教练的双重职业，然而有些人则只是想作教练，而把教学看做是达到最终目的的一种手段。

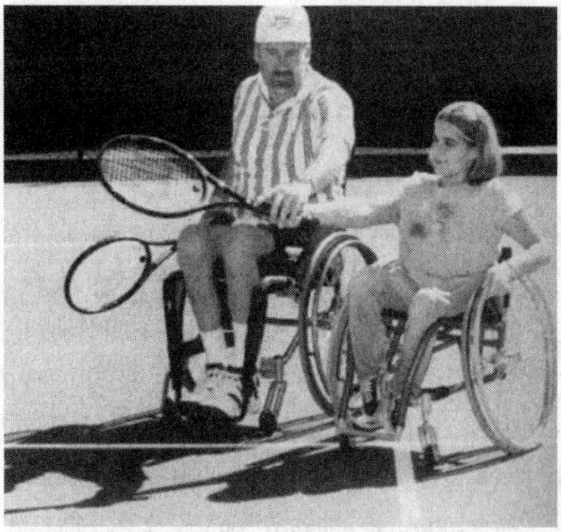

越来越多的残疾人参与到运动中来，他们在执教方面起到了积极的作用。布拉德·帕克斯（Brad Parks），国家轮椅网球基金会的创始人，正引导着这个潮流

在过去的30年中，当教练的机会大大增加了。《九号法令》的文章促进了女孩和妇女之间校际竞争的增长，各个年龄段的人对体育兴趣的增加也成为刺激因素增加了运动竞争的机会。

和当老师一样，当教练的机会在学校内和学校以外都存在。在学校，教练和小学、初中、高中运动员一起工作。大学的教练工作主要存在于2年的社区学院以及4年学院和大学中。

在学校以外有许多不同的教练工作，一些年轻人想当职业教练。商业或私人俱乐部的教练工作岗位的数量在不断增加，例如训练出色的体操选手或年轻的网球专业选手。社区性活动提供各种当教练的机会。

在过去的20年里，老年人和残疾人参加的运动已经增加。例如，1999年超过12 000名世界级的年迈运动员参加了美国夏季全国老年比赛——老年人奥运会，这是一场50及50岁以上运动员参加的最重要的比赛之一。由脑瘫人员参加的特殊奥运会和聋哑人运动会正吸引着越来越多的人参加。对于这些人群的教练工作，随着这些运动员努力做到最好而不断增加。

教学责任可能会和教练联系在一起。在中小学水平，教练要在学校教体育课。在大学水平，有的教练只负责训练而没有教学责任。在其他高等教育机构，教练可能在公共课或专业课中有自己的教学责任。管理的责任也同样可能与教练联系在一起。

选择一份教练职业

每个想选择教练职业的人都有许多原因：他们对体育的热爱，他们原来参加过运动队以及从工作中得到的乐趣等。这些在选择教练职业时都是很重要的激励因素。个人选择教练可能是因为某一个教练对他们的生活所造成的深远影响。有一个起正面模范作用的教练并有想赶超这个人的愿望会影响一个人从事教练职业的决定。

许多人选择当教练因为他们喜欢孩子。与高水平和有理想的人在一起工作也是当教练的一个原因。许多教练进入该领域是因为他们相信参加比赛是一种积极的经历。他们承诺给年轻人提供机会，通过这些机会，不论是运动员还普通人都能发挥他们最大的潜能。

教练是一项高度受人关注的职业。在学校和社区教练都会有巨大的影响和力量。令人振奋、受关注度、影响和知名度使教练变成一个很吸引人的职业。

当教练的优缺点

和教师一样，当教练也有优点和缺点。许多内在的回报都与教练有关。与运动员在一起工作的机会以及和他们并肩作战挖掘他们的最大潜力，获胜的激动和完全展现自我的满足，对教练的尊敬是教练的一些内在的回报。缺点是教练相关工作时间很长并且艰巨。不被人知的时间可能花在训练准备、回顾比赛的结果并为下一次相遇做计划、教导运动员做公共关系工作，在大学还要招募新队员。

教练的水平、训练的项目、主教练还是助理教练，这些使工资的变化很大。高中水平的工资从很少到几千美元不等。然而在大学和职业水平教练可能会有价值几十万美元的合同。

高失误率总是和教练联系在一起。与教师不同，教练总是在争取获得胜利的压力下工作。由于平凡的胜负记录或与管理层的关系不好，许多教练被解雇。在过度的重压之下以及难以达到要求，筋疲力尽，达不到专业水准或渴望换职业，会使其他教练选择主动离开。

教练要承担许多责任，包括帮助运动员正确面对胜利与失败

角色冲突是一个问题。这个问题在于一些老师和教练如何去平衡作为老师和教练的工作。每一个人在社会上扮演不同的角色，既有个人方面的也有职业方面的。位置和角色——教学和训练都需要承担责任并与所期望的成绩相联。两个角色都要承担很多责任，花费很多时间——备课、制定练习计划、教学、指导练习以及许多其他要求。除此之外，个人和外界的期望也会造成压力。老师要负责给所有学生讲具有挑战性的课程、

守纪、参加学校委员会并完成许多其他职能。教练要指导比赛的练习，鼓励运动员与公众和媒体见面，并且更多的时候是侦察对手。另外还有许多其他要求以及获胜的压力。

有时全部完成并且出色完成工作的压力是非常巨大的。当教师、教练努力去完成与这两个角色有关的要求时，角色冲突就产生了，不得不对如何分配时间和精力来应付这些重要角色的要求做出选择。对每一个角色的价值理解影响教师、教练如何选择去平衡各自的要求。这个使用时间和价值的折中办法允许教师花更多的时间在训练上，是一个有更多的社会认可和回报的角色。但是，当教练想获得成功，一个角色可能是直接向另一个角色——教学减少精力的结果。想要解决多重角色间的冲突，压力很大并且结果往往是教学质量的下降。但是，许多教师和教练在帮助学生进入运动领域时成功地平衡了要求并进行了高质量的体育活动。

教学与执教

因为训练是必要的教学表现，好的教师组织、交际、人际关系、解说和鼓励技巧是高效率教练的品质。教练必须能够组织练习为所有运动员学习技巧和比赛中的重要策略提供最多的机会。他们必须积极地监督运动员的训练。将学习的内容以一种清晰的方式讲述给运动员并为他们提高成绩提供正确的反馈。教练必须给每个运动员灌输一种自我价值，自信的思想，并能鼓励所有运动员为实现他们的目标而付出的努力。

优秀的教练具有许多品质。首先，他有能力去教运动的基础和策略，他必须是一个好老师。其次，教练理解运动员，在发展的特殊阶段一个人如何实现其作用，全面了解骨骼增长，肌肉的发展以及身体和情感的限制因素。第三，必须懂得所训练的项目。全面的技术、规则、知识等。第四，教练是运动员的榜样，一个有着很强性格的人。耐心、理解、善良、真诚、体育精神、是非感、勇气、影响力、幽默感、能量、热情和开朗是极为重要的。

虽然训练在本质上和教学相似，但是也有些不同之处。教师和教练都从事于指导性活动并且必须给学习者——学生和运动员提供获得技能和知识的机会。但是，教练必须有专业技能，教给运动员更先进的技术，并且相比老师对学生，要付出更多。一个教练的指导才干被管理机构和公众共同监督。如果一个教练没有让运动员做好比赛准备或运动员的学习表现不够，教练可能被解雇。另一个方面，教师对于他们学生的压力和责任都小。并且即使他们的成功率不高，他们仍将很可能继续留任。教练必须在充满压力的领域中工作，然而教师则相对在安逸的环境中工作。

教师在他们的班级里要与不同水平和兴趣的学生在一起工作。学生可能被命令上体育课并且很难鼓动。相反，教练要与对项目拥有很高理解的高水平运动员一起工作。他们是否参加是自愿的，并且他们可能集中精力朝着一个共同目标而努力。因此，虽然教学和训练有一些相似的地方，但也有一些截然不同的地方。

教练要花很多的时间来准备比赛和训练

教练的责任

许多责任都与教练相联系。像教学一样，这些责任可能被分成指导性、管理性和学院性责任。

教练的指导性责任包括指导练习和比赛时的指导，虽然教练和高水平的运动员在一起工作，但是教练必须是一个好老师，指导运动员更高深的技术和达到这个水平所必需的策略。

在比赛、练习中，教练必须鼓励运动员使出他们的全力并达到他们的最佳水平。许多情况下这些指导性责任是教练所有责任之中花费时间最少的。

许多教练在对练习和比赛结果的评价上花费了不知多少时间，并用这些信息来为即将到来的练习和比赛做出计划，因为这些教练足够幸运，有助理教练。时间必须都花在回顾信息并为即将的练习和比赛中。队伍经理也许会减少一些消耗教练工作时间的事情，如设备的负责或数据的计入，除此之外，教练必须负责公共关系，如询问比赛结果，接受采访和在人群前讲话，有时招生占据了很大一块时间。给可能要招募的运动员打电话，安排校园会议，与家长谈话和为有潜力的运动员寻找比赛，给每天的工作每天增加了好几个小时的任务。

校际间的教练除了他们的教学责任，还要参加许多学校的活动，大学的教练要参加运动系会议或代表学院出席社区委员会活动。

许多其他的责任和希望都和教练相联系。教练在他们的学院中占据了一个特殊的位置。在高校，认识足球或篮球教练的人比认识院长的人多不是一件奇怪的事。教练要反映出一个积极的印象并反映出与体育有关的价值。当队伍获胜或失败时，教练的行为将影响公众对体育的印象。建立和保持与社会校友和家长的积极关系，对于教练成功地保证对运动项目的支持是很重要的。因为教练的影响力和公众性，他们在参加完社区和公共事务之后可能会成为被追逐的对象。他们也可能去培训社区休闲中心、运动项目的志愿者教练，或作为联合之路(United Way，是美国的一个慈善机构，1887 年建于丹佛，于 1920 年介绍到加拿大)筹集基金的先锋。

许多其他责任由于教练位置而与教练联系在一起。教练由于与朝着共同目标而长期工作在一起的运动员所发展起来的亲密关系，所以经常扮演运动员顾问或承担代理家长的角色。运动员向他们的教练征求关于大量难题的建议。运动员可能有一些和他们运动成绩、经济、学业或个人事宜有关的难题。由于他们作为指导者的位置，教练被看做是角色榜样。人们期望教练能够展示出最高的指导水平，所以他们还担负着实现这些期望的压力。

田纳西大学女子篮球队主教练帕特·黑德·萨米特(Pat Head Summit)对她的运动和运动员展示了她的指导能力和敬业态度

教练必须要履行专业性责任。教练必须要参加体育和规则学术讨论会，以便注意当前的发展趋势和体育规则的最新变化。他们在与他们所训练体育项目相关的专业组织中很积极，如 AAHPERD。他们可能被请去在一些群体会议中担任做讲座或为一个专业杂志写一篇文章。

与教练相关的责任和期望有许多。指导性、管理性、学院性、社区和专业性责任组成了教练的工作。

获得教练职位

你可以采取几个步骤来增加获得教练职位的机会，这取决于你想执教何种水平的队伍。首先，当教练需要大量的专业技能。有你所要训练项目的运动经历在这一方面可能是有帮助的。参加关于先进技术和规则的座谈会和专题会议可以增加你的知识。考虑成为你的领域中有级别的裁判。利用教练资格证和颁发执照的课程，如由美国足球联盟提供的证书。其次，特别是对于中小学水平的教练，可能要求具有教学证书，但是，这个取决于你当教练所在的州。大学水平的教练通常要求有硕士学位。

未来的教练们应该考虑发展副项的专业技能，最好不和你的主项在同一个季节。例如，如果一个人想当足球教练，一个秋季项目的教练，那么这个人应该发展春季项目的体育如长柄兜网、棒球或垒球。在许多机构中，中小学水平和大学水平的教练可能都被要求去训练两个项目，或有时间在一个项目担任主教练在另一个项目是助理教练。在其他学院，由于赛季长度的原因，教练可能一整年都在忙于这一个项目。

实践经验也很有用。自愿当助理教练或者是在毕业之前一段时间作为教练为青年体育项目工作是朝着正确方向的一个步骤，并且是一个无价的经历。未来的教练们认识到在达到主教练位置之前必须愿意在教练组织中其他位置工作，这一点是很重要的，担任校队初级教练、研究生助理教练或接受做助理教练对于当上自己心目中水平的主教练位置是有帮助的。

教练资格证

学校水平教练资格的标准各个州之间都不尽相同。1987 年，只有 21 个州指定学校的教练要有教学资格证，即使在体育领域是不必要的。除此之外，教练需求量的增加以及缺乏足够的教师来满足这个需要致使雇用了许多非教师教练。1997 年，允许非教师教练的州的数量达到了 49 个。结果，许多在教练岗位上的人缺乏全面和安全教育课程所必需的专业准备和能力。为了避免缺乏准备，28 个州要求办教练培训。

另外，专家也表示了对青年体育教练的质量和准备的关注。数以百万的孩子参加青少年体育；数以百万的成人作为志愿教练。这其中的一些教练有很好的信誉并在保持获胜和提高年轻运动员的发展方面工作突出。其他的教练缺乏安全准备、技术发展、组织、训练和发展身体素质以及年轻运动员的需要等方面的准备。为了强调这些关注，创立了教练标准和大量的教练培训计划。

全国体育运动协会完善了教练员标准，目的是提供给那些提供教练培训和教育的组织和机构一个全国性的模式。知识、技术和有效正确的运动训练价值被总结成了 37 个标准、8 个领域。这 8 个领域如下：

- 伤病：预防、护理和处理。
- 危险处理。
- 成长：发展和学习。
- 训练：身体素质和营养。
- 教练的社会和心理方面。
- 技能：战术和策略。
- 教学和行政管理。
- 专业准备和发展。

这些标准并不是教练资格内容，只是教练教育的框架。

竞技运动教练领域的国家标准和标准示例

领域：伤病：预防、照料和处理

标准 5 能够设计、调整和实施适当紧急保护措施。

领域：危险处理

标准 9 了解担任教练的合法职责范围，如正常的监护；计划和训练；调配人员；安全；紧急救助和处理一些危险事务。

领域：成长：发展和学习

标准 14 了解自己所执教运动员的社交和情感发展，懂得怎样认识到和他们发展相关的问题，同时知道在必要的时候指点他们，给予适当的协助。

领域：训练：身体素质和营养

标准 25 运用有效的激励技巧，给予正面、恰当的反馈。

领域：技能：特色和策略

标准 33 设定不适合赛季各阶段的目标，会给对实践环节的组织、实施和评价产生障碍。

领域：教学和行政管理

标准 34 懂得运动的核心要素，即掌握的原理、技能和教学方法的乏陈会导致用来说明和使它们精细化的途径减少。

领域：专业准备和发展

标准 36 在实施一些体育活动中展示出组织和管理的效率，如赛事管理、预算程序、设备维护和参加一些公众活动。

2001 年，全国体育运动协会的教练委员会出版了《教练的行为规范》一书，各个水平的教练都应该关注这本书。《教练的行为规范》出版的初衷是最大化运动员的脑力、体力和社会关系的发展。对于运动教练来说，除了要拥有国家标准中所列举的能力之外，教练还应该遵守指导的 18 项标准。标准的示例如下：

● 教练有责任保证运动员的健康、全面发展以及按照胜负记录的次序来发展运动员。

● 教练要接受他们是作为角色榜样的事实并保证言行要一致。

● 教练要展现出诚实、正直、公平竞争和体育道德，不管比赛结果有什么影响。

● 教练要在和运动员、官员、同事、管理人员以及公众的关系中保有专业风度，并以一种尊重和尊严的态度对待他们。

● 教练要负责他们运动员的教育并鼓励在学术上取得进步。

《教练的行为规范》和运动教练的国家标准一起给教练提供行为指导和如何提高运动员在他们的计划中的活动的指南。

有几个由私人和专业组织创办的教练资格计划内容。在美国，美国体育运动教育计划是使用最广泛的教练培养计划。雷纳·马丁斯是美国体育运动教育计划的创立者，他说道：美国体育运动教育计划承诺通过鼓励教练、官员、管理人员、家长和运动员去接受“参与第一，比赛第二”这一理念并提供教育来使这一理念生效以提高业余体育运动。美国体育运动教育计划提供三个层次的教育：为青年体育教练而设计的自愿水平，为学校和体育俱乐部的指导者而设的指导水平，为那些想涉足更高水平竞争的人而设的大师水平。教育性计划是为运动员家长、教练和体育指导而设计的。美国体育运动教育计划提供年轻运动员教练的培训、训练原则、运动急救、医药和体育、教学技巧以及各种体育科学。一些美国体育运动教育计划的课程可以在网上完成。美国体育运动教育计划已经被州际高中协会的全国委员会、YMCA以及成千上万的高中教练教育计划所选用。

全国青年体育教练协会在训练、支持以及继续青年运动队教练教育等方面一直很积极。全国青年体育教练协会报道自从1981年这个计划开始以来已经有130万人成为全国青年体育教练协会的合格教练。自愿参加教练培训课，通过考试并签一份保证书承诺执行全国青年体育教练协会中的道德标准。作为一个长期的会员，教练接受青年体育杂志季刊，额外的责任保险以及事故和医疗保险。

其他的教练资格活动也可以利用，如运动教练培训课程是青年体育运动研究机构的一个分支。运动教练教育课程试图去给学校的教练提供适合他们日常责任的最新消息。特殊体育对于他们的教练也有资格证书的要求。教练资格也可以由当地提供，例如社区里负责青年体育的娱乐部门。

想当教练的年轻专家们应认真地准备来承担这个重要的责任。他们可以通过一个本科专业准备计划或是参加教练资格计划来完成这项任务。参加比赛和作为在社区里的助理教练或青年体育志愿教练的实践经验可以提高未来教练的专业质量。

劳累过度

在教师和教练中体力透支是一个普遍存在的问题。看到研究员克里斯坦·马斯兰奇(Christina Maslach)把工作透支定义为对长期的个人工作压力的一个心理综合症。其三个重要方面是过量的消耗，被讥笑和与工作分离的感觉以及低效率和缺乏成就感。消耗是指过度延伸和用尽某人的情感和体力资源的感觉；被讥笑反映在负面的、冷酷的或过度的与工作的各方面相分离。降低的效果或成就感是指感觉没能力和在工作方面缺乏进步和成绩。由于透支对勤奋的人有毁灭性的影响，所以年轻的专业人员需要注意透支的原因和情况以及能阻止它发生的策略。

有许多原因造成老师的透支：缺少行政支持，缺少在课程进程中的投入以及公众的批评和缺少社会支持。不足的工资、原则问题、时间少而工作量越来越大、班级容量太大以及过重的教学负担都造成了这个问题。缺乏挑战、管理性反馈不足以及缺少个人和专业成长的机会也导致透支。

在教练领域，透支可能是由于似乎没有尽头的工作、行政和社会压力以及时间压力。教师和教练之间的角色冲突也可能导致透支。当做教师和做教练有关的期望存在差异的时候这个角色冲突就会发生。

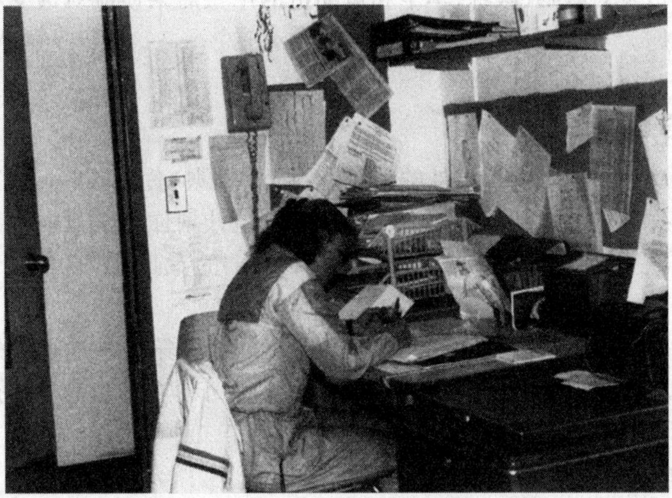

过多的需求导致教师、教练的过度疲劳

在教学和教练两个领域，个人问题和专业问题一起相互作用使透支恶化。个人问题如家庭矛盾、经济困难、离婚或人际关系问题可能会给个人造成额外的压力。这些压力和专业的困难合起来会加速透支的进程。透支的结果有很多种并且通常都很严重，影响老师也影响学生。透支与旷工，想要离开工作和转换工作联系在一起。对于继续工作的人来说，透支导致低产出和低效率。透支会影响教学，透支的老师只能坐在那里完成教学，靠把问题抛出来完成教学。很少写教学计划并且马虎，反应也比较迟钝。老师和他们学生的互动也会受到影响。透支的老师会用没有人情味的方式来对待他们的学生，很少有鼓励、反馈以及增加他们的努力，有许多老师对他们的学生期望很低。透支的老师可能会对他们的成绩不满意并认为他们是在浪费他们生命里最宝贵的时光。透支会造成对身体的破坏。失眠、高血压、溃疡以及其他与压力相关的症状会在透支的老师身上表现出来。

我们能做些什么来应对透支呢？透支不同的原因和结果要求不同的解决办法。监督者例如校长和运动指挥在预防和补救透支方面可以起到关键的作用。监督者可以给教师和教练提供有意义的可行方案，主要是发展各种教学和训练技巧，学习高效的时间管理及获得有效的沟通技巧。他们也可以给教师和教练提供更多的关于他们表现的反馈，这样能刺激进步。教师和教练可以寻求新的思路、专业接触以及通过参加专业的组织和会议所获得的机会。夏天的时候休几天假来恢复自己也是一个成功的策略。发展和参加业余爱好或是与工作无关的活动是应对透支的有效办法。建立和保持一个适当水平的健康，摄入适当的营养以及获得充足的睡眠也是积极应对透支的手段。

一些教师和教练试图通过采取不正确的方法如酒精和毒品来应对透支的产生。透支的普遍性以及对教师、教练、学生和运动员的严重后果使应对透支成为重要的职业优先考虑问题。

提高专业竞争力

如果你喜欢在学校或学校以外的环境中当一名教师，你要同时通过建造你的品质和兴趣来增加你的竞争力和教学能力。通过细心地计划你的学习内容和正确使用你的选修和实习经历，你可以很容易地提高获得你想要的专业岗位的机会。许多同样的策略也适用于教练。

你应该通过几个途径来增加你在学校教学的机会。第一种途径就是继续加强你已拥有的智慧和技巧，如双语教师的需求量很大。由于你的家庭背景、你成长的环境，或是你在中学学习的外语课程，也许你已经很精通第二种语言了。通过在大学工作的深化课程，这些语言技能可以被加强。

第二，额外的课程工作对扩展未来教师的能力是有帮助的。特殊体育领域课程是一种财富，不论这个人是否喜欢和只有特殊需要的孩子一起工作。由于特殊体育着重个性化教育，从对它的研究中得到的知识适用于所有孩子，包括那些有特殊需要但倾向参加或正在参与常规体育课的人。有关健康的额外课程会很有帮助，因为体育教师通常希望教一到两个正常班级。全面发展和健康的紧密关系使健康知识对参加者变得很重要。

另外一个途径是在第二学术领域获得教学资格，这取决于你的教学所在。如果你喜欢其他领域如数学、科学或是健康，双学位将使你有机会获得额外的工作，如上三分之一数学、三分之二的体育或是三分之一的健康教育、三分之二的体育这样的教学岗位。获得教驾驶的资格也是增加个人学分的不错选择。想获得双资格证书，你需要在你的选修领域中参加几门课程。通常获得证书的必要课程其数量不会比你在大学时的辅修课多多少。你教学所在州的教育部门可以给你提供关于证书要求的额外信息。

喜欢在学校背景以外教学的人可以像准备在公立学校教学的人一样通过同样的方式来提高他们的竞争力。这取决于你的工作地点，如果你拥有双语的背景，这可能是你的优势。特殊体育教育的经历在与不同的能力和年龄的人一起工作时会很有帮助。如果一个人在商业体育俱乐部或健身中心或社区体育项目中工作的话，这些地方通常涉及管理责任，所以数学和商务课程会很有帮助。因为许多这样的机构都提供几种健康咨询并且由于许多顾客都对健康感兴趣，所以健康课程也是一个优势。许多雇主把寻求在学校背景以外工作但有教师资格证书的人看作是他们的优势。在一项或几项体育领域中的特长也能作为拥有特殊资历的补充。

在教练领域，某人先前作为运动员的经历是一个优势。许多原来的运动员利用他们的经历来确保他们的职位。当然先前作为助理或主教练更好。专业的接触、体育领域的地位以及作为专业组织的成员对于获得职位和领先是有帮助的。许多的州都要求教练要有教师资格证，拥有这样的资质使你在做工作选择时更灵活。

最后，一个人可以通过尽可能多地获得实践经验，与不同年龄层次和能力的人一起工作来提高你的信誉。不论你是在学校还是在学校以外当教练这个都是毫无疑问的。这些经验可以从志愿者工作、兼职、暑假兼职或由你们学校主办的管理性工作中获得。当你找工作的时候，能把这些实际经验引到你的简历上那作用将是无法估量的。

教师和教练可以通过获得技术的使用技巧来提高他们的竞争力。技术能帮助教师和教练提高他们的指导效果并使他们的时间安排得更加有效。许多教师现在在他们的班上正在使用心率监控器。这些监控器绑在学生的手腕上，提供给学生关于他们心率的及时和持续的反馈。一些监控器把信息存储起来以便它能被下载到电脑上，稍后由老师来作出分析。一些老师使用掌上电脑来收集关于不同水平学生表现的信息，还有的老师使用电脑做大量的工作，如作记录、记分以及创造时事通讯来完善他们的课程。

教练可以使用笔记本电脑和影像编辑技术来准备关于对手的搜索报告。表格程序能帮助教练快速计算出数据并跟踪他们的预算。尤其是大学的教练通过数据库的使用来管理他们的招新活动受益很大。

有许多网站可以作为体育教师的资源和与其他老师交流的手段。由乔治·格拉汉姆博士和弗吉尼亚科技学院的健康和体育部门的博士学生创立的“体育中心”是一个针对体育教育者的不错的网站。它给老师提供课程设计、教育资源、评估策略，关于会议和工作室的专业信息、工作前景、设备购买以及相关网站的路径。通过这些服务，体育教师可以和国内的其他教师一起分享信息和解决难题。

教练发现网络提供给他们与全世界的教练分享信息的机会。教练可以发现贴在网上的关于训练、训练技术以及即将到来的会议的信息。通过几个不同的网站，大学教练就可以接触和招纳新的运动员。通过各种体育专业的网络服务教练可以在全世界范围内和同事进行交流。

未来的教师和教练可以提高他们的竞争力。利用你的技术选修相关分支领域的课程并尽可能多地获得实践经验将增加你的选择并提高你的就业机会。

小结

教学和执教机会已经从传统的学校环境扩展到学校以外，对象也从学龄人群扩展到各年龄段的人群，既包括学龄前儿童也有老年人。学校中的教学机会有小学、中学、高校三个层次。未来的(体育)教师可以在特殊体育课(指残疾人体育课)和专业培训课上教体育。学校外的教学机会主要在以营利为目的的运动俱乐部、社区中心和青少年运动结构、度假胜地、公司的健身课、军队、学前儿童动作技能开发活动等。许多人选择教学这个职业是因为他们想和人们在一起的强烈愿望，还有出于个人兴趣以及这项工作的性质等。想要从事教师这个职业的人们，无论在何种环境下，他们应该认识到这个职业众多的优势和劣势。

许多未来的体育教师想要做一名教练。有些人寻求一种能从事双重职业的机会，既做教师又做教练，而另外一些人只想做教练，做教师只是实现终极目标的一种途径。

为了提高教学水平，研究者确认了优秀教师所具备的一些特点。他们发现优秀的教师拥有组织、交流、人际关系、教导、激励等方面的技能。教师有很多的责任，他们的责任可以分为教导性、管理性以及教育本质性的责任。执教在许多方面和教学相似。优秀教练具备优秀教师所具有的许多特点，也担负着许多同样的责任。

越来越多的教师和教练所遇到的一个问题是过度疲劳，它是身体、精神和态度上的耗竭。造成过度疲劳的原因有很多，个人问题和专业问题交织在一起可能会加剧过度疲劳的程度。解决该问题的方法也形式各异。

未来的教师和教练可以采取多种策略来提高自己的竞争力。他们可根据自己的才能和兴趣选修相关分支领域的课程、尽可能多地从事实践活动等。

自测题

1. 鉴于现有老师的素质和职责，评估一下你在这一领域做出努力后所获得的能力。

2. 讨论在学校或不在学校做老师或教练的职业利弊。如果可能的话，尽力去采访一位当前正在这样的环境下工作的体育教育者。

3. 运用“网络链接”中所提供的信息，登录万维网、PE CENTRAL or PE Links 4U 网站，查询每个网站上的信息。写一篇一到两页有关万维网对教师和教练好处的文章。

4. 运用“网络链接”中所提供的信息，登录 AAHPERD Web 网站，阅读体育教练的国家标准和教练员行为规范。仔细回想你的运动经历，把教练的行为和这些标准作一个比较。你的教练达到这些标准了吗？他们还欠缺什么？讨论这些标准对教练的重要性，尤其是青少年的教练。

建议阅读书目

Corbin CB：Physical activity for everyone：what every physical educator should know about promoting lifelong physical activity, Journal of Teaching in Physical Education 21：128－144，2002.

Drewe，SB：An examination of the relationship between coaching and teaching，Quest 52：79－88，2001.

Jones RL，Armour KM，and Potrac P：Understanding the coaching process：a framework for social analysis，Quest 54：34－48，2002.

Kozub FM and Poretta D：Including athletes with disabilities：interscholastic athletic benefits for all，JOPERD 67(3)：19－24，1996.

Mavi HF and Sharpe T：Reviewing the literature on teacher and coach expectations with implications for future research and practices，Physical Educator 57：161－168，2001.

Potrac P，Brewer C，Jones R，Armour K，and Hoff，J：Toward a holistic understanding of the coaching process，Quest 52：186－199，2001.

Rink J：Teaching physical education for learning，ed 5，McGraw-Hill，2005，New York.

Rink JE：Investigating the assumptions of pedagogy，Journal of Teaching in Physical Education 20：112－128，2001.

Senne TA：On your mark ... get set ... go! a guide for beginning physical education teachers，NASPE，2004，Reston，Va.

Sherrill，C：Adapted physical activity，recreation，and sport：Cross-disciplinary and lifespan，ed 5，McGraw-Hill，2001，New York.

Stoot SA，editor：Preparing for a professional career in physical education，Journal of Teaching in Physical Education 12(2)：Theme Issue，2001

网络链接

美国运动医学学院：www. acsm. org
美国锻炼协会：www. acdfitness. org
健身管理网站：www. fitnessworld. com
国家竞技运动教练协会：www. nata. org
国家力量与素质协会：www. nsca-lift. org

第十二章 与健身和健康相关的职业

学习目标

读完本章学生要学会：

- 讨论健身或运动专家的职责
- 描述健身或运动专家多种不同的就业机会
- 讨论与健康有关职业的体育教学、锻炼和竞技专业人士的职责
- 讨论从事与健康相关工作的体育人员、运动科学人员和运动员们的职责
- 描述有志于做与理疗有关职业人士的就业机会
- 讨论可用于提高一个人在健身、健康、理疗相关职业的市场开拓能力的不同策略

在过去10年内，人们对于预防医学的关注及对体育锻炼价值的公共意识有了极大提高。有研究表明，适当的体育锻炼对于减少心血管疾病的发生及促进患者病情的恢复是有好处的。随着社会各阶层对健康意识的增强，人们对于身体活动在促进健康和预防疾病方面的作用意识也在不断加强，这对社区和商业的发展及工作场所的健康促进和健身活动都是一个促进。所以，对于那些想从事运动和健身职业的专业人员来说，就业机会就会大大增加。从事预防和恢复性体育事业的体育教学、锻炼和竞技专家的人数急剧增加，并且在未来几年之内还有上升趋势。

另一个有发展前途的领域是体育训练领域。专业队伍和大学体育队都有体育教练，在中学就业的机会在增加。而且，

大众对多种身体活动越来越多的参与及医学界对体育运动兴趣的增强都使得合格的体育教练在商业体育、医药门诊(clinic)、体育疗法门诊、医院，甚至公司工作场所的就业机会都有所增加。

在减肥健康养生馆、疗养胜地和健康俱乐部的工作机会也越来越多。合格的专业人员可以做舞蹈训练员、体育管理员、运动测验技术人员及减肥管理中心的顾问。

越来越多的保健专业人员和广大群众都认识到了通过定期适当参加身体活动，身体和精神上都有收获。人们越来越深刻地认识到运动在帮助人们达到健康最佳状态的治疗价值，还有助于病情的恢复。想从事理疗行业的体育教学、锻炼和竞技专业人员都会用到运动疗法、娱乐疗法和舞蹈疗法。水疗也逐渐引起了人们的兴趣。

与健身和运动相关的职业

大众、公司各部门和医疗机构对身体活动益处的认识不断提高，这也促进了预防性和恢复性身体活动的发展。有志于在这一领域有所建树的学生对所提供的活动类型、他们应承担的相应责任及可以获得的就业机会应特别熟悉，还要做好与健身运动相关职业的思想准备。

预防性和恢复性练习活动在其侧重点和参加者的性质上是不同的，进行这些活动的环境也不相同。预防性练习活动的专业人员的工作对象是健康的成年人，目的是提高他们的健康水平，使他们认识到随之而来的身体健康上的收获。恢复性练习活动的专业人员的工作对象主要是受到冠心病影响的人群。目的是恢复其身体机能的正常状态，提高生活质量。预防性练习活动经常出现在团体健身中心、商业健身中心和社区服务机构，比如 YMCA/YWCA(年轻男士基督教协会/年轻女士基督教协会)。越来越多的医院都在提供健身活动。恢复性练习活动在医院最常见，尽管在医疗保健领域或社区服务部或健身中心也能看到。预防性和恢复性活动虽然在理解范围上往往是不同的层面，但两者还是有其共性。尽管两者主要是改善健康状况，但也包含诸如教育活动、健康促进活动和生活方式的改变等内容。

综合健康活动越来越受人们欢迎。这些活动中的有益健康组成部分一般都包含了对个人当前健康水平的评估、练习或活动的规定，进行练习或活动的机会，及对某人健康水平的周期性再评估。教育方面的努力会集中在对人们进行练习和身体活动的原则的遵守上，为的是使他们学着对自己所进行的练习活动进行合理的计划，在提高健康水平方面所作出的努力包括健康教育(比如为参与者提供营养信息)，也包括早期为发现疾病所付出的努力(比如缓解过度紧张的情绪和癌症检测)。生活方式的改变包括就调控压力、控制体重、戒烟、酗酒和嗜用麻醉毒品等方面进行劝说。除此之外，还要提供娱乐身体活动的机会。

库珀和科林伍德(Cooper and Collingwood)指出预防性活动和恢复性活动在结构

受过训练的锻炼专业人士必须能够评价每个参与者的体能水平，这位 PepsiCo 公司的员工正在对一名参与者进行坐姿伸展测试

和内容安排上是不同的。为了尽量使参与者收获最大并鼓励他们坚持下去，健身法研究机构提供了几种“通用”服务。活动应为参加者指定医疗保护条例以保证他们进行冒险活动的安全。工作人员还应对参加者的健康水平和生活方式作出评估。练习活动应注重个人的目标设定。因此，每个人都应有练习和营养规定。为了鼓励参加者进行这些活动，要组织一些集体练习活动。为了保持在健康和生活方式上所发生的变化，要给参加者上教育课，还要制定一些条例以鼓励和强化他们所作出的努力。反馈应该是自然发生的。这些因素对预防性练习活动的成功至关重要，并且也应该是用于恢复性活动。

在预防性和恢复性练习活动方面工作的受过训练的健康专业人士要有能力对学习者进行大量的多种多样的任务练习，并且有能力承担有关练习活动各个方面的责任。索尔(Sol)指出了练习活动专业人士应承担的职责：

- 指导以预防和恢复为目的的练习活动。
- 训练和管理全体人员。
- 建立并管理计划经费预算。
- 设计并管理练习器材和实验室。
- 开拓活动市场。
- 与医生一起了解每位参加者的病史和活动记录、级别练习测试、肺功能测试和分类健康测试。

● 让参加者指定个人练习规定，建立参加者练习前的运动处方。

● 一经要求就要对参加者有关营养、吸烟、控制体重和压力情况进行评估并对参加者进行劝说，按照要求对参加者的营养、吸烟、体重控制和压力情况进行评估和建议。

● 收集活动数据以备数据分析和搞科研之用。

● 保持专业的从属关系。

● 完成其他具体活动的职责。

以下几个因素影响着专业人员履行在活动中的职责。这些因素包括：活动的范围和综合性、参加者的数量、工作人员的规模及其他工作人员的水平。在服务范围比较宽泛、参加者比较多而只有几个工作人员的活动中职责的分工就更具体了。每位工作人员都应参与指导这个活动，支配预算费用，开拓活动市场，并为了为其他活动服务进行在职训练。有些工作人员可能只有自己单独的职责，如级别练习测试或制定练习规则。其他人员依然上健康课并对活动进行指导。另外一些人负责为参加者提供改变生活方式的建议或教授参加者一些练习知识。还要有一个人去收集有关数据并进行统计分析。在一些范围较窄或参加者较少的活动中，工作人员的数量相对较少，一个人就会有更多的职责。

在各种环境下的许多预防性和恢复性的练习活动中存在着很多能胜任此工作的专业人员的就业机会。这些活动包括工作场所健康促进活动、商业和社区活动及恢复性活动。有些人希望做健身教练的工作，年薪 2～4 万美元不等，这要看一个人的工作能力、工作职责和工作性质。

工作场所的健身活动

工作场所的健身活动在过去 10 年中发展迅速。身体活动和健身活动是工作场所健康计划中必不可少的一部分。工作场所的健身活动因范围和所提供的健身活动类型的不同而有很大不同。

提供身体活动和健身活动的工作场所的比例从 1985 年的 22%上升到 1998 年和 1999 年的 46%。雇主的工人总数越多，越有可能为职员提供身体活动和健身活动。与 68%的大公司(超过 750 人)有工作场所身体活动计划相比，只有 38%的小公司(50～99 人)有身体活动计划。

工作场所身体活动计划是全民健康和预防疾病计划的一个重要组成部分，因为要让更多的人加入到其中来。现在，男职工总数达到 1 420 万人，他们中大多数白天都在上班。工作场所为这些年轻人提供了行之有效的健身途径，教他们如何接受并保持健康的生活方式。职工参加这些活动非常方便，并为他们提供一些社会支持，这对他们继续参与非常重要。

许多公司都对工作场所的健康计划进行投资，因为这可以促进公司的经济增长。高质量的工作场所健身活动使生产力提高并可以控制成本。工作表现得以改善、生产力得以提高、旷工次数的减少是公司进行投资健身计划的一些益处。公司也会发起健康计划作为控制成本的手段。保健成本在增加，健康保险的金额仍然继续上升。工作场所的健康计划已经与降低受伤几率、减少职工补偿费用和减少医疗费用联系起来。

在健康养生馆、健身俱乐部、公司健身中心，有氧健身操非常受人喜爱

有报道显示，从工作场所健康活动中所产生的收益有很大不同。收益率是普遍用来衡量经济收益的。收益率是用节省下来的钱除以所花费的费用。收益率为 3.43 是指花费 1 美元，节省下 3.43 美元。身体活动计划的收益率从 0.76～3.43 不等。当身体活动计划作为综合健康计划的一部分时，收益率便从 1.15 上升到 5.52。近期研究表明每在健康计划中花费 1 美元，平均收益率就会达到 3.93～5.07。每位职员每年所产生的累计收益大概是 500～700 美元，这些钱用在花费不多的健康计划上足够了。然而有研究者指出增长的生产力的 0.33%就可以进行健康计划，而且从不断增长的生产力中所获得的收益比减少职工的医疗费用所节省的收益高出 10 倍。

不但如此，出于对改善人际关系和提高道德水平的考虑，公司还是会投资于工作场所的健康计划。招收新的员工和留住员工对工作场所的健康计划同样重要。1995 年，权威机构调查发现，在有益员工身体健康的前 30 个活动中，健康计划排在第 10 位。

工作场所的健康计划因其广泛性而有很大不同，即所提供活动的数量和性质不同。1997 年，工作场所健康促进协会（the Association for Worksite Health Promotion）对提供不同类型健康活动的比例进行了评估。排在前10位的活动及工作场所提供这些活动的比例如下所列：

- 避免工作中危险和伤害的活动(66%)。
- 运动身体健康活动(43%)。
- 控制吸烟(42%)。
- 调控压力(39%)。
- 控制嗜酒和其他毒品(38%)。
- 背部保健(34%)。
- 营养(32%)。
- 控制高血压(31%)。
- 艾滋病知识教育(30%)。
- 胆固醇检测(29%)。

1999年对1 500家企业所作的调查对雇主所提供的健康计划类型又有了新的发现：超过半数的雇主所提供的活动与背部保健有关，约35%的雇主提供与运动、控制吸烟和调控压力有关的活动，25%的雇主提供与营养和滥用药物，艾滋病知识教育、性传播疾病知识及有关胆固醇知识教育和测试结果相关的活动。从所提供的各项活动可以看出，许多健康计划除了健康本身以外，还关注与健康相关的其他领域。

有志投身于工作场所健康计划工作中的体育教学、锻炼和竞技专业人员会发现他们已经成了整个健康计划团队中的一部分。作为健康计划团队的组成部分，专业人员也会从健康领域的附加训练中获益，如健康、营养和压力调控。

美国健康委员会(the Wellness Council of America，简称WELCOA)为了使健康计划办得更好提出了一些建议，包括：

- 自发组织健康计划。
- 不断拓展健康计划市场。
- 注意观察在年龄、文化和健康状况方面的个体差异。
- 经常对健康计划进行评估。
- 确保工作人员带头表现出健康的行为。
- 发现并奖励对健康计划发展作出贡献的人。
- 为了恰当评估该计划要保持良好的记录。
- 使娱乐活动和对临床很重要的活动保持平衡。
- 使活动满足职员个性化的需求。

为提高全民健康水平，工作场所健康计划为大家提供了很多锻炼的机会。然而要衡量这种努力是否有效不仅要看参加这种计划的人数还要看职员的参与质量。

工作场所健康计划尤其是身体健康活动——当其可以吸引处于危险状况者时是最有效的，也就是说那些职员从中收获最大。处于危险状况者是指那些惯于久坐且肥胖的人，胆固醇很高、过度紧张、承受过大压力还抽烟的人。事实证明，参加健康计划的人比不参加的人身体越来越健康。我们应朝着把这些处于危险状况者吸引到这个行列中来的方向努力。体育教学、锻炼和竞技专家一定要意识到积极并持续地吸收新员工加入到这个计划中来也是他们的职责。一旦他们加入，就要尽量让他们坚持来参加，目的是达到满意的健康效果。

工作场所的设施也有很大不同。有些公司为这些体育运动投资了数百万美元的设备——健身房、游泳池、室内跑道、增氧健身房、网球场、器械室、运动场。有些公司的设施相对简单，或组建有一个器械室和一个多功能健身房。

最近10年，面向学校全体教职工的工作场所健康计划有所增加。这些活动在性质和范围上是不同的。与团体活动相比，学校的健康计划注重保持并改善职工的健康状态。健康领域专家认为，这些工作场所计划是综合学校健康计划中必不可少的一部分。

各学院和综合性大学也为员工提供这样的健身活动。这些活动主要是通过合理的生活方式关注人们的疾病预防和提高人们的健康水平。一些学院基于有学分或无学分的基础，为学生提供健康活动，主要是通过掌握技巧和获得知识过健康积极的生活。

许多工作场所也提供娱乐身体活动。这些娱乐活动可以是垒球或保龄球协会，也可以是比赛队提供的，还应该为这些职员提供身体活动的指导。

对于合格的专业人员来说，工作场所健康计划的就业机会越来越多，体育教学、锻炼和竞技专业人员可以从事团体增氧健身法或团体运动指导员的工作。作为一个专业人员，你的工作对象可能是各种健康水平或各种年龄阶段的人，还会为怀孕的或患腰部疾病的人专门上课。授课内容也有很大不同，从强度很小的增氧健身活动到高强度心血管训练，从耐水性活动到骑车。

另外一个工作就是做健康和康复活动的管理员。在这个职责范围之内你会管理很多康复和健康课程，训练并管理这个活动中其他的指导员，就许多方面对职员进行教育，比如工作安全问题和压力调控。

工作场所健康活动也会聘用一些运动生理学家。运动生理学家实行并评估运动测试和监管练习课程。运动生理学家的工作对象既有健康的人也有需要特殊帮助的病人。如果在工作场所健康活动范围之内，运动生理学家可以指导一项心脏康复活动。

商业和社区的健身活动

在过去10年里，健康活动的数量有了巨大增长，包括各年龄阶段的人在内，商业和社区的健康活动都增加了。2003年，IHRSA报道说，各种俱乐部和健康中心的数量已经达到了历史最高记录——23 500个（包括YMCAS和社区中心）。在所有参加者近394万人中，35～54岁的人占37%，18～34岁的人占34%。人数上升最快的是

55 岁以上的年龄群。1987 年，55 岁或以上的参加者达到 9%，到 2000 年便达到了总人数的 17%。18 岁以下儿童的数量也在增长，现在已达到总人数的 12%。

2003 年，美国健康俱乐部行业总收入达到 1 410 亿美元，工资发放大约是 50 亿美元。有近 20 万人的全职工作人员和 74 万多人的兼职工作人员，每年去健康俱乐部超过 100 天的人从 1987 年到 2003 年增加了 175%，达到 1 460 万人。每人每年去健康俱乐部的天数从 72 天增加到 92 天，参加者的平均维持率达到 63%。

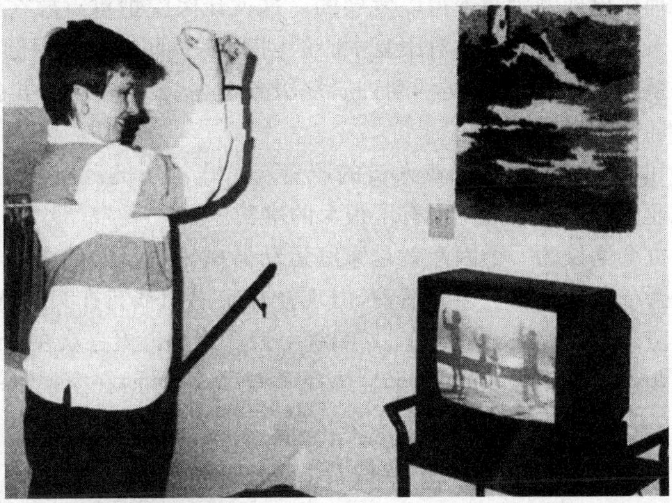

许多人愿意在家锻炼，而不愿去俱乐部或其他场所

俱乐部和健康中心的活动类型比较多。级别运动测试、个性化健康评估和条例、教育活动及生活方式的改善都在更加综合的活动之列。各种各样的集体活动项目，从增氧健身舞蹈班到瑜伽练习指导，到心血管康复训练，再到运动特定训练，学员都会参加到。耐力训练越来越受人们欢迎。小的综合性项目给学员所提供的可选择性也较小。因为学员健康活动的原因，现在有一种为学员提供康复活动的趋势。现在越来越多的俱乐部都提供单独训练服务。经调查，有超过 50%的报道称，单独训练是他们最盈利的服务之一。

改革健康活动使之适应不同年龄群的需要变得越来越普遍。如老年健康活动一样，蹒跚学步的儿童和学龄儿童的健康活动，社区和商业服务机构都提供，越来越多的学校也提供此项服务。在此领域工作的专业人员一定要根据各年龄段发展的特点从而设计相应的活动内容。

满足残疾人健康活动的数量也有增加。比如成立于 1983 年的圣地亚哥大学残疾人健康诊疗所(SDSU)为各种残疾人提供健康教学活动。健康活动不仅注重健康水平的提高，还注重独立活动能力的提高。独立活动能力的提高使参加者在活动中和日常生活中能更好地照顾自己。对于那些身体活动极为受限制的人，比如得了四肢瘫痪和多发性硬化，增强他们最基本的肌肉力量、耐力及平衡能力能使他们更加独立，还可以极大地提高他们的生活综合能力。为了使参加适应体育课和体育训练疗法活动的学生们应用他们学到的健康技巧和治疗技巧，健康诊所还为他们提供了实习课进行练习。

医院越来越重视社区康复活动和健康活动。这些康复中心融入了娱乐和诊疗服务，在健康俱乐部和社区中心形成了特色。这些中心很大，功能很多，有体育馆、跑道、最新型的运动设施、增氧健身房，有的还有游泳池。从某种程度上来讲，这些是在保健改革和护理管理化出现的刺激下得以发展的。这就让医院把重点放在预防措施上以使人们尽量不来医院看病。通过对康复中心的创建，医院可以利用保健中的变化为这些中心提供一系列的服务，从预防活动到康复服务，这就要求专业人员能合格地完成任务，承担起不同的职责。

商业公司和社区健康活动专业人员的职责与工作场所的健康活动的职责类似。这些领域的就业机会在过去几年中有了很大的增长。

影响就业机会增长的一个因素就是家庭运动器械销售量的巨大增长。过去许多成年人愿意付会员费去参加这样的活动，但现在却宁愿把钱花在买家庭运动器械上，比如家庭健身房、自行车测功计、踏车、划船练习架。这些人更喜欢在家运动因为比较方便。一些专业人士利用这一趋势，于是选择了做私人教练，在家提供一对一的健康指导。

私人教练

有许多体育教学、锻炼和竞技专业人员选择私人健康教练作为自己追求的事业。他们在固定时间去辅导对象家里进行单独辅导，有时每周5～6天。私人教练要对每一个辅导对象进行健康评估，设定具体目标并规划好活动项目以达到期望目标，通过训练来进行指导并关注他们的进步。还有一些额外的服务比如营养顾问。私人教练每小时可以挣到25～100美元。

如果额外付费，一些健康活动和俱乐部还为学员提供私人教练辅导。学员们都喜欢私人教练进行一对一的辅导，他们认为这样能使他们在进行活动时更有动力，更加努力。

私人教练与个人一起工作，特别是在家和俱乐部这类的场所，他们按客户的需求度身制定健身活动计划

一些私人教练还为健康俱乐部和健康中心工作。学员可以有选择地付额外费用让私人教练进行辅导。其他的体育教学、锻炼和竞技专业人员

有自己的私人训练业务，他们有自己专门的保健服务人员或有其他的专业人员为之工作。

一个新的趋势就是利用网络进行私人辅导。住得离俱乐部远的学员愿意在家训练，或者由于太忙不能去健康中心的一些人会选择与网上私人教练签约。通过电子邮件或电话，私人教练和学员间便会建立起联系。然后，私人教练会根据学员的需要为他们列出健康计划。学员经常用电子邮件告知私人教练他们每次的训练效果，私人教练也会关注他们的每次进步——用电子邮件告知学员对训练活动进行相应的修改并给予鼓励。雇用一个网上私人教练是省钱的，与在俱乐部或在家每小时 25 美元或者更多相比，每月才花 30～40 美元。

力量和体质训练专业人员

根据国家力量和体质协会(The National Strength and Conditioning Association)的观点，力量和体质训练专业人员“为达到提高运动能力的初级目标，要评估、鼓励、教育和训练运动员”。力量和体质训练专业人员的工作对象是校际的、院际的、业余的和专业的运动员。他们在学院和综合性大学、中学、运动医药、体育疗法诊所以及健康俱乐部工作。

力量和体质训练专业人员的工作性质与众不同。他们进行大量的测试，包括对具体运动能力的评估，对运动员健康状况和健康水平的评估。根据评估结果，他们设计并实施安全有效的训练活动以达到最佳训练效果，最大限度地提高运动员能力，帮助他们达到预期目标。此外，专家还在预防受伤和营养方面对运动员和教练进行指导。这项工作与教练员、竞技运动教练、医务人员和营养专家紧密相关，以确保运动员的身心健康。保存运动员健康记录，管理健康设备和管理健康活动也经常是力量和体质训练专业人员的职责。

尽管越来越多的力量和体质训练专业人员在大学工作，但还是有很多人的工作对象是学院的运动员。由于意识到健康和具体训练在提高能力和帮助运动员保持健康，避免受伤方面起着至关重要的作用，许多学院和大学的体育系会请力量和体质训练专业人员作指导。

国家力量和素质协会指出了力量和体质训练专业人员所应具备的几种能力，力量和体质训练专业人员需要运动科学和营养科学的基础知识；还要有应用能力，比如指导练习和设计活动。体育运动科学能力包括对人类生理学、运动生理学、运动技能、体育教学和生物力学的理解，并把对这些方面的理解贯穿到对肌肉力量和耐力训练活动的设计和实施当中去，也运用到增氧和厌氧健康活动当中去。运动训练专家必须具备运用运动心理学技巧，使运动员的训练和能力得到最大限度的发展。专家还要意识到增强运动员能力的物质的危险和不利影响。从营养角度来讲，力量和体质训练专业人员应对营养如何影响健康和运动能力了如指掌。

在应用范围内，力量和体质训练专业人员要有能力设计运动并把运动员的健康状况、当前的健康水平及训练和能力考虑在内。他们要对许多与众不同的运动形式非常了解，包括柔韧性、深度跳、力量训练、适应性训练，还要有能力对运动员进行技巧指导，包括适当时候的现场监管。另外还要有能力对运动员进行评估，也要进行管理和保存记录。

体育教师、教练、运动和健康专家、理疗法专家、竞技运动教练同力量和体质训练专家一样都在寻找就业机会。力量和体质训练专家证书对于抓住这些就业机会是很重要的。

康复活动

对于那些有病的人，尤其是那些有心血管疾病的人，运动对其病情恢复的作用越来越得到证实，因此，康复活动的数量也在增加。尽管一些社区服务机构（比如 YMCA 和 YWCA）也有一些康复活动，但一般来讲，医院和诊所提供的康复活动居多。除了恢复健康之外，促进健康和改善生活方式也是这些健康活动必不可少的内容。

医疗运动生理学家做的就是康复性工作。1996 年，美国运动医药学院（ACSM）正式提出了医疗运动生理学家工作范围的说法。ACSM 认为，

> 医疗运动学家的工作是在临床和病理情况下，用运动和身体活动的方式，使患者接受治疗，从中获益。适合于此项服务的病人当然包括在内，但不仅仅局限于心血管、代谢、免疫、炎症、畸形、神经肌肉等方面的疾病。以上所列只是提示将来还会在实际应用过程中进一步修改、发展，直至完善。生理学家还把这些运动规则应用于其他群体，比如老年人、儿童和产科人群。总体看来应用在社会预防性活动中。医疗运动生理学家还要进行活动评估、制定运动规则、运动管理、运动教育和运动结果评估。医疗运动学家的工作范围应当是那些指定的一直在特许医生照顾下的病人。

医疗运动学家的研究范围和职责非常宽。他们的工作与内科医生和医务人员联系紧密，以满足不同服务对象的需要。要设计康复活动，医疗运动学家必须对服务对象所患疾病的各方面的医学知识和病人所处的病理状态特别熟悉。认识到患者身体的局限性，意识到患者病情所处的状态，了解患者经常吃的药及其疗效。还要时刻准备去帮助服务对象处理与参加运动有关的心理方面的问题，比如练习中经常表现出来的恐惧，出现另一种心脏疾病。

事业准备

准备

如今很多学院和大学都提供与促进健康、健身或运动相关领域的本科或硕士研究生学位。运动科学、健康和心脏康复、医疗运动科学、成人健康、公共健康和健康教学

中都设有本科学位。尽管各学院对获得学位的要求不尽相同，但一般情况下，学生上的核心课程都包括运动科学基础、解剖学和生理学、运动学、生物力学、运动生物学、预防受伤及保健、运动和运动心理学、运动社会学和评估。

儿童的负重训练逐渐多了起来，与儿童和青少年一起工作的专业人士必须意识到他们的具体需求

除了这些核心课程之外，运动科学还有一些全面的指导，重点是心肺功能和健康状况评估、运动规则、运动指导才能及健康教学。心肺功能（复苏）医疗资格证通常是要求拿到的。因为这一领域与健康促进的关系密切，所以学生们还要上营养课、药物教育、药物学和压力控制课。为了做好充分准备，上一些心理方面的课还是有好处的，比如动力、行为修正及个体与团体的协作、计算机科学、数据处理和研究方法等课程对做好这个领域的管理和评估工作很有帮助。还有贸易课也有助于学生们处理大量与运动有关的工作，比如预算、开拓市场和人员管理。

为了使学生获得应用和提高能力的实践机会，多数学习计划中都会安排实习期。实习可以在很多地方进行，比如医院、团体健康中心、校园健康活动或商业公司。实习往往在课程即将结束时作为实践经验进行。

许多跨国活动也提供这个领域的硕士学位，这些活动会提供先进的专业化训练机会。这些活动有关运动生理学、健康教学、心脏康复、力量和体质、健康控制、整体健康和健康促进等方面。学生们要完成实习、一个研究项目和一篇论文才能毕业。

认证

专业组织的认证活动在过去 10 年内也有所发展。这些活动尽可能确保取得认证的人有必要的技巧和知识并且有能力去设计和管理活动。

美国运动医药学院(The American College of Sports Medicine)(ACSM)为这一领域的专业人员提供范围最广的认证活动。ACSM认证活动始于1972年,它包括预防性和恢复性运动活动,每一个活动都提供三个等级的认证。《健康与健身途径》(*The Health and Fitness Track*)认证是专为在健康活动领域工作的人提供的。健康活动中的参加者看起来很健康,有不受运动限制的可控制的医疗条件,并且是为保持健康而参加运动锻炼的。《健康与健身途径》包括的三个证书是ACSM团体运动指导(Group Exercise Leader)、ACSM健康指导员和ACSM健康管理员。《临床治疗》(*The Clinical Track*)证书提供给"在医疗领域工作的人们,为那些得慢性病(如糖尿病)的人提供心脏或肺部康复活动"。与CT相关的三个认证是ACSM运动专家、ACSM活动指导员和ACSM注册医疗运动生理学家。通过两个《运动治疗》(*Program Tracks*)认证是对技巧、能力、知识和经验的更高水平的肯定。此外,ACSM为医疗生理学家提供临床运动心理学家资格注册(A Registry for Clinical Exercise Physiologist),以促进道德水平、健康水平和医疗服务水平的提高,并要求专业人员以一种同情、尊敬的态度为病人提供服务。

要通过ACSM认证需要通过笔试和实际操作两种考核。实际操作之前,会有为通过各级认证而开设的可供选择的讲习班和讨论会。关于认证的有关信息可以到ACSM网站上查询(www. acsm. org)。

表12-1 健康与健身认证证书

组 织	主 要 认 证
美国运动医学学院(ACSM)	健康和健身方面 ACSM群体锻炼领操员 ACSM健康教练员 ACSM健康指导员 临床方面 ACSM锻炼专科医师 ACSM项目指导员 ACSM注册临床运动心理专科医师
国家力量和身体素质协会	力量与身体素质专业训练师认证证书 个人训练师认证证书
库珀有氧研究学院	健身专业教练 健身专业硕士 健身专业硕士——法律实施方向

续表

组　织	主要认证
YMCA	YMCA群体锻炼教练员* YMCA私人训练教练* 健身专业教练* YMCA武术教练* 青少年健身教练* 老年人身体锻炼教练(陆地)* 老年人水上项目锻炼教练* 背部健康教练* 产前身体锻炼教练* YMCA水上项目健身教练* *同时提供教练训练课程
美国有氧运动与健身协会	首席有氧运动教练 私人训练员/健身顾问 力量训练员负重/力量训练员 处理应急事务资格证书
美国锻炼顾问委员会	私人训练师 群体健身教练 生活方式与体重控制顾问 临床锻炼专业教练

其他一些组织也发展了认证活动，包括YMCA、ACE、AFAA和NSCA等组织。

YMCA为那些在组织内部多种形式的健康和健身活动工作的人提供认证。所提供的认证有私人训练员、健康专家、团体运动指导员、水中健身指导员。YMCA也为与不同人群工作的专业人员提供认证，包括青少年健康指导员、老年人运动指导员(陆上)、老年人水中运动指导员和产前运动指导员。此外，YMCA还提供具体健康领域的干部培训，比如，你拿到了青少年健康指导资格证，作为健康指导员，你有能力去指导为使人们成为青少年健康指导员而开设的讲习班。帮助指导员跟上时代并学习新技术。YMCA开设继续教育讲习班。有关认证的信息可以到YMCA网站查询(www. ymca. net)。

ACE为健康专业人员提供四种类型的认证。私人训练师认证是为进行一对一健康培训的人提供的。团体健康指导员认证是为指导团体运动的指导员提供的。生活方式和体重控制咨询认证是为提供有关营养、行为修正和健康方面的综合体重咨询信息的人准备的。ACE医疗运动专家认证是为那些以特殊群体(如慢性病人或受伤的人)为工作对象的、有经验有技巧有知识的私人训练师准备的。越高级的私人训练师认证越能反映一个人为满足特殊人群的需要，适应特殊人群的水平而进行测试、评估、设计、实施和鉴定运动的能力。ACE 为人们在专业健康领域获得专业知识开设了很多培训班，提供了很多机会。ACE 的相关信息可以到 www. acefitness. org 网站查询。

AFAA 为健康活动专业人员提供认证活动、培训班和继续教育讲习班的认证。包括初级增氧运动指导员认证、私人训练师和健康顾问认证、体重训练师认证和紧急情况反应认证。还提供产前健康、老年健康、护垫科学、耐力训练专业讲习班。认证要通过笔试和实践考核。AFAA 讲习班和家庭学习活动也会应用于美国运动医药学院的继续认证。AFAA 也会通过网络提供继续教育。AFAA 的相关信息可以到 www. afaa. com 网站查询。

NSCA 重点是力量发展以提高运动能力和健康水平。NSCA 把运动科学、体育训练和健康领域的专业人员都聚到了一起。NSCA 提供两种认证：合格力量和素质训练师认证(Certified Strength and Conditioning Specialists，简称 CSCS)和合格私人训练师认证(Certified Personal Trainer，简称 NSCA－CPT)。参加 CSCS 认证人员必须拿到文学和理学学士学位，或是大学的大四学生。NSCA－CPT 是为提供对一对一服务的人准备的，比如在服务对象家里，在健身或健康俱乐部及在如 YMCA 的组织里为了满足不同服务对象的需要，这些专业人员要有广泛的专业知识。他们的工作对象可能有畸形、心血管疾病和体重问题或上了年纪以及身体有残疾。两种认证活动都有实践和笔试两种考核。NSCA 还会举行会议和提供继续教育。NSCA 的有关信息可以到 www. nsca-lift. org 网站查询。

库珀增氧运动法研究学院提供很多不同健康和健身领域的认证。库珀学院的基础认证包括身体健康专家和专职健身硕士，还有衡量知识和增长水平的硕士认证。另外两个基础认证有健康促进指导员和身体健康专家。库珀学院还设有专业认证课程，为专业人员获取知识和各领域专业知识认证提供更多的机会，包括健康行为咨询、团队建设、耐力生物力学训练和老年健康等课程。库珀学院还主办讲习班以使健康和健身专业人员跟上这一领域的最新发展。要想获得更多的有关信息，可以到库珀学院网站(www. cooperinst. org)查询。

鉴于认证活动的数量还在持续增加，在这里提醒学生们在选择认证之前要与这一领域的教授和专业人员考察这一活动的质量。当然，正如司登托普所指出的，“听一周的‘强化’讲习班根本达不到体育专业学生四年大学所接受的教育水平”。

专业组织

成为专业组织成员并与专业组织建立联系对年轻专业人员非常重要。成为组织成员有助于专业联系的发展，并通过继续教育活动、讲习班和会议获得精进技巧更新知识的机会。准备在这一领域工作的学生会发现参加 AAHPERD、ACSM 和 NSCA 将是一次有价值的专业经历。

与健康相关的职业

在体育教学、锻炼和竞技领域与健康有关的就业机会有所增加。体育训练师的就业机会越来越多。在健康和体重控制俱乐部及养生馆也有体育教学、锻炼和竞技专业人员的就业机会。

运动训练

近些年，具有体育训练专业知识的专业人员的就业机会有所增加。大学毕业和专业水平的人可以在传统职位上就业。尽管有些中学仍然不招收体育教练，但在中学的就业机会依然存在并且逐渐增长。因为各州和学校考虑到运动员的安全和他们的合法责任，也会招收合格的校际运动体育教练，因此，这样的就业机会在不久的将来很可能增加。

体育教练的另一个就业途径是运动医疗诊所。这些诊所或许是商业公司、附属医院或与物理疗法相关的诊所。社会各部门参加运动人数的增加使人们对鉴定、治疗和受伤护理的合格人员的需要也有增加。

体育教练就业的一个新途径是公司。很多公司都意识到，就像健康活动一样，室内康复性活动是必要的。一些公司让体育教练在康复中心工作。预计在未来 10 年内，这一环境下的就业机会还会增长。

男子和女子都可以在大学这个层次找到就业机会

体育教练的职责有很多，因工作性质的不同而不同，主要集中在预防受伤和受伤运动员的康复上。从预防受伤和安全的角度来讲，体育教练在练习和比赛之前都会采取预防措施，比如用绷带缠好脚踝和膝盖。体育教练和运动员教练在设计和管理体质训练活动方面工作关系密切。对运动员教练和运动员就预防受伤方面提出建议是体育教练的重要职责。体育教练还应为每个赛季前的体格检查提供帮助。检查装备和运动器械的安全性往往是他们的任务。

体育教练是第一个到达运动员受伤地点的人。因此，体育教练必须随时准备处理多种紧急情况。体育教练诊治伤势并把伤员交给医务人员进行伤势处理。体育教练与外科医生的工作关系紧密。体育教练会实施康复型治疗方案，进行适当的治疗。在这个过程中，体育教练应密切注视运动员的恢复情况。恢复过程是漫长而艰难的，在这难熬的过程中体育教练需要鼓励伤员尽最大努力尽早完全康复。保存运动员的受伤记录、治疗方案及治疗期间每位运动员的恢复情况也是体育教练工作的一部分。

除了具有训练能力之外，体育教练还应掌握过人的人际交往技巧。体育教练必须与教练和队医保持良好的工作关系。与每个人建立并保持良好的关系会有助于形成融洽的工作关系。体育教练起的作用往往是告知教练员哪一位运动员因伤不能参加训练，不能参加即将到来的比赛或继续比赛。过硬的专业能力和良好的人际关系使得这些困难的工作处理起来变得容易些。体育教练经常会发现自己变成了队员的顾问。运动员会和体育教练说些有关自己的或队友的表现方面的问题或队里的情况。体育教练必须有能力解除伤员的担忧；伤员会担心自己不能完全恢复或伤势会在某种程度上影响自己的发挥。运动员也会请体育教练为他的私人问题或学业问题提些建议。体育教练必须有能力以一种恰当的方式去处理这些说不清的问题和烦心事。

体育教练的工作时间很长。除了训练前在训练房，训练和比赛期间守在边线之外，还经常要在训练室呆上几个小时，一直等到训练和比赛结束，这期间要应付各种可能发生的受伤事件并给予处理。周末有训练或比赛时体育教练也要过来并为运动员进行治疗。赛季到来时体育教练还要随行。这种随行的次数很多，因为一年中要为几项赛事频繁地工作，对体育教练来说，赛季就不会结束了。其他稍微少一些的职责也会耗费体育教练的时间，比如打扫训练室，把绷带缠好，订购供给品，等等。漫长而费力的工作日和假期的缺乏使得体育教练身心疲惫，就像老师和教练一样累。除了长时间工作和其他的工作要求，许多人追求体育训练事业是因为他们想获得充分发挥自己潜能的机会，并实现与运动员保持密切关系的愿望。对他们来讲，这一工作还有很多难以言表的回报，比如，尽全力帮助受伤的运动员迅速回到比赛场地的满足感。

专业水平的体育教练的职责包括预防受伤，对受伤运动员的照料及康复。大学水平的体育教练的职责可以扩展到教授体育和健康活动课程。在提供经过批准的体育教练课程的机构里，体育教练可以教授规定课程，同时对学生体育教练进行监督管理。

中学体育教练可以有几个不同职位的工作。某一学校会请他们做全职体育教练，或者一区请他们做全职体育教练去教这个区的所有学校的学生。还有可能去做一名教师或体育教练。因此，体育教练会发现有体育教育专业或其他专业的教师资格证是很有优势的。一些学校会与运动医药中心签合同去请一位体育教练并做相关工作。

在诊所工作的体育教练通常比在学校或专业机构工作的人工作时间少，并且工作也更加有规律。在这些工作环境下的教练与运动员往往是一对一的服务。然而越来越多的社区活动正与这些诊所签约，寻求服务，因此，他们的工作时间和工作日程与那

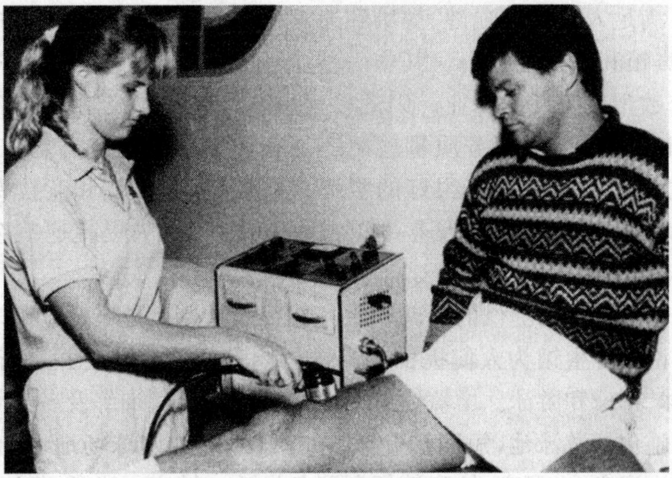

竞技教练一项主要的责任是实施正规的治疗

些在学校工作的体育教练差不多。

体育教练的薪水差别不大。工作环境、职责多少和个人工作经验都会影响到薪水多少。国家体育教练协会(the National Athletic Trainers Association，简称 NATA)2000 年工资调查显示，有 5 年或 5 年以上工作经验的体育教练平均年薪为 27 623 美元。有 20 年或 20 年以上工作经验的体育教练平均年薪为 62 975 美元(包括工资和补助)。

国家体育教练协会(NATA)提供体育训练的认证活动；这一认证逐渐成为获得一个职位的基本要求。预计到 2004 年，要想获得这一认证就必须通过正式体育训练的全部课程。正式体育训练课程包括生物和物理科学、心理学、急救及与训练相关的学科。通过认证要先成为国家体育教练协会(NATA)的会员而且必须通过笔试和实践的考核。有关认证程序的信息可到国家体育教练协会(NATA)网站(www.nata.org)查询。

一些体育教练在掌握技巧之后选择继续深造获得物理疗法的硕士学位。对物理疗法感兴趣并有可能成为体育教练的人应该在本科期间尽早查阅提供物理疗法专业硕士学位的学习学校的入学要求的有关信息，包括所提前准备的相关课程。物理、化学和数学往往是这些学校所要求的课程。提早知道这些信息，学生们就可以在本科学习之际把这些作为选修课程来学习。其他体育教练通过参加提供体育专业硕士学位的活动继续深造。在专业组织里，通过积极参加专业会议和讲习班也可以找到继续深造的机会。

健康与体重控制俱乐部及养生馆

在过去 10 年里，健康和体重控制俱乐部及养生馆的数量有了巨大增长，是许多

这些妇女正在养生馆做健身操运动

商业公司为了满足人们身体强健、健康和追求完美的愿望而建立起来的。养生馆设在疗养胜地、宾馆和旅行船只上。其中一些企业是独立经营，而其他的是特许经营商。这是一个数十亿美元的产业。因此，一些健康和体重控制俱乐部及养生馆只盯着大家的口袋而不注重服务质量。但还是有许多养生馆声誉是很好的，他们招聘技巧娴熟的工作人员并且有很好的服务。体育教学、锻炼和竞技专业人员不仅可以在健康和体重控制俱乐部及养生馆找到工作，还能为提高这些企业的水平作出贡献。

健康俱乐部及养生馆提供的活动和服务有很大差别。健康活动是养生馆必不可少的一部分。许多养生馆为人们提供很多进行体育锻炼的机会并进行指导，比如网球、短网拍壁球、排球和游泳。增氧健身舞、水感训练、重量训练及各种各样的运动班都很常见。设施包括游泳池，短网拍壁球、单打式网球和网球场地；还有诸如波浪泳池、桑拿浴、蒸汽浴室、光照室、按摩等便利服务设施。健康促进活动比如饮食和营养咨询、压力调控、按摩等也是服务内容。

近几年，疗养胜地型的养生馆数量增加；一些想保持体形和减肥的人到养生馆住上一到几个星期。另一个显著的趋势是商业饮食中心和体重控制俱乐部及养生馆的发展，这些也像健康俱乐部和养生馆一样可以独立经营和特许经营。这些企业的工作重心是减肥。与健康俱乐部和养生馆相似，运动班和健康活动也是这些商业公司减肥活动的一部分。

健康和体重控制俱乐部及养生馆的发展为对与健康有关职业感兴趣的体育教学、锻炼和竞技专业人员提供了很多就业机会。与这些职业相关的职责也大不相同。想在商业公司工作的专业人员可以做活动指导员或运动指导。他们要负责指导增氧健身舞蹈班或为服务对象设计重量训练活动并观察他们的表现。在大型俱乐部里，专业

这些妇女正在养生馆做健身操运动

人员要负责培训俱乐部指导员各种运动技巧并监管他们的服务工作。当体重控制和营养咨询成了首要问题，专业人员应对服务对象的饮食习惯进行了解，设计饮食活动以帮助他们达到预期目标，并随之安排与饮食有关的运动活动，同时提供营养咨询服务。在很多情况下，专业人员要求参加公司采用的具体饮食方式在职讲习班，并接受营养咨询和心理技巧方面的培训，比如行为修正。

体育教学、锻炼和竞技专业人员也被招聘去管理运动设施。即使他们在工作时作健康指导，实际上还是有其他一些管理方面的职责。这些职责包括保存记录，训练并管理职员，发展并实施社会活动及会员申请。与这些工作相关的多种职责表明，学生除了上健身课之外还应学习健康、贸易、心理和娱乐课程。工资水平每年从 25 000 到 45 000美元不等。随着社会大众对健身和健康兴趣的增加，在这些环境下的工作机会前景看好。

与治疗相关的职业

越来越多的运动形式被用作治疗方式。舞蹈疗法、娱乐疗法和运动疗法被认为是改善各个年龄人群的身体、精神、感情的手段。

舞蹈疗法

事实证明，用舞蹈疗法来解决身体、情感和社会问题是有好处的。它作为表达身体和情感的心理疗法已经被广泛接受。通过舞蹈，病人或服务对象可以自由活动并获得一种自我认同感。舞蹈让人意识到自己的情感并用于表达出来。通过舞蹈不同的运动特点，他们可以把自己的感觉和思想传达给他人并且可能表达他们难以言表的情感。舞蹈不仅提供了一个向别人传达感觉和情感的平台，而且还可以对自己有更深的了解。舞蹈通过它的本质使人增强敏感性，提高自己的意识。

健身爱好者非常喜欢室内划桨训练器，竞赛使参与者能够测试他们的能力

舞蹈疗法是发展最迅速的专业之一。它可以用在康复中心、精神病治疗中心、老年活动中心及残疾人的治疗活动中。舞蹈疗法适用于各个年龄层，从年轻人到老年人都适用。美国舞蹈疗法协会（ADTA）现

在提供舞蹈疗法专业人员的各级认证（www. adta. org）。

娱乐疗法

娱乐疗法针对有身体、精神和交际能力问题的人群及老年人，娱乐疗法专业人员则工作在这些人群所在的社区和公共机构。治疗专家运用娱乐技巧和其他娱乐活动帮助人们在身体、情感、精神和交际方面有所改善。把游戏、运动、艺术和手工以及社会活动加以改变以满足病人或服务对象的需要，从而达到预期目标。在私人疗养院、老年中心、儿童保育和日间托儿站、娱乐活动、医院、诊所和私人机构等都有老年人疗法专家的就业机会。

也有娱乐疗法专业的学位计划。对于曾经在这一领域工作过的或想在这一领域工作的体育教学、锻炼和竞技专业人员也会寻找到就业机会。在社区娱乐机构工作的体育教育者和运动指导除了教授技巧和指导活动外，还要参与娱乐治疗活动。有关娱乐疗法的更多信息请关注美国娱乐疗法协会网站（www. atra. tr. org）和国家娱乐疗法协会（www. nrpa. org）。

体育疗法

根据美国体育疗法协会所述，“体育疗法专家是在内科医生指导下，通过诊疗性的运动和教育治疗疾病、伤病和先天机能紊乱的保健专家”。体育疗法专家“重点是：(a) 对健康恶化和身体衰弱的预防；(b) 对慢性病和残疾人官能性健康改善与保持”。据美国医疗协会报道说体育疗法专家的治疗类型主要是“治疗性运动、行走训练、老年病康复、水疗法、修复性和矫正性恢复、精神性恢复和驾驶训练”。

体育疗法专家的工作环境有很多，包括医疗中心、医院、运动医药机构、康复机构、学校、私人运动和锻炼顾问。体育疗法专家平均工资最低每年 28 000 美元，当然环境和相关职责的不同工资也不一样。

美国体育疗法协会为合格人员颁发证书。体育疗法要有体育教育或运动科学专业的学位，而且要通过指定的课程学习。此外，为了确保认证的合格，每个人必须在正式医疗地点成功完成 1 000 小时的医疗实习并通过国家认证考试。为了保持认证的有效性，体育疗法专家每年必须参加继续教育。想了解更多信息，请与美国体育疗法协会联系（www. akta. org）。

物理疗法

物理疗法专家提供恢复、维持和促进全面健康的服务。物理疗法专家的工作对象各年龄段都有，目的是使那些受伤或正受病痛折磨的身体有残疾的病人减轻病痛。物理疗法专家的工作是让病人恢复身体机能，增强身体灵活性和减轻病痛。

看完病人的病史，物理疗法专家对病人的能力进行评估，包括力量、运动范围、平衡性、协调性、体位和运动机能。然后设计并实施活动方案。治疗方法包括通过运动帮助行动不便的病人恢复体力、灵活性和耐力。为了帮助病人提高耐力和恢复身体机能，物理疗法专家要使用多种方法，比如电击、热敷、冷压、超声波、牵引和按摩。物理疗法专家教给患者怎样使用恢复性和帮助性器械更有效和更有效率，比如拐杖和假肢。还教给他们怎样在家进行恢复性练习。

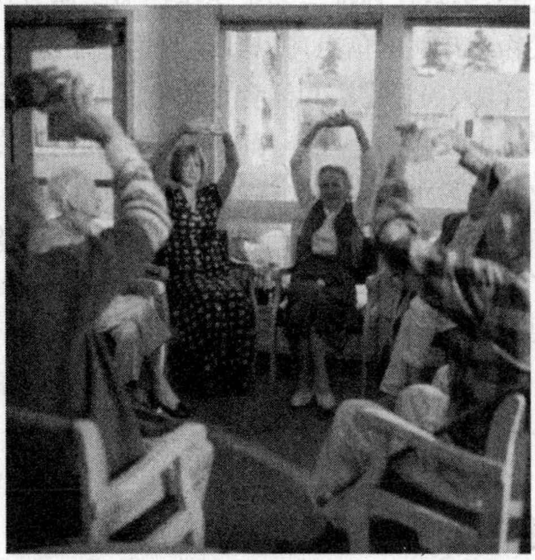
锻炼对所有人都很重要。柔韧性可以帮助老年人保持活动范围和独立性

物理疗法专家经常作为医生、医疗专家、职业疗法专家和言语病理专家的保健队的成员工作。一些物理疗法专家是能够治疗多种病人满足他们需要的通才，其他的是专才，主要对儿科、老年科、矫形外科、运动医药和心肺物理疗法。物理疗法专家有多种不同的工作环境，最常见的是医院、诊所和私人诊所。一些人在疗养院工作。工资待遇也有很大不同，每年从30 000～85 000美元。

有些体育教学、锻炼和竞技专业人士在大学做好准备并获得物理疗法的学位

一些体育教学、锻炼和竞技专家想继续深造并拿到物理疗法专业硕士学位。对于有志于在这一领域继续求学的那些人，需要指出很重要的一点就是，物理疗法专业有严格的入学要求。生物、化学、物理只是众多要求必须通过的科目中很少的一部分。

此外，多数计划都会要求学生作为志愿者在物理疗法环境下工作规定的时间。更多有关物理疗法的信息可以到美国物理疗法协会网站（www. apta. org）查询。那些对于舞蹈疗法、娱乐疗法和体育疗法感兴趣的人会从改进的体育、心理、健康、娱乐和咨询等课程中获益。一些体育教学、锻炼和竞技专业人员想在体育教学、锻炼或竞技科学专业的本科水平上再继续深造以拿到物理疗法或专业疗法的硕士学位。有志于在这些领域继续深造和追求事业的体育教学、锻炼和竞技专业人员应当在准备专业课时尽早了解这些领域硕士学位入学考试所要求的课程。学生们可以在本科学习期间把这些课程作为选修课来学习。

随着人们越来越意识到各种疗法、娱乐和社会活动的益处，体育教学、锻炼和竞技专业人员在这些领域的就业机会也会增加。

提高专业竞争力

对与健身、健康或各种疗法有关职业感兴趣的学生可以通过做很多事情来提高他们的专业竞争力。上自选课程、拿到认证、增长才干和提高兴趣及获得实践经验都能为在这些领域谋得职位提高录用指数。

健康自选课程的学习能增强竞争能力。促进健康活动的工作——营养咨询、体重控制、挥霍、戒烟和压力调控——往往是这一领域与职位相关的职责，因此，有关营养、压力调控、药物学和药物教育的课程对准备在这些领域从事工作的学生是有帮助的。咨询心理学和社会学等方面的课程也同样有好处。未来的这些专业人员需要学习必要的技巧以改变他们不良的健身和健康习惯。通过理解不同的决策方式、激励技巧和行为矫正策略，体育教学、锻炼和竞技专业人员能帮助他们的服务对象达到预期目标，不管这些目标是提高健康水平、减肥还是学习调控压力。因为许多与健身和健康有关的职业（包括预算、活动促进、会员申请和登记账簿等工作）和商务计算机科学课程对从事这些方面的工作都很有帮助。

获得认证也能提高一个人的市场开拓能力。对于许多体育专业人员和与健身相关的工作人员，ACSM 认证逐渐成为最基本的要求。比如健康指导员认证，即使用人单位不做要求，招聘人员也会把它作为有利的参考。虽然 CPR 和急救专业的认证有些难度，但获得 CPR 和急救指导员的辅助认证也不错。这些认证可以让你在某一公司或健康中心教授 CPR 或急救课程，对这一工作感兴趣的专业人员都希望成为合格的指导者。这为紧急救护领域提供了辅助专业知识。属于专业组织的 AAHPERD、ACSM、NSCA 或 NATA 也许会让他们的工作人员到自己感兴趣的领域的讲习班和诊所学习。

通过课外活动和户外运动来提高兴趣和活力也能对专业知识加以补充。比如，如果你对重量训练感兴趣并且经常锻炼，你可以花些时间学习重量训练的不同方法。舞蹈专业知识对于那些想从事舞蹈疗法工作的人是必需的，并且对想在公司和社区健康中心工作的人来说，舞蹈专业知识也可以提高专业技巧。增氧健身舞已成为一种非常受欢迎的健身方式而且经常出现在社区中心。

通过实习、实地考察、志愿者工作或兼职工作及暑期工作，也可以提高市场开拓能力，什么都代替不了经验。利用好存在就业可能性的工作机会，深入了解日复一日的工作。在医院做娱乐疗法专家或物理疗法专家的助手，在运动医药诊所当助理，在养生馆监管服务对象及在公司健康中心实习都会获得实践经验，并把在本科学习期间学到的理论知识进行实践，同时还可以学到获得这些职位的就业技巧。通过不同的实践经历，专业知识之间的联系也会得以融会贯通。

体育教学、锻炼和竞技专业人员可以通过几种方式增加在与健身、健康和治疗有关职业的就业机会。上自选课程、提高兴趣和活力、获得相关认证和实践经验都是提高市场拓展能力的方法。

小结

在过去的10年里，想成为健康或运动专家的体育教学、锻炼和竞技专业人员的就业机会有了极大增长。就业机会存在于预防性和康复性运动中。预防性运动由公司、社区服务机构和商业健身俱乐部实施；康复性运动一般在医院进行，但也可以与公司健康活动和社区服务机构活动相联系。

对于想从事与健康相关职业的体育教学、锻炼和竞技专业人员的就业机会增长也非常快。体育训练资格认证的专业人员会在专业水平、大学水平和越来越受欢迎的中学水平的运动中找到就业机会。在运动医疗诊所、物理疗法诊所和医院也有就业机会。体育教育专家、运动指导员还会在健康和体重控制养生馆和俱乐部谋取职位。

人们对参加运动和身体活动对治疗心理及其对身体的益处的认识刺激了与治疗有关职业的发展，包括舞蹈疗法专家、娱乐疗法专家和物理疗法专家的职业。对体育教学、锻炼和竞技专业人员来讲，体育疗法也是一个越来越有发展的职业。

如果你想从事与健身和健康有关的职业，你可以通过上自选的有关健康、贸易和心理学课程。尽可能获得更多的实践经验对找到工作也非常有利。

事实证明，想从事与健身和健康有关职业的合格人才的就业机会在未来还会有增长。

自测题

1. 描述健身和锻炼专业人士的职责。如果可能的话，就有关他的职责和资格的问题采访一位这一领域的专家。

2. 描述健身和锻炼专家的各种就业机会。回顾最近两周几家大城市报纸关于招聘广告寻找本领域的就业机会或者在网上找工作。描述你发现的可以获得的职位及获取这一职位的资格。

3. 运用"网络链接"中所提供的信息，通过调查你所选择的社团的认证活动，对成员的益处和继续深造的机会。在你所选择的职业中，这一认证对你有怎样的好处？

4. 运用"网络链接"中所提供的信息，找到与健康和健身有关的新的研究课题、企业新闻和意见书。把你的调查结果在一篇简短的报告中作个总结。

建议阅读书目

Aldana SG，Merrill RM，Price K，Hardy A，and Hager R：Financial impact of a comprehensive multisite workplace health promotion program，Preventive Medicine 40：131 - 138，2005.

Aufsesser PM and Burke JP：The fitness clinic for physically disabled，Palestra 13：18 - 20，1997.

Cohon A：Special treatment：hospital wellness centers，Athletic Business 21 (7)：31 - 34，1997.

Durrett A：Starting a worksite wellness business. IDEA Health and Fitness Source，June 1999.

Huddleston E：Fitness at work，Athletic Business，2001.（Online at www.athleticcbsiness.com）

McDermott L：A qualitative assessment of the significance of body perception to women's physical activity experience：revisiting discussions of the physicalities，Sociology of Sport Journal 17：331 - 363，2000.

Pellettier KR：A review and analysis of the clinical- and cost-effectiveness studies of comprehensive health promotion and disease management programs at the worksite：1998 - 2000 Update，American Journal of Health Promotion 16：107 - 116，2001.

Pierce P and Herman S：Obtaining，maintaining，and advancing your fitness certification，JOPERD 75(7)：50 - 55，2004.

Rupp JC，Campbell K，Thompson WR，and Terbizan D：Professional preparation of personal trainers，JOPERD，January 1999，54 - 57.

Walk SP：Peers in pain：the experiences of student athletic trainers，Sociology of Sport Journal 14：22 - 56，1997.

第十三章 与竞技运动相关的职业

网络链接

竞技运动业：www.athleticbusiness.com

北美运动管理协会：www.nassm.com

ESPN与CNN运动插图：http://msn.espn.go.com/main.html

http://sportsillustrated.cnn.com

女子运动基础：www.womenssportsfoundation.org

学习目标

读完本章学生应能：

■ 了解运动管理和初级水平专业人员在这些领域的就业机会，为运动管理专家和初学者解释在这个职业的就业机会。

■ 叙述体育媒介中的就业机会，并解释在体育教学、锻炼和竞技领域如何做准备可以给他们一些工作上的帮助。

■ 和其他与体育相关事业的就业机会。

■ 讨论专业人员如何提高市场开拓能力。

人们对各种健康活动和运动的参与性已达到了历史最高记录，并且有继续上升的趋势。证明这种发展的一个事实就是健康和体育用品的销量。根据体育用品生产协会(SGMA)提供的数字，2003年体育用品企业大规模的贸易总额达到近500亿美元。下面是2003年反映国内企业的一组销售数据：

● 运动服饰用品销售总额达到228亿美元。活动运动服——参加健康和身体活动时常穿的运动服——的销售额超过127亿美元。

● 运动鞋的销售额从2002年的93.4亿美元增长到现在的97.3亿美元，其中跑鞋(27.7亿美元)、篮球鞋(20.7亿美元)、交叉训练鞋(10.6亿美元)最畅销。SGMA指出运动鞋是一种时尚产品，估计有不到30％的运动鞋用于体育和健康活动。

● 美国和加拿大运动许可商品的零售额达到121亿美元，那些印有NBA、全国曲棍球联盟(National Hockey League)、大学队队标或者是明星名字的产品非常畅销，销售量一直在上升。

● 运动器械的销售额达到175亿美元。其中健身器械的销售额处于首位，达到38亿美元；高尔夫运动器械的销售额位于第二位，达到24.2亿美元。

● 在健身器械这一类中，消费者81.3％的消费额都花在了这上面。脚踏车的销售额居首位，在健身器械这一类中占26.4％。居二三位的是家庭健身房(达到30.5亿美元)和运动车(达到20亿美元)。

从这些数字可以看出运动和健康领域的利益是巨大的，并且这一行业已形成很大的贸易市场。随着越来越多的人加入到体育行业中来，运动管理的不同领域的就业机会将会越来越多。

人们对各种水平体育项目的兴趣持续增长，观看许多体育赛事的观众人数都创历史新高。NCAA's女子篮球四强锦标赛的门票销售情况良好，男子四强锦标赛也是一样。女子篮球联盟(WNBA)每赛季都会吸引近200万球迷前去观看。近2 000万球迷加入到NBA常规赛中来。几乎有1 500万人加入到全国曲棍球联盟常规赛中来。对各种体育赛事都感兴趣的观众人数的增加扩大了体育教学、锻炼和竞技专业人员的就业机会。

媒介——电视、报纸、杂志、书籍和电影——在体育界发挥着越来越重要的作用。各种媒介体育覆盖面的范围越来越广，已经形成了一个大市场。两个增长最快的领域是有线电视和互联网。为了取得某些体育赛事的转播权，电视台所付出转播费的多少就很好地反映了媒介在体育界的重要性。比如全国橄榄球联盟(NFL)可以从四家为取得2005年比赛转播权的电视网络中至少获益176亿美元。相比之下，1960年和1961年NFL只获益60万美元。NBC为取得2008年奥运会转播权花费26亿美元。CBS花了60亿美元取得了NCAA男子篮球锦标赛11年的电视转播权。ESPN花了2 000万美元取得了NCAA篮球锦标赛一级组的转播权。

最重要的体育赛事比如奥林匹克、超级杯赛、NCAA篮球赛、全国篮球联盟夺标决赛、棒球联合总会的世界职业棒球锦标赛和足球世界杯会有上百万人观看，全球甚至有几十亿人观看。比如，全国广播总公司播放NBA决赛时会有近600万人观看；NBA在全球近200个国家用41种语言向全球播放。媒介对女子赛事的覆盖面也在增长并且越来越受欢迎。比如，WNBA赛事在125个国家转播。媒介覆盖面的扩大使得在这一领域寻求事业的合格专业人员的就业机会也在增加。

很多水平的身体活动都形成了大贸易市场。估计在2001年，业余、大学和专业身体活动所产生的收益达到480亿美元。NFL是最大的受益者，估计2004年达到50亿美元。现在，专业运动员收入巨大。比如，2003～2004年，媒介为全国曲棍球联盟所付费用达28亿美元。据报道说，WNBA的平均工资达到55 000美元。成功的专业网球运动员和高尔夫运动员，不管是男运动员还是女运动员，每年都能挣到几百万美元。

为产品代言使得运动员获得很多额外收入，同时也使公司的工资底线有所提高。2004年，有报道称耐克公司为今年长期代言费用拨款16亿美元，比去年增长1.92亿美元。泰格·伍兹(Tiger Woods)在众多赞助商中选择与耐克签下了五年一亿美元的合同，估计2001年挣到了5 500万美元的代言费，比他打球挣得多。其他身价较高的代言人包括詹姆斯、德理克、迈克·维科和乔丹正把自己的产品打入国际市场。锐步以约一亿美元与姚明签约。NBA在国际市场占有24亿美元的基础上继续努力以占据更大的市场。耐克和阿迪达斯为提高自己在足球市场的占有率。2003年，耐克品牌在欧洲足球市场的占有率预计达到34%，阿迪达斯达到30.2%。由于2002年世界杯的缘故，耐克品牌的足球市场占有率增加了一倍，年销售量达到1 000亿美元。

从这些数据可以看出，体育是一个不断扩大的强有力的市场。庞大的体育产业及其多样的种类为学生提供了许多的就业机会。在叙述其中的一些就业机会之前，让我们先对体育管理有个简短的整体性认识，那就是一个正在扩张的研究领域已经呈现出来了。与体育管理相关的职业(包括体育媒介)是接下来重点讲述的内容。除了这些领域的职业以外，有些人想做运动员，其他人则想担任比赛的裁判和研究体育法律。工商企业家从其他的发展自己市场或服务机构的人那里获取利益。

体育管理

体育管理领域是一个飞速发展的知识领域。专业人士在这些领域的就业机会很多并且具有挑战性。体育管理可以从多方面去定义。德森斯、凯利、布兰顿和贝特尔(DeSensi、Kelley、Blanton、Beitel)认为，体育管理是“主要目的或服务是与体育相关的组织或部门中，与活动、组织、控制、预算、指导和评估相关的任何运动技巧的整合”。这一领域的就业机会包括运动设施管理、旅店、疗养胜地、健身场所、俱乐部、销售及各种层次的身体活动，但不仅限于此，面向大众及私人部门的就业机会也有很多。

体育贸易产业，一个每年有几十亿利润的产业的发展为这一领域创造了很多就业机会。由于体育事业的不断扩大，佩蒂斯等人认为体育管理的定义也要跟上时代。他们对体育管理的定义如下：

> 体育管理是对所有人、活动、组织和与生产简便化、促进或组织身体活动、健康和娱乐相关的产品的商业活动的研究和实践；再者，体育产品可以是商品、服务、人、地方或观点。

体育管理的范围很广，从大众体育产业和对消费者娱乐的重视到健康和体育产业及对消费者参与性的重视都包括在内。

布兰顿对于体育管理规模的理性分析见图13－1。体育管理可以概念化为包括体育工作、有组织的体育运动、运动经验管理和体育企业。

体育工作
对运动环境的分析，对运动经历、所管理人员的类型和活动类型的思考

运动经历经验
体育中管理原则的分析；对管理的功能、过程，管理的技巧、作用和责任的思考

SPORT MANAGEMENT

有组织的体育运动
对体育的文化、哲学、制度上、组织上等方面进行分析；对体育的作用、功能及展望进行思考

体育企业
对运动范围的分析，对体育组织的意图、目标、目的和服务对象的思考；及对宽泛的就业途径、具体的就业机会的思考

图 13-1　对影响体育管理的四个因素的分析

在过去 30 年中，对体育管理的学术研究有了长足进步。如其他分支学科一样，对体育管理的历史性研究也是基于体育教育基础之上的。如今，体育管理事业继续发展壮大，并形成了自己的专业研究领域。

体育管理有几大专业组织。成立于 1985 年的北美体育管理协会（NASSM）旨在促进体育管理事业，并刺激在这一领域研究、学者著作和专业的发展。NASSM 每年都召开会议并出版体育管理期刊。全国运动和体育协会（NASPE）、体育教育、娱乐与舞蹈组织建立了一个体育管理委员会（Sport Management Council，简称 SMC）。SMC 努力发展体育管理高质量项目，努力发展对专业人员有益的科研项目，并与体育产业专业人员形成互惠的关系。还有其他两个协会负责处理体育管理领域的具体事务。运动和娱乐法律协会（The Sport and Recreation Law Association，简称 SRLA）负责处理体育方面的法律事务，除了每年召开会议之外，还出版《运动法律》（*Journal of Legal Aspects of Sport*）杂志。体育市场协会（Sport Marketing Association）为专业人员提供与他们在开拓体育市场方面有共同兴趣的人进行互相交流的机会。

体育管理是从体育教育发展而来的，因此这一领域的新的人才培养活动也得以发展。现在有 200 多个体育管理专业本科和研究生学历人才培养点。为了尽力确保在这一领域工作的学生具备相当的知识和技巧，NASPE 和 NASSM 成立了联合特别工作组以提高体育管理专业预备活动的水平。

NASPE 和 NASSM 把体育管理定义为“提供专业训练和为个人在这一行业任何部门都能有一席之地所必需的教育的研究领域”。NASPE 和 NASSM 特别工作组把综合性的一系列的工作能力融入体育管理专业课程中。本科生所学内容包括：

- 社会文化的重要性。
- 运动/体育的管理与指导。
- 体育管理中道德的重要性。

● 体育市场的开拓。
● 体育交流。
● 体育中的预算和资金筹措。
● 体育中的法律事务。
● 体育经济学。
● 体育管理的方法。
● 体育管理的实践经验。

实践经验被看作是为在体育管理领域寻找工作做好准备的至关重要的一个方面。一般来讲毕业之前是要求学生实习的。学生们通常一学期或一个夏天都做体育管理方面的工作，每周至少工作 40 个小时，累计至少工作 400 个小时。

实习过程受到本科学院人员或实习地专业人员的监督。其他的实践经验学生们可以通过实习（短期的专业工作）获得，通过自愿或通过夏天做体育管理工作以及在上学期间做兼职工作。实践经历也是使这一不断壮大的领域不断增长就业机会的一种途径。

体育运动、社会各阶层对体育运动的参与性和与体育有关企业的不断发展为需要在体育管理领域培训的人创造了机会。有志于从事体育管理行业的学生有很多的就业途径。这一领域充满活力，它的不断发展为在这一领域工作做好准备的学生创造了很多新的机会。图 13－2 给出了一些体育管理领域新的就业途径。就业机会包括：体育管理、行政管理、体育俱乐部和设施的管理、体育休闲社会服务、体育营销和体育交流。

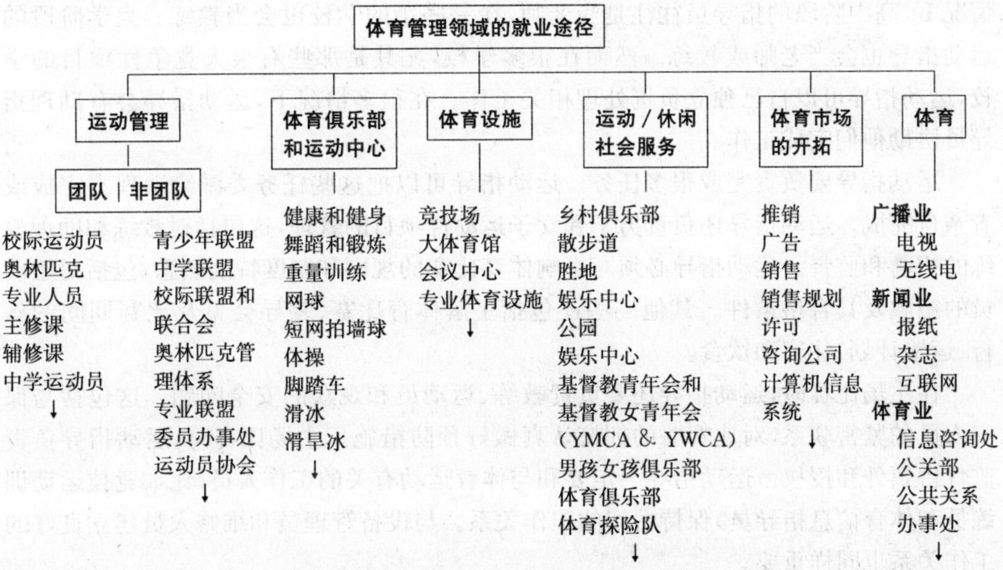

图 13－2 体育管理领域的就业途径

对体育管理有兴趣的人要明白，刚开始的时候很可能只是做一些新人工作，不会有太多的职责。在这些较低职位的工作中，有能力的人会走向中层或高层管理者的位置。他们每上升一个层次通常都承担有更多的职责。这一领域的工资水平也相差很大，尽管有些人每年可以拿到 100 000 多美元的工资，但一般是每年从 24 000 美元到 40 000 美元。

体育管理领域的职业

体育管理、校园管理和公司娱乐管理、体育设备管理、体育商品零售、运动旅游方面的就业机会在下一部分作介绍。此外，对于有能力的人来说，在专业组织、体育联合会和俱乐部联合会也有很多的就业机会。

运动管理

在运动管理领域有很多的就业机会。高中阶段管理者可以做体育指导的工作。根据学校的大小还有助理体育指导。在大学水平阶段，根据体育运动的性质和规模大小、管理职位的数量和相关职责，有许多管理工作的职位。管理者的职位有体育指导、副体育指导和助理体育指导。大学运动还有其他的管理职位，包括项目集资指导、市场指导员、招聘协调人和学术咨询协调人。并不是所有的大学都有这些职位，一般运动指导和他的助理指导就可以完成相关工作。

运动指导负责运动项目的管理工作。高中阶段有这一职位，大学阶段也有。一般情况下，高中阶段的指导员往往是当老师，在一些小的学校也会当教练。大学阶段的运动指导也会当老师或教练。然而在很多学校，尤其是那些有很大竞争性项目的学校，运动指导可以自己独立负责处理相关工作。在很多情况下，运动指导会有助理指导员协助他们完成工作。

运动指导要负责完成很多任务。运动指导可以把这些任务委派给助理去完成或者亲自完成。运动指导还负责男子和女子运动性项目的管理，这包括对教练和助理教练的招聘和监督。运动指导必须对影响体育比赛的规则和制度特别熟悉，包括对运动员的招收及其合格条件。其他一些还包括了解体育比赛、领导会见及比赛期间的旅行、运输计划、住宿和饮食。

在主场比赛时，运动指导还要负责教练、运动员和观众的安全问题。这包括与保安人员的紧密联系，对比赛时的拥挤认真做好预防措施。主场比赛时，运动指导负责监督售票处和授权。运动指导一定要和与体育运动有关的工作人员（比如竞技运动训练员和体育信息指导员）保持密切的工作关系。与设备管理员和维修人员建立良好的工作关系也同样重要。

运动指导往往作为集资者把体育预算的发展和管理作为自己的一项重要职责。

与社区、地方支援团体(如 Booster Clubs)和组织的成员建立并保持良好的关系对于运动的成功是至关重要的。运动指导还要参加专业会议以在规则和管理上跟上形势的变化。

在较大的运动中,比如那些重点大学的运动,有着相当坚实的管理班子,每个人都分配了具体的工作职责。许多大的机构都有副运动指导和助理运动指导。有些机构还招聘负责集资的指导员,其职责是收集资金以对体育预算作补充。一些机构有专门职员负责监督运动管理主体的规则和制度数量的增加与机构的发展是否一致,最具代表性的就是 NCAA。

越来越多的机构对学生运动员都有学业支持计划。通过这些计划,他们有机会接受辅导、学习和生活技巧课程。大学协调员还会联系其他校园学习资源以帮助学生运动员顺利完成他们的学习任务。一些辅导员会跟队随行,当学生运动员因赛程延期时,还可以给他们以学业上的帮助。一些机构会安排一位管理人员来协调学业支持计划;在其他机构里,这一职责由运动指导或他的助理来承担。其中会有很多的工作机会,比如计划协调员、辅导员和生活技巧课程指导员。

根据职责的范围和计划的大小及运动管理工作的不同,工资水平也有很大差别,从 25 000～100 000 美元。对于喜欢体育工作的人来说,运动管理工作的待遇还是很优厚的。

对运动管理工作感兴趣的学生会发现,在中学阶段,要想获得运动指导员的职位,有体育教育专业的学位和教学经验是非常有帮助的。要想获得大学阶段的运动指导员的工作,必须有体育教育专业学位、体育管理专业学位和商业专业学位。而且,往往要有更高级的学位,即硕士学位,或者是博士学位。想从事运动管理职业的学生都应利用好在大学和中学时期实习或当志愿者的机会。此外,NCAA 还为运动管理专业实习的硕士研究生提供奖学金。

校内活动和校园休闲管理

大学里的校内活动和校园娱乐活动近些年不断增加。传统的校园活动在不断发展,娱乐活动的机会在不断增加。健康和健身活动(比如有氧健身操)越来越受欢迎。这些活动不止学生参加,还扩展到教员、职工和其他校园工作人员。许多著作都对负责这些管理工作的人作了描述。这些书有《校内活动管理员》《休闲运动管理员》和《校园休闲管理员》。根据机构的不同,校内活动和校园休闲活动会安排给学生服务处、体育系或体育部门来管理。在有较大活动的学校,管理员需要一个助理或几个职工帮助完成这一任务。

与这一职位相关的工作职责范围很宽。主要职责之一就是鼓励人们参加活动。这需要安排好学生感兴趣的活动和比赛,为活动做宣传,与校园组织(如住校生活和学生管理组织)保持密切的工作关系以促进这些活动的发展。如果想让活动平稳安全地运作，那么对上层管理者的培训和监督就很有必要。管理员还要负责教学活动和对运动和休闲俱乐部的管理工作。管理员往往被派去管理体育运动设施和露天休闲活动(比如休闲游泳)。在接受训练和管理后，很多学生会去做救生员、健身房管理员或小区保安。

校内事务管理员有没有教学工作要根据活动的规模而定。活动一般是从傍晚进行到深夜；往往是学校的设施有限，很多事情只有等到体育队训练完了之后才能去做。周末也有活动进行。对通过活动来提高教育价值感兴趣的专业人员和对为别人提供从参加活动中获得满足感的机会有兴趣的专业人员会发现校内活动和校园休闲活动的工作是一项愉快的事业。国家校园休闲运动协会(The National Intramural-Recreational Sports Association，简称 NIRSA)会提供有关就业机会和活动的更多信息。(www. nirsa. org)

公司休闲娱乐管理

越来越多的公司为他们的职工提供休闲运动的机会。由于活动数量的增加，所以对指导这些活动的合格专业人员的需求也在增加。与这一职位相关的职责和与校内活动和校园休闲主管相关的职责相似。这些职责包括建立活动项目、建立体育队、安

拥有 70 000 个座位的 NFL 圣路易斯公羊队主场 Edward Jones Dome. 最近10年在职业运动中的就业机会大幅增长(NFL 是美国职业橄榄球联盟)

排竞赛、提供指导和管理职员。由于公司休闲娱乐活动不断发展，所以合格专业人员的就业机会也会增加。

运动设施的管理

很多地方都有运动设施管理员的职位。一般是大学需要设施管理员。设施管理的工作是管理社区、地方设施和商业设施，比如水上中心、冰上活动场所、穹顶体育馆、运动综合体育和高尔夫课程。健身中心和健康俱乐部的数量不断增长，这也为对设施管理感兴趣的人增加了就业机会。

根据运动设施的规模、活动的性质及使用设施的人数的多少，运动设施管理员需要自己一个人履行所有的职责，也可以有一个助理或者几个职工在他的指导下协助完成。在有些情况下，设施管理员有其他的职责，比如，在健康俱乐部里，设施管理员要负责上练习课或监督他们的个人训练。

运动设施管理员最关心的问题之一是保证使用这些设施的人员的安全。这包括根据允许标准确保设施的维护。对建筑条例、健康和环境卫生的要求及一定的法律知识是获取这个职位所必需的。对用于比赛的设施（比如体育馆），设施管理员一定要制定相关条例以确保观众和运动员的安全和健康。设施管理员也要注意控制人员拥挤及负责管理保安人员。设施管理员还与设施管理的业务方面息息相关，他的工作会对设施有关业务的成功产生影响。设施一定要保护到最好以保证最大限度的利用。设施管理员还要对设施财政情况进行管理，比如售票、特权、停车场地财政情况。由于设施数量在持续增长，合格人员在这一领域的就业机会也会增长。

体育用品零售业

体育用品——设备、服装、鞋类——的销售情况空前高涨。运动设备和高尔夫设备的销售量排在前两位。运动服、运动休闲服饰、运动鞋和规定运动产品的销售额达到几十亿。体育用品零售业的发展势头强劲。此外，由于《九号文件》的制定，女子运动也获得了巨大发展，并为体育用品零售业开辟了新的市场。生产厂家如今专门为女孩和妇女设计合适的设备和服装，而不是把男孩和男士的衣服缩小尺寸。大众对运动、健康和身体活动的兴趣的增强刺激了体育用品的销售，传统的市场如学校、大学及专业体育队依然活跃。因此，体育用品零售业，不管是管理还是销售的工作机会大大增加并且会继续增加。

体育用品零售业领域的就业机会有几种途径。可以作为售货员在体育用品商店里直接向客户销售，还可以做生产厂家的销售代表。做这一职位的人（比如为耐克做销售代表）可把相关产品销售给体育用品店或卖给某一地区的体育队。生产厂家的销售代表有责任为公司提高产品的市场占有率。做这一职位会有很多的出差的机会，往

在体育零售领域中的就业机会有：直销、零售管理、厂家代理等

往是花几个小时的时间与欲购买产品的客户确定约会时间与地点，接着就是电话商谈产品的购买事宜。一个销售代表是否成功在很大程度上要看产品的质量和商家信誉及与出售本产品的商店老板之间建立的个人关系。厂家销售代表通常要提供商店和机构所购买产品的价位。销售人员必须以最低价格满足购买者对设备和产品提出的具体要求。厂家代表还要在公司会议(如 AAHPERD National Convention)上为公司确定销售摊位。体育商品销售领域的就业机会还包括做公司经理或公司经营者。

不同的职位工资水平差别很大，销售人员的工资是规定的。但他们的收入往往是根据他们的销售任务和完成销售量的多少而定的。所以他们每个月的收入也大不相同。销售人员出差可以开公司的车，也可以开自己的车而得到公司的补贴，和费用账户一样。销售人员会享受很多免费的设备和商品，或者打折扣进行购买。销售人员必须对自己所卖的商品了如指掌。消费者希望体育用品商店的销售人员对各种类型的商品都很精通。为机构和商店购买的客户希望厂家的销售代表对设备产品的具体说明非常了解。体育和运动背景对理解不同运动领域的要求和性质及这些体育设备和商品的要求标准是有帮助的。企业管理和会计学的课程对销售人员的工作很有帮助。销售人员要有高超的人际交往技巧，并且善于发现消费者的需求，卖给他们满意的产品。由于人们对体育、身体活动和健康的兴趣的增加，销售人员的就业机会也会增加。要想获得体育用品行业的更多信息，可以与运动商品生产业协会(Sporting Goods Manufacturers Association)联系。(www. sgma. com)

职业组织中的就业机会

合格的体育教学、锻炼和竞技专业人员会在专业的体育组织中寻找到就业机会。比如，AAHAPERD、NCAA、国家联邦州中学协会(National Federation of State High School Associations，简称 NFSHSA)、国家冰球联盟(National Hockey League)或 USTA。在体育会议中也有其他的就业机会。一些机构如妇女运动基金会(Women's Sports Foundation)也存在就业机会。

根据组织的性质及规模，职业组织中的就业机会也会不同。最底层的经理职位就是每天处理组织中的日常事务。其他一些职位会做收集资金，处理公共关系，处理内部冲突和指导特殊项目的工作。如果想组织举行一次全国性会议，也离不开专家的帮助；为准备当地和地方会议的成员提供支持和指导并协调组织的各项会议也是其职责的一部分。为组织的业务通讯撰写文章及编辑期刊也是专业组织工作人员的事情。专业人员还是组织各委员会之间的联络人。组织中其他职位的工作还包括进行特殊的研究项目，收集数据并进行统计分析。

对这一事业感兴趣的人如果想获得更多有关信息可以联系专业组织中感兴趣的领域或与对此了解较多的职工谈话。一些组织，比如 AAHPERD、NCAA 、妇女运动基金会和美国奥林匹克委员会，会为学生提供实习机会。对实习感兴趣的学生可以写信给组织以了解有关实习机会的更多信息。

运动旅游

运动旅游是正在发展中的一个专业领域。吉伯森把运动旅游定义为“以休闲娱乐为主，让人们短时间离开家去参加身体活动，观看身体活动或瞻仰与身体活动有关的人或物”。吉伯森提出了运动旅游的三种模式：积极的运动旅游，如旅游时参加一项体育赛事（如波士顿马拉松）；观看赛事运动旅游，如旅游时观看某项体育赛事（如 NCAA 篮球四强锦标赛）；怀旧运动旅游，比如旅游时参观体育纪念物（如篮球名人堂 Basketball Hall of Fame）。运动旅游是有着数十亿美元市场的全球化业务。运动旅游是发展最快全球旅行和旅游产业之一。对有些国家来说，运动旅游是一项主要产业，运动旅游在美国非常受欢迎。1999 年，有关美国旅行业的报道称，1991～1995 年的 5 年时间里，有 753 亿人次的美国成年人旅行去观看有组织的体育赛事或参加一项体育赛事。

运动旅游事业的不断发展能为合格人员创造大量的就业机会。体育赛事与旅行之间的协调，市场营销和对运动旅游的宣传只是提供令人兴奋的、具有挑战性事业的运动旅游业就业机会中的几个方面。根据赛事的数量、受欢迎程度及其地理位置，工资和工作时间也大不相同。

体育传媒中的相关职业

在我们社会中，伴随着传播媒介——电视、广播、报纸和杂志——的发展，人们对身体活动兴趣的渗透性或弥漫性促进了体育传播行业的就业机会。过去 10 年中，媒介对体育的覆盖面有所增长。专门处理体育事务的媒介发展显著。比如，体育期刊的数量有所增长，包括那些介绍具体领域的期刊，如跑步、健美、滑冰、游泳和打保龄球。有些电视频道（如 ESPN）进行 24 小时体育转播。互联网的发展和万维网的尖端化又创造了很多新的媒介领域的就业机会和相关职业。万维网作为集文本、图表、声音和图像于一体的信息收集地，使得它成为令人兴奋的体育媒介。这种发展增加了在体育传媒中的就业机会。

对体育传媒感兴趣的人可以做很多工作，包括体育传播、体育报道、体育摄影和体育信息；还可以做网络开发。

体育传播

体育传播是一种越来越受欢迎的职业。体育传播的就业机会存在于当地的、地方的和全国性的广播站和电视台，包括有线电视。体育传播不仅要求对赛事知识的了解，还要能清晰流畅地与人交流。对体育教学、锻炼和竞技进行预备性学习对体育节目广播的工作很有帮助。体育节目广播员需要对体育运动中的技巧、策略、战术及规则十分了解，包括裁判运用的技巧。体育教学、锻炼和竞技的学习背景有助于体育节目广播员意识到比赛中所运用的技巧并能很快地指出运动员表现中的错误之处。对体育教学、锻炼和竞技的学习有助于体育节目广播员对于为了比赛进行的训练方式的理解。生理因素也会对运动员的表现产生影响。体育节目广播员还要了解影响运动员行为的心理因素。体育节目广播员一定要以一种通俗易懂的方式来传达这些专业信息，让大众深入了解比赛的性质和运动员所付出的努力。对运动项目的熟悉能让体育节目广播员流利准确地对实况报道和现场同步解说，并为听众和观众对运动员的表现进行生动的解说。

体育播音员必须对比赛进行详细的报道，同时还有对比赛的深刻的见解，研究运动员的努力状况

体育节目广播员需要对体育知识有全面的了解，在大众眼里，只要他们接触到的

体育领域，体育节目广播员就是那方面的专家。因此，广泛涉猎体育知识对体育节目广播员非常重要。在体育教学、锻炼和竞技的预备课程的学习中，将来可能从事体育节目广播员工作的人会接触更广泛的体育领域（比如足球、篮球、棒球和垒球、水上运动、高尔夫球、田径、网球及体操）。体育节目广播员还需要对其他项目很熟悉，比如赛车、赛马、滑雪、冲浪、拳击、冰球和花样滑冰。由于在专业预备课程学习时往往很多运动领域涉及不到，所以体育节目广播员必须自己去找这些领域的专业人员讲授相关知识，或通过工作经验以及研究进行学习。

体育节目广播员的工作时间往往很长。在摄像机或麦克风前一连工作几个小时是很常见的。为了准备一场节目的转播，体育节目广播员要花上多个小时研究即将到来的比赛，收集运动员以前比赛的相关数据，写广播稿，研究某个运动员某些方面的表现，安排并准备电视采访，收集运动员的背景资料。除此之外还有很多准备方式。尽管很多优秀的广播员会帮着做一些相关工作，但刚刚做这一行的人必须自己独立完成这些准备工作。实际上，很多做这一行的人都是通过先帮助体育节目广播的前辈做类似的工作开始的。

有志于从事广播这一行的人口才要好，并且在对话筒讲话时或面对镜头时不受拘束。即兴组织语言的能力非常重要，因为一个动作刚开始做就要对他进行解说。主修或选修交流课，尤其是讲话和访问的课程非常重要。广播和电视课程或选修课同样也很有意义。

实践经验在很大程度上能使你成功获得这一领域的初级职位。如果你所在的大学有自己的电视台或广播站，尽量去做一些与之有关的一些工作。要明白在很多情况下要想站得住脚，繁杂的幕后工作是必须修炼的课程。比如在获得在话筒前工作的机会之前，为将要到来的比赛去找材料。如果你所在的大学没有自己的电台或者你不具备能力在那获得某一职位，或许你可以通过当报幕员并提供各大学体育赛事的新闻，或者写当地中学体育赛事的现场评论来获取经验。尽力争取录用机会，甚至可以暑假到当地电视台或电台做一名志愿者，或者全年做兼职。抓住大学提供的在电台或电视台实习的机会。未来的体育节目广播员不会把自己的工作经验集中起来展示给将来的招聘者。作为广播员的录音磁带或录像带以及收到的出版社给的供评论用的赠阅本也是获得这一领域职位的优势所在。

关于女子运动的报道正逐渐增长

体育节目广播员工作时间也各不相同，但往往是在晚上和周末。根据职位的不同有很多与工作相关的随行机会。回报是很丰厚的：有机会与运动员接触，观看无数的比赛，感受听众或观众对体育的热情，与体育拉近了距离。工作地点的不同（如与全国网络相比，在地方台工作），作为广播员的声誉（声名远扬或刚开始工作无人知晓）和工作的领域，工资的多少会有所不同。

体育写作与体育记者

有写作能力的人可以当体育新闻工作者或体育记者。体育新闻工作者会找到为发行量不断上升的报纸和体育杂志写文章的机会。体育杂志《体育画报》（*Sports Illustrated*）就覆盖到几个体育领域，而《跑步世界》（*Runners World*）只涉及一个领域。

体育记者和新闻工作者的工作可能是参与赛事直播或写体育界有关运动员或各种话题的文章。对于体育传播，覆盖体育项目及对其进行报道是最主要的工作。收集体育事件、统计数字、采访运动员和教练员也是体育记者和新闻工作者的工作。还应具备在截稿日期之前写出要求文章的能力。工作时间、随行机会及报酬与体育传播相似。

体育教学、锻炼和竞技的学习经历对体育记者和新闻工作者的工作是很有帮助的。它使得他们对体育的要求和本质的理解面更宽了。比如，一位学习体育心理学的新闻工作者能更好地向观众解释为什么有些运动员在压力和“受抑制”之下发挥失常，有些运动员在场上发怒。一位懂得生理学的体育记者能更好地解释当运动员努力地完成马拉松时生理上会发生什么变化。可以用体育哲学知识去形容一位获得奥运金牌的运动员的经历。

未来的体育记者和新闻工作者会从写作和新闻工作主修课和选修课中获益。在任何职业中都一样，实践经验是获得职位的一大优势。许多体育记者和新闻工作者在中学时代就为校报做体育工作，到了大学继续为院报从事这一工作。在中学或大学从事编辑工作的经历也是求职的一大优势。这些经历会有助于体育记者和新闻工作者获得当地报社和出版社的实习机会和就业机会。为了有助于在这一领域获得职位，他们应该完好地保存自己工作的剪贴簿。

一些体育教学、锻炼和竞技专业人员从事全职或兼职体育记者，比如，专业人员可以用所学专长写一些教科书和有关运动技巧的书。这一领域的另一就业机会是为出版公司工作，编写体育教学、锻炼和竞技方面的教科书。

体育摄影

对于那些对体育摄影很有兴趣并且想通过摄影传递具有同样本质和意义的体育

教学、锻炼和竞技的专业人员来说，做一个体育摄影师对他们是很有吸引力的。具备摄影的才能是从事这一事业的前提。体育摄影师的就业机会与报纸和体育出版物相联系，许多人选择做独立的体育摄影师。

一个人的体育教学、锻炼和竞技的学习经历会促进体育摄影师事业的发展。明白从完成生物力学的工作中获得的运动技巧的实质会有助于摄影师理解运用技巧的重要方面及摄影的最佳角度。付出最大努力的运动员承受很大的压力，掌握有关运动生理学的知识，对于整个社会体育重要性的运动社会学的理解，对体育对参加者的个人意义的运动心理学的理解，有助于摄影师更好地理解体育照片的本质和意义。

摄影、制图法和艺术课程会对未来的体育摄影师有所帮助。争取一切实践机会为校园或当地报纸进行体育赛事的采访，为年刊提供体育照片及为体育信息办公室提供用于宣传册的照片是获取实践经验和在公开场合展示的几种途径。体育摄影师还应准备一个公事包以便未来的雇主能及时发现他们的才能。

体育信息主管

体育信息主管的主要任务是通过各种体育媒介宣传体育赛事。这一职位主要存在于各大学。在专业水平阶段工作的体育信息主管的许多职责与公共关系主管的职责相似。

体育管理的一项职责就是对赛事的市场营销，如篮球比赛

作为许多职责之一，体育信息主管必须保存记录并收集所有体育队的统计信息。他必须设计并准备宣传册子，包括为信息内容提供有价值的题材，获取运动员照片，准备排版，安排印刷。为各种比赛项目做准备，包括争取项目的广告商，是体育信息主管的另一职责。还有就是要准备材料，甚至为各机构设计运动员的网页。体育信息主管为在主场比赛进行报道的媒体提供帮助，就比赛结果与各媒体通电话，写新闻和电视评论，设计商业广告并为媒体安排教练和运动员的记者招待会和访问。组织专门的宣传活动也是体育信息主管的职责之一。在一个小学校里，体育信息主管要自己处理所有这些事务，但在相对较大的学校则有几

个助理协助完成。体育信息主管的工作时间很长，因为他要亲自采访很多体育赛事，还要经常跟队随行。

作为体育信息主管要与各大学的管理人员、体育管理人员、教练、运动员和不同媒体的工作人员保持良好的工作关系。高超的交流技巧——写作、讲话和人际关系技巧——对这一职位非常重要。除了体育知识的学习背景之外，公共关系、广告、写作、演讲和网页制作等课程对这一工作也很有帮助。作为体育记者、体育新闻工作者或体育节目广播员采访中学或大学体育比赛的经历也是非常宝贵的。面对众多的职责和要求，许多大学体育信息主管非常欢迎对这一领域感兴趣的志愿者加入到这一行列中来。志愿者会被委任去做宣传册，跟队随行以采访比赛或与媒体工作采访主场赛事的工作。志愿者应保留工作文件。未来的体育信息主管也需要从美国大学运动信息主任部(College Sports Information Directors of America，简称 COSIDA)获得更多的信息(cosida. fansonly. com)。

网络开发员

互联网和万维网的发展为那些对体育交流感兴趣的人创造了新的就业机会。网上体育也正在迅速发展，需要有技术和体育特长的合格人员在这一领域工作。网络开发员为大学体育系、专业团队、体育组织、报纸和电视网络设计、创造和更新体育网站。网络开发员为网站写材料，设计网页，加上吸引人的图表和其他电子媒介，并将网站上传到管理服务器。网络开发员要不断更新网站并提高网站质量。

体育表演与其他事业

舞蹈事业

擅长各种形式舞蹈的人可以选择专业舞蹈演员作为自己的职业。尽管各大学开设主修和选修舞蹈课，但多数舞蹈演员都是上了多年的私人课程，他们通常在很小就开始跳舞了。舞蹈演员的就业机会存在于舞蹈公司、戏剧公司和电视表演中。还可以在为客人提供娱乐消遣的景点和俱乐部工作。

喜欢舞蹈但不想做舞蹈演员的人可以通过教学把对舞蹈的热爱传递给他人。舞蹈老师的就业机会存在于中学和大学当中。许多人选择在私人排练房教授舞蹈；有些人也在自己的排练房给学生上课。做一位舞蹈疗法专业人员也是一个不错的选择。对于那些对与舞蹈相关职业感兴趣的人还可以选择舞蹈管理行业。对于那些年轻的舞蹈演员和准备退出舞蹈表演事业的人来说，舞蹈管理是一个很具吸引力的职业。李(Lee)说“当舞蹈家作为艺术指导、管理指导、事业发展负责人、公共关系主席和预订代理把这些职业的舞蹈知识融入对舞蹈公司管理时，应当利用他们积累资金，宣传和提升管理技巧，发展专业力量”。在全国舞蹈协会(NDA)可以获得更多有关舞蹈事业

的信息。(www.aahperd.org→NDA)

职业舞蹈需要大量的训练和高水平的技能

职业运动员

训练有素的运动员可能会选择做职业运动员。尽管有很多人都在追求这一事业，但很少有人达到这一目标。男队数量的增多和想达到专业水平女子运动员机会的增多使他们成为职业运动员的机会增加了。虽然机会比过去多了，但职业运动员的人数还是有限的。NCAA 估计只有 1.3%的男子篮球运动员能跨入专业行列；女子篮球运动员也只有 1%；约 2%的 NCAA 足球运动员能跨入专业行列；棒球运动员能跨入专业联盟的比例最高达到 10.5%。

特级专业运动员的工资待遇相当丰厚，从几十万到几百万美元。知名运动员的商业广告收入甚至达到几百万以上。其他的专业人员可能就达不到这么高的收入。棒球运动员在进入专业队伍之前会在非专业队待上多年。高尔夫运动员在吸引投资者或赢得足够的钱以达到收支平衡之前会一直进行专业巡回比赛，勉强维持生计。

由于职业体育运动机会有限，并且有许多职业运动员的运动生涯很短暂，所以想追求体育事业的人必须付出所有努力获得大学学位。所有有志向的职业运动员都应把这当成一种责任，为的是如果不能进入专业行列或在几年之后必须离开专业队伍以后确保有维持生活的技能，东北部大学社体中心(Northeastern University Center for Sport in Society)建立的国家学术和运动协会(National Consortium for Academic and Sports，简称 NCAS)可以帮助以前的专业运动员和大学运动员完成大学学业。NCAS 各大学让它们以前的运动员到大学免费完成他们的学业，同时帮助他们处理社会事务。

裁判职业

体育裁判往往从做兼职开始，但有些人选择做全职。中学和大学的体育比赛增多，使各种体育比赛的合格裁判成为一种需要。专业体育裁判也有很多就业机会。

兼职裁判要想增加全年工作的机会可以通过在两个或多个体育项目中达到合格或等级水平，每个赛季进行一项。要获得等级认证必须通过笔试和实践考核。有些体育比赛，初为裁判者必须要跟有经验的裁判工作一段时间后才能独当一面。对成为等级裁判有兴趣的人可以询问体育裁判、教练、教员或者休闲运动管理员，也可以联系地方裁判协会和裁判委员会。

对裁判事业有兴趣的人要抓住实践机会。中学、大学校园、夏季成人娱乐协会和青少年运动协会都需要裁判。在你所在大学主场比赛时，志愿去做一名记分员或其他工作也是在这一领域获取经验的途径。担任裁判时，不仅要明白各项规则，还要掌握其技术性细节。比如，懂得在恰当的时间某人站到适当的位置需要清楚比赛的状态。实践能提高一个人的技巧。

裁判是一项具有挑战性的事业，既可业余也可全职从事

除了对比赛规则了如指掌和对技术性细节执裁娴熟外，裁判还要能够在压力下工作。在竞争激烈压力很大的情形下，与教练和运动员打交道，裁判需要掌握良好的人际交往技巧和交流技巧。

裁判往往在下午、晚上和周末工作，因为体育比赛总是在这个时候进行。最近几年，裁判的工资水平有了巨大的增长。裁判的差旅费往往会报销得以补偿。不管是兼职还是全职，这都是具有挑战性的。

体育法律

体育法律是一种引起体育和运动专业人员兴趣的职业。要想在有关体育诉讼领域获得就业机会，体育教育者的学习背景及作为老师和教练的实践经验便是一大优势。

体育法律不是一种直接通过本科学习就能胜任的职业。体育法律的实践一般需要通过在法律学校三年的学习。法律学校入学竞争非常激烈，入学条件要求相当高的分数。许多法律学校还有特殊的入学要求或倾向于录取在某些领域经过本科阶段学习的候选人。有些有经验的实践者想改变自己的职业方向，但是体育法律研究领域太有吸引力。体育管理课程的发展为在体育法律专业有所准备的有责任感的人提供了就业机会。

有体育法律专业知识的另一个就业领域是和专业运动员一起工作，做签约洽谈的代理人。

签约只是体育代理人的工作内容之一。他们还是财政顾问——管理运动员的财政，对他们的收入进行投资及安排他们的退休财政投资。一些体育代理人还管理运动员的广告代言事务，他们会就广告签约事宜进行协商并安排宣传机会。有些体育代理人有很多工作内容，而有些人则喜欢在一个领域工作，比如签约洽谈。如果你没有拿到体育代理人的法律学位，掌握法律知识和商业经验也会很有帮助。

体育法律为有能力的人士提供了众多就业机会，如做代理、合同谈判、诉讼和教学

企业家

越来越多的体育专业人员运用所学专长和经营技巧成为企业家。这些人发展服务行业和产品以满足大众的需要和兴趣爱好。体育教学、锻炼和竞技的广泛领域为积极的专业人员提供很多成为企业家的机会。你可以选择做全职还是做兼职。

这一职业中最常见的或许就是私人训练师了。正如在第十二章中讨论过的，这些专业人员与客户是一对一的服务，专门根据客户需求设计并实施健康计划。私人训练师往往会到客户家中观察训练效果。

这一领域的健身和健康促进课程为专业人员提供了许多成为企业家的机会。许多对提高健身和健康感兴趣的人都愿意付费给专业人员以学习达到更高的健康水平的必需技巧。企业家可以设计并提供健康提高课程以满足这些人的需要。课程以健康鉴定和健康提高、营养、压力控制或减肥为中心。有兴趣的人可以在下午或晚上上这些课程。这些课程还可以扩展到那些希望为员工提供这些服务却又苦于没有专家进行指导的公司。有创造能力的人还可以出版并销售健身和健康指导书籍、录像和创建网站。

一些在运动科学和管理方面有学习经历的专业人员可以运用所学专业技能做咨询师的工作。他们要去各种健身场所(比如健身俱乐部)评估当前健身课程,为促进事业发展提出建议,培训员工,并为正在开展的课程和员工评估建立一个系统。

对于那些在运动科学方面有能力有事业进取心的人来讲,另一种就业途径就是建立一个流动的健身和健康评估公司。开一辆装满相应设备的小货车,专业人员可以驱车到不同的场所为人们上健康评估和健康提高课程。

对于那些有某一具体体育运动专长的和有辅导别人达到更高水平能力的人来说,私人辅导也是一个工作机会。父母会对为孩子找个私人辅导老师进一步发展运动技巧感兴趣。许多业余的和专业的私人教练都定期提供服务。对于团体运动员,如篮球运动员来说,他们有私人教练不时地对其指导发展其长处,但私人教练的工作还是最常见于个人运动比如游泳、跳水、高尔夫、网球、田径和滑冰。

运动夏令营给了孩子和年轻人学习新技术和培养他们运动员精神的机会。图为田纳西大学的篮球教练在训练营上讲课

有生物力学专长的专业人员可以向运动员和对提高团队能力感兴趣的教练提供计算机技巧分析服务。对运动员的表现进行录像并用计算机进行分析,然后给运动员看分析结果,并且对进一步提高提出建议。指导性的录像帮助完成这一服务。提供这

一服务的场所通常包括高尔夫课程、网球俱乐部、运动用品商店和其他各种运动器械。专业人员可以与对此感兴趣的人签订协议，比如想要队员个人技巧分析情况的教练或想给自己的孩子更详细的技巧水平鉴定的父母。

在全美，面向各个年龄层的运动和健康活动基地越来越多。尽管最受欢迎的体育项目是足球、棒球、垒球、网球、高尔夫和排球，但还是几乎涵盖每个体育项目的教学基地。面向青少年和残疾人的教学基地也在增长，还有针对提高健康水平和减肥的基地教学计划。尽管教学计划一般重在培养孩子和青少年，但也有越来越多的计划面向运动和健康领域的成年人群。管理运动和健康教学基地为企业家提供了很好的就业机会。因为很多这样的计划都是在暑期和学校放假期间进行教学和辅导。专业人员往往会找到与这些计划相关的就业机会，也很想找到机会增加收入。

那些想成为企业家的体育教学、锻炼和竞技专业人员有很多就业机会。想追求这一事业的人必须要问自己两个严肃的问题：(1) 我有没有一个独立的、受欢迎的服务机构或产品？(2) 有没有消费者需要这一服务或产品？而且要从事这一行业必须要有奉献精神、首创精神和自信。各方面必需的财力投入也不同，有些服务，比如个人健康指导员，需要大量资金购买必需的设备。有创新精神并且想自己创业的年轻专业人员会发现在 21 世纪有很多当企业家的机会。

提高专业竞争力

有志于从事体育交流和体育管理行业的人可以从几个方面提高他们的专业市场开拓能力。某些领域的主修课和选修课程可以提高一个人的市场开拓能力。对体育传媒感兴趣的人，演讲、摄影、新闻和广播、主修课和选修课程也是提高市场开拓能力的优势。那些对体育管理感兴趣的人也可以从贸易、管理、法律和交际课程中获益。学生还需要上一些课程，特别是把其他学科的知识应用到体育交流和体育管理当中，比如，体育新闻和体育法律课程。

对从事体育传媒、体育管理、表演和其他与体育相关职业有兴趣的人要认识到本章中讨论的这些职位通常对能力要求很高。获得这些职位要努力爬到“梯子”的高处。获得这些职位的人都是从初级职位开始的，比如，如果你想成为一位体育管理员，你首先要做助理体育管理员以获得成为体育管理所必需的经验和技巧。

要顺着事业之梯向上爬，实践经验不可或缺。这可以从志愿者服务、暑期工作和大学学习机会中获得。实践经验不仅可以让一个人获得并增进必需的技巧，而且还可以增加专业联系和公开露面机会，这些技巧和专业联系有助于获得职位，在事业之梯上更上一层。

小结

体育已经形成一个大产业，因此需要体育管理领域培训人才。对体育管理感兴趣的专业人员可以从事的职业有体育管理员、校内和校园休闲管理员、企业休闲管理员和体育设施管理员。对零售业感兴趣的人可以选择体育企业管理和体育用品销售。在专业组织或运动旅游中都有从事管理工作的机会，随着传播媒介的发展整个社会对体育的兴趣也在增长，这就导致了体育媒介领域的就业机会的增长。对这一领域感兴趣的人可以做体育传播、体育新闻记者、体育新闻、体育摄影、体育信息和网络开发工作。

有才干的人也可以选择做演员。其他吸引合格专业人员的职业有体育裁判和体育法律。

体育教学、锻炼和竞技专业人员有多种方法来提高专业市场开拓能力。有利于体育发展领域的课程及获得实践经验对获得毕业后期望的职位也很有帮助。

自测题

1. 讨论体育教学、锻炼和竞技的学习背景对追求体育媒介事业的人有怎样的帮助。

2. 如果可能的话，采访几位从事体育管理行业的人。让每一个人说明自己的职责以及在工作中最有用的技巧，明白这一领域初级水平的职位。向每一个人征求能够达到经理这一高水平职位的建议。

3. 讨论体育表演事业的积极和消极的方面。因为体育表演事业缺乏持久性，一个人在经历表演事业巅峰以后该如何寻找自己新的事业？登录东北大学运动社会学研究中心网站（网址 www.sportinsociety.org），阅读有关国家学术与运动协会的内容，以帮助运动员能够继续深造，拿到学位。怎样才能帮助现在的和以前的学生运动员实现自己的学业目标？阅读其他的运动社会学研究机构支持下的学位认证计划也会让你觉得非常有趣。你还可以从种族与性别报告卡中获得最新的体育新闻和重要时事。

4. 运用“网络链接”中所提供的信息，读一篇与运动管理、体育媒介、舞蹈、主持或田径运动有关的感兴趣的文章。写一篇简短的摘要，包括 5 个关键点和你的心得。

5. 在互联网上进行搜索并了解体育运动中不同的工作机会。记录每个职位的要求以及与这一职位相关的职责。就这些信息与全班同学进行讨论。

建议阅读书目

Cuneen J.: Adding rigor to the sport management internship: introduction, JOPERD 75(1), 2004.

Fischer D: The 50 coolest jobs in sports, New York, 1997, Arco.

Gladden JM, Irwin RL, and Sutton WA: Mangaeing North American major professional sports teams in the new millennium: a focus on building brand equity. Journal of Sport Management 15: 297 -317, 2001.

Klenosky DB, Tempin TJ, and Troutman JA: Recruiting student athletes: a means-end investigation of schoolchioce, Journal of Sport Management 15: 95 - 106, 2001.

BL Parkhouse, The management of sport: its foundation and application, ed 4, New York, 2005, McGraw-Hill.

Popke M: Setting their sites, Athletic Business, November 2001.

Smith DR, Ciacciarelli A, Serzan J, and Lambert D: Travel and the home advantage in professional sport Journal 17: 364 - 385, 2000.

Stratta TMP: The needs and concerns of students during the sport management internship, JOPERD 75(20): 25 - 32.

Walton T: The Sprewell/Carlesimo Episode: unacceptable victim? Sociology of Sports Journal 18: 345 - 357, 2001.

Williams J: Sport management internships: agency perspectives, expectations, and concerns, JOPERD 75(2): 30 - 34, 2004.

第四编 问题、挑战和未来

体育教学、锻炼和竞技方面的专家要意识到该领域当前所面临的一些事宜和挑战。如果专业人士希望影响我们这个社会中体育教学、锻炼和竞技未来的发展方向，他们必须为该领域指出道路。

第十四章在对目前体育教学、锻炼和竞技事宜进行了概述后，探讨了专业人员正面临的五项事宜；同时还有专业人士所强调的体育教学、锻炼和竞技中的四个挑战。第十五章讨论了体育教学、锻炼和竞技的未来。

第十四章 面临的问题与挑战

网络链接

性格决定：www. charactorcounts. org
国家大学生竞技协会：www. ncaa. org
揭开探索：www. unlockresearch. com
美国心脏协会：www. americanheart. org
PEL 连接：www. pelinks4u. org

学习目标

阅读完本章学生应能：

■ 讨论在与身体活动和健康消费者教育运动中体育教学、锻炼和竞技专家的作用。

■ 讨论体育专家怎样才能促进体育教学、锻炼和竞技价值的体现。

■ 叙述体育教学、锻炼和竞技专家在处理青少年身体活动问题中的作用和贡献。

■ 了解当前体育教学、锻炼和竞技领域中建议性的术语和名称，并讨论这一领域的发展潜力。

■ 讨论理论研究和实践之间的差距，并描述如何缩短这一差距。

■ 理解并描述体育专家为促进全国范围的高质量的身体活动的发展所运用的策略。

■ 解释提倡在多种环境下进行身体活动的重要性。

■ 解释《2010 年健康大众》中所描述的，体育教学、锻炼和竞技专家在为了达到健康和锻炼的目标中所起的作用。

■ 描述在身体活动和锻炼中有助于延长人寿命的具体策略。

当今的体育在运动科学和竞技体育领域面临许多问题和挑战。作为专业人员，我们应认识到各个层次的专业领域中的问题。作为一位专业人员，在有关体育教学、锻炼和竞技体育问题的处理中，你可能被大众视为专家。因此，你需要了解当今问题中的最新信息以在面对大众提出的问题时能给出准确的见解和深刻的且通俗易懂的解答。这就需要通过报纸、电视、互联网、专业期刊及专业交流会议进行学习，跟上各种体育大事的发展形势。

体育运动科学和竞技体育专业人员正面临许多挑战。作为专业人员，在面对这些挑战时一定要采取一种积极的态度。这需要责任感和不同层次的专业指导。这一领域的不断发展，它的活力及前景都要靠专业人员的奉献和指导能力。

本章重点讨论体育在运动科学和竞技体育所面临的一些问题和挑战，要讲完所有这些问题和挑战需单独写一章。本章目的是介绍这一领域中的一些问题，并详尽地讨论其中的五种问题。本章在讨论体育教学、锻炼和竞技领域中其成员所面临的四大挑战的讨论中结束。

面临的问题

当今体育，运动科学和竞技体育专家面临着很多很多的问题。为了使人们意识到出现的这些问题并付出更多的努力去处理，在此列举一些问题。体育运动中的问题存在于各种水平运动中，从专业运动到青少年运动，在专业水平运动出现的问题中，赌博和吸毒要引起重视。不断增长的运动员暴力事件引起了人们的重视，越来越多的体育迷暴力行为也使得一些团队在遇到比赛时不得不限制酒的销售。在专业网球队，对参赛者这些问题的早期关注已经扩展到缩短青年运动员的娱乐活动时间并规定参赛运动员的最小年龄。有关专业运动员是不是要做全国青少年行为榜样的问题也被提了出来。

大学的竞技运动也引起人们的关注。大学体育职业化的日益增长一直受到许多人的谴责。在很多学院，大学竞技运动已成为一件大事，人们担心学校以牺牲学生的学业为代价而过分强调竞技运动。招收运动员中的丑闻，擅自改变运动员的报名单以确保运动员的入学或保留他们的留队资格，有关运动员专业进展的问题及非法滥用药物以提高成绩等问题已经引起了全国性关注。体育管理部门试图通过制定更加严格的制度和加强对学生运动员的学习要求来改变现状。然而，关于运动员在教育机构中地位的问题也在不断升级。

如今，运动中的暴力已经成了一个严重的问题

在中学阶段，有关运动员学业合格性的问题也被提出来了。对运动员特殊照顾的做法，比如，让没有通过考试的运动员通过考试，已经造成了一些问题，有时在特殊情况下毕业的运动员还是一个体育界外行。为解决这个问题还采用了“考试不过，不能训练”的策略，为的是让学生必须保持某一学业的平均水平。去参加课外活动，在一些学校，有限的预算致使学校采取“付费活动”的规定，要求学生在参加课外活动时（包括身体活动）要付一些费用。很多人认为，父母和社区的过多涉入及对赢得比赛的过分注重有损于体育教育的价值的体现。近些年，人们又提出了关于加强专向化的问题：运动员每年最好专心练习一项而不是两项或三项身体活动。

认真对待青少年身体活动问题也越来越受重视。一个主要问题就是过分注重比赛的输赢，尤其是青少年的比赛。这导致对适合年龄的活动和辅导的体育发展途径的抛弃而过分注重专业技术和比赛输赢。如果没有千千万万的甘愿做教练的成年人志愿者，青少年身体活动就不可能存在。尽管很多这样的教练工作很出色，但还是有一些青少年教练对于教授技巧、处理伤势和满足孩子发展需要等重要方面缺乏必要的准备。社区为青少年教练提供教育课程，帮助他们获得必要的技巧和理解力以培养年轻运动员积极向上的运动经历。出于好意但过多涉入运动员生活的父母也在这一领域产生了一些问题，他们把压力强加到孩子身上，让他们一定要赢得比赛或者让孩子去实现自己当初没有实现的体育梦想。

当前这些问题并不仅仅局限于身体活动中。学校初级和中级体育课的地位和性质也在遭遇挑战。体育课和体育老师所面临的问题与那些其他学术领域的问题相似——即呼声越来越高的成绩责任制。越来越少的经济来源，每天要处理学生暴力和吸毒的事件，缺乏父母支持，越来越复杂的学生纪律和艰难的事业发展都是需要处理的问题。此外，体育课还面临着一些特殊的问题。与其他领域学科相比，班容量大且大小不一，缺乏体育课管理人员和教师支持。与教师和教练多种角色相关的许多不同的期望使得这些需求很难得到满足。就体育课的目标、其令人满意的结果和他们的特权，及所学课程内容等问题，体育教育领域的专家们一直在为此争论。最后，作为学校的一门课程，体育课的作用总是被看低，被认为只是附属学科，不具有什么教育价值。

作为学校完整学科的一部分，体育课面临着巨大的挑战，并且为保证在学校教学中的地位面临很大压力。具有讽刺意味的是，当美国大众对健康活动兴趣空前高涨时，对学校体育课的支持却在减弱。大众对从参加健康和身体活动中获益使身体更加健康的意识在增强，并且大众健康报道（比如《2010 年健康大众》）呼吁增加平常体育课。体育课能使学生获得使人的一生都健康积极的生活方式所必需的技巧、知识和理解能力，但体育课总是缺乏支持。

不断发展的教育改革运动和对学生的其他方面的重视威胁着学校体育课的发展。在学校的课程安排中体育课的时间安排比其他科目要少，随着教育改革运动的发展，时间会更少。只有 1/4 的中学生每天都有体育课。每天都有体育课的情况从 1991 年的40%以上减少到2003年的不足30%。进入21世纪,越来越多的科技手段运用到教育中,孩子们只需要每周到学校上三天课,其余的时间就会在家里上互联网,看有线电视和进行远程学习。体育教学、锻炼和竞技领域专业人员需要在不同的环境使用新的方法来给这些学生上体育课。

校外体育课和运动机会的发展也是考虑的重点。很多这些校外体育课程是由未经过体育教学、锻炼和竞技专业训练的人来上的。为了满足大众对指导其身体活动和健康发展的需要,商业体育俱乐部、健身中心和健康俱乐部发展起来,这也使得一些非专业人员有了更多的就业机会。体育教学、锻炼和竞技专业人员需要确立在这一领域的主导地位。

人们对竞技体育和健康兴趣的增强,使得各个年龄层和各种能力的人参加身体活动的机会增加。我们必须更加关注特殊群体(老年人和不同年龄层的残疾人)的需要。随着商业计划的不断发展,我们必须保证社区计划的强大以便为那些无能力支付体育锻炼费用的人提供活动机会。很多例子都充分证明定期进行身体活动的价值及其对健康的作用。尽管研究结果显示健身运动的参加者来自各样的人群,但是年轻人、男性、白人、上层社会的人、郊区及受过高等教育的人更容易参加进来。要让各种人群——穷人、老人、少数民族、残疾人——都参加到身体活动中来,还需要付出更大的努力。

由于健康促进和疾病预防的重点工作的不断加强,身体活动的作用越来越明显,学校能够在实现全民健康目标中起到重要的作用。学校为千百万的儿童和青少年提供了一种健身方式,并让他们学会终身体育运动所必需的运动技巧、掌握知识及形成积极的生活态度。此外,尽管强调在健康促进中个人责任的作用,但是对社会条件的影响,尤其是对贫穷和社会地位的歧视,迫切需要为全美国人提供身体活动的更全面的服务。

公平性是这一领域必须要涉及的问题。尽管《九号文件》已经实施了30多年,但对于男女参加体育运动的机会的不等性依然存在。虽然在过去30年中男性参加的数量大大增加,但机会均等、预算、设施、管理和教练职位上依然存在不平等性,在其他运动专业领域也是一样。

种族歧视是必须要面对的一个问题,废除了种族隔离制度,体育领域已向少数族裔人群敞开了大门。然而这种制度并没有根除偏见、成见和剥削的行为。种族歧视和排斥性的行为限制了体育领域中少数民族参加管理和教练当中的机会。体育运动科学和竞技体育专家强烈指出要让少数民族接受高等教育并为这一领域从事的事业做好准备。

本节对目前体育教学、锻炼和竞技领域所面临的一些问题作了一个总结,并给出了众多解决方案。然而,要成功地实施每一种方案都需要致力于完善该领域的专业人士全身心地投入。上一部分对体育教学、锻炼和竞技领域当前面临的问题进行了简短的概述。本章的剩余部分则会详细分析体育教学、锻炼和竞技领域中的四个有争议的问题,同时还有该领域的专业人士所要面对的四个挑战。

体育教学、锻炼和竞技方面的专业人士所面临的问题有很多。大约20年前,由对这个专业领域做出过突出贡献的人士组建的美国运动学与体育学院(American Academy of Kinesiology and Physical Education)就明确了我们这个领域要重视的几个重要事项，即体育教师在教育人们进行身体活动方面要更加积极主动；要增强体育中对情感行为的重视；体育教师要更多地承担起实施青少年运动课程的教育重任。虽然我们这个领域在过去的20年发展迅速，但这些问题——尽管有些变动，如今依然极其重要。究其原因，对这些问题重视，也会对参加我们活动的人们以及我们这个领域的拓展产生广泛的影响。下面要讨论的五个问题是：身体活动中的指导作用；价值观和道德行为的促进；青少年运动的指导作用；体育教学、锻炼和竞技学科的成长；研究和实践之间距离的缩短等。目前体育教学、锻炼和竞技方面的专业人士同时也面临着许多挑战。在本章的最后一部分会着重阐述其中的四个挑战。

专业人员必须更加积极地致力于让高质量的体育课进入全国学校，并且尽力提高它们的质量。他们还肩负着实现国家健康目标和促进所有人终身参加身体活动和运动的责任。

身体活动的指导

体育教学、锻炼和竞技专业人员必须进一步发展，并更多地承担起促进身体活动的指导作用。有很多证据证明了身体活动对健康和生活质量的正面作用，而不积极进行身体活动则和早亡与疾病紧密相连，它们无论是对人本身还是对经济花费都敲响了警钟。经常参加身体活动的人会减少得慢性病的几率，因而增加他们健康、长寿的机会。

减少运动实践本质中的过度重视取胜

我们作为体育教学、锻炼和竞技专业人员正处于一个独特的位置，在响应社会需求上起到了一个核心、积极的作用，并鼓励社会成员参加身体活动从而认识到身体活动给健康带来的众多益处。我们有责任让公众知道有关身体活动和健身的好处，同时我们也要花更多的力气在全国传播关于身体活动和健康之间的关系。我们可以通过参与国家促进身体活动联合会(National Coalition for Promoting Physical Activity，简称 NCPPA)举办的一些活动来实现这一点。

NCPPA是由美国运动医学学院(American College of Sports Medicine)、美国心脏学会(American Heart Association)和美国健康、体育、

休闲娱乐、舞蹈联盟于1998年共同成立的。它的任务就是“联合所有公众、个人和企业的力量激励美国人民，使他们能够过上积极做身体活动的生活方式，从而来提高他们的健康和生活质量”。现在NCPPA拥有150多个会员组织，它们都致力于“通过增加在国家、州以及地方一级的身体活动来改善国家的健康”。体育教学、锻炼和竞技方面的专业人员以及对健康生活方式有兴趣的人士从事着各种各样的工作来促进身体活动，如筹划赛事、做宣传活动等。

在过去的20年里，我们见证了人们参加健身、身体活动的大幅增长，而利用人们对这些活动的兴趣设计的活动计划和产品也在空前发展。虽然大多数的活动本质可靠，产品使用安全、符合要求，但也有一些活动不受人喜爱，产品所宣称的功能在很大的程度上受到质疑。

商业运动俱乐部、社区健身中心、健康与健身俱乐部、健康养生馆等都为人们提供了身体活动的机会。一些活动还很有名气，达到了健康与健身行业标准并配备有资格的人员。但另一方面，有些活动对外做广告说他们的课程可以迅速见效，并且效果显著，而实际上他们根本就达不到行业标准，所雇佣的人员只是看外表而不是看是否有资格证书。

达不到健康和健身标准的活动对参加锻炼的人有很大的危险。例如，科斯坦佐、拉斯提科和佩斯卡特洛(Costanzo、Rustico and Pescatello)在2002年对14种为老年人提供锻炼的社区活动设施进行了评估，这些老年人有66%在75岁以上。研究者发现其中只有5种设施要求参加锻炼者填写活动前的健康问卷，仅有3种提供了明确的锻炼要求，而没有一种设施是根据医疗无责保险要求。“只有2种设施明确了紧急保险，但无一种进行过紧急情况的训练。只有一处场所在进行锻炼活动时有在心肺功能复苏方面受过训练的指导员，也只在一种设施旁发现了有专业资格证书的指导员在指导所有活动。”研究人员发现，大多数设施没有达到当前对健康与健身的专业标准。

尽管像国际健康、网球和运动俱乐部协会(International Health, Racquet and Sportsclub Association，简称IHRSA)等组织为俱乐部制定了标准，为锻炼指导员和参加者的安全规定了一些原则，如美国运动医学学院所做的，但根本不可能确定哪些活动是符合这些标准的。对于那些想开始进行身体活动的人来说，他们怎么才能知道活动设施是否达到业内标准和工作人员是否有资格证书？这些工作人员应该有什么样的资格证书？这种活动安全吗？它能使他们达到自己的目标吗？

随着身体活动的开展，健身与健康的有关产品也开始增长，它现在已经成了一个一年几十亿美元的产业。商场给消费者购买锻炼器材提供了广泛的选择机会，网站销售节食产品和健身服务，商业信息片广告赞美着各种机器的优点，杂志上的广告推荐读者去尝试一些减肥产品。关于健康、健身、改善自我、运动的书籍、杂志和期刊成了热销产品。知名专家指导的特别锻炼课程录像带成了在家工作的人们的最爱。消费者怎么知道哪些有效果，哪些没效果？

有如此之多和身体活动与健身有关的课程和产品，很重要的一点是公众能从其中做出选择。参加达不到保健认可批准的课程和使用一些有疑问的产品可能会导致有害的后果。而体育教学、锻炼和竞技方面的专业人士则可起到告知消费者有关身体活动和健身的知识。

体育教学、锻炼和竞技专业人士必须让公众意识到他们在身体活动方面的专业才能。现在是我们站出来，在促进身体活动、指导健身运动、指引身体活动发展方向方面担负起更多责任的时候了。

科尔宾在《体育、休闲和舞蹈期刊》(*Journal of Physical Education, Recreation, and Dance*)的社论中问道："健身运动的流行趋势正从我们身边溜走吗？"他指出现在站在健身运动前沿的是那些内科医生、自命专家和电影明星，而他们当中许多缺乏必要的资格、训练和专业技能来指引这项运动。科尔宾提出"问题在哪？"他说：

> 虽然有许多体育教师可以说是专家，但也有许多不是，甚至其中一些根本就不想成为专家。我并不是要强调我们必须把所有精力都投入到健身之中而排除其他的教育目标，我想说的是我们能给社会提供的一项重要的服务是教给人们关于健身和锻炼的知识。这不像其他行业，我们应该在这个领域做到拥有渊博的知识。

科尔宾建议我们专业人士在"领导这个潮流"中做几件事。体育教学、锻炼和竞技专业人员要在健身运动中积极寻求指导作用。第一，作为专家，专业人士应该知道我们这个领域当前的研究成果；第二，要让公众知道体育教学、锻炼和竞技专业人士才是这个领域的专家，是他们寻求答案和建议的源泉。专业人士要教会他们的学生和公众在选择锻炼课程和产品方面成为一位明智的消费者。此外，专业人员也要教给他们的客户在锻炼和做身体活动时处理问题，评价自己健身需求的知识和技能。

尤尔斯(Ewers)也赞成科尔宾对体育教学、锻炼和竞技专业人士领导"锻炼潮流"的号召。他鼓励体育和运动专业人员"运用他们所知道的和对体育运动益处的信任"成为这个潮流的"领跑人"。体育教学、锻炼和竞技专业人士在身体活动的运动中必须承担起更加积极主动的作用。我们作为专业人员必须指导这些运动，因为这是我们专业领域。同时，我们也要利用人们对健身和身体活动的兴趣来向所有人传播健身和身体活动的有关知识，教给他们终身参加身体活动、保持健康的生活方式所需的必要技能。

体育和运动中的教育价值

培养价值观和性格发展以及伦理道德取向长期以来一直是学校体育课的主要目

标之一，也是参加竞技运动的长远目的。专业人士已经把我们的体育课作为一种培养人们合作、自律、努力工作、公平竞争、情感控制和团队精神等价值观的方式。人们也希望通过参加体育课和运动来提高自尊和自信。但表面上的华丽词语与实践的现实情况还有一定距离，体育和运动对参加者的行为与表现所产生的效果和人们对它的要求还有差距。虽然大多数参加身体活动的人认为培养伦理道德极其重要，但他们却不能对他们的活动和课程做出调整来实现这些目标，或者言行不一。

教师要仔细考虑体育课对各个层次学生的情感培养所起的作用。如果我们全心全意想要提高学生的自尊心和对本人及他人的尊重，那为什么我们在实践中采取或容忍羞辱、难为、轻视学生的做法呢？许多成人对他们的孩提时代有着清晰的记忆：独自一人站在体育馆的中间，因为哪支队都不想要他；在接力赛中所有其他学生都跑完后许久他才到终点；事先就知道他可能是比赛中第一个被淘汰的人，等等。这些做法和其他类似的做法有助于完善个人的发展吗？这又如何促进人们终身参加身体活动呢？

最近几年，和各层次运动相关的伦理道德的陋习已为越来越多的人所知。而长期以来，运动一直是人们赞美的能锻炼性格，教给人们体育道德精神、公平竞争、诚实和正直观念的载体。竞技运动常常被人们认为是传统美国人价值观的基础和典范。然而，我们所宣扬的教育观和教练与运动员所表现出的行为却有着太大的差距。

体育和运动中有关伦理道德方面的陋习促使专业人员要采取一些行动以将之改正。首先，虽然体育和运动给了我们传输价值观的机会，但我们一定要积极寻求它所产生的正面效果，使它能充分发挥我们这个领域的潜力，促进学生的情感发展。当体育和运动专业人士让他们的实践利于促进培养人们的价值观和道德观时，就会在这个领域实现最大的收获。我们不能认为在参加身体活动和运动时，这些成果会自已出现。促进人们所期望价值观的培养必须要我们悉心规划，专业人士要利用他们教学的时机以改善人们的行为。要让人们知道并加强正确的行为规范。

专业人员也可上上以培养情感领域为核心的课程。例如唐·赫利森（Don Hellison）的个人与社会责任模式教育。赫利森的模式是通过逐步让学生承担起更多的责任和增加他们自己做决定的比例来帮助学生懂得责任感。学生可以经历不同层次上的责任感——从无责任感到有责任感。与此同时，学生也从学会尊重自己扩展到学会尊重他人。在给各种环境下的贫困青少年上课中，赫利森成功地把他的模式和其他方式融在了一起，活动范围也较广泛，从探险实践到教练俱乐部都包括其中。

我们通过身体活动中采取注重发展情感的模式，可以在帮助社会贫困青少年上起到更大的作用。托马斯·马丁内克和赫利森（Thomas Martinek and Hellison）指出美国有几百万的儿童和青少年生活在贫困之中，他们当中许多人都很乐观，能够克服他们目前的艰苦环境并"跳到上层社会"。马丁内克和赫利森认为通过仔细设计的学校和社区的身体活动项目可以培养与乐观相连的社会和心理因素。

运动有塑造人们性格、培养道德观念、提升责任感、传授积极的生活技能的巨大潜力。只要我们把取胜放在一个适当的位置就可实现这些目标。1999 年，运动公民协会(Citizenship Through Sports Alliance)称"运动中体育精神和道德行为规范出现滑坡，竞技比赛中充满了退化现象，从青少年联赛到职业联赛都有"。体育精神的崩溃已经超出了竞技场，扩展到了运动员、他们的家庭、教练、官员、追随者、管理结构、企业资助商、媒体和公众。为重视这些关注，让运动组织的核心重新回到培养道德和塑造性格上，美国奥委会(USOC)教练员分会和约瑟夫森(Josephson)道德研究所的一项计划——"运动，性格为主！"——于 1999 年 5 月在亚利桑那州开了一次运动领导人会议。在这次会议上，来自奥林匹克、专业人士、大学、中学和青少年运动组织的领导人共同起草并颁布了有 16 条原则的声明，它清楚地解释了荣誉之胜的意义所在(见亚利桑那运动领导人峰会调解委员会一览表)。采纳这些原则的运动组织越来越多，其中就有 NCAA I-A 竞技运动组委会(NCAA Division I-A Athletic Directors Association，简称 NAIA)，众多州立高中运动组织和青少年运动组织。

美国奥委会和"运动，性格为主！"计划的初衷是"追求荣誉之胜"，它强调运动中通过重视道德标准和体育精神来塑造人的性格。取胜固然重要，教练员和运动员忘我地追求胜利可以体现出运动的娱乐和价值。而获得荣誉之胜把道德视为是取得真正的胜利的关键。根据此初衷，"完善运动的最好策略不是降低对胜利的重视，而是更多地强调和荣誉之胜相连的道德标准和体育精神，这才是获得真正意义上胜利的核心。宣布胜者是一回事，真正取得胜利是另一回事。用不光彩的手段取得的胜利是空的，有辱运动这个概念"。当我们这样给胜利下定义时，那运动对情感培养的作用就大大提升了。

专业课程应该使毕业生获得必要的能力。他们不仅要教给学生技术和知识，还要促进学生价值观的培养和道德评判。如果我们对外公开表明要致力于全人类发展，那专业人员就要做好这方面的准备。就像在我们的课程中要为培养价值观做好规划，不让它随波逐流一样，我们要让专业人员做好承担这项重任的准备，而不是认为他们知道如何去做，这两件事同等重要。

学院也强调设立专业标准，按照它来择取适当的伦理道德价值取向，还要设计出促进培养这些价值观的教学计划。另外，建议促进对这些领域发展也要建立合适的评价方式与方法。

尽管学院的目标放在学校体育课和竞技运动，但它的集体智慧为各种环境下的专业人员提供了重要的信息，不管是在学校环境下还是非学校环境下。我们表现密切注视行为的情感领域。如果我们的目标是促进积极锻炼的生活方式，我们就必须使参加活动的人建立起下列的一些目标：1. 对自己运动能力有自信；2. 感受到自我价值；3. 理解身体活动对全面发展的价值。我们要让参加锻炼的人们对他们自己的生活负起责任。也许我们必须改变我们课程的方向，使它能提供给我们更具体化的学习，以发展人们能力为核心，创造更多培养活动能力的机会，这对人们来说才有意义，才能令人们满意。

亚利桑那州运动领导人峰会调解委员会

导言：

体育竞赛的最大的优点是它具有的社会内在价值。这是崇高理想的象征：追求胜利的荣誉。

对体育的热爱已经深深地融入民族意识中。成百万的参加者和观众参加身体活动的价值观直接受所组织的身体活动价值观的巨大影响。因此，身体活动是形成美国文化的品质和特色的主要社会力量。

我们坚信身体活动的影响能够也应当可以提高人们的品质和国家的道德规范，我们要建立一个可以被广泛接受和进行实践的行为准则框架和共同的价值观。

因此我们要在下面所述的方面达成一致：

1. 体育运动中形成品质和道德的必要因素体现在体育精神的概念和六个核心原则中：信任、尊敬、责任、公平、同情和良好的公民品行。当这“六大品质”反映在比赛中时，体育运动中最本质的东西才能体现出来。

2. 通过教授、强化、宣传和效仿这些道德规范来提高运动员的品质和培养高尚的人格也是运动指导(包括教练、运动管理员、活动指导员和比赛裁判)的职责。

3. 为了提高运动员品质和培养高尚的人格，运动计划一定要以一种可以促进运动员心理、社会和道德品质发展的方式进行，并且教会他们有助于他们能够有成功的个人生活和社会责任感的积极的生活方式的技巧。

4. 参加竞技运动是一种特殊待遇，但不是权利。要想获得这一待遇，运动员不管是不是在运动场内，都要起到良好品质的积极的模范作用。

5. 教练、运动员、父母、观众和其他人群的行为规范会影响竞技运动的质量，应当根据这些来设定一个参加运动的标准。

6. 所有参加运动的人都要始终如一地在各个细节都表现出是一位正直、诚实的人，他们不仅要遵守和执行规则的字面要求，还要遵守和执行规则的精神。

7. 在有关招收运动员的信息——包括升职和描述性的材料中，品质、道德和运动员精神都应加以重视。

续 表

8. 运动组织的最高层管理人员一定要为保证这些活动的质量和完整性负责到底。这些管理人员要保证绝对不能为达到某种运动目的而忽略进行教育和培养品质的责任。运动员学术的、感情的、身体的和品德的健康发展永远比赢得比赛的欲望和压力更重要。
9. 教育机构全体人员都应直接参与并应为学生运动员完成学业和品质培养的目标做出努力。
10. 体育比赛中的每个人都应认真对待比赛惯例并对其他参赛人员怀有敬意。教练的一个特别的职责就是为尊敬的行为起模范作用，还有就是让运动员远离不文明的行为，包括对对手和裁判言语上的侮辱、不敬的或挑衅的垃圾话、嘲弄等不适宜的庆祝活动。
11. 各种层次的运动计划的领导人都应确保教练——不管是有偿的还是志愿的——都应有执教能力。通过培训或经验可以获得基本的能力。这包括最基本的知识，① 运动中品质培养方面，包括教授和加强运动员精神和良好品质等价值观的技巧和方法；② 所教授的老年人群的急救原则，他们的身体状态和教学的局限性；③ 教学原则及比赛中的规则和策略。
12. 由于体育运动作为一种工具对个人的发展有强大的推动作用，所以要为所有的社区提供参加范围更广的身体活动机会。
13. 为了运动员的健康和体育运动的完善，身体活动一定要阻止酗酒和抽烟的行为，并要求所有人遵守法律和规章制度，包括那些与赌博和吸毒有关的制度。
14. 尽管身体活动和企业实体之间的经济关系是互惠的，但提供竞技运动的机构和组织要保证运动的纯洁性。这种商业关系要一直受到监督以防止不正当地利用组织名称或声誉，过度干涉和影响商业利益。此外，运动项目一定要谨慎而行，避免对某些公司或赞助商在财政上形成过度依赖。
15. 教练职业就是教师职业。除了对运动员精神和身体方面进行指导，教练还要通过语言和示范教运动员学会信任、尊敬、责任、公平、关爱等良好的公民品行以使他们形成优秀的品质。

青少年运动的引导

青少年参加运动的情况在过去的 10 年增长迅速。现在大多数社区都提供青少年运动项目，经常是几项运动有不同层次的比赛。据估计，有接近 2 500 万的男女青少年参加这些运动。成年志愿者的人数达到了将近 300 万，没有他们这些运动也不会有作用。

青少年运动的总体目标是要促进他们健康的身体、心理和健全的社会发展观。此外，青少年时期有益的实践为今后终身参加身体活动打下了基础。虽然此目标值得我们去做，但我们实现它的方式以及在许多情况下我们未能实现它而受到教育家、体育教师、内科医生以及媒体的严厉指责。这些指责的矛头都是针对过分强调比赛的胜利，它使我们在实现所言目标时困难重重。"未受过训练的成人志愿者往往是受指责的中心。缺乏志愿者应知的有关成长发育、心理过程、训练原则、营养、器材使用、运动损伤的预防与处理等知识更是促使了这些指责的产生。"

正是因为青少年运动所处的艰难环境和面临着人们对它的指责，美国运动学会和体育学院建议专业人员的培训课程要为将来的体育教师和教练提供更多关于如何教儿童和青少年的信息和知识。在大学专业课中应更多地强调获得技能的培养方式，各种技术水平的年轻人一起实践的机会，修正粗略动作技能的技巧等。这些学院也强调了专业人员在执行这些活动时要担负起更多的责任。体育教学、锻炼和竞技专业人士拥有必要的知识和专业才能，确保参加运动的青少年获得令人满意和有益的经历。专业人士可以采用多种途径使儿童和青少年的运动经历更积极主动。专业人士还可和青少年运动管理人员、志愿者共同制定出健全的活动原则。AAHPERD 制定的青少年运动员权利法案(Bill of Rights for Young Athletes)为家长和教练提供了指导运动实践来获得更多积极效果的方向。

专业人员是活动指导者、组织者的来源。通过指导运动服务研讨班，专业人士可以和成人志愿者就关于技术发展、心理发展、裁判事宜以及对实施一项健全的活动非常重要的安全和紧急救助等信息进行交流。专业人士也可帮助培养这些志愿者最基本的一些技术和知识，为他们设立一些资格课程。训练这些志愿者，使他们达到标准所要求的水平是专业人士对发展健全的活动作出贡献的另一种途径。最广为接受的活动之一——美国运动教育活动(American Sports Education Programs)有助于专业人士实施这项工作。它为运动指导人员和专业人员提供了一个全面的、循序渐进的目标和相关知识来训练青少年运动志愿者。

青少年体育研究所前所长维恩·西弗尔德(Vern Seefeldt)认为青少年体育本质是有争议性的，当成年人称赞参加青少年体育获得益处时，反对者声称，它的弊大于利。西弗尔德主张青少年体育规划不是本质上好与坏的问题，像其他的教育目标一样，它们的价值取决于成年指导者的品质和周围的支持环境。

西弗尔德呼吁参与该计划的志愿者应集中精力于促进包括儿童体育在内的体育的持续发展而不是成功。教练一定要认识到孩子们参加这些活动的原因。"孩子们参加身体活动是为了获得乐趣，具体地学习锻炼身体技术，与朋友一起参加社会活动，以及随自己的意愿体验比赛的兴奋。这些目的是有益的和引人注目的，以至于教练应该尽力让孩子们参加每次训练和比赛。"

如果青少年体育要达到人们所渴望的结果，西弗尔德认为需要经过三个互不干扰的转变。首先青少年运动的规划者必须抵制维持现状的想法，“为了适应孩子们的各种能力和兴趣，必须做一些改变，而不是让他们具有很强的技能和竞争性。其次我们进行多种调查，如果该规划以正确的方针为依据，就必须进行调查研究，解决大量的问题。这些问题涉及运动员受伤的性质和范围，学习具体技能的最佳年龄、训练的长度和赛季的持续时间。不同训练方法对孩子的行为和心理发展的影响不同，为了体现平等，可以选择参加不同的队。再次，青少年体育教练和全体工作人员要进行和实施正确的训练计划，这些计划应集中在对基本能力的认识上，包括技能、指导、学识、急救和心理状态，他们是训练的先决条件。那么就需要举办一些在职人员研习班，帮助成千上万的成人志愿者具有这些能力”。

美国体育活动的建立者雷纳·马丁斯也认为提供给孩子和青少年身体活动经历是非常重要的，这将会“开启孩子们一生的身体活动”。马丁斯认为，为达到这个目标，体育教育和体育专业人员必须考虑到以下几个行为原则。① 模仿原则：孩子们经常模仿生活中那些杰出的人的行为。② 强化原则：孩子们经常会重复那些受到夸奖的形式而尽量避免做那些受到斥责的行为。③ 自主原则：孩子们喜欢自己选择参加一些活动而不喜欢强加他们参加的活动。然而，马丁斯认为在身体活动中，影响参赛的两个最基本的原则是自尊原则和娱乐原理。

自尊原则认为我们所有的人都要认识到自己是有能力的，并有机会成功，且相信自己是有价值的。马丁斯解释“如果孩子们一开始就很积极，不管是参加体育运动还是其他的身体活动，内在的成就反馈和对成功的外在认识表达出了获取成就的信息。因此是非常有价值的”，这就促使人们以后参加身体活动。另一方面，当孩子在参加身体活动时的经历是消极的，那么他们就会感到自己的能力降低了，就可能会很少参加身体活动，他们会转而参加其他的活动而使自己重新获得自尊。

马丁斯把自尊原则看做是促进儿童参加身体活动的重要原则。这一原则不仅体现在他们童年时代，而且在他们一生中都起到重要作用。当孩子们参加一些较高的不符合他们年龄段的运动时，他们的自尊会降低，在孩子们还没有完全掌握必需的技能或还没有准备好与别人竞赛的心理状态时，人们往往让孩子们参加竞赛体育，公开批评孩子们的发挥，贬低他们的成就而不是为了增强他们的自尊而称赞他们的进步。

娱乐原则是促进人们参加身体活动所必需的，虽然我们了解这一点，但我们在设计和举行儿童身体活动时往往不使用这一原则。马丁斯说：“当我们从身体活动中获得乐趣的时候，我们很少考虑到孩子们，他们的兴趣便会转向别处。”我们怎样从身体活动中获得乐趣呢？马丁斯相信，专业人员和成年人通过组织比赛，不断地指导和评价孩子们从中获得乐趣，而不允许他们参加比赛及不怕失败和发挥不利而大胆地运用自己所学的东西。通常在成年人设计的竞赛目标和孩子们的参赛中存在着矛盾。成年人注重表现而孩子们注重最基本的乐趣。通过枯燥的技能训练，通过做健美体操增强身体健康，把体育运动作为一种体罚方式，通过评论他们的发挥水平而使孩子处于一种尴尬的处境；这些方式使孩子们失去了对身体活动的兴趣。

我们怎样才能促进孩子们参加身体活动并增加他们的经历呢？马丁斯认为成年人需要制定长期的目标去鼓励孩子们在一生中都保持活跃的思维。他写道：

> 只有成年指导员认为这一目标是最重要的时候，才能从注重比赛结果转移到注重参赛经历上。如果这一经历是好的，那么就会增加其自尊意识；如果经历是有趣的，那么孩子们就会继续参加这一活动，甚至一生都会如此。

作为专业人员，我们能够在促进儿童身体活动中起到积极的作用，这一计划包含以上所提及的这些原则，并且把计划一生的身体活动作为基本目标。我们有义务培养成年人志愿者使他们了解这些原则的重要性，并知道如何在具体的环境中应用。此外，作为专业人员，让孩子们了解他们参加的各种活动是非常重要的；并给他们提供参加各种活动的机会，以便于孩子们能找到自己最喜爱的适合自己兴趣的活动。

作为这一领域的专业人员，要了解孩子们是怎样理解成年人在青少年体育中的行为表现也是非常重要的。为了找到孩子们面临的问题，斯图尔特（Stuart）采访了10～12岁间的15个儿童，他们都参加过青少年身体活动。他让孩子们讲述发生在他们队的并且他们认为是难题的事情。孩子们所说的话主要围绕着3个基本主题：成年人的公正性、比赛中的不良行为、队伍的不良表现。

关于成年人行为的公正性涉及：裁判、教练、父母的行为。当裁判对犯规不能及时判罚或判罚有误时，他们认为裁判做出了不公正的判决。他们有时把教练的行为看做是不公正的。教练在挑选运动员及在分配队员场上比赛时间时经常表现出对某些队员的偏爱。父母强迫孩子参加某一运动也被认为是不公正的做法，因为这样做完全没有考虑孩子的喜好。

比赛中的不良行为也是值得关注的，这些行为包括：威胁对手、试图伤害对方，如为了阻拦对方得到球故意绊倒他。握手前在手上吐唾液也被认为是违背运动道德的行为。团队的不良表现包括许多不同的行为，如：队友的不正当举止及自私，讽刺队友，失去自我控制和不诚实。这些行为往往在训练中表现为斗殴而导致该队不能正常发挥，另外不让所有的

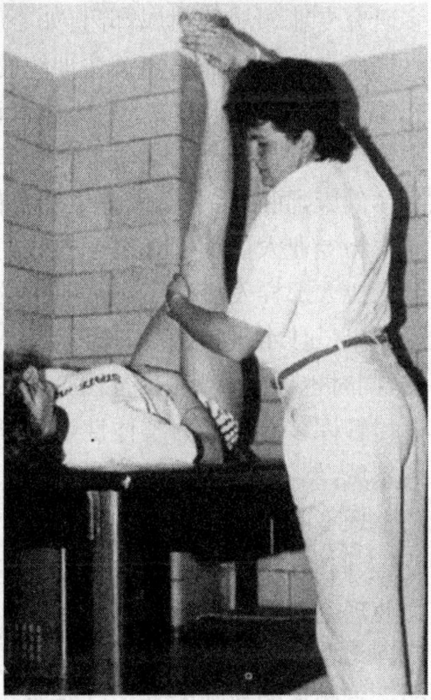

专业人士采用了能准确反应他们职业的名称。如竞技运动训练师，他们帮助运动员预防和处理伤病

队员参加训练或比赛，这会对整个队产生不良影响。孩子们因为嫉妒队友有可能就比赛时间对其撒谎，而使队友不能按时赶到。

如果我们要评论体育竞争，对于专业人员要了解孩子们是怎样认识他们的体育经历的，这也是很重要的。孩子们的感觉经常给我对青少年体育经历本质的理解提供一些有价值的看法，孩子们的转变往往会产生一些好的体验。

青少年体育发展迅速，并可能持续发展。如果让孩子从参赛中获得益处，就需专业人员在指导他们时发挥积极的作用，那么就要发展和实行正确的培训百万个志愿者的计划，以便使人们认识到身体健康、心理健康的重要性。更主要的是，绝大多数孩子在一生中都愿意参加身体活动和竞赛。

不断发展的领域

自 20 世纪 60 年代早期开始，有关体育教学、锻炼和竞技的知识体系迅速扩展，因为研究和学术成就的增多，这些知识体系的理论基础越来越复杂。

随着知识的扩展，在体育教学、锻炼和竞技领域发展了附属学科。作为对这些领域的更进一步研究，这些曾属于体育教育的附属训练已经成为独立的专业化领域，有自己的研究惯例、专业的出版物及专业的职业。诸如此类的专业不断增加，并出现了许多研究专业领域的附属部门，如心脏康复成为运动生理学分支中的专业领域。

许多专业人员提出要关注训练的阶段性和专业性，在专业领域缺少交流和合作是人们所关注的主要问题。另外，体育训练和体育运动开始分裂成较窄的专业。这一变化不利于我们帮助个人学习技能和知识，也不利于通过有效活动获得必要的理解和增强身体健康，同时也会对人一生的身体锻炼产生不良影响。

作为专业人员我们必须记得我们所关注的是通过运动手段促进人的整体发展，而不是像成人那样发展孩子运动肌肉的技能和身体健康或发展心理技能使优秀运动员能发挥出最佳水平，我们应认识到专业领域是整个体育活动的一部分，这一点是很重要的，同时也要注意我们的目的，这同样也很重要。

尽管许多专业号召整体性，但可能专业领域的研究会取得进一步的发展并成为单独的领域，然而，出现了跨学科和交换学科的研究，人们逐渐意识到需要帮助专业人员统一整理不断增加的知识并以满足个人的需要为基础，知识的整合要考虑到它服务的人群、人们的需要和它所应用的环境，同时要求人们减少研究和实践中存在的差距，并努力使理论和实际联系起来。

许多专业人员不满意使用“体育”这一传统术语来指代这一领域，在过去 30 年间，我们一直侧重的教师的准备已经改变了。教师的准备曾经是最基本的而现在仅是专业化计划的一部分，专业化的教授计划更加多样化。随着锻炼和运动科学的出现产生了许多新的专业化项目，如心脏康复、成人健康、体育管理、体育医学和运动交流。许多专业人员认为使用“体育”这一术语不能确切地描述当今这一领域的特征。他们认为需要一个新的术语来更准确地代表这一领域，并描述专业人员在这一领域需要做什么。

如今，学校中的工作者仍然称自己为体育教育者，然而，与其他人一起工作及在其他环境的专业人员使用不同的术语表示他们工作的专业性特征，这些专业人员称他们自己为体育训练者、体育医学专家、特殊体育教育家、运动生理学家、运动心理学家、运动社会学家、健身教练、运动专家、休闲运动指导者等。

人们建议使用多种术语来描述传统的学科“体育”。1989 年，美国运动学和体育教育学会，认为“运动学”是这一领域的新术语。运动学定义为人类运动的艺术和科学是人类运动的结果。其他常用的术语包括：体育教育和运动、运动科学、锻炼科学、人类运动科学、锻炼与体育科学。马森戈尔(Massengale)指出，“缺乏统一的概念的标识来表示发展的学科”这就可能出现几百种描述，甚至可描述我们的缺点。这种情况会引起我们对缺少确切观念的这些问题：我们是谁，我们做什么，我们要去哪里？这样会产生一种迷惑感。我们赞同用反映我们任务和身份的统一概念，这是很重要的。科尔宾建议用身体活动这一术语作为我们所努力的概念集合。作为概念的标语，身体活动能够提供一种把所有分支学科放在一起的方法，并允许我们通过身体活动向不同的人提供专业服务。

研究和实践的差距

职业所面临的一个主要问题是缩小研究和实践之间的差距。明显的时间上的滞后性经常出现在发表研究结果及相关结果的利用之间。除去环境影响，如果我们的计划以正确的原则为基础，这一差距一定会缩小。

影响它们之间差距的有许多因素，有些因素可能是因为实施者，而其他因素与研究者有关。

其中一个因素就是练习者对研究的不甚了解导致这一差距的产生，做好准备以及正做准备的练习者可能未得到关于研究的方法、技术、理念等方面的详细指导，而这些对研究的理解和进行又是必要的。洛克(Locke)这样写道：“那些不了解研究业基本科目及词汇的一般教师可能会觉得研究报告难以理解；准备得不充分也妨碍了研究员与练习者之间的了解，进而影响练习者所做的研究报告。”当练习者充分地了解了研究的背景及数据资料，他们就可以和研究员进行交流并使研究成果易于理解了。

产生这一差距的另一因素是练习者对研究所持的悲观态度，这使得练习者在研究过程中拒绝利用已发现的成果。产生这种思想的原因是多方面的，包括练习者认为研究对其自身而言是没有关系、不实用的，不能正确理解研究过程，不能回答研究人员提出的问题。无论原因是什么，它都深深地影响了研究成果的有效应用。

时间和资源的限制和研究成果在实际中的应用，也导致了这一差距的产生。例如，我们常听说：教师太忙了，以至于没有时间处理学术问题，精力都放在日常的琐事上；除了教学，教师们还要负责家庭、校车、更衣室、场馆、学习厅的监管，还有指导的职责，这些多余而又不可或缺的责任排满教师的日程，从而妨碍了教师所做研究的进度。研究设备的缺乏使情况更为严重，其他体育教学、锻炼和竞技专业人员也面临同样的问题。

研究成果的可行性也影响了其在实践中的应用，一些研究员将他还不成熟的研究成果出版在权威的杂志上。研究还可以参考一些文献，尽管这些文献在学院和大学的图书馆中均可找到，而出版的这些文献的实用性还是有限的。网络则为研究成果的传播提供了良好的前景，通过网络可以读到一些著作如《体育运动与健康》《国家卫生部长报告》，使练习者对研究的发展的了解变得更为容易。

一些低质量或不具备结论性的研究成果，导致研究与实际之间的差距，许多研究成果使体质教育面临着严重的障碍。同一个研究项目由不同的研究员得到完全不同的结论，使练习者不敢将这些研究成果用于实践之中，研究成果的相互冲突也阻止了练习者把结果用来指导他们的想法。

最后，研究者不愿应用研究成果，导致了研究与实践之间的差距。参加初步研究的人员的失败也在某种程度上是一个障碍，初步研究人员提出的一些复杂而不说明实际用途的想法，对练习者而言是没有多大作用的。如果研究员提出的一些重要文件有效，那么研究员就应当投入一些时间去总结和完善这些想法。

那么我们怎样才能消除研究与实践之间的差距呢？首先，假设它们真的存在，减小这种差距可以采用几种方法，比较专业的准备可以使职业教练更容易理解和研究。比较充分的研究能使体育教学、锻炼和竞技专业人员形成自己的研究理论并获得相应数据，还可以定位研究报告、评估研究过程、理解研究成果。另一种方法是练习者和研究员致力于共同的目标，研究员也必须齐心协力去减小这个差距，研究员在刊登他们研究成果时应尽力强调他们的研究与实践的相关性。

尽管研究与实践之间的差距难以描述，研究员和练习者克服这种困难也是相当重要的。过去的10年中我们的专业知识有了很大进步，如果这些知识已经改变了教练们的执教方式，通过共同的努力缩小研究与实践之间的差距仍是可取的。

最后，个人也应该成为研究成果的推广者，这些推广者巩固了成果的可行性，并通过这种简单易懂的方式使之为练习者所了解，研究成果若望早日推广，则此工作应大规模进行。

在20世纪90年代中期，AAHPERD研究协会出版了《今日体育》——一个专门面向其成员发行的有关研究与实践的报刊，这份简单易懂的报刊为练习者向研究打开了便利之门。

拉里·洛克(Larry Locke)和他的同事多利·兰丁(Dolly Lambdin)、史蒂芬·西尔弗曼(Stephen Silverman)以及韦恩·瑞克·斯皮德索(Waneen Wyrick Spirduso)，试图通过创建网站用一种以用户为本的方式推广研究。“开放的研究：体育的研究”网站于 2003 年面世，帮助那些希望再学习一些研究论文的教练，网站的经营者们提供一些可能会给他们带来灵感的研究报告，从而提高他们的专业实践。此外，该网站还提供了一些非技术性的技能来帮助体育教师理解研究内容，从研究成果中发现它的实践价值。

面临的挑战

体育教学、锻炼和竞技专业人员所面临的困难会逐渐地增多，这里只讨论四种：提供高质量的日常身体活动指导，促进我们活动的发展，达到全民参与的目标，鼓励所有人的终身参与。

A. 社区会员在伊利诺伊州阿林顿高峰的西北社区健康保健中心锻炼，那里有 70 多件心肺锻炼设备可供使用

B. 力量训练设备，有各种阻力和可调负重训练器材，都摆放在室内田径场下面的健身房内

高质量的日常体育活动

对于在国内学校任教的教练来说提供高质量的身体活动是个挑战。事实表明国内许多孩子及青年不爱运动，喜欢一些不健康的娱乐方式，以及校园内缺乏高质量的

规律的身体活动，造成了美国青少年儿童令人担心的健康状况。

越来越多的事实表明，经常做适当的身体活动会保证所有年龄段人群的健康，从而提高他们的生活质量。人们也逐渐意识到要想从锻炼中获得最大的益处，必须早日开始锻炼，并坚持终身。通过学校的教育把锻炼的方法、知识、理念，融入人们的生活方式中是最佳方法之一。学校体育课时间的不足也是个大问题，为了解决这个问题，美国国会于 1987 年通过了国家体育方案或 97 号提案(the National Physical Education Resolution or House Concurrent Resolution 97)，该提案鼓励州政府及当地教育机构向从幼儿园到 12 年级的学生提供高质量的体育课。由于联邦政府仅是提议而非指令，所以该法案没有法律效力，然而它被国内的一些教师和家长当做一种工具去说服州和当地教育部门在学校开设体育课。

关于学校所提供教育的质量也令人担忧。尽管遍布美国的许多法案是规范化的，但是仍有效力较低的。这些低质量的教育所影响的不仅仅是小孩和青少年，它使管理者、教师及家长认为学校没有什么好的教育可以提供。进一步说，影响是深远的。受过这种教育的孩子可能一辈子都拒绝参加身体活动，甚至他们成年后，依然会认为学校的体育课是无价值的，尽管此时教育模式已经改变了。

NASPE 出台了一系列标准来规范体制教育，如："通过高质量的教育，学生们应该知道并掌握什么，这些标准明确了学生们经过帮助应掌握什么。"根据 NASPE 的要求，一个经过体育教育的人应：

- 能参加各种身体活动，并有一些擅长的运动。
- 把运动的理念和原则应用在运动技巧上。
- 形成一种热爱运动的生活方式。
- 达到并保持健康状态。
- 理解并最终参加体育锻炼的人们之间的差异。
- 明白身体活动是提供娱乐、挑战自我、表达自我和进行社会交流的机会。

精心挑选的各种体育课中的活动应该有助于达到 NASPE 标准，利于认知、情感和精神运动领域的学习。阶段性的成果评估可以使教师了解学生的进展状况。

NASPE 同时也明确了高质量体育课的其他相关方面。NASPE 认为高质量的体育课应该做到下面几点：

- 通过成果来证明其高效性。
- 为运动方法和健康状况的发展提供机会。
- 掌握为何、何时以及怎样把运动融入人们的生活中。
- 把重点放在如何从运动上获得并保持健康。
- 提高从幼儿园到 12 年级学生运动的技巧，以使其参与进来。
- 适应所有学生的需求和发展水平，无论他们的体质和精神状况如何。
- 教育学员如何把正确的锻炼理念应用于日常生活之中。

这些运动的融合，所有成分的有机结合，以及从参与高质量的体育课中获得最大的收获，均取决于学校能否提供足够的教育时间。同样重要的是，体育课应由经认证的专业人士担任，如同在其他学术领域不能容忍没有资格证书、不合格的教师一样。要从高质量的日常体育课中有所收获，合格的具有奉献精神的指导是不可或缺的，一个优秀的教育模式应如下表所列一样。

构成高质量的体育课的因素有哪些

根据 NASPE 指导方针，高质量的身体活动应包括如下内容。

参与活动的机会：

- 指导性的时间总量每周应达到 150 分钟(小学)和 225 分钟(中学)。
- 由合格的体育专家提供发展性的合适的身体活动。
- 适当的设备和器材。

有意义的教学内容：

- 对每个孩子设计并指导多种运动技巧以促进他们身体、心理和情感的发展。
- 要有健身教育及其评估以帮助孩子们理解、改善和保持他们的健康状态。
- 对运动技巧和健身认知概念的发展。
- 提供发展他们刚刚开始的对社会交往及合作技巧的机会，理解文化的多元化。
- 促进当前及终身规律的适当的身体活动的发展。

正确的指导：

- 让所有的孩子都参加。
- 最大限度地提供课上活动的机会。
- 精心设计课程以便于学生学习。
- 对学习和练习有利的课外学习任务。
- 不准体罚。
- 做定期评估以观察并强化学生的学习。

每个体育教师一定要积极参加日常的身体活动，越来越多的事实证明，规律的适当的身体活动是有价值的。重要的是，大家都认识到较早参与身体活动比晚参与的人更容易形成一种健康的生活方式。还有，趁现在社会对健康的关注，正是大力发展高质量的体育教育模式的时候。提高体育在学校的地位，帮助所有青少年儿童实现日常的高质量的体育梦想是体育教学、锻炼和竞技专家的首要任务。

对体育活动的大力提倡

大力提倡身体活动是体育教学、锻炼和竞技专业人员的一份相当重要的责任。学校体育课程的减少、身体活动减少趋势的增强，导致了经济来源有限的人们锻炼机会的减少。

对健康状况提高的渴望，在工作区、社区、医疗场所设置运动设施的要求，使得所有专业人士参与提升我们工作的价值变得相当重要。身体活动的提倡者需要一个强大的力量对参加体育教学、锻炼和竞技活动的益处进行宣传。鉴于不同人群中健康状况的差距，以及少数民族、妇女、残疾人参与体育的不公平，使我们觉得作为一个机构应该改变社会的不公平状况。如果要完成向所有人提供长期身体活动的使命，我们就必须承担更多的社会责任，扮演更为活跃的指导角色。

提倡者协会(the Advocacy Institute)把"提倡"定义为"追求对人们生活有直接影响结果——包括社会政策、资源政策、经济、社会体系方面的分配形式"。提倡的意义包含通过共同努力，把被"人们忽视的"变为"尖锐的问题"来引起公众的注意，并制定和完善法律、公共政策，使一个公平的神圣的社会变成现实。提倡者通过影响决定性的相关机构，质问那些政治、经济或文化上的当权者，通过他们的努力去改善人们的生活。

提倡就是通过交流使你或你代表的人的主张在决策中占一定的分量。国际舞蹈协会认为每个人都起着不同的作用，如果要改变一些事情，通过报刊和媒体表达我们的主张是相当重要的。

体育教学、锻炼和竞技专业人员在争取社会的公平性中起着很重要的作用，如马丁·路德·金说："任何的不公平对其他的公平都是一个威胁。"不公平依然存在，尽管宣扬公平社会的价值，并制定了一系列的法律，如公民权法案(the Civil Rights Act)、《九号文件》和美国残疾人法案(the Americans with Disabilities Act)。需要做的还很多，由于运动对健康的重要性，我们提倡所有人终身参与，但是在种族、民族、性别、年龄、文化水平、性别倾向、残疾和收入方面的问题对终身参与身体活动及疾病状况都很不利。各年龄段的男士、女士参加身体活动的人数已明显增加，但是参与体育管理及体育行业内各种水平身体活动的机会依然不公平。

我们认为学校的体育教育是为孩子提供终身身体活动所需的技巧、知识及思想的有力工具。如莱瑞·罗科指出，公立学校为所有的孩子及青少年打破了民族、性别、社会等级及经济差异所形成的障碍。理论上学校为孩子们提供学习达到终身健康所必需的知识技能。但是，事实上，在洛杉矶室内上学的孩子与芝加哥郊区高级班或迈阿密偏远地区的孩子们所受的教育大为不同。

作为体育教学、锻炼和竞技专业人员，揭露这种不平等是我们的职业准则。你是否准备参加到提倡社会公平及消除差异性的行列中来？你是否准备为在某种程度上减小贫富差距做出自己的贡献？为了给从幼儿园到12年级的孩子们上高质量的体育课，你会怎么做？为了确保高等院校的师资队伍中有合格的经认证的专业教练，你会采取什么措施？你是否做好准备为确保医保涵盖所有的体育项目，有医保的工作区对所有的工人开放呢？

体育行业，一个改变社会的组织。我们必须致力于提倡改变公共政策，为未受保护的人提供更多机会，为需要帮助的人提供帮助，给人们改善自己生活的权利。我们关心的不应仅仅是加强我们的活动，更应为所有人能获得我们的帮助提供更多机会。

公共关系是促进健康计划发展和对提倡身体活动做出的努力很重要的一个方面。是利用公众对身体活动的兴趣大力发展体育事业的时候了。教学机构中专业的指导，在社区和休闲身体活动中的工作，俱乐部、健身房、疗养院的工作及公司和社区的健康计划的发展都必须用公众关系技巧来指导。专业人士应告知公众全面地参加身体活动和锻炼还是有很多益处的。

在教学机构中，由于预算减少及班级的增多，体育场被认为是多余的。为了其他学术性课程，体育课时间被减少，教师们应为获得学校管理者、政客和父母的个人和经济上的支持而为他们所支持的身体活动做出努力。迪恩说："学校被认为是对当地发展和政策最具影响的组织，没有当地公众的支持和拥护，身体活动和健身活动是难以发展的。在此还应提及其他立法机构及教育协会，因为他们具有决定性的权利。"

提倡不仅是发展身体活动，它需要你尽全力去提供高质量的活动，以让决策者们看到身体活动所带来的益处。自从成年人在学校中参与以来，体育课在过去的30年

体育和运动专业人士应该成为社区的指导员。图中的志愿者在帮助孩子们进行社区特殊金牌奥林匹克竞赛前的热身活动

中已大为改善。体育教师们一定愿意通过允许成年人参与，指导记录或其他活动，与家长和社会组织的谈话来证明体育课有多大的改变。

体育行业可以利用一些特殊事件或活动来增强身体活动的可见性，增强公众对身体活动对健康重要性的认识。每年5月，NASPE/AAHPERD发起了国家健康与运动月的活动(National Physical and Sports Month)，规定5月1日到5月7日为全国身体活动周。专业人员有责任利用这些活动来展示他们活动的优点并宣传身体活动对孩子、青年人生活的益处。体育学家可以利用的其他两个能促进身体活动的发展和宣扬其对心脏疾病的预防作用的活动就是由AAHPERD和美国心脏病协会共同举办的跳绳和打篮球活动。两个活动都是教育性的、集资性的活动，在全美成千上万所学校每年都会举行。学生们可以由此了解定期健身和健康的重要性，参加跳绳和篮球活动并通过捐献来筹集资金。自1978年以来，已筹集了超过32.5亿美元的资金，用于心脏疾病的研究和预防。

全国妇女及少女联合体(the National Girls and Women in Sports Coalition)举行一年一度的“全国妇女运动节”来庆祝女性在运动中所取得的成就，宣扬女性对体育和健康的重要性，并强调妇女维权运动的重要性。尽管《九号文件》已颁发了30年，提倡并认识到体育运动中妇女的平等仍是至关重要的。该联合体建议所有女性活动组织继续工作以为体育运动中女性提供更多机会，使每一天都成为“全国妇女运动节”。

对身体活动的提倡可能会使联邦政府的立法提案对体育课程产生积极影响，其中一个实例就是美国国会通过的体育法案(the Physical Education for Progress Act)，即现在所说的“Carol M. 怀特身体活动”。该法案每年为学校拨款数百万美元以发展身体活动。该法案强调身体活动的重要性及其对全民健康所做出的贡献。

对身体活动的提倡和校外所进行的身体活动同样重要。对身体活动的提倡在一些机构中可以采取不同的形式来进行：体育教练可以发起某种活动，扩大活动服务内容，提高活动对不同人群的参与度。另外，专业人员还一定要促进并使身体活动市场化。

经常参加社区和商业活动的人必须明白该活动的性质及所获得的益处。在公司的健身环境下，体育专业人员必须对管理人员和职员们宣传健身的价值和参与活动的益处。如果公司的管理人员不知道参与健身活动的价值或其中的益处，那么他们就不会对此进行投资了。

体育教学、锻炼和竞技专业人员应对他们活动起强大的宣传作用，且对促进身体健康的活动应成为日常生活的一部分的宣传起很大作用。布思和查科拉瓦斯(Booth and Chakravarthy)鼓励专业人士在反对久坐死亡综合证(SeDS)这场战争中起到更大的作用。SeDS是他们自己造的词，用来描述“能最终导致死亡率增高的久坐生活方式，间接紊乱。”SeDS紊乱包括心血管疾病、某些特定类型的癌症、Ⅱ型糖尿病及降低生活质量。宣传健康的倡导者们应采取一些强调适度身体活动成本效益问题的措施——从减少健康护理成本和与糟糕的健康状况有关的间接消费及从生活质量中获得的重大利益。积极分子及倡导者们应介绍如何把身体活动融入人们生活方式。

专业人士应根据人们年龄的不同在提倡身体活动益于健康方面采用不同的策略。如布思和查科拉瓦斯建议对于孩子和青少年，我们应在生理教育课上宣传终身体育与锻炼的益处；对于成人，他们要求有自由使用力量训练设施及某些附加娱乐功能设施的权利。另外，专业人士必须努力说服决策者——立法人、法人代表及社团领导们来支持参加身体活动。专业人士不应忽视媒体关于生理身体活动积极的生活方式益于健康的大量科学证据方面对公众的教育作用。

体育教学、锻炼和竞技专业人员的积极参与对达到全民终身健身这一目标起着至关重要的作用。每位体育教学、锻炼和竞技专业人员都应在他们各自的社区里成为积极成员，“提倡益于健康的适当的身体活动”。宣传身体活动益于健康的联络组织“提倡对当前情况采取越来越积极的措施……轮流交接的决策者也能够制定政策以使国家变得更健康更繁荣”。专业人员的积极参与能帮我们减少与慢性病有关的精神病态者和死亡率，对各年龄段的人过上更健康的生活也起到一定作用。

当你看到这位父亲和他的女儿跑完“快乐”的一英里时，要记住鼓励父母为他们的孩子起到积极活动的榜样。父母爱运动的孩子比父母久坐的孩子更喜欢运动

许多专业组织已经发展了一些倡导宣传用品和资料来帮助专业人士更清楚明白地陈述他们的论据，无论是否为每天的、高质量体育教育、健康指导或高校的体育训练。这些用品有的免费，有的价格很低，但都内容丰富，可包含录像、CD、POWER POINT、职位文件、建议性活动及公共服务通知。专业人士也可从政府及书刊上获得支持他们提倡内容的信息。比如，疾病控制预防中心《2010 年健康大众》及卫生部部长的关于《身体活动与健康》的报道。体育教学、锻炼和竞技专业人员与努力倡导方面有直接联系——宣传倡导是一项很重要的专业职责。

《体育中最酷的50种职业》《曲线球真的能走曲线吗》《运动中令人惊叹的365天》的作者，戴维·费希尔(David Fisher)，把体育专业的大学学位和他对新闻的强烈兴趣融合到一起，找到了一个写作的职业。有许多令人兴奋的职业在等待着有能力的专业人士

国民健康目标的实现

体育教学、锻炼和竞技专业人员所面临的另一个挑战是与其他健康组织合作，共同实现卫生部部长在报告《2010年健康大众》中提出的国民健康目标。《2010年健康大众》中提出的目标反映了一个改善国民健康状况的任务。此任务通过对促进全面健康及疾病预防做出努力来实现。《2010年健康大众》确立了两个到2010年实现的目标：一是帮各年龄段的人群提高生活期望值和改善他们的生活质量；二是排除部分人群的健康差异，包括因性别、民族、种族、教育与收入、残疾、地理位置或性别引起的差异。

增加体育教师用于教授终身运动的时间对于人们终身参加运动来说非常重要

《2010年健康大众》确立了28个中心领域，其中一个就是身体活动。每个中心领域都确立了明确的目标，每个目标的实现都将对人们的健康有一大的改善。

当前美国人的健康状况，报道所预计的趋势及一些明确目标在第三章中已经讲述。2010年的目标是建立在各年龄段人做适当身体活动能带来健康收益这一假定上的。报道声称，从事身体活动的最初目的是作为个人义务来改善全国人的健康状况，提高生活质量。2010年焦点领域是关于改善全国人的健康状况。包括忽视年龄，减少从事适当身体活动的风险因素，公共和专业人士在锻炼促进健康所引起作用方面的知识日益增长，及对公共机构权利和期望值的提高。

《2010 年健康大众》在身体活动方面的目标在第三章中已经讲述。总的来说，从降低风险观点出发，目标要求：降低在繁忙时间做身体活动的成年人比例，增加每天做 30 分钟适度练习和做一些体力活动的比例。其他成年人设立的目标强调增加做提高人体柔韧度和肌肉耐力的比例。

《2010 年健康大众》认为青春期在促进宣传身体活动方面是至关重要的一个人生时期。在这一时期，身体活动减少，所以《2010 年健康大众》试图通过对青少年确立明确目标来改变这种趋势。青少年时期的身体活动目标要求增加青少年做某些运动的比例。这些项目有每周至少 5 天、每天至少 30 分钟的适度身体活动，鼓励青少年参加一些体力锻炼来促进心脏的健康。为了增加空闲时间的积极性运动，《2010 年健康大众》要求青少年要少看电视，并限制在慵懒式活动上花费的时间。

《2010 年健康大众》目标上，其中一个就是增加每天都要求所有学生参加体育课的学校数量，其他与体育课有关的目标要求增加每天都上体育课的青少年的比例。同时，增加学生积极状态下上体育课的时间。

提供身体活动设施对促进身体活动和减少不同人群之间的差异有着很重要的作用。为此，《2010 年健康大众》呼吁除了常规课之外，增加校外人员对校内设施的利用时间，如课前课后、周末、假期及夏天等。增加能提供身体活动和健康课程的工作网站的数量，也能够为个人提供更多的积极表现的机会。社区内部的身体活动计划鼓励各年龄阶段的人们步行或骑自行车，而不是乘车。

其他《2010 年健康大众》的中心领域也包含与促进宣传身体活动有关的目标，比较特别的主题是一些与教育性和社区性项目有关的目标。这些包括增加包含健康教育项目的学校数量，这些项目能使学生明白一些关于身体活动中存在的问题，也能在健康风险方面向大学生提供更多信息。同时也有一些与非充分身体活动相关的问题。其他目标要求增加能全面提供促进健康项目的医院数量。

重视社区人员的需要，特别是贫困人群在《2010 年健康大众》中同样被列为目标要求之一。全面性和多样化促进健康项目的发展在地方社区组织中被强调重视，有一目标就要求增加促进健康和预防疾病的项目。这些项目可包含能提供适当文化性和语言文字性方面帮助的身体活动。

我们知道，体育教学、锻炼和竞技在改善美国公众健康状况方面做出了很重要的贡献。专业人士应积极地与其他专业健康组织合作来实现这些目标。再者，大家在与实现目标有联系的同时，也能在公众对我们领域了解更多价值上有一定贡献。另外，在我们从事这些努力的同时，也可得到更多的就业机会。

资深专业人士的就业机会将会增加，也会有新领域的机遇，促进每天参加身体活动这一目标，对老师将会有更大的需求量，也需要教练来教成人及老年人群一些身体活动，教他们懂得这些活动的益处。社区促进健康活动项目的增加将给此领域专业资深人士提出一个新的要求。越来越多的医院正为他们的雇员、病人和社区成员增加促进健康和健身的活动项目。

我们能否实现2010年的目标？在明确实现身体活动这一目标上我们已有了一些进步（见第三章）。例如，死于心脏病的人数已经减少，宣传健康项目的网站已经增多，同时在促进相关的适度身体活动方面也有一定进步。但是，每天体育课的减少令人烦恼。在孩子和成人中过度肥胖者增多，在针对孩子和成人的身体教育方式上需要更多的改善。健康与身体活动的不平等性仍存在。为了完成我们的健康目标，需要做的还有很多。像AAHTERD和ACSM这样的专业组织为我们提供了强有力的支持。但是，我们能否完成所陈述的身体活动的目标还要靠每个专业组织来倡导，从而为人们增加健康活动和健身机会。

体育教学、锻炼和竞技专业人员必须在健康积极生活方式方面起榜样作用。《对身体活动专业人员关于身体活动与健身的建议》中说道：

> 经常参加至少能促进身体健康的身体活动对各领域、各层次的身体活动方面的专家来说是十分重要的（包括教练、幼儿园到12年级的老师、高校体育教师、健身专业人士、运动员以及所有倡导积极参加身体活动的人们）。

社区和商业化运动的发展使得更多的孩子能接受指导，培养对运动健身活动的终身兴趣

作为体育教学、锻炼和竞技专业人员，我们必须起到领导与榜样的作用。研究表明指导者行为在改变人们行为上是一个很重要的因素。榜样能够影响涉及健康锻炼的态度和行为、运动技巧的获取和身体活动方式的采纳。体育教学、锻炼和竞技专业人员应教给人们推荐身体活动来改善他们的身体健康（如基本上每天都要进行不少于30分钟的适度身体活动）。这样，对期待健康和锻炼的指导者在其专业方面更能指导好，并在年轻人和社区人员面前树立更积极的榜样都有积极影响。当我们作为专业人士过一种积极的生活方式时，这也提高了我们在公众中的可信度，也更体现了积极参加身体锻炼的价值。

我们作为榜样要首先承诺做到。威尔默（Wilmore）说：

> 从事这一领域的每个人都应努力达到或保持一种良好的身体健康状态。如果我们的身体不如我们所期望的那样健康，我们该如何行之有效地促进身体健康呢？那就是做的比说的要多！

作为专业人士，我们应做到我们所宣扬的。

尽管模范行为是影响学习和行为改变的一个因素，NASPE 强调："模范们在适当的健康水平和积极的生活方式上对鼓励年轻人和同事起重要的作用，对社区也是一样。"模范者对年轻人及我们专业在公众中的倡导有很强的影响力。事实胜于雄辩，你作为模范，在健康身体积极的生活方式上又有什么责任呢？

所有人的终身参与

过去的 20 年里，我们领域中最令人振奋的一个变化就是针对各年龄段人群在多样化的背景条件下的体育教学、锻炼和竞技活动的增多。我们已经把焦点放在孩子和年轻人身上，而且已被学校及社区娱乐环境带动起来。在过去的 20 年里，我们活动的范围得到了极大的扩展。

焦点领域的扩展带来了一批新的需要服务的人群。服务对象已扩展到各个年龄段。活动针对对象也已发展到婴儿、刚学步的孩子还有成人及更年长的人。在满足所有人方面也有更大的努力，忽略他们的运动技巧水平、健康状况和能力。

有规律的适当的身体活动对人们的健康和生活有极其重要的作用，人们对这点也有了更多的认识。它能提高个人的生活质量，使人长寿。另外，显而易见，我们努力的焦点应放在童年早期时段。在童年早期就进行体育锻炼并且保持终身参加体育和锻炼就能从中获得最大的收获。

在童年时期，人的健康及平常习惯已养成；一旦养成就很难改变。再者，研究表明，诸如肥胖症、心脏病这种潜伏性疾病在童年就已开始。因此，努力帮助孩子学习获得运动技巧、知识及有助于身体健康的积极态度是很重要的。我们必须在很早时就教孩子养成注意身体健康和身体活动的习惯。体育学家、家长及其他健康专业人士应把注意力集中在如何帮助孩子养成积极主动而不是懒散的生活方式上，同时也应该注意教他们掌握如何像成人一样有效地自理的技巧和知识。

胜利者属于每个年龄组

必须要说的是，针对学龄儿童设立的运动项目也在增加；在未来的10年里，这些项目的数量很有可能继续增加。一些医院和诊所已经向婴儿及刚学步的孩子提供乘汽车旅行的项目，托儿所及每日护理中心已将运动技能的发展纳入到它们的全部课程中。NASPE最近推出了一些为婴儿、刚学步的孩子及学龄前儿童制定的身体活动指导准则。这些准则强调了在人生早期阶段积极进行身体活动的重要性，也为各年龄段人提供了应做的身体活动的类型和数量的推荐书。

在过去的10年里，利于身心健康的运动已经鼓励了越来越多的成人将常规身体活动融入生活中去。很多成年人已投入足够的热情、时间和次数进行身体活动和练习来了解健康的好处。不幸的是，更多的成年人不这么做。大多数成人只是进行适度的懒散式活动和练习，不积极的身体锻炼的发生率随年龄而增长，且受性别、人种、种族、经济地位、教育水平、职业及地理位置的影响。作为专业人士，我们应帮助这些人改变他们的身体活动和健康习惯，让他们养成一个健康质量不断提升的生活方式。创造性的及个体化的身体活动和促进健康活动对实现这一目标是必需的。

21世纪伊始，老龄化人口比例也在继续增加。到2025年，估计老龄化人口将占总人口的18.5%。此外，老年人也将会更健康，更有活力。体育教学、锻炼和竞技专业人员应准备好满足这群人的身体活动和闲暇时间的需求。研究表明，有良好健康习惯的人活得更长，能独立正常生活更长的时间且能体验一种更高质量的生活。我们改善这些人的健康的想法从没有如此强烈过，我们的项目中也必然会涉及此年龄段的人。

在过去的10年里，针对有残疾的人，一些可行的体育教学、锻炼和竞技机会也有增加。参加身体活动和体育运动对残疾人的健康起了很大的作用。邓恩和谢里尔(Dunn and Sherrill)声称，对于某些残疾人，参加身体活动对他们的生活起居有很大帮助，如穿衣、洗澡和工作。娱乐、享受和满足感是参加这些有挑战性的活动所获得的其他有意义的效果。参加体育运动是我们社会活动的一个重要组成部分。它能使残疾个体与家庭和社区活动更密切，进而变得正常化。例如，弱视儿童可利用他们熟练的游泳技能与家人一起享受水上活动的乐趣。对一些残疾人，参加体育运动可增加自我真实感和享有权利的优越感。

越来越多的各年龄段人群参加到体育运动中来，全国各地千百万的儿童参加青年化和学校化的运动。参加大学体育运动的比率继续提升，各个社区正为各年龄阶段的成人创造更多的运动机会。竞争性和娱乐性联盟已向成人提供了能够继续参加适当剧烈程度的组织性活动的机会，大师级的比赛及老年人的比赛多种多样且有一系列的级别——地方性的、州际的、全国性的及国际性的——都可以让老年人跨越国界来继续参加他们的运动。为残疾人设立的体育运动组织也在很大范围内提供了个体及团队运动的比赛机会。

为了满足新的人群的需要，我们在继续扩大焦点领域的同时，也应继续扩展项目。由于被服务人群的多样化，需要用更多样的项目来满足他们。少数民族人口正在增长且他们的需求不容忽视。项目内容的变化及已实施项目的方式需要满足不同的人群。富有文化知识的体育教学、锻炼和竞技专业人员在向少数民族及被服务人群宣传我们的项目上是至关重要的。这在我们排除健康差异，增加身体活动包含内容上是必不可少的。另外，我们必须加大努力招纳少数民族加入我们的领域，他们目前在这一领域中的人数还很少。

学校环境为各年龄的人参加社区项目提供了一个地点，在每日护理中心、托儿所、医院开发中心、老年中心、护理家园、社区及公司将继续扩展这些项目。私人部门的商业性项目将继续增加，提供体育运动指导的健康俱乐部、健身中心、私人俱乐部及私人的体育运动联盟将发展更多的项目。在满足各类人群需求扩展项目的同时，也要确保所有独立个体有权利参加这些项目。健康机遇对那些无力支付的人也是必不可少的，这种对所有个体的必要性应忽视他们的社会经济背景。

随着体育教学、锻炼和竞技范围和机会的增加及核心项目的扩展，让同学们在这些不断发展的领域有能力承担相应的职责是很重要的。传统的专业准备工作项目将重点放在让同学们在学校环境下与孩子和青少年一起合作。现在，专业准备程序向同学们提供必需的技能和知识，让他们一生和不同的人群进行有效的活动。

宣传终身身体活动对所有的体育教学、锻炼和竞技专业人员都是一个挑战。长期地影响一生的活动能丰富生活，提高每个人的健康程度——不管年龄、性别、民族或种族、收入、受教育水平、性倾向、宗教信仰、地理位置或残疾。就如《2010 年健康大众》中说的，我国人口的多样性是它最大的一个优点，但这也代表了我们在改善国民健康时要面临的最大挑战。美国每个社区的每个人都应有平等地享受综合的、文化性的、以社区为基础的保健的权利。身体活动项目在促进健康和预防疾病所做的努力方面是很重要的。让影响所有人健康的活动成为现实要求有资深的、有奉献精神且愿为实现此目标而奋斗的体育教学、锻炼和竞技专业人员付出努力。

小结

对体育教学、锻炼和竞技领域内的问题进行总的介绍之后，又对其中五种问题进行了更详尽的阐述。第一，体育教学、锻炼和竞技专业人员在身体活动这一运动中要起到更大的指导作用。第二，应把更多的工作重点放在促进健康活动中道德和民族价值的体现上。第三，在进行青少年的身体活动中，我们应该起到更大的作用。第四，随着我们的研究领域和工作范围的不断扩大，我们要更明确我们的身份，我们在做什么和怎样才能在一起更和谐地工作。最后，由于这一领域研究以前所未有的速度发展，我们一定要采取更多的措施以缩短研究与实践之间的差距。

体育教学、锻炼和竞技专业人员面临着很多挑战。在此讨论了其中尤其重要的四个方面。第一，专业人士面临着促进每天的、高质量的学校体育课发展的挑战。第二，要成为健身活动的积极的提倡者。专业人士一定要在各种环境下积极地促进健康活动的发展。第三个挑战是实现在报告《2010 年健康大众》中提出的目标。这些具体的身体活动的目标重点是通过扩大健康生活的范围来改善全美国人的健康状况。要实现这些目标，每位专业人员一定要承担自己的职责，与专业组织一起完成这一任务，并成为健康积极生活方式的模范。最后，延长寿命的身体活动要求专业人员为各个年龄段的人提供多样化的服务。体育教学、锻炼和竞技专业人员有能力提高各年龄人群的健康和高质量生活。帮助人们意识到专业人员的这种能力是我们所面临的最大的挑战之一。

专业人员所面临的问题和挑战很多。如果要把这些处理好，体育教学、锻炼和竞技专业人员应当有渊博的专业知识，并且愿意承担指导的职责。专业人员处理这些问题和所面临挑战的方式将会对体育教学、锻炼和竞技的未来发展产生影响。

自测题

1. 讨论作为体育教师、锻炼专家、运动指导员在身体活动中的作用。我们在“领导这个潮流”中能做些什么？

2. 解释专业人员无论在何种环境下是如何促进他们所实施活动的价值观的培养。

3. 讨论专业人员如何帮助成人志愿者实施青少年运动。讨论专业人员在根据自己青少年时期的运动经历以帮助青少年运动的实行过程中需要做些什么。

4. 怎样将不断增长的学科知识整合起来，以便有效地帮助本领域的从业者履行他们的职责？

5. 确定那些能缩小科研和实践差距的策略。

6. 能采取什么具体的策略以鼓励州立法机构和当地学校委员会授权对日常体育课的要求？

7. 讨论在你选择的体育教学、锻炼和竞技领域中，宣传倡导活动的重要性。在你当前的社区中有哪些组织提供健康促进活动？你如何把这些组织联合到一起来共同促进身体活动？

8. 描述体育教师、锻炼专家、运动指导员是如何通过各种活动计划致力于帮助人们实现《2010 年健康大众》对健身和身体活动要求的目标。可采取何种策略促进贫困人群能更方便地接触到这些活动？

9. 描述能采用哪些不同的策略来促进所有人——各年龄段、运动能力、种族、民族、性别、生活经济背景的人群，来终身参与身体活动。

建议阅读书目

American Sport Education Program, Champaign, Ill., Human Kinetics

Publishers.

Bennett RS and Wughalter EH(Co-editors)：Social justice and diversity, Quest 51(4), 1999.

Costanzo DG, Rustico DM, and Pescatello LS：Community older adult exercise programs：an evaluation of compliance to professional standards, Journal of Aging and Physical Activity, 10：76－92, 2002.

Dalley AJ：School-based physical activity in the United Kingdom：can it create physically active adults? Quest 54：21－33, 2002.

Dunn JM and Sherrill C：Movement and its implication for individuals with disabilities, Quest 48：378－391, 1996.

Ewers JR：You must be present to win, Quest 49：238－250, 1997.

Irwin CC, Symons CW, and Kerr DL：The dilemmas of obesity：how can physical educators help? JOPERD 74(6)：33, 2003.

Locke LF and Lambdin D：Putting research to work in elementary physical education：conversations in the gym. Champaign, IL, 2003, Human Kinetics.

Martens R：Turning kids on to physical activity for a lifetime, Quest 46：303－310, 1996.

McBride RE and Xiang P：Thoughtful decision making in physical education：a modest proposal, Quest 56：337－354, 2004.

Stuart ME：Moral issues in sport：the child's perspective, Research Quarterly for Exercise and Sport 74：445－455, 2003.

Watson DL and Hildebrand KL Advocacy：changing our professional behaviors, JOPERD 71(1), 2000.

网络链接

国家慢性病预防与健康促进中心，青少年和学校健康：www.cdc.gov/nccdphp/dash/cshpdef.htm
全国学术出版社：www.nap.edu
国家高校体育协会：www.napehe.org
学术运动网站：www.ucalgary.ca/library/ssportsite
世界卫生组织：www.who.org

第十五章 未来趋势

学习目标

读完本章学生应能：

- 说明怎样利用人们对健身和体育运动越来越高的兴趣，来提高体育教学、锻炼和竞技专业人员的水平。
- 讨论教育本性的不断变化和科学技术的不断进步，今后将会对体育教学、锻炼和竞技会产生什么影响。
- 指出体育教学、锻炼和竞技专业人员怎样才能在自己领域开辟一片新天地。
- 描述体育教学、锻炼和竞技怎样改进各自的对外宣传体系。

我们的世界将会变成什么样呢？为了更好地把握未来，我们应根据自己的需要来规划，并且指出为了实现这个目标而要经过的具体步骤。实现我们自己想要的未来需要精明的指导、详细的过程规划、不懈的努力和一些策略。有时，不同水平运动员的积极参与也是实现目标所不可缺少的。

当今世界，文化正在越来越趋向于多样化；人口分布剧烈改变；政治动荡加剧；国家间的相互依赖性增强；科学和与健身长寿相关的医学迅速发展；信息产业增长很快；对健康和医疗正在产生新的认识；对不同水平教育本质的认识的改变反映出了获得知识的新途径和教师的不同角色。另外，我们社会的贫富差距也在不断扩大。所以，预测未来会变成什么样是非常困难的。但是，我们必须有足够的勇气和想像力来引导和构建一个能够满足人们需要的未来。预言家马文·西特龙和欧文·戴维斯(Marvin Cetron and Owen Davies)说："我们的未来将受到统计、经济和政治的约束。这些因素都应该在我们的掌握之中，但事实上却很少。然而，随着我们对知识的不断了解和对技术的不断掌握，这些因素还是会在我们的掌握之中的。"

为未来做准备就意味着要在一个越来越复杂和动态的社会中学习和工作。今天，我们必须为迎接明天的挑战而做好准备，尽管我们并不清楚将来会带来什么。对体育教学、锻炼和竞技专业人员来说，应对未来的挑战需要我们高效地应对各种变化，并且在处理这种变化的同时，完成我们的任务，实现我们的目标。我们必须抓住各种新机会，并且对它们做出评价。如果它们能够帮助我们满足全社会和不同年龄的人对体育运动的需要，我们还应该深入地研究它们。

人类总是对未来充满了兴趣。现在许多智囊团，例如兰特公司(the Rand-Corporation)、哈德森研究所(the Hudson Institute)、世界未来协会(the World Future Society)正在致力于研究未来。研究未来的单个科学家也正在努力地揭开未来的神秘面纱。预言家正在用不同的技术来描述未来，他们正在研究过去的发展道路和未来的发展趋势，并且要鉴别特定的行为过程所带来的后果。预言家正在试着去确定实现我们自己选择的未来所要优先考虑的事情。研究未来，包含着对我们期望看到的和不期望看到的结果的鉴别。预言家必须做出一个选择来创造出一个尽可能地接近我们想要结果的未来，与研究必须承担这个做出选择的责任。

利用专家建议、趋势推断、技术推测等方法，一些预言家已经可以很准确地预测未来。

日期：1932年。奥尔德斯·赫克斯利(Aldous Huxley)在他的书《勇敢的新世界》中写道："(学校里)主任描述了保持离体子宫存活的技术……向人们展示怎样检测到卵子……在温暖的营养液中自由自在游泳的精子……"

日期：1978年7月25日。46年后，路易斯·布朗(Louise Brown)，第一个试管婴儿诞生，它是人类历史上第一个在子宫外受孕的婴儿。

当然并不是所有的预言家的预言都那么准确。

日期：1943年。IBM主席，托马斯·沃森(Thomas Watson)说："我想世界上也许只有5台计算机的市场。"

尽管预言可能会出现错误，但预言今后将会发生什么仍然是必要的。为什么？因为我们所有人都要在未来生活；为什么？因为人在某种程度上预知了未来并在某种程度上控制了未来；为什么？因为它影响了我们的信念和假想。我们可以预测问题；为什么？因为人类会规划未来。1960年我们实现了空间计划，人们可以在月球表面漫步。现在美国宇航局正在太空建立永久的空间站。一个科学家曾经说过："我们研究未来但并不知道未来会发生什么，而更重要的是要帮助我们决定想要什么样的未来，并且去实现它。"

尽管预测体育教学、锻炼和竞技的未来非常困难，但是在事情未来临之前就尝试着去解决它们也是非常重要的。为未来做准备的一种方式就是接受预言家丹尼尔·贝尔(Daniel Bell)的假定。丹尼尔说时间并不是一个从现在到未来的“拱形的跳跃”；相反，它起源于过去，融合于现在，延伸到未来。为了预测自己领域的未来，体育教学、锻炼和竞技从业者需要过去和现在的知识，就像其他预言家、科学家预测未来一样。洞察力、想像力、创造力和眼光都可以帮助预言家来预测和描述未来。

为未来做规则，就必须承认我们的生活方式是以迅速的变化为特征的。在过去的每一天里，我们都生活在一个不同的世界里。50岁或50岁以上的人在他们的生命中都目睹了原子时代、太空时代和计算机时代的开始。他们都看到了80多个新国家的出现；世界人口翻倍；世界的产值连翻两倍。就像著名的英国科学家斯诺(C. P. Snow)说的那样：“变化实在太快了，以至于连我们的想象都赶不上。”

认识到变化是现实存在的，某种社会趋势和发展就能被鉴别出来，这样他们就可以更好地适应未来和未来的体育教学、锻炼和竞技。对社会发展趋势的判定就是研究未来的最简单的方式之一。这种方式是建立在一个前提之上的，但是这种方式有一种特别的限制。例如，一时的狂热可能会被误认为是真正的发展趋势；个人的偏见可能掩盖专业的判断。然而，对发展趋势的正确判断能为我们思考未来提供一个起点。有可能对未来的体育教学、锻炼和竞技产生影响的趋势和发展状况有：提升健康和预防疾病运动；教育改革运动；对教育本质的认识的不断深化；科技的发展；人口分布的变化；适宜居住环境的扩张。

社会趋势与当前状况

当你阅读体育教学、锻炼和竞技的发展趋势和探索它们未来可能的发展状况时，你会发现仔细思考马森戈尔提出的以下几个问题会对你很有帮助。

- 如果现在的发展速度继续，将会产生什么正面或负面的结果？
- 如果这种趋势稳定下来会发生什么？倒转的话又会发生什么？
- 哪种因素会保护这种趋势的发展？这种因素在将来还会继续存在吗？
- 人为的行为会对这种趋势产生多大的影响？
- 怎样才能修整这种趋势？

当你阅读每个发展趋势，考虑每个问题的时候，尽量去考虑这些对职业训练有什么影响，还要考虑它对一个在体育教学、锻炼和竞技领域的职业人员的日常工作会产生什么影响。

提升健康与预防疾病

对提升健康和预防疾病的重视是我们社会的一个有重大意义的发展趋势。我们将讨论这个运动中的三个相关因素：健康运动、身体活动和健身运动、医疗改革运动。

健康运动

健康运动代表了我们历史上最有意义的时刻。健康运动重视自己并特别强调一个人的生活方式对其健康的获得和保持所产生的影响。这个运动支持对提升健康和预防疾病有直接影响因素的研究，而不是疾病的治疗。健康条文有一个前提，就是每个人都有责任去尽量适应健康的生活方式，并且有健康的理念。一个健康的生活方式应该是多种因素的综合。这些因素包括：合理的营养、合适规律的身体活动和锻炼、情绪控制和不良嗜好的消除(如吸烟、酗酒等)。

《健康大众：国家的目标》《2000 年健康大众》和《2010 年健康大众》三个国家性的报道对提升健康和预防疾病给予了强力的支持。《2010 年健康大众》把我们的努力方向分成了两步：第一，帮助所有人延长寿命和改进生活质量。第二，消除不同人口组别的健康差异。造成这些组别的原因有：性别、种族、教育程度、收入、残疾、地理位置和性别取向。身体活动是跻身于前 10 位的影响健康的因素。我们已经建立了致力于改进不同年龄阶段人群的体育运动参与程度的目标。体育教学、锻炼和竞技专业人员是否能够满足这些目标的要求，以及他们是否愿意和其他职业的人员、组织合作来达到这个目标，将在很大程度上决定我们的目标是否能实现。

企事业单位已经对健康运动产生了兴趣。这将会促进工作场所健康提升和职员活动的发展。企事业单位非常愿意投资于这些项目，因为这些项目在提高雇员生产力的同时，降低了缺勤，提高了雇员健康水平，并降低了保险支出。

因为越来越多的企事业单位组织了健康提升项目，体育教学、锻炼和竞技专业人员就需要更加了解和这些项目相关的问题。罗伊就“为了‘健康’工作单位的利益而改变职工个性的企图……全面发展活动的需要必须以牺牲个体健康的权利相平衡”等提出了一些关于道德和专业的问题。假定人们没能够照顾好自己的健康或者说疾病的发生是他们自己的原因，就把这种可预防疾病发生的责任归结于个人，这种趋势是一个值得考虑的问题。但是谢巴德说，在做出判断之前，必须考虑到其他因素对健康的影响。这些因素包括：基因序列、经济社会的总体状况和生活工作中出现的逆境。其他的问题包括：对项目效率评价的偏见；把这些健康资源用于高收入的员工；参与者最初的医疗票据；开出对健康不利的低水平的处方；主张在项目开始之前购买特殊衣服；不能为有活力的生活制定一个总体计划，等等。

医院健康中心的增加是一个趋势。医院和保健机构正在建立一个健康提升项目。这些医疗健康项目不是固定不变的。但是它会提供一系列服务，有时也和一些健身俱乐部或组织合作，如 YMCA。通常这些机构建立得很快。它们的设备也不是统一的，但通常都包含：一个室内游泳池、心血管训练场、舞蹈音乐系统和体重训练系统。有一些机构提供压力释放练习、心脏功能练习、体疗和水疗。可以说，从有氧运动到一对一的个人训练都有不同的机构。另外，还有一些健康提升课程，如营养、糖尿病的治疗和戒烟。这些机构可以对病人开放也可以对医院人员和社区居民开放。医院对提升健康和预防疾病的重视程度越来越高。这就为体育教师、运动训练和体育专业人员创造了额外的就业机会。

体育教学、锻炼和竞技专业人员将会对健康运动做出非常大的贡献。大量的证据已经证明了规律的体育运动对健康的正面影响。作为体育教学、锻炼和竞技专业人员，我们可以帮助人们学习能把身体活动融入他们生活中的技术、知识以及态度。更重要的是，我们要让人们知道怎样才能终生都活得有活力。在过去的10年里，我们的责任在领域上是扩大了。这个领域从发展健康扩展到不同环境下健康提升和疾病预防的不可缺少的部分。

身体活动和健身运动

在美国，人们对身体活动和健康的热情一直很高，并且这种热情在以后会有增无减。运动器械、运动服饰和家庭健身设备的销售量已达到了惊人的水平。参加体育锻炼的人数还在增加。体育运动和健康看来已扎根于美国人的生活中了。1996年的著名报道《身体活动和健康：大众调查报告》，非常有说服力地说明了体育运动对健康的贡献。终生体育运动的正面作用已经使很多成年人开始了健康项目。这种正面作用使成千上万的人重新拾起了他们毕业后丢下的运动。

尽管如此，当成年人参加体育运动的状况被了解得越来越清楚的时候，这种参与并不像看起来那样普遍。据《身体活动和健康》报道说，60％以上的成年人并不能有规律地参加运动；有65％的人在闲暇时间甚至不参加体育运动。《2010年健康大众》报道说，40％的成年人在闲暇时间不参加任何身体活动。就身体活动的流行程度来说，男人大于女人，白种人大于少数民族，年轻人大于老年人，富人大于穷人。以后，我们必须在所有的人都参加体育运动方面做出努力。

对于医疗、健康、体育运动、运动训练学和职业运动员来说，一个值得关注的问题就是这个健康运动没有包含我们国家的少年和儿童。很多慢性疾病都是在儿童时期开始的，所以要让儿童意识到他们从现在开始就应该有一个健康的生活方式和习惯（包括每天都进行体育运动）并且要贯穿一生。据《2010年健康大众》的数据，65％从9年级到12年级的学生每周都参加3天以上的身体活动，并且每次活动时间可以达到20分钟甚至更长；有27％的学生每周都参加5天以上的、时间少于30分钟的中等强度运动；但是，仅仅有29％的学生参加体育教育，这比1991年的41.6％降低了。体育教育的参加程度会随着年级升高而升高。另一个值得关注的问题是儿童少年肥胖的比例不断增高。另一个值得关注的问题是儿童少年肥胖的比例不断增高。大约有15％的儿童（6～11岁）和

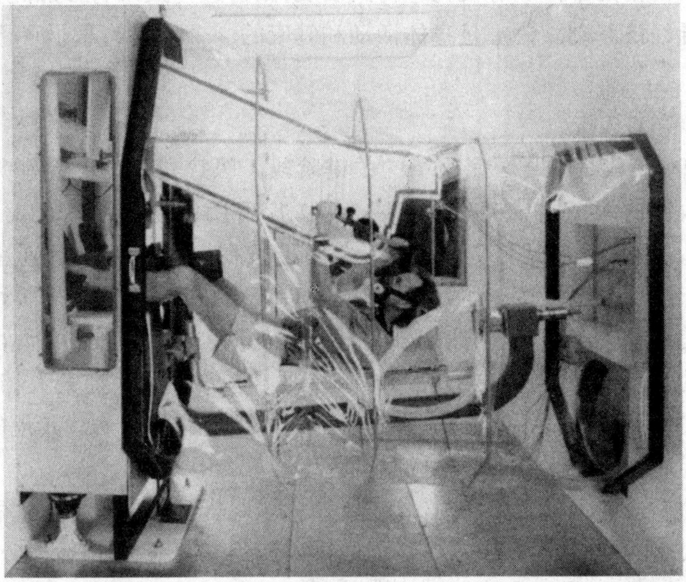

EVA(特殊运载工具活动)锻炼器是用来研究在宇航员长期的太空飞行时失重对他们的影响。研究者可以研究肌肉质量的变化并设计出锻炼活动来帮助宇航员恢复他们的力量

15%的青少年(12～19岁)体重超标。超重的比例比去年翻3倍。

体育教学、锻炼和竞技专业人员必须付出努力来防止从儿童时期就开始的体育运动的减少。教学生们运动技术，促进他们身体健康，帮助他们获得体育运动的知识，这些是不够的。我们必须把注意力集中于情感领域，例如：提高学生自尊心，提高学生自我认可程度。我们需要重建我们的体育教育体系，以更加适应青少年儿童的需要。我们要有新的活动和对个体差异的敏感辨别力，并且还要鼓励学生多参加校外的身体活动。另外，我们还要付出更多的努力来帮助他们完成从学校身体活动到社区身体活动的顺利转变，以适应他们成年后的需要。

促进健身和终身运动的发展需要更加有活力的指导。我们需要识别参加身体活动的个人和社会所遇到的障碍，并试着去清除它们。作为终身运动的支持者，我们应该和社区的医疗组织进行密切合作，一起来发展能满足从婴儿到老人的所有人需要的体育项目。另外，我们应该寻求和社区设计者的合作，来建立身体活动友好型社区——散步的场所、自行车道和健身小道。我们也应该致力于更多地利用学校的场地来发展社区身体活动，同时，要发展和保持市民不花钱或很少花钱就能享用的社区娱乐项目。

最后，体育教学、锻炼和竞技专业人员必须更多地参与针对所有人的非学校的身体活动。必须建立体育教学、锻炼和竞技专业人员的机构来满足老年人、年轻人和残疾人的需要。这种趋势在以后还会继续发展，和现在相比，我们必须做得更多。另外，针对于经济不富裕的个体训练机构应得到发展；因为这些人没有参加健身俱乐部和请私人健身指导经济基础。公平是身体活动和健康的一个重要的职业问题。

医疗改革

19 世纪 90 年代是呼吁医疗改革的关键阶段。医疗费用的提高和无保险人数的增加是这次改革的两个主要因素。2002 年，医疗费用已达 1.6 万亿美元，已占全国 GDP 的 15%，而 1997 年只有 7%。医疗费用仍然在以天文数字的速率增加啊。据说，到 2013 年医疗费用将达 3.4 万亿美元，占 GDP 的 18.4%。尽管美国政府每年都要花一万亿美元在医疗上，但仍然有 4 500 万人没有医疗保险。

在过去的几年里，国会提出了大量的医疗改革方案。这些提案大相径庭，有的说医疗保险应覆盖所有致命性的疾病，有的说应该覆盖所有的疾病。其他的不同包括对健康提升和疾病预防的服务和活动的重视程度。

国家型的大众健康报道如《2010 年健康大众》，已经强调应该通过早期的干预和预防来减少疾病、伤残和死亡。这些都能改进人们的健康状况，减少医疗费用。

提升健康和预防疾病的花费比治疗疾病的花费要小得多。慢性和可预防伤病占美国死亡总人数的近一半，花费占到接近 70%。个人生活方式（如吸烟、饮食、不爱运动）和社会生活状况（如贫穷）在形成这些疾病的差异中扮演着重要角色。然而在巨大的医疗费用中，只有 5%用来改善导致这些疾病的生活状况。

当我们步入未来的时候，我们必须重视与研究行为和社会因素对健康的影响，也应重视对所有人群的健康改进都有利的大众健康干预。通过对这项研究进行深入的回顾之后，一个负责行为和社会干预对健康的作用的机构，提出了应用行为和社会干预改进健康的 21 项建议。根据他们的说法，干预应该涉及：

1. 集中研究对疾病、损伤和残疾起决定作用的社会因素和行为因素。

2. 用多种渠道（如教育、社会支持、法律、激发机制、行为改变项目）同时表述可能产生的多层次的影响（如：个体、家庭、社会、国家）。

3. 考虑靶向群体的特殊需要（如：以年龄、性别、种族、社会阶层为基础）。

4. 对健康活动的结果采用长远眼光，因为往往要经过许多年的变化才能被确立。

5. 涉及我们社会的多种因素。这些因素或许传统上认为和提升健康无关系，例如：法律、商业、教育、社会服务和媒体。

这个委员会认为，利用对社会和行为的研究来提高大众健康水平需要原创的、共同合作的方法。这些方法不仅会改进国家的健康水平，而且还会减少直线上升的医疗费用。

《2010 年健康大众》确立了通过体育教育来实现国家健康目标的重要方法。专业人员建立了高质量的体育教育项目，促进社区身体活动的发展，成立工作场所的健康机构。这些仅仅是很多方法中的一部分。通过形成健康的生活方式，工作人员可以为人们提供促进他们健康的技术、理解和鼓励。

教育

在过去的30年里，美国社会强烈呼吁教育改革。教育改革支持者说应加大对数学、英语、自然科学、社会科学等基础学科的重视程度。当然还有针对教师能力、学校指导才能和职业教育机构的批评。

在19世纪90年代和20世纪的前期，国家型的教育机构都聚焦于为学生提供技术和知识，有了这些技术和知识，他们就可以成为全球化经济下的一名合格员工。所有的儿童，不论种族、性别和社会经济背景，都有享受到高质量教育的权利。为了确保孩子确实能够得到进步，还制定了一套检测标准，这套检测标准也要受到学术界的定期评估。学校要证明孩子确实能够学到东西，而且一套更加完善的责任机制也建立了。为了促进学习，我们应该更加重视提高教师水平和加强教师与家长间的合作。

体育课应该帮助学生学到身体活动的好处，培养他们终身参与身体活动技能和习惯

据路易斯说，科学技术和信息产业的迅猛发展将会对教育本身乃至我们的社会产生非常大的影响。他在书中写道，所有的学生都学会读、写和计算机的基本本领是非常重要的。学生必须学会收集、分析和综合信息的本领，并且可以有效地利用这些信息。科学技术变得越来越复杂，信息业在以指数方式增长。这就要求我们的学生必须掌握必要的基础知识，并且抓住机会去改进这些技术，以使他们可以跟得上时代发展，并继续有效。

国际语言有限公司主席、预言家马文和金伯利（Marvin Cetron and Kimberly Cetron）列出了能对我们国家的学校教育产生巨大影响的社会和经济趋势。第一，对学校的资金投入将会越来越少，学校将会面临利用较少资源而完成较大任务的挑战。应对这种挑战，学校可以更多地创造性地利用资金并把新的科学技术的应用最大化。学校可以利用互联网获得世界任何地方的信息，也可以网上授课。教师将更多地扮演催化剂和领路人的角色。在这种角色下，教师将帮助学生怎样去“收集、评价、分析和综合信息”。

第二个趋势是，在以后的20年里，学生数量将会比预测的还要高出许多。另外，人口多样化也会增加，少数民族将会占很大一部分比重。最大的变化将会是拉丁学校学生数量的增加。据推测，非拉丁的白人儿童的比例到2020年将会从现在的65%降到56%，到2040年将会少于50%。面对更加多样化的学生群体，并且要满足所有人学习的需要，这正是对学校的一个挑战。让所有的学生都能得到良好教育，这时，以学生为中心的个体教育和对教育资源的充分利用就显得非常重要了。

第三个趋势是，科学技术对工作场所的影响。科技将会改变以后的工作场所。计算机技能在大多数领域中将会是必不可少的，这就使在初高中时期就对学生进行较多的计算机和科技培训成为必要。教师就需要有提供这些训练所必需的技能。对大多数不想上大学的高中生来说，高科技的职业训练是非常重要的。

最后，终身教育将会变得越来越有必要。和过去在一个岗位上工作一辈子不一样，今天和明天的一代一生中将至少有5种不同种类的工作。(这种情况下)工人就需要不断地进行再培训，这种学习可以在正常课程结束后的学校中进行，也可以通过企业和社区的合作。学会怎样学习将成为贯穿所有领域和各个年级课程的一条主线。

当我们步入21世纪的时候，学校结构也正在发生改变。越来越多的州为3～5岁儿童开设了学前班课程，延长每天的学习时间和在校学习年数来为学生提供更多的学习机会，将会变得越来越普遍。马文说：“学生可能每周只有3天待在学校，他们其余的时间可以在家学习计算机和接受远程教育，计算机和多媒体资料将会取代课本。”通过远程教育，学生可以同时接受一个区域内好几个学校的教育，也可以接受不同国家的教育。这将有利于对所有学生的教育质量的平衡。青少年和儿童将不是惟一的受教育者，成年人为了在他们自己的领域赶上科技和知识的进步，也要去学校充电。

把学校作为社会学习和服务中心的这种趋势将会继续发展。21世纪社区服务中心和教育部将会一起促进作为社区服务基地的学校的发展。针对学生的学龄前、毕业后、假期的、周末的学习机构将会得到长足发展，这些机构不仅涉及学术知识的扩充，还包括娱乐项目。公立和私人机关、商业单位、高等教育机构、文化和科技组织将会改善它们之间的关系并更加密切地合作。这将为少年儿童和成人提供更加广泛的学习机会和更加优良的服务。

这种趋势和学校结构的改变对体育又意味着什么呢？第一，为了确保体育课在将来作为教育课程中不可或缺的一部分，体育教育家必须清楚地阐明体育对整个教育进展的作用。今后的几十年，为了巩固体育在教育界的地位，体育教育者必须让公众和决策者知道，参加身体活动对教育和他们的个体健康的价值所在。体育教育者可以通过实施健全的、示范性的身体活动支持学校的体育课。

第二，因为越来越多的成人重返学校来完善他们的技术，所以体育教育者就必须准备好制定一些可行的活动以满足他们的需求。

第三，体育和教育一样，都要让学生成为终身的学习者。上体育课的学生除了要学习技术外，还要掌握一些理论知识以便他们今后自学。

第四，鉴于越来越多的教育活动发生在家里而不是在学校，体育教学、锻炼和竞技专业人士就需要制定出新的活动项目来满足他们的需要。

最后，随着学校不断成长为所有人在社区的学习中心，体育教学、锻炼和竞技专业人员必须要制定出适合这些环境的身体活动，同时应和社区的其他专业人员合作，共同开发出能满足多种需求的综合性活动项目。

科技

在21世纪，科技进步将会改变我们的生活。西特龙和戴维斯说："科技不是决定我们未来是好是坏的惟一力量，然而，尽管科技也受到其他因素的影响，但与之相比，它还是关键，决定了对于我们来说什么是可能的。"科技就是"一种学科，它的全部目的就是要让未来不同于当前"。过去的几十年是科技突飞猛进的一个时期，这些进步将会对未来的体育教学、锻炼和竞技产生一定的影响。计算机的发展和精密的科研方法共同使我们扩展了知识库，并在今后还会继续发展。在21世纪，互联网将继续为教育、通讯以及我们专业的其他领域带来新的革命。

科技使研究者和运动的参与者更清楚地了解身体活动对我们身体的影响，它也更清晰地阐述了身体活动、锻炼、健身和健康的关系。根据鲍沃尔·沃德和山迪（Power Ward and Shandy）所说，有强大功能的微型计算机的发展对这个领域已经产生了不可预料的影响。在过去的30年里，对这个领域产生影响的其他领域有："电子气体分析仪、新陈代谢测量车、气血分析器、微机肌肉测功器和可以用于商业的分子生物仪器等的开发。"这些进步可以帮助我们研究以前所不能研究的问题，获得更精确的数据，进行更复杂的研究和减少研究所需的时间。

体育教学、锻炼和竞技专业人员正在利用计算机进行很重要的工作，如记录、建立健康档案和管理数据库，专业人员可以在各种评价程序中利用掌上电脑来收集信息，然后把这些信息传入他们的电脑，最后就可以利用统计软件来分析结果了。应用软件可以帮助职业人员迅速地建立健康档案。有了这个软件，他们就可以为参与者提供关于健康状况的反馈。教练就可以在现场观察对手，然后把数据输入电脑。在这样的比赛过程中，他们就可以通过统计数字对比赛进行评价。

> 科技进步使体育教学、锻炼和竞技专业人员可以以一种新的简便的方式来监测真实情景下的运动。据赫森利说，有了可携带的计算机和微型可编程的处理器，就可以进行动态监测和对身体传感器的数字信息进行即时的处理。这种带传感器的微型计算机可以被缝进衣服里，也可以装在鞋、珠宝等

装饰品上。动态信息为身体活动中的数字数据的处理提供了前所未有的机会。

在个体进行身体活动的时候，对活动状况指标的记录，如心率、肌肉活动、呼吸是非常简单并可以被接受的，这些信息和一个数字图片簿相联。这是一台由计算机控制的照相机拍摄的，把视频信息和生理信息综合起来，我们就可以了解到参加某项活动将会怎样影响一个人的生理参数。随着科技变得越来越先进、越来越方便，计算机技术为提高成绩提供了便利。在生物力学中，计算机做出的运动员表现状况图形可以和运动员以前的表现做比较，这就为技术分析和纠正错误动作提供了便利。滑雪运动员在风道中训练时，教练和科学家就可以通过研究他们的身体位置和动作技术来减少阻力，增加速度。利用计算机辅助软件，科学家已经设计出了新的可以提高成绩的设备。例如，重新设计的自行车把手，可以使运动员有一个符合空气动力学原理的姿势，从而提高成绩。所有层次的体育运动的参与者都可以从这些改进中获利。运动设备的设计有了一些变化，设备所用的材料也同样发生了变化。大头的钛材料高尔夫球杆的出现(如 Big Bertha)就替代了原来的钢杆木头的高尔夫球杆。有较大击球面积的碳纤维材料的网球拍就取代了以前铝合金材料的。这种铝合金球拍几年前也取代了木质球拍。制鞋技术的发展使运动鞋不仅更加舒适，还可以减少运动损伤的发生。人工草皮取代了原来的草地；全天候都可以用的塑胶跑道取代了煤渣跑道；圆顶式体育场取代了原来的开放式体育场。

生物科技的发展也会对未来的体育运动和教育产生影响。组织工程的科学家估计，在以后的 5～10 年里，就可以人工制造肌腱软组织和骨头。这样的突破可以使受伤的运动员和因某种损伤的而不能参加身体活动的人受益。现在，研究者可以利用肌纤维的类型来确定一个人是否能在对肌肉力量和耐力要求较高的田径项目中取得较好的成绩。遗传学家和科学家正在为克隆人清除各种争论。基因工程还可以促进有某种特质的人的发展。哈伯曼说："这种技术在克隆其他工种的人之前最有可能先用来克隆运动员。"我们应该怎样处理这个复杂的问题呢？

电信领域的发展已经并且还会继续改进我们的通讯能力和对外宣传体系。互联网，一个由成千上万的计算机组成的网络，已经大幅地改变了我们交流和管理信息的方式。有了电子邮件，我们就可以和全球的大学进行快速的便宜的信息交流。电子邮件也可以使有共同兴趣(如健康)的人一起讨论，提出问题并交流观点。

互联网上的多媒体通道——万维网，有很多不同的用途。职业性的电子杂志和文件可以在网上传播，提高了信息的散布；个人信息服务可以找出某个特定信息，并可以自动更新，然后发到你的计算机里。例如，个人培训者每天都可以得到更新的培训技术信息、营养信息和心血管研究信息；专业人员可以轻松地了解到现在的研究进展，并且可以从世界上任何有计算机接入的地方获得想要的信息；研究数据通过网络可以轻松地实现共享。

网络电话和网络会议方便了世界上专业人员的交流。网络和网上会议正在越来越多地被应用于远程学习。某些课程甚至达到整个学位课程都可以在网上完成。通过远程教育进行的训练教育项目将会越来越流行，例如：阿拉斯加的教授可以参加纽约机构组织关于健康的研究会。

利用 CD-ROM 或网络的多媒体教育和相互学习，将使体育教育运动训练和职业体育更适合每个参加者的学习要求。使用者将可以得到更多的信息。哈格蒂(Haggaty)说："阅读一篇关于一个领域(如生化)的由声音、视频、图表组成的论文，难道不比阅读一篇打印的论文更好吗？"运动的历史是什么样的？视频剪接、声音文件和真实的作品难道不比描述他们的文档更有价值吗？身体活动参加者或在校学生通过访问网上的不同站点或利用 CD-ROM 就可以看到心跳时心脏的搏动，看到血液循环的路线，这样就熟悉身体活动对心脏这个重要器官的短期和长期影响。多媒体的出现改变了上课的形式。

真实现场就可以利用计算机和传感系统来创造一个模拟的准环境，真实现场它们性质和复杂程度上也可以发生改变，头上戴显示器和戴感应手套可能就是真实现场的一部分。真实现场也可以是一场比赛或一次模拟，真实现场为我们创造了很多机遇，并有可能迅猛发展。

真实场景可以重现、改变或模拟。它为使用者提供了无价的训练和训练中的大量信息。在阿尔贝威尔(Albertville)冬季奥运会之前，鲍伯斯莱德(Bobsledder)就是使用这种方法进行训练。运动员可以预演他们的跑动并可以在真实场景中看到整个跑动的过程。哈格蒂建议，现场模拟可以在很多项目中(如拳击、垒球、足球等)为运动员提供能提高他们成绩的模拟信息。高尔夫的现场模拟通过对运动员的击球动作、距离和偏差的反馈为运动员提供改进技术的机会；应用于棒球和滑雪的模拟器也已经出现了。在体育锻炼和运动专业人员的训练过程中，模拟器也可以被应用。未来的老师可以获得组织班级的经验和管理学生行为。

现场模拟可以用于医疗、教育训练，也可以用于残疾人。这些用途包括：教学时由于紧张而心跳加速的功能复原和紧急医疗训练，现场模拟对训练运动员的训练者和心脏复苏的研究者都是有帮助的。它也可以被应用于帮助轮椅上的孩子来学习怎样通过操纵杆来控制轮椅。另外它还可以被应用于帮助不能参加"真实"体育运动的残疾人参加"虚拟"身体活动。尽管现场模拟费用较高，应用不太普遍，但是可以预知的是现场模拟传感器将会越来越便宜、方便。

科学技术为体育教学、锻炼和竞技提供了新的机会，计算机帮助专业人员更加高效率地完成他们的工作。科学技术的应用促进体育设备和成绩的改进，为所有运动员带来了好处。生物科技在为我们提供了可能的同时，也为我们带来了大量必须解决的伦理问题，多媒体技术促进学习交流，远程教育学习提供了更多机会。通信方便了我们全国各地大学的联系与交流，另外现场模拟为 21 世纪训练教育和运动的发展提供了可能。

人口的变化

人口统计学的发展趋势对社会事业机构和它的服务范围产生了巨大的影响。人口的年龄化分配正悄然地发生着巨大的转变。延长的生命周期与日趋降低的出生率比较已经增加了人口的平均年龄。今天在美国超过 65 岁的人口数已多于 25 岁以下的人口数，而这种趋势仍在继续！

美国的社会正在老龄化！通过观察整个世纪的人口变化，我们可以看到这种老龄化趋势是多么的显著。1900 年，在所有人口数中大约仅有 4%是超过 65 岁的！然而到 1997 年，这个数字上升到了 12.7%，到 2025 年，这个数字预计将达到18.5%。更为严重的是，老年人口数量仍在持续地增加，而他们大多又是健康的。据统计，在 1996 年，年龄在 85 岁以上的人口数量约 3 800 万，而 2025 年将达到7 000万。一些少数种族人口在 2030 年将有四分之一是超过 65 岁的，而这几乎是 1996 年的两倍。

美国的人口也正日趋多样化，例如亚洲人、拉丁美洲人、非裔美洲人，美国本土人的数量均匀递增。据估计，到 2035 年为止，少数种族将占美国人口的 40%，如果想让我们的人口更加健康，如果想使所有的民族延长到我们的生命周期，我们就不应该忽略少数种族的需要。在健康护理中，普遍存在着种族和民族的歧视，许多少数种族，特别是那些缺乏英语能力，而在对健康护理和适当的治疗时又有许多障碍的人们，不断地持续这样的结果，他们将有糟糕的健康！当今我们面临的最大挑战便是人口多样化的急剧增加。

新的技术可以帮助教师给予学生个性化的指导

在接下来的几年，我们将继续看到家庭构成的变化和已被预见的社会问题的增加，单亲家庭和未成年妈妈的数量仍在增加，单亲家庭和双职工家庭已经导致了更多的“带钥匙”孩子的出现，放学回家后，等待他们的仅仅是一间空房间。学前班和护理计划正大幅度增加。在不断改变的家庭结构中，我们的年轻一代和孩子们的健康问题将是我们面临的最主要威胁。滥用药和酒精、暴力、孩子自杀、危险的性行为已经严重影响了年轻人的生命。贫困的家庭和个人仍面临艰辛的生活和日益增加的健康风险。

这些改变对指导我们的体育教学、运动训练有什么样的意义呢？面对不断改变的人群结构，我们必须有效地工作。如果想让那些不断增长的老年人获得高质量的生活，我们就必须有一个高质量的身体活动计划。在学校和非学校机构里的专家们必须准备去制定一些满足不同文化背景人口需要的计划。不同文化的区分技术已经提高了许多少数民族的健康和服务系统，从而有利于降低在健康护理中的种族和民族歧视。作为专家，如果我们想增加人类的寿命，我们就必须努力地往文化方向加大力度，我想这是很重要的。

当体育教育、运动训练开始转移到人们有偿支付的体育运动时，我们一定不要忽视那些没有经济能力去高消费高层运动的人们。通过学校体育教育计划来为孩子和青年人们增加身体活动节目，这仅仅是所有答案中的一部分。而且，我们必须探索一种革新方式，从而可以帮助那些没有能力参加活动的人们。我们必须克服社区、组织、个人对身体活动产生的障碍。

拉沃森讨论了学校、家庭、健康之间的相互依赖性，他呼吁为了年青一代的健康而建立一个新的健康计划。这种策略将把责任延伸到学校里，为了孩子和家庭的保护健康计划将在学校里面建立。这些计划将与社区里面的健康、社会服务相连接。学校个

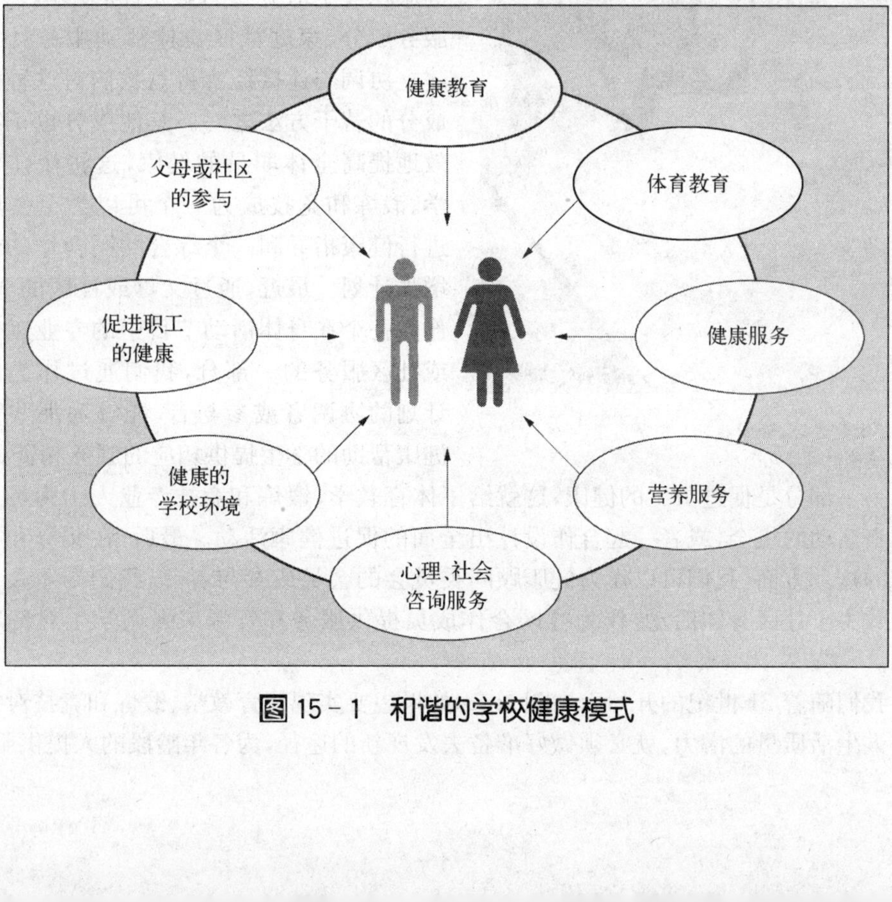

图 15-1 和谐的学校健康模式

体、健康护理机构、人员服务者将共同地满足整个社会家庭的需要。

疾病控制预防中心将与包括体育教育的学校健康计划合作，它们共同作为提高和维持孩子和年轻一代的健康八个要素之一。这八个要素分别是：体育教育、健康教育、健康服务、营养服务、全体成员的健康提高、心理调节机构、健康的学校环境、父母或社区参与。

正如你所看见的，体育教学、锻炼和竞技专业人士通过不同的方式对孩子、青少年的健康做出一定的贡献。更为直接的是，我们最主要的义务是我们必须教一个体育教育计划，它由一系列的几个课程组成。通过这些课程我们可以教会孩子们在以后的生活中去参加身体活动所需的知识、技能、态度。

休闲活动，如滑板，经常吸引着年轻人的兴趣，使他们运动几个小时

然而，我们对联合学校健康计划的贡献并没有限制体育教育。在其他的若干领域，我们已经做了重大的贡献。我们能教育孩子认识到身体活动的好处，并如何更加安全地参加身体活动以及不积极的生活方式所带来的危险。我们也可以把营养信息放入我们的计划里，强调健康和饮食对健康积极生活方式的重要性和影响。健康服务成分、家庭社区身体活动服务计划中建立协调与连接经济将是我们对这种分组成分的若干方法之一。其他成分也正在有效地提高全体职员的健康，这将使体育教学、锻炼和竞技成为一个可以为全体职员进行健康指导和一个综合共同合作的健康增强计划。最近，通过父母或社区的介入，作为一个在身体活动节目中的专业工作者或社区服务的一部分，我们通过作为健康计划的协调者或参与者，能够为那些需要健康帮助的学生提供相应的服务和资源。

另一部分是促进员工的健康；这就给了体育教学、锻炼和竞技专业人士为员工设计健身活动的机会，或者一起合作设计出全面的促进健康活动。最后，在父母和社团参与的这一方面，我们可以作为健康顾问委员会的会员或参与者，以我们专业人士的能力致力于社区身体活动，作为社区合作成员提供服务和资源来强调学生对健康的需求。

我们随着 21 世纪的开始而展望未来，如果想要实现体育教学、锻炼和竞技对提高所有人生活质量的潜力，就必须做好准备去发现新的途径，为各年龄段的人提供服务。

不断扩展的领域

我们居住的宇宙外缘正在不停地向外延伸。在将来，人类有可能将住在月球或太空站上。美国宇航局和宇航员们正在把将来研究的基础放在太空旅行上。在将来，太空旅行可能将变成非常普通的事情。人们可以像买一张飞机票一样去买一张太空旅行票。在2001年，第一个太空旅客花了2 000万在水星上生活了10天。

1976年7月，国家地理学组织通过现象描述了一个新太空计划，是由30个工程师、社会体育学家组成的。他们将生活在人工重力之下，从而形成一个圆环面。这个圆形被分割成了六部分，每一部分都有超级市场、农场、居民区以及一些生活设施，如电影院、运动场所、学校和图书馆。阳光被利用镜子而过滤和分散，这导致在一天的24小时中有8小时的夜晚。因为阳光的控制、充足的水供应、肥沃的田地、适宜的温度以及比地球上的略微高的二氧化碳浓度等原因，农田的产量是很高的。

在将来，人类居住的第二个地方是一个特别令人兴奋的地方，那便是水下。因为地球的2/3被海洋覆盖，那儿有充足的空间去构建我们的水下社区。未来主义者罗森(Rosen)报道了科学家威廉姆·贝基(William Backcey)的著作。他发明了一个带有观测台的水下船舱，这个观测台就是未来水下社区的模型。该船舱的上部建筑有一个直升机起降台和入坞设备以便为水面上的船只使用。它由多个船锚固定在某个地点，并在整个设备的下方建一个混凝土构建的平台使其稳固。一个气闸和电梯使进入海底和升出海面变得更加简单易行。贝基的著作显现了一个将来适合于生活在水下的建筑物。它有居民区、农场，还有一些其他的适合于人类生活的设施。

当我们生活在太空和水下环境的时候，体育教学、锻炼和竞技都需要帮助每一个人去达到他们最理想的健康状态。当长期生活在失重的情况下，去遥远太空的太空旅行者们需要去保持健康。专家们必须做一些关于自身体重和人工重力对健康影响的研究。在体育教学、锻炼和竞技的领域里，为了对付不同的生活环境，我们应该设计不同的运动。

为未来做好准备

回顾过去的30年，体育教学、锻炼和竞技的发展是令人振奋的，它沐浴在下列一些闪耀成就之中：AAHPERD的100周年庆祝；各分支学科取得的专业地位；我们的知识库在广度和深度上取得了巨大进展；为了满足不同背景、不同年龄的人类需要，我们努力去开发形式迥异的活动项目，并应该为此不断地增加就业机会。然而，如果体育教学、锻炼和竞技专业人员对他们将要从事的专业感兴趣，就必须意识到应该在那些领域里有所改善。

如果把提高所有人的生活质量提上日程，我们就必须更多且积极地去创造我们的将来和改变我们的命运。我们必须积极主动的，而非消极被动地处理并迎对我们的困难和挑战。而且，包括个人和团体，我们必须积极地批判那些与体育教学、锻炼和竞技相关联的社会组织。我们必须自我监督我们的行为和信念。我们也必须积极地向外看，超越我们自己，不断地检查更多更广的社会组织，以及它们对于我们生活、机构等带来的影响，但是，我们也必须注意到我们面对的问题已经完全改变。从个人和专业角度来说，如果我们这个区域的潜力能被实现，我们必须进一步去解决问题。

奥伯尔(Oberle)在考虑了将来关于健康、体育教学、娱乐和休闲、舞蹈的发展方向后，重申了这些机构提高质量的重要性。他们机构中的每一个原则都体现出采取行动来提高他们的效率。

- 建立最低的资格标准。
- 当实现公开性原则时，必须建立一系列计划和服务，从而满足不同的需要。
- 提供更多有益的节目从而能够满足今后的需要。
- 减少低效率的计划。
- 建立进入职业培训计划的最低标准。
- 为本学科的专业人员提供高质量的实践活动，例如在职教育和研究生教育。
- 为所有机构提供一个检测系统，而不是仅仅为学校。像美国医学大联盟一样，建立一个信用机制，从而去控制质量。
- 开发高质量的示范计划，以及建立一些能够作为职业标准而服务的设施。

当我们进入未来时，我们必须建立属于自己的职业体制。

回顾过去的10年已经显示出在两个区域——体育教学、锻炼和竞技管辖权限以及体育教学、锻炼和竞技对外宣传体系——需要引起专业人士的重视。首先，要指出这两个区域的不足，然后，在21世纪初，为每个区域出台一个新的方案计划。

设定本领域的范围

体育教学、锻炼和竞技的将来取决于体育教学、锻炼和竞技专业人员能够在他们的领域成为公众所熟知的身体活动指导者。体育教学、锻炼和竞技专业人员的许多服务都与公共领域相关。不幸的是，体育教学、锻炼和竞技并没有以这些服务发展为导向。与健康养生馆、锻炼沙龙、减肥咨询中心有着种种联系的健美者、企业家和电影明星，他们已经踏入了我们的领域，而他们一般都没有资格证书。而且，公众们并没有理解体育教学、锻炼和竞技的真正含义以及我们在这一区域里所努力创造的价值和物质。

如果体育教学、锻炼和竞技专业人士能成为各自领域被公众承认的指导者，那是因为他们自己拥有合格的资格证书。为实现这种指导地位所拥有的资格证书有以下几种：

● **资格** 1. 拥有系统的知识体系，它们详细地描述我们的专业人士所提供的社会服务。(1) 这些知识体系与运动、舞蹈、戏剧、训练相关联的同时，必须能够维持人类运动的艺术和科学；(2) 证明体育教学、锻炼和竞技促进了人类的增长和发展；(3) 确信只要我们采取适当的方法去提高和发展人的自身、思想和心灵，就能够提高人们的生活质量和健康水平。

● **资格** 2. 体育教学、锻炼和竞技有两个优势(当然还有其他的)，让消费者在对待自我理疗和不断增长的健康保健费用方面自主决定。第一个优势是知识。(1) 运动科学和健康、适当的身体活动对人体的功能有一定的影响；(2) 用参加运动的人们所理解和使用的语言建立起一个检索系统，使他们获得不断更新的科学发现。第二个优势是技能——科学地教授技能，不仅仅利用最基础的学习方式，而且我们要利用先进的技术，使每个人能够更加有效地学习和快速地提高。

● **资格** 3，体育教育将会像一门艺术一样成为一种科学。基于有效的实践的证据将提高认知结果。

作为专业人员，我们必须承担起作为体育教学、锻炼和竞技指导者所面临的挑战。我们必须对我们的活动负责。高质量的活动是关键。我们也必须完善活动计划，并且采取措施去确保运动参加者达到正如我们所宣称的要使他们每个人所渴望的益处。当我们把注意力扩增到更多人群时，未来体育教学、锻炼和竞技的形式也会变得越来越多样化。在设计活动计划时，专业人员必须对每一个人的需要都要敏感。要想更好且有效地服务所有人，我们必须提高我们的对外宣传体系。

完善我们的对外宣传体系

在将来，服务对象的改变也使得体育教学、锻炼和竞技要改变它的服务方式。简而言之，我们需要改变我们的对外宣传体系。在过去的许多年，来自各方面组织的评论建议我们的对外宣传体系需要注意，这些评论有：

1. 参观一些太空和水下生活模型科学展览会的高中生们："为了在未来环境下生存，我们该怎样去锻炼我们的身体?"

2. 内科医生群体："你们体育和运动教育者们做了一份好的工作，使健康的人更加的健康，使有技能的人技术更加熟练；如果能使不健康和没有技能的人变得更加健康而有技能，那你们的工作简直可以用恐怖来形容了。"

3. 扶轮社(Rotary Club)："通过看学校身体活动和社区娱乐活动，我不能分清二者的不同点。它们提供的活动和所服务的人群具有重复性，它们的员工和设施也是如此的相同。难道这不是一种浪费吗?"

4. 老年人组织："老年人占了这个国家人口的 11%。你的职业是把你 11%的精力用在这部分人群上了吗?"

5. 学生组织："为什么我们不能有一个信息记录系统从而可以记录每一个人的教育和运动史。我们应该有一个信息记录每一个人健康状况历史的资料。为什么没有一个体育和运动的历史记录呢？"

体育教学、锻炼和竞技的对外宣传体系需要进一步的革新。技术和通信领域的发展以及教育本质的改变将使我们变得更有效率。

下面的许多例子阐述了怎样的趋势和发展，怎样可以塑造我们领域的将来。

1. 对外宣传体系必须敏感地对每个人的需要做出反应。技术的利用更多地以个人的教学方法以及革新的计划，将能便于我们更好地满足我们不断增加的各种人群的不同需要。我们不再仅仅依靠一个计划去满足所有人的需要，或者如劳森（Lawson）所表述的一种"万人用"的方法。我们的对外宣传体系使我们能更好地满足各种人群的需求，包括老年人、年轻人、越来越多的少数族群以及一直以来处于贫困的人群，如经济上处于劣势的人群。

2. 对外宣传体系会把服务范围扩展到新的空间殖民地和水下社区。未来学家和科学家将会会晤。大学实验室将会建立模拟的空间和水下生活环境。体育教学、锻炼和竞技专业人士同他们的学生将会追随这些领域的研究。

3. 对外宣传体系将会把学校体育和竞技运动以及社区活动更紧密地连接起来。这些活动汇合在一起并集中管理。这种结构会：(1) 确保高效地利用设施、器材和人员；(2) 减少重复投资；(3) 为身体活动提供渐进的步骤。它可以满足社区里所有人的需要，包括那些想参加身体活动、运动和休闲活动的老年人。此外，无论他去哪里，或住在哪里，计算机系统会保存他们的记录。

4. 对外宣传体系会增加远程教育和有线电视的使用。人们会把活动项目打包发过来。将会有这样一种特色，以逐步示范的方法来教给人们在跳舞、运动和其他活动中所需的技巧；还有关于运动训练学领域的讲座；以示范的方式教给人们如何评价自己的身体健康状况和保持健康。个人运动表现通过录像反馈回来将会变得很平常，用计算机做出理想和真实运动表现的模型会帮助人们更容易地学习和提高自己的动作技能。

5. 计算机在我们的对外宣传体系中将扮演一个重要的角色。计算机信息数据库和服务将被用来传播研究中的新发现，可以让专家们时刻走在这个领域研究发展的前列。通过电信网络，同其他研究所的团队、世界范围内各个单位的实践者联合研究将变得非常便利。而且，专家们能够通过网络和其他人共同分享彼此的思想和计划，共同解决他们面临的问题。计算机资源数据库将可以给参加运动者提供个性化的活动计划，以满足他们的需要。计算机化的记录会使人们更容易地确认自己的需求，监视他们在达到目标的过程中所取得的进展。

当我们展望 21 世纪时，我们必须利用技术去改变我们的对外宣传体系从而为不断增加的客户提供更有效的服务。我们的对外宣传体系应该鼓舞更多的人参加到我们的活动项目中来。

未来趋势

当体育教学、锻炼和竞技专业人员为他们的未来做准备时，他们必须做到如下几点：

1. 获得正式的资格证书来确立他们自己领域范围。

2. 利用科技进步来完善对外宣传体系。

3. 为太空和水下的生活以及我们社会的改变做好准备。

4. 为积极的、热情的健康生活方式做好模范作用，从而能影响其他人去追寻这种生活方式。

5. 帮助人们认识到要对自己的健康负责。

6. 认识到人们今后的寿命将变得更长，生活更健康、更积极主动。

7. 为所有人终身体育提供服务，无论他们的性别、技能、残疾程度、社会经济背景如何。

8. 记住，我们要做的是培养一个会思考、有感情、能运动的完人。

9. 致力于实施一些能够敏感反映人们需求的活动，如此才能实现体育和运动在提高所有人的生活质量和健康方面的潜力。

体育教学、锻炼和竞技专业人士能否面对这些挑战将会与我们这个领域的未来紧密相关。

运动方案设计使我们看到了体育教学、锻炼和竞技在未来的一些改变。运动方案设计让项目负责人根据想象和驱动因素（如公共政策和基金）来设想一下未来。（译者注：此理论起源于企业管理领域，最早由斯坦福大学在 20 世纪 60 年代提出，到 20 世纪 80 年代逐步发展完善，成为公司治理和权益保护的理论依据。美国经济学家弗里曼给出的 stakeholder 定义如下：能够影响一个组织目标实现的个人或者组织，或者能够被组织目标实现影响的个人或组织。这个定义逐渐为大家所认可。）尼纳、豪兹和格里尼（Neiner Howze and Greaney）利用运动方案设计确定了公众卫生部在重视预防慢性病，管理不健康的饮食和不爱运动时的一些方法。尼纳、豪兹和格里尼描述了未来的两种可能情形：一种是利用公共政策和资金确保人们的身体活动和良好的营养状况；另一种是缺乏支持，难以获得资金。

尼纳、豪兹和格里尼把足够的营养和身体活动带来的一些结果列举如下：

- 增加促进健康活动的数量从而可以提高营养和身体活动。
- 提高把参加锻炼和健康的饮食作为预防和控制慢性病手段的成年人数量。
- 加大医疗协会的支持和医疗保健与协助的范围，包括对场馆会员费用、营养课、减肥活动的支持。

● 降低由于种族、民族、社会经济学以及年龄等原因而导致健康不平等现象。

● 对垃圾食品的税收所带来的收入被用来支持身体活动和良好营养的实施。

● 在所有的快餐店提供一些健康的食品，采用监管和利用卡通人物的方式去吸引孩子们吃健康食品。

● 学校、工作间以及社区机构的合作关系将形成一种综合的、全面的方式来重视不积极运动和不良饮食所带来的危险。

● 媒体利用各种活动不断去向公众发布一系列的消息，从而强调积极的生活方式和良好营养的价值。

● 降低税收使一些健身中心和娱乐场所的拥有者们更乐意在一些贫困的社区建立这些场所。

● 健身专家和营养顾问要拥有专业领域的资格。

● 培养基础保健医师，为那些在身体活动和营养方面的病人提供咨询。

运动方案设计意识到对疾病的预防和促进健康的经济意义，这样的努力将使整个人类的健康有一个正面的增长。这种做法为体育教学、锻炼和竞技专业人士提供了一个有前途的未来。

从另一方面说，如果当缺少公共支持和资源，将会出现一个昏暗的未来。尼纳、豪兹和格里尼指出未来可能出现的一些结果：

● 减少促进健康计划的资金，更多地把资金投入到好的营养和健康身体活动之中，将有限的资金放在治疗慢性病人群上。

● 不同的人群有不同的健康状况，贫困的人最容易受到影响。

● 导致慢性病因素的普遍程度会增加，包括久坐的行为和糟糕的饮食。

● 媒体应该对那些设有资金投入的健康饮食和身体活动加以宣传。

● 因为方便和实惠，快餐店的消费将持续上升。

● 在一些身体活动场地的消费变得更加昂贵的情况下，低收入人群的选择将变得更少，而且指导身体活动的专业人员不合格。

● 随着无保险或低保险人群数量不断的增加，健康保健在减少。基础保健医师为身体活动和营养提供更少的咨询。转交给专业人员的为控制体重的病人不在保险服务之内。

这个运动方案设计反映出一种倾向，它将导致更多慢性病的发生以及不同健康状况的增加。这种未来的变化对体育教学、锻炼和竞技专业人士并无益处。

我们需要仔细地考虑未来变化所能带来的结果。为了我们所服务的人群以及体育教学、锻炼和竞技领域的利益，我们必须起到一个积极主动的作用。我们必须承担起我们的专业使命，为激发体育教学、锻炼和竞技的所有潜力创造一个未来。

在我们生命的某一段时间内，我们将有一个重大的经历；随着时间的流逝，我们开始意识到身体活动和运动的个人意义。知名的体育指导者和这本书的前几版的作者——查尔斯·布赫(Charles Bucher)，把他本人受益的一些实践经验留给后人。你也可能从中受益，用来重新实现我们社会中体育教学、锻炼和竞技的巨大潜力。布赫写了一篇关于新纽约城市马拉松的文章，它是世界上规模最大的马拉松比赛之一：

当我观察赛跑者的时候，我是非常困惑的。他们中的许多参加者花费了5.6甚至7.7个小时去冲过终点线。大多数的赛跑者当他们冲向终点的时候，他们咬紧牙，气喘吁吁地，并用完自己的最后一丝力量。一些赛跑者由于过度运动而被用担架抬走和搬出场地。

一个来自意大利的赛跑者，在他排在第四名的时候，他挥舞着自己的吸汗带并且不停地朝人群招手。一个来自加利福尼亚的排在第二名的赛跑者，她紧咬牙关，在冲过终点之前使劲地迈着步伐。当一个来自波兰的长头发女人往终点慢慢地前进时，汗水从她的脸颊淌过，群众不停地鼓舞和喝彩。冲过终点，完成比赛！最终她做到了。

我们在促进终身参与身体活动的时候，别忘了促进活动的趣味性

许多赛跑者手挽手地完成了比赛，一些人光着脚，一些人手上拿着他们的鞋。每个人的脸上都露出了笑容，然而最灿烂的笑容来自两个坐在轮椅上完成比赛的男子。

赛跑者们完成比赛，尽了最大的努力，不为了喝彩和冠军，而是为了证明他们能做到。

每个看到这个场景的人都会意识到他或她见证了美国和世界上一个伟大的时刻。

如果没有感受到我们努力的领域所带来的力量和潜力，那么参加体育和运动的任何人就不能成为其中一部分。我们所有的努力就在于提高所有市民的生活质量。

在许多方面，马拉松比赛是美国这个社会的象征，也是我们所从事领域的质量象征。人们认识到运动训练是不可或缺的；但更重要的是，运动应该能被作为一种手段去增加一个人的信念，增加一个人的勇气，增强一个人的成就感，最重要的是，在实现价值目标时达到一种心灵、肉体、精神的融合。

体育锻炼和运动是一个充满活力、不断成长的领域。它的未来是光明的。AAHPERD的一位主编在《体育、娱乐和舞蹈学报》上发表了一篇社论，对20世纪90年代持乐观主义的态度，它依然适用于今天。文中说道：

> 我们作为一个国家协会的主编，看到了在美国健康、体育、娱乐和舞蹈协会的历史中前所未有的景象，专业的成长以及整个行业的服务提供给人类更多的机会。它为社会带来的新影响，对教育和指导人员的激励，项目的显著发展，扩大会员的前景……我们所看到的这些景象都深深地鼓舞着我们。社会需要我们，现在正是时机！

所有人终身参加身体活动的观点极具说服力，但要实现它却需要有奉献精神和忠诚的专业人员。在工作之中我们必须展示出我们的最佳能力。读完本书，我希望你作为一个读者能深深地爱上自己所选择的这个充满巨大财富和价值的领域。体育教学、锻炼和竞技有巨大的潜力来提高和丰富人们的健康和生活的质量。能否将这种潜力变成现实取决于每一位专业人士实现这个目标的决心。

小结

体育教学、锻炼和竞技现在必须开始为未来谋划。这就要求专业人员必须意识到发展迅速是现在我们生活方式的特点。

社会趋势将会影响体育教学、锻炼和竞技的将来。全面发展运动和健身运动为专业人士提供了一个良好的契机，来引导不同年龄段的人参与到适合他们的身体活动中来。教育的改革运动和教育变革的本性比以前更加迫切地提示着我们——需要让公众、决策者知道体育对教育过程的贡献。人类居住环境的延伸、通讯的发展，以及其他科技的开发也将会影响体育教学、锻炼和竞技的未来。

体育教学、锻炼和竞技可以通过多种途径为未来做好准备。首先，专业人士应当通过拥有合格的资格证书和积极寻求指导地位来确立自己的领域范围。其次，专业人士应该完善对外宣传体系。我们必须为所有年龄段的人提供服务，利用科技进步使他们的学习更加便利。我们必须在帮助人们为在空间和水下生活做准备的过程中起到一个积极的作用。体育教学、锻炼和竞技的未来是光明的，我们必须在规划它的未来发展方向中起到一个积极的指导作用。

自测题

1. 讨论教育本质不断变化的含义和科技发展对未来体育校际竞技运动的

影响。

2. 你的教授计划要求你提供信息去说明体育教学、锻炼和竞技如何在它自己的领域建立起一个监管制度。准备好在课堂上就此话题做一个报告。

3. 为21世纪的早期制定一个计划，以完善体育教学、锻炼和竞技的对外宣传体系。

4. 通过"网络链接"所提供的信息，进入WHO的网站，阅读人类健康或浏览新闻发布来找到世界和美国关于健康的最新报道与信息。

5. 通过"网络链接"所提供的信息，进入CDC网站，阅读关于the Coordinated School Health Program，描述体育队八个方面中每一方面的明确的贡献。

建议阅读书目

Blair SN, Franklin BA, Jakicic, JM, and Kibler B: New vision for health promotion within sports medicine, American Journal of Health Promotion 18: 182-185, 2003.

Corbin CB: Physical activity for everyone: what every physical educator should know about promoting lifelong physical activity, Journal of Teaching in Physical Education 21: 128-144, 2002.

Corbin CB: The "untracking" of sedentary living: a call for action, Pediatric Exercise Science 13: 347-356, 2001.

Haskell WL: Physical activity, sport, and health: toward the next century, Research Quarterly for Exercise and Sport 67(Supplement): 37-47, 1996.

Lawson HA: Looking back from the year 2082, JOPERD 53(1): 15-17, 1982.

Mahoney DF and Howard DR: Sport business in the next decade: a general overview of expected trends, Journal of Sport Management 15: 275-296, 2001.

Martens, R, editor: Technology in kinesiology and physical education, Quest 49, 1997. (entire issue)

Martinek V, Fu FH and Huard J: Gene therapy and tissue engineering in sports medicine, The Physician and Sports Medicine 28(2), February 2000. (online)

Naisbitt J and Aburdent P: Megatrends 2000: ten new directions for the 1990s, New York, 1990, William Morrow and Company.

Neiner JA, Howze EH, and Greaney ML: Using scenario planning in public health: anticipating alternative futures, Health Promotion Practice 5: 69-79, 2004.

Shepard RJ: Issues in worksite health promotion: a personal viewpoint, Quest 54: 67-82, 2002.

Siedentop D：Lessons learned，Journal of Teaching in Physical Education 21：454－465，2002.

Smedley BD and Syme SL，editors：Promoting health：intervention strategies from social and behavioral research，American Journal of Health Promotion 15：149－166，2001.

Teeter CR，Derrick B，and Tagtow A：A new vision for health promotion and nutrition education，American Journal of Health Promotion 18：186－192，2003.

Welk GJ：The youth physical activity promotion model：a conceptual bridge between theory and practice，Quest 51：5－23，1999.

参考文献

第一章

1. Sporting Goods Manufacturers Association: Sales of US Recreational Products Push $70 Billion, Press Release, June 29, 2004.

2. US Department of Health and Human Services: Physical activity and health. A report of the Surgeon General, Atlanta, Ga., 1996 US Department of Health and Human Services, Centers for Disease Control and Prevention, National Center for Chronic Disease Prevention and Health Promotion.

3. US Department of Health and Human Services: Healthy people 2010: understanding and improving health, Washington, D. C., 2000, US Government Printing Office.

4. US Department of Health and Human Services: Promoting better health for young people through physical activity and sports: A report to the president from the Secretary of Health and Human Services and the Secretary of Education, Washington, D, C., 2000, US Government.

5. US Department of Health and Human Services: The Surgeon General's call to action to prevent and decrease overweight and obesity. Washington, D. C., 2001.

6. US Department of Health and Human Services: Citing "Dangerous Increase" in Deaths, HHS launches new strategies against overweight epidemic. March 9, 2004. Available online at http://www.smallstep.gov/sm_steps/news_updates.html.

7. US Department of Health and Human Services: Healthy people 2000: national health promotion and disease prevention objectives, Washington, D. C., 1990, US Government Printing Office.

8. Centers for Disease Control and Prevention 2001 CDC Youth Risk Behavior Surveillance Survey. Washington, D. C., 2001. Available online at http://www.cdc.gov.

9. National Center for Education Statistics: Projections of education statistics to 2011. Available online at http://nces.ed.gov (Publication number NCES 2001083, 2001.)

10. Ziegler EF: From one image to a sharper one! Physical Educator 54(2): 72-77, 1997.

11. Corbin C: The field of physical education-common goals, not common roles, JOPERD 64(1): 79, 84-87, 1993.

12. Henry F: Physical education: an academic discipline, Journal

of Health, Physical Education, and Recreation 37(7): 32 - 33, 1964.

13. Siedentop D: Introduction to physical education, fitness, and sport, ed 3, Mountain View, Calif., 1998, Mayfield.

14. Freeman WH: Physical education and sport in a changing society, ed 5, Boston, MA, 1997, Allyn & Bacon.

15. McNeill AW: Reflections on scholarship reconsidered, Quest 48: 140 - 151, 1996.

16. Charles JM: Scholarship reconceptualized: the connectedness of kinesiology, Quest 48: 152 - 164, 1996.

17. Lumpkin A: Introduction to physical education, exercise science, and sport studies, ed 5, Dubuque, Ia., 2002, McGraw-Hill.

18. President's Council in Physical Fitness and Sport: Definitions: health fitness, and physical activity, Research Digest, March 2000.

19. Centers for Disease Control and Prevention: Health-related quality of life. Available online www.cdc.gov/nccdphp/reqol/, 2001.

20. Mechikoff RAand Estes SGL: A history and philosophy of sport and physical education, ed 3, Dubuque, Ia., 2002, McGraw-Hill.

21. Kretchmar RS: Philosophy of sport. In Massengale JD & Swanson RA, The history of exercise and sport science (pp. 181 - 121), Champaign, Ill, 1997, Human Kinetics.

第二章

1. US Department of Health and Human Services: Healthy people 2010: understanding and improving health, Washington, D.C., 2000, US Government Printing Office.

2. Commission on reorganization of secondary education: Cardinal principles of secondary education, Washington, D.C., 1918, US Government Printing Office.

3. Educational policies commission: The purposes of education in an American democracy, Washington, D.C., 1938, National Education Association.

4. Education policies commission: Education for all American youth, Washington, D.C., 1944, National Education Association.

5. Association of School Administrators: Imperatives in education, Washington, D.C., 1966, Association of School Administrators.

6. Gross RE: Seven new cardinal principles, Phi Delta Kappan 60: 291 - 293, 1978.

7. US Department of Education: The goals 2000—launching a new era in education, Washington, D.C., 1994, US Government Printing Office.

8. Children's Defense Fund: Children 1990: a report card, briefing book, and action primer, Washington, D.C., 1990, Children's Defense Fund.

9. National Center for Educational Statistics: Adult literacy in America, Washington, D.C., 1999, US Department of Education.

10. US Department of Education: US mayors support President Clinton's call for action for American education, Washington, D. C., Community Update, 49: 5, 1997.

11. US Department of Education: Hispanic dropout project, Washington, D. C., 1998, US Department of Education.

12. US Department of Education: The condition of education 2000, Washington D. C., 2001, US Department of Education.

13. US Department of Education: No child left behind, Washington, D. C., 2001, US Department of Education.

14. US Department of Education: No child left behind overview. 2004. Available online at www.nclb.gov.

15. Sadler WC, Tentinger LG, and Wiedow GA: American 2000: implications for physical education, Physical Educator 50: 77-86, 1993.

16. Corbin CB: Physical education as an agent of change. Quest 54, 182-195, 2002.

17. Siedentop D: Introduction to physical education, fitness, and sport, ed 3, Mountain View, Calif., 1998, Mayfield.

18. Bucher CA: Foundations of physical education, ed 4, St. Louis, 1964, Mosby.

19. American Association for Health, Physical Education, and Recreation: This is physical education, Washington, D. C., 1965, American Association for Health, Physical Education, and Recreation.

20. Biles F: PEPI—The physical education public information project, Journal of Health, Physical Education, and Recreation 41(7): 53-55, 1971.

21. National Association for Sport and Physical Education: Physical Education: Definition of a physically educated person: outcomes of quality physical education programs, Reston, Va., 1900, AAHPERD.

22. National Association for Sport and Physical Education, Moving into the future: national standards for physical education: a guide to content and assessment, St. Louis, 1995, Mosby.

23. National Association for Sport and Physical Education, Moving into the future: National standards for physical education (2nd ed.), Reston, Va., 2004, AAHPERD.

24. Ziegler E: The professional's relationship to fitness for people of all ages, Journal of Physical Education, Recreation and Dance 56(1): 15, 1985.

25. Bloom BS, editor: Taxonomy of educational objectives: the classification of education goals, handbook I: cognitive domain, New York, 1956, David McKay.

26. Strand B, Mauch L, and Terbizan D: The fitness education pyramid—Integrating the concepts with the technology, JOPERD 68(6): 19-27, 1997.

27. Krathwohl DR, Bloom BS, and Masia BB: Tazonomy of educational objectives, handbook II: the affective domain, New York, 1964, David Mckay.

28. Hellison D: Teaching personal and social responsibility in physical education, In S

Silverman and C Ennis, editors, Student learning in physical education: applying research to enhance instruction, Champaign, Ill., 1996, Human Kinetics.

29. Docheff D: Character in sport and physical education—summation, JOPERD 69(2): 24, 1998.

30. Gough RE: Character development—A practical strategy for emphasizing character development in sport and physical education, JOPERD 69(2): 18-20, 23, 1998.

31. Harrow A: A taxonomy of the psychomotor domain, New York, 1964, David McKay.

32. Corbin CB: Becoming physically educated in the elementary school, Philadelphia, 1976, Lea & Febiger.

33. The Cooper Institute for Aerobics Research, The Fitnessgram, Dallas, Tex., 1999, The Cooper Institute for Aerobics Research.

34. HealthFirst USA, TriFit, Albuquerque, N. Mex., 2001, HealthFirst USA.

第三章

1. De Sensi JT: Understanding multiculturalism and valuing diversity: a theoretical perspective, Quest 47: 34-43, 1995.

2. National Center for Health Statistics: Health United States 2001, Hyattaville, Md., 2001 (www.cdc.gov/nchs).

3. US Department of Commerce, US Census Bureau, Census 2000, Washington, D.C., 2001 (www.census.gov).

4. US Department of Education, A back to school report on the baby boom echo: Growing pains, US Department of Education, Washington, D.C., 2000(www.ed.gov).

5. US Department of Health and Human Service: Life expectancy hits new high in 2000: mortality declines for several leading causes of death, October 10, 2001(www.cdc.gov).

6. Federal Interagency Forum on Child and Family Statistics: America's children: key indicators of well-being, 2001. Washington, D.C., 2001, Federal Interagency Forum on Child and Family Statistics (childstats.gov).

7. Armas GC: National poverty rate rises for 2nd year in a row, September 27, 2003(www.montana forum.com/rednews/2003/09/27/buid/economy/poverty2.php? nnn=6).

8. US Department of Health and Human Services Office of Minority Health: Revesed CLAS Standards from the Office of Minority Health, Closing the Gap, February/March 2001 (www.omhrc.gov).

9. Bureau of Primary Health Care, Health Resources and Services Administration, US Department of Health and Human Services: Cultural competence: a journey, Washington, D.C., 1998, Bureau of Primary Health Care (bphc.hrsa.gov/cultural competency/Default.htm).

10. US Department of Health and Human Services Administration on Aging: Achieving cultural competence: a guidebook for providers of services to older Americans and their families,

Washington, D/C., 2001, Department of Health and Human Services(www.aoa.gov).

11. US Department of Health and Human Services Office Bureau of Primary Health: Moving toward 100% access and 0 disparities, Washington, D.C., 1998, Department of Health and Human Services(bphc.hrsa.gov/campaign).

12. National College Athletic Association, 2001 - 2002 Race Demographics of NCAA Member Institutions' Athletic Personnel, 2003 (www.ncaa.org).

13. Ford MG: Working toward cultural competence in athletic training, Athletic Therapy Today, 8, 60 - 66, 2003.

14. National Education Association, NEA and teacher recruitment: An overview, 2004 (www.nea.org).

15. Burden JW, Jr., Hodge SR, O'Bryant CP, and Harrison L, Jr.: From colorblindness to intercultural sensitivity: infusing diversity training in PETE programs, Quest 56, 173 - 189, 2004.

16. Centers for Disease Control and Prevention, Fact Sheet—Actual Causes of Death in the United States, 2000(www.cdc.gov/nccdphp/factsheets/death_causes2000_access.htm).

17. Centers for Disease Control and Prevention, Chronic Disease Overview, 2004 (www.cdc.gov/nccdphp/overview.htm).

18. American Cancer Society, Statistics for 2004 (www.cancer.org/docroot/STT/stt_0.asp).

19. US Department of Health and Human Services, Study shows poor diet, inactivity close to becoming leading preventable cause of death, March 9, 2004 (www.smallsstep.gob/sm_steps/news_updates.html).

20. Mokdad AH, Marks JS, Stroup DF, Gerberding JL: Actual Causes of Death in the United States, 2000, JAMA 291, 1238 - 1245, 2004.

21. Active Living Leadership, Physical activity facts and figures, 2004 (www.activelivingleadership.org).

22. Centers for Disease Control and Prevention, National Center for Health Statistics, Adult Inactivity.

23. President's Council on Physical Fitness and Sport, Fact Sheet—Physical Activity and Health, 2004 (www.fitness.gov).

24. World Health Organization: Constitution of the World Health Organization, Chronicle of the World Health Organization, 1: 29 - 43, 1947.

25. US Department of Health, Education, and Welfare: Healthy people: The Surgeon General's report on health promotion and disease prevention, Washington D.C., 1979, US Government Printing Office.

26. US Public Health Service, US Department of Health and Human Services: Promoting health/preventing disease: objectives for the nation, Washington, D.C., 1980, US Government Printing Office.

27. US Public Health Service, US Department of Health and Human Services: Healthy people

2000：national health promotion and disease prevention objectives，Washington，D. C.，1996，US Government Printing Office.

28. US Department of Health and Human Services：Healthy people 2010：understanding and improving health，ed 2，Washington，D. C.，2000，US Government Printing Office.

29. US Department of Health and Human Services，Health Care Financing Administration，National health care expenditures，1999（www. hcfa. gov/stats).

30. Centers for Medicare and Medicaid Services：Highlights—National Health Expenditures，2002，2004（www. cms. gov).

31. US Department of Health and Human Services：HHS issues report on the impact of poor health on businesses，September 16，2003（www. hhs. gov/news/presss/20030916. html).

32. National Center for Chronic Disease Prevention and Health Promotion：Preventing obesity and chronic diseases through good nutrition and physical activity，August 2003（www. cdc. gov/nccdphp/pe_factsheets_pa. htm).

33. Serxner S，Anderson DR，and Gold D：Building program participation：Strategies for recruitment and retention in worksite health promotion programs. The Art of Health Promotion，March/April 2004，1-5.

34. US Department of Health and Human Services：Overweight and obesity threaten U. S. health gains，December 13，2001（www. surgeongeneral. gov/news/pressrelease/pr_obesity. htm).

35. US Department of Health and Human Services：Prevention：A blueprint for action，2002（aspe. hhs. gov/health/blueprint/overview. shtml).

36. US Department of Health and Human Services：Healthy People 2010 Progress Reports，2004（www. healthypeople. gov).

37. Siedentop D：Valuing the physically active life：contemporary and future directions，Quest 48：266-274，1996.

38. Centers for Disease Control and Prevention：Increasing physical activity：a report on recommendations of the task force on community preventive services，MMWR，50（No. RR-18)，2001.

39. US Department of Health and Human Services：Physical activity and health：a report of the Surgeon General，Atlanta，GA，1996，US Department of Health and Human Services，Centers for Disease Control and Prevention，National Center for Chronic Disease.

40. Centers for Disease Control and Prevention：An explanation of US physical activity surveys，May 9，2003（www. cdc. gov/nccdphp/dnpa/physical/physical_surveys. htm).

41. Hedley AA，Ogden CL，Johnson CL，Carroll MD，Curtin LR，and Flegal KM：Prevalence of overweight and obesity among US children，adolescents，and adults，1999-2000，JAMA，291，2847-2850，2004.

42. National Institutes for Health，National Heart，Lung，and Blood Institute：clinical guidelines on the identification，evaluation，and treatment of overweight and obesity in adults，

Washington, D. C., 1998, National Institutes of Health.

43. Centers for Disease Control and Prevention: Youth Risk Behavior Surveillance-United States, 2003 (www. cdc. gov/yrbss).

44. Schhoeborn CA, Adams PF, Barnes PM, Vickerie JL, and Schiller JS: Health behaviors of adults: United States, 1999 - 2001. National Center for Health Statistics. Vital Health Stat(10) (219), 2004.

45. Centers for Disease Control and Prevention: Prevalence of physical activity, including lifestyle activities among adults-United States, 2000 - 2001, MMWE, 52(32): 764 - 769, 2003.

46. Centers for Disease Control and Prevention: National Health Interview Survey, 2003 (www. cdc. gov/nchs).

47. Centers for Disease Control and Prevention: National Center for Health Statistics, BRFSS, 2004 (www. cdc. gov/nchs).

48. American Sports Data, Inc.: Booming health clubs, slipping fitness participation, and healthier diets all coexist in the overweight society, Press release August 28, 2000 (www. americansportsdata. com).

49. American Sports Data, Inc.: Grandparents fitter than grandchildren? Press release July 23, 2000 (www. americansportsdata. com).

50. International Health, Racquet and Sportsclub Association, Industry Statistics, 2004 (www. ihrsa. org).

51. Sport Goods Manufacturing Association, Industry Statistics, 2004 (www. sgma. com).

52. Corbin CB: Is the fitness bandwagon passing us by? Journal of Physical Education, Recreation and Dance 55(9): 17, 1984.

53. Centers for Disease Control and Prevention: Guidelines for school and community programs to promote physical activity among young people, 1997, United States. Public Health Service, US Department of Health and Human Services, Washington, D. C. (www. cdcgov).

54. Collingwood TR: Providing physical fitness programs to at-risk youth, Quest 49: 67 - 88, 1997.

55. Harris JC: Enhancing quality of life in low-income neighborhoods: Developing equity oriented individuals, Quest 48: 366 - 377, 1996.

56. Robert Wood Johnson Foundation: National blueprint: Increasing physical activity among adults aged 50 and older, 2001, Robert Wood Johnson Foundation, Princeton, N. J. (www. rwjf. org).

57. Gardner D: A nation at risk: the imperative for educational reform, Washington, D. C., 1983, US Government Printing Office.

58. Adler M: The Paideia proposal: an educational manifesto, New York, 1982, Macmillian.

59. Boyer E: High school: a report on secondary education in America, New York, 1983, Harper & Row.

参考文献

60. US Department of Education: The Charlottesville Summit, National Education Goals 2000 (www. ed. gov).

61. US Department of Education: The goals 2000: educate America act-launching a new era in education, Washington, D. C. , 1994, US Government Printing Office.

62. US Department of Education: No Child left behind, 2001(nces. ed. gov).

63. US Department of Education: Condition of Education, 2004 (www. ed. gov).

64. US Department of Education: National Center for Educational Statistics, 2004 (sss. nces. gov).

65. US Agency for Health Care Research and Quality. New evidence report illustrates links between health literacy and health care use and outcomes. Press Release, April 8, 2004 (www. ahrq. gov).

66. National Association for Physical Education and Sport, Council of Physical Education for Children: Physical education is critical to a complete education, reston, Va. , 2001, American Alliance for Health, Physical Education, Recreation and dance.

67. National Association for Physical Education and Sport: Shape of the nation report, 2001, Reston, Va. , 2001, American Alliance for Health, Physical Education, Recreation and dance.

68. Shepard RI: Curricular physical activity and academic performance, Pediatric Exercise Science 9: 117 - 126, 1997.

69. Centers for Disease Control and Prevention Health Youth: Promoting better health for young people through physical activity and sports: a report to the president from the Secretary of Education, 2000, Healthy Youth Center for Disease Control and Prevention, Silver Springs, Md. (www. cdc. gov/nccdphp/dash/presphysactrpt).

70. Centers for Disease Control and Prevention, National Center for Chronic Disease Prevention and Health Promotion, Division of Adolescent and School Health: School health policies and programs study 2000 (www. cdc. bov/nccdphp. dash/shpps/factsheets/fs00_pe. htm).

71. National Association for Physical Education and Sport: Moving into the future: national standards for physical education, New York, 1995, WCB/McGraw-hill.

第四章

1. Mechikoff RA and Estes SG: A History and philosophy of physical education and sport: from ancient civilizations to the modern world (2nd ed.), New York, 2002, WCB/McGraw-Hill.

2. Struna NL: Sport history. In JD Massengale and RA Swanson, eds. , The history of exercise and sport science, Champaign, Ill. , 1997, Human Kinetics.

3. Salter M: Play in ritual. An ethnohistorical overview of Native North America, Stadion, 3 (2): 230 - 243, 1997.

4. Ray HL: Let's have a friendly game of war, Quest, 14 June, 28 - 41, 1970.

5. Davenport J: Thomas Denison Wood: Physical educator and father of health education,

JOPERD 55(8)：63 - 64，68，1984.

6. Henry F：Physical Education：an academic discipline，Journal of Health，Physical Education，and Recreation 37(7)：32 - 33，1964.

7. Ziegler EF：Physical education and kinesiology in North America：professional and scholarly foundations，Champaign，Ill.，1994，Stipes.

8. Ziegler EF：From one image to a sharper one! Physical Educator 54(2)：72 - 77，1997.

9. US Department of Health，Education，and Welfare：Healthy people：the Surgeon General's report on health promotion and disease prevention，Washington，D. C.，1979，US Government Printing Office.

10. US Public Health Service，US Department of Health and Human Services：Promoting health/preventing disease：objectives for the nation，Washington，D. C.，1980，US Government Printing Office.

11. US Public Health Service，US Department of Health and Human Services：Healthy people 2000：national health promotion and disease prevention objectives，Washington，D. C.，1990，US Government Printing Office.

12. US Department of Health and Human Services：Healthy people 2010：understanding and improving health(2nd ed.). Washington，D. C.，2000，US Government Printing Office.（www.healthypeople.gov/healthypeople)

13. US Department of Health and Human Services：Physical activity and health：a report of the Surgeon General，Atlanta，Ga.，1996，US Department of Health and Human Services，Centers for Disease Control and Prevention，National Center for Chronic Disease Prevention and Health Promotion，and The President's Council on Physical Fitness and Sports.

14. Siedentop D，Mann C，and Taggart A：Physical education：teaching and curriculum strategies for grades 5 - 12，Palo Alto，Calif，1986，Mayfield.

15. Biles F：The physical education public information project，JOHPER 41(7)：53 - 55，1971.

16. National Association for Sport and Physical Education：Definition of a physically educated person：outcomes of quality physical education programs，Reston，Va.，1990，AAHPERD.

17. National Association for Sport and Physical Education：Moving into the future；national standards for physical education：a guide to content and asscssment，St. Louis，Mo.，1995. Mosby.

18. National Association for Sport and Physical Education：Shape of the nation 1993，Reston，Va.，1993，American Alliance for Health，Physical Education，Recreation，and Dance.

19. Centers for Disease Control and Prevention：youth risk behavior surveillance system，Atlanta，Ga.（www.cdc.gov/nccdphp/dash/yrbs/)

20. Sporting Goods Manufacturers Association：Tracking the fitness movement—2001.（www.sgma.com)

21. American Alliance for Health，Physical Education，Recreation，and Dance：Health-related

fitness test, Reston, Va., 1980, AAHPERD.

22. Ross JG and Gilbert CG: The national children and youth fitness study: a summary of the findings, JOPERD 56(1): 45－50, 1985.

23. Ross JG and Pate RR: The national children and youth fitness study Ⅱ JOPERD 58 (9): 51－56, 1987.

24. American Alliance for Health, Physical Education, Recreation, and Dance: Physical best, Reston, Va., 1988, AAHPERD.

25. National Federation of State High School Associations: Participation sets record for sixth straight year, 2004. (www.nfhs.org)

26. National Collegiate Athletic Association: Participation statistics, 2002－2003. (www.ncaa.org)

27. National Junior College Athletic Association: 2001. (www.njcaa.org)

28. National Association of Intercollegiate Athletes: 2001. (www.naia.org)

第五章

1. Thomas JR and Thomas KT: Motor behavior. In SJ Hoffman and JC Harris, editors: Introduction to kinesiology: studying physical activity, Champaign, Ill., 2005, Human Kinetics.

2. Thomas JR: Motor behavior. In JD Massengale and RA Swanson, editors: The history of exercise and sport science, Champaign, Ill., 1997, Human Kinetics.

3. Adams, JA: Historical review and appraisal of research on the learning, retention, and transfer of human motor skills, Psychological Bulletin, 101: 47－74, 1987.

4. Knudson K and Kluka DA: The impact of vision and vision training on sport performance, JOPERD 68(4): 17－24, 1997.

5. Fitts PM and Posner MJ: Human performance, Bellmont, Calif., 1967, Brooks/Cole.

6. Schmidt RA: Motor control and learning, ed 3, Champaign, Ill., 1999, Human Kinetics.

7. Magill RA: Motor learning and control: concepts and applications, ed 7, New York, 2004, McGraw-Hill.

8. Siedentop D: Developing teaching skills in physical education, ed 4, Mountain View, Calif., 2000, Mayfield[McGraw-Hill].

9. Rink JE: Teaching physical education for learning, ed 4, New York, 2002, McGraw-Hill.

10. Docheff DM: The feedback sandwich, JOPERD 61(9): 17－18, 1990.

11. Gallahue DL: Understanding motor development: infants, children, adolescents, Indianapolis, 1989, Benchmark.

12. Gallahue DL and Ozmun JC: Understanding motor development: Infants, children, and adolescents, ed 5, New York, 2002, McGraw-Hill.

第六章

1. Hamilton N Luttgens K：Kinesiology，ed 10，New York，2002，McGraw-Hill.

2. Wilkerson JD：Biomechanics. In JD massengale and RA Swanson，editor：The history of exercise and sport science. Champaingn，Ill.，1997，Human Kinetics.

3. Atwater AE：Kinesiology /Biomechanics：Perspectives and trend，Research Quarterly for Exercise and sport 51：193 - 218，1980.

4. Biomechanics Academy，National Association for sport and physical education，AAHPERD：Guidelines and standards for undergraduate biomechanics/Kinesiology.

5. Counsilman JE：the science of swimming，Englewood Cliffs，N. J.，1968，Prentice Hall.

6. Brown RM and Counsilman JE：The role of lift in propelling swimming. In J Cooper，editor：Biomechanics，1971，The Athletic Institute.

7. Boyle A：High-tech race for the Olympic gold. Available online at www. msnbc. com/ news/ 6936(retired11/09/04).

8. Aerodynamics，fluid dynamics，and friction. www. athleteproject. com/ sportsbiomechafd. htm.

9. Northrip JW，Logan GA，and McKinney W：Introduction to biomechanical analysis of sport，ed 2，Dubuque，Iowa，1979，William C. Brown.

10. Adrian MJ and Cooper JM：The biomechanics of human movement，Dubuque，Iowa，1987，Benchmark Press.

11. Brown EW：Visual devaluation technique for skill analysis，Journal of physical Education，Recreation，and Dance 53(1)：21 - 26，1982.

12. Knudson D：What can professionals qualitatively analyze? JOPERD 71(2)：19 - 23，2000.

第七章

1. Buskirk ER：Exercise physiology，Part Ⅰ：Early history in the United States. In JD Massengale and RA Swanson，editors，The history of exercise and sport science，Champaign，Ill.，1997，Human Kinetics.

2. Tipton CM：Exercise physiology，Part Ⅱ：A contemporary historical perspective. In JD Massengale and RA Swanson，editors，The history of exercise and sport science，Champaign，Ill.，1997，Human Kinetics.

3. US Department of Health and Human Services：Physical activity and health：a report of the Surgeon General，Atlanta，Ga.，1996，US Department of Health and human Services，Centers for Disease Control and Prevention，National Center for Chronic Disease Prevention and Health Promotion.

4. US Department of Health and Human Services：Healthy people 2010：understanding and improving health，ed2，Washington，D. C.，2000，US Government Printing Office.（www.

healthypeople. gov/healthypeople)

5. President's Council on Physical Fitness and activity, Research Digest, March 2000.

6. Kesaniemi YA, Danforth, E. Jr., Jensen MD, Kopelman PG, Lebvre P and Reeder BA: Consensus statement: dose-response issues concerning physical activity and health: an evidence-based symposium, Medicine and Science in Sports and Exercise, 33(June Supplement 2001), S351－S358, 2001.

7. Lee I and Skerrett PJ: Physical activity and all-cause mortality: what is the dose response relationship, Medicine and Science in Sports and Exercise, 33(June Supplement 2001), S459－S471, 2001.

8. Prentice W: Fitness and wellness for life, ed 6, New York, 1999, McGraw-Hill.

9. Swain DP and Leutholtz BC: Exercise prescription: a case study approach to the ACSM guidelines, Champaign, Ill., 2002, Human Kinetics.

10. Dishman RK: Determinants of participation in physical activity. In C Brochard, RJ Shepard, T Stephens, JR Sutton, and BD McPherson, editors, Exercise, fitness, and health, Champaign, Ill., 1990, Human Kinetics.

11. Marcus BH, King, TK, Bock BC, Borrelli B, and Clark MM: Adherence to physical activity recommendations and interventions. In SA Shumaker, EB Scrhon, JK Ockene, and WL McBeem editors, The handbook of health behavior change, ed 2, New York, 1998, Springer.

12. Corbin CB, Welk GJ, Corbin WR, and Welk KA: Concepts of physical fitness: Active lifestyles for wellness, ed 12, 2004, McGraw-Hill.

13. Pollock ML, Gaesser GA, Butcher JD, Despres J, Dishman RK, Franklin BA, and Garber CE: ACSM position stand: the recommended quantity and quality of exercise for developing and maintaining cardiorespiratory and muscular fitness, and flexibility in healthy adults, Medicine and Science in Sport and Exercise, 30: 975－991, 1998. (www. acsm. org)

14. National Institutes of Health(NIH), National Heart, Lung, and Blood Institute(NHLBI): Clinical guidelines on the identification, evaluation, and treatment of overweight and obesity in adults. HHS, Pubic Health Service(PHS), 1998.

15. US Department of Health and Human Services: The Surgeon General's call to action to prevent and decrease overweight and obesity. Rockvelle MD, US Department of Health and Human Services, Public Health Service, Office of the Surgeon General, 2001. (www. surgeongeneral. gov/library)

16. Willett WC, Manson JE, Stampfer MJ, Colditz GA, Rosner D, Speizer FE, Hennekens CH: Weight, weight change, and coronary heart disease in women. Risk within the "nomal" weight range, JAMA, 273(6): 461－465, 1995.

17. Galanis DJ, Harris T, Sharp DS, Petrvitch H: Relative weight, weight change, and risk of coronary heart disease in the Honolulu Heart Program, American Journal of Epidemiology, 147(4): 379－386, 1998.

18. Prentice WE: Fitness and wellness for life, ed 6, New York, 1999, McGraw-Hill.

19. US Department of Agriculture, Center for Nutrition Policy and Promotion, Is total fat consumption really decreasing? Nutrition Insights(5), April 1998. (www. usda. gob. cnpp)

20. US Department of Agriculture, Center for Nutrition Policy and Promotion, Dietary Guidelines for Americans, 2000. (www. usda. gob. cnpp)

21. Powers SK and Howley ET: Exercise physiology: Theory and application to fitness and performance. St Louis, 2004, McGraw-Hill.

22. Rawson ES and Clarkson PM: Scientifically debatable: Is creatine worth its weight? Sport Science Exchange 91, 16(4), 2002. available online at www. gssiveb. com.

第八章

1. Leonard Ⅱ WM: A sociological perspective of sport, ed5, Boston, 1998, Allyn and Bacon.

2. Coakley J: Sport in society: issues and controversies, ed 7, New York, 2001, Mcgraw-Hill.

3. Coakley J: Sport in society: issues and controversies, ed 6, Dubuque, Iowa, 1998 WCB/ Mcgraw-Hill.

4. Harris JC: Sociology of physical activity. In SJ Hoffman and JC Harris, Introduction to kinesiology: studying physical activity, Champaign, Ill., 2000, Human Kinetics.

5. Sage GH: Sport sociology. In JD Massengale and RA Swanson editors: The history of exercise and sport science, Champaign, Ill., 1997, Human Kinetics.

6. Coakley J: Sport in society: issues and controversies, ed2, St Louis, 1982, Mosby.

7. National Federation of State High School Associations: 2003 - 2004 High School Participation Survey. (www. nfhs. org)

8. National collegiate Athletics Association: 2003 NCAA Participation. (www. ncaa. org)

9. Lumpkin A: Physical education and sport: a contemporary introduction, ed2, St. Louis, 1990, Mosby.

10. Siedentop D: Introduction to physical education, fitness and sport, Mountain View, Calif., 1998, Mayfield.

11. Centers for Disease Control and Prevention: Prevent alcohol and drug use fact sheet 11 risk behaviors. (www. cdc. gov/nccdphp/dash/yrbs/trend. htm)

12. American Academy of Pediatrics: Steroids: play safe, play fair. 2002. (www. aap. org/ family/steroids. htm)

13. National Collegiate Athletic Association: Composition of the NCAA 2001 membership. (www. ncaa. org)

14. National Collegiate Athletic Association: 2001 NCAA division Ⅰ graduation rates report. (www. ncaa. org)

15. Center for Study of Sport in Society: 2001 racial and gender report card. (www. sportinsociety. org/ncas. html)

参考文献

16. National Collegiate Athletic Association：Initial eligibility. （www. ncaa. org）

17. The National Center for Fair and Open Testing：What's wrong with the NCAA's test score requirements?（www. fairtest. org）

18. Knight Foundation：Report of the Knight Foundation Commission on Intercollegiate Athletics，1991，Available from the National Collegiate Athletic Association.

19. John S. and James L. Knight Foundation：A call to action：reconnecting college sports and higher education. Knight Commission June 2001. （www. knightfdn. org）

20. National Collegiate Athletic Association：Sports wagering，Kansas，1997 National collegiate Athletic Association.

21. The President's Council on Physical Fitness and Sports：Physical activity and sport in the lives of girls，Washington，D. C. ，1997，President's Council on Physical Fitness and Sports.

22. Women's National Basketball Association. （www. wnba. com）

23. Women's United Soccer Association.（www. wusa. org）

24. Acosta RV and Carpenter LJ：Women in intercollegiate sporta：a longitudinal study-nineteen year update，1977 - 2004，www. arcade. uiowa. edu/proj/ge/acosta/womenspt. html # overview.

25. National Collegiate Athletic Association：2003 - 2004 race demographics of NCAA member institutions.（www. ncaa. org）

26. National Collegiate of Colligate Women Athletic Administrators：A time of opportunity，challenge，change and transformation in intercollegiate athletics，2000. （www. ncawaa. org）

27. United States General Accounting Office：Intercollegiate Athletics：four-year colleges' experiences adding and discontinuing teams，Washington，D. C. ，March 2001，United States General Accounting Office.

28. Lapchick RE：2003 Racial and Gender Report Card，The Institute for Diversity and Ethics in Sport，University of Central Florida，2004.

29. National Collegiate Athletic Association：1982 - 2004 participation statistics report. （www. ncaa. org）

30. Oxedine，JB：American Indian sports heritage，Champaign，IL，1988，Human Kinetics.

31. The United States Commission on Civil Rights：Commission statement on the use of Native American images and nicknames as sports symbols，Washington，D. C. ，2001，United States Commission on Civil Rights. （www. usccr. gov）

32. Staurowsky，EJ：American Indian imagery and the miseducation of America，Quest，51，382 - 392，1999.

33. Orr RE：Sport，myth and the handicapped athlete，JOPERD 55(2)：34 - 46，1979.

34. Depauw KP：Commitment and challenges：sport opportunities for athletes with disabilities，JOPERD 55(20)：34 - 46，1984.

35. Patel DR，Greydanus DE，and Pratt HD：Youth sports：more than just sprains and strains.

Contemporary Pediatrics, March 2001.

36. Marens R: Youth sport in the USA. In M Weiss and D Gould, editors: Sport for children and youth, Champaign, Ill., 1986, Human Kinetics.

37. Lapchick, RE: Rough play is out of bounds, ESPN. Com, page 2, November 24, 2001.

38. Coakley J: Sport in society: issues and controversies, ed. 8, New York, 2004, McGraw-Hill.

第九章

1. Vealey RS: Psychology of sport and exercise. In SJ Hoffman and JC Harris, editors: Introduction to kinesiology: studying physical activity, Champaign, Ill., 2000, Human Kinetics.

2. Association for the Advancement of Applied Sport Psychology. (www. aaasponline. org)

3. International Society of Sport Psychology. (www. issponlice. org)

4. Gill D: Sport and exercise psychology. In JD Massengale and RA Swanson, editors: The history of exercise and sport science, Champaign, Ill., 1997, Human Kinetics.

5. US Department of Health and Human Services: Physical activity and health: a report of the Surgeon General, Atlanta, Ga., 1996, US Department of Health and Human Services, Centers for Disease Control and Prevention, National Centers for Disease Control and Prevention and Health Promotion.

6. Berger BG: Psychological benefits of an active lifestyle: what we know and what we need to know, Quest 48: 330-353, 1996.

7. Cox RH: Sport psychology: Concepts and applications, ed5, New York, 2002, McGraw-Hill.

8. Petruzzello SJ: Exercise and sports psychology. In SB Brown, Introduction to exercise science, Philadelphia, 2001, Lippincott Williams and Wilkins.

9. Fontaine, KR: Physical activity improves mental health, The Physician and Sportsmedicine 28(10): 83-84, 2000.

10. Brannon L and Feist J: Health psychology: an introduction to behavior and health, ed 2, Belmont, Calif., 1992, Wadsworth.

11. Dishman RK and Sallis JF: Determinants and interventions for physical activity and exercise. In C Brochard, RJ Shephard, and T Stephens, editors, Physical activity and health, fitness, and health: international proceedings and consensus statement, 214-238, Champaign, Ill, 1994, Human Kinetics.

12. Prochaska JO and Velicer WF: The transtheoretical model of health behavior change, American Journal of Health Promotion 12: 38-48, 1997.

13. Samuelson M: Commentary: changing unhealthy lifestyle: who's ready... who's not?: an argument in support of the stages of change component of the transtheoretical model, American Journal of Health Promotion 12: 13-14, 1997.

参考文献

14. Duff FD, with Schnirring L: How to counsel patients about exercise—An office-friendly approach, The Physician and Sportsmedicine 28(10): 53-54, 2000.

15. Herrick AB, Stone WJ, and Mettler MM: Stages of change, decisional balance, and self-efficacy across four health behaviors in a worksite environment, Journal of Health Promotion 12: 49-56, 1997.

16. Leffingwell TR, Rider SP, and Williams JM: Application of the transtheoretical model to psychological skills training, The Sport Psychologist, 15: 168-187, 2001.

17. King AC, Blair SN, Bild DE, Dishman RK, Dibbert PK, Jr., Powell KE, and Yaeger KK: Determinants of physical activity and intervention in adults, Medicine and Science in Sports and Exercise Supplement 24(6): S221-S236, 1992.

18. Nieman, DC: Fitness and sports medicine: an introduction, Palo Alto, Calif., 1990, Bull.

19. Fisher AC, Scriber KC, Matheny ML, Alderman MH, and Bitting LA: Enhancing athletic injury rehabilitation adherence, Journal of Athletic Training 28(4): 312-318, 1993.

20. Bianca T and Eklund RC: Conceptual considerations for social support research and exercise settings: the case of sport injury, Journal of Sport and Exercise Psychology, 23: 85-107, 2001.

21. Anshel MH: Sport psychology from theory to practice, Scottsdale, Ariz., 1997, Gorsuch Scarisbrick.

22. Cox RH: Sport psychology concepts and applications, Dubuque, Iowa, 1994, Wm. C. Brown.

23. Nideffer RM: Test of attentional and interpersonal style, Journal of Personality and Social Psychology 34: 394-400, 1976.

24. Levitt EE: The psychology of anxiety, Hillsdale, N.J., 1980, Earlbaum.

25. van Schoyck SR and Grasha AF: Attentional style variations and athletic ability: the advantage of a sport specific test, Joural of Sport Psychology 3: 149-165, 1981.

26. Etzel EF: Validation of a conceptual model characterizing attention among international rifle shooters, Journal of Sport Psychology 1: 291-290, 1979.

27. Fisher AC: Tests of attentional style for volleyball, diving, soccer, baseball, and field hockey, Ithaca College, Ithaca, N.Y.

28. Weinberg RS: Goal setting in sport and exercise: research to practice. In JL Van Raalte and BW Brewer: Exploring sport and exercise psychology, ed. 2, Washington, DC, 2002, American Psychological Association.

29. Locke EA, Shaw KN, Saari LM, and Latham GP: Goal-setting and task performance, Psychological Bulletin 90: 125-152, 1981.

30. Weinberg RS and Gould D: Foundations of sport and exercise psychology, Champaign, IL, 1999, Human Kinetics.

31. Williams JM and Leffingwell TR: Cognitive strategies in sport and exercise psychology. In JL Van Raalte and BW Brewer: Exploring sport and exercise psychology, ed. 2, Washington, DC,

2002，American Psychological Association.

第十章

1. Lambert CL：What is physical education? JOPERD 51(5)：26-27，1980.

2. US Department of Labor：Occupational outlook handbook，current edition，Washington，D.C.，Department of Labor.

3. College Placement Council：CPC annual，current edition，Bethlehem，Pa.，College Placement Council.

4. Akey DS，editor：Encyclopedia of associations，Detroit，Gale Research CO.，current edition.

5. American College of Sports Medicine Certifications.（www. acsm. org）

6. Krause JV and Melville DS：Fit for hire—a model for promoting the health and fitness of physical education students. JOPERD 64(4)：61-65，1993.

7. Willis JD and Campbell LF：Exercise psychology，Champaign，Ill.，1992，Humam Kinetics.

8. Mack R：Leadership skills：a coach's greatest asset，Coach 16(4)：3-4，1996.

9. Smith DM：The practical executive and leadership，Lincolonwood，Ill.，1997，NTC.

10. Weinberg RS and Gould D：Psychology of exercise and sport，Champaign，Ill.，1995，Human Kinetics.

11. Anshel MH：Sport psychology：From theory to practice，ed 3，Scottsdale，Ariz.，1997，Gorsuch Scarisbrick.

12. Peterson JA and Bryant CX：A personal trainer's guide to effective leadership，Fitness Management，October 2001.

13. McIntrye M：Leadership development，Quest 33(1)：33-34，1981.

14. Stoll SK and Beller JM：Professional responsibility—a lost art，S trategies 9(2)：17-19，1995.

15. American Alliance for Health，Physical Education，Recreation and Dance，National Association，for Sport and Physical Education：Code of conduct for sport and physical educators，Reston，Va.，1999，AAHPERD.（www. aahperd. org）

16. American Alliance for Health，Physical Education，Recreation and Dance，National Association for Sport and Physical Education：The coaches code of conduct，Reston，Va.，2001，AAHPERD.（www. aahperd. org）

17. Association for the Advancement of Applied Sport Psychology：ethical principles and standards of the association for the advancement of applied sport psychology.（www. aaasponline. org）

18. North American Society for Sport Management：Position statement.（www. nassm. com）

19. National Athletic Trainer's Association：Code of ethics.（www. nata. org）

20. American College of Sports Medicine：Code of ethics.（www. acsm. org）

21. IDEA Health and Fitness Professionals: Code of ethics for group exercise leaders. (www. ideafit. org)

22. NASPE, Physical activity and fitness recommendations for physical activity professionals, College and University Physical Education, Council, NASPE, 2002.

23. American Alliance for Health, Physical Education, Recreation, and Dance. (www. aahperd. org)

24. American College of Sports Medicine. (www. acsm. org)

25. National Athletic Trainers' Association. (www. nata. org)

26. North American Society for the Psychology of Sport and physical Activity. (www. naspspa. org)

27. International Association for the Psychology of Sport. (www. ac. uk/dept/schools/pesl/affiliat/iaps. htm)

28. North American Society for sport for Sport History. (www. nassh. org)

29. North American Society for the Sociology of Sport. (www. uwm. edu/~aycock/nasss/nasss. html)

30. North American Society for sport for Sport Management. (www. nassm. com)

第十一章

1. Bucher CA and Koenig CR: Methods and materials for secondary physical education, St. Louis, 1983, Mosby.

2. American Federation of Teacher salaries report 2000. (www. aft. org)

3. Wuest DA and Lombardo BJ: Curriculum and instruction: the secondary school physical education experience, St. Louis, 1994, Mosby.

4. Siedentop D: Developing teaching skills in physical education, ed 3, Palo Alto, Calif., 1991, Mayfield.

5. Interstate New Teacher Assessment and Support Consortium Standards. Retrieved 12/10/04.

6. National association for Sport and Physical Education: National standards for beginning physical education teachers, 1995, American Alliance for Health, Physical Education, Recreation and Dance.

7. American Alliance for health, Physical Education, Receration and Dance: Developmentally appropriate physical education practices for children, Reston, Va., 1992, AAHPERD.

8. Corbin CB: Physical activity for everyone: what every physical educator should know about promoting lifelong physical activity, Journal of Teaching in Physical Education 21: 128-144, 2002.

9. Gensemer RE: Physical education: perspectives, inquiry, and applications, Philadephia, 1985, W. B. Saunders.

10. National Education Association: Building blocks for success, 2002. (www. nea. org)

11. Pangrazi RP and Darst PW: Dynamic physical education curriculum and instruction for secondary school students, Minneapolis, 1985, Burgess.

12. American Sport Education Program: 1997 national interscholastic coaching requirements report: a shared mission, Champaign, Ill., 1997, Human Kinetics. (www. asep. com/)

13. National association for Sport and Physical Education: National standards for athletic coaches, 1994, American Alliance for Health, Physical Education, Recreation and Dance.

14. National association for Sport and Physical Education, Coaches Council: The coaches code of conduct, 2001, American Alliance for Health, Physical Education, Recreation and Dance. (www. aahperd. org)

15. American Sport Education Program: About ASEP and Human Kinetics, 2001, Human Kinetics. (www. asep. com)

16. National Youth Sport Coaches Association. (www. nays. org/coaches/index. cfm)

17. Institute for Youth Sport: PACE. (http://ed-web3. educ. msu. edu/ysi)

18. Maslach C: Job burnout. Annual Review of Psychology, Annual 2001.

第十二章

1. Cooper KH and Collingwood TR: Physical fitness: programming issues for total well-being, JOPERD 55(3): 35-36, 44, 1984.

2. Sol N: Graduation preparation for exercise program professionals, JOPERD 52(7): 76-77, 1981.

3. US Department of Health and Human Services: Healthy people 2010, ed 2, Washington D. C., 2000, US Government Printing Office.

4. DiNubile NA and Sherman C: Exercise and the bottom line: promoting physical and fiscal fitness in the workplace: a commentary, The Physician and Sportsmendicine 279(2), 1999.

5. Shepard RJ: Do work-site exercise and health programs work? The Physician and Sportsmedicine Online, February 1999.

6. Riedel JE, Lynch W, Baase C, Hymel P, and Peterson KW: The effect of disease prevention and health promotion on workplace productivity: a literature review, American Journal of Health Promotiom 15(3): 167-191, 2001.

7. president's Council on Physical Fitness and Sports: Economic benefits of physical activity, Washington, D, C., 1996, The President's Council on Physical Fitness and Sports Physical Activity Research Digest.

8. US Department of Health and human Services: physical activity and health: a report of the Surgeon General, Atlanta, Ga., 1996, US Department of Health and human Services, Center for Disease Control and Prevention, National Center for Chronic Disease Prevention and Health Promotion.

9. Aldana, SG: Financai impact of health promotion programs: a comprehensive review of the

literature, American Journal of Health Promotion15：4, 2001.

10. Learning about health and productivity：The Health Enhancement Research Advocate 3(1), 2000.

11. Editor's notes：American Journal of Health Promotion, Jan/Feb, 2001.

12. Association for Worksite Health Promotion：The benefits of Worksite Health Promotion, 1997, Association for worksite Health Promotion.

13. Chapman LS：Guidelines for health promotion in worksite settings, The Art of Health Promotion 6(6)：6 - 9, 2003.

14. Wellness council of American：Health, wealthy and wise-fundamentals of workplace health promotion, Omaha, Nebr. 1993, Wellness Councils of America.

15. Lewis RJ. huebner WW, and Yarborough CM, III：Characteristics of participants and nonparticipants in worksite health promotion, American Journal of Health Promotion 11：99 - 106, 1996.

16. Drolet JC and Fetro JV：State conferences for school worksite wellness：personal health practices of conference participants, Jounal of Health Promotion 24(3)：174 - 178, 1993.

17. International Health, Racquet, and Sport Club Association：Indusry statistics. 2002. (www. ihrsa. org)

18. Aufsesser PM and Burke JP：The fitness clinic for physically disabled, Palestra 13：18 - 20, 1997.

19. Cohon A：Special treatment：hospital wellness center, Athletic Business 21(7)：31 - 34, 1997.

20. National Strength and Conditioning Association. (www. nsca-lift. org)

21. American College of Sports Medicine endorses clinical exercise physiologist profession. (www. acsm. org)

22. ACSM Certifications. (www. acsm. org)

23. Siedentop D：Introduction of physical education, fitness, and sport, Mountain View, Calif. 1990, Mayfield.

24. Zimmerman GR：Industrial medicine and athletic training：cost effectiveness in the nontraditional Athletic Training 28(2)：131 - 136, 1993.

25. NATA2000 Salary Data Survey Results：National Athletic Trainers'Association. (www. caahep. org)

26. American Kinesiotherapy Association. (www. akta. org)

27. Commission on Accreditation of Allied Health Education Programs American：Kinesiotherapist, 2002. (www. caahep. orp)

28. American Medical Association：Kinesiotherapist. (www. ama-assn. org)

29. Bureau of Labor Statistics, US Department of Labor, Occupational Outlook Handbook, 2004 - 2005ed. , Physical Therapists. Retrieved on December 21, 2004. (www. bls. gov/ovo)

第十三章

1. Sporting Goods Manufacturers Association, 2002. (www. sgma. com)

2. Hoover's Online: Professional sports. (hooversports-ind. htm)

3. Saporito B: The American money machine. November 29, 2004. (www. time. com/time/insidebiz)

4. Sport Statistics Online. USAToday. Retrieved December 20, 2004. (www. usatoday. com)

5. Harrow R: Retail wars and sports: competition for expanding revenue. November 12, 2004. (cbs. sportsline. com)

6. DeSensi J, Kelley D, Blanton M, and Beitel P: Sport management curricular evaluation and needs assessment: a multifaceted approach, Journal of Sport Management 4(1): 31 - 58, 1990.

7. Parkhouse BL and Pitts BG: History of sport management curricular evaluation and needs assessment. In BL Parkhouse, The Management of Sport: its Foundation and Application, ed 4, New York, 2005, McGraw-Hil.

8. Blann, W. Four factor analysis of sport management. Personal communication, December 20, 2004.

9. NASPE-NASSM Sport management curriculum standards and program review. Reston, VA, 2000, AAHPERD.

10. Blann, W. Sport management career paths, Personal communication, December 20, 2004.

11. Gibson HJ: Sport tourism: an introduction to the special issue, Journal of Sport Management 17: 205 - 213, 2003.

12. The business of sport tourism, October 2004. (www. sportbusiness. com)

13. Lambert C: Sports communications. In WJ Considine, editor: Alternative professional preparation in physical education, Washington, D. C. , 1979, National Association of Sport and Physical Education.

14. Lee S: Dance administrative opportunities, JOPERD 55(5): 74 - 75, 81, 1984.

15. Estimated probability of competing in athletics beyong high school interscholastic level, NCAA. (www. ncaa. org)

16. Westerfield RC: Entrepreneurial opportunities in health education, JOPERD 58(2): 67 - 70, 1987.

17. Pestolesi RA: Opportunities in physical education: what the entrepreneur can do, JOPERD 58(2): 68 - 70, 1987.

第十四章

1. Park RJ: Three major issues: the Academy takes a stand, JOPERD 54(1): 52 - 53, 1983.

2. National Coalition for Promoting Physical Activity, 2002. (www. ncppa. org)

3. Costanzo DG, Rusico DM, and Pescatello LS: Community older adult exercise programs: an

evaluation of compliance to professional standards, Journal of Aging and Physical Activity 10: 76-92.

4. Cornbin CB: Is the fitness bandwagon passing us by? JOPERD 55(9): 17, 1984.

5. Ewers JR: You must be present to win, Quest 49: 238-250, 1997.

6. Hellision D: Teaching responsibility through physical activity, Champaign, Ill., 1995, Human Kinetics.

7. Martinek TJ and Hellision DR: Fostering resiliency in underserved youth through physical activity, Quest 49: 34-49, 1997.

8. Character Counts. (www.charactercounts.org)

9. Josephson M: Pursuing victory with honor: a training program for coaches on ethics, sportsmanship, and character-building in sport, 2002. (www.charactercounts.org)

10. Seefeldt V: Why are children's sports programs controversial? JOPERD 56(3): 16. 1985.

11. The American Academy of Physical Education: The Academy papers: reunification, no. 15, Reston, Va., 1981, AAHPERD.

12. American Sport Education Program, Champaign, Ill., current edition, Huam Kinetics.

13. Martens R: Turning kids on to physical activity for a lifetime, Quest 46: 303-310, 1996.

14. Stuart ME: Moral issues in sport: The child's perspective, Research Quarterly for Exercise and Sport 74: 445-445, 2003.

15. Sage GH: The future and the profession. In JD Massengale, editor: Trends toward the future in physical education, Champaign, Ill., 1987, Human Kinetics.

16. Siedentop D: Introduction to physical education, fitness, and sport, Mountain View, Calif., 1990, Mayfield.

17. Massengale JD: Doing PE at the new university, Quest 52: 102-109, 2002.

18. Corbin CB: Promotion lifelong physical activity: education's challenge for the new millennium, Paper presented at the National Conference for Promoting Lifelong Physical Activity, Lake City, Utah, October, 1998. (Cited in Massengale JD: Doing PE at the new university, Quest 52: 102-109, 2002.)

19. Bucher CA and Thaxton NA: Physical education and sport: change and challenge, St. Louis, 1981, Mosby.

20. Rothstein AL: Practitioners and the scholarly enterprise, Quest 20: 59-60, 1973.

21. Locke LF: Research in physical education, New York, 1969, Teachers College Press.

22. Stadulis RE: Bridging the gap: a lifetime of waiting and doing, Quest 20: 48-52, 1973.

23. Barnes FD: Research for the practitioner in education, Washington, D.C., 1963, Department of Elementary School Principles, National Education Association.

24. Broderick FP: Research as view by the teacher, Paper presented at the AAHPERD National Convention, Detroit, 1971.

25. Locke, L. Unlock research: research for physical educator. Unlock Research. (www.

unlockresearch. com)

26. US Department of Health and Human Services, Physical activity and health: a report of the Surgeon General, Atlanta, Ga. , 1996, US Department of Health and Human Services, Center for Disease Control and Prevention, National Center for Chronic Disease Prevention and Health Promotion.

27. National Association for Sport and Physical Education: Moving into the future: national content standards for physical education, St. Louis, 1995, Mosby Year Books.

28. The National Association for Sport and Physical Education: Fit to achieve education information, Reston, Va. , 1989, AAHPERD.

29. Advocacy Institute: What is advocacy? From Cohen D: Part I: Reflections on advocacy, Bloomfield Press. (www. advocacy. org)

30. DePauw KP: Futuristic perspectives for kinesiology and physical education, Quest 50: 1-8, 1998.

31. National Dance Association: Advocacy kit: you can make a difference, National Dance Association. (www, aahperd. org-NDA)

32. Advocacy Institute: Become a leader for social justice: fight for what you believe in, Washington, D. C. , 2001, Advocacy Institute.

33. Locke LF: Advice, stories, and myths: the reactions of a cliff jumper, Quest 51: 157-163, 1999.

34. Dunn JM: Communicating with school boards: position, power, perseverance, Quest 51: 157-163, 1999.

35. National Girls and women in sports Day Central—Celebrating 30 Years of Title IX. (www. aahperd. or/ngwsdcentral)

36. Booth FW and Chakravarthy MV: President's Council on Physical Fitness and Sport: Research Digest: Cost and consequences of sedentary living: new battleground for an old enemy, 3(16), March 2002.

37. US Department of Health and human Services: Healthy People 2010, ed 2, With understanding and improving health, 2 vols, Washington, D. C. , 2000, US Government Printing Office.

38. National Association for Sport and Physical Education: Physical activity and fitness recommendations for physical activity professionals, NASPE, 2002. (www. aahperd. org)

39. Wilmore JH: Objectives for the nation: physical fitness and exercise, JOPERD 53(3): 41-43.

40. National Association for Sport and Physical Education: Active start: physical activity guidelines for children birth to age five. Reston, Va. , 2002, AAHPERD. (www. aahperd. org-naspe)

41. Dunn JM and Sherrill C: Movement and its implication for individuals with disabilities,

Quest 48：378－391，1996.

第十五章

1. Cetron M and Davies O：Probable tomorrow：how science and technology will transform our lives in the next twenty years，New York，1997，St. Martin's Press.

2. Huxley A：Brave new world，New York，1932，Modern Library.

3. Haggerty TR：Influence of information technologies on kinesiology and physical education，Quest 49：254－269，1997.

4. Massengale JD：The unprepared discipline：selection of alternative futures，Quest 40：107－114，1988.

5. US Department of Health，Education，and Welfare：Healthy people：the Surgeon General's report on health promotion and disease prevention，Washington，D. C.，1979，US Government Printing Office.

6. US Department of Health and Human Services：Promoting health/preventing disease：objectives for the nation，Washington，D. C.，1980，US Government Printing Office.

7. Public Health Service，US Department of Health and Human Services：Healthy people 2000：national health promotion and disease prevention objectives，Washington，D. C.，1991，US Government Printing Office.

8. US Department of Health and Human Services：Healthy people 2010，ed 2. With understanding and improving health，2 vols，Washington，D. C.，2000，US Government Printing Office.

9. Shepard RJ：Issues in worksite health promotion：a personal viewpoint，Quest 54：67－82，2002.

10. US Department of Health and Human Services. Physical activity and health：a report of the Surgeon General，Atlanta，Ga.，1996，US Department of Health and Human Services，Centers for Disease Control and Prevention and Health Promotion.

11. Hedley AA，Ogden CL，Johnson CL，Carroll MD，Curtin LR，and Flegal KM：Prevalence of overweight and obesity among US children，adolescent，and adults，1999－2000，JAMA，291，2847－2850，2004.

12. Centers for Medicare and Medicaid Services：Highlights-National Health Expenditures，2002.（www.cms.gov）

13. Smedley BD and Syme SL：Promoting health：intervention strategies from social and behavioral research，American Journal of Health Promotion 15：149－166.

14. United States Department of Education.（www.ed.gov）

15. Lewis AJ：Education for the 21st century，Educational Leadership 41(1)：9－10，1983.

16. Cetron M and Cetron K：A Forecast for Schools，Educational Leadership 61(4)：22－30，2003.

17. Cetron M：Schools of the future. Presented at the Convention of the American Association of School Administrators，Dallas，August 1985.

18. Powers S，Ward K，and Shanely RA：Contemporary exercise physiology research in United States：Influence of technology，Quest 49：296－299，1997.

19. Healey J：Future possibilities in electronic monitoring of physical activity，Research Quarterly for Exercise and Sport 71：137－145，2000.

20. Hoberman J：Mortal engines：The science of performance and the dehumanization of sport，New York，1992，Free Press.

21. Jones CJ and Pikli RE：The gerontology movement—is it passing us by? JOPERD 64(1)：17－26，1993.

22. US Administration on Aging and American Association of Retired Persons：A profile of older Americans，1997，Washington E. C.，1997，US Government Printing Office.

23. Agency for Healthcare Research and Quality：Minority health：cultural competency for health care providers could reduce disparities in care related to race and ethnicity，November 2000.（www. ahcpr. gov）

24. Lawson HA：School reform，families，and health in the emergent national agenda for economic and social improvement：implications，Quest 45：289－307，1993.

25. Centers for Disease Control and Prevention，Adolescent and School Health：Coordinated School Health Program.（www. cdc. gov/nccdphp/dash/cshpdef. htm）

26. First colony in space，National Geographic 150(1)：76－89，1976.

27. Bain LL：Beginning the journey：agenda for 2001，Quest 40：96－106，1988.

28. Oberle GH：A future direction plan for our profession，JOPERD 59(1)：76－77，1988.

29. Corbin CB：Is the fitness bandwagon passing us by? JOPERD 55(9)：17，1984.

30. AAHPERD Executive Directors：In our vies，JOPERD 59(8)：14，1988.

31. Neither JA，Howze EH，and Greaney ML：Using scenario planning in public health：anticipating alternative futures，Health Promotion Practice 5：69－79，2004.

词汇表

A

Acceleration	加速度
Adapted physical activity	适应性身体活动；特殊身体活动
Adenosine triphosphate(ATP)	三磷酸腺苷
Aerobic energy system	有氧供能系统
Aesthetics	美学
Affective domain in learning	学习的情感领域
Air displacement plethysmography	排气量体积描记术
American Alliance for Health, Physical Education, Recreation, and Dance(AAHPERD)	美国健康、体育、休闲和舞蹈协会
American College of Sports Medicine (ACSM)	美国运动医学学院
Anabolic steroids	合成类固醇
Anaerobic energy system	无氧供能系统
Angular acceleration	角加速度
Angular motions	转动
Angular velocity	角速度
Anthropometry	人体测量学
Anxiety	焦虑
Arousal	唤醒
Athletic trainers	竞技运动训练员或教练
Augmented feedback	扩大反馈
Autogenic training	自主训练
Autonomous stage of learning	自动化学习阶段
Axiology	价值论

B

Ballistic stretching	弹振式伸展
Biomechanics	生物力学
Blood doping	血液回输技术；血液兴奋剂
Body composition	体成分
Body Mass Index (BMI)	体质数

C

Caffeine	咖啡因
Carbohydrate loading	补糖
Cardiac rehabilitation	心脏康复
Cardiopulmonary resuscitation	现场心肺复苏术
Cardiorespiratory endurance	心肺耐力
Cardiovascular disease	心血管疾病
Cardiovascular endurance	心血管耐力；心肌耐力
Choking	气梗
Cinematography	电影摄影机
Clap skates	开合式冰刀
Closed skills	封闭式技术
Coaches code of conduct	教练员行为规范
Cognitive behavior hypothesis	认知行为学说
Cognitive domain in learning	学习的认知领域
Cognitive stage of learning	学习的认知阶段
Combined energy systems	复合供能系统
Concurrent feedback	即时反馈
Continuous motor skills	连续性动作技能
Contract-relax technique of stretching	收缩—放松伸展技术
Cosmetic fitness	健美健身（为形体美观、好看而锻炼，人们对它的重视在逐渐减退）
Creatine	肌酸

D

Decisional balance	决策平衡
Developmental biomechanics	发展生物力学
Disciplinary movement	学科发展
Discrete motor skills	连续动作技术
Distraction hypothesis	干扰假说
Dose-response	剂量—反应
Dualism	二元主义
Dynamics	动力学
Dynamography	动力描计器

E

Eccentric contraction	离心收缩

词 汇 表

Eclecticism	折衷主义
Ecological approach to health behaviors	健康行为的生态学方案
Electrogoniometry	电子角度测量器
Electromyography (EMG)	肌电图
Emotional wellness	情感健康
Endorphin hypothesis	内啡肽假说
Entrepreneurial opportunities	创业机会
Exercise biochemistry	运动生物化学
Exercise epidemiology	运动流行病学
Exercise physiology	运动生理学
Existentialism	存在主义
Externally paced motor skills	外部调整动作技能(和自我调整相对)
External motivation	外在激励
Extrinsic feedback	外部反馈

F

Fine motor skills	精细动作技能
Fitness	体适能;健身;健康
Fitnessgram	一种健身器材的品牌
Fluid replacement during exercise	运动中补液
Force	力
Fosbury	背越式跳高
Frequency	频率
Friction	摩擦力

G

Galloping	跳步
Gatorade	佳得乐(美国一种运动饮料)
Glycogenic supercompensation	肝糖元超量补充
Goniometer	测角仪
Gross motor skills	粗略动作技能
Gymnastics	体操

H

Health fitness	健康体适能
Heart-rate monitors	心率监测仪

Heat exhaustion	热衰竭
Heat stroke	中暑
Hopping	单腿跳
Hydration and performance	水合作用与成绩
Hydrostatic weighing	流体静力称重；静流称重
Hypokinetic	运动功能减退

I

Idealism	唯心主义
Inactivity	不活跃
Information-processing model	信息处理模型
Input	输入
Intangible reinforcement	隐性强化
Intellectual wellness	智力健康
Intensity	强度
Intercollegiate sports	大学校际间运动、比赛
Internal motivation	内部激励
Intervention techniques	干涉技术
Intramural sports	大学校内运动、比赛
Intrinsic feedback	内部反馈
Introspection skills	自我反思技能
Isokinetic exercise	等动练习
Isometric exercises	等长练习
Isotonic exercise	等张练习

J

Jumping	跳

K

Kinematics	运动学
Kinesiology	运动机能学
Kinesiotherapy	运动疗法
Kinetics	动力学

L

Leadership	领导能力；指导能力

Leaping	跳越
Life expectancy	预期寿命
Linear motion	线型运动
Locomotor skills	运动技能
Logic	逻辑

M

Memory drum theory	记忆鼓理论
Mental health	精神健康
Metaphysics	形而上学；玄学
Mind-body relationship	身—心关系
Minorities	少数族群
Modifiable risk factors	可改变的风险因素
Motion	运动
Motivation	激励
Motor behavior	运动行为
Monism	一元论
Motor control	动作控制
Motor learning	动作技能学
Motor skills	运动技能
Muscular Christianity	强身派基督教
Muscular strength and endurance	肌肉力量与耐力

N

Naturalism	自然主义
Newton's First Law	牛顿第一运动定律
Nonlocomotor movement	非移动动作
Nonmodifiable risk factors	不可改变的风险因素
Nutrition	营养

O

Obesity	肥胖症
Open skills	开放式技术
Oral hydration drinks for perfomance	提高成绩用口服液
Output	输出
Overload	超负荷

Overweight	身体超重

P

Paralympics Games	残疾人奥运会
Peer skills	平等交流技巧
Perceptual-motor development	知觉—动作发展/培养
Pharmacological aids to performance	成绩的药理学支持
Physical activity	身体活动
Physical fitness	体适能
Physical therapy	物理疗法;理疗
Plateaus in performance	成绩平台现象;高原现象(不能再明显提高运动成绩)
Power	功;功率;爆发力
Pragmatism	实用主义
Pressure	压力;压强
Progressive education	进步教育
Progressive resistance exercise	渐进式阻力练习
Psychological aids	心理辅助
Psychomotor domain in learning	学习的动作心理领域

Q

Qualitative analysis	定性分析
Quantitative analysis	定量分析

R

Race ideology	种族意识
Realism	现实主义
Rehabilitation	恢复
Rehabilitation biomechanics	恢复生物力学
Reinforcement	强化
Resistance exercises	阻力练习
Role modeling	模范作用
Rotary motion	转动
Running	跑

S

Sedentary	久坐不动

Self-efficacy	自我效能感
Self-talk	自我言语
Sex discrimination in sports	运动中的性别歧视
Skinfold measurements	皮褶厚度测量
Skipping	两腿交替跳跃
Sliding	滑步
Social cognitive theory	社会认知理论
Social wellness	社交健康
Socioeconomic status	社会经济地位
Sociology of sport	运动社会学
Special Olympics	特殊奥林匹克
Spiritual wellness	精神健康
Sport	运动;体育;竞技运动
Sport agents	体育经纪人
Sport biomechanics	运动生物力学
Sport broadcasting	体育广播;体育传播
Sport law	体育法
Sport management	体育管理;运动管理
Sport media	体育传媒
Sport pedagogy	运动教育学
Sport philosophy	运动哲学
Sport photography	体育摄影
Stability	稳定性
Stacking	堆积(各种类固醇结合使用)
State Anxiety	状态焦虑
Static contraction	静力性收缩
Static stretching	静力性拉伸
Steroids	类固醇
Strength and conditioning	力量与素质
Strength training	力量训练
Striking	击打;击球
Swinging	挥摆;挥杆;挥棒

T

Tangible reinforcement	显性强化
Telemetry	遥测技术
Terminal feedback	终端反馈

Testosterone	睾酮
Threshold training	训练阈值
Throwing	投掷
Torque	力矩
Trait Anxiety	特质焦虑
Transcendental meditation	超觉静坐;沉思
Transferable skills	可迁移技能
Turnvereins	德式体操俱乐部
Twisting	扭动;转动

U

Ultimate Frisbee	极限飞碟(一种 7 人制飞碟比赛)

V

Velocity	速度
Videography	电视摄像
Visualizing	肉眼观测

W

Walking	走;散步;步行
Weight control	控制体重
Wellness	全面发展;全面健康
Wind tunnels	风道(试验用)

译后记

体育以及它的分支学科在我国已经取得了巨大的发展，尤其是近些年来，它的发展更是迅猛，在全国范围内影响甚巨。目前，随着本科生和研究生教学规模的不断扩大，从事体育及相关学科的研究与实践工作的人员也日益增多。但无论是在本科生还是在研究生的教育培养中，体育概论都是非常重要的基础课程。而要提高我国体育及相关学科的研究水平，加强我国体育事业的发展，使我国的体育事业和相关学科的研究与国际接轨，重视体育基础理论的探讨也是不可或缺的。

多年来，我国从事体育教学事业的专家对我国现有的体育基础理论或体育原理的教材多少有些感到缺憾，觉得它们的全面性、构建框架及应用性等内容受到一定的限制。一本良好的教材不仅可以增强学习的效果，而且也会在学习过程中取到事半功倍的作用。特别是对初学者而言，情况更是如此。

一本书能够出到第 15 版，而且是由美国出版界的巨头——麦格劳-希尔出版公司出版，足以看出该书的地位以及它的受欢迎程度，而作者为保持本领域不断发展所补充的内容、信息、数据更新，以及他们的辛勤劳作也可从中略窥一斑。我们从互联网的介绍中也进一步了解到，该书在美国是畅销书之一，并且在其他国家也有一定的影响力及知名度。

本书的特色就是弥补了国内教材的这些不足之处。首先，它系统、全面地介绍了关于体育及相关学科的内容，从各个层次、各个方面讨论了体育涉及的领域。其次，这次改版增加了对促进健康的重视，特别是强调了身体活动对健康的贡献和我们对促进所有人终身进行身体活动的责任。这也符合我们国家目前对大众体育重视的发展趋势。最后，该书还对那些正在思考如何在本领域就业的学生，提供了一些传统的和新增的就业机会内容，如列有专业组织和期刊的表格，还有网站地址以便学生更容易地找到作者所推荐的这些网址。

该书概念清楚，附有大量图表，行文生动具体，结构简明。无论是对初学者还是有一定研究经验的人来说，它都具有相当的启发意义。该书每章都有学习目标、小结、讨论题等内容，附有非常丰富的参考书目及建议阅读书目，因此，它也非常适合于教学。

作者戴博拉·A. 韦斯特现任纽约伊萨卡大学健康与人体运动系的教授，获波士顿大学人体运动的教育学博士学位，有着25年的从教经历。她还是AAHPERD会员及其研究协会学者；查尔斯·A. 布赫是体育领域的先驱，获得纽约大学的教育学博士。他曾任教于数所大学，最后在拉斯维加斯的内华达大学结束自己的教学事业。他曾是第一批关于体适能的书的作者，也写了体育和运动管理方面的书籍。布赫博士是一位广受人们尊重的教育家，他帮助训练、教育了几代体育专业方面的学生。作者有这样广泛的背景才使得本书能够适合体育方面各学科学习者的需求，所以，它具有广泛的适用性。

该书是在苏州大学体育学院王家宏教授的组织、指导下，由刘卫东、李立锁主持翻译，李淑敏、郭立学、张鑫华、顾佳、苑威威参加了本书的部分翻译工作。在译出初稿后，王家宏和刘卫东对全书进行了修改和审校。各章的翻译者是：第一、二、三、四、六、十五章全部内容，第十、十四章的后半部分，全书图片的注释，一、二、三、四、六、七、八、十、十一、十四、十五章中的所有表格内容，以及前言、封面、自测题和词汇表由刘卫东翻译；第五、九、十二、十三章全部内容，十四章前半部分，五、九、十二、十三章中的所有表格内容由李立锁翻译；第八章由李淑敏和顾佳翻译；十一章全部内容和十章前半部分由郭立学翻译；第七章由张鑫华和苑威威翻译。

本书的翻译，凝聚了苏州大学体育学院博士生导师、博士研究生、硕士研究生集体的智慧，在翻译过程中倾注了大量的心血，付出了辛勤的劳动。但翻译工作好比是二次创作，其中辛苦不言自明，我们在翻译过程中也都竭尽全力。虽说初稿经过数次审校，但其中可能还有错误和疏漏之处，在此，我们希望读者和同行对书稿加以批评指正。

刘卫东

2006年12月于苏州大学凌云楼